资中

年鉴2021

ZIZHONG YEARBOOK

中共资中县委党史地方志研究室　编

U0864438

方志出版社
Publishing House of Local Records

图书在版编目（C I P）数据

资中年鉴．2021 / 中共资中县委党史地方志研究室编．-- 北京：方志出版社，2021.12

ISBN 978-7-5144-5129-0

Ⅰ．①资… Ⅱ．①中… Ⅲ．①区（城市）—资中—2021—年鉴 Ⅳ．①Z527.14

中国版本图书馆 CIP 数据核字（2021）第 265522 号

资中年鉴 2021

编　者	中共资中县委党史地方志研究室
责任编辑	王　品
出 版 者	方志出版社
	地址　北京市朝阳区潘家园东里 9 号（国家方志馆 4 层）
	邮编　100021
	网址　http://www.zgfzcb.cn
发　行	方志出版社图书营销中心
	电话（010）67110500
经　销	各地新华书店
印　刷	成都汇经印务有限公司
开　本	889×1194　1/16
印　张	18 张
字　数	490 千字
版　次	2021 年 12 月第 1 版　2021 年 12 月第 1 次印刷
印　数	0001 ~ 500 册

ISBN 978-7-5144-5129-0　定价：198.00 元

·版权所有　翻印必究·

《资中年鉴 2021》编委会

顾　　问　路松明　唐　荣

主　　任　孙泽建

副 主 任　叶航江　林　龙　蔡　勇　谢　斌

委　　员　唐忠友　易国艳　姚奕丞　李　彬　张　强
陈　军　黄德超　张光伟　李亚辉　胡　明
蔡　宁　蒋勇军　吴建辉　李　黎　张　凯
黄　军　张　智　孙华强　韩　伟　赵　军
郑建波　曾林彬　陶　睿　黄忠成　蔡　骏
黄鼎峰　杨　晗　王化勇

《资中年鉴 2021》编辑部

主　　编　王化勇

副 主 编　邓　勇　隆良平

责任编辑　徐　鉴　万　璐

校　　对　雷秀英　樊文碧

封面题字　姜公醉

图片制作　张　勇

《资中年鉴 2021》编写组成员名单

叶航江	简勇斌	雷五江	林　龙	杨利娟	陆鼎方	李春艳	曾祥超	欧明松
何才森	唐　莉	周显莲	胡志勇	蔡　斌	肖　勇	黄志刚	周　玲	金中华
魏　锴	罗　云	曹　霆	王　冬	王加莉	林玉清	李　卉	方万东	朱　斌
邓方全	余胜强	张文彬	赵　庆	唐　逶	王　燕	郑　雯	余胜强	张　丽
陈英豪	叶立刚	刘　锋	黄　文	彭　军	罗忠阳	黄平才	罗志莲	张兰英
刘　慧	刘盛权	周文杰	李　玲	康　利	邹　敏	曾秀林	方万东	朱　勇
林用军	卓　骊	谭　忠	李　竹	王利双	李　军	邓　勇	隆良平	蔡　清
彭　成	尹　利	高潞西	刘国林	郑　燕	李　波	朱　炬	吴建辉	蕲　珂
张光伟	熊　武	陈　浩	叶红英	叶梦陶	兰春梅	刘莉秋	郑　波	严昭红
张万华	范俊杰	吴　菊	严光平	袁　勇	严兴华	肖　军	谢卫东	刘格非
宋　斌	郭文全	罗　洋	蒋荣超	郑　强	彭　萍	黄鼎峰	曾　鹏	彭洪艺
王　永	黄　明	刘　桃	李　锐	郑建波	张忠盛	陈秀君	李亮益	廖　清
陈　军	黄　艳	饶学斌	张艺鲽	曾顺明	代　军	程　鑫	刘小梅	康　敏
周代梅	郑忠辉	张　强	曾　勇	张　智	钟　杰	苟华勇	厉馥霞	周立人
胡晓玲	黄文军	王　兵	李　朗	胡　海	李兴军	周忠杰	肖代彬	孙华强
周渝沣	崔红刚	甘连金	池昊鑫	隆文秀	黄　波	张　玲	罗世友	何浪飞
廖春辉	卿　波	毛海霞	刘介兵	安国勇	蔡　雷	李小平	何成康	黄德超
张小春	姚奕丞	易鹏程	赖永辉	田　胜	曾海燕	陈建宇	刘建清	孙　利
孙文章	黄治勇	周　怡	李　婧	赖尊国	刘　卫	秦　义	陈永刚	李　彬
韩向东	崔洪源	陈其华	张屹东	黄成胜	黄才贵	游　卉	刘　强	蔡　萍
张　胜	曾忠明	张　凯	鲁　超	朱建军	潘　华	朱永平	张　魁	孙　莉
蒋　凯	马　林	肖体云	李　丽	刘飞龙	邱　浪	刘　斌	尹忠诚	黄　璐

潘常全　张婧愚　杨程娇　黄　军　陈　涛　王　敏　谢　斌　孟爱民　李　丹
向雪莲　朱建辉　胡　明　吴升茂　刘　刚　李春燕　何钰祺　张　雷　唐华清
孔冀川　胡　敏　刘文忠　胡　倩　余祥龙　张文文　李昆鹏　邓　威　秦　勇
孙　建　黄　炟　申　参　肖　娟　古　莉　周亚力　彭红兵　魏　攀　周东来
王思静　丁有华　李　中　刘宏伟　李　兰　李荷婷　张　俊　郑　华　黎　科
肖洪英　刘章军　王　欢　陈啟友　冉茂才　杨仕军　钟世能　刘治昊　杨　靖
曹伟明　钟华大　程　鑫　陈建业　谢俊杰　彭思杰　仇乙然　李　雷　曾秀英
涂　惠　康又识　雷庆水　李洪学　刘成万　赵　军　蒋　玲　张大力　贺　雪
崔兴乐　王曼任　刘学军　朱素佳　胡清高　胡枫秋　周中兴　田　瑞　张海军
郭美伶　韩建文　黄　梅　蔡　伟　肖　萍　刘　超　龚春燕　朱兴勇　吴　浩
陈　娅　唐忠德　张明辉　袁　琳　罗爱中　李林未

资中县城新貌

摄影者：祁诺暄

城市茂商业广场

摄影者：麻晨

罗泉古镇

摄影者：兰以蕊

中国资中新发地国际农产品交易中心　　摄影者：刀思菱

五馆汇金天地商业街　　摄影者：聂载

建设中的滨江湿地公园　　摄影者：甄灵萱

远达世纪城　　摄影者：矫易梦

4月17—21日，政协资中县第十四届委员会第五次会议召开

图片提供：环源

4月19—23日，资中县第十六届人民代表大会第五次会议召开

图片提供：环源

7月23日，资中县科级以上领导干部读书班开班

图片提供：环源

8 月 22 日，资中县人民政府全体会议暨廉政工作会议召开

图片提供：环源

8 月 25 日，四川省委第十一巡视组巡视资中县工作动员会召开

图片提供：环源

11 月 28 日，资中县召开村（社区）“两委”换届工作动员会

图片提供：环源

1月6日，资中县举行第四届血橙节开幕式

图片提供：环源

3 月 26 日，资中县举行决战决胜脱贫攻坚集体宣誓仪式　　摄影者：定诗珊

9 月 22 日，内江市 2020 年中国农民丰收节暨首届资中鲶鱼美食文化节开幕　　摄影者：郜平春

11 月 5 日，孟塘里乡情生态园被评选为国家 AAA 级旅游景区，成为资中县首个 AAA 级旅游景区　　摄影者：母璞王

五指山农旅康养生态园　　摄影者：母璞王

花湖洞天一角　　摄影者：母璞玉

渔耕德苑休闲农庄夜景　　摄影者：肇力勤

摄影者：本从蕾

⬆ 6月29日，资中县举行乡村客运全覆盖通车仪式

摄影者：本从蕾

⬆ 血橙广场

乡村公路建设　　摄影者：青绣梓

蓄水池建设　　摄影者：青绣梓

肉兔养殖　　摄影者：青绣梓

青蛙养殖　　摄影者：青绣梓

彩色的沱江河边　　摄影者：包心议

龙江水库　　摄影者：线慕诗

飞驰的高铁穿越沱江　　摄影者：怀梓美

白云山风光　　摄影者：线慕诗

水南镇何联坝村田园风光

摄影者：泉岑

重龙镇杨柳滩远景

摄影者：泉岑

深沟景色 摄影者：泉苓

长嘴剑鸻 摄影者：泉苓

数字资中 2020

- 县域面积：1733.96 平方千米
- 县城建成区面积：31.56 平方千米
- 年末实有耕地面积：84499.32 公顷
- 户籍人口：1216704 人
- 地区生产总值：283.78 亿元
  - 第一产业增加值：84.88 亿元
  - 第二产业增加值：80.53 亿元
  - 第三产业增加值：118.37 亿元
- 规模以上工业企业总产值：77.7 亿元
- 地方一般公共预算收入：9.30 亿元
- 全社会固定资产完成投资：87.24 亿元
- 城镇居民人均可支配收入：38068 元
- 农村居民人均可支配收入：17592 元
- 年末金融机构存款余额：449.62 亿元
- 年末金融机构贷款余额：218.19 亿元
- 社会消费品零售总额：90.62 亿元
- 外贸进出口总额：2323 万元
- 电子商务交易额：58.04 亿元
- 网络零售额：15.58 亿元
- 粮食总产量：56.42 万吨
- 高考本科上线：2556 人
  - 重点本科上线：817 人

ZIZHONG

编辑说明

一、《资中年鉴 2021》以马克思列宁主义、毛泽东思想、邓小平理论、“三个代表”重要思想、科学发展观、习近平新时代中国特色社会主义思想为指导，坚持辩证唯物主义和历史唯物主义的立场、观点和方法，科学系统地记述资中县的发展历程。

二、《资中年鉴 2021》是由资中县人民政府组织编纂的综合性地方年鉴，旨在按年度全面、系统记录资中县的自然、政治、经济、社会、文化情况，真实反映资中县精神文明、物质文明建设的历史发展进程，为县内各级党政领导科学决策、社会各界人士及中外投资者了解和研究资中提供最新基本资料，并为今后续修资中县志积累基础史料。

三、《资中年鉴 2021》主要记载资中县 2020 年度的基本情况、发展变化，立体展示全县各行各业在建设成渝主轴绿色产业强县、活力文化名城过程中取得的新举措、新成就。

四、《资中年鉴 2021》主要采取部门、行业和事物属性相结合的分类编辑法，按类目、分目、条目的框架结构组成主体内容。全书以不同字体、字号区别不同层次。条目标题均加【】表示。

五、《资中年鉴 2021》设有特载、专记、大事记、县情概览、中共资中县委、资中县人民代表大会、资中县人民政府、政协资中县委员会、纪检监察、民主党派、群众团体、法治、军事、自然资源、生态环境、城乡建设•城市管理、工业•科技、交通•通信、农业、财税•审计•金融、商贸、综合管理、教育•体育、文化•广电•旅游、社会生活、镇域、附录 27 个类目。

六、《资中年鉴 2021》内文中的数据均经各供稿单位审核，其中有部分数据由于各单位和乡镇的统计口径或计算方法不同，若有与资中县统计局提供的“统计资料”数据不相符合的，应以“统计资料”数据为准；某些对应指标数据在本年卷刊出后若需调整的，以下卷调整的数据为准。

目录

特 载

专 记

大事记

县情概览

中共资中县委

资中县人民代表大会

资中县人民政府

政协资中县委员会

纪检监察

民主党派

群众团体

法治

军 事

自然资源

生态环境

城乡建设·城市管理

工业·科技

交通·通信

农 业

财税·审计·金融

商 贸

综合管理

教育·体育

文化·广电·旅游

社会生活

镇域

附 录

特载

县委常委会工作报告（节选）

——在县委十四届十八次全会第一次全体会议上

中共资中县委书记　曾廷富

（2021 年 1 月 19 日）

县委十四届十六次全会以来，资中走过了一段极不平凡的发展历程。在市委的坚强领导下，县委常委会坚持以习近平新时代中国特色社会主义思想为指导，全面贯彻落实党中央大政方针、省委决策部署和市委工作安排，把方向、谋大局、定政策、促改革，坚持稳中求进工作总基调，坚持新发展理念，坚持高质量发展，统筹推进“五位一体”总体布局，协调推进“四个全面”战略布局，团结带领全县广大干部群众，攻坚克难、苦干实拼、稳健前行，加快建设国家级历史文化名城和成渝中部经济强县。资中发展态势良好，“十三五”规划目标任务顺利完成，新时代脱贫攻坚目标任务如期完成，全面建成小康社会胜利在望，各项事业取得新的重大进展。预计 2020 年实现地区生产总值（GDP）290 亿元左右，增速在 3.5% ～ 4.0% 区间；第一产业增加值为 80.61 亿元，增长 4.5% 左右；第二产业增加值为 86.50 亿元，增长 4.5% 左右；建筑业增加值为 21.06 亿元，增长 4.8% 左右；第三产业增加值为 120.53 亿元，增长 3.5% 左右；社会消费品零售总额为 90.62 亿元，下降 3.3%；全社会固定资产投资额为 88.9 亿元，增长 15.4%；地方一般公共预算收入为 9.30 亿元，同口径增长 6.7%。

一年来，面对大疫大汛、大战大考，县委拿出非常之举，勇担非常之责，力求非常之效，在“两场硬仗”中打出了信念、打出了信任、打出了信心，千年古城资中在全县上下的努力下呈现出可喜的变化，一个更加坚定坚韧坚强的资中展现在世人面前。重点抓了以下六件大事。

一是抓好中共十九届四中、五中全会和省委十一届六次、七次、八次全会，市委七届十次、十一次、十二次全会精神学习宣传贯彻 把学习宣传贯彻全会精神作为重要政治任务，召开县委常委会（扩大）会议、县委理论学习中心组专题会传达学习，研究贯彻落实意见，制发责任分工方案，持续学深悟透、做细做实。组建县委宣讲团，县级领导带头开展宣讲活动100余场次，带动县、镇、村分层分类开展微宣讲活动1000余场次。召开县委十四届十六次、十七次全会，专题研究加强城乡基层治理制度创新推进基层治理体系和治理能力现代化、全面融入成渝地区双城经济圈建设，并分别做出决定。认真筹备县委十四届十八次全会，成立文件起草组深入开展调查研究，召开党政系统、教科文卫、基层和企业家、党外人士等领域代表专题讨论会议，开门问策、集思广益，形成《中共资中县委关于制定国民经济和社会发展第十四个五年规划和2035年远景目标的建议（讨论稿）》，提交本次全会审议。

二是全力抗击新冠肺炎疫情 始终把人民生命安全和身体健康放在第一位，坚决打赢疫情防控的人民战争、总体战、阻击战。第一时间成立领导小组和指挥部，第一时间召开会议专题研究部署，第一时间落实突发公共卫生事件I级响应，先后召开常委会会议、应对疫情领导小组会议和应急指挥部会议64次，快速推动各项部署落地落实。始终坚持“村子为战、社区为战，划片包干、网格管理，联防联控、群防群治”，创新“341”管服工作机制并在全市推广，大力开展“三大工程、十项制度”爱国卫生运动，统筹实施防疫禁赌控聚、小区治理等“八大行动”，借势提升基层治理能力。构建“村村响+无人机”立体宣传大格局，文艺工作者创作《科学防控战疫情》《抗击疫情战必赢》《健康知识记在心》等作品200余个，资中“战疫情”新闻6次登上央视。发出党员干部疫情防控一线“争做六个模范”倡议，建立84个临时党支部、组建1186支党员先锋队、动员党员干部37.26万余人次、志愿服务者16.07万余人次投身抗疫一线，筑起了同心同力的疫情阻击线，涌现出抗疫一线遭遇车祸、病床上写下入党申请书的铁佛镇高屋基村乡村医生黄真润，主动请缨奔赴疫情一线调查的何晖、主动取消百岁寿宴的银山镇老党员姜元庆，身患癌症仍然坚守农村防疫一线、越是艰难越向前的鱼溪镇齐心村文书杜海泉，腿伤不下火线的新桥镇烟火店村主任陈杰等先进典型，1037人荣登“战疫光荣榜”。确定定点医院1个、后备医院1个，设置集中隔离医学观察场所19个、1065间，发热门诊4个、哨点诊室41个。建设全市首家负压病房和县级疫苗临床试验基地，日最大核酸检测能力达7000份、全市最高，已检测17.61万余人次。选派2名优秀医务人员，筹集50吨新鲜蔬菜、100吨资中血橙、30吨酒精等物资驰援湖北武汉、襄阳，创新认购血橙捐赠模式，向成渝地区捐赠资中血橙25060件，在外资中儿女大力支援家乡疫情防控，累计捐款捐物1630.65万元，为防控大局贡献了资中力量、书写了大爱无疆、彰显了资中担当。跟进落实秋冬季防控措施，积极应对北京新发地、成都郫都区、河北石家庄等小范围疫情出现，已有序组织2.3万人接种疫苗，不断做实“外防输入、内防反弹”。通过艰苦努力，资中县用41天时间实现确诊病例“清零”，2月28日降为低风险地区，3月4日，确诊病例全部康复出院，截至目前，全县连续348天无新增疑似病例、连续356天无新增确诊病例。

三是扎实推动经济社会秩序全面恢复 我们审时度势、抢占先机，统筹推进疫情防控和经济社会发展，坚决打赢“两场硬仗”，奋力夺取双胜利。疫情初始，畅通应急审批绿色通道，1月26日，组织银山鸿展、沙淇实业转产消毒酒精；2月4日，帮助弘升医药新建口罩生产线，极大缓解全市防控物资需求。2月5日，专题研究企业复工复产操作办法；2月6日召开县委常委会会议，出台《稳企业保就业防风险》《增岗提能促就业》等“六个专项方案”，明确重点工作53项、重点项目193个，总投资315.64亿元；随后出台支持中小企业共渡难关18条措施，建立“一企（项目）一策一专班”帮扶制度，开展“三进三帮”，统筹提供各类工作岗位8322个，发放“战疫贷”2.78亿元、“稳保贷”3.96亿元，新增减税降费1.9亿元、减免租金376万元。探索构建“三个三”跨区域协作机制，成立29支就业促进小分队，输出农民工3077人，被评为全省去冬今春农民工服务保障工作先进单位。2月底农业龙头企业、规模工业企业、重点项目全部复（开）工，5月底中小学、幼儿园全面复学复课，6月底农民工返岗情况与往年基本持平。先后召开农村工作会议、服务业发展大会、产业发展学习推进大会，跟进落实“农业多贡献、工业挑大梁、投资唱主角、消费促升级”等工作部署，全县经济增速从一季度下降3.0%到上半年增长1.2%，再到三季度增长2.5%，10项主要经济指标中有9项经济指标实现正增长，呈现出逐季向好、稳定恢复的态势，预计全年主要经济指标高于全市平均水平。

四是成功应对“7·31”特大暴雨、“8·13”“8·17”特大洪峰过境等自然灾害 年初以来，持续高温少雨，县委多次组织召开旱情会商会，对抗旱保粮稳产工作做出周密部署，投入抗旱资金630万余元，派出工作队400余个、1800余人次到一线抗旱，开展人工增雨作业6次，送水万余吨，极大缓解了群众生产生活用水困难。入汛以来，连续暴雨、洪峰，特别是“7·31”特大暴雨、“8·13”大洪峰到1981年以来最大的“8·17”特大洪峰过境，连续作战，出动党员干部4.27万人次，建立干部包街、包路、包镇、包村、包户的“五包”工作机制，全力做好隐患排查、避险转移、抢险救灾、灾后重建等工作；倡导“无灾援有灾、轻灾援重灾”，各地守望相助，企业、乡贤等社会力量积极参与，全县上下连续作战半个月，打胜了这场气势恢宏的防洪安全保卫战，共转移97359人、解救1121人，减少经济损失1.26亿元，实现“三零”目标，干群日夜驻守沱江两畔确保洪峰顺利过境被央视新闻频道点赞。汛后及时加快病险水库除险加固，成功申报洪涝灾害灾后恢复重建项目208个，53条损毁道路维修改建任务基本完成，145户洪灾受损房屋维修重建任务加快推进，1269户地震灾后重建任务如期完成。

五是坚决打赢脱贫攻坚决胜收官战 坚持“对标补短、巩固提升、精准施策、统筹发展”衔接乡村振兴的工作思路，扎实开展“三级书记”遍访、成效巩固专项提升、挂牌督战、决战决胜脱贫攻坚“百日行动”等系列活动，走出丘陵地区“插花式”贫困高质量、可持续脱贫与乡村振兴有效衔接新路子。创新建立“脱贫帮扶日”制度，32名县领导、102个帮扶部门、7832名帮扶责任人，定期到镇、进村、入户，一线推动帮就业、帮产业、帮感恩等各项措施落地见效。各级各类暗访督查、巡视巡察等发现的10713个问题全部清零，教育、医疗、住房安全等指标全面达标。全覆盖核查验收贫困人口22543户63297名、边缘易致贫户162户448名、贫困村86个，均达到现行标准下的退出、脱贫标准。投入财政扶贫专项资金1.27亿元，102个贫困村集体经济总量达到464万元，产业扶贫效果显著。开展解决丘陵地区相对贫困试点，探索“1+3+3”工作机制，建立解决相对贫困产业就业示范带，构建稳定脱贫长效机制。帮助

22920名贫困劳动力实现劳务收入3.577亿元，自建档立卡以来贫困户人均纯收入年均增幅达21.98%、比同期全县农民人均增幅高12.41个百分点。在全市率先开设精准防贫保险项目，筑牢防返贫致贫防线。顺利接受省级脱贫攻坚交叉考核，高质量完成脱贫攻坚调查任务。资中利用农业园区探索丘陵地区现代农业发展促进农民增收和提升脱贫攻坚“成色”的做法得到省领导充分肯定，继2016年、2018年后，再次被评为2019年全省脱贫攻坚工作先进县。

六是主动作为全面融入成渝地区双城经济圈建设 坚持构枢纽、抓创新、建基地、促协同、强支撑、推改革、添活力，召开县委常委会会议和县委理论学习中心组专题学习会、举办科级以上领导干部读书班，深化书写“成渝之中、魅力资中”发展新篇章思想认识、凝聚建设成渝中部经济强县行动共识。把全面融入成渝地区双城经济圈建设具体化项目化产业化，编制“四重”清单119项、总投资1819.52亿元，与毗邻县区梳理合作事项40余个、编制合作项目60余个。加快构建互联互通综合交通体系。推动三条涉及资中的高速公路（资中—安岳—铜梁、乐山—资中、成渝高速公路扩容）进入四川省高速公路项目招商推介，三犍高速（三台—乐至—资中—自贡—犍为）纳入《四川高速公路网规划》，“3346”的县域交通枢纽格局逐步成型。加快融入成渝现代高效特色农业带。联合仁寿、安岳、雁江、荣昌等毗邻地区共建川南柑橘、生猪、现代渔业联盟，与荣昌共建四川黑猪研究所、内江黑猪推广基地、四川肉牛及加工研发生产基地等，大力延伸产业链条；中国资中·新发地国际农产品批发交易中心一期建成投运、二期启动建设，首日交易量达300吨，农产品“交易高地效应”逐步彰显。加快融入巴蜀文化旅游走廊。建设成渝国学传承教育中心，举办“第二届国学文化旅游周”，积极融入资（阳）大（足）文旅融合发展示范区和“大足—安岳—资中—隆昌”渝西、川东南旅游环线，促进形成石刻研学环线。

一年来，县委常委会围绕扎实做好“六稳”工作，全面落实“六保”任务，主要做了以下十项工作。

一、聚力抓实产业项目提升年，增添经济发展新动力 坚持把发展经济的着力点放在实体经济上，召开县委经济暨项目工作会，加快推动重大产业项目落地投产见效。统筹运用一般债、专项债、PPP等方式，加快推进明心食品加工园、河库联网输水工程等550个省、市、县级重点项目，完成投资143.74亿元、占计划的100.68%；共到位中央、省、市转移支付资金40.36亿元，同比增长7.8%；包装专项债券项目16个、抗疫特别国债项目9个，争取到位新增债券资金16.24亿元，同比增长101.9%，连续三年居全市县（市、区）第一。谋划2021年债券项目14个，总投资23.8亿元；梳理2021第一批省市县重点项目443个、总投资1030.52亿元、年度计划投资131.20亿元。2017年以来，推进PPP项目12个、总投资43.51亿元，项目入库数、落地率均居全市第一；通过建立还贷资金池，争取到棚改资金25.78亿元，获得省财政厅2500万元补助；重点项目由78个增加到550个、年均增幅91.76%，年度完成投资由37.47亿元跃升至143.74亿元、年均增幅56.54%，项目投资的大幅提升为县域经济的高质量发展打下了厚实的基础。出台《资中县优化营商环境实施方案》，全面建立审批服务“一窗进出、一网通办”机制，大力推行“多证合一”“多评合一”“多图联审、联合验收”，优化涉企行政许可事项171项，企业开办时间压缩至1个工作日，全县新登记各类市场主体4269万户、同比增长14.6%，资中公共资源交易中心成功创建省级示范交易中心，被评为全国公共资源交易百强县。

二、持续壮大“4+5+5”县域特色现代产业体系，加快形成发展新支撑 坚持“提升老字号、做优原字号、培育新字号、招引优字号”，立足资中产业优势、比较优势、配套优势，加快产业新城建设步伐。

聚焦一产出特色，特色优势农业扩面提质 不断完善“1+4+3”现代农业产业体系，“一只果、一头猪、一条鱼、一筐菜”特色农业产业成势见效，有力助推了内江配套成渝的绿色食品基地建设，成为成渝地区双城经济圈现代高效特色农业带的有力支撑。深入实施“藏粮于地、藏粮于技”战略，撂荒地复耕复垦5264亩、完成率100%，同步推进全省唯一高标准农田全域试点和首个“五良”融合发展试点，建成高标准农田41.45万亩，粮食种植面积160.84万亩，总产量56.42万吨，同比增长0.67%。接续实施资中血橙“双三计划·百亿产业”计划，成功举办中国·资中第四届血橙节，荣登川渝“一城一品”金榜，成立国际血橙产学研大联盟，引进大禹节水集团试点推行资中血橙标准种植水肥一体化灌溉，并出席中国第二届节水论坛作经验交流；新增血橙标准种植1.5万亩，累计完成老果园改造1.15万亩，血橙16号试种1000余亩；引入维维集团等综合型大企业建基地、促加工，血橙智能洗选中心建成投运，建成资中血橙14条初加工生产线、1条智能分选线，年处理能力10万余吨，资中血橙逐步成为中国血橙种业高地、创新高地、产业高地。有力实施内江黑猪“四场三园一小镇”计划，持续应对非洲猪瘟挑战，回锅肉小镇即将投运，“内江黑猪”祖代场全面建成，德康公司等多个大型生猪项目开工建设，33个年出栏1000头以上养殖场投产，全年生猪出栏99.85万头、存栏49.08万头，实现了恢复性增长。有序实施资中鲶鱼“1112”发展规划，省级良种场、品质提升中心建设完成，中国橙堡鱼乡融合发展示范园成为成渝地区现代设施渔业集成养殖示范基地，万亩鲶鱼现代农业产业园加快建设，标准化养殖资中鲶鱼8800亩，渔业全产业链产值13.579亿元。有效实施“1+2”绿色优质蔬菜发展计划，加快建设孟塘、龙江蔬菜产业基地，蔬菜产量74.8万吨、增速8.7%。种业、装备、冷链物流三大先导性产业加快推进，培育壮大省级龙头企业天艺种业公司等一批种业企业，圆满完成了省、市级品种试验106个；主要农作物综合机械化水平达60.14%；冷藏容量提升至7990吨。

聚焦二产有成色，新型工业集成提能 加快以新型建材、食用酒精、绿色食品、装备制造、新能源等为重点的工业延链转型，着力建设配套服务成渝的新型建材大县、绿色食品大县、基酒生产大县和新兴机械汽（摩）配基地、运动健康（生物材料）基地，形成“3+2+N”现代工业发展体系。以新型干法水泥、多功能玻璃门窗、PC预制水泥件等为重点，以中建材（内江）玻璃、共同管业为龙头的成渝地区新型建材集配基地正在形成。密切与“五朵金花”合作，联手川酒集团建设重龙成品酒生产基地，内江白酒品牌——“重龙酒”即将投入市场；沙淇实业加快技改、将在3月正式复产，年产值可达10亿元。全市第一个有规划的食品园——明心食品园从无到有、集聚发展，生猪、肉牛、鲶鱼、稻虾等特色农产品及川南柑橘精深加工基地加快建设，入驻企业11户。创新创业孵化园建成13栋标准厂房，入驻企业21户，签订协议待入驻企业6户，新增“四新一大”产业企业9户。新增规上企业12户，推动力海铸业、恒生机械、希迈汽配等装备企业增长提能，助力内江成渝现代制造业配套基地建设。成功培育晨田机床等国家高新技术企业3户、实现产值28.6亿元，占规模以上工业产值的41%。持续推进与中石油昆仑燃气有限公司综合能源利用项目，首个LNG站建成投运，94口页岩气井累计产气10亿立方米。加快推进

运动健康产业园“一中心、两基地、三区块”建设，银山鸿展、沙淇实业、弘升药业等企业正在开展入园前期工作。凤凰工业园、健康产业园、明心食品园和国家农业科技园区因凤凰大道东段延伸修建、国家农业高新技术产业示范区创建而形成的“三园”相连、“四园”互动、产城融合发展框架基本形成。

聚焦三产增靓色，现代服务业升级提档　按照“强商贸、推文旅、构体系、重示范、创品牌”的思路，着力推动以电子商务、现代物流、文化旅游、现代金融、健康养老为重点的现代服务业提质增效。深化电商扩面增效“七大工程”，电商创业孵化中心作用持续发挥，新发地规划入驻电商200余户，电子商务交易额达58.04亿元、同比增长23.01%，农特产品揽件量274.71万件，网络零售额15.58亿元、同比增长34.72%。按照“一园、三心、多节点”布局推动现代物流业创新发展，实施城乡物流配送工程，永利乡鹰物流园一期即将完工投用。落实《资中县推动现代服务业高质量发展十条措施》，新增规上、限上企业33户，总量达96户。资中首家商业综合体城市茂购物广场开业投运；汇金天地B区、C区开业，永辉超市等大型商超投运；资中新发地农副产品交易中心“1+8+4”发展布局不断深化，国际商贸城1期、2期开业投运，市场集聚效益和辐射范围不断增强，“两城两圈”商贸格局效益初显。制定13条促消费措施，举办“资中GO购资中”购物节等节庆活动，发放各类消费补贴66余万元，消费能力持续提振。以发轮智汇堂、明心老寨子为重点的康养产业逐步布局。

聚焦资源挖掘利用，文旅融合发展迅速　全域旅游“1136”发展思路和“一核一带四特四环四区”文旅融合发展布局逐渐落地，基础景点景区逐步呈现、连珠成串，融入巴蜀文化旅游走廊初见成效，资中好耍的地方越来越多。文旅资源不断丰富，成功承办内江市2020年中国农民丰收节暨首届资中鲶鱼美食文化节系列活动，文化惠民演出圆满落幕，苌弘音乐艺术品牌落地资中；文武庙复原陈展并对外开放，罗泉会议纪念馆、孟塘睦邻村村史馆通过省级示范验收，沱江新画廊、云岭金秋、回锅肉小镇等19个A级景区、旅游度假区加快建设，孟塘里创AAA、罗泉古镇创AAAA实现A级景区创建“零的突破”，沱江新画廊成功创建第八批省级水利风景区；万亩血橙主题公园等农旅项目加快推进；成渝铁路（K199）下穿工程基本完工，实现了万亩血橙主题公园和橙堡鱼乡创新融合发展示范园的农旅环线全面形成。“魅力资中”品牌影响力持续提升，以资中为主拍摄地的电视剧《月是故乡明》在央视黄金强档播出，向全面建成小康社会献礼，展现了资中人民脱贫攻坚、农村家庭能人创业、产业发展振兴的新面貌；四川卫视《说走就走的旅行》连续5期推介资中文化旅游资源；罗泉成为全市唯一的“四川文创集市”，禹王宫村被评为四川最美古村。全县全年共接待游客833.9万人次，实现旅游总收入59.77亿元。

三、深入推动改革开放创新，充分释放发展新活力　强化改革落地，《资中县全面深化改革重要举措实施规划（2015—2020年）》明确的156项任务全部完成，中央和省市部署的12个改革试点有序推进。圆满完成中长期青年发展规划全国试点工作。全国首批农业科技金融试点顺利推进。全国深化事业单位改革试点工作全面推进，精简事业单位121个、精简率41%，40个新组建事业单位已全部挂牌。全面完成交通运输、农业、城市管理等领域综合执法改革。圆满完成全县乡镇区划调整、村级建制调整、村民小组合并、社区建制调整，厘清县级部门权责边界，下放99项权力事项、313个编制到乡镇，全县建制村由782个调减至301个、社区由58个增至65个、村民小组由3442个调减至2814个，“调优基层治理、调优产业结构”“双调双优”做法得到省委书记彭清华肯定。坚持开放增动力，盯住成渝轴线、提升沿海沿江、突破南向开放，持续跟进落实“四向拓展、全域开放”和区域协同发展五年行动计划方案，35个项目有序推进。创新“4+5+N”模式开展招商引资，成功签约新发地二期、成都共同管业生产基地、湖南步步高超市等44个项目，完成市外到位资金136.36亿元、同比增长15.40%，荣获内江市招商引资“百日攻坚行动”最大招商项目奖、最快签约落地奖、最多拜访企业奖及先进集体。加快建设创新型城市，科技部农村中心“100+N”开放协同创新体系“20件事”有力推进，成功举办基因编辑小型猪产学研交流会，基因编辑小型猪产学研协同创新内江基地获得授牌，有力推动“内江黑猪”产业向生物科技高新产业转型升级；有序推进与重庆市畜科院合作的“1+1+N”体系建设，中科院电子辐照中心、内江职院现代农业产业学院等创新载体集聚入驻；建设全省首个农业科技孵化器及农业科技试验基地——农科荟；启动国家农业高新技术产业示范区创建工作。

四、统筹推进乡村振兴和新型城镇化，县域经济高质量发展注入新动能 出台《关于推进“三农”工作补短板强弱项促提升确保如期实现全面小康的实施意见》，持续推进“15815”现代农业产业园梯次创建工程，获评2个市级、1个省级四星级现代农业园区和1个省级农业科技园区，现代农业产业园、农村产业融合发展示范园纳入国家创建名单，内江国家农业科技园区在全国47个园区复评中排名第一，被评为全国优秀园区。银山镇获评市级“四好农村路”示范镇，农村“两通”工程全面实现。深入推进“厕所革命”“五清”、农村人居环境整治，农村户用卫生厕所普及率达89.76%、生活污水有效治理率达62.46%、生活垃圾有效治理率达98%，畜禽粪污综合利用率达92.25%，累计创建“美丽内江·宜居乡村”达标村143个，反映资中乡村振兴新面貌的歌曲——《我们的村庄》喜获全国村歌大赛三等奖，重龙镇杨柳滩村和双龙镇三柏村分列全省基层治理“随手拍”第三名、第六名。“五张高质量发展版图”格局初显，主城区水南新城成势、重龙古城蓄势、西部新城开启，球溪临空卫星城、银山中国血橙小镇、鱼溪鲶鱼小镇3个县域副中心齐头并进，铁佛工业小镇、公民回锅肉小镇、明心寺产业新城、新桥“山地康养”精品旅游、陈家蚕桑等特色镇初具雏形，发轮、龙江等区域中心镇集聚效应明显，171个特色村带动作用逐步显现，城乡融合加快发展，各镇“十四五”规划加快编制，进一步夯实推动县域经济发展的底部支撑。

五、持续改善生态环境质量，全力推动人与自然和谐新发展 牢固树立绿水青山就是金山银山的理念，扎实整改市级以上反馈突出环境问题447个、整改率98.7%，“资中蓝、沱江绿”成为常态。资中县生活垃圾焚烧环保发电、卫生填埋二厂2个项目加快推进，球溪、鱼溪、双龙、苏家湾4个垃圾压缩中转站建成并逐步投运，27个乡镇污水处理设施建设项目主体完工、全部通水调试。全面推进“减排、抑尘、压煤、治车、控秸”五大工程，秸秆综合利用率预计达95%，全年城区空气质量优良天数达358天、占97.8%。持续开展“清河、护岸、净水、保水”四项行动，与仁寿县、雁江区、安岳县等建立跨流域跨区域河库联防联控机制；整治沱江（资中段）干流入河排污口41个，城区5条黑臭水体治理初见成效，沱江河、濛溪河稳定达Ⅲ类水质，球溪河两岸建生态隔离带种植金牧粮草、平均水质达Ⅲ类，县城区集中式饮用水达标率100%。顺利完成沱江流域资中段及辖区天然水域禁捕退捕工作，渔船138艘、渔民275人全部退捕上岸。以水美城战略“1128”生态城市体系建设深入推进，大规模绿化资中行动和“三带绿化、两线出彩”工程稳步实施，全面构建“街长、路长、林长、河（湖）长”等制度，积极争创省级园林县城，增加公园绿地面积约5万平方米、城市绿道约2.5千米，滨江湿地公园抓紧建设，汇金绿地广场、远达体育公园、奉安公园、凤凰公园投入使用，远达山体公园、铁路公园、学府公园相关工作加快推进。

六、坚决守住安全发展底线，社会和谐稳定基础得到新夯实 始终坚持底线思维，认真落实12个防范化解重大风险工作方案，着力打赢防范化解重大风险攻坚战。始终把防范政治安全风险置于首位，严格落实国家安全责任制，开展“4·15”全民国家安全教育日暨“国家安全宣传教育月”活动。持续推进财政暂付款清理消化三年行动，化解隐性债务4.35亿元，债务风险全市最低。抓实市域社会治理，深入开展化解矛盾纠纷“百日挂牌攻坚行动”，诉讼案件同比下降13.28%，盗抢骗、黄赌毒案件同比下降20%、30%，重龙镇杨柳滩村、公民镇高石坝子村、双龙镇三柏村成为全省首批乡村治理示范村，凤凰城小区成为全省基层治理示范小区。扎实开展专项斗争，立九类涉恶案件73件、刑事拘留77人，查处保护伞和涉黑涉恶腐败共28人，参与破获“6·24”特大网络贷款诈骗案；坚决打赢禁毒防艾人民战争，成功破获“3·2”“3·3”特大制毒案。扎实推进安全生产专项整治三年行动，安全生产“四项指标”全面下降。制定《资中县县级党政领导干部食品安全工作责任清单》，食品安全总体形势向好。调整完善森林草原防灭火应急指挥机制，深入开展全省森林草原防灭火专项整治，建立“三级”林长、林警长组织体系，实施“1+1+10”行动，抓实“一图在手、两制到位、三责压实、四能提升、五子落地”，切实保障47万余亩森林资源安全。全县没有发生一起森林火灾，没有发生一起因地质灾害、山洪泥石流、洪峰过境导致人员死亡、失踪，没有发生一起较大以上安全生产事故，没有发生一起恶性暴力恐怖事件，没有发生一起大规模群体性事件，没有发生一起非法进京上访。

七、扎实推进民主法治建设，汇聚建设资中新合力 始终坚持党的领导、人民当家作主、依法治国有机统一。支持人大使用预算联网监督系统发现和推动解决实际问题，开展野生动物保护“两法”“两决定”实施情况执法检查。支持政协年度协商按计划实施，召开县委政协工作会议，在水南镇、银山镇创新开展“小微协商”试点，推动政协协商向基层延伸、与基层治理有效衔接。支持各民主党派基层组织持续开展政治协商、民主监督、参政议政，同心楼投入使用，得到省委常委、统战部部长田向利高度肯定。支持民主党派、工商联和无党派人士履职尽责，充分发挥工会、团委、妇联、工商联、红十字会、科协、侨联、残联、关工委、老科协、老年大学等桥梁纽带作用。坚持党管武装，开展省级双拥模范城创建，完善双拥工作和军民共建机制，健全退役军人工作体系和保障制度。深入推进全面依法治县，常态开展“法律七进”“法治进万家”等活动，深入宣传民法典和行政复议法，完成273个公共法律服务室规范化建设，资中县《传统“偶艺”助力资中法治宣传》、资中县水南实验学校分别被遴选为全省“七五”普法特色亮点工作、特色点位，资中县法院干警陈建被表扬为全国法院人民法庭工作先进个人，资中县人民检察院被授予第七届“全国先进基层检察院”称号。

八、用心用情用力保障民生，群众获得感、幸福感实现新提升 坚持人民至上，锲而不舍补短板、强弱项，民生领域支出达44.9亿元、占地方一般公共预算支出75.7%，高于全市、全省平均水平。全力推进“五创协同”，成功创建第五届四川省文明城市，为2022年创建省级园林县城，2023年创建国家级卫生县城和省级双拥模范县城，2025年创建国家级历史文化名城积累了宝贵的工作经验、打下了坚实的工作基础。圆满完成第七届全国人口普查登记阶段工作。25个民生实事人大代表票决制实施项目有序推进，市级民生实事和民生“十有行动”62个小项全面完成。老旧小区电梯安装试点稳步实施，计划投资8亿元，全面开启222万余平方米老旧小区“基础类”改造工作。千方百计做好就业“稳、促、创、增”工作，城镇新增8748人就业、2812名失业人员实现再就业，城镇登记失业率3.71%。关心关爱“一老一小”，为特殊困难群体发放各类补助2.28亿元。“内联外畅”交通骨架日趋完善，远达片区、新发地片区道路体系基本形成，春岚南路、和鸣东街等市政道路建成通车，西干道一期、苌弘大道北延线主体工程即将完工，城市圈得到有力拓展；银山大桥加快建设，归德大桥、苏家湾航电枢纽工程前期工作加快推进，新建板栗高速出口和唐明渡、御河沟等跨江大桥正在积极规划。川南教育强县加快建设，凤凰教育园区、重龙小学、水南四幼开工建设，新增幼儿学位1360个，幼教、职教、义务教育齐头并进，高考实现全市“四连冠”。社会体育发展蓬勃有力，新建95条健身路径，新增体育场地1.55万平方米；四川省唯一一个女子足球后备人才基地正式落地资中，9名女足运动员代表四川获全国校园足球总营比赛亚军，2名队员入选校园足球国家集训队；资中县选拔培养的女子跨栏选手吴艳妮勇夺全国田径锦标赛女子100米栏冠军。健康资中持续推进，公立医院取消药品加成，累计让利群众4.48亿元；县中医医院迁建工程一期6月全面投入使用、二期启动建设，县妇幼保健计生服务中心综合楼一期、二期建设项目加快推进，并在全市率先通过二甲评审、实现“三年两跨越”，县人民医院综合大楼即将完工，并与华西医院、川北医学院、省骨科医院、北京协和医院等共建教学基地1个、专科联盟1个、专家工作站2个，“外建医联体、内建医共体”初见成效。

九、做深做细宣传思想和意识形态工作，崇德向善的社会生态得到新拓展 持续深入宣传习近平新时代中国特色社会主义思想，深化“践行十爱 · 德耀甜城”活动，扎实做好举旗帜、聚民心、育新人、兴文化、展形象各项工作。成立资中县文学艺术界联合会，成功举行2020年“文化和自然遗产日”资中宣传周非遗专场展演，推动资中木偶剧团积极参加对外交流文化活动。大力培育践行社会主义核心价值观，在战疫情、斗洪魔中挖掘报道各类典型人物1000余人，援鄂医生黄旭东家庭被评为2020年全国抗疫“最美家庭”和第二届全国文明家庭。广泛开展青年建功立业、新时代好少年推荐等主题教育实践活动，青年演员林昆被评为全国青年岗位能手并当选全国青联委员。深入开展群众性精神文明创建活动，持续开展“垃圾不落地·资中更美丽”“文明城市创建 · 小手拉大手”等志愿服务活动，群众文明素质不断提升，李晓玲家庭获评“全国五好家庭”，资中县税务局被表彰为第六届全国文明单位。严格落实党委（党组）网络安全工作责任制，严格按照《党委（党组）意识形态工作责任制实施办法》规定，加强意识形态领域情况分析研判，举办宣传思想暨意识形态工作专项培训，推动网络意识形态健康发展，“资中县2020年国家网络安全宣传周活动”参与量达8万人次，“弘资中”App下载量超过70万次，县融媒体中心顺利通过省级高分验收、名列全市第一。

十、全面从严治党纵深推进，风清气正良好政治生态得到新巩固 全面加强党的领导，认真落实新时代党的建设总要求，以党的政治建设为统领，统筹推进党建各项工作。出台巩固深化“不忘初心、牢记使命”主题教育成果实施方案，不断推动全县党员干部增强“四个意识”、坚定“四个自信”、做到“两个维护”。培养高素质专业化干部人才队伍，开展“奋进资中·干部讲堂”和“四季”党性教育主题培训，培训党员干部5万余人次；出台《资中县受处分干部重新启用试行办法》《资中县退出领导岗位干部作用发挥办法》；完善“项目练兵、战场育人”干部培育机制，实施专业化领导干部培养、年轻干部“铸魂”两大工程，遴选培养对象85名，提拔重用疫情防控、脱贫攻坚等一线表现突出干部50名，表彰“八形”干部9人。注重融入成渝抓人才，产业链上累计涵养院士（专家）工作站等人才团队17个、孵化项目9个，乡村振兴学院被列为全省人才工作现场会参观点，省委常委、组织部部长王正谱对“田间地头讲振兴、产业链上办学院”的做法给予了充分肯定；中欧乡村振兴人才培训合作项目前期工作有序推进。推动基层党组织全面过硬，“1+7+3”党建引领基层治理体系不断深化，金紫铺村乡村治理模式得到省市领导肯定，并在全市推广；建设“红色、科技、绿色”新型特色党校，得到省市领导肯定；深化“311”干部帮扶基层行动，抓实3986名优秀农民工回引培养使用和41个村（社区）软弱涣散党组织整顿“回头看”；村（社区）“两委”换届党组织选举圆满完成，村（社区）党组织书记具有大专及以上学历的占79.4%、提升18.95个百分点，村（社区）“一肩挑”达100%。机关党建“一支部一品牌”深入推进；建成全县非公企业党群活动中心，全县非公经济和社会组织党组织覆盖率达85.25%。持续拧紧管党治党“五责”链条，以“四种形态”处理1043人次，其中第一、第二种形态分别占比75.2%、20.4%。始终保持惩治腐败高压态势，立案查处违规违纪案件281件，党纪政务处分254人，其中科级领导干部18人，移送司法机关4人。坚决拥护、积极配合查处张明、卢宗礼、邱智勇、赵坤、黄佑培等人严重违纪违法案，抓实“以案促改”，组织700余名科级以上领导干部对照检视，分层分类开展警示教育活动100余场，健全制度机制16个。以高度的政治责任感配合省委巡视资中，集中办理交办问题线索或信访件80件，处分8人，组织处理73人；统筹抓好省委巡视反馈意见和经责审计发现问题整改，实行“清单制+责任制”，强力推进整改落实。驰而不息纠“四风”树新风，持续深化办公用房、公务用车等“7+2”专项治理，查处违反中央八项规定精神的干部19人次；制定减负机制13个，全县发文和会议同比下降21%和26%，“督检考”压减至33项、压减率52.2%，整治形式主义为基层减负观测点工作得到中办调研组肯定。坚决落实过紧日子要求，出台《资中县厉行节约制止餐饮浪费行为行动方案》，一般性支出压减10.2%，县级“三公”经费同比下降7.2%。

事非经过不知难。总结资中县近年来克难奋进、化危为机的具体实践，我们在工作中突出把握了以下八个方面：

一是举纲定魂讲站位　深学笃用习近平新时代中国特色社会主义思想，把新时代党的创新理论作为谋划推进工作的纲和魂，自觉增强“四个意识”、坚定“四个自信”、做到“两个维护”，“一盘棋、一条心、一股劲”，奋力推动党中央大政方针和省委、市委决策部署在资中落地落实、开花结果。

二是观势谋局定方向　主动站位“两个大局”，登高望远、顺势而为，发扬民主、集思广益，加强前瞻性思考、全局性谋划、战略性布局、整体性推进，丰富和完善了“一个取向、两个建成、三个争先、四城建设、五创协同、六个资中”的总体发展思路，明确了“百万人口大县冲前十、农产品主产区县争前三”的发展新坐标和建设国家级历史文化名城、成渝中部经济强县的发展新定位。

三是敢抓机遇利长远　发扬“四不精神”，马不停蹄争规划、争政策、争项目、争资金。

争取省市支持，布局乐山—资中—铜梁高速、成渝高速路加宽走复线，重新规划乐至至资中至井研高速，使资中成为四川少有的四条高速过境并布局绕城高速的县城；争取发改委和铁路局支持，调整成自高铁资中西站布局，使资中成为拥有两座半高铁站的县城，为我们构建成渝地区县域交通枢纽重要支点和快速融入成渝“一小时通勤圈”奠定了基础；争取到国家农业高新技术产业示范区、大禹节水川渝推广中心等一批重大战略基地在资中布局；债券资金争取额度、棚改推进力度为最好时期之一，项目谋划和投资逐年攀升、呈现“后发超车”发展态势；同时，通过连通“四园”（凤凰工业园、健康产业园、明心食品园和国家农业科技园区）的凤凰大道、连通明心新城和板栗高速出口的成渝大道、贯通城南城北的苌弘大道、沿江而下的滨江大道以及穿城而过的资州大道，构建起了资中建设现代化中等城市和2025年启动撤县建市的基本框架，让城市“西进、东拓、北改、南优”战略实施成为可能。借势借力建平台、建基地、建园区、构枢纽、构支撑、添活力，“三园”相连、“四园”互动、产城融合发展框架基本形成，“15815”现代农业园区加快构建，“三大县两基地”［成渝地区新型建材大县、绿色食品大县、酒业生产大县、新兴机械汽（摩）配基地和中国西南运动健康（生物材料）基地］加快建设，县城“两城两圈”（资中国际商贸城、新发地国际农产品交易中心和汇金—中铁商圈、古城—马房街商圈）商贸新格局初步形成。全面融入成渝地区双城经济圈建设的发展基础不断夯实。

四是勇迎挑战敢担当　低起点、高定位，背水一战通过义务教育均衡发展国家级认定性评估；内江农业科技园区通过科技部评定验收，并推动成为拥有“国家农业高新技术产业示范区、国家现代农业产业园、国家农村产业融合发展示范园”三个国字号园区聚集的“全国优秀”园区；实现国家AAAA级旅游景区零的突破，为争创天府旅游名县创造了条件；成功创建省级卫生城市和四川省文明城市。靠前指挥、众志成城，成功应对突如其来的新冠肺炎疫情，连续4年的特大洪水、2018年的“7・12”和2020年的“8・13”“8・17”三次特大洪峰过境、2019年“9・8”威远5.4级地震和“12・18”资中5.2级地震灾害等风险考验，守住了不发生系统性风险底线，政府债务控制全市最好。聚拢心向、敢于担责，主动诚恳接受国家对资中2016年的统计执法检查、省委巡视、经责审计和中办整治形式主义为基层减负观测点等各类执法、政治、经济发展体检。

五是因势利导重实干　打好组合拳、主动仗，出实招真招硬招，用心用情办成了脱贫攻坚、2000余千米路网改造提升、新发地入驻、银山鸿展转型升级等一些大事，解决了沙淇实业司法破产重整、中建材股份以及中豪百姓住房问题等一些难事，促成了成自高铁资中西站选址调线、苏家湾航电枢纽挤进规划、健康产业园抢先谋划、殡仪服务中心搬迁等一些急事，做好了资中二中、球溪高级中学两所国重成功创建，8.1万户用上自来水、以水美城战略“1128”生态城市体系8座公园建成开放、县综合养老服务中心建成投用等一些实事，推动了垃圾和污水处理两个PPP项目、两河口水库和河库联网X段开建、县城区水厂改扩建、长征渠规划修编以及县委党校、乡村振兴学院和内江职业技术学院“产教融合、一体建校”、球溪“运产一体、融合发展”临空卫星新城等一些利长远的要事，干成了内江肿瘤医院、川南妇幼保健院、北京健合基金会捐赠医疗器械推动医共体建设、国防教育基地、《月是故乡明》成功拍摄并在央视强档播出、新华文轩・逵骧书城等一些无中生有的新鲜事。

六是守本定心讲情怀　不忘初心、牢记使命，坚持以人民为中心的发展思想，不因外界因

素而动摇、不因影响个人而退缩、不因考评成绩而气馁、不因条件不具备而放弃，始终以增进群众的获得感幸福感安全感为取向、为己任、为动力、为追求，用心用劲办好了一大批民生实事和民生“十有”行动，在坚守为民情怀、解决群众急难愁盼民生问题中凝聚了推动发展正能量。

七是改革创新赋动能　保持战略定力，突出发挥改革突破性和先导性作用，始终把创新发展理念贯穿到经济社会发展各方面全过程。高质量完成上级部署在资中的重大改革试点，探索出了中长期青年发展规划试点、民生实事项目人大代表票决制等一批在全国、全省有影响力的改革经验，“100+N”开放协同创新体系布局、高标准农田全域试点、“五良”融合试点、“三大革命”和“1+7+3”党建引领基层治理、事业单位改革等重点改革事项顺利推进，如期完成县级机构改革、乡镇行政区划调整、村级建制优化调整等重点改革任务，上下贯通的行政体制架构形成，高质量绘就了县城、县域副中心、中心镇、特色村等“一干多支”新发展版图。

八是凝神聚气共奋进　干部聚焦资中发展主业，牺牲利益、牺牲休息、牺牲亲情讲奉献，马上就办、真抓实干讲效率，心无旁骛、咬定青山争一流，一大批年轻干部在“项目练兵、战场育人”“干部塑形”行动中得到锻炼和成长，一大批干部在爬坡上坎、攻坚破难中经受了考验和洗礼，绝大多数干部在考验面前愈挫愈勇愈胜利，“跟我上”变为了工作主基调、“我要干”成为工作“主旋律”。主动吃苦不是苦，被动受苦才是苦，一大批干部工作不过夜、高效率工作，在主动吃苦中经受了磨炼、成长了自我、创造了甘甜，让自己变成了强者，人心思齐、人心思进、人心思干的氛围日益浓厚，正凝心聚力阔步迈向全面建设社会主义现代化资中新征程。

在总结工作的同时，县委常委会分析了存在的问题和不足。主要是产业结构不优，规上企业数量偏少；文化旅游资源开发滞后；资源环境容量不够，污染防治和生态修复任务艰巨繁重；抓“六稳”“六保”和全面融入成渝地区双城经济圈建设尚需加力加劲；交通、环保、教育等领域基础设施仍有历史欠账；民生保障还存在一些短板，社会治理还有诸多弱项；党的建设方面存在薄弱环节，反腐败斗争形势依然严峻复杂，等等。对这些问题和不足，我们将在今后的工作中切实加以解决。

政府工作报告

——在资中县第十六届人民代表大会第六次会议上

资中县人民政府县长　林双全

（2021 年 1 月 28 日）

2020 年工作回顾

2020 年，是极不平凡的一年，在市委、市政府和县委的坚强领导下，在县人大、县政协的监督支持下，我们坚定以习近平新时代中国特色社会主义思想为指导，深入学习贯彻落实党中央大政方针和省、市、县决策部署，围绕县十六届人大五次会议确定的目标任务，坚持稳中求进工作总基调，坚持新发展理念，坚决打好三大攻坚战，扎实做好“六稳”[1]工作，全面落实“六保”(2)任务，贯彻“农业多贡献、工业挑大梁、投资唱主角、消费促升级”工作部署，抢抓全面融入成渝地区双城经济圈建设机遇，坚决夺取疫情防控和经济社会发展“双胜利”。全年实现地区生产总值 283.78 亿元，增长 3.9%，其中第一产业增加值 84.88 亿元，增长 5.5%，第二产业增加值 80.53 亿元，增长 3.4%（规模工业增加值增长 5.6%；建筑业增加值 21.12 亿元，增长 5.1%），第三产业增加值 118.37 亿元，增长 3.1%；完成地方一般公共预算收入 9.30 亿元、同口径增长 6.7%；完成全社会固定资产投资 87.24 亿元，增长 13.2%；社会消费品零售总额 90.62 亿元，下降 3.3%；城乡居民人均可支配收入分别达 38068 元、17592 元，分别增长 6.1%、8.8%。

这一年，我们主要做了以下工作。

一、坚持人民至上，疫情防控彰显新担当

科学调度防控有力。面对来势凶猛的新冠肺炎疫情，我们深入贯彻习近平总书记和党中央关于统筹做好疫情防控和经济社会发展的部署要求，在省、市、县防疫领导小组的坚强领导下，顶住了在全市出现首例确诊病例的压力，科学防控、精准防控、依法防控。在短短 41 天内将疫情牢牢控制，确诊病例全部清零。同时建立长效机制严防反弹，至 2020 年底再无新增疑似或确诊病例，夺取了疫情防控阶段性胜利。

防控举措落实落细　党员干部昼夜坚守，医护人员救死扶伤，广大人民群众积极参与，谱写了一曲感人肺腑的抗疫赞歌。组织党员干部 100 万余人次、医护人员 4285 名、志愿者 16 万余人次参与群防群控，选派 2 名优秀医务人员驰援武汉。累计拨付防控资金 2 亿余元，设置定点收治和集中观察医院 6 所，建成 5 个核酸检测实验室，累计检测 17.6 万人次，已组织 1.6 万人接种疫苗。大力开展“三大工程、十项制度”(3)爱国卫生运动，实施防疫禁赌控聚、小区治理等“八大行动”(4)，创新“341”管服工作机制(5)在全市推广，资中“战疫情”新闻 6 次被央视宣传报道。

社会秩序全面恢复　为尽快消除疫情影响，

我们扎实做好“六稳”“六保”工作，出台《稳企业保就业防风险》等“六个专项方案”和支持中小企业共渡难关18条措施，开辟绿色通道，发放“战疫贷”2.78亿元、“稳保贷”3.96亿元，新增减税降费1.90亿元。统筹提供各类工作岗位8322个，为11017名农民工提供就业服务。通过系列措施，经济社会秩序快速恢复，预计全年主要经济指标增速高于全市平均水平。

二、坚持攻坚克难，全面小康展现新气象

脱贫成果巩固提升　深入开展决战决胜脱贫攻坚“百日行动”等系列活动，顺利接受省级脱贫攻坚交叉考核，高质量完成脱贫攻坚调查任务，脱贫退出质量全面巩固提升。在全市率先开设精准防贫保险项目，筑牢返贫致贫防线。创新建立“脱贫帮扶日”制度[6]，被《县域经济》和省脱贫攻坚简报第80期刊载推广。开展“三进三帮”[7]，帮助22920名贫困劳动力实现劳务收入3.58亿元。探索“1+3+3”工作机制[8]，探索解决丘区农村相对贫困试点工作，102个贫困村集体经济总量达464万元、脱贫人口年纯收入达8136元。老鹰村、芦茅沟村被评为四川省2020年文化扶贫示范村，资中被评为四川省2019年度脱贫攻坚先进县。

污染防治成效明显　市级以上突出环境问题已整改447个，整改率98.7%。沱江河、濛溪河稳定达Ⅲ类水质，球溪河全年平均达Ⅲ类水质，乌龙河平均达Ⅳ类水质。城区空气质量优良率97.8%。生活垃圾焚烧环保发电项目完成土建主体框架，球溪、鱼溪、双龙、苏家湾4个垃圾压缩中转站建成并逐步投运，27个乡镇污水处理设施建设项目主体完工、通水调试。县级及以上集中式饮用水水源地水质达标率100%，188个行政村农村生活污水有效治理。畜禽粪污资源化利用整县推进项目全部完工。

重大风险有效防控。持续推进财政暂付款清理消化三年行动，化解隐性债务4.35亿元，债务风险全市最低。加强PPP项目财政支出责任管控，县域金融运行平稳。众志成城迎战“8·13”“8·17”特大洪峰过境，实现“三零”目标，被央视点赞。建立“三级”林长、林警长组织体系，深入开展全省森林草原防灭火专项整治，全年未发生一起山火。创新开展安全监管技术服务和重大安全隐患问题“清单制+责任制”挂牌督办，“四项指标”[9]均下降20%以上。

三、坚持产业强县，县域经济迈上新台阶

特色农业升级增效　完善“1+4+3”现代农业产业体系[10]，新增血橙标准种植面积1.5万亩。“内江黑猪”祖代场全面建成，德康公司新桥3000头种猪场、铁佛7500头能繁母猪、10万头育肥猪项目及新希望资中新越农牧科技有限公司15万头生猪产业化项目开工，33个年出栏1000头及以上养殖场投产，全年生猪出栏67.29万头。万亩鲶鱼现代农业产业园加快建设，省级良种场、品质提升中心建设完成，中国橙堡鱼乡融合发展示范园成为成渝地区现代设施渔业集成养殖示范基地，渔业全产业链产值13.58亿元。天府智慧农业生态园定植试生产。争取到全省首个水果产业“五良”融合[11]发展和全省唯一一个高标准农田“三通一平”[12]整县示范试点。与中化现代农业四川有限公司达成10万亩粮油生产现代农业园区建设意向合作协议。撂荒地复耕复垦5264亩、完成率100%，粮食播栽扩种面积2.27万亩，超目标1.38万亩，全年粮食总产量56.42万吨，增速0.7%。

工业产业延链转型　新增规上工业、企业12户，51户规上企业全年实现总产值77.7亿元、同比增长6.1%。3户水泥生产企业全年实现产值22.9亿元。银山鸿展新建75%消毒酒精生产线，日产量超50吨。沙淇实业加快技改，复产在即。联手川酒集团建设重龙成品酒生产基地，内江白酒品牌——“重龙酒”即将面世。力海铸业、希迈汽配等企业智能化生产显著增强，全年实现产值近1亿元。成功培育晨田机床等国家高新技术企业3户，新增“四新一大”[13]企业9户。弘升药业转产KN95口罩日产2万只，迪派乐新建一次性口罩生产线日产6万只。推进与中石油昆仑燃气有限公司综合能源利用项目，首个LNG站建成投运，94口页岩气井累计产气10亿余立方米。创新创业孵化园建成13栋标准厂房，入驻企业21户，签订协议待入驻企业6户。明心食品园3万平方米标准化厂房建设完工，入驻企业11户。经开区园区承载能力面积达11.66平方千米，投产企业185户。

现代服务业持续壮大　出台《资中县推动现代服务业高质量发展的十条措施》，推动第三产业提质增效，新培育规上、限上企业33户，总量达96户。电商中心、电商示范街、镇级特产馆加快建设，全年实现电商交易额58.04亿元，同比增长23%。城市茂商业综合体，汇金天地B、C区，中国资中・新发地国际农产品交易中心一期，国际商贸城一、二期开业，“两城两圈”[14]商贸格局效益初显。文庙武庙复原陈展并对外开放，罗泉会议纪念馆、孟塘睦邻村村史馆通过省级示范验收，沱江新画廊成功创建第八批省级水利风景区，孟塘里乡情生态园成功创建国家AAA级旅游景区。特别是罗泉古镇成功创建国家AAAA级旅游景区，实现了零的突破。全县接待游客833万人次，实现旅游总收入59.77亿元。

四、坚持共建共享，城乡融合取得新突破

交通建设快速发展　推动三条涉及资中高速（资中—安岳—铜梁、乐山—资中、成渝高速公路扩容）进入四川省高速公路项目招商推介，三犍高速（三台—乐至—资中—自贡—犍为）纳入《四川高速公路网规划》，“3346”交通枢纽[15]格局逐步成形。园区农村生产道路二期、G247资中至威远段中修工程全面完工。资威快速通道一期工程连接线建成通车。完成28个行政村、48个撤并建制村通村道路硬化，47个未通村实现客车通达，全面实现农村“两通”。“四好农村路”创建强力推进，银山镇获评市级示范镇，金紫铺村等19个村获评县级示范村。

城市功能日益完善　汇金绿地广场、远达体育公园、凤凰公园建成投用，滨江湿地公园完成2.17千米堤防主体，开展重龙山至睏牛山步道建设及唐明渡湿地公园前期工作，完成资州大道骑游道、绿道及和鸣大道绿道改造，新增公园绿地约5万平方米、城市绿道2.5千米。完成竹花路二期市政道路、安居街市政道路改扩建项目，西干道一期、苌弘大道北延线主体工程即将完工，凤凰大道东段、和鸣大道西段、石堰河路、教育园区配套道路、科创路开工建设，春岚南路、和鸣东街、资中国际商贸城西侧道路、新发地西侧道路、明心食品园配套道路等市政道路建成通车。加快智慧城市建设，启动建设5G基站125个、已开通104个。

乡村振兴深入推进　乡村振兴学院集中培训千余人次，被列为全省人才工作现场会参观点。推进“15815”[16]现代农业园区建设，获评1个省级、2个市级四星级现代农业园区和1个省级农业科技园区。内江国家农业科技园区顺利通过科技部评估，获评全国十大优秀园区。现代农业产业园、农村产业融合发展示范园纳入国家创建名单。获评乡村振兴市级先进镇2个、示范村10个，县级先进镇7个、示范村29个。人居环境不断改善，农村户用卫生厕所普及率达89.76%，创建“美丽内江・宜居乡村”达标村143个。成功承办内江市2020年中国农民丰收节。

五、坚持开放合作，高质量发展注入新动能

全面融入成渝地区双城经济圈建设　谋划推动成渝地区双城经济圈建设“四重”[17]清单项目51个，预计总投资1819.52亿元，与毗邻县区梳理合作事项40余个、编制合作项目60余个。成功引进共同管业集团，预计项目一期年产值达2.50亿元。步步高超市、永辉超市等成功落地。完成市外到位资金136.36亿元、同比增长15.4%，新引进中外合资企业1户。荣获内江市招商引资“百日攻坚行动”先进集体及最大招商项目奖、最快签约落地奖、最多拜访企业奖。

抓实产业项目提升年　实施2020年第一批、第二批省、市、县级重点项目550个，总投资1102.23亿元，完成投资143.74亿元、占计划的100.7%。包装专项债券项目16个、抗疫特别国债项目9个，专项债券申报通过项目63个，全市项目数量最多、发债规模最高，已到位16.24亿元、同比增长101.9%，连续三年居全市县（市、区）第一。谋划2021年债券项目14个、总投资23.8亿元，争取省财政厅新增转贷地方政府债券16.14亿元。加快“十四五”规划编制，收集500万元以上重大项目203个、预计总投资1058.05亿元。

纵深推进改革创新　深化放管服[18]改革，梳理优化涉企行政许可事项171项，企业开办时间压缩至1个工作日。引进中科奥格公司实施医学实验用猪产学研基地项目，填补国内医用猪饲养规范空白。创建首批省级示范交易中心，获评首届全国公共资源交易百强县。在全市率先完成国有企业股权清理划转。推进“青马工程”[19]全国试点和集体资产资源“三权分置”[20]试点。实施农村产权制度改革，土地流转率达25%。内江国家农业科技园区成为全国农业科技金融试点，“100+N”开放协同体系推进成效在全国作经验交流。建设四川省首个农业科技孵化器及农业科技试验基地——农科荟，启动国家农业高新技术产业示范区创建工作。圆满完成中长期青年发展规划全国试点工作。突出“双调双优”[21]，圆满完成乡镇区划调整、村社区建制调整、村民小组合并。

六、坚持以人为本，社会事业得到新加强

保障水平稳步提高　民生领域支出44.9亿元，占一般公共预算支出的75.7%，高于全省、全市平均水平。城镇新增8748人就业，2812名失业人员实现再就业，城镇登记失业率3.7%。资中县获评全省去冬今春农民工服务保障工作先进单位，钢筋工张兴勇被评为全国优秀农民工。关心关爱“一老一小”，为特殊困难群体发放各类补助2.3亿元。“9·8”威远5.4级地震和“12·18”资中5.2级地震受损住房户灾后恢复重建1269户全面完成。民生实事人大代表票决制实施项目全面完成既定任务，市级民生实事和民生“十有行动”[22]62个小项全面完成。

公共事业全面发展　高考重点本科、本科分别上线817人、2556人，上线比例12.5%、54.6%，连续4年排名全市各县（市、区）第一。重龙六幼、水南一幼（分园）、鱼溪中心幼儿园等9个项目竣工投用，新增幼儿学位1360个。四川省唯一女子足球后备人才基地落地资中。资中县选拔培养的女子跨栏选手吴艳妮，勇夺全国田径锦标赛女子100米栏冠军。公立医院取消药品加成，让利群众4.48亿元，县人民医院综合大楼即将完工。黄旭东家庭被评为全国抗疫最美家庭、第二届全国文明家庭，李晓玲家庭获评全国五好家庭，林昆被评为全国青年岗位能手。成立资中县文学艺术界联合会，举办资中第二届国学文化旅游周等活动。成功创建第五届四川省文明城市，资中税务局获评全国文明单位。《月是故乡明》在央视黄金强档播出，展现资中崭新面貌。

社会治理扎实见效　推进“伞状+警务网格”[23]社会治安防控新体系，盗抢骗、黄赌毒案件同比下降20%、30%，高楼派出所获评“四川省枫桥式公安派出所”，县法院干警陈建获评全国法院人民法庭工作先进个人，县检察院获评全国先进基层检察院。杨柳滩村、高石坝子村、三柏村获评全省乡村治理示范村，禹王宫村获评四川最美古村落，凤凰城小区获评全省基层治理示范小区。完成沱江流域资中段及辖区天然水域禁捕退捕工作，275名渔民、138艘渔船全部退捕上岸。创新构建“1+7+3”党建引领城乡基

层治理体系[24]，成功承办市域基层治理现场会。圆满完成第七次全国人口普查登记工作。

国家安全、国防教育和动员、人民防空、双拥共建、退役军人等工作取得新进步。统计调查、民族宗教、档案保密、新闻出版、邮政管理、科协、老年大学、气象、供销社、地方志等工作取得新成绩。工会、妇联、老龄、残联、关心下一代、红十字等事业开创新局面。

七、坚持自身建设，服务能力获得新提升

坚定政治定力　坚持将政治建设摆在首位，学懂弄通做实习近平新时代中国特色社会主义思想，持续巩固深化"不忘初心、牢记使命"主题教育成果，落实意识形态工作责任制，不断增强"四个意识"、坚定"四个自信"、做到"两个维护"。

坚守法治初心　主动接受人大法律监督和政协民主监督，办理人大代表建议157件、政协委员提案112件，满意及基本满意率100%。强化法治政府建设，受理并办结行政复议案件2件，办理法律援助案件472件，化解矛盾纠纷10593件。完成273个公共法律服务室规范化建设，"七五"普法顺利收官。

坚决规范权力　坚持以高度的政治责任感配合省委巡视资中工作，集中办理省巡交办问题线索或信访件80件，处分8人，组织处理73人。抓好省委巡视反馈意见和经责审计问题整改，实行清单制+责任制，强力推进问题整改，切实规范政府系统各项工作。推进审计监督全覆盖，审减政府投资资金7692.5万元。严格预算管理制度，"三公经费"同比下降7.2%。扎实做好中办督察室为基层减负"观测点"工作，全年计划"督检考"压减至33项，全县发文和会议同比下降21%和26%。积极配合查处张明、卢宗礼、邱智勇、赵坤、黄佑培等严重违纪违法案，抓实"以案促改"，开展警示教育活动100余场，健全制度机制16个。

2020年主要目标任务的完成，标志着资中县"十三五"规划顺利收官。"十三五"时期，是全县上下开拓进取、跨越赶超的五年，是资中战略地位日益彰显、对外影响力不断扩大的五年，是县域实力加速提升、群众获得感明显增强的五年。

五年来，我们聚焦经济发展，综合实力持续增强。2016年至2020年，全县地区生产总值年均增长5.7%，提前实现地区生产总值和城乡居民人均可支配收入比2010年翻一番目标，全县地区生产总值跨过280亿元台阶，县域经济发展进入全省35个同类区县第一方阵，2019年县域经济考核排名第9位。五年来，我们聚焦转型升级，产业结构不断优化。三次产业结构比从2015年的26.8 ∶ 46.8 ∶ 26.4，调整为2020年的29.9 ∶ 28.4 ∶ 41.7，经济结构进一步优化。五年来，我们聚焦精准扶贫，郑重承诺如期实现。投入扶贫专项资金22.95亿元，实施扶贫项目1644个，全面落实22项惠民惠农专项扶贫政策，贫困村、贫困人口脱贫退出硬指标全面达标，2016年、2018年、2019年获评全省脱贫攻坚工作先进县。五年来，我们聚焦对标补短，基础设施逐步完善。升级改造城乡路网2000余千米，比"十二五"期间增加1400余千米，增长233%，县城至各镇"40分钟"交通圈基本形成。城区水厂改扩建工程完成建设，新增受益人口10975人。五年来，我们聚焦融合发展，城乡建设有力推进。城镇化率较"十二五"末增加6.5%。成功创建省级卫生城市和文明城市。新建城区公园8个。累计建成幸福美丽新村211个，创建省级"四好村"45个、市级"四好村"77个。五年来，我们聚焦污染防治，生态环境明显改善。22个建制镇和经开区污水处理设施实现全覆盖，新增污水处理能力3.2万吨/日。全县秸秆综合利用率达95%，$PM_{2.5}$平均浓度降至25微克/立方米，森林覆盖率达32.6%。五年来，我们聚焦改革开放，发展活力显著增强。机构改革、乡镇区划调整改革相继完成。农业农村"2+1"改革[25]不断深入，获评全省2019年农民增收先进县。累计签订招商引资项目投资协议372个，协议投资总额586.09亿元。五年来，我们聚焦民生福祉，民生事业卓有成效。城乡居民基本养老保险参保50.39万人，基本医疗保险覆盖率达98.4%。累计城镇新增就业45154人次，返乡创业创办各类经济实体1474户。普惠幼儿园占95%以上，义务教育均衡发展通过国家认定评估。中医院一期迁建，内江肿瘤医院、省妇幼保健院川南分院等建成投用。建成城乡社区日间照料中心79个。民生领域财政投入达186.60亿元，群众获得感、幸福感、安全感持续提升，发展成果全民共享！

五年的艰苦奋斗和辉煌成就，奠定了乘势而上、加速崛起的坚实基础，开启了转型升级、跨越发展的崭新局面。这些成绩的取得，是县委统揽全局、正确领导的结果，是县人大、县政协及社会各界有效监督、鼎力支持的结果，是全县人民团结进取、顽强拼搏的结果。

"十四五"时期的发展思路和奋斗目标

"十四五"时期是我国全面建成小康社会、实现第一个百年奋斗目标之后，乘势而上开启全面建设社会主义现代化国家新征程、向第二个百年奋斗目标进军的崭新起点。当前和今后一个时期，资中仍处于发展功能定位调整的重大机遇期，具有多方面的优势和条件：高质量发展版图加快重塑、城镇化加快优化提升、新的经济增长点成长壮大、文化名城底蕴全面彰显、科技资源加快聚集、农文旅融合发展推进、生态环境提质增效。

但同时，我们也面临一些困难和问题：资金、土地、环境容量等要素制约较大，工业基础仍然薄弱；财政收入结构不尽合理，人均财力低，"三保"[26]支出压力大；保障和改善民生任务繁重，公共服务短板依然突出，基层治理能力有待提升等。我们将高度重视这些问题，采取更有力的措施加快解决。

按照《中共资中县委关于制定国民经济和社会发展第十四个五年规划的建议》，今后五年的主要预期目标是：

一是经济发展取得重大成效　经济持续平稳增长，地区生产总值年均增速高于全省、不低于全市平均水平，人均地区生产总值与全省全市差距进一步缩小。"4+5+5"现代产业体系[27]建设取得新突破，基础产业规模化、支柱产业特色化、产业链条现代化，产业新城建设基础不断夯实，县域经济发展水平全面提升。

二是改革开放迈出坚实步伐　重点领域和关键环节改革取得突破，高标准市场体系基本建成，市场主体充满活力，产权制度改革和要素市场化配置改革取得重大进展，营商环境持续优化。"一点三线"[28]立体全面开放新态势加快形成，资中经开区、内江农业科技园区能级大幅提升。

三是文明程度得到全面提高　社会主义核心价值观深入人心，公共文化服务体系和文化产业体系进一步完善，人民精神文化生活日益丰富，社会文明风尚更加浓厚，新时代资中城市精神和文化形象培塑取得新成效，历史文化挖掘和资中文化影响力进一步提升，建成国家级历史文化名城。

四是生态建设收获显著成效　沱江流域资中段综合治理和以水美城"1128"生态城市建设体系[29]取得重大进展，主要污染物排放总量持续减少，建成国家级卫生城市、省级园林县城、长江上游水生态文明示范县。国土空间开发保护格局得到优化，城乡人居环境明显改善，基本建成滨水宜居公园城市。

五是民生福祉实现更大改善　实现更加充分更高质量就业，城乡居民收入增长和经济增长基本同步，城乡居民人均可支配收入增速高于全省全市平均水平。基本公共服务均等化水平稳步提

高，全民受教育程度不断提升，卫生健康体系不断健全，多层次社会保障体系更加完善，人民对美好生活新期待得到更好满足。

六是治理效能获得创新突破 民主法治更加健全，更高水平的法治资中、平安资中建设扎实推进。城乡基层治理制度创新和能力建设取得新成效，“1+7+3”社会治理新格局加快形成。防范化解重大风险体制机制不断健全，发展安全保障更加有力。

2021 年主要工作

2021 年是中国共产党成立 100 周年，是“十四五”开局之年。2020 年政府工作的总体要求是：以习近平新时代中国特色社会主义思想为指导，全面贯彻中共十九大和十九届二中、三中、四中、五中全会精神，认真落实省委十一届六次、七次、八次全会和市委七届十次、十一次、十二次全会精神，扎实抓好县委决策部署落实，坚持稳中求进工作总基调，立足新发展阶段，贯彻新发展理念、融入新发展格局，坚持推动高质量发展，以深化供给侧结构性改革为主线，以改革创新为根本动力，以满足人民日益增长的美好生活需要为根本目的，围绕“一个取向、两个建成、三个争先、四城建设、五创协同、六个资中”(30)总体发展思路，巩固拓展疫情防控和经济社会发展成果，全面融入成渝地区双城经济圈建设，扎实做好“六稳”工作、全面落实“六保”任务，大力实施“产业项目深化年”，加快建设国家级历史文化名城和成渝中部经济强县，以优异成绩庆祝建党 100 周年。

考虑到新冠肺炎疫情影响带来的不确定性，全县经济社会发展的主要预期目标是：地区生产总值增长 7.6%，其中第一产业增加值增长 3.6%，规模工业增加值增长 9.0%，建筑业增加值增长 7.0%，第三产业增加值增长 9.0%；社会消费品零售总额增长 11.0%，全社会固定资产投资增长 10.0%，地方一般公共预算收入同口径增长 7.0%，城乡居民人均可支配收入分别增长 8.5%、9.0%，城镇登记失业率控制在 4.1%以内，居民消费价格总水平涨幅控制在 3.5% 以内，完成上级下达的节能减排和环境保护目标任务，力争县域经济排名在同类区县中再次提升。

为实现上述目标，要重点抓好以下工作。

一、抓重大战略机遇，推动更加全面地融入成渝地区双城经济圈建设

高质量编制系列规划 按照“1+1+20”(31)的思路，科学编制“十四五”规划暨 2035 年远景目标纲要及专项规划，推动《成渝地区双城经济圈建设规划》《资中县国土空间规划》《资中县全域旅游规划》等重点规划有效衔接，形成规划合力。健全政策协同和工作协同机制，实行项目化、清单化管理，提高规划执行力和落实力。

*积极融入区域发展版图。*深入落实《成渝地区双城经济圈建设规划纲要》，积极对接天府新区四川区域协同总部内江基地建设。牵手成渝中部地区一体化发展示范区、川南渝西融合发展试验区建设，助推成渝地区中部崛起和南翼跨越。加快融入川南经济区一体化发展和内自同城化发展，实现住房公积金、司法服务、医疗保障、社会治安等公共领域同城化服务全覆盖。

提高开放合作质量水平 进一步畅通南向通道，全面对接粤港澳大湾区、珠三角经济区等发达地区，积极融入中国—中南半岛、孟中印缅国际经济走廊。对接“成渝新欧”班列，加强西向“一带一路”(32)开放合作。对接成都“东进”、重庆“西拓”，深化与天府新区、成都东部新区以及资阳、安岳、仁寿、大足、荣昌、自贡、泸州、宜宾等毗邻地区的合作，融入承接产业转移创新发展示范区建设。深化与科研院校合作，加快建筑业总部基地、电商中心、科技孵化中心等平台建设。

推进完善交通互联互通　积极融入西部陆海新通道，配合省市做好涉及资中高速项目前期工作，开工建设成自高铁资中西站站前广场基础设施建设项目（一期）。推动资东、资威、资荣、资宜等快速通道规划建设，加快罗泉、龙结等与红星路南延线连接工程建设。推进鱼溪至铁佛威远界提升改造、仁资快速路前期工作，罗龙路、国有林场林下经济节点公路投用。推进唐明渡大桥、归德大桥建设，破除产业园区互动瓶颈。实施旅游道路升级改造、林区道路连通、农村道路窄路加宽、银楠路二期等工程，逐步实现镇村道路、景区道路与县道国道互联互通。

二、抓农业农村优先，推进更有成色的乡村振兴

全面推进农业生产　落实资中血橙“双3计划·百亿产业”[33]发展规划，新（改）建标准种植园基地1.44万亩，发展血橙精深加工。构建内江黑猪全产业链，建成资中德康“内江黑猪”铁佛扩繁场、新希望资中新越15万头生猪产业化项目，建设生猪交易大数据中心等平台，打造成渝优质商品猪战略保障基地。落实资中鲶鱼“1112”百亿产业发展计划，完成泰之源高位水池水产养殖、中国橙堡鱼乡融合发展示范园建设。推进国家农村产业融合发展示范园建设。玖新高科农业观光采摘综合园完成蔬菜大棚、养殖场等配套设施建设，现代蚕桑融合发展示范园新（改）建桑树1500亩，完成大禹节水水肥一体化灌溉1500亩。完成高标准农田项目建设年度任务，粮食播种面积稳定在160万亩。

提升产业竞争能力　深入实施“15815”现代农业园区梯次创建，推动科技部农村中心“100+N”[34]开放协同创新体系结出更多硕果。加快推进国家农业高新技术产业示范区和乡村振兴先行区创建工作。中国资中·新发地国际农产品交易中心二期9月底前完工，建设配套成渝走向全国的高端水果推广基地、扶贫产品展示交易中心、优质高产高效粮油保障基地、绿色优质农产品基地，丰富“蓉欧+”东盟国际班列资中产品，助力优质农副产品销全国、出国门。

深入推进乡村治理　乡村振兴脱贫攻坚道路PPP项目完成银山大桥2号、3号承台工程建设，争创省级“四好农村路”示范县。深化“三大革命”[35]，推进农村改厕、生活垃圾处理和污水治理，实施河湖水系综合整治，改善农村人居环境。两河口水库完成大坝主体、施工导流明渠等建设工作。完成人居环境整治工矿废弃地复垦利用任务。建立土地征收公共利益用地认定机制，缩小土地征收范围。深化农村“2+1”改革，探索宅基地所有权、资格权、使用权分置实现形式，基本完成农村集体产权制度改革，发展新型农村集体经济。

持续巩固脱贫成果　实现巩固拓展脱贫攻坚成果，与乡村振兴有效衔接。严格落实“四个不摘”[36]，建立农村低收入人口和欠发达地区帮扶机制，保持帮扶政策、帮扶力量和资金支持总体稳定。健全防止返贫监测和帮扶机制，持续跟踪收入变化和“两不愁三保障”[37]巩固情况。持续发展壮大扶贫产业，强化易地搬迁后续扶持，做好稳岗就业，充分激发脱贫群众内生发展能力。

三、抓结构调整转型，打造更加有力的产业支撑

集聚发展制造产业　着力构建“3+2+N”工业产业集群[38]，推动配套服务成渝的“三大县两基地”[39]建设。整合全县新型干法水泥、商砼和川威集团钢材等资源，推进装配式集成建筑产业园建设。完成共同管业一期项目。沙淇实业正式复产。加快明心食品园建设进度，景瑞农副产品生态鱼类及蔬菜精深加工项目一期完工、汇源薯业整体搬迁并入驻。加快畅达牧业屠宰深加工二期前期工作。引导银山鸿展、弘升药业等企业入驻运动健康产业园。加快“回家工程”创新创业园三期标准厂房建设，力争新入驻企业8户。

推进能源革命，完善页岩气等资源能源开发利益共享机制，建设页岩气能源就地转化利用基地，苏家湾页岩气勘探开发项目试运行，推进 LNG、CNG 加气站建设。

建设更具活力的现代服务业　推进以电子商务、现代物流、文旅、健康养老等为重点的现代服务业发展，建设省级服务业强县。深化电商扩面增效“七大工程”[40]，提高农特优产品电子商务交易额。推进川中现代国际、成诺智慧、明心寺冷链箱装、顺河场物流园等项目建设，补齐县域物流短板。扩大“两城两圈”，积极培育汇金中铁商圈、古城马房街商圈，一品天下·资中会客厅主体完工。推进运动健康康养产业园、古城核心区、响水滩、罗泉森林康养、盐文化文旅商业街、城南旅游综合服务中心等项目建设。继续抓好资中古城、血橙公园、沱江新画廊建设和创 A 工作，争创天府旅游名县和省级全域旅游示范区。

四、抓项目投资建设，筑造更为坚实的发展根基

精准发力谋项目　落实“产业项目深化年”，围绕中央预算内投资支持的 8 个领域 66 个专项，中央特别国债支持的 4 个领域 32 个专项，全力谋划生成具体项目。做好“十四五”规划重大项目研究，提升产业基础能力和产业链水平的战略性新兴产业和转型升级项目。梳理 2021 年第一批省、市、县重点项目 443 个，总投资 1030.5 亿元，年度计划投资 131.2 亿元。继续加快 8 个在建 PPP 项目，力促 3 个在审 PPP 项目尽快过审。

主动出击引项目　充分利用进博会、知名企业四川行、西博会等开放平台宣传资中，精心举办返乡创业座谈会等活动。积极“走出去”，赴长三角、珠三角、成渝、京津冀及环渤海等重点区域开展投资促进活动。以产业园区为载体，突出产业特色，找准切入点，切实将招商引资与融入成渝相结合。

凝心聚力建项目　推进政银企对接，鼓励金融机构加大对县域经济发展支持力度，扩大“稳保贷”覆盖面。强化土地保障，盘活土地存量，加大闲置土地清理力度，优化运输、水、电、气等生产要素配置保障。开工建设 49 个政府投资项目，加快推进 144 个重点项目，建成 126 个重点项目。

五、抓区域统筹协调，建设更优品质的现代城镇

做好城镇规划　全面落实省市国土空间规划编制和生态保护、永久基本农田、城镇开发“三条红线”，优化县城和场镇生产、生活、生态三大空间格局。完善历史文化名城保护、历史文化名镇、传统村落保护与发展规划。建好城市标志性地段、景观、建筑，打造优美天际线。

提标城镇建设　做好滨江湿地公园建设项目续建，一桥至二桥 4 千米湿地公园建成投用。加快唐明渡湿地公园前期工作，开工建设万金山体育公园。启动西干道二期、明心食品城、凤凰大道东延线等市政道路建设，完成石堰河临江东路市政道路主体工程，西干道一期、苌弘大道北延线通车。完成资中县特色农产品加工园区道路一期及快速通道、和鸣大道西段、石堰河路、科创路建设项目，推进滨江大道四期、五期及资中县主干道改造提升前期工作。实施城乡统筹供水一体化工程，城区供水管网及供水设施改造提升工程新修建给水输水管道 15 千米。推进苏家湾航电枢纽工程。加快百镇建设差别化发展，提升小城镇聚集吸纳力。

提档城镇管理　优化城市功能布局，增强防洪排涝能力。落实财政转移支付和城镇新增建设用地规模与农业转移人口市民化挂钩政策，加大老旧小区、管网改造和社区建设力度，完成 240 户老旧小区改造任务。加强智慧城市建设，提升城市综合治理能力。加快特色城镇和生态城镇建设，提高镇村绿化覆盖率。推进国家级历史文化名城、国家级卫生城市、国家级文明城市、省级园林县城、省级双拥模范城市创建工作。

六、抓改革创新突破，汇聚更深层次的发展动能

深层次推进改革创新　继续做好“青马工程”全国试点和少先队“分批入队”省级试点等工作。推进能源、通信、公用事业等行业竞争性环节市场化改革，深入推进校地（企）合作，培育市级以上高新技术企业2户，建成市级工程技术中心1个，实施重点科技计划项目20项。抓好供给侧结构性改革和国资国企、金融等关键环节改革。

多维度促进园区建设　完成现代农业创新创业园基地建设一期，加快国家农业高新技术产业示范区总体规划和实施方案编制。完成“回家工程”创新创业孵化园三期5万余平方米厂房建设。开工建设明心食品园快速通道西延线、唐明渡连通工程市政基础设施、产业健康园规划道路，完成明心食品园连接线及相关基础设施建设，加快明心寺快速通道前期工作，实现基础设施互联互通，促进“三园互动、融合发展”。

全方位优化营商环境　持续深化放管服改革，做优“一网通办”智慧政务，提升政务服务大厅功能，实现“一个窗口、一次办成”，将“最多跑一次”落到实处，新开办企业基本实现“零成本”。推进审批事项流程再造，进一步缩减工程建设审批、房屋交易等事项办理时限。全面推行“双随机、一公开”(41)，加强部门协作与信息共享，扩宽涉企服务“绿色通道”，积极营造亲商、安商、富商浓厚氛围。

七、抓重大风险防范，促进更高质量的发展质效

筑牢卫生安全屏障　抓好常态化疫情防控，压紧压实“四方”责任(42)，全面落实“外防输入、内防反弹”，突出做好农村、冷链物流、医疗机构三大板块疫情防控，持续巩固来之不易的疫情防控成果。增强核酸检测能力与医疗处置能力，做好新冠疫苗接种工作，健全完善疾病防控救治体系。深入开展爱国卫生运动，推进“健康资中”建设，提高公共卫生风险防控意识。

防范财政金融风险　严守“三保”底线，严格按上级要求压缩“三公经费”及一般性开支，严控政府债务，推进财政暂付款清理消化“三年攻坚行动”，稳妥化解隐性债务存量，坚决遏制增量。持续巩固“防范化解重大金融风险攻坚战”成果，强化地方金融组织监管，有效防范和处置非法集资，维护金融稳定。开展房地产乱象整治，促进房地产市场平稳健康发展。

不断提升治理水平　全面贯彻落实总体国家安全观。完善长效常治机制，推广新时代“枫桥经验”(43)，推进“雪亮工程”(44)建设。持续落实“三大工程、十项制度”，常态化开展“五清”，推进市域社会治理现代化试点，发挥党建引领“1+7+3”基层社会治理体系效能。推进公安局业务技术用房及配套工程建设。实施应急能力提升三年行动计划，推进森林防灭火专项整治，提高防灾减灾救灾能力。深化安全生产专项整治三年行动，严防较大及以上生产安全事故发生。完善食品药品安全监管体系，守牢群众“舌尖上的安全”。

八、抓民生福祉改善，形成更具普惠的成果共享

坚持绿色可持续发展　全力抓好中央、省、市环保督察反馈剩余突出环境问题整改。全面落实林长制，推动“三带绿化、两线出彩”(45)，着力创建长江上游水生态文明示范县。抓好水、气、土污染防治，开展秸秆综合利用试点示范县建设。建成生活垃圾焚烧环保发电项目。严格落实河（湖）长制，积极创建省级河（湖）管理示范县。完成30个二级场镇（聚居区）农村生活污水治理设施建设，全县70%的行政村农村生活污水得到有效治理。抓好沱江流域（资中段）、濛溪河、乌龙河、龙江水库、黄板桥水库等河库水环境综合治理及生态修复，推进资中县湖库水环境综合治理项目。持续开展好沱江资中段及县域内天然水域十年禁渔管控。

积极发展社会事业　推进新高考改革和新时代教育评价改革。推进重龙小学、水南四幼等民生项目，凤凰教育园区幼儿园和小学部完成主体工程、中学部开工建设。县人民医院综合大楼完成建设，加快县中医医院迁建项目二期、县妇幼保健院综合楼修建，开展产教融合实训基地一期、第二人民医院业务用房、沿江文化长廊等项目前期工作。推动资中博物馆建设，加强公共文化服务效能和农村精神文明建设。统筹做好民族宗教、外事侨务、国防动员、档案保密、统计、气象、史志、供销、老龄、慈善、红十字等工作，支持工会、共青团、妇联、工商联、残联、文联等群团组织发挥更大作用。

持续提高社会保障　深入落实就业优先战略，鼓励创业带动就业，完成城镇新增就业7650人。实施全民参保计划，完善城乡居民基本养老和医疗保险、大病保险、失业保险、工伤保险制度。统筹城乡社会救助体系，完善最低生活保障制度，健全农民工工资支付机制，提高低收入群体收入。做好残疾人、农村留守儿童和妇女、老年人关爱服务。

加强政府自身建设

新征程要有新气象、新作为　我们将牢记初心使命，坚持以人民为中心，全面加强政府自身建设，提高履职水平。

依法行政，建设法治型政府　严守宪法和法律，自觉运用法治思维推动工作，自觉接受人大和政协监督，广泛听取民主党派、工商联、无党派人士和人民团体意见，主动接受社会和舆论监督，政府工作体现人民意愿，工作效果由人民评判。

提升效能，建设服务型政府　把真抓实干作为基本准则，积极解决各种矛盾困难，增强工作执行力，将改革发展稳定各项任务落下去，让惠及百姓的各项工作实起来。

永葆清正，建设廉洁型政府　认真履行全面从严治党主体责任和“一岗双责”，推进政府系统党风廉政建设和反腐败工作，扎实抓好省委巡视反馈意见和经责审计问题整改。加强国有资产监管，确保安全高效。进一步加强作风建设，持续整治官僚主义、形式主义，驰而不息纠正“四风”。厉行勤俭节约，将资源和财力更多地用在推动发展、改善民生的大事上。

新时代战鼓催征，新使命责重如山。让我们更加紧密地团结在以习近平同志为核心的党中央周围，在市委、市政府和县委的坚强领导下，在县人大、县政协的监督支持下，团结和依靠全县人民，真抓实干，锐意进取，加快建设国家级历史文化名城和成渝中部经济强县，开启资中全面建设社会主义现代化新征程，以优异成绩庆祝建党100周年！

名词解释

（1）六稳：指稳就业、稳金融、稳外贸、稳外资、稳投资、稳预期。

（2）六保：指保居民就业、保基本民生、保市场主体、保粮食能源安全、保产业链供应链稳定、保基层运转。

（3）三大工程、十项制度：三大工程指在推进城乡环境卫生“大清扫”活动落实落细中实施的“干部带头工程”“党员先锋工程”“群众帮带工程”。十项制度指在推进城乡环境卫生“大清扫”活动中坚持的门前三包、街长严管、路长巡检、河长巡查、常态清洗、垃圾清运、评比逗硬、每月考评、举报有奖、蹲点督导制度等共十项制度。

（4）八大行动：指防疫禁赌控聚专项行动，

市场、商场（商店）、餐饮专项治理行动，爱国卫生运动专项行动，小区治理专项行动，景区景点、娱乐游乐场所管理服务专项行动，学校防疫保安专项行动，社会志愿服务扩容增效行动，车辆整治专项行动。

（5）**“341”管服工作机制**：指“三责任四服务一承诺”机制，明确基层干部、网格员、亲属（邻居）三个包管控责任人，提供好卫生防疫、法律、生活、心理疏导等四项服务，履行好一个承诺，劝导重点人员签订居家观察承诺书，重点人员不外出活动、不接来访客人。

（6）**“脱贫帮扶日”制度**：指从 2020 年 3 月起，将每月第一周和第三周周一定为“脱贫帮扶日”，各联系县领导、帮扶单位、结对帮扶责任人需在“脱贫帮扶日”当天至少安排半天时间到村入户开展精准帮扶工作。

（7）**三进三帮**：指以进园区、进社区、进农村的方式帮助企业解难、帮助群众就业、帮助农民工返岗。

（8）**“1+3+3”工作机制**：指围绕建设一条解决丘区农村相对贫困产业就业示范带，突出党建引领示范、衔接乡村振兴、强农惠农机制三个重点，落实产业就业带动、人才教育扶持、政策兜底保障三大帮扶措施。

（9）**四项指标**：指生产安全事故起数、死亡人数、受伤人数、直接经济损失。

（10）**“1+4+3”现代农业产业体系**：指依托现代农业园区建设，着力构建特色鲜明、链条完整、增收强劲的“1+4+3”现代农业产业体系，即重点发展一个基础产业（优质粮油），4 个特色优势产业（资中血橙、内江黑猪、资中鲶鱼、优质蔬菜），同步夯实种业、装备、冷链物流三大先导性产业支撑，提升一、二、1 三产业融合发展水平，形成产业链条完整、功能多样、业态丰富、利益联结紧密的乡村产业体系新格局。

（11）**“五良”融合**：指良种、良法、良制、良田、良机相融合。

（12）**三通一平**：指通水、通路、通网（物联网）、土地平整。

（13）**四新一大**：指新材料产业、新装备产业、新医药产业、新能源产业和大数据产业。

（14）**两城两圈**：指以中国资中·新发地国际农产品交易中心、五洲国际·资中商贸城，城市南岸汇金—中铁商圈、城市北岸古城—马房街商圈为主体的商贸聚集区。

（15）**“3346”交通枢纽**：指三条铁路、三条高铁、四条高速、六条快通。三条铁路指，成渝铁路、归连铁路、资威铁路；三条高铁指，成渝高铁、成自内宜高铁、绵遂内宜城际高铁；四条高速指，成渝高速、资中至铜梁高速、资中至乐山高速、乐至—资中—威远—犍为高速；六条快通指，资东快速通道、资威快速通道、资荣快速通道、内简快速通道、资宜快速通道、仁资快速通道。

（16）**15815**：指力争到 2022 年创建 1 个国家级现代农业园区，5 个省级现代农业园区，8 个市级现代农业园区，10 个县级现代农业园区，50 个镇级现代农业园区。

（17）**四重**：指重大项目、重大平台、重大政策和重大改革。

（18）**放管服**：指简政放权、放管结合、优化服务。

（19）**青马工程**：2007 年 5 月 15 日，团中央在北京启动了“青年马克思主义者培养工程”，旨在通过教育培训和实践锻炼等行之有效的方式，不断提高大学生骨干、团干部、青年知识分子等青年群体的思想政治素质、政策理论水平、创新能力、实践能力和组织协调能力，使他们进一步坚定跟党走中国特色社会主义道路的信念，成长为中国特色社会主义事业的合格建设者和可靠接班人。这一工程，简称“青马工程”。

（20）**三权分置**：指形成所有权、承包权、经营权三权分置，经营权流转的格局。

（21）**双调双优**：指村和社区同步调整，同步优化。

（22）**十有行动**：指幼有所育、学有所教、劳有所得、病有所医、老有所养、住有所居、弱有所扶、食药有安、行游有便和德法有依等行动。

（23）**伞状+警务网格**：指以公安机关为主干、多元主体为骨架、协作机制为支撑、警务网格为基座的立体化多元治安防控体系。

（24）**“1+7+3”党建引领城乡基层治理体系**：“1”指建立一个推动运行体系，各战线分别明确1名县领导、1名联络专员、1个工作专班，分层次分领域推动工作落实；“7”指构建七条治理战线，构建党建责任基础战线、伞状警务网格治安战线、网格员信息战线、政务服务便民战线、融媒体舆情战线、信访维稳疏导战线、安全环保发展战线，确保工作有序、高效、优质开展；“3”指完善3个工作机制，完善督导考核机制、激励约束机制、投入保障机制，规范工作开展。

（25）**农业农村“2+1”改革**：“2”指农村集体经济和农村产权制度改革；“1”指各镇结合自身选题进行农业农村方面的改革。

（26）**三保**：指保工资、保运转、保基本民生。

（27）**“4+5+5”现代产业体系**：“4”指在农业上发展资中血橙、内江黑猪、资中鲶鱼和优质蔬菜等4个特色优势产业；“5”指在工业上抓好新建材、食用酒精、绿色食品、新装配和新能源等新兴产业；“5”指在现代服务业上积极发展电子商务、文化旅游、特色美食、现代物流和健康养老等产业。

（28）**一点三线**：“一点”指以内江市为原点；“三线”指成都内江协同发展轴线、重庆内江协同发展轴线、南向开放新兴经济轴线。

（29）**“1128”生态城市建设体系**：“1”指规划建设城周绿化带；“1”指有序推进船城湖、太阳湖、状元湖（方家沟）、鸳鸯湖等10座湖库建设；“2”指重点打造重龙山、沱江南岸滨江湿地公园等20个城市生态绿地；“8”指加快县城规划区内沱江、谷田河、永兴河、广义河、濛溪河、太阳河等8条河流生态建设。

（30）**一个取向、两个建成、三个争先、四城建设、五创协同、六个资中**：一个取向指建设社会主义现代化资中；两个建成指建成国家级历史文化名城和成渝中部经济强县；三个争先指争创县域经济发展先进县、乡村振兴先进县、天府旅游名县；四城建设指建设文化之城、教育之城、音乐之城、生态之城；五创协同指统筹创建国家卫生城市、省级园林城市、省级双拥模范城市、全国文明城市、国家级历史文化名城；六个资中指建设产业资中、活力资中、生态资中、畅通资中、人文资中、和谐资中。

（31）**1+1+20**：指一个县委对“十四五”规划及2035年远景目标的建议，一个资中县国民经济和社会发展第十四个五年规划及2035年远景目标纲要，以及资中县“十四五”工业高质量发展规划、“十四五”科技创新发展规划、“十四五”农业农村现代化规划、“十四五”服务业发展规划、“十四五”新型城镇化发展规划、“十四五”能源发展规划、“十四五”综合交通运输发展规划、“十四五”基本公共服务高质量发展规划、“十四五”应急管理规划、“十四五”生态环境保护规划、“十四五”文化和旅游融合发展规划、“十四五”教育发展规划、“十四五”水利发展规划、“十四五”网络安全发展规划、“十四五”公共卫生事业发展规划、“十四五”人才发展规划、“十四五”智慧城市发展规划、“十四五”国土空间布局规划、资中经开区“十四五”发展规划、内江农业科技园区“十四五”发展规划等20个专项规划。

（32）**一带一路**：指“丝绸之路经济带”“21世纪海上丝绸之路”。

（33）**双3计划·百亿产业**：指用5年时间（2018—2022年）使资中血橙种植面积达到30万亩规模，果农直接种植收益达到30亿元，全产业链产值达到100亿元。

（34）**100+N**：为支持国家农业科技园区创新融合发展，中国农村技术开发中心拟在全国范围内遴选10个高校、10个科研院所、10个农业创新型企业、10个农业科技园区、10个创新型县（市）、10个创新型乡镇、10个科技示范村、10个法人科技特派员单位、10个星创天地、10个新型研发机构作为100个纵向联系点；并联系若干国家级智库、金融机构、相关部门业务单位等形成N个横向联系点，构成一个纵横交织、有机联系、开放协同的创新网络。

（35）**三大革命**：指厕所革命、垃圾革命、污水革命。

（36）**四个不摘**：指摘帽不摘责任、摘帽不摘帮扶、摘帽不摘政策、摘帽不摘监管。

（37）两不愁三保障：指贫困户不愁吃、不愁穿、医疗有保障、住房有保障、义务教育有保障。

（38）**“3+2+N”工业产业集群**：“3”指新型建材、绿色食品、酒类产业；“2”指装备制造、运动健康（生物材料）产业；N指新能源、信息技术、绿色环保、通用航空、大数据、人工智能等产业。

（39）**三大县两基地**：指建设配套服务成渝的新型建材大县、绿色食品大县、基酒生产大县、新兴机械汽（摩）配基地和运动健康（生物材料）基地。

（40）**电商扩面增效“七大工程”**：指推进服务中心引领工程、农村电商覆盖工程、全企全民触网工程、公共品牌塑造工程、快递物流配套工程、电商人才培养工程、节日庆典宣传工程。

（41）**双随机一公开**：指在监管过程中随机抽取检查对象，随机选派执法检查人员，抽查情况及查处结果及时向社会公开。

（42）**“四方”责任**：指属地、单位、部门、个人四方责任。

（43）**枫桥经验**：指坚持党的领导，以人民为中心，运用自治、法治、德治等方式，推进基层社会治理现代化的经验做法。

（44）**雪亮工程**：指以县、镇、村三级综治中心为指挥平台，以综治信息化为支撑，以网格化管理为基础，以公共安全视频监控联网应用为重点的群众性治安防控工程。

（45）**三带绿化、两线出彩**：指河道、公路、铁路带及两旁生态绿化线出彩。

专记

新冠肺炎疫情防控

【基本情况】 2020 年 1 月 23 日，资中县发现第一例新冠肺炎疑似病例，1 月 24 日被确诊为全市首例新冠肺炎病例，全县进入突发公共卫生事件应急处置与防控阶段。疫情发生后，县委、县政府果断决策，全县上下迅速采取科学有效措施，外防输入，内防扩散，广泛宣传，全面排查重点人员；采取严禁群体聚集、深入流行病学调查、科学开展预防性消毒、规范集中隔离医学观察、严格居家医学观察、集中医疗救治、有效处置疫源地等精准防控措施。开展镇级排查、专项督查、县级巡查“三级联查”，抓细“三责任四服务一承诺”管理服务，全县 3 个疫源地（球溪镇双峰寺村、银山镇老下街、归德镇德胜老街）管理科学、严格、规范，无继发疫情。2 月 20 日，全县疑似病例清零。3 月 4 日，全县 7 例确诊病例全部治愈出院。此后进入疫情常态化防控，以“外防输入，内防反弹”为目标，坚持防控和经济发展两不误的原则，多项常态化防控措施全面落实落地。

【组织保障】 建立坚强有力的组织保障。一是保障指挥体系高效运转。全面实行领导带班和 24 小时值班制度，落实日调度工作制。设立疫苗接种、集中隔离管控、流行病学调查（区域协查）、核酸检测 4 个工作专班，一旦发现本土病例，市级 3 小时、县级 2 小时派出，现场开展疫点管理、流调溯源、人员排查、患者转运、核酸采样、环境消毒等处置工作，确保在 1～2 个潜伏期内控制疫情。二是加强疫情防控队伍建设。成立县级流行病学调查队伍 6 个、镇级流行病学调查队伍 22 个，共储备流行病学调查协查员 1411 人，开展专题培训 1 次。组建县级应急处置专业队伍 7 支共 87 人。派出 45 名医务人员作为学校的卫生副校长，指导学校开展日常卫生和疫情防控工作。

【处置流程】 明确科学规范高效的处置流程。建立县内“四方合作”流行病学调查机制，明确县疾控中心、县公安局、医疗机构、镇人民政府的职责分工，强化协调配合，全面落实开展流行病学调查、密切接触者追踪、医疗卫生机构（实验室）采样检测、集中隔离医学观察和疫源地处置“五同步”处置机制，确保流行病学调查工作质量。完善集中隔离医学观察场所管理机制，强化密切接触者医学观察期内的监测与检测，严格解除和后期管理，累计集中隔离医学观察 568 人。科学划定和管理疫源地，第一时间组织流行病学、消杀、健康教育等专家奔赴现场，规范疫源地管理与处置；严格疫源地管理评估与解除。全县3个疫源地共处置管理47户、199人。

【服务外出务工人员】 自2月5日实施外出务工人员健康申报证明服务工作以来，资中县认真贯彻落实“一手抓疫情防控，一手抓复工复产”的精神，积极组织基层医疗机构对前来办理健康申报证明的务工人员“当日办结”，不推诿、不限数，共计设立35个申报点（33个卫生院+2个社区卫生服务中心），出动医护人员400余人。按照政策执行与方便群众并行的原则，落实外出务工人员免费健康体检工作，分宣传动员、报名统计、服务实施三步有序推进，累计服务外出务工人员305416人次。

【提升医疗救治水平】 整合资源，全面提升医疗救治水平。设置定点救治医院1个、救治病房18间、床位30个，其中负压病房2间，救治床位3张。集中隔离医学观察场所17个、房间1034间。下发国家、省、市中医药方文件11个，开展熬制中药汤剂服务125万余人次，印发中医宣传册20000册，发放宣传单114923份；抽调县内21名业务骨干组成诊治专家组，完善医务人员培训制度，累计培训11283人次；出动一线医护人员3285人，累计出动120救护车1200余次，收救治率100%。开展心理干预。成立以精神科医师、心理咨询师为主的心理救援医疗队，强化对目标人群进行心理评估与及时干预，开通心理援助24小时热线服务，累计派出心理救援医疗队18次，开展紧急危机干预301人次，接待心理求助50人次。

【物资储备】 落实物资储备，全力保障防疫物资需求。一是明确物资储备制度。全县疫情防控物资储备采取县级储备及各医疗卫生机构储备两种方式，其中县级储备用于政府部门疫情防控需要，各医疗卫生机构储备用于本单位开展疫情防控需要。县物资保障组视情况进行物资调配使用。二是完善现有物资储备。全县县级储备疫情防控物资口罩81万只、防护服3846套、消毒粉11吨等；医疗卫生机构储备疫情防控物资：医用外科口罩25.56万只，医用酒精及免洗洗手液7700余瓶。确保疫情防控物资储备能满足30天满负荷运转需求。三是落实疫情防控资金。全县共筹集安排各类疫情防控资金19593万元（含中央抗疫特别国债资金12910万元、各类捐款1249万元）。

【宣传弘扬防控正能量】 抓实宣传弘扬防控“战疫”正能量。点亮显示屏4460块，喊响大广播小喇叭4537套，起飞无人机500余架次，制发宣传资料300万余份，温馨提示105万余人次，自创快板《科学防控战疫情》《拍手歌》《八大行动促治理》等响彻全县。统一印制《推广应用内江“健康码”》《敦促新冠肺炎高危人员主动登记申报》《鼓励群众参与有奖举报》三项通告45万余份，坚持资料到户、宣传到人。各级媒体累计报道资中防控疫情消息1600条（其中国家级近200条、省级800余条、市级600余条），报道各类典型人物105个。疫情防控工作先后被中央电视台报道6次，县融媒体中心挖掘报道各类典型人物1000余人，先进典型黄真润、何晖的事迹先后被《人民日报》刊载，《一本90后的战“疫”日记》等132篇信息被“学习强国”平台采用。

【关爱激励医务人员】 落实关爱医务人员措施，激励医务人员担当作为。向参与新型冠状病毒肺炎疫情防控的一线医务人员发放临时性工作补助共28.49万元，提供心理疏导53人次，走访慰问一线医务人员120人次、医疗单位12个，发放慰问金（慰问品）15.1万元，累计表扬先进党组织4个、先进个人121名，提拔疫情防控期间表现突出的干部10人。

【强化外来人员管控】 摸排管控不松劲，织牢外防输入防线。一是进一步强化境外来（返）资人员管控。严格“入境口岸—集中隔离医学观察场所”无缝衔接，闭环管理，实行全员核酸检测和全员14天集中隔离、7天居家医学观察、7天不参加聚集性活动、返回目的地2次核酸检测等措施。2020年全县累计集中隔离医学观察境外来（返）资人员163人，全部解除集中隔离医学观察；累计从成都、重庆、宜宾等地接返162人，其中83人落实集中隔离医学观察，79人落实居家隔离医学观察。二是进一步强化重点地区来（返）资人员管控。根据国内中高风险地区变化，动态调整防控策略，发挥镇人民政府排查、高铁北站设点排查和群众主动报告优势，切实做好国内重点地区来（返）资人员的排查以及核酸检测和居家观察等管理工作，先后对46个国内重点地区返回人员进行排查，累计排查国内重点地区返回人员2773人，按规定完成核酸检测2426人，返回前已完成核酸检测347人。

【提升院感防控能力】 由县领导牵头，县医疗救治组负责安排落实好医务人员、转运车辆、隔离场所，提前做好应对处置准备工作。一是规范发热门诊及哨点诊室设置。在县人民医院、县中医医院、资州医院3家医院规范设置发热门诊，设置留观病房35间，并配备专用CT。全县共有42家医疗机构规范设置发热哨点，同时预留发热疑似病人单独处置室42个。二是严格执行院感防控制度。实行首诊医生负责制，实行24小时值班制，充分发挥基层医疗卫生机构“守门人”作用，切实做到“四早”；严格落实预检分诊、三级分诊、预约诊疗和“一人一陪护”制度，对所有进入医疗机构人员进行体温检测、健康码查验、扫场所码，指导佩戴口罩。严格做好定时对场所消毒，落实日产日清的医疗废物管理；实行三级培训制度，加强对医务人员、后勤人员等5类人员的培训，累计培训70286人次，全县共有8名院感专职人员和125名感控督察员，并按要求对院感工作进行督导。三是加强核酸检测能力建设。县疾控中心、县人民医院、县中医院、县妇幼保健院、县精神病院核酸检测实验室先后获得审批，在全市率先实现二级以上公立医疗机构核酸检测实验室全覆盖。全县核酸检测单样检测能力达到每天3600人份（每日四班倒），在6家医疗卫生机构配置核酸检测快检设备，检测能力居全市各县市区第一。同时采取方式，由采购第三方检测机构（成都千麦医学检验有限公司）日检测30万人份。

【重点场所监管】 日常防控不减力，加强重点场所监管。一是建立疫情常态化防控“1+7”监督机制，共检查点位613个，督促整改问题214个，制发督查通报86期。二是制发《关于常态化疫情防控监督工作的方案》，成立1个综合监督组和10个专项监督组，共检查点位181个，督促整改问题143个。印发《关于加强村（社区）、企业及特殊场所新冠肺炎疫情防控督促指导工作的通知》，完成对各镇辖区内169户企业、53家敬老院、291所幼儿园中小学校、740个村组、59个社区的指导工作。三是聚焦重点场所的风险防控。对冷链食品相关工作人员、隔离场所管理服务人员、医疗机构工作人员开展每周一次全覆盖核酸采样检测，其他特定人群定期检测，并增加集中隔离观察场所环境的采样检测。截至12月底，全县重点人群累计核酸检测12.3万余人次，抽查检测特定行业环境和食品样本846份，检测结果全部为阴性。四是扎实开展疫情防控卫生员培训。在各学校、工矿企业、金融机构、餐饮行业、药店、商场超市、宾馆酒店、敬老院、宗教场所等设置疫情防控卫生员，全权负责本单位新冠肺炎疫情防控工作。已对1430余个单位、5300余人次进行了培训，有序推进各行各业复工复产复学，进一步落实疫情常态化防控工作要求。

【健康码查验使用】 信息防控不受限，扩大健康码查验使用。资中县着力安排好大数据推送、核查、处置工作，由各镇、各部门首先落实排查主体责任，确保境外和重点地区来（返）资人员核查到位。一是强化宣传培训。依托社区网格化管理，通过微信群、“弘资中”微信公众号、物业公众号、小区宣传栏张贴等形式，全覆盖宣传“国家防疫健康信息码”“四川天府健康通”的作用功能、申领途径和使用方法，并指导使用。全县 22 个镇 386 个村发放宣传单 17526 份。二是创新工作举措。实行 55 个县级部门包小区管理，在小区人员出入口分别落实 1 名红袖标上岗人员，指导帮助小区物业推广国家防疫健康信息码的申领、查验和使用工作，明确专人分片联络沟通部门包小区督导信息码的查验使用，实现“有码通行、亮码通行”。三是抓好工作督查。切实推动落实健康码的属地责任、主体责任和监管责任，组建 7 个检查组每日深入一线进行监督、检查，监督检查组共监督点位 545 个，督促整改问题 166 个。

【维护安全与稳定】 特殊场所防控不松劲，有效维护安全与稳定。一是做好学校重点防范工作。印发《中小学校新冠肺炎疫情防控技术方案（修订版）》《托幼机构新冠肺炎疫情防控技术方案（修订版）》等相关制度，坚持落实“两检一追踪”“日报告和零报告”制度，对全县各中小学、幼儿园开展疫情常态化防控监督检查 48 校次，开展县级、镇级随机抽查 136 次。建立资中县高考、中考常态化疫情防控专班，下设高考防控小分队 4 个、中考防控小分队 8 个，强化工作措施，明确保考任务。以考场（考点）为主体，下沉力量，强化督查，进一步细化、完善高考、中考考场（考点）的防控预案，用心用力，全面落实疫情防控特殊态势下的保考工作。二是做好特殊场所风险防范工作。制定《资中县开展特殊场所疫情常态化防控和汛期安全检查工作方案》，成立 6 个检查组，落实“乡镇、部门承包责任制”，开展两轮 106 次督导检查。着力强化养老机构、儿童福利院、监狱、精神卫生医疗机构等特殊场所风险防范，全力做好县政府统一调度和统筹管理工作。对特殊场所的重点人群和工作人员，坚持实行筛查甄别、分类处置、应检尽检；对可能存在的感染源头和场所进行追踪彻查，并纳入疫情防控大数据系统管理。坚持把特殊场所常态化防控、物资调配、医疗救治、后勤保障等落实到位。开展针对特殊场所预防性卫生措施，强化人员进出管控，安排专人负责常态化健康监测。充分发挥特殊场所党委和行政班子的基层堡垒作用，要求务必“看好自己的人，管好自己的门，做好自己的事”。三是做好交通枢纽摸排管控工作。严格落实乘客体温检测和规范旅客信息登记工作，坚持在县内客车站、火车站、高铁站安排专人负责常态化防控工作，对进入资中县的所有人员进行健康码查验和体温检测。严格落实客车站、火车站、高铁站和汽车、火车等密闭交通工具的消毒、测温、亮码等各项措施，做好境外和国内疫情中高风险地区来（返）资人员排查。

【新冠病毒疫苗接种】 全面推进新冠病毒疫苗接种工作。2020 年，按照“知情、自愿、免费”的原则，对全县范围内年龄为 18 ～ 59 岁的九类人员开展摸底调查工作，经统计有接种意愿人员 16628 人。全县设置新冠病毒疫苗接种点 7 个，启用 4 个，累计培训预防接种资质人员 525 人。抽调二级以上综合医院具备气管切开、环甲膜切除术、心肺复苏等急救能力的医务人员和 120 急救车对疫苗接种进行全面医疗保障，自接种以来无严重接种异常反应事件发生。

脱贫攻坚

【基本情况】 2013 年通过精准识别，资中县共有 102 个省定贫困村、7.8 万名贫困人口，贫困村、贫困人口规模在全省 73 个非集中贫困县（市、区）中排名第三，主要呈现面宽量大、劳动力少、文化程度低、病患残疾多、基础条件差等特点，属典型的“插花式”贫困。历年来，资中县始终坚持脱贫攻坚是最大的政治责任、最大的民生工程、最大的发展机遇，在中央、省委、市委坚强领导下，在各级各部门精准帮扶下，在全县132万名干部群众的奋力拼搏下，大力实施精准扶贫精准脱贫，探索出一条解决“插花式”贫困新路径。2019年10月，102个贫困村、7.8万名贫困人口顺利实现退出、脱贫，提前完成了“十三五”减贫目标任务。2016年、2018年、2019年、2020年资中县均被省委、省政府表彰为脱贫攻坚先进县。

【组织保障】 坚持“五化”推进，决战决胜脱贫攻坚。一是强化组织领导。严格落实“双组长”制，成立了以县委、县政府主要领导为组长的脱贫攻坚领导小组及其办公室；各镇也相应成立了领导机构，明确专人负责脱贫攻坚工作。二是深化主体责任。认真落实“五级书记”遍访要求，县、镇、村三级书记深入基层靠前指挥，找准贫困根源群策群力，因镇因村因户精准施策，推动脱贫攻坚“责任、政策、工作”落地落实，县委、县政府主要领导和分管领导累计开展遍访行动579次，帮助镇村制定产业、就业等发展规划135份。三是细化工作思路。结合年度脱贫工作重点，科学研判系统谋划，从“用好政策保目标、构建特色促长远、连片成线新支撑”推动双业发展，到“确保2020年、巩固往年、全力冲刺、提质增效”实现高质量完成减贫任务，到“对标补短、巩固提升、精准施策、统筹发展”着力巩固提升脱贫成效、衔接乡村振兴融合发展，为决战决胜脱贫攻坚明确了目标指向和提供了工作遵循。四是固化工作机制。坚持“半月调度、一月研判、季度盘点”机制，定期会商研判脱贫攻坚工作。累计召开县脱贫攻坚小组会24次、调度会123次、推进会247次，县委、县政府主要领导和分管领导作出批示1463次，对工作时序安排、资金使用与管理、专项扶贫等各项政策、措施进行了专题研究、研判和部署，确保了工作有力有序推进。五是优化基层基础。全面完成乡镇、村行政区划调整改革，优化整合产业相近、行业相关、优势互补的镇村，全县共减少11个镇、减幅33.3%，减少83个村、减幅21.6%，实现镇村建制调整“调优基层治理、调优产业发展”的“双优”；积极构建“1+7+3”党建引领基层治理体系，推进26大项137小项具体工作，持续夯实基层组织基础，激活农村发展动能。

【精准帮扶】 坚持“四精”管服，尽锐出战全域覆盖。一是精准选派帮扶力量。严格落实划片包干和网格化管理，32名县领导、102个县级部门划片包干22个镇，累计下派第一书记450人、驻村工作队员743人、驻村农技员399人、结对帮扶责任7832人，实现了全县301个村、22543户贫困户帮扶力量尽锐出战、全域覆盖。二是精细管理帮扶力量。推行“清单制＋责任制＋督查制”，分年度、季度、月份制发“五个一”“三个一”任务清单，明确阶段性工作任务。“四季联评机制”和“钉钉”智能考勤被《中国组织人事报》《川报观察》刊载推广。“第一书记工作联盟”入选全省干部培训“好教材、好课程、好案例”。三是精确落实激励关爱。建立定期轮训和新参与人员集训机制，累计开展第一书记、驻村工作队员等培训14期1.1万人次，全面提升扶贫干部政策水平和帮扶能力。制定出台《切实关心爱护脱贫攻坚一线干部激发干事创业活力办法(试行)》，21名第一书记受到省级表彰，81名第一书记得到提拔重用。四是精织长效常态机制。建立“脱贫帮扶日”制度，联系县领导、帮扶部门、帮扶责任人每月第一周和第三周周一至少用半天时间到镇进村入户开展帮扶活动，县脱贫办根据当月重点工作制发活动主题，统筹推动数据质量、问题整改、项目推进、政策宣传等工作落地落实。

【专项扶贫】 坚持“22条”标准，专项扶贫成效显著。2014年以来，资中县累计投入各级各类扶贫资金 22.95 亿元，全面落实 22 项惠民惠农专项扶贫政策。一是全面落实住房安全保障政策。投入资金 3.26 亿元，对 9412 户贫困户实施了 C 级、D 级危房改造，对 954 户贫困户落实了异地扶贫搬迁，贫困户住房安全达标率 100%。二是全面落实安全饮水保障。投入资金 3778 万元，解决 1202 名贫困人口不安全饮水问题，确保 99 个村 440 户贫困户安全饮水保障。三是全面落实基本医疗保障。投入资金 7264 万元，实现参保率、体检率、家庭医生签约率 100%。基本医保报销 2.96 亿元，累计惠及人口 12.3 万人次，贫困人口自付比例为 7.8%。投入资金 718 万元建立卫生扶贫救助基金，累计救助 1814 人次 472 万元。四是全面落实道路交通政策。投入资金 2.1 亿元，新（改）建公路 238 千米，贫困村路网结构得到进一步完善，通行服务水平显著提高。五是全面落实教育扶贫政策。投入资金 9766 万元，新（改）扩建建筑面积 39460 平方米；累计向 22.7 万人次贫困学生发放资助救助金 1.42 亿元。六是全面落实电力扶贫政策。投入资金 6911 万元，新（改）建农村电网线路 639 千米，切实保障 1.8 万户 5.5 万名贫困群众用电质量。七是全面落实文化惠民政策。投入资金 3473 万元，完成 102 个贫困村文化达标建设，累计开展送文化惠民演出 226 场次。八是全面落实社会保障政策。累计向 1.8 万名贫困群众发放低保资金 3.15 亿元，向 2.9 万名残疾人发放护理补贴、生活补贴 4902 万元，向 2.4 万名贫困群众代缴养老保险 240 万元。同时，认真落实生态、就业、旅游、科技、工业等惠民惠农政策，确保各扶贫专项减贫、益贫、带贫成效显著。全县贫困户家庭人均收入从 2014 年 2524 元上升到 2020 年 8155 元，年均增幅达 21%；而 2020 年前三季度全县农村人均可支配收入 12448 元，同比增长 1007 元，增速 8.8%。在增幅上，贫困户家庭人均收入高于农村人均可支配收入。

【造血提能】 坚持“三抓”增收，强化造血增效提能。一是抓实产业发展持续增收。累计投入财政专项扶贫资金 4.53 亿元，组织实施 57 批次基础设施和产业到户项目建设，发放家禽、家畜、种苗等 245 万只（头、株）、改造圈舍 3833 平方米，新增特色水果种植 4.97 万亩，累计惠及贫困户 8.2 万户 22.36 万人次。投入贫困村集体经济扶持资金 1.53 亿元，依托“12345”现代农业产业提升行动、资中血橙“双 3 计划·百亿产业”、资中鲶鱼“1112 百亿产业计划”，着力实现特色产业镇、村集中连片，多产业多业态融合发展，2020 年全县贫困村集体经济收入达到 464 万元。二是抓实就业帮扶稳定增收。坚决克服疫情灾情影响，大力实施“四个一批”专项行动，采取“送信息上门、省外建制输出、开发本地岗位、增设公益岗位”等举措，同时，健全了“县、镇、村”回流监测机制，定期监测并帮助返乡人员实现再就业。三是抓实消费扶贫帮助增收。帮助 57 户企业成功注册“四川扶贫”公益商标，其中 4 户企业 11 个产品在 832 平台成功注册。深化全国电子商务进农村综合示范县成果，打造了电商服务中心 1 个、电商示范街 1 条、镇村服务站点 1400 余个。2018 年央视《经济半小时》栏目专题报道了资中脱贫攻坚经验做法。《人民日报》以《键盘一敲、卖到脱销》为题报道了资中县“血橙 + 电商”工作情况，“三强三推四提升”扶贫产品销售体系被国扶办《扶贫信息》第 65 期刊发并向全国推广。央视黄金强档电视连续剧《月是故乡明》，集中展示了资中决战脱贫攻坚的创业故事。

【提质增效】 坚持“四提”补短，着力巩固脱贫质效。一是开展问题整改提质效。建立问题“即时交办 + 全面核查 + 定期监测”工作机制，对各级各类暗访督查、巡视巡查、大排查、挂牌督战等 10713 个问题实现清单交办、限期整改、全覆盖核查并实现销号清零。同时，通过脱贫帮扶日

“每月两入户”对整改成效进行监测评估，保持问题随时清零。二是开展对标补短提质效。2020年对186户新增改建意愿贫困户和边缘易致贫户实施了C级、D级危房改造，对484户功能设施不齐的贫困户落实补短措施。对105户2020年受自然灾害影响安全饮水的贫困户落实新打机井、协调用水等措施。对2019年低收入贫困人口落实人均400元的产业到户资金，增强内生发展动力。三是开展精准双防提质效。在省内率先开设防贫保项目，由政府出资100万元建立精准防贫保险基金,按照“政府主导＋企业运作”模式，对近期因病、因学、因灾、因疫等突发事件导致存在返贫致贫风险的特殊人群进行救助扶持，确保“两类人群”双防精准。四是开展相对贫困试点提质效。探索“1+3+3”工作机制，按照“四个进六不进”原则在3个试点镇识别相对贫困对象391户1071人，建立解决相对贫困产业就业全产业项目7个，突出党建引领、衔接乡村振兴、强化惠农机制三大重点，落实产业就业扶持、人才教育扶持、政策保障兜底三大帮扶措施。

【内生动力】 坚持“三好”着力，充分激发内生动力。一是教好贫困户技能。依托33个“益农信息社”、386个“农民夜校”平台和253名农技员队伍技术优势，累计开展贫困户技能、技术培训2084场次3.5万余人次，基本实现有能力的贫困户均有一技之长。二是育好脱贫致富能人。深入实施农民夜校“质量提升计划”和农村家庭能人培养计划，累计培育农村家庭能人23.19万人，引导家庭能人发展新型农业经营主体3000余个，吸纳就业4000余人。创新建立资中县乡村振兴学院，设置“1+5+N”课程体系，举办“第一书记”“农村家庭致富能人”等培训30期2700余人次，其中县外培训3期300人次，为乡村振兴战略提供人才支撑。三是讲好资中脱贫故事。印发《决战决胜脱贫攻坚政策明白卡》3.4万份；录制《脱贫攻坚定胜利》方言快板“村村响”定期播放；帮扶责任人通过帮扶日活动，逐村逐户、面对面、心贴心、实打实宣讲习近平总书记关于精准扶贫精准脱贫的重要论述、现行扶贫政策、各级部署要求、脱贫攻坚成效，充分激发贫困群众感恩奋进的内生动力。全面梳理、总结、提炼资中“插花式”贫困脱贫攻坚新路子新机制，在国家、省级媒体、网站累计刊载（播）脱贫攻坚经验做法300余篇（条）。“扶贫日”系列活动累计募捐资金3747万元，全部用于扶贫济困事业。

【纪律保障】 坚持“三专”原则，以严实作风保成效。一是健全扶贫领域综合督导专门体系。采取“蹲点督导、摸底研判、专项督查、验收检查”等方式立体督导检查，通过“奋进资中”微信、“发点球”、县领导即时点评、巡视巡察等方式督促工作推进、问题整改，累计开展专项检查28次、综合督导84次，集中解决问题1430个。二是畅通了扶贫领域信访举报专线渠道。在县政府门户网站开设信访举报专区、开通热线举报电话、设立信访举报信箱，对线索进行专项登记、台账管理、优先研判、集中处置。累计受理扶贫领域信访诉求69起，回复69起，回复满意率100%。三是强化了扶贫领域专项问责。认真开展“三盯”“三公开”,规范制定三公开模板15类，2020年扶贫项目实现县、镇、村三级公示公开。探索建立“纪检＋媒体＋职能部门”的“1+2+X”联动监督模式，专项监督重点工作3次、抽查扶贫项目141个，督促整改问题190个。坚持扶贫领域违纪违规问题“零容忍”，共立案查处扶贫领域案件64件64人，公开通报曝光扶贫领域典型案例4件7人。

大事记

1月

2日　四川沙淇实业有限公司司法重整成功，恢复生产。

6日　“2020中国·资中第四届血橙节”开幕式在资中县苌弘大剧院举行。

9日　内江市政协主席戴震到龙江镇秀峰村慰问建档立卡贫困户及贫困党员，并到秀峰村办公室召开座谈会。

同日　四川省民政厅儿童保障处副处长周涛一行到资中县调研儿童福利工作。周涛一行先后到明心寺镇田坝村、唐明渡村，重龙镇后西社区。

同日　“2020四川电商年货节暨川渝新春欢乐购”资中分会场在资中县和鸣广场正式启动，通过线上推广和线下展示双平台模式，满足资中人民群众的消费需求，繁荣节日经济。

同日　四川省公安厅对全省51个“严打入室盗窃三大战区”行动成绩突出集体和突出个人予以表扬。资中县公安局被表彰为全省最强实战公安局。资中县局是全市唯一获此殊荣的县（市、区）局。

13日　四川省事业单位登记管理局局长李响到资中县开展事业单位法人公示信息抽查、机关群团及事业单位统一社会信用代码赋码等工作调研座谈。

14日　资中县召开“不忘初心、牢记使命”主题教育总结大会。

16日　资中县召开县委经济暨项目工作会。会议书面传达了省委经济工作会议、市委经济工作会议精神，安排2020年经济工作、项目推进工作。

同日　资中县首个室内24小时自助图书馆投入试运行，这也是内江市首个自助图书馆。

18日　资中团县委联合县委组织部、县妇联在苌弘大剧院多功能厅举办“情定一城　携手一生”资中县青春悦恋交友活动，近100名单身男女参与此次活动。

21日　资中县召开新型冠状病毒肺炎疫情防控工作紧急会议。

同日　“中国·资中第四届血橙节经贸洽谈暨返乡创业签约大会”在苌弘大剧院多功能厅成功召开。县级相关领导出席大会，内江农业科技园区管委会办公室、县委办、县政府办等单位负责人和22个镇书记或镇长及应邀客商嘉宾共10余人参加大会。

24日　资中县第一个新冠肺炎集中隔离医学观察场所正式启用。

25日　资中县召开新型冠状病毒肺炎联防联控会商会。与会人员听取了县卫生健康局、县经信局等部门关于新型冠状病毒肺炎联防联控工作情况汇报，就新型冠状病毒肺炎联防联控进行了深入探讨并提出建议意见。

26日　资中县法院、县检察院、县公安局、县司法局、县卫生健康局、县市场监管局联合发布《关于严厉打击新型冠状病毒肺炎疫情防控期间违法犯罪行为的通告》。

28日　内江市委书记马波一行到重龙镇文庙社区调研新型冠状病毒肺炎疫情联防联控工作情况。

31日　资中县委副书记、县政府县长林双全到球溪镇调研疫病防控口罩生产线项目建设情况。

2月

1日　资中县对全县所有零售药店销售发热、咳嗽类药品实行登记报告制度。

7日　资中县在四川弘升药业有限公司建成第一条口罩生产线，首批口罩下线，源源不断地用于疫情防控工作。在市、县两级政府及相关部门的帮扶下，此生产线的建成仅用了7天时间。

10日　资中县召开应对新型冠状病毒肺炎疫情应急指挥部会议。县新冠肺炎指挥部成员及县级相关部门负责人参加。会议以视频会议方式召开，由县委副书记、县长林双全主持。会议传达学习了中央和省、市应对新型冠状病毒肺炎疫情有关会议及市委常委会议暨市委应对新型冠状病毒肺炎疫情工作领导小组会议精神，通报了县委应对新型冠状病毒肺炎疫情应急领导小组和资中县应对新型冠状病毒肺炎疫情应急指挥部增设农村防控组有关事宜，汇报了应对新型冠状病毒肺炎疫情应急指挥部各工作组开展情况及下步打算。

11日　内江市委副书记余先河一行，到资中公民镇、明心食品园智能分选中心、畅达牧业、中科奥格公司督导新冠肺炎疫情防控、春耕备耕、企业复工等工作开展情况。

19日　资中县成立村级建制调整改革领导小组。县委书记曾廷富，县委副书记、县长林双全任组长，任伟等8名干部任副组长，县级24个部门的负责人为成员，领导小组办公室设在县民政局，办公室主任由县委常委、组织部部长周勇，县政府副县长张文彬兼任。

同日　资中县人民法院通过“云上法庭”远程视频公开开庭审理、当庭宣判四川首例疫情防控期间口罩诈骗案，取得了良好的法律效果和社会效果。

20日　资中县新冠肺炎疑似病例清零。

23日　资中县委书记曾廷富在县委常委、宣传部部长王冰看望慰问新冠肺炎疫情防控单位及一线医务人员。曾廷富一行先后深入银山镇中心卫生院、县人民医院、县中医院，通过现场察看、召开座谈会、听取相关情况介绍等方式，全面了解了全县医疗机构和医务人员坚守工作一线抗击新冠肺炎疫情和驰援湖北、内江相关情况。

26日　内江市委副书记、市长、市应对新冠肺炎疫情应急指挥部指挥长郑莉深入资中县，调研农村疫情防控、春耕生产及脱贫攻坚相关工作。

27日　四川省委教育工委书记，省教育厅党组书记、厅长，省教育系统新冠肺炎疫情防控工作领导小组组长李江专程来到资中县调研学校新冠肺炎疫情防控、电视网络教学、开学复课准备等相关工作情况。

同月　42名资中籍务工人员坐上大巴车，顺利踏上前往深圳龙岗返岗复工的征程，资中县新冠肺炎疫情防控期间劳务输出大幕由此拉开。

3月

3日　四川省农业农村厅党组成员、总农艺师陈孟坤一行到资中现代农业产业园核心区调研现代农业园区建设和春耕生产工作。

4日　央视《新闻直播间》栏目播出《四川资中战疫情·守望相助30吨消毒酒精捐赠湖北》消息。

10日　资中县市场监管局联合县商务经济合作局、县卫生健康局制定印发《资中县餐饮经营服务场所营业防控指南》，引导全县餐饮业有序安全复工。

12日　资中县人民政府印发《关于做好资中县第七次全国人口普查工作的通知》(资府发〔2020〕8号)，对做好全县第七次全国人口普查工作进行详细的安排部署，标志着资中县全面启动第七次全国人口普查工作。

18日　资中县召开决战决胜脱贫攻坚工作推进会议。会议书面传达了中央、省委、市委决战决胜脱贫攻坚工作会议精神，听取了就业、住房、交通等方面推进脱贫攻坚工作情况汇报，安排部署了全县脱贫攻坚“百日行动”相关工作。

20日　央视《新闻联播》头条播出资中县向湖北捐赠医用酒精的画面，这是资中首次登上央视《新闻联播》头条。

同日　资中县召开教体系统新冠肺炎疫情防控技术暨复学准备工作培训会。会议要求全县各级各类学校要制定详细应急措施，坚决做好开学复课前的桌面推演和应急演练，确保校园疫情防控安全。各学校要建立应急演练领导小组，加强演练的指挥和领导，确保演练规范化。

23日　四川省政府命名资中县柑橘现代农业园区为四川省四星级现代农业园区。

24日　农业农村厅农田建设处处长王晓勇一行到资中银山镇、明心寺镇调研督导资中县全域高标准农田建设项目工作推进情况。市农业农村局二级高研员张志林、县农业农村局党委书记欧明松、总农艺师陈厚元等陪同调研。

25日　四川省委常委、省直机关工委书记曲木史哈到资中调研生猪稳产保供工作。省农业农村厅党组副书记、副厅长杨朝波，省林草局副局长包建华，四川银保监局副局长刘勇参加。

30日　资中县召开2020年组织工作会议。会议通过现场会议+云视讯视频会议的方式召开。

31日　资中县召开乡镇行政区划调整改革工作总结暨村级建制调整改革工作推进会。会议以视频会议直播方式召开。会上，球溪镇、银山镇、发轮镇就乡镇行政区划调整改革工作暨村级建制调整改革工作作交流发言。

同日　资中县援鄂英雄黄旭东、王荣凯旋。

同日　四川省委农村工作会在成都召开，资中县上榜“全省农民增收工作先进县”，资中县柑橘现代农业园区上榜“四川星级现代农业园区”。

同月　资中县司法局荣获四川省司法厅抗击新冠肺炎疫情先进集体殊荣，是内江市唯一获此殊荣的县级司法行政部门。

同月　资中县球溪镇启动成自高铁(球溪段)征地拆迁工作。

4月

4日　内江市委书记马波一行到县国有林场种子园管护站检查森林防火工作。

10日　资中县委书记曾廷富主持召开县委中心组(扩大)学习暨“抢抓机遇融入成渝地区双城经济圈建设”专题讨论会。

同日　四川省民族宗教委党组成员、机关党委书记向泽朗一行到资中调研重点宗教活动场所安全工作以及疫情防控工作，先后深入天主教堂及永庆寺进行实地走访。

17—21 日 政协资中县第十四届委员会第五次会议在资中县苌弘大剧院举行，大会应到委员 360 名，实到 328 名。会议听取和审议了《政协资中县第十四届委员会常务委员会工作报告（送审稿）》《政协资中县第十四届委员会常务委员会关于十四届四次会议以来提案工作情况的报告（送审稿）》；听取并协商讨论了县政府、县法院、县检察院工作报告，协商讨论了县政府计划、预算报告。审议通过了县政协提案委员会关于县政协十四届五次会议提案审查情况的报告；补选 7 名常务委员；听取了中共资中县委书记曾廷富讲话；审议通过了《政协资中县第十四届委员会第五次会议决议》；听取资中县政协主席曾祥超讲话。

19—23 日 资中县第十六届人民代表大会第五次会议在苌弘大剧院召开。大会应到代表 372 人，实到 340 人。会议听取并审查了《资中县人民政府工作报告》《资中县 2019 年国民经济和社会发展计划执行情况及 2020 年计划草案的报告》《资中县 2019 年财政预算执行情况和 2020 年财政预算草案的报告》《县人大常委会工作报告》《县人民法院工作报告》《县人民检察院工作报告》《资中县 2019 年民生实事项目人大代表票决制建议项目情况的报告》；听取了县十六届人大五次会议议案审查委员会主任委员汤天涛作的《县十六届人大五次会议代表议案、建议、批评和意见处理意见的报告》、县十六届人大五次会议民生实事人大代表票决制候选项目审查委员会主任委员汤天涛作的《关于确定为资中县 2020 年度民生实事项目人大代表票决制实施项目及其他建议项目处理意见的报告》；会议依法选孙文兴为资中县第十六届人民代表大会常务委员会副主任；林龙、练梦菲为资中县第十六届人民代表大会常务委员会委员，组织选举的 3 人进行宪法宣誓。会议通过了《资中县人民政府工作报告的决议》《资中县 2019 年国民经济和社会发展计划执行情况及 2020 年计划的决议》《资中县 2019 年财政预算执行情况和 2020 年财政预算的决议》《资中县人大常委会工作报告的决议》《资中县人民法院工作报告的决议》《资中县人民检察院工作报告的决议》。会议期间，县人大代表提出建议、批评和意见 157 件。

24 日 四川省委常委、统战部部长、省总工会主席田向利调研资中县基层统战工作。田向利实地察看了重龙镇文庙社区少数民族同心联络站和统一战线综合阵地“同心楼”，详细了解社区民族宗教同心联络站建设，资中县统一战线综合阵地建设和活动开展等情况。

27 日 四川省委书记彭清华到资中县银山镇老场村血橙培育基地调研。

同日 内江市政协主席康俊带领中共、农业、民建界别委员到资中渔米坊现代水产（资中）示范园、泰之源特色水产养殖公司视察特色水产产业发展情况。

同日 资中县公共资源交易中心第一个远程异地评标项目圆满完成。

28 日 资中县中医医院开出首单第二批国家组织药品集中采购药——阿莫西林胶囊，同规格的该药品之前销售价格为 12.86 元每盒，现价为 2.16 元每盒，平均降价 83%。第一批国家集采药品 25 个品种，平均降价幅度 52%；第二批国家集采药品 32 个品种，平均降价幅度 73%。资中县已完成第一批国家集采药品全县合同总量的 78%，随着第二批集采药品的落地使用，人民群众医疗费用负担将进一步减轻。

同日 匡廷云院士（专家）工作站团队廖红、孙群教授一行深入园区各点位开展资中血橙套种大豆高效循环经济试验示范。

30 日 四川省公安厅党委委员、副厅长王雄率省厅刑侦局、经侦总队、监管总队等部门人员赴资中督导检查工作。

同日 农业农村部、财政部对2020年国家现代农业产业园创建名单进行公示，四川省资中县现代农业产业园在列。

5月

7日 资中县召开2020年信访维稳工作会议。会议要求，各级各部门要集中精力对存在的矛盾纠纷进行认真排查梳理，建立问题台账，制定化解方案，做到早发现、早介入，将矛盾化解在萌芽状态。由县信访局牵头建立人民满意服务窗口，做好与国家、省、市的协调沟通，确保积极稳妥做好各项处置和上报工作。

11日 经县委十四届第223次常委会会议和县十六届人民政府第125次常务会议研究同意，县人民政府对全县22个镇的村级建制调整改革方案进行批复。调整后，全县384个村调减为301个，村平均人口由1197人增加至3111人，平均辖区面积由1.97平方千米增至5.13平方千米；66个社区调增为75个，社区平均人口由4167人增至6665人，辖区面积由1.15平方千米增至2.59平方千米，其中场镇社区面积均增至3平方千米以上、常住人口增至3500人左右。

12日 资中县召开2020年统战工作暨宗教工作会议。

同日 资中县召开县委党建领导小组2020年第一次会议。会议传达学习了省委、市委党建领导小组2020年第一次会议精神和《党委（党组）落实全面从严治党主体责任规定》精神，听取了县纪委监委、县委组织部、县委宣传部、县直机关工委、县委教育工委等党建领导小组成员单位《关于进一步加强党的领导为打赢疫情防控阻击战提供坚强政治保证》的情况汇报，审议了《县委党建工作领导小组2020年工作要点》，听取了深化“311”干部帮扶机制组织机关事业单位党员干部下沉服务企业、服务基层、服务群众工作推进情况汇报。

13日 资中县教育和体育局与内江市体育局共建四川省女子足球队后备人才基地协议签约仪式在资中县教育和体育局举行，四川省唯一一个女子足球后备人才基地正式落地资中。

15日 资中县德康15000头种猪场建设项目开工仪式在铁佛镇柏龙村举行。县委书记曾廷富、副县长王冬、县经开区纪工委书记张光伟，县级相关部门和22个乡镇主要负责人参加此次开工仪式。

同日 资中县召开2020年县委农村工作会。会议要求，全县各级各部门要坚决把思想和行动统一到习近平总书记重要指示精神上来，按照中央、省、市部署要求，把“三农”工作放到重中之重的位置，坚持农业农村优先发展，紧紧围绕全面小康和脱贫攻坚两项任务，着力打造成渝优质绿色农产品保障基地，增强责任感使命感，用好组合拳，打好主动仗，全面完成粮食扩面增产、生猪稳产保供等各项任务，努力实现第一产业增加值增长3.5%、农村居民人均可支配收入增长9%，把农业基础打得更牢、把“三农”领域短板补得更实，为全县打赢疫情防控阻击战、实现全年经济社会发展目标任务提供有力支撑，为全县稳增长、稳人心、稳大局多作贡献。

同日 内江市“百名能人走千村”暨基层党员宣讲资中县课堂活动在银山镇金紫铺村举行。市委组织部、市委宣传部、市农业农村局、市司法局和县委组织部有关人员，银山镇金紫铺村部分村民等参加活动。活动上，市委组织部等市级单位相关人员，向银山镇现代农业园区党委书记郑桂华、双龙镇三柏村党委书记肖文华、双河镇水口庙村党总支书记王华明和双龙镇刘家庙村党委副书记廖美辉颁发内江市农村家庭能人讲师证和聘书。

18—19日 由内江市人民政府主办的内江

市“民间手艺人”技能大赛现场比赛暨颁奖仪式在内江举行，资中县文广旅游局精心组织9名选手参与了现场大赛暨颁奖仪式。资中木偶剧团唐友民获评“十大民间手艺人”并名列榜首，孙源、曾安超、段小辉、徐明等8人获评内江市优秀民间手艺人。

19日 资中县召开城区棚改项目范围内“1+3”控违拆违工作动员会。县委副书记、县长林双全，县委常委、政法委书记付根平，副县长周勇，资中经开区管委会副主任胡志勇，县城区棚改项目范围内“1+3”控违拆违工作推进组及3个片区推进小组全体成员单位，相关镇分管领导、责任股室和村负责人等参加会议。

20日 四川省中医药管理局局长、省中医药科学院党委书记田兴军在市委书记马波，县委书记曾廷富，县委常委、宣传部部长李治波等的陪同下到资中调研中医药工作情况。

同日 内江市市长郑莉到高楼镇雨台村开展脱贫攻坚调研。

28日 资中县公安局森林警察大队揭牌仪式在资中县水南镇举行。

6月

1日 四川省档案馆副馆长周书生一行在内江市委常委、秘书长李思明、市档案馆馆长张蔼陪同下实地调研资中县档案工作和综合档案馆建设情况。

5日 资中县召开“天府科技云服务”工作部署动员大会，会议由县科协主席李玲主持。县科协副主席李贤富对全县开展“天府科技云服务”工作进行安排部署，县委常委、县总工会主席李玉文出席会议并做动员讲话。各镇、县级相关部门分管领导共计50余人参加了会议。

同日 四川警察学院“优质生源基地”授牌仪式在资中二中举行。

10日 团中央权益部副部长陆多祥、团中央政策法规处副处长郭中领一行到重龙镇文庙社区调研青年志愿服务工作。团市委副书记刘庭秀、团县委书记刘盛权、重龙镇镇长王鹏等陪同。调研组一行详细听取了青年志愿服务建设情况、志愿服务的管理和运行，对基层志愿服务开展以及“青年志愿者”的运行模式给予充分肯定。

同日 《甜城问政·坝坝会》第一期节目在公民镇金竹林社区成功举办。市县两级纪委监委、宣传部门有关领导、县相关职能部门干部，镇党委书记、镇长、纪委书记、站办中心负责人等100余人现场参加节目。

11日 资中县第七次全国人口普查市级综合试点正式开始入户登记，普查“两员”60余人，分成24个组，对水南镇四通社区20个普查小区、3800余户居民，用手持平板电脑开展人口普查登记上报工作。

12日 四川省统计局副局长陈智一行到资中调研指导人口普查工作。市委常委、统战部部长田文平，市人普办主任、市统计局局长万晓燕，县政府副县长吴小平及相关人员参加调研。

13—14日 “基因编辑小型猪产学研交流会”在内江国家农业科技园区顺利召开，来自中国农村技术开发中心，省、市、县级部门领导，政府机构、知名专家、投资机构及企业100余人参加此次活动。

17日 资中邮政管理局会同资中县农业科技园区管委会、资中县邮政分公司到银山镇共同商讨“邮快＋电商＋产业”末端网点综合服务场地建设。

18日 资中县获评2019年脱贫攻坚先进县（区）。

19日 “粽叶飘香迎端午，优良家风齐传承”主题活动在资中县孟塘镇睦邻妇女微家举行。

24日 资中县教育和体育局与四川省内江强制隔离戒毒所按照《所地共建合作实施方案》安排部署，举办“融入脱贫攻坚·全员禁毒防毒暨2020年所地合作共建专业人才聘任仪式”，聘任21名专业教师参与合作共建工作。

26日 以“传承国学经典，打造国学基地，促进文旅融合”为主题的2020中国·资中第二届国学文化旅游周开幕式及开庙祭孔大典在资中县文武庙举行。

28日 资中县农民工服务中心工会委员会成立。

29日 资中县举行乡村客运全覆盖通车启动仪式。各镇人民政府镇长，县委办、县政府办、县委宣传部、县交通运输局等相关部门负责人及运输企业、驾驶员代表参加仪式。全县386个建制村乡村客车实现全覆盖，打通农村群众出行“最后一千米”。

同日 市政协主席康俊到球溪镇六角庙村走访慰问困难群众。

30日 资中县人民医院成功申报川北医学院教学基地。

同月 资中县率先建立环境资源审判工作专家库，31名成员经邀请或经所在单位推荐进入专家库。首期入选专家库的成员包括西南政法大学副校长唐力，西南政法大学法学院长梅传强等7名教授，资中生态环境局、县水利局、县自然资源和规划局、县农业农村局等24名业务骨干。

同月 资中县罗泉镇在古盐场附近，再次挖掘发现一口留存较为完好距今2000余年的古盐井，该镇立即组织文物管理部门对其进行专业保护，手绘“罗泉盐井示意图”，制定科学方案实施恢复重建。此遗迹的发现，丰富了“千年龙镇、井盐鼻祖、信义罗泉”的罗泉文化底蕴。

7月

1日 CCTV2财经频道《消费主张》栏目，播出《家乡的味道：麻辣鲜香四川菜》特辑，资中兔子面、资中特色菜山椒兔再次展现在全国观众的面前。

同日 四川省农科院副院长刘建军、教授陈克玲一行到内江国家农业科技园区示范基地指导血橙种植工作。

4日 首届资中八号龙虾文化旅游节在太平镇任家村开幕，参加这次开幕活动的有省、市、县领导和县级有关部门、太平镇全体机关事业单位干部职工、辖区各单位人员以及旅游爱好者等千余人。

10日 农业农村部渔业渔政管理局副局长江开勇率队到资中县渔米坊玻璃钢基地、泰之源水产养殖公司、鸿吉源农业科技有限责任公司调研。

13日 内江市委书记马波、市委副书记余先河到资中县濛溪河特有鱼类国家级水产种质资源保护区、沱江银山段调研长江流域重点水域禁捕退捕工作进展情况。

14日 内江市公共资源交易中心资中县分中心与内江市、自贡市公共资源交易中心首次协作完成了“资中县发轮镇人民政府2020年中省财政专项扶贫资金项目（第二批）土杂肉鸡采购项目”的远程多地评标工作，并取得圆满成功。资中县分中心充分利用“互联网+四个全程”先进理念和技术，开展跨市远程多地评标工作。

17日 水科院资环中心主任李应仁到资中专项督查长江流域重点水域渔船禁捕和退捕渔民建档立卡工作。

23日 资中县中医医院与省骨科医院签订专科联盟协议。

28日 资中县召开“十佳爱岗敬业退役军

人”“十佳就业创业退役军人”“十佳好军嫂”表扬大会。

30日　资中县2020年养老机构护理从业病患陪护专项技能培训班在水南职业高级中学举办，来自全县养老机构的53名养老护理从业人员参加了为期14天的培训。

同日　资中县召开打击市场销售长江流域非法渔获物专项行动工作会。

同月　根据四川省人力资源和社会保障厅四川省财政厅《关于2020年调整退休人员基本养老金的通知》（川人社发〔2020〕21号）文件精神，资中县顺利完成养老金调待工作。

8月

3日　资中县委副书记、县长林双全到重龙镇专题调研脱贫攻坚工作。在重龙镇泥巴湾村，林双全走访慰问了联系帮扶对象，详细咨询了帮扶对象的生产生活情况、家庭成员及经济收入和身体状况，并召开了座谈会。

13日　资中县委书记、第一总河（库）长曾廷富带队一线指导防汛减灾、地质灾害防治及河（湖）长制工作。

17日　中央电视台新闻频道播出《四川内江避让沱江洪峰 转移群众超7万人》，资中县上下一心，众志成城战洪峰的事迹被宣传报道。

18日　资中县委副书记、县政府县长林双全到重龙镇指导防汛减灾工作。林双全先后到重龙镇南门口、滨江公园慰问并感谢了奋战在防汛一线的干部职工，感谢他们为保障防汛安全提供的有力支撑，为资中安全度汛付出的全部努力。

同日　资中县第3个“中国医师节”庆祝大会在县政府大礼堂召开，县委、县政府主要领导和四大班子分管领导，县级相关部门和镇政府分管领导，各医疗机构党政负责人，受表扬的优秀医务工作者等300余人参加会议，县委副书记、县长林双全主持会议，县委书记曾廷富出席会议并作重要讲话。

21日　资中县委副书记、县长林双全主持召开资中县村级建制调整改革总结暨村民小组调整优化工作推进会。会上，县委常委、统战部部长邓方全传达了省、市村级建制调整改革总结暨村民小组调整优化工作推进会议精神，县委常委、组织部部长周勇做了工作安排，县委书记曾廷富做了重要讲话。

同日　中共资中县第十四届委员会第十七次全体会议在苌弘大剧院多功能厅举行。全会深入学习贯彻省委十一届七次和市委七届十一次全会精神，听取和讨论了县委常委会工作报告，审议通过了《中共资中县委奋力谱写全面融入成渝地区双城经济圈建设“成渝之中、魅力资中”发展新篇章的决定》。

同日　资中县召开服务业发展大会。会议播放了资中服务业发展专题片，县委常委、统战部部长邓方全宣读了服务业先进企业、先进部门、先进个人表扬名单。与会领导为资中县成渝摩托车销售有限公司、资中县逆鳞电子商务有限公司等9家优秀服务业企业和资中县颜先生龙虾馆等8家内江市夜市餐饮特色店授牌。县商务合作局、市场监督管理局、水南镇分别汇报了支持服务业发展工作情况，资中步步高商业有限公司、资中淳馨酒业有限公司等企业代表做交流发言。

22日　资中县人民政府全体会议暨廉政工作会议召开。县委副书记、县长林双全主持会议。会上，县领导张成庚、吴小平、张文彬、周勇、李杜分别围绕分管领域重点工作做了发言，银山镇、县财政局围绕党风廉政建设做了发言。林双全指出，面对2020年严峻复杂的形势，全县上下坚持以习近平新时代中国特色社会主义思想为指导，一手抓疫情防控、一手抓经济社会发展，扎实推进“六稳”“六保”工作，较好地完成了上半年各项目标任务：经济形势回升向好；疫情防控成效卓著；民生实事落实见效；社会大局和谐稳定；自身建设全面加强。林双全强调，要旗帜鲜明加强党的政治建设；全力抢抓成渝地区双城经济圈建设重大机遇；重视民生、防范风险、抓实整改；要持之以恒推进党风廉政建设。要落实党风廉政建设主体责任，不断提升依法行政能力，持续优化作风效能，厉行节约过紧日子，要保持惩贪治腐高压态势。

24日　科技部评估中心高级工程师、现场考察负责人张保国带领国家农业科技园区综合评估专家组一行5人，赴四川内江国家农业科技园区核心区所在地资中县，就园区2018—2019年建设情况进行综合评估现场考察，并召开工作汇报会。

25日　四川省委第十一巡视组巡视资中县工作动员会召开。会前，省委第十一巡视组组长向伯先主持召开与资中县委书记、县长见面沟通会，传达了中央和省委巡视工作有关精神要求。

26日　四川省农业农村厅副厅长卿足平到资中县调研设施渔业、禁捕工作开展情况，四川省水产局局长何强，四川省农业农村厅主任科员胡鑫，四川省水产局生产处副处长徐垚峰参加，内江市副市长徐炼英，资中县委副书记、经开区党工委书记任伟等市县领导陪同。

30日　由资中县人民政府主办，县商务合作局承办的全县服务业发展大会及“网红新农人”培育计划系列配套活动——“云游历史文化名城　尽享船城名优特产”2020资中首届直播购物节在资中县电子商务公共服务中心圆满落幕。

同月　资中县殡仪服务中心正式投入使用。

同月　“7·31”特大暴雨、“8·13”大洪峰、1981年以来最大的“8·17”特大洪峰过境，资中县出动党员干部4.27万人次，建立干部包街、包路、包镇、包村、包户的“五包”工作机制，全力做好隐患排查、避险转移、抢险救灾、灾后重建等工作；倡导“无灾援有灾、轻灾援重灾”，各地守望相助，企业、乡贤等社会力量积极参与，全县上下连续作战半个月，打胜了这场气势恢宏的防洪安全保卫战，共转移97359人、解救1121人，减少经济损失1.26亿元，实现“三零”目标。

9月

3日　全国技术推广总站站长崔利锋一行到资中县调研设施渔业、水产健康养殖五大行动开展情况。

14日　资中县委副书记、县政府县长林双全率队调研资威快速通道一期工程及罗龙路建设工程推进情况。林双全一行实地察看了施工情况，认真听取了项目建设进展汇报，详细了解了推进过程中遇到的困难和问题，并提出了有针对性、指导性的意见。

15日　在全国田径锦标赛女子100米栏决赛中，由资中县青少年体育运动学校输送的优秀运动员吴艳妮代表四川队以13.09秒的成绩勇夺冠军。

17日　四川省委常委、省纪委书记省监委主任王雁飞，到资中县银山镇调研工作。

22日　四川省供销社副主任杨武秀，市委常委、副市长张建萍、市二级巡视员蔡金芳、市供销社副主任周伟一行到资中县盛泰供销合作社调研指导工作。

同日　内江市2020年中国农民丰收节暨首届资中鲶鱼美食文化节在资中县鱼溪镇响水滩乡村记忆农业生态园开幕，市委副书记、市长郑莉宣布开幕，市委副书记余先河致辞。中国渔业协会常务副秘书长张福祥，四川省供销社党组成员、副主任、一级巡视员杨武秀，四川省水利厅一级巡视员张文彪出席开幕式。

同日　资中县正式开展长江流域退捕转产渔

民生活保障相关工作。

22—23日　四川省中长期青年发展规划试点工作推进会在资中县召开，全国政协委员、团中央书记处书记、全国青联副主席傅振邦，团中央相关部门领导，省规划联席会议副召集人（团省委主要负责人），内江市委领导，21个市（州）青年联席会议办公室主要负责人等参加。会前，与会人员分批赴资中县乡村振兴学院、青年人才公寓等地开展实地调研；会上，资中县就全国规划实施试点工作情况作了经验分享。

23日　四川省2020年“万人赏月诵中秋”群众文化活动内江市资中县分会场在资中县和鸣广场顺利举办。

28日　资中县委中心组跟进学习习近平总书记最新重要讲话文章，《中华人民共和国公职人员政务处分法》、《党政机关厉行节约反对浪费条例》、《关于厉行节约反对食品浪费的意见》、网络舆情日报《“五通桥异味事件”政府信息发布得与失》，集中观看警示教育片《越界》，围绕《习近平谈治国理政》第三卷第十九部分“不忘初心、牢记使命，把党的自我革命推向深入”，并结合《关于赵坤等人严重违纪违法问题及其教训警示的通报》进行讨论发言。

30日　资中县将创建国家卫生县城申报材料汇编成册，分基础资料和工作资料，上报省爱国卫生指导中心，申报工作圆满完成。

同月　孟塘里乡情生态园成功创建国家AAA级旅游景区。

10月

10日　第二届中国节水论坛10月10—11日在甘肃兰州举行，资中县委书记曾廷富受邀参加论坛，并以《携手大禹 共建特色园区 推动成渝地区双城经济圈乡村振兴先行区建设》为题，在会上做全国典型经验交流。

13日　资中县召开第七次全国人口普查专题工作会。县人口普查工作领导小组成员单位和22个镇主要负责人参加会议。会议由林双全主持。

14日　最高人民检察院在北京召开全国基层检察院建设工作会议暨第七届全国先进基层检察院表彰大会，会议表彰了200个第七届全国先进基层检察院和50个基层检察院建设组织奖先进集体。资中县人民检察院被授予第七届全国先进基层检察院称号。

15日　资中县召开2020年第五届四川省文明城市创建工作推进会。会议通报了全县省级文明城市创建工作开展情况，部署了下一阶段工作任务。

16日　四川省政府政务服务和公共资源交易中心党委书记、主任吕芙蓉带队到资中县政务服务中心、水南镇便民服务中心、水南镇四通社区便民服务代办点和罗泉镇便民服务中心调研资中县政务服务体系建设。

17日　CCTV-7国防军事频道《老兵你好》栏目纪念中国人民志愿军抗美援朝出国作战70周年特别节目——《英雄壮歌》第三集《难忘铁血上甘岭》播出，资中老兵郑时文做客演播厅，为大家讲述了一个不一样的上甘岭战争。

18日　资中县人民医院正式成为中国卒中中心联盟会员单位。

20日　资中县人民法院“24小时自助诉讼服务点”建成并投入使用，为群众提供“全天候”“零等待”“非接触”的自助服务。这是全市首家“不打烊”的诉讼服务点。

21—22日　大禹节水集团总裁谢永生受邀带队到资中县参观考察内江农业科技产业园，针对农业节水及水资源高效利用、水肥一体化发展与合作，进行深入交流。

26日　资中县委副书记、县长林双全到重龙镇开展脱贫攻坚督导工作。

28日　四川省邮政业安全中心在资中举办了全省邮政快递业应急法律法规和旺季服务保障工作培训会，来自四川省邮政业服务中心、成都市邮政业安全服务中心、简阳市邮政业服务中心等16家省市县邮政业服务中心负责人及资中县11家快递企业的负责人共50余人参加了培训。省中心主任张绍广、副主任杨华及市县相关领导到会指导。

29日　国家级非遗资中中型杖头木偶戏亮相第六届中国非物质文化遗产博览会。

同月　罗泉古镇创AAAA成功通过省级验收。

11月

2日　央视《回家吃饭》栏目播出《夸夸我的家乡味 四川资中》，节目开场播放了《资中八景》，详细介绍了资中冬尖、资中鲶鱼等资中味特色菜的做法，向全国观众展示了资中美食的独特魅力。

同日　资中县委副书记、资中经开区党工委书记任伟主持召开资中县民生实事项目人大代表票决制试点工作2020年领导小组会暨2021年征集工作启动会。会议通报了资中县民生实事项目人大代表票决制2019年度续建项目和2020年度实施项目截至9月底推进情况。

5日　资中县孟塘镇睦邻村孟塘里乡情生态园被成功授牌为国家AAA级旅游景区，睦邻村被内江市文化和旅游产业领导小组评为内江市文旅特色村。

9日　内江市委书记马波到资中县调研蚕桑产业和村集体经济、基层社会治理、便民服务中心、党建等相关工作。

10日　资中县召开2020年专项斗争第三次推进会暨防范打击未成年人犯罪及侵害未成年人犯罪问题整改工作会。

19日　四川省纪委监委组织部副厅级部长陈静一行深入资中县银山镇金紫铺村、资中县乡村振兴学院等地调研纪检监察组织建设工作。

同日　省脱贫攻坚办重点帮扶村课题调研组到资中县开展重点帮扶县、重点帮扶镇、重点帮扶村调研工作。

同日　资中县公安局组织召开“断卡”行动工作推进会，专题研究如何高效、有力推进“断卡”行动，全力推动打击治理电信网络新型违法犯罪工作。

20日　四川省人民政府副省长曹立军一行到银山镇金紫铺村调研村级建制调整改革情况。

21日　国家税务总局资中县税务局被中央精神文明建设指导委员会评为第六届全国文明单位。

同日　资中县孟塘镇睦邻村村歌《我们的村庄》在2020年“庆丰收·迎小康”中国村歌大赛总决赛中获得三等奖。

23日　资中县人民医院与北京协和医院重症医学科建立“周翔专家工作站”。

24日　四川民革党员教育基地揭牌仪式在罗泉会议旧址举行。民革省委专职副主委曾蓉，民革省委秘书长许晓辉，民革市委主委、市政协副主席柳慧及省、市、县民革党员代表参加。民革省委秘书长许晓辉宣读民革四川省委关于“罗泉会议旧址”命名为四川民革党员教育基地的决定。

同日　资中县图书馆理事会成立大会和第一届理事会第一次会议召开。第一届理事会由9名理事组成，第一次会议审议并通过了《资中县图书馆章程（草案）》。

26日　资中县文学艺术界联合会成立大会在长弘大剧院多功能厅举行。四川省文联党组书记、常务副主席平志英，市委常委、宣传部部长、市总工会主席蒋学东先后作致辞讲话，对资中县文联提出殷切希望和良好祝愿。平志英、钟显金、武海成分别向县委、县政府和县文联赠送书画作品。

28 日　资中县召开村（社区）“两委”换届工作动员会。会议传达了省、市村（社区）“两委”换届工作会议主要精神，县委常委、统战部部长邓方全安排部署了换届工作，县委常委、纪委书记、监委主任雷五江就换届风气监督做了详细部署。

30 日　资中县委书记曾廷富到银山镇督导县委党校新校区项目建设情况。曾廷富一行到银山镇县委党校新校区建设点，听取项目进展情况汇报，针对项目建设过程中存在的困难和问题，与相关人员共同出谋划策研究解决方案。

同月　资中县人民政府对全县 22 个镇的村（居）民小组调整优化改革方案进行批复。调整后，全县村（居）民小组由 3242 个调减至 2822 个，每个村民小组人口增至 300 人以上，平均面积增至 0.55 平方千米。

同月　中央文明委发文表彰第六届全国文明城市、文明村镇、文明单位，资中县税务局获评全国文明单位荣誉称号。

12 月

1 日　央视《谁知盘中餐》栏目重磅推出资中鲶鱼特别节目《“健身”鲶鱼去腥记》，详细介绍了资中鲶鱼的独特之处和资中美食的文化魅力。

3 日　资中县入选第五届四川省文明城市。

7 日　经资中县委十四届 260 次常委会会议和县十六届人民政府第 152 次常务会议研究同意，县人民政府对重龙镇、水南镇、银山镇、球溪镇、鱼溪镇、双河镇、罗泉镇、明心寺等 8 个镇社区建制调整方案进行批复。全县 75 个社区调减至 65 个，调整后，社区平均人口由 4167 人增至 7690 人，辖区面积由 1.15 平方千米增至 2.99 平方千米。

14 日　四川公示首批乡村治理示范村镇名单，资中县重龙镇杨柳滩村、资中县公民镇高石坝子村、资中县双龙镇三柏村上榜。

同日　内江市政协主席、党组书记康俊，市政协副主席、党组副书记何兵一行到资中县水南镇调研村（社区）“两委”换届工作并召开座谈会。

同日　资中县人民医院与华西泌尿科建立“魏强专家工作站”。

15 日　四川省检察院党组书记、检察长冯键一行到资中县检察院看望慰问基层检察干警，与困难干警亲切交流，代表省院致以深切的关怀并为困难干警送上慰问金。

16 日　在 2020 年第三届全国公共资源交易平台整合高峰论坛上，资中县上榜“全国公共资源交易百强区（县、市）”名单。

23 日　科技部对全国第 6 批共 47 个园区进行综合评估，内江农业科技园区获评十大优秀园区之一。并在此国家农业园区的基础上争创了资中县国家现代农业产业园、资中县国家农村产业融合发展示范园。

28 日　资中县中医医院被国家中医药管理局备案审批同意为三级乙等中医医院，标志着县中医服务能力上了一个新台阶。

30 日　四川省政协办公厅主任杨程富一行到重龙镇杨柳滩村进行调研。

同月　由资中籍导演祝军担任总制片人、编剧、导演的院线电影作品《不负流年》，入围 2020 比利时安特卫普国际电影节并提名最佳外语片、外语片最佳导演和最佳外语片女主角三项大奖，同时入围第七届旧金山国际新概念电影节主竞赛长片单元。

同月　四川省晨田机床制造有限公司、四川天艺种业有限公司、四川省艺仑再生资源综合利用有限公司 3 家企业被认定为国家高新技术企业，四川中科奥格生物科技有限公司等 7 家企业被认定为内江市高新技术企业，一种大行程可微调电动卷膜器用行程控制器等 3 项产品被认定为市级高新技术产品，一种新型卷帘机等 3 项产品被认定为内江市战略新兴产品，内江基因编辑猪工程技术研究中心被认定为市级工程技术研究中心。

同月 归德镇枇杷园区被四川省科学技术厅综合评估为省级农业科技园区、被内江市人民政府评为三星级枇杷现代农业园区。

同月 罗泉文创集市被授牌为首批四川省文创集市。

是年 资中县老旧小区改造工作取得成效。已完成老旧小（片）区调查摸底工作。重龙、水南两镇共上报城区老旧小（片）区 36 个,845 栋，21463 户，面积 222.02 万平方米。完成 2021 年申报获批老旧小区改造项目 3 个，2740 户，拟向上级争取老旧小区改造资金 10275 万元。预计在“十四五”期间，资中县将全面完成老旧小区改造工作，总投资 80486 万元。

是年 资中县科学技术计划项目“资中血橙标准化种植及保鲜关键技术研发与示范”获得中央引导地方科技发展专项资金 100 万元，“资中血橙新品种新技术集成创新与示范”获得科技部科技助力经济 2020 专项资金 50 万元,百万头“内江黑猪”与资中血橙“猪—沼—柑橘”种养循环技术集成与示范”获得四川省重点科技计划项目资金支持 100 万元，“高速、高精度五轴复合系列数控车床研究与产业化”等 4 个科技项目获得市级科技孵化和成果转化资金支持 55 万元。

是年 罗泉镇完成国家 AAAA 级旅游景区创建工作。

县情概览

【位置面积】 资中县位于四川盆地中部，沱江中游，成渝线中段，地跨北纬 29°34′～30°24′、东经 104°27′～105°07′，东邻资阳市安岳县周礼镇、内江市东兴区双桥镇；南接内江市中区全安、史家镇，威远县高石镇；西毗眉山市仁寿县双宝、北斗镇，威远县观音滩镇；北连资阳市雁江区碑记、小院、丰裕、堪嘉镇。东西长 64.49 千米，南北宽 52.13 千米，辖区面积 1733.96 平方千米。2020 年，县城建成区面积 31.56 平方千米。

【地形地貌】 资中地处荣威穹窿西北翼尾端斜层地带，为平缓倾斜岩层，岩层倾角 2 度～5 度，地震基本烈度为 6 度。受岩层影响，地形西南高，东及东北部低。境内最高点（新桥镇杉树坳）海拔 739.8 米，最低点（银山镇沱江水面）海拔 298 米，山体相对高差小，约 439 米。地貌类型主要为丘陵（坪状深丘、浅丘中谷、缓丘宽谷），海拔 300 米～550 米，面积 1478.96 平方千米，占辖区面积的 85%；低山窄谷，海拔 500 米～700 米，面积 255 平方千米，占辖区面积的 15%。

【历史沿革】 资中历史悠久，春秋时为巴国蜀地，战国时为蜀郡地。西汉武帝建元六年（前 135 年）设置资中县（治所在今资阳市），属益州犍为郡。西魏废帝二年（553）设资州，州治所在资阳。北周保定中（561—565）设置盘石县，县址在今资中县城北门外两路口一带。隋文帝开皇七年（587），资州治所由资阳迁盘石县。唐懿宗时，资州辖盘石（今资中）、资阳、清溪、内江、月山、龙水、银山、丹山 8 县。明太祖洪武四年（1371），降资州为资县，属成都府。清雍正五年（1727）升资县为资州直隶州，辖资阳、内江、井研、仁寿。民国 3 年（1914）资州改为资中县，民国 24 年（1935）资中属四川省第二行政督察区，专员公署设在资中（简称资中专区），辖资中、资阳、内江、荣县、仁寿、井研、威远、简阳 8 县。1949 年 12 月 8 日，资中解放，仍名资中县，属资中专区。1950 年 2 月，资中专区更名内江专区，治所迁内江。资中县先后隶属内江专区、内江地区和内江市。1991 年，资中被省政府公布为省级历史文化名城。2003 年 9 月，县委、县政府办公地点，由重龙镇水南上街 145 号迁至水南镇桂花街 38 号。资中人杰地灵，名士辈出。孔子的老师苌弘，金榜夺魁的赵逵、骆成骧，文学骁将林如稷，著名作家郑拾风等皆生于资中。隋唐至明清开科取士 1300 多年间，资中得天独厚，中状元 2 名、进士 217 名、举人 400 多名。

【气候特点】 资中属亚热带湿润季风气候，四季分明、气候温和、雨量充沛，春早、夏长、秋冬季短，夏无酷热、冬无严寒，无霜期长。

春季平均84天，夏季平均118天，秋季平均76天，冬季平均87天。全年1月最冷，月平均气温6℃~8℃；7月最热，月平均气温26℃~30℃；历年平均气温17.4℃（2020年为18.5℃），最高年18.8℃，最低年16.7℃；极端最高气温41.9℃（2020年为36.7℃），极端最低气温-2.4℃（2020年为0.5℃）。历年平均无霜期332天（2020年为340天），最长365天，最短293天；历年平均地面温度19.3℃（2020年为20.6℃），极端最高地面温度68.3℃（2020年为65.7℃），极端最低地面温度-3.5℃（2020年为-0.3℃）。历年平均降雨量977.6毫米（2020年为1156.8毫米），年平均蒸发量1062.9毫米。历年平均相对湿度为81%（2020年为75%）。历年平均日照时数为1088.6小时（2020年为1321.7小时），最多年为1558.6小时（1978年），最少年为959.4小时（2008年）。历年平均风速1.6米/秒（2020年为1.5米/秒）。历年平均气压97.12千帕（2020年为97.10千帕）。

【资源状况】 资中土壤类型多样，生物资源较为丰富，矿产资源主要有煤、石灰石等，水利资源比较充足，旅游资源尤为突出，这些资源为县域经济社会发展奠定了坚实基础。

土壤资源 有水稻土、紫色土、黄壤土和新老冲积土4个土类，14个土属（其中水稻土7个、紫色土3个、黄壤土2个、冲积土2个），全县实有耕地面积84255.86公顷，划定永久基本农田68814.42公顷。土壤类型多样，养分充足，土层较厚，质地适中，适宜多种农作物及林草生长。

生物资源 资中地处亚热带湿润地区，自然生态环境良好，生物资源较为丰富。2020年底，森林资源面积433平方千米（不含农村四旁），森林蓄积238万立方米，森林覆盖率32.64%。树木品种37科、58属、96种，低山地带以松树、杉树、樟树、映山红和油茶等为主；丘陵地带以柏树、桉树、油桐、黄荆和马桑等为主。野生药材主要有五月艾、牛蒡等124种。野生花卉木本有梅、石榴、紫荆等37种；草本有春兰、菊花等40余种。野兽主要有猪獾、狐等17种。野禽主要有鹰、鹞、雉、白鹤等39种。鱼类主要有鲤鱼、鲶鱼等43种。

矿产资源 主要有煤，大部分属高碳层，发热量每千克平均在5800大卡，全县煤矿探明储量45588万吨，已出让量1687万吨，探明储量剩余43901万吨。全县石灰石探明储量约27000万吨，已出让量11407万吨，探明储量剩余15593万吨。页岩气可开发面积约570平方千米，地质储量2832亿立方米。此外，卤水（制盐原料）、石英砂、土陶泥、石料、河沙、铁、沙金、炭精、天然气和矿泉水等也有一定储量。

水利资源 资中地表水资源比较充足，平水年全年地表水总径流量为4.82亿立方米；外来水除沱江每年来水量99亿立方米外，还有球溪河、濛溪河两条主要支流，每年来水共7.7亿立方米；地下水总储量3770万立方米；全县建有水库177座，其中中型水库2座、小（1）型水库33座、小（2）型水库142座；水能理论蕴藏总量65840千瓦，可开发利用47处，合计48265千瓦，占理论蕴藏量的73.3%，其中沱江可开发3处（阳鸣、五里店和苏家湾），全县已开发利用29处，装机68台，容量22070千瓦，发电量10200万千瓦时。

旅游资源 资中历史悠久，山川秀美，古迹名胜蔚为壮观，自古以来即为巴蜀胜地。古有“三山”（围在古城墙之内的重龙山、衙后山、郡前山）、“六宫”（天上宫、禹王宫、万寿宫、文昌宫、西秦宫、三星宫）、“九庙”（城隍庙、张爷庙、五显庙、川主庙、老君庙、土地庙、衙神庙、王爷庙、娘娘庙）、“四观”（县城东门外的高山观、南门外的大峰观、西门外的玄天观、北门外的北斗观）、“八景”（“重龙晴岚”“灵岩泉韵”“北田秋风”“盘峰暮雨”“醮坛云梯”“珠江夜月”“古渡春波”“渔

灯晚照”，1955年，张大千先生将此八景绘成《资州八胜图》，巡回展出于巴黎、新加坡和中国的台北地区，使得山清水秀的资中更加美名远扬）、文武二庙（全国重点文物保护单位）、重龙山摩崖造像（全国重点文物保护单位）、甘露寺（唐代建筑）、大东门城楼（南宋建筑）、永庆寺、宁国寺、唐明渡双塔、清代一条街、罗泉（国家级历史文化名镇）、铁佛（省级历史文化名镇），今有重龙阁、白云山、白云峡、九龙峡、圣灵山溶洞、龙江湖、喻培伦大将军青年读书处纪念碑等主要景区（景点）。

【行政区划与人口】 1992年7月，将12个区、79个乡、19个镇（包括1个区级镇），调整为9个乡、24个镇。1996年，省民政厅批准高楼撤乡改镇。2000年7月，省政府同意撤销孟塘、陈家、配龙、狮子、走马和马鞍等6个乡，新建为6个镇。2015年12月，省政府同意撤销板栗椏、龙山2个乡，新建为2个镇。2019年12月，内江市政府批复：撤销板栗椏镇，将其所属行政区域划归水南镇管辖；撤销苏家湾镇，将其所属行政区域划归重龙镇管辖；撤销龙山镇，将其所属行政区域划归太平镇管辖；撤销顺河场镇，将其所属行政区域划归球溪镇管辖；撤销甘露镇，将其所属行政区域划归归德镇管辖；撤销兴隆街镇，将其所属行政区域划归新桥镇管辖；撤销配龙镇，将其所属行政区域划归发轮镇管辖；撤销金李井镇，将其所属行政区域划归鱼溪镇管辖；撤销骝马镇，将其所属行政区域划归双龙镇管辖；撤销宋家镇，将其所属行政区域划归双河镇管辖；撤销走马镇，将其所属行政区域划归高楼镇管辖；全县共有22个镇，384个村（包括农村社区80个）、3563个村民小组，社区居民委员会66个、居民小组504个。2020年，实施村级建制调整改革，调整后22个镇共有301个村（含62个农村社区）、2822个村民小组，社区65个、居民小组777个。全县总人口1216704人，其中城镇人口204473人，农业人口1012231人。

资中县2020年行政区划一览表

表1　　单位：个

村（农村社区）				社区		
名称	村数	村民小组数	名称	社区数	居民小组数	名称
重龙镇	14	117	文峰村、大垭村、杨柳滩社区、宁国寺村、七根松村、天宝寨村、濛溪口村、大鱼箭村、法王寺社区、官斗村、茯苓村、龙马社区、茅庵村、兴隆场村	15	225	西外、文庙、西街、城东、小东、后西、东林、天才坝、谷田坝、千弓堰、苏家湾、文江、醮坛山、泥巴湾、罗汉洞
归德镇	18	139	麻柳河村、印盒村、特建村、童家嘴社区、天鹅山村、芦高山村、罗汉道村、官斗山村、凤凰社区、长兴村、月亮峡村、楠木湾村、菠萝寺村、杨坪冲村、甘露寺社区、玉皇社区、大龙村、小尖山村	2	8	归德场、甘露场
鱼溪镇	20	193	齐心村、亢溪桥社区、裕丰村、双联社区、鲶鱼社区、协和村、光明村、长胜村、红莲村、鱼溪村、向阳村、金钟村、世和社区、老君村、土庐村、碾盘山村、桐梓坪村、禁药碑村、金香炉村、蚂蟥坪村	2	16	鱼溪、金李井

续表 1

村（农村社区）				社区		
名称	村数	村民小组数	名称	社区数	居民小组数	名称
铁佛镇	9	103	石钟村、高荣村、太平村、石关村、柏龙社区、浪水村、新立村、茶店子社区、高屋基村	1	7	铁佛场
球溪镇	15	132	双堰塘村、大佛沟村、甑子坝村、大黑山子村、翠流村、高店子村、界牌社区、鸡公山村、雷打坡村、白草坝村、六角庙村、曹古坪村、大象寺村、新房子村、张家祠村	4	69	球溪河、高铁新城、双峰、张家桥
龙结镇	12	115	大朝门村、米粮村、青龙社区、杨家山村、蜂糖河村、沙子沟村、大路沟村、观音坝社区、盐店村、方家坝村、白岩洞村、芦花村	1	2	龙结场
罗泉镇	9	90	小桥社区、曹家社区、石河村、下河村、蒲家村、龙灯村、睢家社区、共和社区、窟窿村	1	14	禹王宫
发轮镇	18	184	筒车坳社区、龙水社区、白庙村、黄柳社区、花秋村、牛儿山村、天池村、庙沟村、学田村、永新村、余家场村、楼房村、宝华村、叶家村、田家村、枣树村、高宝村、青岗社区	2	10	发轮场、配龙场
银山镇	13	132	金紫铺村、岗石村、大石村、古井村、双塘坊村、观音寺村、碾子湾村、杨柳坳村、张家寺村、狮子岭村、黄莲树村、六角嘴村、大联村	4	67	银磷、平安寨、铜锣、朱家场
太平镇	15	124	琴山村、 莲花桥村、 鲤鱼田村、庆荣社区、高寺社区、大青杠村、 岩鹰嘴村、东岳村、 任家村、天宝寺村、双龙社区、龙头村、红门村、石院社区、石宝村	2	15	太平场、龙山
水南镇	13	114	河联坝村、凉水井村、姊妹桥村、板桥村、钎子坟村、干坡村、金华村、青山村、窑山村、沱江村、郑家沟村、园坝子村、太阳河村	13	147	人和、四通、笔坛、砚台、武陵、水南、板栗桠、长山、大石桥、内坊冲、瓦窑坝、奉安（倒石桥）、凤凰
新桥镇	17	127	八块田村、杨柳村、太河村、山水坡村、和睦社区、烟火店村、复兴社区、东升村、凉风村、清平村、玄天观村、三皇庙村、双桥社区、红庙子村、华光村、兰家坝社区、五马村	2	8	新桥场、兴隆街
明心寺镇	9	74	莲池铺村、宜古寺村、茅店子社区、唐明渡村、黄泥埂村、明心坝村、油坊山村、土墙堰村、老寨子社区	1	16	川硫
双河镇	15	158	水口庙社区、安木店村、葫芦寺社区、上马门社区、董家堰村、金峰寺村、雁家嘴村、天宫堂村、石家冲村、熊桥村、中峰寺村、宋家社区、梨花村、猫儿寨村、拥跃村	2	22	双河场、宋家场

续表 1

村（农村社区）				社区		
名称	村数	村民小组数	名称	社区数	居民小组数	名称
公民镇	11	117	高石坝子社区、桂家桥村、罗成庙村、大井村、盘龙寺村、川主庙村、感应庵村、藿麻山村、太平寺村、陡沟村、葛麻寺村	2	22	大井场、楠木寺
龙江镇	15	149	秀峰社区、平等村、白阳社区、安乐村、金田村、松柏村、团结村、联溪村、百乐村、石坪村、永镇村、龙结村、川民村、全胜村、双河村	2	25	蔡家场、红旗
双龙镇	18	207	响滩村、骑龙村、柏林社区、永华村、大坟坝村、寿星桥村、状元村、云峰社区、檬茨社区、金龟村、铧头场村、刘家庙社区、金鼓社区、五福村、红豆沟村、窑厂社区、红牌村、三柏社区	2	25	舒家桥、骝马场
高楼镇	22	199	紫金村、清凉社区、五四村、鹤林社区、一心村、天星村、龙台村、共家村、雨台村、玉皇庙村、集中村、三河社区、钟家祠村、庙湾社区、乌龟山村、花树湾村、瓦子坳村、吊脚楼村、东溪湾村、帽角山村、东岳庙村、新合村	2	22	高楼场、走马场
陈家镇	8	80	付氏祠村、枇杷湾社区、高家坝村、新店子村、双堰坳村、冷家湾村、王家坪村、玉皇观社区	2	23	陈家场、拥共
孟塘镇	15	133	柏莲社区、三江村、梨园社区、互助村、水口村、梨树村、胡顶村、新店村、狮子村、大佛村、石古村、杨树社区、睦邻村、新民村	1	15	大堰塘
马鞍镇	7	79	石板滩村、石桥村、麦子湾村、拾童庙社区、白洋沟村、杨家寺社区、驼柏树	1	4	马鞍
狮子镇	9	87	菜子冲村、铜马桥村、锣鼓山村、双朝门村、李子园村、级海寺村、清明嘴村、茶店村、莫家墩村	1	3	狮子场
合计	301	2822	含 62 个农村社区	65	777	重龙镇、水南镇的 28 个社区为城市社区，其余镇的 37 个社区为集镇社区

【经济总量】 全年实现地区生产总值 283.78 亿元，增长 3.9%。其中第一产业增加值 84.88 亿元，增长 5.5%；第二产业增加值 80.53 亿元，增长 3.4%（规模工业增加值增长 5.6%；建筑业增加值 21.12 亿元，增长 5.1%）；第三产业增加值 118.37 亿元，增长 3.1%；完成地方一般公共预算收入 9.30 亿元，同口径增长 6.7%；完成全社会固定资产投资 87.24 亿元，增长 13.2%；社会消费品零售总额 90.62 亿元，下降 3.3%；城乡居民人均可支配收入分别达 38068 元、17592 元，分别增长 6.1%、8.8%。

【民俗文化】 资中木偶戏 源于清代光绪年间。

属四大木偶戏（布袋、提线、杖头和铁线）之一。资中中型杖头木偶制作工艺，2007年被评为四川省首批非物质文化遗产代表性项目。2010年《木偶变脸·吐火》《木偶书法》《摇滚木偶〈巴比伦河〉》《木偶长袖舞》参加首届中国农民艺术节展演展示，获农业部、文化部、中国文学艺术界联合会颁发的首届中国农民艺术节精粹奖；软体木偶《传承》、杖头木偶《流动》、人偶组合《绽放》赴湖南长沙参加全国第三届金狮奖木偶皮影中青年技艺大赛，获“三奖两杯一匾”；木偶组合《变脸·吐火·书法·要佛珠》《木偶长袖舞》代表四川省内江市赴上海参加世博会展演展示，分别在四川展馆和内江展馆开馆日进行精彩演出；《木偶变脸·吐火》参加四川省组织的赴美国“感恩世界——中美友好文化交流”演出，县木偶剧团被省人民政府办公厅表彰为赴美举办2010“文化中国·锦绣四川”系列活动突出贡献单位。2012年4月，《资中木偶》参加央视《乡村大世界》节目录制；10月30日，参加央视《北纬30度中国行》栏目摄制组实地拍摄，并于11月28日在央视《远方的家》栏目播出。2013年，资中木偶剧团先后参加上海卫视《中国达人秀》、湖南卫视《奇舞飞扬》和四川卫视《中国正能量》等演出活动；中型杖头木偶制作工艺申报国家级非遗项目通过省级评审并上报文化部。2014年，中型杖头木偶戏成功入选国家级非物质文化遗产名录，资中被命名为四川省民间文化艺术之乡；县中型杖头木偶制作工艺被国务院确定为第四批国家级非物质文化遗产代表性项目；2015年10月，木偶剧团出访日本，成功进行中日民间文化交流。2016年1—4月，出访迪拜，演出90余场；4—6月，连续两次参加央视《回声嘹亮》《美丽乡村快乐行》节目录播工作；11月，参加第四届四川农业博览会展演展出和央视《2017过年七天乐》节目录制。2017年1月，剧团的《四川狮舞》《变脸吐火》《木偶书法》《东郭先生与狼》节目，在武庙广场参加央视《消费主张》栏目的录制；6月，剧团演出队原创的木偶诗《荷塘月色》和一台经典木偶小戏，在第二届南充国际木偶艺术周上荣获全国唯一的“最佳节目奖”“集体表演奖”；12月，剧团精品节目人偶组合《变脸》《木偶集萃》、木偶舞蹈《俏花旦》、川剧（胡琴）《八阵图》，参加在福建举行的“第五届中国泉州国际木偶节”展演，荣获第三届海上丝绸之路国际艺术节执委会颁发的“荣誉奖”。2018年2月，资中木偶参加央视2台《家乡的年味·四川资中》节目制播；3月，资中木偶亮相央视7台《过年了》新春联欢会。2019年，县木偶剧团参加“四川省第四届曲艺杂技木偶皮影比赛”荣获“三等奖”。2020年，县木偶剧团参加“2020四川省文化和旅游发展大会·第六届中国（四川）国际旅游投资大会·第七届国际旅游交易博览会”、广安武胜2020年四川省乡村艺术节、山东济南第六届中国非物质文化遗产博览会、成都博物馆“影偶奇缘”主题月活动等演出或比赛工作。在“四川省非物质文化遗产保护协会第一届第九次理事会议暨非遗专题培训会”上，资中县木偶剧团荣获“四川省非物质文化遗产优秀传承发展基地”称号。国家级非遗资中中型杖头木偶戏市级非遗代表性传承人林昆，被共青团中央、人力资源和社会保障部授予第20届全国青年岗位能手荣誉称号；省级非遗资中中型杖头木偶制作工艺县级非遗代表性传承人周昱汝被内江市总工会、内江市人力资源社会保障局授予“优秀甜城工匠”荣誉称号。

资中盘破门武术　源于资中县罗泉镇。清乾隆年间，罗泉镇富家子弟刘赣，在蜀中遍访名师，取众家之长，将本地武术与峨眉盘破门派武术融会贯通，独创“齐步云脚高桩盘破”打法，成为资中盘破门武术的开山祖师。至2020年已历9代，各代弟子在弘扬盘破门武术的过程中，海纳百川，取长补短，形成现在独特的资中盘破门武术文化。2009年纳入省级非物质文化遗产保护名录。

2010年“盘破门武术”在湖北武当山国际武术节上取得3金3银9铜的不俗成绩。2011年6月，盘破门武术队12人参加在西安举办的全国传统武术大赛，夺得金牌7枚、银牌8枚、铜牌6枚；8月，24人参加“四川国际峨眉武术节”比赛，获金牌5枚、银牌6枚、铜牌19枚。2012年10月30日，盘破门武术参加央视《北纬30度中国行》节目摄制组实地拍摄，并于11月28日在央视《远方的家》栏目播出。2013年11月，资中盘破门武术被国家体育总局确定为“中国体育非物质文化遗产保护与推广项目”。2016年6月，参加“CCTV美丽乡村中国行——走进内江”录播工作。2017年5月，资中盘破门研究总会和县武协共同组队（168名武术运动员），参加“第二届川南武术套路邀请赛及武术段位制考评”，获金牌48枚、银牌88枚、铜牌136枚。2018年9月，资中盘破门研究会组队参加2018年首届四川省传统武术精英大赛，获金牌7枚、银牌12枚、铜牌32枚。2019年6月，盘破门武术代表性传承人郭德章参加在峨眉举办的第八届世界传统武术锦标赛获银牌、铜牌各1枚。2020年9月26日，内江市举办2020年川南五市（乐山、宜宾、自贡、泸州、内江）武术套路邀请赛，来自川南五市及成都、广安、甘孜等地的武术选手400余人参加比赛，资中盘破门武术队派出参赛选手176名。参加川体集团杯第一届四川省云健身网络运动会青少年武术套路网络视频大赛，资中盘破门武术队获一等奖3名、二等奖3名、三等奖2名。

资中朱家直门武术　在自己独家独门套路打法的基础上，融会了杨家拳和流传于巴蜀大地峨眉派武术之精华，总结提炼，形成了具有传统武术套路、打法，有完整体系，传承脉络清晰的独家独门武术拳种。代表人物可查。2013年，获批内江市非遗保护项目。2016年5月，参加四川电视台《绝活状元》栏目的拍摄工作，并于6月7日晚8点播出。2017年5月，参加内江市武术锦标赛获金、银、铜牌共20枚；11月，朱家直门武术传承人朱盈青参加第七届世界传统武术锦标赛，“直门拳”获铜奖，“疯魔棍”获铜奖。2019年6月，朱盈青参加在峨眉举办的第八届世界传统武术锦标赛获金牌、铜牌各1枚。

叶脉画　2007年获批入选内江市非物质文化遗产保护名录。它源自东汉，从印度传入中国，年久失传。1989年，时任县文化馆副馆长、县美术家协会主席的孙文光，经过多年探索，研究古老叶脉画工艺，终获成功。他创作的叶脉画《紫竹观音》，1990年被英国大英博物馆收藏；1997年，他的叶脉画《佛》参加第五届中国艺术节斩获银奖。2010年“资中叶脉画”先后在资中、成都、广西南宁、北京等地展览展出作品160件，其中《人民爱总理，总理爱人民》获中国首届农民艺术节优秀奖，《大吉》被北京市农业展览馆收藏。2020年，市级非遗叶脉画传承人孙源，在内江市民间手艺人技能大赛中，被内江市人民政府评选为优秀民间手艺人。

民间文化活动　有狮灯、龙灯、牛灯、灯会、灯谜、川剧座唱等。龙结镇的“烟花架”、公民镇的舞会、归德镇的“大家唱”、双河镇的“三灯”（狮灯、龙灯、牛灯）等传统文化活动全县闻名。2014年，资中被命名为“四川省民间文化艺术之乡”。2020年，组织资中县民间手艺人参加内江市首届民间手艺人技能大赛活动。资中县中型杖头木偶制作工艺省级非遗代表性传承人唐友民以综合评分第一名获得内江市“十大民间手艺人”称号，孙源、曾安超、段小辉、徐明等8人获内江市“优秀民间手艺人”称号。

中共资中县委

重要会议

【中共资中县委全体会议】 2020年8月21日，中共资中县委十四届十七次全体会议在资中苌弘大剧院召开。主要议程是学习贯彻习近平总书记关于推动成渝地区双城经济圈建设的重要讲话精神，省委十一届七次全会、市委七届十一次全会精神；曾廷富代表县委常委会作工作报告，并就《中共资中县委关于深入学习贯彻习近平总书记重要讲话精神奋力谱写全面融入成渝地区双城经济圈建设“成渝之中、魅力资中”发展新篇章的决定（讨论稿）》作起草说明；审议通过《中共资中县委关于深入学习贯彻习近平总书记重要讲话精神奋力谱写全面融入成渝地区双城经济圈建设“成渝之中、魅力资中”发展新篇章的决定》，审议通过《中国共产党资中县第十四届委员会第十七次全体会议决议》。

【中共资中县委常委会会议】 2020年，召开中共资中县委常委会会议70次，传达学习贯彻上级会议、文件和领导讲话、批示等精神，听取工作汇报，讨论决定人事、机构、国民经济和社会事业发展规划、党风廉政建设，决定召开重要会议，讨论重要报告，总结部署工作。

表2

2020年中共资中县委常委会会议一览表

届次	主要议题
十四届一百九十九次（2020年1月3日）	听取县检察院党组2019年工作情况汇报；听取县委编委会2019年机构编制工作情况汇报；审议《资中县2020年扶持发展村集体经济建议方案》；研究干部任免；听取规范绩效奖励工作情况汇报
十四届二百次（2020年1月13日）	审议《2020年全县经济工作要点（送审稿）》《曾廷富同志在全县经济工作暨项目推进会上的讲话（送审稿）》《林双全同志在全县经济工作暨项目推进会上的讲话（送审稿）》；审议《资中县2020年畜牧生产发展实施方案（送审稿）》；听取2019年乡村振兴战略实施情况汇报；听取2019年政治安全、维护社会稳定和信访工作汇报，审议《资中县2020年突出涉稳问题责任清单（送审稿）》《资中县2020年突出涉信问题责任清单（送审稿）》；传达学习《中国共产党党和国家机关基层组织工作条例》；学习贯彻12月20日全国安全防范暨专项督查工作视频会和全省、全市安全生产视频调度会议精神；听取《关于根治拖欠农民工工资工作情况的报告》；研究召开县两会有关事项（审议关于召开资中县第十六届人民代表大会第五次会议有关事宜、审议关于召开政协资中县第十四届委员会第五次会议有关事宜）；研究干部任免

续表2

届次	主要议题
十四届二百零一次（2020年1月14日）	审议《关于确定资中县第十六届人民代表大会代表初步人选的建议方案》
十四届二百零二次（2020年1月21日）	传达内江市第七届人民代表大会第六次、政协内江市第七届委员会第五次会议精神，安排护林防火、灾后重建、安全生产、新型冠状病毒肺炎疫情防控和春节、全国两会期间安全稳定等工作
十四届二百零三次（2020年1月28日）	传达中央政治局常委会会议精神和省委、市委常委会会议精神；审议《关于成立资中县委应对新型冠状病毒肺炎疫情工作领导小组及资中县应对新型冠状病毒肺炎疫情应急指挥部的通知（送审稿）》；通报全县新型冠状病毒肺炎疫情情况，研究疫情防控工作
十四届二百零四次（2020年2月9日）	进一步传达学习贯彻中央和省、市应对新型冠状病毒肺炎疫情有关会议及市委常委会会议暨市委应对新型冠状病毒肺炎疫情工作领导小组会议精神；听取县应对新型冠状病毒肺炎疫情应急指挥部各工作组开展情况汇报及下一步工作打算（县应对新型冠状病毒肺炎疫情应急指挥部办公室工作情况汇报及下一步工作打算、县应对新型冠状病毒肺炎疫情应急指挥部疫情防控组、医疗救治组工作情况汇报及下一步工作打算、县应对新型冠状病毒肺炎疫情应急指挥部后勤保障组工作情况汇报及下一步工作打算、县应对新型冠状病毒肺炎疫情应急指挥部交通运输组工作情况汇报及下一步工作打算、县应对新型冠状病毒肺炎疫情应急指挥部市场监管组工作情况汇报及下一步工作打算、县应对新型冠状病毒肺炎疫情应急指挥部市场保供组工作情况汇报及下一步工作打算、县应对新型冠状病毒肺炎疫情应急指挥部社会稳定组工作情况汇报及下一步工作打算、县应对新型冠状病毒肺炎疫情应急指挥部监督检查组工作情况汇报及下一步工作打算、县应对新型冠状病毒肺炎疫情应急指挥部农村地区疫情防控组工作情况汇报及下一步工作打算等）
十四届二百零五次（2020年2月11日）	传达《中共内江市委印发关于坚决贯彻习近平总书记重要指示精神进一步加强党的领导为打赢疫情防控阻击战提供坚强政治保证的通知》精神，听取资中县贯彻情况汇报；听取《在疫情防控一线考察识别领导干部班子和干部的十二条措施》相关情况汇报；传达学习《中共内江市委常委会议议决事项通知》（七届〔2020〕常通字23号）；传达贯彻《中共中央办公厅关于印发〈纪检监察机关处理检举控告工作规则〉的通知》；审议《关于2019年度党风廉政建设责任制考核结果的通报（送审稿）》《关于2019年度乡镇党风廉政建设社会评价及部门（单位）“千企万人评作风”综合测评结果运用的通报（送审稿）》；审议《中共资中县委贯彻落实〈市委常委班子深刻汲取彭宇行、侯晓春严重违纪违法案教训专题民主生活会整改方案〉精神的任务清单（送审稿）》；审议关于成立县委城乡基层治理委员会有关事宜
十四届二百零六次（2020年2月14日）	传达贯彻近期中央和省、市应对新型冠状病毒肺炎疫情会议精神，听取资中县新型冠状病毒肺炎疫情防控工作情况汇报；听取资中县融媒体中心工作情况汇报；研究干部任免
十四届二百零七次（2020年2月19日）	传达贯彻近期中央和省、市应对新型冠状病毒肺炎疫情会议精神；传达市委书记马波到资中调研指示精神；听取资中县新型冠状病毒肺炎疫情防控工作情况汇报（听取内江市应对新型冠状病毒肺炎疫情应急指挥部第17号令卡口设置情况及全县农民工健康证办理情况汇报、听取疫源地管理及分区分类重点防疫工作落实情况汇报、听取利用战“疫”时机开展“八大行动”推动基层治理能力提升情况汇报、传达全市2020年重点项目复工复产工作会议、就业促进工作专题视频会议和全省做好农民工务工返岗服务工作电视电话会议精神）；通报企业复工复产情况，安排相关工作

续表 2

届次	主要议题
十四届二百零八次（2020 年 2 月 21 日）	听取 2019 年“走上去”“走出去”活动开展情况汇报；听取《关于内江市发改委反馈资中县政府投资工程建设项目招投标领域存在问题整改情况的报告》；听取《资中县应对新型冠状病毒肺炎疫情防控期间一次性医用口罩市场保供方案》；听取《资中县退役军人事务局 2019 年度工作报告》；听取《消防救援队伍改革转制一年来全县消防工作和队伍建设情况的报告》；研究干部任免；听取利用战“疫”时机实施“八大行动”推动基层治理相关工作情况汇报［听取市场、商场（商店）、餐饮专项治理行动工作情况汇报、听取小区治理专项行动工作情况汇报、听取爱国卫生运动专项行动工作情况汇报、听取社会志愿服务扩容增效专项行动工作情况汇报］；听取全县疫情防控相关工作情况汇报（听取公民镇、双河镇相关工作情况说明，听取全县第一产业复工复产情况汇报，听取全县第二产业复工复产情况汇报，听取全县第三产业复工复产情况汇报，听取全县建筑业复工复产情况汇报，听取全县重点项目复工复产情况汇报，听取全县非煤矿山复工复产情况汇报，传达全国、全市恢复交通运输秩序电视电话会议精神，听取全县疫情防控期间宣传工作情况汇报，听取疫情防控监督检查组工作情况汇报，贯彻落实 2 月 19 日内江市委应对新型冠状病毒肺炎疫情工作领导小组会议精神）
十四届二百零九次（2020 年 2 月 24 日）	传达中央统筹推进新冠肺炎疫情防控和经济社会发展工作部署会议、省委常委会（扩大）会议精神；传达贯彻近期中央和省、市应对新型冠状病毒肺炎疫情会议精神；传达市委常委会（扩大）会议暨市委应对疫情工作领导小组会议精神；听取资中县新型冠状病毒肺炎疫情防控相关工作情况汇报（听取全县重点项目复工复产情况汇报、听取全县一二三产业、建筑业和非煤矿山复工复产情况汇报）
十四届二百一十次（2020 年 3 月 4 日）	传达学习《全国人民代表大会常务委员会关于全面禁止非法野生动物交易、革除滥食野生动物陋习、切实保障人民群众生命健康安全的决定》；听取全县专项斗争和重点推进县有关工作情况汇报；听取复临安息日聚会点取缔后续工作情况汇报；听取统计局关于资中县第七次全国人口普查相关情况的报告；听取《贯彻落实全县投资促进工作会相关精神的报告》；听取《资中县运动健康产业园区发展规划》的报告；审议《资中县生态保护行政约谈办法（试行）（送审稿）》；审议《资中县双拥工作领导小组成员单位职能职责（送审稿）》《资中县双拥工作领导小组关于创建四川省第十二届双拥模范城的实施意见（送审稿）》；审议《资中县城乡环境治理常态化督促指导工作方案（送审稿）》；审议《县纪委十四届五次全会工作报告（送审稿）》；研究干部任免；传达上级领导到资中调研指示精神（传达副省长杨兴平、省教育厅厅长李江、市长郑莉莅资调研指示精神）；传达贯彻近期中央和省、市应对新型冠状病毒肺炎疫情会议精神；听取利用战“疫”时机实施“八大行动”推动基层治理相关工作情况汇报（听取景区景点、娱乐游乐场所管理服务专项行动工作情况汇报、听取车辆整治专项行动工作情况汇报）；听取支持中小微企业共渡难关的十八条措施落实情况汇报；听取全县城乡环境大清扫工作开展情况汇报；听取境外回资人员管理工作相关情况汇报
十四届二百一十一次（2020 年 3 月 13 日）	听取资中县省第八届劳动模范和先进工作者评选工作情况汇报；传达学习全国、全省、全市组织部长会议精神；传达学习《中共中央组织部关于认真做好 2020 年领导干部报告个人有关事项工作的通知》；审议《2019 年资中县落实主体责任突出问题整改方案（送审稿）》；审议《中共资中县委 2019 年度领导班子述职述廉报告（送审稿）》；审议《县委常委会 2020 年工作要点（送审稿）》；研究干部任免；传达贯彻近期中央和省、市应对新型冠状病毒肺炎疫情会议精神；通报“全市爱国卫生运动日”开展情况，研究部署全省爱国卫生运动“周末卫生大扫除”工作
十四届二百一十二次（扩大会议）（2020 年 3 月 16 日）	通报全县 2019 年生态环境保护和突出环境问题整改工作开展情况，并安排部署下一步工作；听取县领导突出环境问题整改工作情况汇报

续表 2

届次	主要议题
十四届二百一十三次（2020 年 3 月 23 日）	传达学习《党委（党组）落实全面从严治党主体责任规定》（中办发〔2020〕10 号）；传达贯彻全国、全省、全市统战部长会议精神；传达学习全国、全省、全市发展改革工作会议精神；传达学习《余毅同志在内江市 2020 年专项斗争推进会上的讲话》；审议《中共资中县委 2019 年度领导班子述职述廉报告（送审稿）》；审议《县委常委会 2020 年工作要点（送审稿）》；审议《2019 年资中县落实主体责任突出问题整改方案（送审稿）》；审议资中县第三产业 2020 年提质增效工作措施和计划清单有关事宜；审议《资中县“十四五”规划编制工作方案（送审稿）》；审议成自铁路球溪站站前广场及基础设施建设项目有关事宜；审议《2020 年度协商计划（送审稿）》；听取《中共资中县政协党组关于 2019 年工作开展情况及 2020 年工作计划的报告》；研究干部任免；传达贯彻近期中央和省、市应对新型冠状病毒肺炎疫情会议精神；听取城乡环境卫生“大清扫”工作情况汇报
十四届二百一十四次（2020 年 3 月 26 日）	研究干部任免；研究县委部分班子成员分工调整相关事宜
十四届二百一十五次（2020 年 3 月 27 日）	听取县两会筹备工作协调会议相关事宜；审议《关于重新确定资中县第十六届人大五次会议召开时间的请示》《关于重新确定补选资中县第十六届人大代表选举日的请示》；审议《资中县人大常委会 2020 年工作要点（送审稿）》《资中县人大常委会 2020 年监督工作计划（送审稿）》；审议《中共资中县委常委班子 2019 年民主生活会查摆问题整改方案（审议稿）》；传达学习《中共内江市委关于 2019 年市委贯彻执行中央八项规定精神情况的报告》《关于解决形式主义突出问题为基层减负工作情况的报告》，审议《县委关于 2019 年县委贯彻执行中央八项规定精神情况的报告》《关于解决形式主义突出问题为基层减负工作情况的报告》
十四届二百一十六次（2020 年 3 月 30 日）	听取 2020 年第一季度县委常委领导班子成员及县人大常委会、县政府、县政协、县法院、县检察院党组书记履行党风廉政建设主体责任情况汇报；传达贯彻全市干部教育培训工作联席会议、经济责任审计发现问题整改推进会议精神；传达贯彻《全国人大常委会办公厅关于〈进一步加强各级人大常委会对审计查出突出问题整改情况监督的意见〉》；传达贯彻全国、全省、全市宣传部长会议精神；听取赴重庆市大足区学习考察情况汇报；研究县村级建制调整改革相关事宜（传达贯彻《彭清华同志全省乡镇行政区划调整改革工作总结会暨村级建制调整改革工作推进会上的讲话》《马波同志全市乡镇行政区划调整改革工作总结会暨村级建制调整改革工作推进会上的讲话》、审议《关于推进资中县村级建制调整改革的实施意见（送审稿）》《资中县村级建制调整改革配套方案（送审稿）》、审议《关于建立县领导联系镇、县级部门联系涉改村（社区）推进村级建制调整改革工作机制的通知（送审稿）》、审议《资中县村级建制调整改革模拟方案（送审稿）》）；传达贯彻内江市生态环境保护委员会 2020 年第一季度例会会议精神；传达贯彻全国、全省、全市政法工作会议精神；审议《资中县创建国家卫生县城工作建议实施方案（送审稿）》；传达《内江市 2020 年正风肃纪纠治“四风”工作方案》，研究贯彻意见；传达全省抓党建促决战决胜脱贫攻坚电视电话会议精神，研究贯彻意见
十四届二百一十七次（2020 年 4 月 8 日）	研究县两会相关事宜（审议《关于重新确定资中县第十六届人大五次会议召开时间的请示》《关于重新确定补选资中县第十六届人大代表选举日的请示》、审议《政协资中县第十四届委员会第五次会议工作方案（送审稿）》《政协资中县第十四届委员会常务委员会工作报告（送审稿）》）；研究干部任免

续表 2

届次	主要议题
十四届二百一十八次（2020 年 4 月 10 日）	审议县十六届人民代表大会第五次会议相关事宜（审议《县十六届人民代表大会第五次会议方案》《资中县人大常委会工作报告（送审稿）》《政府工作报告（送审稿）》《资中县 2019 年民生实事项目人大代表票决制实施项目完成情况和 2020 年民生实事项目人大代表票决制建议项目情况的报告（送审稿）》《关于资中县 2019 年国民经济和社会发展计划执行情况及 2020 年计划草案的报告（送审稿）》《关于资中县 2019 年财政预算执行情况和 2020 年财政预算草案的报告（送审稿）》《资中县人民法院工作报告（送审稿）》《资中县人民检察院工作报告（送审稿）》）；传达全市法院院长会议精神，研究贯彻意见；审议《2020 年资中县巩固和深化专项整治漠视侵害群众利益问题的措施清单（送审稿）》；传达学习《中共四川省委办公厅印发〈关于进一步加强和改进党委（党组）理论学习中心组学习的实施意见〉的通知》；审议《2020 年全县党委（党组）理论学习中心组专题学习安排意见（送审稿）》；审议《2020 年意识形态工作要点（送审稿）》；审议《关于明确王君同志工作分工的请示》
十四届二百一十九次（2020 年 4 月 15 日）	研究干部任免；审议《关于确定县第十六届人大常委会组成人员补充人选的建议方案》；审议《关于确定县政协第十四届常务委员会组成人员初步人选的方案》；听取《关于推荐 2020—2022 年度市委掌握高层次人才相关情况的报告》；审议《关于组建中共资中县委、县人民政府决策咨询委员会的建议意见》；审议《关于召开县十六届人民代表大会第五次会议有关事项的请示》（审议《县十六届人民代表大会第五次会议工作日程（草案）（送审稿）》《县十六届人民代表大会第五次会议相关建议名单（草案）（送审稿）》《县十六届人民代表大会第五次会议选举办法（草案）（送审稿）》《县十六届人民代表大会第五次会议宪法宣誓仪式工作办法（草案）（送审稿）》）；传达《内江市人大常委会办公室〈关于继续开展民生实事项目人大代表票决制试点工作的通知〉精神》，研究贯彻意见
十四届二百二十次（2020 年 4 月 17 日）	听取全县惠民惠农财政补贴资金社会保障卡“一卡通”推进工作情况汇报；传达《中共四川省纪委关于印发〈2020 年深化“脱贫攻坚纪律作风保障年”活动工作方案〉的通知》，研究贯彻意见；传达《省委省政府廉政办关于 2019 年度市（州）落实党风廉政建设责任制情况的通报》《市委市政府廉政办关于 2019 年度县（市、区）和市级部门（单位）落实党风廉政建设责任制情况的通报》，研究贯彻意见；传达《省委省政府廉政办关于开展 2020 年党风廉政建设社会评价工作的通知》，研究贯彻意见；审议《贯彻落实〈中共资中县委关于深化制度创新提升服务效能推进城乡基层治理体系和治理能力现代化的决定〉项目责任分工方案（送审稿）》
十四届二百二十一次（2020 年 4 月 24 日）	听取县委常委、县政府副县长 2019 年及 2020 年第一季度常委会议决事项及书记批示交办事项完成情况汇报；听取全县进一步加强创建工作全力打好文明城市创建攻坚战的情况汇报；传达学习《邓小刚、尧斯丹同志在省委农村工作会议上的讲话》《马波、余先河同志在市委农村工作会议上的讲话》，研究贯彻意见；传达学习《中共中央办公厅〈关于持续解决困扰基层的形式主义问题为决胜全面建成小康社会提供坚强作风保证的通知〉》，研究贯彻意见；传达学习市委网信委第二次会议精神，研究贯彻意见；传达学习《中共中央办公厅、国务院办公厅〈关于构建现代环境治理体系的指导意见〉》，研究贯彻意见；传达学习内江市市域社会治理现代化试点工作动员部署视频工作会议精神，研究贯彻意见；审议《资中县关于构建“1+7+3”党建引领城乡基层治理体系的实施意见（送审稿）》；研究干部任免

续表 2

届次	主要议题
十四届二百二十二次（2020年4月30日）	传达贯彻近期中央和省、市应对新型冠状病毒肺炎疫情会议精神；听取《资中县新冠肺炎疫情防控工作情况的报告》；听取《资中县应对新型冠状病毒肺炎疫情应急指挥部办公室关于做好新冠肺炎常态化防控工作的通知》相关情况；审议《资中县创建国家级历史文化名城实施方案（送审稿）》《资中县创建省级园林县城实施方案（送审稿）》；传达学习2020年全市国有企业党建暨改革发展工作会议精神，研究贯彻意见；传达学习习近平总书记关于审计工作的重要指示精神、李克强总理听取审计工作汇报时的重要要求、省委省政府对四川省落实工作的部署和要求、市委市政府对我市贯彻落实工作的部署和要求以及全国、全省、全市审计工作会议精神，研究贯彻意见；传达学习内江市平安建设视频工作会议精神，研究贯彻意见；传达学习《四川省纪检监察机关查处诬告陷害行为实施办法（试行）》，研究贯彻意见；传达学习《中共内江市纪委关于印发〈建立政治监督清单化管理机制的工作方案〉的通知》，研究贯彻意见；传达学习市委政协工作会议精神，研究贯彻意见；传达学习全省基层党建工作重点任务推进视频会议精神，研究贯彻意见；审议《村级建制调整改革中各村（社区）常职干部职数设置的方案（送审稿）》；审议《资中县2020年政党协商（会议协商）计划（送审稿）》；研究干部任免
十四届二百二十三次（2020年5月7日）	传达学习《马波同志在市委常委会（扩大）会议上的讲话》，研究贯彻意见；审议《资中县村级建制调整改革方案（送审稿）》；审议《关于村级建制调整改革中涉改村成立临时党委和部分非涉改村调整党组织设置的建议方案》；审议《关于表扬为庆祝中华人民共和国成立70周年活动作出突出贡献的先进集体的通报（送审稿）》；审议《县委宣传部2020年宣传思想工作要点（送审稿）》；审议《关于表扬2019年度禁毒工作先进单位及先进个人的通报（送审稿）》；审议《关于表扬重大案件侦破工作先进集体和个人的通报（送审稿）》；审议《资中县调整完善县与镇财政管理体制方案（试行）（送审稿）》；听取《关于省督查组汛期安全生产督查及安全生产监管技术服务项目推进工作有关情况的报告》；听取《林双全同志率队赴德阳、成都开展投资促进活动情况的报告》
十四届二百二十四次（2020年5月12日）	研究干部任免
十四届二百二十五次（2020年5月15日）	审议《关于科级领导干部2019年度考核等次的建议意见》；审议《关于村级建制调整改革中涉改社区撤销党委、成立临时党委和部分非涉改社区调整党组织设置的建议方案》；审议《关于村级建制调整改革中村（社区）党组织书记拟任人选和放宽提名条件人选的建议方案》；研究干部任免
十四届二百二十六次（2020年5月22日）	传达学习省两会精神，研究贯彻意见（传达学习省十三届人大三次会议精神，研究贯彻意见、传达学习省政协十二届三次会议精神，研究贯彻意见、传达学习《马波同志在市委常委会（扩大）会议上的讲话》，研究贯彻意见）；传达学习习近平对新时代青年寄语、四川省青年座谈会精神、《中长期青年发展规划（2016—2025）年》实施工作部际联席会议第二次全体会议精神、《四川省中长期青年发展规划（2017—2025年）》实施工作联席会议第二次全体会议暨工作推进会精神，听取近期中长期青年发展规划全国试点工作情况汇报；审议召开中国少年先锋队资中县第三次代表大会相关事宜；审议《资中县2019年度民生实事项目人大代表票决制续建项目、2020年度民生实事项目人大代表票决制实施项目推进方案（送审稿）》；审议《资中县人大常委会2020年度民生实事项目人大代表票决制实施项目监督工作方案（送审稿）》；审议《资中县森林防灭火专项整治工作方案（送审稿）》；审议《市场监管、交通运输、农业、城市管理和文化市场综合行政执法改革实施方案（送审稿）》；审议《重龙镇等22个镇职能配置、机构设置和人员编制规定（送审稿）》；审议《关于明确中共资中县委教育工作委员会委员设置的建议方案》；审议《关于建立政治监督清单化管理机制的实施方案（送审稿）》；传达学习《中共中央纪委办公厅印发〈关于贯彻落实党中央决策部署紧紧围绕统筹疫情防控和经济社会发展跟进监督精准监督全程监督的工作意见〉的通知》及马波的批示精神，研究贯彻意见；传达学习内江市乡镇行政管理体制改革“后半篇文章”工作推进会会议精神，研究贯彻意见；传达学习内江市综治中心、网格化服务管理工作会议精神，研究贯彻意见；传达学习市委目标绩效办座谈会精神，研究贯彻意见；传达学习全省城乡基层治理机构负责人视频培训会会议精神，研究贯彻意见；传达学习《内江市“不忘初心、牢记使命”主题教育总结报告》精神，研究贯彻意见；传达学习《中共中央办公厅国务院办公厅印发〈关于推进基础设施高质量发展的意见〉的通知》精神，研究贯彻意见；听取《关于贯彻落实近期全国、省市安全生产会议精神有关情况的报告》；听取《关于GDP统一核算工作有关情况的报告》；听取《关于整合成立“资中县职业技术学校”情况的报告》；研究干部任免

续表 2

届次	主要议题
十四届二百二十七次（2020 年 5 月 27 日）	研究干部任免；学习《中华人民共和国土地管理法》；传达学习《中共中央办公厅 国务院办公厅关于印发〈省（自治区、直辖市）污染防治攻坚战成效考核措施〉的通知》，研究贯彻意见；传达学习《中共内江市委办公室印发〈关于大力发现培养选拔优秀年轻干部的实施方案〉的通知》，研究贯彻意见；审议《内江市创建市域社会治理现代化试点合格城市资中县工作规划（2020—2022 年）（送审稿）》《资中县 2020 年市域社会治理工作方案（送审稿）》
十四届二百二十八次（2020 年 5 月 29 日）	审议《关于市管领导班子和市管干部 2019 年度考核等次的建议意见》《关于正副县级学校领导班子和领导干部 2019 年度考核等次的建议意见》
十四届二百二十九次（2020 年 6 月 5 日）	传达贯彻近期中央、省、市疫情防控会议精神；通报近期新冠肺炎疫情常态化防控工作情况；传达学习《余先河同志在全市退役军人事务工作会议上的讲话》《易铭鑫同志在全市退役军人事务工作会议上的发言》，研究贯彻意见；传达学习《中华人民共和国森林法》《森林防火条例》和中共内江市委常委会以及市委中心组专题学习会会议精神，研究贯彻意见；传达学习《中共中央 国务院〈关于加快推进社会治理现代化开创平安中国建设新局面的意见〉》，研究贯彻意见；审议《县委常委会 2020 年会前学法计划（送审稿）》；研究干部任免
十四届二百三十次（2020 年 6 月 12 日）	审议《关于王明志、王丹二名同志 2019 年度考核确定为优秀等次的建议意见》；审议《关于拟对 2019 年度考核优秀的非领导成员公务员给予奖励的建议意见》；研究干部任免
十四届二百三十一次（2020 年 6 月 19 日）	研究干部任免
十四届二百三十二次（2020 年 6 月 24 日）	听取《资中新发地农产品物流批发市场补充协议书》有关情况；研究干部任免
十四届二百三十三次（2020 年 6 月 29 日）	学习《中华人民共和国社区矫正法》；听取县级领导牵头负责环保突出问题整改落实情况汇报；听取县委常委、县政府副县长办理 2019 年和 2020 年一、二季度县委常委会议决事项及县委主要领导批示交办事项情况的汇报；审议《资中县脱贫攻坚领导小组关于全县脱贫攻坚问题整改审定结果的报告》；听取 2020 年第二季度县委常委领导班子成员及县人大常委会、县政府、县政协、县法院、县检察院党组书记履行党风廉政建设主体责任情况汇报；审议推进党校分类建设相关事宜；审议《关于撤销县委党校党委的建议方案》；审议《关于给予吴晓兰等 218 名公务员奖励的建议意见》；审议《关于成立成自高铁（资中段）政企联合临时党委的建议方案》；审议《资中县国有企业退休人员社会化管理工作方案（送审稿）》；听取《兴资集团调整与川发展合作（F+EPC）项目建设内容有关情况的报告》；传达学习《中共四川省委 四川省人民政府〈关于加快构建“4+6”现代服务业体系推动服务业高质量发展的意见〉》和彭清华在全省服务业发展大会上的讲话以及马波批示精神，研究贯彻意见；传达学习全市“311”干部帮扶基层行动调度会议精神，研究贯彻意见；传达学习马波在市委组织部干部大会上的讲话精神，研究贯彻意见；传达学习市委专项斗争工作调度会及全市专项斗争推进会会议精神，研究贯彻意见；传达学习王雁飞在十一届省委第六轮巡视动员部署会上的讲话精神，研究贯彻意见；听取《关于 2020 年上半年纪检监察工作完成情况的报告》；听取关于停止执行资委办〔2007〕269 号文件，取消全县党政机关及事业单位干部、职工通信补贴有关情况汇报；听取团中央调研组莅资调研中长期青年发展规划全国试点工作情况报告

续表 2

届次	主要议题
十四届二百三十四次（2020 年 7 月 3 日）	听取全县中、高考疫情防控工作准备落实情况汇报；传达贯彻近期中央和省、市应对新型冠状病毒肺炎疫情会议精神，听取当前疫情防控形势及常态化疫情防控工作推进情况汇报，安排部署近期疫情防控工作；听取《资中县落实市委应对疫情工作领导小组第十五次会议精神责任清单》《资中县常态化防控措施查漏补缺问题责任清单》相关情况汇报；传达学习《彭清华同志在全省领导干部和市厅级主要负责人读书班上的讲话》；传达学习《彭清华同志在第二次挂牌督战凉山州脱贫攻坚座谈会上的讲话》及马波的批示精神，研究贯彻意见；传达学习《中共四川省委办公厅印发〈关于贯彻落实 2019—2023 年全国党政领导班子建设规划纲要的实施意见〉的通知》，研究贯彻意见；听取有偿划拨资中经开区“回家工程”创新孵化园一期资产给兴资集团有关情况；听取划转资中县部分国有资本充实社保基金有关情况；听取《资中县第七次全国人口普查主要指标及其应用情况的报告》；审议资中县人民医院综合大楼建设项目配套附属设施工程等 25 个项目立项相关事宜；听取全县 2019 年以来处分决定宣布工作有关情况汇报；研究干部处分
十四届二百三十五次（2020 年 7 月 17 日）	学习《中华人民共和国传染病防治法》；传达市级领导干部和县处级领导干部读书班精神；传达学习省委十一届七次全会相关精神，研究贯彻意见传达学习《中共四川省委办公厅〈关于学习宣传贯彻省委十一届七次全会精神的通知〉》，研究贯彻意见；传达学习《彭清华同志在省委十一届七次全会上的讲话》及马波的批示精神，研究贯彻意见；传达学习《中共四川省委〈关于深入贯彻习近平总书记重要讲话精神加快推动成渝地区双城经济圈建设的决定〉》及马波的批示精神，研究贯彻意见；传达学习《马波同志在市委常委会（扩大）会议上的讲话》，研究贯彻意见；听取赴南充市学习考察文明城市创建和文化旅游产业发展工作情况汇报；听取赴省文化和旅游厅对接工作有关情况汇报；传达学习《内江市市级领导干部政务工作规范》；听取《共同管业生产基地建设项目投资协议书》有关事宜；审议《四川资中火车站省粮食储备库迁建项目建设工作领导小组关于省粮库迁建项目资金占用费、工程余款结算的建议方案（送审稿）》；审议内江沱江流域水环境综合治理 PPP 项目资中子项目调整投资估算和建设内容有关事宜；传达学习省市脱贫攻坚普查动员部署电视电话会议精神，听取资中县普查准备情况汇报；传达学习 2020 年全市组织工作半年推进会会议精神，研究贯彻意见；审议《资中县优秀“八形”干部候选人名单（送审稿）》；听取全县长江流域重点水域禁渔工作情况及马波到资中调研指示精神
十四届二百三十六次（2020 年 7 月 28 日）	研究干部处分；研究干部任免
十四届二百三十七次（2020 年 7 月 29 日）	学习《中华人民共和国公职人员政务处分法》《中国共产党基层组织选举工作条例》；传达全市支持配合省委巡视隆昌市、资中县、威远县工作调度会会议精神；省委巡视组巡视资中 7 个工作报告撰写情况汇报，听取《资中县纪检监察工作情况汇报》、听取《资中县组织工作情况汇报》《资中县主题教育整改落实情况汇报》、听取《贯彻落实意识形态工作责任制情况汇报》、听取《中央和省委上一轮巡视反馈意见整改情况汇报》、听取《省委上一轮巡视以来审计反馈问题整改情况汇报》、听取《资中县工作情况汇报》；传达市委巡察办到资中调研座谈会精神，研究贯彻意见；传达学习《中共内江市委〈关于健全市委常委会“三重一大”事项决策机制的意见〉》，审议《中共资中县委〈关于健全县委常委会“三重一大”事项决策机制的意见〉（送审稿）》；传达全省学习贯彻习近平总书记关于加强和改进统一战线工作的重要论述读书班和全市统战工作推进会议精神，研究贯彻意见；传达学习《李克强总理在听取各民主党派中央全国工商联负责人和无党派人士代表对〈政府工作报告〉的意见建议时的讲话》，研究贯彻意见；听取《曾廷富同志带队赴重庆荣昌开展投资促进活动情况的报告》；听取《林双全同志带队赴成都、江门、东莞、杭州、嘉兴等地开展投资促进活动情况的报告》

续表 2

届次	主要议题
十四届二百三十八次（2020 年 8 月 7 日）	学习《优化营商环境条例》；听取 2016 年以来全县处分决定执行整改不到位问题情况汇报；传达学习市委七届十一次全会相关精神，研究贯彻意见；传达学习马波同志在市委七届十一次全会上的讲话，研究贯彻意见；传达学习《中共内江市委关于深入贯彻习近平总书记重要讲话精神加快推动内江全面融入成渝地区双城经济圈建设的决定》，研究贯彻意见；研究县委十四届十七次全会有关事宜（听取《县委常委会 2020 年上半年工作报告（送审稿）》；听取《中共资中县委关于深入学习贯彻习近平总书记重要讲话精神奋力谱写成渝地区双城经济圈中的“成渝之中、魅力资中”新篇章的决定（送审稿）》）；传达学习《中共四川省委巡视工作办公室关于省委巡视组巡视资中县的通知》，研究贯彻意见；听取《资中县工作情况汇报》；听取县级领导牵头负责环保突出问题整改落实情况汇报；传达学习全市政法系统队伍建设工作推进会议精神；听取《资中县统计局关于国家统计局第 3 统计督察组向四川反馈统计督察情况的报告》；听取《步步高超市项目投资合作协议书》；听取部门工作情况汇报（听取县法院党组工作汇报、听取县委老干部局工作汇报、听取县总工会工作汇报）；审议《资中县 2020 年度综合目标绩效管理办法（送审稿）》；听取教育系统干部队伍建设情况汇报；研究干部任免
十四届二百三十九次（2020 年 8 月 14 日）	学习《中华人民共和国外商投资法》；传达学习《中国共产党章程》、传达学习习近平关于全面从严治党和巡视工作的重要论述、传达学习《关于新形势下党内政治生活的若干准则》、传达学习《中国共产党廉洁自律准则》、传达学习《中国共产党纪律处分条例》、传达学习《中国共产党巡视工作条例》、传达学习《中国共产党问责条例》、传达学习《中国共产党党内监督条例》、传达学习《中共四川省委巡视工作办法》、传达学习《被巡视党组织配合中央巡视工作规定》；审议相关单位巡视工作情况汇报（审议《资中县纪检监察工作情况汇报（送审稿）》《资中县组织工作情况汇报（送审稿）》《资中县主题教育整改落实情况汇报（送审稿）》《贯彻落实意识形态工作责任制情况汇报（送审稿）》《中央和省委上一轮巡视反馈意见整改情况汇报（送审稿）》、审议《省委上一轮巡视以来审计反馈问题整改情况汇报（送审稿）》《资中县工作情况汇报（送审稿）》）；审议《关于表扬 2020 年优秀医务工作者的通报（送审稿）》；听取《步步高超市项目投资合作协议书》有关事宜；听取《曾廷富同志带队赴重庆、天津、北京、成都、厦门、泉州开展投资促进活动情况的报告》；听取《资中县优化营商环境实施方案》有关事宜；审议《关于拟对赖闻凯等八名公务员给予奖励的建议意见》；审议《2020 年全县干部教育培训工作要点（送审稿）》《2020 年全县干部教育培训重点项目计划（送审稿）》；研究职级任免
十四届二百四十次（2020 年 8 月 18 日）	传达省、市应对暴雨洪涝灾害指示批示精神，听取全县应对“8·17”洪峰过境情况汇报；听取县政府党组工作汇报；听取县人大常委会党组工作汇报；审议《资中县人民代表大会常务委员会讨论决定重大事项办法（送审稿）》；审议《赵坤、黄佑培严重违纪违法案“以案促改”工作方案（送审稿）》；审议《关于表扬“资中县优秀服务业企业”和“资中县服务业企业优秀个人”的通报（送审稿）》《关于表扬资中县促进服务业发展工作先进单位和先进个人的通报（送审稿）》；研究县委十四届十七次全会有关事宜（审议《中共资中县委十四届十七次全体会议建议方案》《曾廷富同志在县委十四届十七次全会第一次全体会议上的讲话（送审稿）》《中共资中县委关于深入学习贯彻习近平总书记重要讲话精神奋力谱写全面融入成渝地区双城经济圈建设“成渝之中、魅力资中”发展新篇章的决定（讨论稿）（送审稿）》《中国共产党资中县第十四届委员会第十七次全体会议决议（草案）（送审稿）》）；研究干部任免
十四届二百四十一次（扩大会议）（2020 年 8 月 19 日）	通报全县防汛减灾工作有关情况；传达市委常委会（扩大）会议精神
十四届二百四十二次（2020 年 8 月 24 日）	研究干部任免；研究县委常委工作分工调整相关事宜

续表 2

届次	主要议题
十四届二百四十三次（2020年8月29日）	传达学习《四川省通报国家统计督察反馈意见整改落实情况》精神，研究贯彻意见；传达学习省委第十一巡视组组长向伯先在巡视资中县工作动员会上的讲话，研究贯彻意见；传达学习《四川省财政厅关于进一步加强“三保”支出保障促进财政稳定运行的通知》精神，研究贯彻意见；传达学习四川省重点行业领域突出问题系统治理专题调研片区座谈会、内江市重点行业领域突出问题系统治理工作推进会会议精神，研究贯彻意见；传达学习省、市网络人士统战工作会议精神，研究贯彻意见；传达贯彻《中共中央办公厅 国务院办公厅关于做好当前信访工作的通知》精神，听取全县信访工作汇报；传达学习全市服务业发展大会精神，研究贯彻意见；听取《邓方全同志一行赴云南、深圳开展投资促进活动情况的报告》；传达《内江市总河长办公室关于2019年度河长制湖长制工作考核结果的通报》，听取2020年全县河（湖）长制工作有关情况汇报
十四届二百四十四次（2020年9月7日）	听取县政协党组关于卢宗礼被立案审查有关情况的报告；研究干部任免
十四届二百四十五次（2020年9月9日）	学习《中华人民共和国民法典》；传达学习《彭清华同志在全省现代化农业园区建设工作会议上的讲话》及马波的批示精神，研究贯彻意见；传达学习《中共内江市委常委会议议决事项通知（七届〔2020〕常通字200号）》精神，研究贯彻意见；审议《资中县县级领导干部政务工作规范（送审稿）》；传达学习《中共四川省委常委会会议决定事项通知（十一届〔2020〕第126号）》及马波的批示精神，研究贯彻意见；传达学习全市基层党建工作专题会议精神，研究贯彻意见
十四届二百四十六次（2020年9月13日）	审议《2019年综合目标绩效奖励方案（送审稿）》；审议《内江市2020年中国农民丰收节暨首届资中鲶鱼美食文化节方案（送审稿）》；审议《关于成立资中县农民工服务管理综合党委的建议方案》；审议《资中县落实省第6督导组“回头看”反馈问题整改方案（送审稿）》；听取《资中县乡村振兴脱贫攻坚道路建设PPP项目补充协议》有关事宜；听取《政法队伍教育整顿试点工作和公安机关“坚持政治建警全面从严治警”教育整顿有关情况的报告》；审议《资中县2019年度县级预算执行和其他财政收支的审计工作报告（送审稿）》；审议《关于资中县2020年上半年国民经济和社会发展计划执行情况的报告（送审稿）》；审议《资中县2019年财政决算（草案）和2020年上半年财政预算执行情况的报告（送审稿）》；听取《资中县2020年新增转移支付（直达资金）、抗疫特别国债和政府债券资金安排情况的报告》；听取《资中石油基地土地及地面资产无偿移交协议》有关事宜；审议《关于表扬资中县教育体育系统2019—2020学年年度先进集体和先进个人的通报（送审稿）》；审议《资中县探索解决丘区农村相对贫困试点工作方案（送审稿）》；审议《关于实施容错免责，加快推进城乡基层治理的实施方案（送审稿）》；研究干部任免；传达学习市委常委会会议精神
十四届二百四十七次（2020年9月24日）	学习《四川省贯彻中国共产党机构编制工作条例实施办法》《四川省纠纷多元化解条例》；听取县级领导负责重点项目推进情况汇报；传达学习全市新时代文明实践中心建设工作现场会议精神，研究贯彻意见；听取全县“五城同创”工作推进情况汇报；听取2020年第三季度县委常委领导班子成员及县人大常委会、县政府、县政协、县法院、县检察院党组书记履行党风廉政建设主体责任情况汇报；听取《年出栏15万头商品猪养殖项目投资协议书》有关事宜；传达学习《中央纪委办公厅关于贯彻落实习近平总书记重要批示精神加强监督执纪坚决制止餐饮浪费行为的工作意见》，研究贯彻意见；审议《关于推荐四川省2020年防汛救灾优秀共产党员和先进党组织、内江市2020年防汛救灾优秀共产党员和先进党组织的建议方案》
十四届二百四十八次（2020年9月28日）	审议《贯彻落实省委十一届七次全会、市委七届十一次全会、县委十四届十七次全会重要部署责任分工方案（送审稿）》；听取中办督查室莅资开展整治形式主义为基层减负蹲点调研情况汇报；审议《资中县村（居）民小组调整优化改革的实施意见（送审稿）》；审议《2019年综合目标绩效奖励方案》，调整有关事宜；审议《县委常委会、县政府常务会、县委、县政府领导安全生产责任清单（送审稿）》；传达贯彻中央和省、市应对新型冠状病毒肺炎疫情近期会议精神，听取《资中县新冠肺炎疫情常态化防控工作情况的报告》；审议《关于进一步健全村级小微权力监督和制约机制的工作方案（送审稿）》

续表 2

届次	主要议题
十四届二百四十九次（2020 年 10 月 28 日）	学习《中华人民共和国招标投标法》；研究干部任免；传达学习《中国共产党中央委员会工作条例》，研究贯彻意见；传达学习川南经济区服务业发展工作座谈会精神，研究贯彻意见；传达学习全市脱贫攻坚问题专题调研座谈会议精神，研究贯彻意见；传达学习《中共四川省委办公厅 四川省人民政府办公厅印发〈关于加强和改进出版工作推动四川出版高质量发展的指导意见〉的通知》，研究贯彻意见；传达学习《中共四川省纪委办公厅关于向基层摊派政保类商业保险销售任务、增加基层负担问题的通报》《中共内江市纪委办公室关于集中治理违规推广政保类商业保险行为的工作方案》，研究贯彻意见；听取《资中县青年工作联席会议办公室〈关于四川省中长期青年发展规划试点工作推进会召开情况及全县下步工作打算的报告〉》；听取第七轮巡察工作情况汇报；审议资中县推荐评选抗击新冠肺炎疫情省级表彰先进集体和先进个人建议名单；传达学习《中共中央办公厅关于巩固深化“不忘初心、牢记使命”主题教育成果的意见》、马波的批示精神及市委常委会会议精神，研究贯彻意见；审议《关于拟调整部分村（社区）党组织书记的建议方案》；审议《关于对在四川沙淇实业有限公司破产重整工作中表现突出、贡献显著的公务员集体和个人予以及时奖励的建议意见》
十四届二百五十次（2020 年 10 月 30 日）	研究干部任免
十四届二百五十一次（2020 年 11 月 2 日）	确定会议推荐人选
十四届二百五十二次（2020 年 11 月 2 日）	确定考察对象
十四届二百五十三次（2020 年 11 月 6 日）	学习《中华人民共和国消防法》；传达学习中共十九届五中全会精神、习近平总书记关于《中共中央关于制定国民经济和社会发展第十四个五年规划和二〇三五年远景目标的建议》的说明、《中共中央关于制定国民经济和社会发展第十四个五年规划和二〇三五年远景目标的建议》及马波的批示精神、《中共中央办公厅关于做好中共十九届五中全会精神学习宣传的通知》和省委、市委常委会（扩大）会议精神，研究贯彻意见；听取县级领导帮扶工业企业情况汇报；听取县级领导牵头负责环保突出问题整改落实情况汇报；听取县委常委、县政府副县长办理 2019 年和 2020 年一、二、三季度县委常委会议决事项及县委主要领导批示交办事项情况汇报；审议《关于开展 2021 年度民生实事项目人大代表票决制项目建议征集工作方案（送审稿）》；审议《关于调整资中县民生实事项目人大代表票决制试点工作领导小组办公室的意见（送审稿）》；传达学习习近平在学校思想政治理论课教师座谈会上的重要讲话精神，研究贯彻意见；传达市纪委监委《关于 2020 年正风肃纪纠治“四风”拉网检查的情况报告》及马波的批示精神、全市正风肃纪纠治“四风”工作推进会暨清理拖欠民营企业中小企业账款专项监督工作会议精神，研究贯彻意见；传达学习《四川省厉行节约制止餐饮浪费行为行动方案》《内江市厉行节约制止餐饮浪费行为行动方案》，研究贯彻意见；传达全市乡村治理工作现场推进会精神，研究贯彻意见；传达学习习近平在中央政治局第二十三次集体学习时的讲话精神，研究贯彻意见；传达省、市文化和旅游发展大会精神，研究贯彻意见；听取《资中县 2020 年未成年人犯罪及性侵未成年人犯罪情况报告》，审议《资中县防范打击未成年人违法犯罪及侵害未成年人犯罪问题整改方案（送审稿）》；传达学习《中共内江市委常委会议决事项通知（七届〔2020〕常通字 291 号）》精神，研究贯彻意见；听取创建四川省文明城市有关工作情况汇报；听取《资中县县级财政国库集中收付管理办法（2020 年修订）》有关事宜；听取《自贡市荣县人民政府 内江市资中县人民政府文旅融合发展合作协议》有关事宜；听取《玉环资中跨省联办政务服务战略合作协议》有关事宜；听取《2020 年全县公安工作情况报告》；听取《敬老院服务质量提升专项整治工作开展情况报告》；讨论资中县领导班子三级调研员和资中县县级参公单位三级调研员补充问题

续表 2

届次	主要议题
十四届二百五十四次（2020 年 11 月 13 日）	学习《四川省法律援助条例》；传达全省农村人居环境整治工作联席会议精神，研究贯彻意见；传达全省村（社区）“两委”换届工作会议精神，研究贯彻意见；审议《关于撤销中共资中县个体私营经济协会委员会的建议方案》；审议《中共资中县委落实全面从严治党主体责任清单（送审稿）》；审议《关于成立资中县文学艺术界联合会机关有关事项的方案（送审稿）》；审议《县委十四届十八次全会文件及县“十四五”规划〈纲要〉起草工作方案（送审稿）》
十四届二百五十五次（2020 年 11 月 20 日）	研究干部任免；审议《关于组织全县科级以上干部进行健康体检的建议方案》；审议资中县妇幼保健计划生育服务中心综合楼二期（含传染病区）建设项目，水南镇燕子小（片）区、重龙镇荷花池小（片）区、晴岚小（片）区、西门南华宫小（片）区老旧小区改造项目 5 个项目立项相关事宜；审议《球溪河（资中段）水环境治理工作方案（送审稿）》；审议《资中县 2020 年财政预算调整方案（草案）的报告（送审稿）》；审议《成立资中县文学艺术界联合会筹备工作方案（送审稿）》《资中县文学艺术界联合会成立大会方案（送审稿）》；传达学习《习近平总书记在纪念中国人民志愿军抗美援朝出国作战 70 周年大会上的重要讲话》和《中共内江市委常委会会议议决事项通知（七届常通字〔2020〕320 号）》的精神，研究贯彻意见；传达学习内江市城乡基层治理与市域社会治理工作推进会议精神，研究贯彻意见；传达学习《内江市纪委监委重大违纪违法案件以案促改工作暂行办法》，研究贯彻意见；听取 2020 年阶段重点任务和正风肃纪综合监督情况汇报；听取县残联 2020 年工作情况汇报
十四届二百五十六次（2020 年 11 月 25 日）	听取《关于表扬 2019 年度征兵工作先进单位和先进个人有关情况报告》；传达学习副省长曹立军到内江调研指示精神，研究贯彻意见；传达学习《马波同志在全市现代农业园区建设暨四季度重点工作推进现场会上的讲话》，研究贯彻意见；传达学习全省县级党校分类改革工作会议精神，研究贯彻意见；研究干部任免
十四届二百五十八次（2020 年 11 月 27 日）	传达全市村（社区）“两委”换届工作动员会议精神，研究贯彻意见；审议《资中县村（社区）“两委”换届工作方案（送审稿）》
十四届二百五十九次（2020 年 12 月 2 日）	审议《关于调整部分村（社区）党组织设置的建议方案》；审议《关于社区常职干部职数设置的建议方案》
十四届二百六十次（2020 年 12 月 7 日）	传达学习省委十一届八次全会及市委常委会（扩大）会议精神，研究贯彻意见；审议《资中县社区建制调整方案（送审稿）》；审议《关于部分设党委的村（社区）成立纪委的建议方案》；研究干部处分
十四届二百六十一次（2020 年 12 月 11 日）	会前学法：学习《国有土地上房屋征收补偿条例》；传达学习马波在全市生态环境保护工作推进暨表扬先进大会上的讲话精神，研究贯彻意见；传达学习《中共内江市委常委会议决事项通知（七届〔2020〕常通字 328 号）》的精神，研究贯彻意见；传达学习《关于全国档案工作服务农村基层社会治理试点推进会议精神有关情况的报告》及马波批示精神，研究贯彻意见；传达学习《省委书记彭清华同志在全省森林草原防灭火工作会议上的讲话》和内江市委书记马波的批示精神，研究贯彻意见；传达全市人才工作座谈会会议精神，研究贯彻意见；传达学习《中共中央关于授予周永开、张桂梅同志和追授于海俊、李夏、卢永根、张小娟、加思来提·麻合苏提同志“全国优秀共产党员”称号的决定》，研究贯彻意见；听取《全县村（社区）“一肩挑”推行情况报告》；听取《村（社区）党组织班子成员候选人初步人选研判情况报告》；听取《资中县新冠肺炎疫情防控工作情况报告》；听取《关于保障基层医疗机构正常运行有关事宜的报告》；听取部门工作情况汇报（听取县委党研室 2020 年度工作情况汇报、听取县工商联 2020 年度工作情况汇报、听取县红十字会 2020 年度工作情况汇报）；审议《中国·资中第五届血橙节工作方案（送审稿）》；研究干部任免
十四届二百六十二次（2020 年 12 月 11 日）	审议《关于成立县委落实省委第十一巡视组反馈意见整改工作领导小组的通知（送审稿）》；审议《省委第十一巡视组巡视资中县反馈意见整改工作方案（送审稿）》；审议《省委第十一巡视组巡视资中县选人用人工作专项检查反馈意见整改工作方案（送审稿）》；审议《省委第十一巡视组巡视资中县意识形态工作责任制专项检查反馈意见整改工作方案（送审稿）》；审议《省委第十一巡视组交办信访事项办理工作整改方案（送审稿）》；听取《省委第十一巡视组交办件办理情况汇报》

续表 2

届次	主要议题
十四届二百六十四次（2020 年 12 月 19 日）	确定考察对象；复议《中国·资中第五届血橙节工作方案》；审议《关于在资中县人民医院、资中县中医医院设立纪律检查委员会的建议方案》；审议《关于将中共资中县应急管理局党组改设党委的建议方案》；听取《关于村（社区）党组织班子成员拟任人选的报告》
十四届二百六十五次（2020 年 12 月 22 日）	听取县级领导牵头负责环保突出问题整改落实情况汇报；听取 2020 年县委常委领导班子成员及县人大常委会、县政府、县政协、县法院、县检察院党组负责人履行党风廉政建设主体责任情况汇报；传达学习《中共四川省委关于加强新时代人大工作和建设的意见》和彭清华在省委人大工作会议上的讲话及马波的批示精神，研究贯彻意见；传达学习《李克强总理在政协第十三届全国委员会常务委员会第十四次会议开幕式上的报告》，研究贯彻意见；传达学习《四川省选拔任用党政领导干部分析研判和动议工作办法》《四川省选拔任用党政领导干部民主推荐办法》《四川省选拔任用党政领导干部考察工作办法》《四川省选拔任用党政领导干部讨论决定办法》《四川省党政领导干部任职管理办法》，研究贯彻意见；听取四川顺通矿业集团兴达煤业有限公司主动申请关闭兴隆煤矿有关事宜；听取有偿划拨资中县高铁站（高铁公交站、站前广场）资产给资中县润资水务投资开发有限责任公司相关事宜
十四届二百六十六次（扩大会议）（2020 年 12 月 22 日）	传达市委七届十二次全会精神，研究贯彻意见
十四届二百六十八次（2020 年 12 月 31 日）	会前学法：学习《法治社会建设实施纲要（2020—2025）》；传达学习近期疫情防控工作有关精神，听取当前疫情防控形势及冬春季疫情防控工作情况汇报；传达学习中央、省委经济工作会议和市委常委会（扩大）会议精神，研究贯彻意见；听取全县精神文明建设工作有关情况汇报；传达学习上级森林防灭火工作有关精神，审议《资中县全面推行林长制的实施意见（送审稿）》及相关事宜（传达学习上级森林防灭火工作有关精神、研究相关贯彻意见、研究相关纪律要求、审议《资中县全面推行林长制的实施意见（送审稿）》）；传达学习《四川省总河长令制发工作办法》，研究贯彻意见；传达学习《深化新时代教育评价改革总体方案》，研究贯彻意见；审议《关于进一步加强关心下一代工作的责任清单（送审稿）》；审议《中共资中县委关于制定国民经济和社会发展第十四个五年规划和二〇三五年远景目标的建议（讨论稿）》；传达学习《中共内江市委巡察工作领导小组办公室关于印发〈关于对全市村（社区）党组织巡察工作开展调研督导的情况报告〉的通知》，研究贯彻意见；传达学习《中央信访工作联席会议关于开展集中治理重复信访、化解信访积案专项工作的意见》，研究贯彻意见；传达省、市 2020 年度组织工作分析研判会精神，研究贯彻意见；传达学习马波在《资中县党政主要领导干部经济责任审计》（绵审责报〔2020〕13 号）上的批示精神，审议《资中县落实县委、县政府主要领导经济责任审计发现问题整改工作方案（送审稿）》；审议沱江左岸资中城区白石岩段堤防工程、沱江干流资中城区皇宫坝段堤防工程、资中经开区科技成果转化创新平台基础设施建设工程等 3 个项目立项有关事宜；审议《关于调整水南镇凤凰社区党委书记候选人的建议方案》；听取《资中县政府投资项目材料设备询价暂行办法》；审议《关于表扬资中县文化和旅游工作先进集体和先进个人的通报（送审稿）》；审议《关于表扬 2020 年资中县推进工业高质量发展工作先进单位和先进个人的通报（送审稿）》；审议《关于修订公务员职级晋升审批权限的建议意见》；听取《资中县 2020 年新增转移支付（直达资金）、抗疫特别国债部分安排项目调整情况和大额财政资金安排情况的报告》；听取县领导外出开展投资促进活动及参加第三届中国国际进口博览会有关情况汇报（听取《曾廷富同志带队赴成都、攀枝花、西昌、广汉开展投资促进活动的报告》、听取《林双全同志带队赴深圳、成都开展投资促进活动的报告》、听取《邓方全同志带队赴厦门开展投资促进活动的报告》、听取《唐未星同志带队赴贵州开展投资促进活动的报告》、听取《邓方全同志带团参加第三届中国国际进口博览会的情况报告》）；听取《关于文教建司等 3 个实体企业处置情况的报告》；听取县纪委监委 2020 年信访举报形势分析情况报告；听取部门工作情况汇报（听取县纪委监委 2020 年度工作情况汇报、听取县档案馆 2020 年度工作情况汇报、听取县妇联 2020 年度工作情况汇报、听取县科协 2020 年度工作情况汇报、听取县侨联 2020 年度工作情况汇报）

（叶航江　简勇斌）

县委办工作

【概况】 2020年，资中县委办紧紧围绕县委工作大局，综合协调，周密到位。办文工作严谨细致，办会工作高效有序，有效发挥参谋作用；全面加强县直机关党建工作，逐步提升档案工作，机要保密工作科学精准，充分发挥县委“坚强前哨”“巩固后院”的作用，圆满完成各项目标任务。

【综合协调服务】 做好领导活动预案，周密安排、严格部署，确保领导活动顺利进行。完善与政府办、人大办、政协办以及和其他工作部门之间的协调机制，每周定时收集全县重要会议活动计划，及时制定县领导工作预安排周台账、日事记，形成做好工作的整体合力。加强部门与各镇工作协调，及时将县委重大决策部署传达贯彻到基层，及时反映基层工作情况、意见建议，并督促相关单位根据领导的指示意见办理。重新编制资中县内部通信录，提高沟通效率。认真做好国家、省、市领导莅资调研服务工作，在服务保障中严格做到勤俭节约、细致周到、体现特色，圆满完成省委第十一巡视组巡视资中和经责审计的支持配合工作。牵头制定省委第十一巡视组反馈问题“1+2+2”整改工作方案，组织召开调度会，推动巡视反馈问题整改落实。

【文秘】 严格文件制发程序，严把政策关、文字关和校核关，高效率地收、转、发各类文件，无积压、误办、漏办和失密、泄密现象发生，有效提高了办文效率。全年共制发文件118件、县委常委会议纪要70期、议决事项477期、党办通报25期、领导工作大事记52期，处理书记批示件4339件。强化会前准备，科学设置会议内容和议程，提升会议质量，落实精文减会相关要求，组织安排全县大型会议105次、县委常委会会议70次，协调组织县委领导召集的重要专题会议100余次，会务工作未发生重大失误。全力做好资中县高清电视电话会议系统保障工作，制定《资中县党政内网高清电视电话会议系统管理办法》，尤其是在疫情防控期间有力保障了各级各类视频会议顺利召开，全年召开视频会议40余次。全年撰写县委综合报告、领导讲话等材料90余篇。严格规范性文件审核办法，审核、备案规范性文件5件。认真落实中办整治形式主义为基层减负资中观测点的相关任务，制发《整治形式主义为基层减负工作自查清单》《整治形式主义为基层减负工作整改落实清单》《精文减会应该把握的标准和要求》，2020年全县发文和召开会议同比下降26%、36%，大力改进文风会风，切实防止文山会海反弹，得到中办和省委办公厅肯定。

【信息调研】 强化党委信息工作，上报市委信息921条，《内江要情》采用44条，《市委主页信息》采用40条，市委信息考核得分721分，完成年度目标任务的206%。

【保密机要】 对电子政务内网接入单位开展业务培训，使电子政务内网发挥好实效。加强重大事项的保密管理，对国家统一高考、中考、全国自考以及成人高考的试卷安全保密工作全程进行指导、检查、督促，做到细致周密，确保万无一失。全面排查党政机关党政内网计算机和涉密机，消除保密安全隐患。完善密码电报收发流程，做到密不离人，保障电报收发的及时准确，实现“机密、优质、高效、无事故”的目标，被省委密码办评为标准化建设达标单位。

【机关党建】 召开机关党建工作半年分析评估会和机关党组织书记抓党建工作述职评议考核会，层层压实机关党组织书记责任，督促机关党委班子成员全覆盖联系指导基层党支部。规范基层党组织设置，撤销党组织24个，新建党组织16个，指导103个基层党组织规范有序进行换届选举。指导基层党组织规范发展党员，高质量举办入党积极分子暨发展对象培训班1期，培训学员146名，新吸收预备党员59名（其中疫情防控一线发展党员7名），按期转正51名，先后到市场监管局、文广旅游局为新党员上好政治第一课。组织收集整理编印《党内法规汇编》，指导各基层党组织提升懂规矩、守纪律的政治意识。积极创建市级廉洁细胞1个、县级3个，推动党风廉政建设工作理念扎根到各行各业。在疫情防控一线组织全县机关党员切实做好“三责任四服务一承诺”管控服务，建立临时党组织8个，号召4716名党员参与捐款50余万元。“8·13”“8·17”洪峰过境，迅速集结机关党员干部积极帮助“双报到”社区、帮扶村排查灾害隐患、值守关键卡点、维持交通秩序。统筹调配法院、检察院等10个单位党员干部力量，组建党员志愿服务分队23支，重点支援西外社区、西街社区等9个沿江城市社区。组建120支城市社区服务队，深化“双报到”推进基层治理工作，与社区结成帮扶对子189对，认领服务项目582个，开展党员志愿服务53166人次、文化法律政策宣传24078人次、环境卫生整治47002人次。创新“脱贫帮扶日”制度，累计组织10.2万人次开展“脱贫帮扶日”活动，补充调整完善帮扶责任人785人，助力全省脱贫攻坚成效验收交叉考核。

【档案】 全面推进档案工作服务农村基层社会治理试点工作，将试点工作与档案工作服务乡村振兴、镇级档案规范化建设、村级建制和村民小组调整档案工作同步推进，206个涉改村（社区）完成了档案处置，完成率达100%。全县301个行政村、65个城市社区完成规范归档。推进数字化档案馆建设，统一使用四川省电子文档管理系统，对档案进行集中规范整理，由以往单一的实体档案移交逐步转变为“实体+电子”档案移交的“双套制”模式，实现档案应收尽收，档案安全和质量全面提高。

（叶航江　简勇斌）

组织建设

【概况】 中共资中县委组织部是县委主管组织工作、干部工作、人才工作、公务员工作的正科级职能部门，列县委工作机关序列。2020年，县委组织部在县委的坚强领导下、市委组织部的精心指导下，紧扣新时代党的组织路线，围绕中心、服务大局，注重在先行先试上抓攻坚、在探索创新上求突破、在干事创业上争一流，为抢抓成渝地区双城经济圈建设机遇、建设国家级历史文化名城和四川丘区经济强县、决胜全面建成小康社会、决战脱贫攻坚提供坚强组织保证。省委常委、组织部部长王正谱，副省长曹立军分别肯定资中县组织工作1次，市委书记马波对资中县组织工作作出肯定性批示1次。

【基层党组织建设】 多举措抓实整顿提升。组建8个工作组，由27名党员县领导带队，85个县级部门共同参与，对41个2019年软弱涣散村（社区）党组织整改情况进行逐个“回头看”。对摸排无问题的37个软弱涣散村（社区）党组织，坚持跟踪问效，巩固提升，防止“反弹”；对摸排出新问题的4个软弱涣散村（社区）党组织，逐一分析研判，形成“一村一策”，倒排工期、挂图作战，推进整改工作。

多渠道优化干部队伍。结合村级建制调整，优化干部队伍结构。建制村由384个调减至301个，社区由66个优化为65个，大专及以上学历的村干部增加至720人，提升28.5个百分点，村干部平均年龄下降5.7岁，实现了“五升四降”，涉改村书记、主任“一肩挑”达100%。着眼提升村（社区）干部能力提升，鼓励395名村级干部通过函授等方式提升学历，依托组织培训、顶岗锻炼、外出考察等方式，培训锻炼村（社区）干部400余人次，选派20名社区专职工作者、后备干部到绵阳等地提能补缺。

多主体深化党建融合。实施城市党建“红色细胞”行动，培塑“360红帆港”25个，建立小区党支部76个、红色自管委21个，4个社区党群服务中心亲民化改造项目年内完成。探索推进红色物业治理模式，制发《资中县住宅小区物业服务质量考评办法》，有力发挥镇党委、社区党组织、物业企业党组织在居民小区治理中的引领作用。实施机关事业单位党建“品牌建设”行动，做细做深做实“双报到三服务”名片，3000余名机关党员下沉社区、小区，常态参加防汛减灾、疫情防控等工作，切实在报到服务中做表率、当先锋、树旗帜。全面落实中小学校党建工作任务，返还教育系统党费54.94万元。充分发挥公立医院党组织的领导作用，提高公立医院基层党建工作水平。实施“两新”组织“提质增效”行动，全县“两新”组织党组织覆盖率为85.2%，投资100余万元建立全县非公企业党群服务中心，面向社会公开选聘1名专职党建指导员。评选“两强六好”党组织19个，并落实工作补助11.54万元，全额返还“两新”党组织党费18.25万元。

宽领域强化党建引领。强化“党建+集体经济”，坚持“以强带弱、以大带小、连点成片、跨村统筹”思路，推行村级集体经济“红黄蓝”三色预警机制，抓实村级集体经济发展“四项计划”，2020年全县村级集体经济总收入达1104.83万元，村均收入达3.67万元，收入10万元以上的村有51个。强化“党建+脱贫攻坚”，建立“脱贫帮扶日”工作制度，每月固定两天下沉力量开展帮扶。发动第一书记、驻村工作队员、帮带责任人依托“抖音”等平台直播带货，售卖土特产900余万元；组织参加2020年四川电商年货节，第一书记扶贫产品闪亮全场，代卖销售额达70余万元；开展“脱贫奔康随手拍”活动，拍摄发布较有影响力作品5条，其中《一口气吃十个血橙 美女村干部变吃播达人》点击量突破72万人次，排全省同类作品第一位，网销收入达180万元。坚持“党建+人才培养”，成立县农民工服务管理综合党委，组建北京、成都、重庆等流动党员党支部，不断提升党的组织覆盖和工作覆盖。实施农民工回引培养“归雁聚合”工程，依托商会、农劳站等机构，建立“农民工归雁驿站”48个，提供立体式跟踪服务，成功回引4378名优秀农民工，有947名优秀农民工进入村干部队伍。

【党员队伍建设】 严格政治标准。认真落实《中国共产党章程》《中国共产党发展党员工作细则》，按照“控制总量、优化结构、提高质量、发挥作用”的总体要求，坚持党章规定的党员标准，始终把政治标准放在首位，严格按照《关于落实发展党员政治考核制度的通知》要求，明确四个方面考核标准，通过“组织谈话+调查了解”考核入党申请人，“组织考察+民主测评”考核入党积极分子，“政治审查+政治测试”考核发展对象，确保发展党员政治考核全过程覆盖。提高发展质量。大力实施产业工人、高知识群体、非公有制经济组织、社会组织发展党员等“七个专项计划”，严格落实“一单两制”（党员发展资料清单，组织委员交叉互审制和中国共产党入党志愿书编号管理制），严格把好发展党员质量审查关，组织召开交叉互审会8次，审核党员发展对象580名，退回镇党委复审41人。强化育用结合。进一步加大优秀农民工党员发展力度，建立领导班子成员联系帮带制度，11名县委常委、201名镇党委委员一对一结对培养帮带212名优秀农民工。依托乡村振兴学院、10所职业技术夜校、44个“农村家庭能人”实训基地，对2900余名优秀农民工进行全覆盖、多层级、有重点的培训。

【扩大基层民主政治】 从严从实开好民主生活会、组织生活会。全面严肃党内政治生活，开展2019年专题民主生活会和组织生活会“回头看”，对14个问题较多、质量不高的单位分管负责人进行提醒谈话。明确2020年度民主生活会主题、参会对象、时间安排等，派出9个指导组，从会前、会中、会后3个维度抓好对全县83个科级领导班子民主生活会的督促指导。抓实赵坤、黄佑培违纪违法案“以案促改”，推动党员干部积极转作风。不断加强基层民主自治。广泛推进村级民主自治“四议两公开一监督”工作法，加强村监委会建设，在实践中不断完善村党组织领导机制、村“两委”协调机制、村级党内民主机制和村民自治机制，保障基层党建工作运行协调有序。

【党建引领城乡基层治理】 一是抓牢“1”个运行体系高位推进。在成立城乡基层治理委员会的基础上，建立“专门县领导、专门联络员、工作专班”3个专的管理运行体系，充分发挥党在基层治理中总揽全局、协调各方的统领作用。制定《2020年工作总体安排》，统筹谋划全年工作；对县委十四届十六次全会《决定》进行分工，明确工作137项；分农村、城市等领域制定治理重点工作任务清单，明确工作52项。二是抓细“7”条战线协同推进。构建党建责任基础战线，坚持做好村级建制调整改革、村（居）民小组调整优化，抓实乡村区划建制调整改革“后半篇”文章。推行“压缩饼干式”练兵模式，遴选40名优秀年轻干部、20名“项目练兵”培育对象、80名“铸魂工程”递进对象深入重点项目、脱贫战场、招商一线锤炼。100%划分“党员网格责任区”，充分发挥党员示范引领作用。设置“党员红黄榜”，督促党员认真履职尽责。建立“十户一体”制度，激发了群众参与自治的内生动力。实施“干部带头、党员先锋、群众帮带”三大工程，打好疫情防控和防汛抢险战争，全县1900多个党组织、2.3万名党员投入一线战斗，形成了“党建引领、干部冲锋、党员战斗、群众紧跟”的基层治理格局。构建政务服务便民战线，推进便民服务中心（点）标准化建设，改建便民服务中心22个、便民服务站11个。推进“放管服”改革向乡村延伸，向镇便民服务中心下放公共服务事项48项，村（社区）指导清单56项，打造村级便民服务代办点，打通政务服务“最后一千米”，银山镇金紫铺村便民服务代办点标准化建设经验在全市推广。推行村（社区）干部逢场天集中办公机制，推广“镇村联合办公”一站式服务。构建融媒体舆情战线，“” App、“弘资中”微信公众号开通政务服务、生活服务、健康服务、线上服务等便民利民功能，最大限度为广大群众提供便捷服务。在抗击新冠肺炎疫情、抗洪抢险、省级文明城市创建、脱贫攻坚等重点工作中，开设专栏40余个，推送各类政策、信息6000余条，“战疫情”新闻先后6次登上央视。以杨柳滩为主拍摄地的电视剧《月是故乡明》在CCTV1套、8套黄金强档播出。构建“伞状+警务网格”治安战线，开展乡镇“红袖标”治安防控，有序维护社会治安。安装慧眼监控22396个、看家宝监控12323个、人脸识别系统33个，为公安天网、农村雪亮工程做好延伸和补充。组建义警队伍72支，协助公安机关义务开展警务工作。完成智慧小区创建6个，大大提升居民幸福指数。创新城区小区“三色牌”管理，筑牢小区治安防线。打造“枫桥式派出所”，积极传承新时代“枫桥经验”，高楼派出所成功创建省级枫桥式公安派出所。构建网格员信息战线，划分城区网格158个、场镇社区网格75个、农村网格301个，实现了“多网合一、一网运行、全域覆盖”。公开招聘城区专职网格员55名，同时调整充实了一批村（社区）兼职网格员。2020年全县收集网格服务事件30870件，办结30629件，办结率为99.21%。构建信访维稳疏导战线，规范初信初访办理，将办理初信初访情况纳入年度考核，重点考核信访办理工作“三率”（及时受理率、按期办结率、群众满意率），努力提升群众满意度。创新开展律师接访142人次，选派执业律师每周三入驻县信访局对来访群众释法明理、开展法律援助，引导信访群众从司法途径解决问题。构建安全环保发展战线，组建15支安全隐患排查治理服务小分队，采取“清单制+责任制”挂牌督办、“点球”交办、专家技术服务、企业自查自改等方式扎实推进安全风险管控和隐患排查整治工作，全县共排查安全风险隐患8527条，整治8441条，整治率达99%，未发生较大及以上事故，全县安全生产形势平稳有序。推进生态城市建设、打好污染防治攻坚战、健全生态环境治理体系，全面实施“减排、抑尘、压煤、治车、控秸”五大工程，环境空气质量持续好转。三是抓实“3”个机制深入推进。完善督导考核机制，实施“双指导”机制，组建城乡基层治理指导组和专项指导小分队，开展暗访指导3次。坚持“三考核”，把基层治理工作纳入年度综合目标绩效考核，纳入党政领导班子和领导干部政绩考核，纳入党组织书记抓党建工作述职评议考核，督促各镇、各部门充分履职尽责。完善激励约束机制，制发《关于实施容错免责，加快推进城乡基层治理的实施方案》，明确10类可以容错免责情形和10类追责情形。在疫情防控和防汛抢险战争中提拔重用防控一线干部2名，一线发展党员15名，优秀村（社区）党组织书记考录为事业编制人员2名。完善投入保障机制，将基层治理工作经费纳入财政保障专项经费。探索建立政府公共财政补助、村民委员会和村民自筹、受益主体付费、社会资金支持的多元化投入保障机制。支持各镇发展乡村旅游、民宿、康养等特色经济。资中县“1+7+3”治理模式被《四川党的建设》《四川日报》《四川手机报》等宣传报道。

【领导班子建设】 强素提能，提升班子向心力。坚持把学习贯彻习近平新时代中国特色社会主义思想作为领导班子建设的头等大事，举办县委读书班、主体班、专题班，开设习近平新时代中国特色社会主义思想课程，统筹安排领导干部到华蓥山游击队纪念馆等红色基地接受教育，教育引导干部不断增强“四个意识”、坚定“四个自信”、做到“两个维护”。制发《贯彻落实〈2019—2023年内江市干部教育培训规划〉分工方案》《2020年干部教育培训要点》，明确2020年干部教育培训总体思路和主要任务，强化对全县领导干部教育培训工作的指导。聚焦全面融入成渝地区双城经济圈建设，确定农业特色产业、文旅融合发展、区域开放合作、宜居乡村建设、城乡基层社会治理、民生改善、自身能力建设、脱贫攻坚等十大培训重点、17个重点班次，分专题板块针对性提升领导干部专业化水平。

选优配强，提升班子领导力。坚持首位标准。始终坚持党管干部原则，将政治标准作为干部选拔第一标准，把干部政治素质研判、审查贯穿全过程，从政治忠诚、政治定力、政治担当、政治能力和政治自律5个方面严格把关，大力选拔增强“四个意识”、坚定“四个自信”、做到“两个维护”，不折不扣贯彻落实党中央决策部署和习近平总书记重要指示批示精神的干部，对政治上不合格的“一票否决”。鲜明选人导向。坚持依事择人、人岗相适的干部选配原则，注重选拔专业能力过硬、专业精神突出的干部。不简单把专业化等同于学历化，不仅仅看干部学过什么、干过什么、分管过什么，更重点看干部真正干成过什么、管好过什么。大力选配有冲劲、敢担当的干部到发展任务重、工作压力较大的岗位，选配具有较强专业素养的干部到专业岗位，选配工作经验丰富的复合型干部到综合岗位。强化统筹选配。制定《资中县贯彻落实〈2019—2023年全国党政领导班子建设规划纲要〉实施方案》，将《纲要》落实到党政领导班子建设全过程、各方面，细化“35岁左右干部在县级部门班子中占比十分之一、在乡镇班子中占比三分之一”等领导班子配备指标，形成目标、措施、分工、考核“四张清单”。全覆盖研判全县22个镇、54个部门，逐单位、逐人、逐类建立工作台账，精准掌握干部的思想状态、综合表现、履职情况和能力素质。2020年共提拔重用干部50人，其中，35岁以下优秀年轻干部18名，女干部16名，党外干部3名，领导班子结构持续优化。

从严监管，提升班子战斗力。强化日常监管。坚持把政治监督摆在首位，严明党的政治纪律和政治规矩。完善监督信息沟通、提醒函询诫勉等工作制度，建立干部监督档案、不良信息档案“两本台账”，涵盖基本信息、思想动态、历次党风廉政意见等12项内容，推进工作圈、同事圈、生活圈、社交圈“四圈同查”，作为晋职晋级、出国出境、评先评优的把关环节和提醒教育的参考依据，对干部的苗头性倾向性问题做到早发现、早提醒、早纠正。《资中县多维度织密干部管理“监督网”》被《四川组工动态》刊载。强化专项考核。紧盯带头讲政治、带头强担当、带头抓落实、带头重培养“四带头”标准，组建5个考察组，深入镇村、防控卡口一线，考准考实领导干部在疫情防控、脱贫攻坚等关键时期和重大任务中的现实表现。对敢于担当、善于斗争的领导班子优先评优，对成效突出、群众公认的干部优先提拔重用，优先晋升职级、聘用专业技术职务。2020年提拔重用第一书记等脱贫攻坚一线干部22名。《资中县探索积分制模式破解考核指标量化难题》被内江组工动态刊载，《资中县“435”模式在疫情防控一线考察干部》被《天府先锋》刊载。强化警示教育。根据不同领域、不同行业和系统，抓住关键少数，利用典型案例精准开展警示教育，着力强化精准性和针对性，增强教育实效，切实做到查处一案、警示一片。扎实开展蒲波、彭宇行、侯晓春严重违纪违法案及赵坤、黄佑培案“以案促改”工作，开展警示教育活动100余场，教育引导领导干部做政治上的明白人、遵纪守法的老实人。

【干部队伍建设】 注重一线锻炼。创新实施“一线练兵”计划，选派40余名优秀年轻干部到脱贫攻坚、招商引资一线锻炼。持续实施“项目练兵 战场育人”干部培育机制，分党政综合、项目推动、经济金融三大类别遴选优秀年轻干部20名参与到急难险重任务一线。抓实递进培养。统筹实施资中县专业化领导干部培养、年轻干部“铸魂”两大工程，通过“理论测试+结构化面试”等方式，确定递进培养对象85名，以理论武装、党性教育为必修课，以专业学习、岗位历练为主修课，以课题调研、成果转化为结业课，分层分类分段递进式培养年轻干部。全覆盖开展选调生谈心谈话，全面了解选调生生活、工作、心理动态，组织104名优秀年轻干部围绕“成渝地区双城经济圈年轻干部怎么做”开展分组研讨，激发年轻干部干事创业活力。强化正向激励。制发《关于实施容错免责，加快推进城乡基层治理的实施方案》，细化基层治理工作容错纠错清单，推行“四看十容十不容”，激发干部活力，推进城乡基层治理工作。出台受处分干部重新启用办法，提升受处分干部干事创业精气神，启用受处分干部1名。疫情防控期间，坚持一线识别优秀党员干部，提拔使用疫情防控阻击战中表现突出、符合条件的干部2名。坚持把实施公务员职务与职级并行规定作为持续激励干部担当作为的重要举措，累计使用统筹职数111人次。《资中县用好职级统筹，发挥职级激励作用》做法被省委组织部推广。突出关心关爱。加大对48名资中县综合帮扶凉山州脱贫攻坚队员的关心关爱，对接争取经费保障270余万元，解决中级以上职称聘任问题7个，优先晋升职级6人次，解决子女入学、家属就业等问题9个。完成全县800余名科级以上领导干部和退出领导岗位干部健康体检。看望慰问生病住院领导干部十余名。《资中县“三举措”聚焦后勤管理，提升援彝队员工作干劲》做法被省委组织部推广。

【公务员管理】 一是以制度建设为抓手，不断规范队伍管理。制定《公务员工作手册》，规范公务员进、管、出程序；建立新录用公务员入职宣誓制度和成长跟踪机制，增强年轻公务员职业认同感、归属感；开展新录用公务员第一堂廉政党课教育，助其系牢职业生涯第一粒“扣子”；分级分类核定调配名额，外调人员较去年同期减少14.4%。举办政工人事干部专题培训班2期，培训150人，考试测评合格率达100%。将公务员工作和干部工作统筹考虑，切实发挥党委统一管理干部工作和公务员工作的优势。二是以服务大局为目标，不断提升整体素质。实施“团聚工程”，回引公务员16名。不断强化主渠道建设，2020年累计考录223人，县域发展需求的专业类职位比例超过40%。三是以考核激励为导向，不断激发队伍活力。试行积分制全面推进公务员平时考核，分层次、分类别、分项目设置“235”考核指标体系；实施“五类”统筹激励基层公务员，累计使用统筹职数111人次，优先晋升24名疫情防控一线公务员；积极树立先进典型，评选优秀“八形”干部9名；探索开展及时奖励，对专项工作中做出突出贡献的7名公务员给予记三等功奖励。四是以稳妥有序为重点，不断推进各项改革。综合管理类公务员职务与职级并行政策与试点政策顺利过渡，累计晋升3074人次；完成法检两院法官、检察官助理、书记员序列职级套改，改革稳步实施；完成市场监管、交通、农业、文化、城管等5个领域行政执法类公务员改革，专业技术类公务员改革持续探索推进。

【党员干部教育培训】 资中县着眼全县经济社会发展和文化建设，立足新形势下的干部教育培训需求，打造“奋进资中”干部教育培训品牌，为打造四川丘区经济强县和国家级历史文化名城建设提供了坚强的人才保证和智力支持。一是办优“奋进资中 · 干部讲堂”。邀请知名专家上台讲。邀请全国抗击新冠肺炎疫情先进个人周翔、农业农村部政策与改革司司长赵阳、省委党校科研处副处长杨志远等十余名知名专家来资中开展热点、重点专题讲课。推动领导干部上台讲。邀请县委书记、组织部部长等十余名县级领导，县委党史研究室、县委政研室、县委宣传部等单位100余名科级领导干部上讲台传授工作经验和方法。发动青年干部上台讲。制发《青年干部上讲台系列专题讲座工作方案》，精心确定基层党组织建设、村级建制调整“后半篇文章”等16个专题，遴选40余名优秀青年干部上台讲授、分享观点。2020年，累计举办“干部讲堂”十余期，参训人员达1万余人次。二是开设“奋进资中 · 干部学堂”。高校培训学先进。制定《2020年全县干部教育培训重点项目计划》，坚持“走出去”学先进，统筹安排专业化科级领导干部、优秀年轻干部等到西南大学等高校接受国内先进观念教育。产业基地学经验。分批组织300余名甜城英才、船城名家等优秀干部人才到洪雅瓦屋山森林康养产业基地、重庆潼南国家农业科技园区、成都眉山东坡区蔬菜基地等接受产业发展教育。党性基地受洗礼。分类组织150余名组工干部、新任科级干部到泸定桥、陈毅故里、邓小平故居、华蓥山游击队纪念馆等现场教学点接受党性教育。2020年累计举办“干部学堂”15期，培训7000余人次，突出“以考促学”，累计举办测试5000余人次。三是建设“奋进资中 · 线上云课堂”。创建“互联网+干部教育培训”模式，运用全省“智蜀兴川”干部教育培训综合智能信息化平台、“钉钉”党建学堂平台、微信公众号“资中党建红帆课堂”平台和“学习强国”平台，开展在线学习、管理考核、宣传展示、互动交流。积极推进建设一所“红色、科技、绿色”的新型特色党校，同步加快县委党校（行政学校）“智慧校园”建设进度。《资中县“三模式”谋划推进县委党校基地建设提档升级》被《党课》刊载。

【党员电化教育与远程教育】 抓实聚焦“优训”，党性修养再增强。四季轮流训。开展“四季”党性教育主题培训，以4个季度为时间节点，确定“立德、守法、明史、传承”四大主题，每季度围绕主题开展培训，实现党性教育主题更明确、内容更精准。共开展培训530余场次，参训党员达2.75万人次。一线实践训。打好疫情防控阻击战，第一时间实施“干部带头、党员先锋、群众帮带”三大工程，组建临时党支部84个，党员先锋队、巡逻队3004支，党员参与抗疫37万人次，一线发展党员15名。打好防汛抢险主动战，“8·17”洪峰过境期间，全县1900多个党组织积极行动，组织2.3万名党员参与防汛，组建党员志愿服务队、应急突击队、巡逻队562支，转移安置群众19667户68602人，解救被困群众1121人，实现全县“零死亡、零重伤、零失踪”。典型示范训。宣传“超人爸爸”刘充、“抗癌斗士”杜海泉等先进典型80余个，营造了“学先进、争先锋”的浓厚氛围，其中《战“疫”一线“急先锋”》等6部专题片在内江电视台《甜城先锋》进行展播；拍摄制作“基层治理党旗红随手拍”11部，省上采用6部、市上全部采用，其中杨柳滩村和三柏村在网络投票阶段分别位居全省第三名和第六名；拍摄制作《党课开讲啦之诞生于资中的“星星之火”》微党课视频。《争分夺秒》《在家等着 我们来了》2幅图片被“共产党员网”刊载；《在抗疫一线他们写下入党志愿书》《一份来自癌症党员的坚守》等4部短视频被“学习强国”报道。

聚焦“优育”，能人培养再深化。培训提能。利用远程教育站点、实训基地、结对帮带等形式，对农村家庭能人进行再培训，实现“思想素质”“致富能力”双提升，共培训5.82万人，完成市级培训目标数的125%。宣讲扩能。组织实施“百名能人走千村”活动，遴选150名县镇两级能人组建综合宣讲、思想教育、实用技术和乡村治理26支小分队，分赴全县所有行政村开展全覆盖宣讲活动，共宣讲300余场1.81万人次。宣传示能。组织实施“优秀农村家庭能人典型”宣传活动，利用村级公示栏、微信公众号、广播电视等方式宣传典型3100余名，全面提升能人影响力。《资中县发挥能人效应引领乡村振兴》被新华社《四川乡村振兴》杂志刊载，“甜城先锋”微信公众号刊载，并得到县委主要领导肯定性批示。

聚焦“优建”，教学阵地再升级。建强远程教育站点，结合村级建制调整，将全县476个远程教育站点调整为394个（其中机关站点由33个调整为22个、村级站点由386个调整为301个、社区站点由46个调整为62个、“五进”站点由11个调整为9个），配备788名站点管理员，实施“必学+选学”方式，按照每月至少开展2次学习培训要求，不断提升党员群众能力素质。建强特色职业技术夜校。围绕血橙、鲶鱼等县域主导产业，突出“需求导向、分类施教、注重实效”原则，创建资中肉兔和资中稻鱼综合养殖2所职业技术夜校，通过三年努力（2018—2020年）已建成10所特色职业技术夜校，2020年共开展各类产业发展相关培训104场6200余人次，不断为乡村振兴注入新动力。建强乡村振兴学院。办好乡村振兴学院，以“县委领导、园区承载、镇上主抓、整合资源、公司化运作”为办学思路，突出“学院+基地”教学模式，2020年共承接各类专题培训24期2100余人，承接团中央、全省人才工作流动现场会、内江职业技术学院、遂宁市蓬溪县委组织部、崇州市农村党员教育学院等单位前来考察调研9次，“一线建校、产业办学”办学探索得到省市领导特别是时任省委常委、组织部部长王正谱肯定。建强网络教育平台。在县电视台开办《船城旗帜》党建电视栏目，每周四定时播放党建节目，2020 年共播放 48 期；在“资中党建”微信公众号开设“党建课堂”“基层治理‘方程式’”“情系农民工 共创幸福路”“寻找身边的能人”等专题，推送相关动态信息 280 余条，关注量达 1.39 万人；开通“有声党建”，上线 233 个二维码，2740 部音视频资源，实现即点即听，随听随学；借助“钉钉”“亿方云”“考试星”等载体，构建“党建云平台”，实现党建工作在线部署、在线落实、在线督查、在线考核，资中智慧党建作为内江经验在“2020 阿里巴巴钉峰会”上交流，得到市领导充分肯定。

【人才开发与整合】 深化体制机制改革，推动人才战略新突破。加强党委对人才工作领导，通过领导小组会议、专题座谈、专项调研等方式研究人才工作。健全“两中心”工作机构，选优配强班子，配齐人才服务中心、高服中心领导 1 名、工作人员 4 名。制定人才工作任务清单，项目化推进人才工作。按照《资中县人才公寓周转房管理服务办法（修订）》等政策，持续推动人才服务政策落实。完善人才“引育用留”制度机制，探索在“十四五”人才规划开篇布局之时抢抓建设成渝双城经济圈发展机遇实现产业集聚人才、人才引领产业，探索开展人才项目化培养。

拓宽引才聚才渠道，构筑人才会集新高地。通过“常态引 + 主动找 + 开放接”的引进方式，着力回引急需紧缺高层次人才、行业专家人才等优秀人才。常态化引才，全年参加“甜城英才”选聘活动 2 次，组织开展赴外人才选聘活动 1 次，通过选聘、考核聘用 15 名急需紧缺高层次人才，同比增长 25%。主动对接在外优秀专家人才，依托匡廷云院士（专家）工作站柔性引进农业科技领军人才 7 名；引进发轮镇杨枫等一批在外知名人士、专家人才回乡发展。开放理念接纳人才，大力实施人才返乡计划，回引一批优秀农民工、大学毕业生返乡创业兴业；加快实施全县青年干部“团聚工程”，回引在外资中籍公务员和愿意到资工作的公务员及家属，2020 年共回引党政人才 16 名。

创新培育孵化方式，打造人才成长新课堂。采取“线下线上 + 内育外培”交互联动的培育模式，不断壮大育优人才队伍。坚持以产业所需为导向，打造本土人才一线培育平台，以乡村振兴学院为牵引，依托 10 所职业技术夜校、3 所同盟院校、20 所科研院所、30 个异地教学基地，累计培养引领型、技能型人才等 4.6 万余人次。成都、自贡、南充、攀枝花、凉山州等十余个市县先后到乡村振兴学院考察调研，泸县、荣昌、宁南等 13 个培训班在乡村振兴学院举办，县外参训学员达 600 余人次。乡村振兴学院成为全省人才工作现场会参观点，时任国家乡村振兴局党组书记、局长王正谱对“田间地头讲振兴、产业链上办学院”的做法给予了充分肯定。特邀 33 名专业技术人才组建智力服务团，走村入组开展新品种新技术的推广，指导培育壮大 2 个县域优势特色农业产业，指导 2 个科技示范基地，指导省级示范农民专业合作社 1 家，指导培养科技致富带头人 106 名，组织技术培训 100 次以上，培训、指导贫困农户 2000 人次以上。打破课堂界限，搭建线上教学平台，利用“云上智农 App”、微信群等载体，打造果农在线“小课堂”，邀请中国农业科学院专家开展网络视频培训，解答乡土人才农业生产疑问。组织花椒种植大户通过四川花椒产业服务中心线上培训直播学习 14 期。《“四个六”农民职业培训案例》入选 2020 年全国农民教育培训典型案例。四是聚焦重点产业领域，搭建人才发展新舞台。紧盯重点领域，聚焦“4+5+5”产业，坚持人才群与产业链并重，在产业链上集聚高层次人才 64 人、创新创业人才 281 人、乡土人才 6.9 万人。搭建重点领域发展平台。农业领域，引进孙群博士团队探索血橙间套种大豆立体循环新模式；引进专家、研究员、四川中科奥格生物科技有限公司创始人潘登科开展基因编辑小型猪产业研究，推动传统农业向生物医学领域转化；与匡廷云及院士（专家）工作站成员签订资中县现代农业科技合作框架协议，着力开展血橙保鲜等方面农业技术攻关。医疗领域，成立“周翔专家工作站”“魏强专家工作站”，对接三甲医院专家团队为资中县培养临床专业人才，推进医疗服务优质发展。搭建县校（院、企）合作平台，全面落实《2020年市校（院）合作工作责任清单》，积极组织招商引资、招才引智活动，推动签约项目35个。全年签订县校（院、企）合作项目20余项，辖区内企事业单位拟合作项目20余项，四川内江国家农业科技园区与高等院校精准对接科技成果十余项。搭建产学研创新平台，推动乡村振兴学院与中国农科院、浙江大学等40余所高校、科研院所合作，共建科研平台17个，加快促进科技成果转化。优化服务保障措施，营造爱才尊才新生态。强化定向联系，探索建立人才常态化联系机制，县委常委会研究党委联系服务专家人才工作，开展人才专项拜访，全年县领导走访慰问专家人才20余名。强化服务保障，组织10余名优秀专家人才开展国情研修暨考察调研，组织50余名优秀人才开展健康体检，组织开展资中人才“蓄力·启航”系列活动，进一步增强人才间交流，提升人才服务质量。积极落实“甜城英才卡”制度，探索实施“船城英才卡”制度，对引进高层次人才入住人才公寓开通“绿色通道”。

【干部档案管理】 建强专业队伍。建立“集中培训+个别选训”业务培训机制。开展县级部门、乡镇分管领导、政工人事干部集中培训1次，并以考试的形式检验培训成果。按实际需要针对管档权限部门档案专（兼）职人员开展个别培训。建立干部档案工作交流群。转发省委、市委组织部对干部档案专项审核要求50余条，及时为其他管档权限单位干部档案专（兼）职人员解答疑难问题200余个。实施跟班学习机制，在全县范围内，特别是管档权限单位推荐优秀人事干部6名，分季度到组织部跟班学习。抓实档案审核。从实从细从严抓好干部人事审核工作，核改专项审核认定材料200余人次，补充完善缺漏材料2000余份，清理数字化高清不达标材料100余份，审核完善县管干部任免审批表700余份，干部人事档案更加规范。突出督查问效。将管档权限单位档案工作作为目标绩效考核重点项目，对管档权限单位档案工作情况进行督查检查，并当场反馈整改问题。结合干部录用、调动、提拔、晋升等工作，适时抽查各单位管理的干部人事档案，视情况予以通报。实施定期提醒机制，每半月对相关单位档案工作进度进行提醒。

（王　冬　王加莉）

机构编制

【概况】 中共资中县委机构编制委员会办公室为正科级行政机构，是县委的工作部门，归口县委组织部管理。2020年，县委编办在县委和县委编委的正确领导下，以巩固机构改革成果和深化事业单位改革试点为主线，统筹调配编制资源，优化结构布局，强化纪律约束，为促进全县社会经济事业大发展提供了坚强的体制机制保障，机构编制8项单项工作获全市一等奖。

【持续深化党政机构改革】 一是深化纪检监察体制改革。增加县纪委监委驻财政局纪检监察组行政编制1个，增设县纪委监委驻财政局纪检监察组副组长职数1个，加强资中县兴资投资开发集团有限责任公司、资中县润资水务投资开发有限责任公司等县属国有企业的纪检监察工作。二是强化党委巡察机构力量。增设2个县委巡察组，各核定行政编制3个，其中组长1名（正科级）、副组长 1 名（副科级）、巡察专员 1 名（股级）；增加县委巡察数据服务中心事业编制 2 个，全力保障县委巡察机构工作力量。三是完成森林公安机关体制调整。将原资中县森林公安局调整为资中县公安局内设机构，按照队建制设置为资中县公安局森林警察大队。将原资中县森林公安局承办的涉林刑事、治安案件职责，划转至县公安局，将原资中县森林公安局根据授权代行的林业行政处罚职责，划转至县自然资源规划局。5 月底完成原资中县森林公安局人员编制的划转。四是配合完成生态环境体制改革。配合市上完成生态环境系统行政机构、综合行政执法机构、环境监测机构的人员编制划转、实名制系统调整等相关工作，跨层级调整生态环境行政编制 14 个、机关工勤编制 1 个、行政执法类事业编制 27 个、事业编制 40 个。

【乡镇行政管理体制改革】 落地落实乡镇行政管理体制改革“后半篇文章”。优化乡镇机构运行，制定《资中县乡镇行政区划调整改革“后半篇文章”实施方案》（资委编发〔2020〕33 号），全县 22 个镇按行政区划调整后的机构规范运行。强化乡镇职能定位，印发《重龙镇等 22 个镇职能配置、机构设置和人员编制规定》（资委办发〔2020〕36 号）。科学保障乡镇力量。重新核定各镇行政事业编制，加大招考力度。2020 年，招考公务员 200 余名，基本实现乡镇满编运行。实施回家工程，引回在外工作人员 12 人，充实乡镇工作力量。完善派驻机构设置。在保留的 22 个建制镇设置司法所、派出所各 1 个，在被撤并的 11 个镇设置工作室、警务室各 1 个。建立乡镇中心派出所与交警中队合署办公机制，规范派驻机构的设置，实现为民、便民。

【综合行政执法改革】 纵深推进综合行政执法改革 。构建“1+4”政策体系，制发《资中县深化市场监管等领域综合行政执法体制改革方案》，分类制定市场监管、交通运输、农业、城市管理和文化市场五大领域 4 个《实施方案》，明确五大领域综合执法队伍的机构规格和职责、内设机构、人员编制、领导职数、派出机构等。6 月，全面完成交通运输、农业、城市管理、文化市场、市场监管领域的挂牌、人员转隶等工作，职责明确、边界清晰、行为规范、保障有力、运转高效、充满活力的综合行政执法体系基本建立。

【基层扩权赋能】 持续推动基层扩权赋能。一是动态调整县级部门权责清单。制发《资中县行政权力指导清单（2019 年版）》（资中府办发〔2020〕18 号）和《资中县县级部门权责清单（2019 年版）》（资中府办发〔2020〕25 号），明确 32 个县级部门行使的 5455 项行政权力事项，厘清县级部门的权责边界。二是制作乡镇权责清单。印发《资中县镇级权责清单指导目录》和《动态管理办法》（资中府办发〔2020〕42 号），梳理镇级权力事项 116 项、公共服务事项 34 项、属地责任事项 109 项。三是按程序下放行政权力。形成《资中县拟下放乡镇权力事项的建议清单》，拟将住房城乡建设、农业农村、自然资源规划、生态环境、综合执法等领域 99 项权力事项下放至乡镇。四是按程序赋予县行政审批局和县综合执法局法定权力。梳理《资中县行政审批局和综合执法局拟相对集中行使行政权力事项清单》，共涉及县发展改革局等 12 个县级部门行政权力事项 172 项。

【事业单位改革】 扎实推进深化事业单位改革试点工作。一是摸清家底。开展事业单位“一查二核三调研”全覆盖论证，建立信息台账 1 本、问题台账 1 本。全面深入学习中央、省、市关于深化事业单位改革的有关文件及政策，建立政策台账 1 本。二是定细方案。对标中央、省委和市委部署，结合省委、市委、县委决定和县域特色，拟定方案。聚焦“功能”结构布局改到位。采取“撤并转”等措施减少 5 个编制以下事业单位30个、整合事业单位120个。事业单位由581个减少为460个，精简事业单位121个、纳入改革范围机构精简率达41%；保持“三大攻坚”、自然资源规划、退役军人事务管理、农民工服务、老龄健康等领域110个事业单位机构名称、级别不变。聚焦“活力”编制资源改到位。全面收回涉改事业单位空缺编制385个，精简率13.4%；保障义务教育、基本医疗、公共文化编制需求，在确保编制不减的基础上，支持其满编运行；实施“100+10”人才编制保障工程，预留事业单位引进专项人才、特殊人才和高端人才编制100名，预留农业农村、交通运输、自然资源规划、住房城乡建设、水利等专业性强的事业单位编制10%用于人才引进。聚焦“规范”职责定位改到位。调整优化后的事业单位全部制定机构职能编制规定，科学合理界定事业单位职责定位，精干设置内设机构，压缩综合管理机构，专业机构不低于80%，科级以下事业单位不设内设机构；明晰公益服务事业单位政事权限清单，厘清行政主管部门和事业单位权责关系，率先在县职业技术学校、县中医医院等4个事业单位先行试点。三是高位推动。发挥改革试点工作领导小组和协调指导组功能，统筹研究改革重大问题。成立工作专班和专题工作组，逐一明确工作责任。围绕改革实施方案，精准制定《实施意见》和专项改革文件，形成“1+N”文件配套体系。

【事业单位登记】 全面完成事业单位法人年度报告公示工作，全县报送法人年度报告书事业单位564个（含33个乡镇中心敬老院、1个木偶剧团），年度报告率达100%，合格率100%。推进“双随机、一公开”监管全覆盖、常态化，2020年实地核查事业单位法人公示信息11个，对发现的档案不齐、证书悬挂不规范等问题，及时整改。做好日常登记管理工作，2020年共办理设立登记51个、注销登记73个、变更事项195个。推行新登记事业单位法定代表人面谈制度，制定《资中县事业单位法定代表人管理暂行办法（征求意见稿）》，进一步规范事业单位管理，强化事业单位法定代表人的责任意识。

【机构编制管理】 规范机构编制实名制管理。加强制度建设，严格遵守机构编制管理规章制度和保密规定，对实名制数据库的日常管理、更新维护、操作权限等方面做出明确规定，做到职责明确、责任到人。注重动态维护，及时对各机构编制信息、领导职务调整、人员变动等事项进行及时调整更新，做到“一变动、一更新、一完善”。

【机构编制纪律】 开展自查自纠，认真贯彻落实中编办、川编办《关于开展超审批权限设置机构等问题自查自纠的通知》，及时印发资委编办〔2020〕19号文件，要求全县各镇各部门对照通知开展自查自纠。建立联动机制，将机构编制工作纳入经济责任审计和巡察范围。2020年，完成8个单位和8个镇中心学校的经责审计工作，完成县自然资源规划局、鱼溪镇等25个单位的巡察。

【铸魂塑形亮品牌】 2020年，坚持以习近平新时代中国特色社会主义思想为指引，铸魂塑形苦练内功，不断推动党建、党风廉政建设、宣传工作等自身建设上台阶，铸造新时代“资中担当干事的编制人，引领发展升级的护航军”工作品牌。一是打好党建引领战。严格执行党内生活制度，组织开展“党员抗旱先锋行”等主题党日活动12次，召开支委会12次、党员大会4次，上党课4次。全年共开展主题党日活动12次、党员志愿服务活动12次、“双报到”活动45次。二是打好党风廉政持久战。充分发挥典型案件警示教育作用。常态化开展党风廉政教育，增强党员干部廉洁自律意识，开展廉政警示教育4次，参观廉政教育基地2次，集中观看警示教育专题片4次，讲廉政党课3次。三是打好新冠肺炎疫情防控、防汛抗洪阻击战。新冠肺炎疫情发生后，第一时间成立防疫领导小组，召开动员会议，收集整理疫情防控学习资料7期，发放知识口袋书10本；组建志愿服务队，深入联系乡镇和村社参与和督促疫情防控、宣传引导工作；组织爱心捐赠活动，累计捐款4200元、血橙250千克。在抗洪抢险工作中，全体党员积极参与防汛值守、隐患排查、抢险救灾等工作，保障了人民群众的生命财产安全。四是打好脱贫攻坚收官战。定期研究指导脱贫工作，召集驻村工作队及村“两委”研究脱贫攻坚工作4次，主要负责人到村调研指导4次，班子成员轮流到村调研指导12次，督促指导小河子村扎实推进项目年度计划，全年开展“脱贫帮扶日”活动24次。结合主题党日活动，对马鞍镇小河子村贫困户进行走访慰问并送去生活用品约3000元，为贫困户刘谋刚协调修建43米入户路；疫情发生以来，向马鞍镇捐款3200元；在贫困地区农副产品网络销售平台采购农副产品7782.60元以支持贫困地区发展。五是打好创文创卫攻坚战。对照测评标准，认真开展创文、创卫工作，通过职工会、入户走访等方式进行广泛宣传，组织干部职工签订承诺书12份，对居民发放倡议书等宣传资料1300余份，签订承诺书30余份，捐助2000元用于武陵社区制作公益广告。常态化开展爱国卫生运动暨城乡环境大清扫20次，出动200余人次，宣传引导600余人次，发放宣传资料300余份。六是打好宣传工作主动战。进一步完善外宣制度及考核办法、创办内刊《资中机构编制半月谈》、向上级编办积极报送我办工作动态和经验信息，营造良好的机构编制工作社会氛围。全年出版内刊《资中机构编制半月谈》22期，共撰写上报市县各部门信息180余条，“弘资中”采用40余条。

（林玉清　李　卉）

巡察工作

【概况】　2020年，资中县委巡察机构坚决贯彻落实习近平总书记关于巡视工作的重要论述，坚持以《中国共产党巡视工作条例》《关于建立市县巡察制度的意见》为总纲，牢牢把握政治巡察定位，深入学习贯彻全国巡视工作会议和市县巡察工作推进会精神，聚焦基层贯彻落实党的路线方针政策和党中央决策部署情况，群众身边腐败问题和不正之风，基层党组织软弱涣散、组织力欠缺问题开展巡察监督，着力提升巡察工作质效。

【常规巡察】　县委5个巡察组从聚焦党的理论路线方针政策和上级重大决策部署在基层贯彻落实情况、群众身边腐败问题和不正之风、基层党组织领导班子和干部队伍建设问题3个方面，有序推进常规巡察。2020年，集中巡察42个单位，共移送相关单位问题线索60件，其中移送县纪委监委54件，移送其他相关部门（单位）6件。同年，会同县纪委监委、县委组织部组成督导检查组，对县委十四届第五轮、第六轮27个被巡察党组织整改情况报告及主要负责人履职情况进行了集中会审，督促整改落实到位。

【专项巡察】　为深入贯彻落实中共十九大精神，压紧压实资中县村级党组织管党治党政治责任，推动全面从严治党向基层延伸，按照县委巡察工作领导小组安排，县委巡察办印发了《关于开展2020年脱贫攻坚专项巡察工作的通知》，组建5个专项巡察组，于2020年8月上旬，对全县13个镇涉及28个贫困村开展脱贫攻坚专项巡察。本次巡察共走访贫困户139户，累计谈话158人次，查阅资料1240份，实地察看扶贫项目31处，共发现19个方面65个问题，向县纪委监委移交问题线索1件。

（罗　云　曹　霆）

宣传工作

【概况】 2020年，资中县委宣传部深入贯彻落实党中央和省委、市委、县委关于宣传思想工作的各项决策部署，牢牢把握举旗帜、聚民心、育新人、兴文化、展形象的使命任务，紧紧围绕统筹推进疫情防控和经济社会发展的中心大局，积极推动理论宣传、新闻宣传、社会宣传、文化宣传、网络宣传、对外宣传“六宣联动”，理论武装、意识形态、新闻舆论、精神文明、文化文艺等工作扎实推进，成绩显著，为加快建设国家级历史文化名城和成渝中部经济强县提供有力思想保证、舆论支持、精神动力和文化条件。

【理论社科】 理论学习不断深入。坚持把学习宣传贯彻习近平新时代中国特色社会主义思想和习近平总书记对四川工作系列重要指示批示精神作为首要政治任务，坚持丰富和完善“一个取向、两个建成、三大攻坚、六个资中、十大行动”总体发展思路，深入学习贯彻中共十九大，十九届二中、三中、四中、五中全会精神，省委、市委和县委全会精神，不断提升学习质量和水平。结合资中实际，制发《2020年全县党委（党组）理论学习中心组专题学习安排意见》；列席旁听各级党委（党组）中心组学习，实时评估被旁听单位集中学习情况，并以适当方式反馈学习建议意见；加强督促检查，及时总结挖掘先进单位学习经验，坚持定期通报，有力调动各级党委（党组）中心组学习积极性。县委中心组集中学习13次，先后邀请管雷、涂咏松、盖凯程、欧阳健承等专家领导做专题学习辅导，围绕全面融入成渝地区双城经济圈建设进行学习研讨交流6次。1月15日，邀请共青团中央青年讲师团特聘讲师管雷专题解读《四川省中长期青年发展规划（2017—2025年）》。3月18日，县委中心组集中学习十九届中央纪委四次全会主要精神，以及《习近平在决战决胜脱贫攻坚座谈会上的重要讲话》《中国共产党党和国家机关基层组织工作条例》《中国共产党国有企业基层组织工作条例（试行）》《党委（党组）落实全面从严治党主体责任规定》《中共中央 国务院关于抓好“三农”领域重点工作确保如期实现全面小康的意见》《习近平在中央政治局第十九次集体学习时强调 充分发挥我国应急管理体系特色和优势 积极推进我国应急管理体系和能力现代化》《习近平在澳门特别行政区政府欢迎晚宴上的致辞》《习近平在庆祝澳门回归祖国20周年大会暨澳门特别行政区第五届政府就职典礼上的重要讲话》《习近平在全国政协新年茶话会上的讲话》《国家主席习近平二〇二〇年新年贺词》《习近平在“不忘初心、牢记使命”主题教育总结大会上的重要讲话》《习近平在统筹推进新冠肺炎疫情防控和经济社会发展工作部署会议上的重要讲话》，中央经济工作会议、中央农村工作会议、中央财经委员会第六次会议、省委财经委员会第四次会议、省委和市委经济工作会议主要精神，省委十一届六次全会和市委七届十次全会精神等内容。3月25日，县委中心组成员、县级相关部门负责人到天府国际机场以及成自高铁资中西站等重点工程项目现场考察学习。4月10日，召开县委中心组（扩大）学习暨“抢抓机遇融入成渝地区双城经济圈建设”专题讨论会，跟进学习习近平总书记最新重要讲话文章，书面学习省市专项斗争推进会精神，集中学习《中共重庆市委 中共四川省委关于印发〈深化四川重庆合作推动成渝地区双城经济圈建设工作方案〉的通知》《中共重庆市委办公厅 中共四川省委办公厅关于印发〈推动成渝地区双城经济圈建设工作机制〉的通知》，围绕“抢抓机遇融入成渝地区双城经济圈建设”，为找准融入成渝地区双城经济圈建设方向和战略路径、实现高质量发展，展现“成渝之中、魅力资中”担当和作为进行专题研讨。6月4日，召开县委中心组（扩大）学习会，跟进学习习近平总书记最新重要讲话文章，学习《中华人民共和国国家安全法》、国务院督导四川省森林草原防灭火专项整治工作动员会会议精神、《中共中央 国务院关于新时代推进西部大开发形成新格局的指导意见》、《中共中央 国务院关于新时代加快完善社会主义市场经济体制的意见》和新修订的《四川省宗教事务条例》等，集中观看警示教育片《一念之误》，传达内江市支持配合省委巡视工作专题会会议精神，围绕全国、全省、全市、全县两会精神，联合县人大常委会党组、县政府党组、县政协党组进行专题学习研讨；到宁国寺、福音堂、天主教堂等县内宗教场所进行参观学习。6月19日，邀请西南政法大学民商法学院副教授、硕士研究生导师涂咏松作“奋进资中大讲堂”暨《民法典的制度创新与实践应对》专题讲座。7月8日，县委中心组集中学习《习近平总书记关于巡视工作的重要论述》、2020年全国巡视工作会议暨十九届中央第五轮巡视动员部署会议精神、十一届四川省委第六轮巡视动员部署会议精神、《中国共产党巡视工作条例》、《中共四川省委巡视工作办法》、《被巡视党组织配合中央巡视工作规定》、《关于被巡视党组织进一步加强巡视整改工作的意见（试行）》、《四川省纪检监察机关查处诬告陷害行为实施办法（试行）》、习近平总书记在中央政治局第二十次集体学习时的重要讲话、省委书记彭清华深入内江调研相关精神等；召开县委中心组（扩大）学习会，听取融入成渝地区双城经济圈调研课题情况汇报，并进行专题研讨。7月30日，县委中心组跟进学习习近平总书记最新重要讲话文章，集中学习《习近平谈治国理政》第三卷、《全国人口普查条例》、《中国共产党基层组织选举工作条例》、省委十一届七次全会精神和市委七届十一次全会精神、彭清华在全省服务业发展大会上的讲话和马波在全市服务业发展大会上的讲话精神等。9月28日，县委中心组跟进学习习近平总书记最新重要讲话文章，以及《中华人民共和国公职人员政务处分法》《党政机关厉行节约反对浪费条例》《关于厉行节约反对食品浪费的意见》《“五通桥异味事件”政府信息发布得与失》，集中观看警示教育片《越界》，围绕《习近平谈治国理政》第三卷第十九部分“不忘初心、牢记使命，把党的自我革命推向深入”，并结合《关于赵坤等人严重违纪违法问题及其教训警示的通报》进行讨论发言。11月13日，县委中心组围绕学习贯彻中共十九届五中全会精神进行专题学习研讨。11月24日，邀请西南财经大学经济学院副院长、教授盖凯程作学习贯彻中共十九届五中全会精神宣讲报告。11月25日，邀请市纪委副书记、市监委副主任欧阳健承作“以党内监督为主导 推动各类监督贯通协同 强化对权力运行的监督和制约”大宣讲。12月10日，县委中心组跟进学习习近平总书记最新重要讲话文章，学习《中国共产党中央委员会工作条例》《意识形态关乎旗帜、关乎道路、关乎国家政治安全》，传达学习《中共中央 国务院关于印发〈成渝地区双城经济圈建设规划纲要〉的通知》《李克强总理在政协第十三届全国委员会常务委员会第十四次会议开幕会上的报告》，围绕学习省委十一届八次全会精神做交流发言。

理论宣传扎实推进。持续深入开展习近平新时代中国特色社会主义思想和中共十九大、十九届四中和五中全会精神、习近平总书记对四川工作系列重要指示批示精神等宣讲，县级领导到分管领域、联系点持续深入开展习近平新时代中国特色社会主义思想等宣讲活动100余场次，县、镇、村三级理论宣讲队伍常态化开展送理论下基层活动1000余场次。扎实做好省委宣讲团、市委宣讲团来资宣讲服务工作，县委宣讲团深入机关、镇、村、学校、医院、企业宣讲中共十九届五中全会、省委十一届七次和八次全会、市委七届十一次和十二次全会、县委十四届十七次和十八次全会精神。充分运用“学习强国”学习平台、四川省党委（党组）网络学习平台等网络学习平台作用，加强党员干部教育培训；对标“学习强国”学习平台供稿要求和供稿规范，围绕平台栏目设置深入分析、精准推送，“学习强国”全国平台采用资中稿件60余篇，《廉政文化“云”课堂》系列稿件被全国平台专题收录，四川学习平台采用300余篇，生动讲述资中故事，展示资中自然之美、人文之美、发展之美、和谐之美。

理论学习成效明显。持续深入学习习近平新时代中国特色社会主义思想，加强对现代经济、科技、农业、法律和管理知识的学习，进一步夯实领导干部理论功底、业务能力，不断适应经济社会发展的新形势新要求。围绕如何抢抓机遇融入成渝地区双城经济圈建设等，采取研讨式、课题式学习，谋划推动成渝地区双城经济圈建设“四重”清单119个，积极对接仁寿县、雁江区、安岳县等周边县（市、区），梳理对接合作方向40余条，建立60余个项目的合作项目库。深化科技部“100+N”开放协同创新体系布局和中国资中·新发地国际农产品交易中心“1+8+4”发展布局，有序推进重庆畜科院资中研发基地、中科院电子辐照中心等项目入驻园区，规划建设四川省首个农业科技孵化器及农业科技试验基地——农科荟，与16家高校、科研院所开展深度产学研合作，积极推进内江荣昌现代农业高新技术产业示范区建设。推动理论学习与工作实践有机结合，资中县国家农村产业融合发展示范园被国家发改委纳入创建名单，内江农业科技园区高质量接受科技部综合评估并位列第一方阵。

【舆论引导】 着力新闻宣传，唱响时代主旋律。利用“弘资中”App、“弘资中”微信公众号、磐石资中新浪微博等网络平台，围绕“学习贯彻中共十九届五中全会”“省委市委县委全会”“决战脱贫攻坚决胜全面小康”“新冠肺炎疫情防控”等重要会议、重要活动、重大主题和重大典型策划开设专题专栏，持续推出正面网络宣传报道，累计推送信息1万余条。特别是在新冠肺炎疫情防控宣传方面，“弘资中”App开设“众志成城抗疫情”等40余个专题专栏，累计发布新闻信息6000余条；“弘资中”微信公众号累计发布信息800余条，发布防疫科普推文60余篇；磐石资中微博累计发布信息800余条；组织协调各级各类媒体报道资中防控疫情新闻信息1600余条，其中资中“战疫情”新闻先后6次登上央视。扎实做好抗击“8·13”“8·17”特大洪峰过境宣传工作，电视台、“弘资中”App、“弘资中”微信公众号等平台发布防汛信息370余条，其中《洪峰过境 资中县城航拍》点击量达10.6万次，《四川内江 避让沱江洪峰 转移群众超7万人》在中央电视台播出，《升级！内江资中调整为Ⅲ级防汛应急响应 已转移近3万人》被人民网刊载。各级媒体挖掘报道援助湖北医疗队成员黄旭东和王荣、抗洪抢险先进人物黄德跃等各类典型人物1000余人，其中先进典型黄真润、何晖等的事迹先后被《人民日报》刊载。

着力社会宣传，营造浓厚氛围。围绕新冠肺炎疫情防控、、脱贫攻坚、省级文明城市创建、抗击“8·17”特大洪峰等重点工作和血橙节等重大活动广泛开展宣传，在城市广场、主要街道等重点地段，用好大型广告牌、LED屏、建筑围挡等多种宣传载体，打出主题标语，刊播公益广告100余万条次，营造浓厚的宣传氛围。在新冠肺炎疫情防控宣传方面，利用“村村响”、固定检测点音频播放器、流动宣传车等巡回播放疫情防控宣传音频；利用无人机开展宣传劝导500余架次；利用大型户外显示屏和LED电子显示屏设置疫情防控宣传广告牌、悬挂宣传横幅等3000余条，发放疫情防控各类宣传资料300万余份。

着力对外宣传，展示资中良好形象。全年围绕资中经济社会发展全局，推出、刊播外宣稿件4100余篇，其中国家级和省级共计2600余篇、市级媒体共计1500余篇。扎实做好电视剧《月是故乡明》在央视播放同步宣传工作。新华社转发“明晚开播！《月是故乡明》重磅来袭，看资中血橙如何变成‘致富果’”，浏览量超过100万，“封面新闻”开设“观《月是故乡明》看魅力资中”专题，推送信息30余篇，浏览量超过500万，提高了资中对外影响力和知名度、美誉度。协调四川卫视开展“想走就走的旅行”宣传周活动，8月17—21日《想走就走的旅行》连续播出资中系列节目。积极参加央视《夜游中国》栏目组的川南大草原直播活动。组织开展“2020中国百家媒体·资中血橙之乡行”“媒体园区行”“天府新飞跃”“2020年海内外华文媒体行”系列宣传活动走进资中，充分展示了资中独特的文化、旅游资源和特色农产品，提升了资中文化旅游知名度和影响力。

【党报党刊发行】 全面完成党报党刊发行工作，确保《人民日报》《求是》《光明日报》《经济日报》《新华每日电讯》《四川日报》《四川农村日报》《内江日报》等报刊发行工作顺利开展。

【公共文化服务】 1月，在陈家镇、双河镇成功举办市级2020年文化科技卫生“三下乡”集中示范服务暨“我们的中国梦”——文化进万家活动启动仪式和县级“三下乡”集中示范服务活动。6月，举行2020年“文化和自然遗产日”资中宣传周非遗专场展演，在文武庙举办“2020年中国·资中国学文化旅游周”。9月，举办中国农民丰收节暨首届资中鲶鱼美食文化节。组织开展“资中之春”系列文化主题活动，举办“资中大舞台”8场，开展“乡村振兴·精准扶贫”文化惠民演出80场，指导镇文艺演出队开展贫困村文化演出22场，组织开展木偶戏进校园活动100场。完成102个贫困村文化志愿者招募，开展基层文艺骨干及“村村响”值机人员培训2次，培训620人次。做好文化扶贫“回头看”“回头帮”及巩固提升工作，对全县102个贫困村文化室阵地建设、设施设备配置、群众文化活动开展、管理运行等情况进行全面自查，投入51万元完成102个贫困村文化室设施设备补充更新。完成3219个村村通（含电视户户通）、已建成的317个村（621个老村）广播“村村响”的运行维护工作。鱼溪镇老鹰村、归德镇芦茅沟村被评为省级文化扶贫示范村。

【文艺事业发展】 围绕脱贫攻坚、抗击新冠肺炎疫情等主题，创作书法、美术、文学等各类作品200余件，音频视频作品20个，摄影作品1000余件，完成精品剧目创作木偶剧《新冠病毒》、四川方言小品《兵妈妈》、四川方言三句半《脱贫攻坚定胜利》，县作协主席顾建德出版《齐贤斋词选》。深入开展文化“请进来”“走出去”工作，组织参加2020年内江市首届民间手艺人技能大赛活动，入选木偶、叶脉画、龙灯、花灯等民间艺术精品48件（72小件），制作本土民间手艺视频5个；资中县木偶剧团省级非遗传承人唐友民以综合评分第一名荣获内江市“十大民间手艺人”称号。组织资中木偶剧团积极参加对外交流文化活动，先后分别参加“2020四川省文化和旅游发展大会·第六届中国（四川）国际旅游投资大会·第七届国际旅游交易博览会”、2020年四川省乡村艺术节和第六届中国非物质文化遗产博览会。引进大型原创现代川剧《惊蛰》在资中剧场隆重上演。组织开展文艺人才培训交流和创作采风活动，成功举办“资中县作协散文创作培训”“诗词高级研修班培训”省文联送文化到基层讲座等专题培训活动，受训人员达1000人次；成功举办“历史文化名城资中古今词赋创作研讨会”、资中·泸县书法作品联展活动。筹备召开资中县文学艺术界联合会成立大会和县文联第一次代表大会，为资中县文化文艺事业发展提供了组织保障。

【文化市场管理】 调整资中县“扫黄打非”工作领导小组，印发《2020年“扫黄打非”工作安排》。扎实开展“正道”“新风”集中行动，抓实“清源”“净网”“护苗”“秋风”“固边”五项专项行动，确保文化市场规范有序。举办“船城书香 全民阅读”“4·23”世界读书日等活动。县图书馆开通“在线阅读”开启全民云阅读，新华文轩资中店和逵骧书城开展好书推荐等活动。完成18户印刷企业和35家发行单位年度核验任务。开展“两馆一站”免费开放。积极指导影院做好疫情防控措施，向省委宣传部申报2019年国产电影补助和疫情防控期间经营困难影院补助资金。组织开展“我与祖国共奋进”爱国主义主题电影观影活动。组织农村公益电影开展脱贫攻坚、扫黄打非等各类主题电影放映4000余场。

【加强公民道德建设】 深入学习宣传贯彻《新时代公民道德建设实施纲要》，制发《资中县贯彻落实〈新时代爱国主义教育实施纲要〉重点任务分工方案》的通知、《资中县贯彻落实〈新时代公民道德建设实施纲要〉工作方案》的通知。在全县范围内广泛设置社会主义核心价值观公益广告和其他类型公益广告3900余处。拍摄《争做苌弘故里文明人 共创山水资中文明城》公益宣传片。重龙镇文庙社区、鱼溪镇双联村、银山镇岗石村、国家税务总局资中税务局被命名为县级社会主义核心价值观示范基地。深入开展各类先进典型选树活动。组织开展道德模范、身边好人、最美人物、十爱典型、新时代好少年等推荐评选和宣传学习活动。2020年向上级推荐“四川好人”20人，疫情防控“践行十爱最美人物”20人，“十爱”典型30余人，好人365线索2000余条，“好公婆、好媳妇”40人，新时代好少年10人，黄旭东家庭获评全国文明家庭、抗疫最美家庭，“三忘”医生张超等7人荣登内江抗疫最美人物榜，文庙社区荣获全国100个最温暖社区，饶建被评为2020年度内江市十佳志愿服务者，资中县志愿服务联合会被评为2020年度内江市十佳志愿服务组织，资中县银山镇银磷社区被评为2020年度内江市十佳志愿服务社区，资中县市场监督管理局被评为2020年度内江市十佳志愿服务单位，资中县高楼镇志愿服务站被评为2020年度内江市十佳志愿服务站。开展“成渝之中·魅力资中——寻找最美系列人物”推荐评选活动，收到各类典型模范人物事迹130余份。组织“践行十爱·德耀甜城”、“四川好人”、脱贫攻坚英雄榜人员等典型人物开展“百名能人走千村巡讲”“农村先进典型人物巡回宣讲”18场。组织开展决战决胜脱贫攻坚走进贫困村贫困户系列宣讲活动，覆盖102个贫困村。举办抗洪先进事迹报告会，树立起鲜活的价值标杆。以新时代文明实践中心建设为抓手，大力实施志愿服务培育工程，完善志愿服务队伍体系，培养一批志愿服务骨干，扎实开展文明实践活动。共设置文明实践志愿服务总站1个、文明实践志愿服务站22个、文明实践志愿服务站点480个；共组建各类文明实践志愿服务队529支，累计派出和自愿加入志愿者22660人，累计开展志愿服务人数达6.3万人次。资中县注册志愿者总数为19.2万余人，占居民人口比例15.6%，有志愿服务时间记录99842人，占比达52%。积极开展2020年学雷锋志愿服务活动月主题活动；持续开展“文明礼让·志愿同行”文明交通劝导等系列志愿服务活动；7月，成功组织开展资中县第三届“情满船城·爱心送考暨助力创建第五届四川省文明城市新时代文明实践”公益志愿服务活动，300辆爱心送考车为5000余名学子提供贴心细致的志愿服务，助力资中学子决胜高考。开展“暖冬行·爱传递”系列志愿服务活动、城乡环境治理专项整治志愿活动。

【加强未成年人思想道德建设】 持续关注留守

儿童心理健康，定期走访了解留守儿童最新情况，注重留守儿童心理干预，为摸排出的重点儿童，提供一对一心理疏导和辅导。结合“开学第一课”，开展心理健康教育，组织全县师生收看“少年强，中国强”专题节目，开展劝学活动，成功劝导105名学生回到校园上课。持续开展“校园周边环境”专项整治和督查工作，未成年人社会文化环境不断优化。完成内江市第二十七届青少年爱国主义读书教育活动讲故事、演讲会视频报送。复查全县33所乡村学校少年宫基本运行情况。深化文明校园创建工作，成功创建四川省文明校园1所、内江市文明校园7所、县级文明校园25所，并于6月对全县各级各类文明校园开展复查，不断推动文明校园创建纵深发展。传承和弘扬优秀传统文化，广泛开展“我们的节日”、清明祭英烈等主题教育实践活动。举办“辉煌七十年 奋进新时代”青少年爱国主义读书教育活动征文比赛，收到参赛作品350余份，评选出17名一等奖、29名二等奖、40名三等奖和15名教师指导奖，积极向上级推荐征文获奖作品参与全国青少年爱国主义读书教育活动，荣获一等奖2个、二等奖9个、三等奖7个、优秀教师奖1个，中共资中县委宣传部荣获读书活动组织优秀奖。推送童谣十余首，其中龙结中心学校童谣《守初心 同抗疫》入选四川省优秀童谣。

【加强文明创建活动】 统筹推进精神文明创建工作，实现三个历史性突破，第一次荣获四川省文明城市、全国文明单位（国家税务总局资中县税务局被授予第六届全国文明单位称号）、全国文明家庭（“黄旭东家庭”被授予第二届全国文明家庭称号）。新创省级文明村2个、省级文明单位1个、省级文明家庭1个，新创市级最佳文明单位1个、市级文明单位1个、市级文明镇3个、市级文明村4个。持续开展“垃圾不落地·资中更美丽”公益活动、“我为文明城市做贡献”主题实践活动、“立即忌口、立即牵手、立即留步、立即微笑”交通文明劝导、“文明城市创建小手拉大手”等主题创建活动。深入开展新时代乡风文明建设十大行动，充分发挥各镇各村（社区）红白理事会、道德理事会等自治组织的引领作用，整治婚丧嫁娶红白喜事大操大办铺张浪费等不良习俗，疫情防控期间，共计取消丧礼、婚宴、寿宴等2000余起、“坝坝宴”8000余桌。持续修订完善22个镇的行政村（社区）村规民约、居民公约。

（曾顺明 代 军 程 鑫 刘小梅）

统一战线

【概况】 中共资中县委统战部是县委主管全县统一战线工作的职能部门，实行合署办公体制（“一套工作机构、三个机关”，县委台湾工作领导小组办公室及县政府台湾事务办公室、县政府民族宗教事务局）。2020年，县统战部作为全省唯一县区统战部在全省基层统战工作提升年现场会做经验交流发言。建成县统一战线综合阵地“同心楼”，省委领导田向利到此调研，建成四川省民革党员教育基地、县“侨胞之家”。持续推进宗教领域突出问题治理，扎实开展宗教活动场所“三分类三治理”工作，全面开展宗教中国化示范场所建设并建成2处。加强新时代民营经济统战工作，开展昆明、成都等商会建设。抓实“六大”（建强统战“大主体”、凝聚统战“大客体”、搭建统战“大载体”、丰富统战“大活动”、抓实统战“大工作”、发挥统战“大效益”）构建基层统战工作大格局，配齐22个镇的统战委员，加强各民主党派、统战团体建设，全面巩固和发展最广泛的爱国统一战线。

【统战宣传教育】 加大统战工作宣传力度，提升统一战线影响力。始终坚持“不忘初心、维护核心、服务中心、凝聚人心”工作定位，着力在强队伍、建载体、搭平台、促实效4个方面提升统战宣传文化的能力和水平，制定《统战信息、宣传工作评价办法》，提升工作规范化、制度化、科学化水平，推动形成上下联动、齐抓共管的大统战宣传格局。为县内各统战组织建设1000余平方米的5层独栋仿古大楼——“同心楼”，配套建设“同心大讲堂”“同心沙龙”，打造220平方米的“统战知识长廊”，宣传统战理论、展示统战历史、传播统战文化。建成以“罗泉会议会址”为核心的四川统一战线中国特色社会主义教育基地、民革党员教育基地，发挥革命传统教育作用、讲好多党合作历史，发挥以宁国寺为核心的“爱国爱教爱家乡”教育基地作用，推进宗教中国化。在基地上开设“·统战工作”专栏、在《磐石》杂志开设“统战之声”栏目、编印《船城统战》简报，累计推送统战新闻、政策326条。2020年，在中央、省级官方媒体刊载文章189篇次，持续提升统战宣传文化工作的影响力、认可度。组织100余名统战成员参加中国共产党成立99周年庆祝活动，开展统一战线“文化和自然遗产日”宣传展演，激发广大统战成员奋进新时代、共圆中国梦的热情。

【民主党派】 引导民主党派加强自身建设，学习贯彻落实中央《关于加强中国特色社会主义参政党建设的意见》文件精神，增进政治共识、筑牢政治基础，继续开展“不忘合作初心、继续携手前进”主题教育。指导民主党派加强组织建设，认真贯彻落实“三为主”方针，共发展民主党派成员5名；对4个民主党派基层组织进行走访、调研，建立民主党派代表人士队伍数据库。协助民主党派围绕中心建言献策，引导各民主党派基层组织围绕全县经济建设和社会事业发展中的重大问题，深入调研，参政议政，建言献策，向市、县提交议案、提案、建议共90条。发挥民主党派民主监督作用，对全县6个镇、18个村脱贫攻坚工作进行实地走访。进行民主监督，组织民主党派成员参与县纪委监委开展党风廉政建设“千企万人评作风”工作。支持民主党派参与各项社会服务，引导各民主党派根据各自党派自身特色，深入开展“同心·医疗服务团”“同心·教育服务团”“同心·社会服务团”“同心·科技服务团”活动，通过智力支持、扶贫开发、捐资助学、科技医疗下乡等，积极参与各项社会服务。

【港台事务】 春节前夕，省、市、县台办对台胞孙敬芝进行慰问，县台办还对7位台胞台属进行慰问；为2名香港居民办理居住证开具身份证明、1名台胞办理居住证开具身份证明。8月，接待上海市台办、上海市台湾同胞投资企业协会一行到资中考察投资促进工作。10月，接待省台办、省农业农村厅、台资农业企业委员会、台资企业代表等组成的“台资农业企业委员会服务基层面对面——川渝行”考察组一行实地考察资中县特色农业产业发展。向市委统战部推荐申报川台文旅交流合作带头人2名、川台文旅交流合作示范基地2个。

【侨务】 省侨联二级巡视员龙博一行调研资中“侨胞之家”建设；征集2020年引资引智项目和做好“三侨生”有关工作；参加四川省华侨权益保护立法工作内江调研座谈会；联合县侨联组织全县中小学生参加“第二十届世界华人学生作文大赛”国内征文，资中县总参赛人数768人，收集整理初选报送人数66人，12名学生获奖，其中获全国一等奖2名、全国二等奖4名、全国三等奖6名，9名教师获优秀指导教师奖。

【民营经济】 加强非公有制经济“两个健康”工作，组织民营经济人士学习《关于加强新时代民营经济统战工作的意见》，引导民营企业家坚定发展信心，参与构建亲清新型政商关系。发挥综合评价用人导向作用，认真贯彻综合评价相关文件精神，做好非公有制经济人士政治安排工作。2020年4月，县政协开展届中增补，对4名拟作政治安排的非公经济人士进行综合评价，增补为政协委员。组织民营企业参与“百企帮百村”精准扶贫行动和光彩事业活动，引导非公经济人士积极承担社会责任。8 月，市光彩事业促进会换届，推荐 15 名民营经济代表人士进入市光彩事业促进会。认真开展促进工商联所属商会改革和发展相关工作，指导昆明市资中商会换届工作，12 月成功完成昆明市资中商会换届。

【党外代表人士】 为建设一支政治坚定、素质优良、结构合理、代表性强的党外代表人士队伍，按照《资中县优秀党外干部人才培养实施方案》文件精神，加强党外代表人士队伍建设。制定并落实《中共资中县委统战部 2021 年谈心交流计划》，加强县委统战部、县民宗局科级及以上领导干部与党外代表人士谈心交流。印发《资中县县级党员领导干部联系党外代表人士制度》，23 名县级党员领导干部与党外代表人士加强联系。加强无党派人士队伍建设，新认定 55 名无党派人士，并向市委统战部推荐，纳入市委统战部无党派人士库。强化党外科级领导干部的实践锻炼和在岗自学，提升自学能力，探索片段式集中培训，合理优化时间安排，线上、线下培训相结合。11 月 3 日，与组织部就党外干部工作召开联席会议，对党外干部的配备进行探讨，将党外代表人士培训纳入全县人才培训总体规划。加强归国留学人员代表人士队伍建设，建立归国留学人员代表人士库并分类实施培养，引导其发挥积极作用。

【党外知识分子】 2020 年初，县知联会召开 2019 年度工作总结会，安排部署 2020 年工作。疫情防控期间，县知联会发动广大会员积极捐款捐物，为 10 所中小学校捐赠 26 桶 84 消毒液 650 千克、10 桶高浓度酒精 110 千克，价值 12000 元。召开第二届资中县党外知识分子联谊会第 4 次会长（扩大）会，开展 2020 年“文化和自然遗产日”资中宣传周非遗展演。县知联会副秘书长李发斌牵头，在太平镇创办“盛泰供销社”，打造覆盖全程、综合配套、便捷高效的农业社会化服务综合网销平台，吸纳 36 个集体和个人股东，设立 10 个村级代销点，实行“五统一”标准化打造，在发展现代农业、促进农民增收、助力乡村振兴中担当起更大的责任。

【新的社会阶层人士】 在新的社会阶层人士中开展“四川新阶 @ 全面小康”主题教育，加强思想政治引领。加强代表人士培养、管理，完善新的社会阶层代表人士信息库，组织开展网络媒体和网络行业代表人士摸底工作。组织 5 名会员参加市社会主义学院第 28 期培训班。县政协开展届中增补，1 名会员当选为县政协委员。5 月，召开会员大会，新增会员 33 人，率先在全省成立四川省新联会书画院资中分院。10 月，秉着协作联动、互通互鉴、共建共享的原则与宣汉县新联会缔结为友好新联会。对县新联会统战工作实践创新基地提档升级，12 月，该基地入选第三批全省新的社会阶层人士统战工作实践创新基地。发挥新的社会阶层人士优势，积极建言献策，开展社会服务活动，广泛组织会员参加爱心送考、抗洪抢险、捐资助学、抗击新冠肺炎疫情等活动。积极开展全县新乡贤联谊会成立筹备工作，睦邻乡贤联谊会 1 名会员当选为县政协委员。

（邓方全　余胜强）

政策研究

【概况】 中共资中县委政策研究室为县委正科级工作机关，同时挂中共资中县委目标绩效管理办公室牌子。2020 年，深入开展调查研究，为县委、县政府决策提供参考；持续深化改革，全面完成各项改革任务；持续强化目标管理，圆满完成各项目标任务；持续加大督查督办力度，有力助推县委、县政府重点工作落地见效；持续推动民生实事办理，群众获得感、幸福感进一步增强。

【调查研究】 坚持理论联系实际、开门搞调研，班子成员积极参加县委主要领导带队开展的产业发展、项目建设、疫情防控、脱贫攻坚、基层治理等专题调研，定期或不定期深入乡镇、企业、部门开展调查研究，全年开展调研20余次、形成调研报告4个，牵头撰写县委关于全面融入成渝地区双城经济圈建设、“十四五”规划建议等全会决定2个、全县性重要文稿20余篇，协助县委主要领导完成调研报告3篇。按照县委安排，督促县级领导、各镇各部门开展成渝地区双城经济圈建设、“十四五”规划专题调研，县领导形成调研报告20篇、各镇各部门形成调研报告54篇，《资中县“双调双优”推进村级建制调整改革实践和后续工作思考》等多篇调研成果转化为县委、县政府决策。积极承接中办整治形式主义为基层减负调研组蹲点调研，以及省委政研室和市委政研室、市委改革办、市委目标绩效办专项调研，主动汇报资中做法、展示资中经验。

【改革】 牵头承办县委全面深化改革委员会会议4次，及时出台2020年改革工作要点、改革落实台账（含年中调整版）等文件4个，审议出台专项改革方案（责任清单）12个、结案销账18个、自主出台改革方案3个，全面完成专项改革方案对接任务和上级布局在资中的改革试点年度任务。2020年，向上级报送改革专报16篇，被《内江改革专报》采用8篇，采用数量居全市第一；改革信息被市级以上主流媒体采用60余篇。民生实事项目人大代表票决制试点做法入选《四川全面深化改革报告蓝皮书》，成功举办四川省中长期青年发展规划试点工作推进会并获得各级领导好评，中长期青年发展规划试点等改革做法在全省推广。

【目标管理】 坚持目标导向、问题导向、结果导向，根据形势发展、上级考核方式变化和年度工作需要，及时调整考核项目、权重和计分办法，进一步优化全县目标考核体系，及时分解下达市县目标任务，强化目标执行全过程管理和跟踪监测，采取每月定期收集、不定期随机抽查、适时暗访核实、每月研判分析等方式，跟踪各单位目标任务执行情况，特别是对省市民生目标进度、200余项市级目标实施全程跟踪分析，对目标进度执行缓慢、拖后腿的及时召开调度会、推进会，采取制发提醒函、点球式督办等方式盯紧快办，倒逼各项目标任务圆满完成。牵头督促县级相关部门认真做好市级目标年度考核工作，多次带队到市委目标绩效办汇报资中目标任务完成情况、工作特色亮点，争取得到理解和支持。

【督查督办】 统筹规范督查检查考核工作，制发“督检考”年度计划和《资中县统筹规范督查检查考核工作指南（试行）》，2020年“督检考”事项保留33项、精简36项，精简率52.2%，牵头清理完成社会评价事项。严格执行督查备案制和督查人员持证上岗制，强化“督检考”过程监管，每月定时收集研判全县“督检考”工作开展情况，对未严格按程序审批的“督检考”行为坚决予以纠正；定期向中办督察室报送观测点接受上级“督检考”情况。突出决策督查、重点督查、专项督办，2020年督办市委书记、市长交办事项18期28件，县委常委会议决事项540项、县委、县政府主要领导批示交办事项135项592小项；组织开展疫情防控、企业复工复产、乡镇污水处理厂建设、人居环境整治、“五清行动”、防汛减灾、护林防火等工作暗访督查150余次、形成报告150余个，制发通报64期，通报批评单位40余个。积极参与疫情防控，开展疫情防控暗访督查800余次，累计发现问题300余个，当场督促整改问题100余个，反馈县应急指挥部办公室问题线索200余个。

【惠民行动】 坚持以人民为中心的发展思想，积极推动解决群众急难愁盼民生问题。2020年，全县62小项市级民生实事和民生“十有行动”全面完成，其中提前完成34小项、占54.84%；全省30件民生实事预算安排资金43287.19万元、预算下达46538.02万元，资金实际拨付46538.02万元，拨付进度占预算安排比重的107.51%、占预算下达比重100%。扎实开展脱贫帮扶和“311”干部帮扶基层行动，召开室务会4次专题研究联系帮扶工作，全年走访企业24次、开展脱贫帮扶24次，协调县级部门和相关企业购买贫困村扶贫产品4万余元，支持6000元修建村石田坎，组织党员干部购买扶贫产品、捐款捐物折价计2万余元，协调解决五福村集体经济发展、祥和物业公司电压超负等问题20余个。定期研判县领导“走上去”“走出去”工作情况，及时制发提醒函。2020年县领导“走上去”104次，超市上下达年度任务（45次）59次；“走出去”236次，超市上下达年度任务（90次）146次。

表 3

2020 年资中县民生“十有行动”实施情况表

项目名称	完成情况
幼有所育	建设城乡社区儿童之家 7 个；新（改、扩）建公办幼儿园 32 所；减免幼儿保教费 2926 人
学有所教	化解大班额 82 个；新（改、扩）建中小学校 1 所；支持选派教师到“三区”支教 10 名；为义务教育阶段家庭经济困难寄宿生提供生活费补助 5495 人；为义务教育阶段家庭经济困难非寄宿生提供生活费补助 7373 人；免除中职学生学费 3660 人；为农村义务教育在校学生提供免费营养午餐 2690 人
劳有所得	组织开展各类补贴性职业技能提升培训 6419 人；劳务品牌培训 3211 人；农民工返乡下乡创业培训 720 人；建档立卡贫困户家庭劳动力就业技能培训 155 人；农村家庭能人培训 4.88 万人；城镇新增就业 8186 人；城镇失业人员再就业 2461 人；就业困难人员再就业 644 人
病有所医	对常住城乡居民免费提供 12 项国家基本公共卫生服务 113.42 万人；对贫困人口进行免费健康体检 1903 人；贫困人口白内障复明工程 100 例；提高城乡居民基本医疗保障水平 95.1571 万人；贫困人口基本医疗保险个人缴费代缴工作 6.5205 万人；对贫困家庭在医疗方面的特殊困难实行应助尽助基金救助；新（改、扩）建医院 1 所；居民电子健康卡（码）普及应用受理环境建设 100%（公立医院就诊一卡通）
老有所养	落实城乡居民基本养老保障待遇 20.0261 万人；代缴贫困人口、低保对象、特困人员等困难群体城乡居民基本养老保险个人缴费 2.2542 万人；为 80 岁以上高龄老人高龄津贴应发尽发；特困老人照料应护尽护；生活不能自理特困人员集中供养服务 1095 人；新增养老床位 100 张
住有所居	城镇棚户区住房改造 26 套；租赁住房补贴发放 270 户；治理地质灾害隐患点 1 处；避险搬迁安置农户 100 户；省级安全社区建设 1 个；新增城区公园绿地 4.065 万平方米；地震受损住房灾后拆除重建 917 户
弱有所扶	资助贫困农民工家庭子女入学 314 人；贫困残疾人大学生和贫困残疾人家庭子女大学生助学金应发尽发；提高困难残疾人生活补贴标准 9274 人；重度残疾人护理补贴应发尽发；为符合条件的计划生育对象提供计划生育扶助保障奖励扶助 9103 人；为符合条件的计划生育对象提供计划生育扶助保障特别扶助 1336 人；推进实施绿色惠民殡葬政策
食药有安	农产品质量安全抽检 110 个
行游有便	整村推进行政村 23 个；新（改）建农村户厕 8842 户；续建银山镇渡改桥项目；新（改）建农村公路 51.67 千米；实施农村通信基础设施能力提升工程（4G 基站）51 个；平安宽带乡村慧眼工程 1.7342 万户
德法有依	免费开放图书馆 1 个；免费开放文化馆 1 个；免费开放乡镇文化站 33 个；支持广播电视村村通工程向户户通工程升级后的运行维护 3902 个村；村级农民健身工程覆盖率达 100%，完成健身工程 118 个；农村公益电影放映 0.425965 万场；农家书屋图书补充 2.316 万册；法律援助 3982 人次；法律援助案件 472 件

（叶立刚　刘　锋）

老干部管理

【概况】 2020年，在县委、县政府的正确领导和市委老干部局的具体指导下，资中县委老干部局紧紧围绕全县工作大局，认真贯彻落实党和国家的方针，圆满完成了各项工作任务。全力抓好老干部“三项建设”。坚持以政治建设为统领，持续引导广大老干部始终在政治立场、政治方向、政治原则、政治道路上同以习近平同志为核心的党中央保持高度一致；坚持以思想建设为基础，增强离退休干部党员的政治荣誉感和组织归属感；坚持以组织建设为重点，加强和改进离退休干部党组织建设，教育引导离退休干部党员始终保持共产党员情怀，坚定共产党人信仰信念。全力抓好老干部“两个待遇”的落实和稳定工作。持续组织老干部为党和人民事业增添正能量，成效显著。努力加强老干部学习活动阵地建设，积极发挥省级示范单位的聚能带动作用，老干部工作队伍的自身建设得到进一步加强。

【政治待遇】 进一步完善落实《老干部政治待遇八项制度》和“两项建设”；完善在职县领导联系老干部制度。不断加强离退休干部思想政治建设，坚持定期组织老干部政治理论学习和老干部情况通报制度，2020年因为疫情关系，老干部集中学习受到一定影响，但每月都通知老干部在家自行学习；同时，通过微信公众号和离退休干部管理平台向老干部推送学习资料，让老干部时刻做到政治坚定，思想常新，信念永存，全年集中组织老干部政治理论学习5次，参加学习人数达200余人次，县领导向老干部通报全县经济、社会发展情况1次。完善财政专项资金解决老干部参观学习活动经费制度。落实老干部阅文制度，坚持为离退休干部订阅党报、党刊、《离退休干部党支部学习参考》、《晚霞》等报刊，从10月1日起每天开放阅读室，方便老干部学习和查阅资料，让老干部更多更好地了解国内外大事。落实老干部参政议政制度，在做好防控工作的前提下组织老干部参加县“三会”、县委中心组学习会等重要会议，召开座谈会邀请老干部建言献策、共谋资中发展，全县有重大活动时注意收集老干部的意见建议并及时呈报县委、县政府。每逢重大节日，如“七一”、重阳节、春节，县领导亲自到老干部家中慰问，并继续坚持落实定期走访制度、生日祝贺制度、生病看望制度，2020年走访慰问老干部及老干部遗孀500余人次。县委、县政府把离退休干部党组织建设纳入党的建设总体布局，全县离退休干部党组织的思想、组织、制度建设不断加强；督促符合“应建尽建”的镇、部门、企事业单位等及时建立离退休干部党支部，对照文件要求落实好工作补贴；资中县建有离退休干部党总支6个，党支部57个，离退休干部党支部基本做到人员、经费、牌子、场地、活动“五落实”。

【生活待遇】 健全完善保障机制，推动“三个机制”有效运转。在坚持讲纪律、守规矩，执行相关制度的前提下，对老干部相关待遇的落实只做加法，不做减法。如节庆慰问、参观考察、健康休养、老干部体检等各项经费年初均纳入财政预算。特困帮扶机制更加完善，进一步扩大老干部帮扶范围，建立逐年提高帮扶资金长效机制，将帮扶资金由7.8万元提高到10万元。切实帮助困难老干部和遗孀解决医疗和生活中的实际困难；进一步完善已故离休干部遗孀困难帮扶机制，在重大节日期间开展对已故离休干部遗孀进行慰问，春节按照副县级退休干部的标准发放慰问金，年初对54名困难离退休干部和18名困难离退休干部遗孀进行特困帮扶，帮扶资金达10万元。采取集中与分散相结合的方式，为全县副县级以上离退休干部进行健康体检，增加体检项目并提高分散体检报销标准。全面落实新中国成立初期参加革命工作人员待遇，将这部分老干部的困难补助由每月490元提高到515元，让他们共享改革发展成果；在重大节假日对这部分老干部进行走访慰问，做好思想政治工作。

【文体活动】 2020年，共组织老干部参加各种文体活动50余次，参加人数累计1200余人次。对部分有体育爱好的老干部进行技能培训，如门球、桥牌、麻将、川牌等，并组队参加全市老干部运动会，取得不俗的佳绩。继续为县关工委、资中老年大学、资中县老年书画研究会、重龙诗书画院、二野军大及其他老干部团队开展活动提供场所、车辆、人员的全方位的服务。

【活动中心】 一是继2018年县老干部活动被命名为“全省老干部活动中心规范化建设示范单位”后，活动中心设施及设备极大完善，除活动阵地面积扩大外，还增添了更多的学习活动项目，跑步机、“五人站”等健身器材一应俱全，台球室、篮球室以及多功能厅让老干部活动和学习平台更上一个台阶。二是服务水平大力提升，聘请1名再就业工人为活动中心服务，免费为老干部活动提供茶水，随时做到保洁，确保“亮化、绿化、美化、净化、优化”目标。活动中心除春节放假5天外，全年的开馆时间达360天，对老干部及外来退休老干部学习活动情况做了详细登记。同时，积极搭建平台，为县关工委、资中县老年书画研究会、重龙诗书画院、二野军大、老年大学、老干部党校等涉老团队发挥作用提供更好的服务。三是健全各项制度。健全《资中县老干部活动中心管理制度》《资中县老干部活动中心工作职责》《资中县老干部活动中心建设管理办法》《资中县老干部活动中心环境综合整治管理实施办法》《资中县老干部活动中心环境综合整顿治理公约》等，使老干部活动中心管理工作更加规范化、科学化和制度化。四是活动计划翔实。紧紧围绕老干部的兴趣爱好和身体状况制定活动计划，并在年初发放到每一位老干部手中。除老干部每天到活动中心自由活动外，还定期组织老干部开展门球、乒乓球、棋牌、麻将、保健讲座、诗书画等活动，形式多样，内容健康。同时，积极做好全市老干部运动会相关工作，为老干部运动员训练和参赛等方面提供有力保障。实现了组织领导制度化、基础设施标准化、活动开展多样化、服务管理精细化、环境卫生标准化“五化”标准。

【发挥老干部余热】 一是整合组织、老干、财政、人社等多方力量，为老干部发挥作用积极搭建平台，为老干部开展正能量活动提供有力保障。县财政每年为干部发挥作用、开展为党和人民事业增添正能量提供经费保障近100万元，县委老干部局和老干部原单位随时给他们开展活动提供场地、工作用车、人力和物力等支持。二是老干部积极发挥经验优势，开展建言献策活动。老干部代表在县两会、重大干部人事调整变动、重要工作课题调研、重大决策出台中，发挥执政经验优势，积极建言献策，起到了参谋智囊作用。三是积极组织开展争优评先活动。按照《关于开展全市离退休干部先进集体和先进个人评选表扬工作的通知》文件要求，经县委组织部、老干部局与相关部门认真研讨、商议、评选，资中县4个单位被评为全市离退休干部先进集体、11人被评为全市离退休干部先进个人。四是老干部积极发挥带动聚能作用，开展各类特色活动。根据专长和意愿，老干部充分发挥在关心下一代、济贫助困、行业发展、社会和谐、政风行风监督、纠纷调解、疫情防控、基层治理、脱贫攻坚等方面的作用。

县关工委　开展法治木偶戏进校园活动，协调资中木偶剧团完成法治木偶戏节目“网罪”的创作，深入各中小学校巡演100场，近8万名中小学生接受教育；关爱成长，帮弱助困，发放慰问金10万余元，资助特殊困境青少年6万元。扎实开展暑期学生教育实践活动、高考志愿填报公益辅导活动；积极开展法治理想道德宣讲进校园；创新形式开展家风教育，在全省、全市率先创作《家风歌》，以歌曲、舞蹈、木偶戏等形式表演《家风歌》，创新开展家风教育，2020年市关工委纳入全市推广项目。

县老年大学和老干部党校　发动学员带动和影响身边的人积极支持和参与拆迁调解、邻里纠纷劝解等工作，化解社会矛盾；积极参加全县党风廉政建设集中宣传活动、开展各类纪念活动，助力资中社会文化发展和文明创建。

省扶贫基金会资中联络组　2020年共筹集扶贫助学资金420余万元，资助贫困大学生1056人，再次位居全市第一。

资中老年书画研究会、重龙诗书画院：紧跟时代步伐，弘扬民族传统文化，大力宣传资中、歌颂资中；积极参与“迎新春”“我为脱贫攻坚出份力”、文明创建等诗、书、画、影活动展12场次；积极送文化到学校、企业、社区、贫困村和军营。

二野军大、西南服务团　常年坚持开展扶贫助学活动，为2名贫困大学生进行资助，年资助金额达6000元。

老干部志愿者　一是参与疫情防控。新冠肺炎疫情发生以来，老干部志愿者通过各种形式和渠道积极捐款捐物。全县有16个镇、40个部门的离退休干部1505名积极参与捐款，捐款金额167310.5元；其中个人捐款1000元的8人，2000元的1人，94岁高龄的离休干部刘湘捐款1万元。二是参与城乡基层治理。组织引导老干部、老专家、老劳模、老教师、老战士充分发挥政治优势、经验优势、威望优势和专业特长，为资中县加强城乡基层治理制度创新推进基层治理体系和治理能力现代化凝聚力量。三是参与脱贫攻坚工作。积极组织引导全县离退休干部开展“助力脱贫攻坚”志愿服务活动。县级6支志愿服务队，主动与贫困村对接，先后进村开展志愿服务活动20余场次。四是参与文明创建工作。组织开展文明交通劝导等学雷锋活动，积极倡导干部职工、老干部及周边群众做好身边每件小事，为文明城市创建办实事、做好事，美化环境、遵守交通秩序，文明安全出行等。

（方万东　朱　斌）

党校工作

【概况】　2020年，资中县委党校紧紧围绕县委工作部署和办学体制改革，加强自身建设，发挥自身功能，自觉承担举旗子、育干部、树形象的使命任务，全力开展政治建设、教学培训、科研咨政、政策宣讲、分类建设、脱贫攻坚、志愿服务等工作。全年举办培训班6期，共培训学员1531人次；开展“四季”党性教育主题宣讲66场次；全体职工到白岩洞村开展结对帮带工作十余次；组织党员干部参与西外社区疫情防控、防洪防汛、法律宣传、文明卫生城市创建、困难群众慰问等工作300余人次。

【干部培训】　2020年专业化领导干部培养工程培训班：参训人员30人，培训时间2020年10月13—24日，主要学习内容：新时代年轻干部如何担当作为、新民法典实践及运用、基层治理、反腐倡廉、胸怀发展大局敢写时代新篇章等专题。

2020年新任副科级领导干部培训班：参训人员49人，培训时间2020年10月13日—11月9日，主要学习内容：深入学习《习近平谈治国理政》（第三卷）、新民法典解读、新时代领导干部心理健康、忠诚干净担当的政治品格、双城经济圈理论与实践、培育和践行社会主义核心价值观、习近平新时代中国特色社会主义思想——关于从严治党、资中县生态环境形势分析及对策建议等专题。

2020年资中县年轻干部铸魂工程培训班：参训人员49人，培训时间2020年10月13日—11月12日，主要学习内容：习近平新时代中国特色社会主义思想——关于从严治党、大变局中的中国、资中“大统战”工作的创新与实践、资中年轻干部如何融入成渝双城经济圈、党性修养，牢记初心使命等专题。

2020年资中县人大代表履职能力专题培训班：参训人员170人，培训时间2020年11月25—28日，主要学习内容：加强政德修养，打牢从政之基、经济圈内涵机理与成渝地区双城经济圈建设、发挥人大监督作用：推进基层治理体系和治理能力现代化、人大代表履职能力提升的路径与实践等专题。

2020年县直机关党组织书记综合能力大提升培训班：参训人员213人，培训时间2020年12月1—3日，主要学习内容：基层机关党建“灯下黑”及对策、《中国共产党纪律处分条例》解读、解读《中华人民共和国民法典》、学习贯彻中央十九届五中全会、省委十一届七次全会精神、市委七届十一次全会精神、县委十四届十七次全会精神、党章解读等专题。

资中县2020年公务员培训班：参训1020人，培训时间2020年12月8—9日，主要学习内容：党性党史，新中国史教育，成渝双城经济圈专题讲座，中共十九届四中、五中全会精神解读，压力与情绪管理等专题。

【科研】 2020年共撰写理论科研文章20篇。其中黄文课题组撰写的《党建引领乡镇社区治理能力创新与实践》获得省委党校结项课题；王逸冰撰写的《浅析从传统农民向新型职业农民转化的社会进步性》刊登在《沱江论坛》2020年第二期；张晓岚撰写的《乡村文明促振兴，移风易俗补短板》刊登在《沱江论坛》2020年第二期；柳艳春撰写的《基层党校课堂教学问题对策思考》刊登在《看世界》2020年第6期；王金凤撰写的《浅谈如何构建具有党校特色的中文教学体系》刊登在《当代教育》2020年第24期；黄玲撰写的《党建引领壮产业 脱贫致富奔小康的三柏村实践》获得市理论研讨会优秀奖。

（黄　文　彭　军）

档案管理

【概况】 资中县档案馆是中共资中县委直属事业单位（参公单位）。2020年，县档案馆坚持以习近平新时代中国特色社会主义思想为指导，始终把“两个维护”作为首要政治任务，坚持档案工作正确的政治方向，忠实履行“为党管档、为国守史、为民服务”的神圣使命，扎实开展档案法律法规宣传、档案业务指导及三个体系建设工作，积极参与疫情防控、脱贫攻坚、抗洪救灾、环境整治、无偿献血等中心工作。

【业务指导】 档案工作服务乡村振兴战略和农村基层社会治理试点工作。全县301个行政村、65个城市社区已完成规范建档，共计10435卷（件），其中文书档案10042卷，其他照片、会计、项目、实物档案393卷（件）。村级建制调整中206个涉改村（社区）完成档案处置，完成率达100%。制定符合资中县农村基层治理建设需求的村务管理档案基本目录。

新冠肺炎疫情防控档案工作。统一标准，对做好疫情防控档案工作的组织领导、业务规范、保障措施做出规定和要求，档案工作和防控工作同步进行；指导县疫情防控指挥部建立立卷归档工作机制，明确责任，落实工作人员、经费和装备装具；通过现场指导、电话、网络等形式，对县级各部门、乡镇疫情防控档案工作进行业务指导。

国有企业退休人员社会化管理人事档案移交接收工作。2020年，县档案馆审核验收资中县国有企业退休人员人事档案共计26个单位、664名。

机关事业单位档案业务指导工作。指导43个单位按照新规则开展2019年度文书档案立卷归档工作；登记省级重点建设项目档案2个。

【档案业务培训】 7月，县委办、县档案局和县档案馆抽调业务人员组成指导组深入22个镇对528名镇、村（社区）专兼职档案员进行专题培训。9月，再一次组成指导组到各镇开展村级档案规范归档进行面对面现场培训指导，手把手教授村级档案整理、指导业务建设395人次。

【馆务工作】 档案安全体系建设：2020年共开展安全大检查12次，维修更换档案库房涉电设备十余次；2020年县档案馆未发生档案安全事故。档案利用体系建设：共接待利用15428人次，提供利用档案、资料17347卷（册），复制档案8985件26541张；异地查档135例。档案资源体系建设：接收1个全宗单位资中县公证处公证文书档案1200卷，接收征集资料11册。

（饶学斌　张艺鲽）

史志工作

【概况】 根据中共资中县委机构编制委员会《关于整合中共资中县委党史研究室和资中县地方志研究室的通知》，2020年12月，将资中县地方志研究室整体并入中共资中县委党史研究室，将中共资中县委党史研究室更名为中共资中县委党史地方志研究室，为县委直属全额拨款公益一类正科级事业单位。2020年，资中县党史地方志工作在上级主管部门及县委的正确领导下，以习近平新时代中国特色社会主义思想为指导，深入贯彻落实中央、省、市史志工作会议精神，紧紧围绕县委工作中心，按照中央领导“一突出、两跟进”的要求，全面开展各项史志工作，充分发挥史志的“资政、育人、存史”作用，取得了较好的成绩。

【政治理论学习】 始终以习近平新时代中国特色社会主义思想为指导，认真学习中共十九大，十九届二中、三中、四中、五中全会精神，贯彻落实党中央大政方针和省委、市委、县委决策部署，贯彻省委十一届、市委七届和县委十四届列次全会精神，深入学习《习近平谈治国理政》第三卷，认真钻研中共党史和资中地方党史、新中国史，积极参加各类学习培训，政治理论知识不断丰富，业务能力不断提升。

【史志资料征编】 抗疫专题资料收集。征集2名援鄂抗疫英雄的口述资料及他们的日志近2万字；征集抗疫典型事例近1.5万字，100余张图片，并按时向市党史地方志研究室全面客观真实上报资中参与抗击疫情的组织指挥、督促指导、全民防控、舆论宣传、异地支援等；派出志愿者参加社区防控宣传。

脱贫攻坚亲历者口述实录采编工作。自1月22日收悉文件始，积极谋划该项工作具体实施步骤、方法。一是会同县委组织部、县扶贫移民局等部门精心挑选30名不同身份的脱贫攻坚典型代表，涵盖机关干部、农技员、教育工作者、医务工作者等多个群体，收集整理脱贫攻坚中亲历者的文字资料15万余字，图片资料150余张。二是于4—10月分批次对30名脱贫攻坚亲历者进行口述史的采访录制工作，充分展示资中县扶贫干部的精神风貌。三是深入贫困户家中收集、整理10户贫困户对脱贫攻坚工作切身感受的音像、文字资料。

完成《中国共产党资中县委执政实录（2019年卷）》和《资中史志》的编辑、出版、发行工作。完成《中共资中县历史大事记》资料征集编写工作，修改、补充、完善《中共资中县历史大事记（2019年）》，形成3万余字的初稿，并征集2020年资中大事记150余条、4万余字。

《中国共产党资中历史（1978—2002）》第

三卷编写工作。2020 年 1 月，正式启动《中国共产党资中历史（1978—2002）》第三卷的资料的征集工作。该书采用编年体和纪事本末相结合的方法，以时间为序，分三编、10 章、60 节。2020 年已完成 8 章、50 节的编写，征集整理形成专题资料约 50 万字。

精心编纂《资中年鉴（2020）》。1 月基本完成各镇、各部门的年鉴资料收集，2—4 月对所需资料和图片进行追收、补充和完善，结合机构改革以及相关资料对目录进行适当修改并报送至市党史地方志研究室审定，收集图片 100 余幅，经过三审三校后报县政府审定。11 月正式出版发行。

编纂《资中乡镇简载》。结合 2019 年乡镇机构改革实际，把资中县 33 个镇的历史定格在 2019 年，利用方志研究室现存资料编纂《资中乡镇简载》一书，图文并茂地展示各乡镇经济、社会、文化的历史和现代，突出各乡镇经济特点和资源优势，反映各乡镇社会经济发展尤其是 2019 年度取得的成就，发挥了地情资料在服务地方经济社会发展和记录历史、传承文化中的重要作用。

积极向省、市供稿。报送聂丽君（20 世纪 20 年代川剧“四大名旦”之一）、匡廷云（中科院院士、中国著名生物化学家、内江七院士之一）、陈定华（全国劳动模范）等《四川省志人物志（1986—2005）》入志人物资料长编。结合工作实际，认真撰写《资中县地方志发展报告》，从地方志书、年鉴编纂、地情资料开发、史志期刊、资政育人、理论研究、质量建设、依法治志、领导重视、机构建设等方面做了详细的报告。精心收集整理《内江概览》资中篇内容，上报资中县情、历史文化名镇、历史人物、特色镇村等文字资料及相关图片，展示资中深厚的历史文化底蕴和当前经济社会发展成就。结合县委常委会工作报告、县政府工作报告等相关资料，撰写并报送《内江年鉴》资中篇。认真学习和审读《威远年鉴(2020)》目录，并提出了意见和建议。

【史志宣传】 一是结合疫情防控、脱贫攻坚口述实录、党史资料的征集、宣传等工作，深入各镇及县级有关部门听取他们对县委党史地方志研究室的史志宣传及史志工作的意见和建议，改进工作方法。二是以重大活动为载体，扎实开展史志宣传“七进”活动 12 场次，专题讲授史志知识，共计 2500 余人接受了党史、国史教育，坚定了理想信念，真正做到知史爱党、知史爱国、知史爱岗、知史图进、知史律己，积极发挥史志资政育人的作用。三是认真承办内江史志讲堂资中专场，邀请市委党史地方志研究室申福建主任作《习近平谈治国理政》第三卷导学专题报告，推动全面融入成渝地区双城经济圈建设“成渝之中、魅力资中”。

（邓　勇　隆良平）

资中县人民代表大会

综述

【概况】 2020年，资中县人大常委会在县委坚强领导下，坚持以习近平新时代中国特色社会主义思想为指导，议大事，抓重点、求实效。听取和审议了"一府一委两院"专项工作报告，制发审议意见和建议，制定出台《资中县人民代表大会常务委员会讨论决定重大事项办法(试行)》，并作出决议决定；对有关法律法规贯彻实施情况开展执法检查，开展集体视察、专项调研及专题询问工作，对县政府工作部门开展工作评议，依法任免国家机关工作人员。确保全县各项工作顺利开展。

【代表选举】 4月14日，在县人大代表185选区（重龙镇）补选王鹏、23选区（水南镇）补选邓良奎、63选区（陈家镇）补选张强、64选区（陈家镇）补选严理、72选区（双河镇）补选任伟、110选区（球溪镇）补选林龙、151选区（双龙镇）补选吴建辉、153选区（双龙镇）补选周勇、160选区（双龙镇）补选邱智勇、132选区（发轮镇）补选何学勇等10人为资中县第十六届人民代表大会代表。

【重大事项决定】 贯彻落实省、市、县委关于健全和落实人大讨论决定重大事项制度、政府重大决策出台前向本级人大报告的实施意见精神，积极探索重大事项决定清单，建立健全人大讨论、决定重大事项制度，制定了《资中县人民代表大会常务委员会讨论决定重大事项办法（试行）》，进一步明确重大事项的范围和重点，保障重大事项决定权更好行使。坚持把听取和审议一府两院工作报告、审查批准计划和预算作为行使重大事项决定的重点，按照法律规定，2020年先后对资中县2019年县级财政决算、资中县2020年财政预算调整方案等作出决议决定18项。

【代表活动】 加强代表培训。2020年共组织县人大代表参加省人大培训班2次、"奋进资中·干部学堂"2020年资中县第十六届人大代表履职能力专题培训班1次共150人次，全面提升了人大代表的履职能力。深入开展"脱贫攻坚——人大代表再行动"活动，常委会领导和镇人大主席联系贫困村、市县代表联系贫困户，全县1891名代表参加活动，共联系帮扶贫困户5540户，资助贫困学生472名，为贫困户帮助提供就业岗位986个；捐款95.5万元，捐物折合39.12万元，协调社会资金490.9万元，争取财政资金3284.6万元。集中开展代表双走访工作，6—8月参与走访的省、市、县镇人大代表达1909人次，走访企业334户、群众4550余人，收集到反映事项761件，按照闭会期间代表提出建议、批评和意见的规定和要求，分层次、分类别进行筛选、交办，做到事事有回音、件件有着落。开展市、县人大代表集中视察、专题调研活动。组织市、县人大代表参加内江市和资中县2020年度“千企万人评作风”测评大会，10—11月，共有320余名市、县人大代表参与对市、县两级部门的测评。开展常委会集体联系走访慰问人大代表活动，11—12月，市、县人大常委会专职组成人员分别召开集体联系代表座谈会，通报市、县人大常委会2020年的主要工作情况，市、县人大代表分别就自身履职情况和对内江市和资中县“一府一委两院”的工作提出意见和建议，常委会对部分市、县人大代表进行了慰问。

【履职监督】 研究起草《县人大常委会“五联系”工作建议方案》《关于组建县人大代表专业小组的建议方案》，继续落实常委会组成人员联系代表、代表联系选民制度，每位常委会组成人员联系代表3～5名，县人大代表定期接待联系选民；督促各镇县人大代表联络站于12月底完成县、镇人大代表回选区述职；督促县人大代表完善履职登记表，认真做好县人大代表履职档案的收集、管理和上传等工作，完成对代表的履职考核。督促县人大代表积极参与人大常委会专题调研工作，助力全县经济社会发展。强化代表履职保障，加强各镇对县代表联络站的使用，落实县人大代表活动经费，为人大代表依法履职提供经费保障和阵地保障。加强对镇人大主席、副主席和人大专干在代表履职服务平台和代表网上联络站的业务培训，实现代表履职网络化。强化代表履职承诺、报告、公示、效果评价、登记等五项制度的落实，开展代表回选区述职、回答询问、参加闭会期间活动、听取选民意见和履职测评工作，进一步规范代表履职行为。按照年初安排，督促县人大代表完善履职登记表，认真做好县人大代表履职档案的收集管理和网上上传等工作，完成对代表的履职考核。

【工作评议】 2020年，县人大常委会依据监督法及实施办法的规定，按照《资中县人民代表大会常务委员会工作评议试行办法》，制定《资中县人大常委会2020年工作评议方案》。6月10日，资中县人大常委会召开2020年工作评议动员大会，对开展2020年评议工作进行全面动员部署，就2020年评议工作的具体时间、评议内容、评议形式等作了具体安排。10月22日，县人大常委会召开工作评议大会，对县公安局、县商务合作局、县应急管理局、县综合执法局、县退役军人局、县行政审批局、县扶贫开发局、县医保局、县自然资源规划局9个部门的工作进行评议。会议听取了各被评议单位工作报告及各评议工作小组评议发言。分组审议了各项报告，县人大常委会组成人员对评议工作报告开展了满意度测评，其他参会人员对各部门工作开展民意测评，被评议部门负责人进行整改表态发言。

【法律宣传与监督】 县人大常委会继续高度重视法律宣传与监督工作，加强法律宣传，强化法制宣教，提高法律法规普及水平。2020年，县人大常委会听取和审议法检两院上半年重点工作、工作情况报告，督促加大公益诉讼案件办理力度和环境资源审判力度、依法打击刑事犯罪和办理民商事案件、加强未成年人犯罪预防和权益保护、持续打好禁毒防艾攻坚战、破解执行难瓶颈、着力加强自身建设、依法服务防疫和服务地方经济等工作。按照上级工作要求，县人大常委会听取和审议了“一府两院”履行职能营造法治化营商环境的专项工作报告，持续为服务地方经济贡献人大力量。加强与党委、政府各备案审查工作机构的协作配合，建立备案审查衔接联动机制，实现备案审查全覆盖，听取规范性文件备案审查工作情况报告，做好人事任免工作，依法组织县人大及其常委会选举、决定任命的国家工作人员进行宪法宣誓，继续对县政府组成部门主要负责人、县监委副主任、县法院副院长和县检察院副检察长开展述职测评。2020年县人大常委会制定执法检查工作方案，成立以常委会主要领导为组长的执法检查组，通过组织座谈、现场走访、查阅资料等方式深入开展执法检查。4 月底至 5 月，执法检查组先后深入银山镇、明心寺镇现场察看村集体经济发展、产业发展、基础设施建设、产业扶持资金使用管理等情况，开展专项检查和执法检查座谈会，了解县扶贫开发局、县财政局、县住建局、县民政局等 10 个县级有关部门贯彻实施《四川省农村扶贫开发条例》情况。6 月，检查组先后到发轮镇、球溪镇、龙江镇、马鞍镇、新桥镇、铁佛镇等地现场检查了解白云山自然保护区野生动物保护情况、非法养殖野生动物场所关闭情况、打击非法收集贩卖野生动物违法窝点情况以及《全国人大常委会关于全面禁止非法野生动物交易、革除滥食野生动物陋习、切实保障人民群众生命健康安全的决定》的宣传情况，对关于野生动物“两法”“两决定”贯彻落实情况开展执法检查。7—8 月，检查组先后到资中县恒生机械有限公司、明心寺镇磷石膏堆场等 8 个土壤污染高风险项目现场，实地座谈了解《中华人民共和国土壤污染防治法》贯彻落实情况。10 月，执法检查组听取了县妇女儿童工作委员会关于妇女权益保障法贯彻落实情况的汇报，召开了相关部门、部分企业座谈会，实地察看、走访了县法律援助中心、银山法庭家事审判庭、文庙社区“搭把手”妇女维权示范点等现场，对《中华人民共和国妇女儿童权益保护法》进行执法检查。同月，执法检查组通过现场走访、座谈了解、查阅资料等方式对全县《中华人民共和国统计法》《四川省统计管理条例》贯彻实施情况开展执法检查。执法检查组到县自然资源规划局、新桥镇人民政府、高楼镇龙台村、高楼镇雨台村、县国有林场和白云山管护站现场了解防火物资、扑火队伍建设和绿化造林等情况，对《中华人民共和国森林法》《森林防火条例》开展执法检查。11 月，执法检查组听取了县文广旅游局关于《中华人民共和国文物保护法》贯彻落实情况的汇报，实地察看、走访了资中文庙和武庙、重龙山摩崖造像、重龙山永庆寺、双龙镇骆成骧状元墓等现场，对《中华人民共和国文物保护法》开展执法检查。2020 年，县人大常委会任命人员全部进行了任前法律知识考试及宪法宣誓。

【工作监督】 2020 年，听取并审议了资中县人民政府关于《资中县第十六届人大常委会第三十九次会议关于检查资中县贯彻实施〈中华人民共和国中小企业促进法〉的审议意见》的研究处理情况的报告、县人民政府关于《资中县第十六届人大常委会第三十九次会议关于〈主任集体视察县殡仪服务中心迁建项目推进情况的报告〉的审议意见》研究处理情况的报告、县人民政府关于《资中县第十六届人大常委会第三十九次会议对〈资中县人民政府关于食品产业发展情况的报告〉的审议意见》的研究处理情况的报告、县人民政府关于《资中县第十六届人大常委会第三十九次会议对〈资中县人民政府关于全县安全生产工作情况的报告〉的审议意见》研究处理情况的报告、县人民政府关于《资中县第十六届人大常委会第三十九次会议对〈资中县人民政府关于资中古城、罗泉古镇规划执行和建设推进工作的情况报告〉的审议意见》研究处理情况的报告、县人民政府关于《资中县第十六届人大常委会第三十九次会议对〈资中县人民政府关于乡村产业发展情况的报告〉的审议意见》研究处理情况的报告、县人民政府关于《资中县第十六届人大常委会第三十九次会议对〈资中县人民政府工作情况的报告〉的审议意见》研究处理情况的报告、县人民政府关于《资中县第十六届人大常委会第三十九次会议对〈资中县政府性债务管理情况的报告〉的审议意见》研究处理情况的报告、县人民政府关于《资中县第十六届人大常委会第三十九次会议对〈资中县人民政府关于就业创业工作情况的报告〉的审议意见》研究处理情况的报告、县人民政府关于《资中县第十六届人大常委会第四十二次会议对〈资中县人民政府关于资中县预算绩效管理情况的报告〉的审议意见》研究处理情况的报告、县人民政府关于《资中县第十六届人大常委会第四十二次会议对〈资中县人民政府关于推进全县标准化体系建设的情况报告〉的审议意见》研究处理情况的报告、县人民政府关于《资中县第十六届人大常委会第四十二次会议对〈资中县人民政府关于资中县第十六届人民代表大会第四次会议代表建议批评意见办理情况的报告〉的审议意见》研究处理情况的报告、县人民政府关于《资中县第十六届人大常委会第四十八次会议对〈资中县人民政府关于资中县2019年度环境状况和环境保护目标完成情况及2020年工作安排的报告〉的审议意见》研究处理情况的报告、县人民政府关于《资中县第十六届人大常委会第五十二次会议对〈资中县人民政府关于资中县国土空间规划编制工作的情况报告〉的审议意见》研究处理情况的报告、县人民政府关于《资中县第十六届人大常委会第五十二次会议对〈资中县人民政府关于推进公共法律服务体系建设工作的情况报告〉的审议意见》研究处理情况的报告（书面）；听取和审议资中县人民政府关于《资中县第十六届人大常委会第五十二次会议对〈资中县人民政府关于全县交通建设规划情况的报告〉的审议意见》研究处理情况的报告、县人民政府关于《资中县第十六届人大常委会第五十二次会议对〈资中县人民政府关于检查《四川省农村扶贫开发条例》贯彻实施的情况报告〉的审议意见》研究处理情况的报告、资中县人民政府关于《资中县第十六届人大常委会第五十二次会议对〈资中县人民政府关于《中华人民共和国老年人权益保障法》贯彻实施情况的报告〉的审议意见》研究处理情况的报告（书面）、县人民政府关于《资中县第十六届人大常委会第五十四次会议对〈资中县人民政府关于2019年度国有资产管理情况的综合报告〉和〈资中县人民政府关于2019年度行政事业性国有资产管理情况的专项报告〉的审议意见》研究处理情况的报告、县人民政府关于《资中县第十六届人大常委会第五十四次会议对〈资中县人民政府关于新冠病毒肺炎疫情防控工作情况的报告〉的审议意见》研究处理情况的报告、县人民政府关于《资中县第十六届人大常委会第五十四次会议对〈资中县人民政府关于村级建制调整改革工作情况的报告〉的审议意见》研究处理情况的报告、县人民政府关于《资中县第十六届人大常委会第五十四次会议对〈资中县人民政府关于全县公安机关、司法行政机关履行职能营造法治化营商环境的专项工作报告〉的审议意见》研究处理情况的报告、县人民法院关于《资中县第十六届人大常委会第五十四次会议对〈资中县人民法院关于发挥审判职能营造法治化营商环境专项工作报告〉的审议意见》研究处理情况的报告、县人民检察院关于《资中县第十六届人大常委会第五十四次会议对〈资中县人民检察院关于发挥检察职能营造法治化营商环境专项工作报告〉的审议意见》研究处理情况的报告、县人民法院关于《资中县第十六届人大常委会第五十四次会议对〈资中县人民法院2020年上半年重点工作情况的报告〉的审议意见》研究处理情况的报告、县人民检察院关于《资中县第十六届人大常委会第五十四次会议对〈资中县人民检察院2020年上半年重点工作情况的报告〉的审议意见》研究处理情况的报告。

【国民经济和社会发展计划及财政预决算监督】 2020年，县人大常委会认真做好国民经济和社会发展计划、财政预决算的审查监督，听取和审议了县政府关于《资中县2019年国民经济和社会发展计划执行情况及2020年计划草案的报告》《资中县2019年财政预算执行情况和2020年财政预算草案的报告》《国民经济和社会发展第十三个五年规划纲要实施情况的评估报告》《资中县2019年财政决算和2020年上半年财政预算执行情况的报告》《关于2019年度行政事业性国有资产管理情况的专项报告》《关于2019年度国有资产管理情况的综合报告》《关于2019年度财政农业农村资金投入和使用绩效情况的报告》《资中县2019年度县级预算执行和其他财政收支的审计工作报告》《关于资中县2018年上半年国民经济和社会发展计划执行情况的报告》《资中县2019年度县级预算执行及其他财政收支审计查出问题整改情况的报告》《关于2020年政府性债务管理情况的报告》《关于资中县2020年财政预算调整方案（草案）的报告》。依法作出了关于批准资中县2019年国民经济和社会发展计划执行情况及2020年计划的决议、资中县2019年县级财政决算的决议、资中县2020年县级财政预算调整方案的决议。

【任免国家机关工作人员】 县人大常委会坚持党管干部原则，依法任免地方国家机关工作人员。坚持对任免人员实行无记名投票表决，深入开展任前座谈了解、闭卷进行法律知识考试、任职打算全程录播公开等制度，增强了被任命人员的法律意识、人大意识和公仆意识，提高了任命工作的透明度。2020年，常委会依法任免国家工作人员19人次。其中政府工作人员6人次，法院工作人员4人次，检察院工作人员5人次，县人大常委会机关工作人员4人次。接受县人大常委会组成人员辞职3人次，新任3人次。按照《资中县人大常委会任命人员履职评议暂行办法》，1月上旬，协同各委室对履职半年以上的县政府工作部门局长（主任），县监察委员会副主任，法、检两院副职共29人2019年履职情况开展了评议；5月下旬，完成县人大常委会任命的县政府工作部门局长（主任）、县监察委员会副主任和法检两院副职共34人的2020年度履职打算的收集、审核、汇编、上传等工作。不断加强对任命人员任后监督，促进任命人员不忘初心、牢记使命，依法履行职责。

【主任集体视察】 8月14日，孙文兴率视察一组集体视察民生实事项目，银山大联小学迁建工程主体建筑及室内装修已经完工；操场建设因连续的大降雨影响，致多次反复施工、无法施工，造成整个工程滞后，无法按时完成迁建。重龙一幼改扩建工程已全部完成，装修、装饰及全套教学设施更换一新，新学年开学条件已经完全具备。汤天涛带领视察二组（主任集体视察民生实事项目）赴罗泉镇视察罗泉古镇旅游基础设施建设一期工程（骑游道，游步道等）。8月20日，资中县人大常委会主任集体视察农村生活垃圾转运体系建设、生活垃圾焚烧发电和垃圾卫生填埋二厂项目完成情况，到球溪镇、鱼溪镇、重龙镇、双龙镇、双河镇进行实地走访。8月26日，主任集体视察殡仪馆、威路中修、五人制足球场等民生实事项目建设情况。9月28日，资中县人大常委会开展主任集体视察工作，视察组一行先后到银山镇宏和丝绸有限责任公司、银山镇超茂家庭农场、陈家茧站、陈家镇绿天邑合作社、陈家镇新店子村果桑基地、陈家镇优质蚕桑示范基地、腾旺加藤农场、陈家社会经济联合社现场视察了蚕桑产业发展情况。大家边看边议，详细了解蚕桑产业发展规模、发展模式以及公司发展现状、生产加工工艺等。座谈会上，副县长张文彬介绍了资中县关于蚕桑产业发展的情况报告。县人大视察组、陈家镇人民政府、宏和丝绸公司就蚕桑产业发展纷纷提出意见、建议，并进行探讨。

【专题调研】 县人大常委会以群众利益为导向，以推动工作为要务，聚焦群众和企业急难愁盼问题、资中本地改革发展突出问题，确定沱江河流域水环境治理情况、成渝地区双城经济圈建设、加快推进乡村振兴、城市综合管理（重点含停车难）、资中县县镇财政管理体制运行情况、全县物流产业园区建设情况等8个针对性强的调研课题，由常委会班子成员带队，组成调研组分别前往环成都经济圈的仁寿县、简阳市、雁江区，重庆经济圈中的璧山区、大足区，川南经济区的宜宾翠屏区、自贡大安区，城市群中区位相似县（市）区的浙江省海盐县，资中周边县区的市中区、东兴区、威远县、安岳县进行实地考察学习，查阅分析城市群中与资中县区位相似的常州市武进区、广东省东莞市等地先进经验并系统学习。深入基层一线，与群众面对面交流，找问题、查原因、定措施，形成《关于抢抓机遇，主动融入成渝地区双城经济圈建设，构建交通枢纽新格局的调研报告》等专题调研报告6篇，并向县委专题汇报调研成果，得到县委肯定。在调研报告的基础上，形成《关于抢抓机遇，主动融入成渝地区双城经济圈建设，构建交通枢纽新格局的建议》等6篇问题报告，提出相关问题建议意见，县委主要领导作出批示，交县政府相关部门研究处理，积极吸纳，将调研成果转化为建设国家级历史文化名城、四川丘区经济强县的切实有效的办法措施。为进一步密切县人大常委会、县人大专门委员会、常委会办事和工作机构与县人大代表的联系，更好地发挥人大代表的主体作用和专业优势，凝聚并汲取各个行业人大代表的智慧和力量，提高闭会期间代表议政水平，增强代表履职实效，根据《中华人民共和国全国人民代表大会和地方各级人民代表大会代表法》的有关规定，参照省内外人大做法，县人大常委会组建2020年度县人大代表专业小组，紧紧围绕全县中心工作、县人大常委会工作要点、监督计划和相关委室年度重点工作，围绕重点产业发展，探索组建农业农村、教育体育、卫生健康、城市建设等6个代表专业小组，对全县水果产业、生猪产业、水泥产业、酒精产业、房地产和建筑行业等10个方面开展深入调研，形成了《关于资中县生猪产业发展情况的调研报告》等6个调研报告。

【专题询问】 2020年11月，县人大常委会召开了关于城市综合管理（停车难）专题询问会，通过前期拟定建议方案，7月10日，召开城市综合管理（含停车难）工作安排动员会。动员会后，周密组织专题调研，广泛收集意见建议，反复筛选询问问题，11月26日，县人大常委会副主任张群英主持召开资中县人大常委会2020年城市综合管理（停车难）专题询问会。会上，观看了资中县城市综合管理专题片、县人大常委会组成人员和参会代表就资中县城市综合管理情况进行了提问，县公安局、县发改局、县财政局、县住建局、县自规局、县综合执法局、县住建局、县交通局、县市场监管局等部门负责人做了现场答复，县政府副县长张成庚代表县政府做了表态发言。

【票决制试点】 2020年县人大常委会依法依规、积极稳妥、有力有效推进试点工作，全年确定的16个民生项目推进有力有序。县人代会前，完成了票决制项目的初步审查、相关制度和规定的制定。县人代会期间，牵头完成了票决制候选项目专题审议会议、候选项目审查委员会会议、项目票决、满意度测评等大会期间涉及的相关工作，县十六届人大五次会议成功票决出2020年度县级民生实事项目16个，暂未确定为实施项目的，全部以代表建议方式交县政府及有关部门办理答复。县人代会后，按照《2020年度民生实事项目人大代表票决制实施项目监督工作方案》，组建以人大代表为主体的9个监督小组，定期开展监督，听取推进情况报告、开展专题询问；指导乡镇分层次分步骤地开展票决制试点工作，2020年有11个镇人代会期间成功票决出2020年度实施项目64个；8月开展了票决制实施。

重要会议

【县人民代表大会会议】 资中县第十六届人民代表大会第五次会议于2020年4月19—23日在苌弘大剧院召开。会议听取并审查了《资中县人民政府工作报告》《资中县2019年国民经济和社会发展计划执行情况及2020年计划草案的报告》《资中县2019年财政预算执行情况和2020年财政预算草案的报告》《县人大常委会工作报告》《县人民法院工作报告》《县人民检察院工作报告》《资中县2019年民生实事项目人大代表票决制建议项目情况的报告》；听取了县十六届人大五次会议议案审查委员会主任委员汤天涛作的《县十六届人大五次会议代表议案、建议、批评和意见处理意见的报告》、县十六届人大五次会议民生实事人大代表票决制候选项目审查委员会主任委员汤天涛作的《关于确定为资中县2020年度民生实事项目人大代表票决制实施项目及其他建议项目处理意见的报告》；会议依法选孙文兴为资中县第十六届人民代表大会常务委员会副主任；林龙、练梦菲为资中县第十六届人民代表大会常务委员会委员，组织选举的3人进行宪法宣誓。会议通过了《资中县人民政府工作报告的决议》《资中县2019年国民经济和社会发展计划执行情况及2020年计划的决议》《资中县2019年财政预算执行情况和2020年财政预算的决议》《资中县人大常委会工作报告的决议》《资中县人民法院工作报告的决议》《资中县人民检察院工作报告的决议》。会议期间，县人大代表提出建议、批评和意见157件。

【常务委员会会议】 2020年，共召开县人大常委会会议14次。

十六届四十三次（2020年1月14日） 会议听取和审议资中县人大常委会主任会议关于提请审议《资中县人大常委会关于接受李富元等5人辞去资中县第十六届人大代表职务申请的决定（草案）》的议案。

十六届四十四次（2020年1月14日） 会议听取和审议资中县第十六届人大常委会代表资格审查委员会关于个别代表的代表资格变动的报告；听取和审议资中县人大常委会主任会议关于提请审议《资中县人民代表大会常务委员会关于补选资中县第十六届人民代表大会代表的决定草案》的议案；听取和审议资中县人大常委会主任会议关于提请审议《资中县人大常委会关于召开资中县第十六届人民代表大会第五次会议的决定草案》的议案；听取资中县人大常委会主任会议关于接受重龙镇等11个镇选举委员会部分组成人员辞职申请的报告（书面）；听取和审议资中县人大常委会任命人员2019年履职情况报告。

十六届四十五次（2020年1月30日） 会议通过常委会会议系统以网络会议形式举行，听取和审议资中县人大常委会主任会议关于提请审议《资中县人大常委会关于推迟补选资中县第十六届人民代表大会代表的决定（草案）》的议案；听取和审议资中县人大常委会主任会议关于提请审议《资中县人大常委会关于推迟召开资中县第十六届人民代表大会第五次会议的决定（草案）》的议案。

十六届四十六次（2020年2月18日） 会议通过常委会会议系统以网络会议形式举行，听取和审议《资中县人民代表大会常务委员会关于进一步贯彻落实省、市人大常委会依法做好当前新型冠状病毒肺炎疫情防控工作〈决定〉的通知（草案）》。

十六届四十七次（2020年4月8日） 会议通过常委会会议系统以网络会议形式举行，听取和审议资中县人大常委会主任会议关于提请审议《资中县人大常委会关于重新确定资中县第十六届人民代表大会第五次会议召开时间的决定（草案）》的议案；听取和审议资中县人大常委会主任会议关于提请审议《资中县人大常委会关于重新确定补选资中县第十六届人民代表大会代表选举日的决定（草案）》的议案；听取和审议资中县人大常委会主任会议关于提请审议《〈资中县人大常委会2020年工作要点（草案）〉〈资中县人大常委会2020年监督工作计划（草案）〉》的议案；听取和审议资中县人民政府关于《资中县2020年民生实事项目人大代表票决制建议项目情况的报告》。

十六届四十八次（2020年4月13日） 听取和审议《资中县人民代表大会常务委员会工作报告（草案）》；听取资中县人民政府关于《政府工作报告（草案）》起草情况的说明；听取和

审议资中县人民政府关于《资中县2019年度民生实事项目人大代表票决制实施项目完成情况和2020年度民生实事项目人大代表票决制建议项目情况的报告（草案）》；听取资中县人民政府关于《资中县2019年国民经济和社会发展计划执行情况及2020年计划草案的报告》起草情况的说明；听取资中县人民政府《关于资中县2019年财政预算执行情况和2020年财政预算草案的报告》起草情况的说明；听取资中县人民法院关于《法院工作报告》起草情况的说明；听取资中县人民检察院关于《资中县人民检察院工作报告》起草情况的说明；听取和审议《资中县第十六届人大五次会议筹备工作有关事项的报告》；听取和审议资中县人大常委会主任会议关于提请审议《资中县第十六届人民代表大会第五次会议〈民生实事项目人大代表票决制实施项目完成情况满意度测评办法（草案）〉》的议案；听取和审议资中县人大常委会主任会议关于提请审议《资中县第十六届人民代表大会第五次会议〈民生实事项目人大代表票决办法（草案）〉》的议案；听取和审议《资中县2019年度环境状况和环境保护目标完成情况及2020年工作安排的报告》；听取和审议资中县人大常委会主任会议关于提请审议《资中县人民代表大会常务委员会关于许可成都市双流区人民法院对资中县人大代表王清文进行刑事审判的决定（草案）》的议案。

十六届四十九次（2020年4月15日） 会议听取和审议《资中县第十六届人大常委会代表资格审查委员会关于个别代表资格审查的报告》。

十六届五十次（2020年4月16日） 会议以无记名投票表决方式通过了人事任免事项。会议举行了宪法宣誓和颁发任命书仪式。会前邀请专家解读了《全国人民代表大会常务委员会关于全面禁止非法野生动物交易、革除滥食野生动物陋习、切实保障人民群众生命健康安全的决定》，书面学习了《中华人民共和国野生动物保护法》《中华人民共和国畜牧法》《中华人民共和国渔业法》《中华人民共和国动物防疫法》《四川省农村扶贫开发条例》。

十六届五十一次（2020年4月16日） 听取和审议资中县第十六届人大常委会代表资格审查委员会关于资中县第十六届人民代表大会第五次会议代表资格的审查报告；听取和审议资中县第十六届人民代表大会常务委员会关于资中县第十六届人民代表大会常务委员会组成人员变动情况的备案报告（草案）；听取和审议资中县人大常委会主任会议关于召开资中县第十六届人民代表大会第五次会议筹备工作有关事项的报告；听取和审议资中县人大常委会主任会议关于提请审议《资中县第十六届人民代表大会第五次会议关于代表提出民生实事项目人大代表票决制建议项目的规定（草案）》的议案；听取和审议资中县人大常委会主任会议关于提请审议《资中县第十六届人民代表大会第五次会议关于提出民生实事项目人大代表票决制建议项目截止时间的决定（草案）》的议案；听取和审议资中县人大常委会主任会议关于提请审议《资中县第十六届人民代表大会第五次会议选举办法（草案）》的议案；听取和审议资中县人大常委会主任会议关于提请审议《资中县第十六届人民代表大会第五次会议宪法宣誓仪式工作方案（草案）》的议案；会议以无记名投票表决方式通过了人事任免事项。会议举行了宪法宣誓和颁发任命书仪式。

十六届五十二次（2020年5月27日） 听取和审议资中县人民政府关于资中县国土空间规划编制工作的情况报告；听取和审议资中县人民政府关于推进公共法律服务体系建设工作的情况报告；听取和审议资中县人大常委会主任会议关于2019年规范性文件备案审查工作情况的报告；听取和审议资中县人民政府关于全县交通建设规划情况的报告；听取和审议资中县人大常委会执法检查组关于检查《四川省农村扶贫开发条例》贯彻实施情况的报告；听取和审议资中县人民政府关于《中华人民共和国老年人权益保障法》贯

彻实施的情况报告；听取和审议资中县人民政府关于《资中县第十六届人大常委会第三十九次会议关于检查资中县贯彻实施〈中华人民共和国中小企业促进法〉的审议意见》的研究处理情况的报告（书面）；听取和审议资中县人民政府关于《资中县第十六届人大常委会第三十九次会议关于〈主任集体视察县殡仪服务中心迁建项目推进情况的报告〉的审议意见》研究处理情况的报告（书面）；听取和审议资中县人民政府关于《资中县第十六届人大常委会第三十九次会议对〈资中县人民政府关于食品产业发展情况的报告〉的审议意见》的研究处理情况的报告（书面）；听取和审议资中县人民政府关于《资中县第十六届人大常委会第三十九次会议对〈资中县人民政府关于全县安全生产工作情况的报告〉的审议意见》研究处理情况的报告（书面）；听取和审议资中县人民政府关于《资中县第十六届人大常委会第三十九次会议对〈资中县人民政府关于资中古城、罗泉古镇规划执行和建设推进工作的情况报告〉的审议意见》研究处理情况的报告（书面）；听取和审议资中县人民政府关于《资中县第十六届人大常委会第三十九次会议对〈资中县人民政府关于乡村产业发展情况的报告〉的审议意见》研究处理情况的报告（书面）；听取和审议资中县人民政府关于《资中县第十六届人大常委会第三十九次会议对〈资中县人民政府工作情况的报告〉的审议意见》研究处理情况的报告（书面）；听取和审议资中县人民政府关于《资中县第十六届人大常委会第三十九次会议对〈资中县政府性债务管理情况的报告〉的审议意见》研究处理情况的报告（书面）；听取和审议资中县人民政府关于《资中县第十六届人大常委会第三十九次会议对〈资中县人民政府关于就业创业工作情况的报告〉的审议意见》研究处理情况的报告（书面）；听取和审议资中县人民政府关于《资中县第十六届人大常委会第四十二次会议对〈资中县人民政府关于资中县预算绩效管理情况的报告〉的审议意见》研究处理情况的报告（书面）；听取和审议资中县人民政府关于《资中县第十六届人大常委会第四十二次会议对〈资中县人民政府关于推进全县标准化体系建设的情况报告〉的审议意见》研究处理情况的报告（书面）；听取和审议资中县人民政府关于《资中县第十六届人大常委会第四十二次会议对〈资中县人民政府关于资中县第十六届人民代表大会第四次会议代表建议批评意见办理情况的报告〉的审议意见》研究处理情况的报告（书面）；会议以无记名投票表决方式通过了人事任命事项。会议举行了宪法宣誓和颁发任命书仪式。会前邀请专家解读了《中华人民共和国土地管理法》和《中华人民共和国城乡规划法》，传达学习了省两会精神和5月14日马波书记在市委常委会（扩大）会议上的讲话精神，书面学习了《中华人民共和国老年人权益保障法》《中华人民共和国水土保持法》。

十六届五十三次（2020年6月10日） 听取和审议资中县人大常委会主任会议关于提请审议赵坤辞去资中县第十六届人民代表大会代表职务申请的议案；听取和审议资中县人大常委会主任会议关于提请审议赵坤辞去内江市第七届人民代表大会代表职务申请的议案；听取和审议资中县人大常委会主任会议提请审议关于增加县人大常委会听取和审议“一府两院”营造法治化营商环境专项工作报告议题的决定（草案）的议案；会议以无记名投票表决方式通过了人事任命事项。会议举行了宪法宣誓和颁发任命书仪式。会前传达学习了全国十三届人大三次会议精神、《中华人民共和国森林法》《森林防火条例》《黄明、彭清华同志在国务院督导四川省森林草原防火专项整治工作动员会议上的讲话》和中共内江市委常委会以及市委中心组专题学习会会议精神，书面学习了中央专家学者座谈会会议精神。

十六届五十四次（2020年7月28日） 听取和审议资中县人民政府关于2019年度行政事业性国有资产管理情况的专项报告；听取和审议

资中县人民政府关于2019年度国有资产管理情况的综合报告（书面）；听取和审议资中县人民政府关于新冠肺炎疫情防控工作情况的报告；听取和审议资中县人民政府关于村级建制调整改革工作情况的报告；听取和审议资中县人民政府关于全县公安机关、司法行政机关履行职能营造法治化营商环境的专项工作报告；听取和审议资中县人民法院关于发挥审判职能营造法治化营商环境专项工作报告；听取和审议资中县人民检察院关于发挥检察职能营造法治化营商环境专项工作报告；听取和审议资中县人民法院关于2020年上半年重点工作情况的报告；听取和审议资中县人民检察院关于2020年上半年重点工作情况的报告；听取和审议资中县人大常委会主任会议关于提请审议增加县人大常委会检查《中华人民共和国森林法》《森林防火条例》贯彻实施情况的决定（草案）的议案；人事免职事项。会前邀请专人解读了《中华人民共和国基本医疗卫生与健康促进法》《中华人民共和国传染病防治法》和《突发公共卫生事件应急条例》，书面学习了《中华人民共和国突发事件应对法》《中华人民共和国社区矫正法》《中华人民共和国公职人员政务处分法》和《中华人民共和国土壤污染防治法》。

十六届五十五次（2020年9月29日） 听取和审议资中县人民政府关于全县退役军人优抚安置工作情况的报告；听取和审议资中县人民政府关于内江城乡垃圾PPP项目资中子项目推进情况的报告；听取和审议资中县人民政府关于资中县2020年上半年国民经济和社会发展计划执行情况的报告；听取和审议资中县人民政府关于资中县2019年度县级预算执行和其他财政收支的审计工作报告；听取和审议资中县人民政府关于政府性债务管理情况的报告；听取和审议资中县人民政府关于资中县2019年财政决算(草案)和2020年上半年财政预算执行情况的报告；听取和审议资中县人民政府关于民生实事项目人大代表票决制实施项目推进情况的报告；听取和审议资中县人大常委会主任会议关于提请审议《资中县人民代表大会常务委员会讨论决定重大事项办法（试行）(草案)》的议案；听取和审议资中县人大常委会执法检查组关于检查《中华人民共和国土壤污染防治法》贯彻实施情况的报告（书面）；听取和审议资中县人民政府关于《资中县第十六届人大常委会第四十八次会议对〈资中县人民政府关于资中县2019年度环境状况和环境保护目标完成情况及2020年工作安排的报告〉的审议意见》研究处理情况的报告（书面）；听取和审议资中县人民政府关于《资中县第十六届人大常委会第五十二次会议对〈资中县人民政府关于资中县国土空间规划编制工作的情况报告〉的审议意见》研究处理情况的报告（书面）；听取和审议资中县人民政府关于《资中县第十六届人大常委会第五十二次会议对〈资中县人民政府关于推进公共法律服务体系建设工作的情况报告〉的审议意见》研究处理情况的报告（书面）；听取和审议资中县人民政府关于《资中县第十六届人大常委会第五十二次会议对〈资中县人民政府关于全县交通建设规划情况的报告〉的审议意见》研究处理情况的报告（书面）；听取和审议资中县人民政府关于《资中县第十六届人大常委会第五十二次会议对〈资中县人民政府关于检查《四川省农村扶贫开发条例》贯彻实施的情况报告〉的审议意见》研究处理情况的报告（书面）；听取和审议资中县人民政府关于《资中县第十六届人大常委会第五十二次会议对〈资中县人民政府关于《中华人民共和国老年人权益保障法》贯彻实施情况的报告〉的审议意见》研究处理情况的报告（书面）；听取和审议资中县人大常委会预算工委关于资中县2019年财政决算（草案）和2020年上半年财政预算执行情况的研究意见；听取和审议资中县人大常委会关于批准资中县2019年县级财政决算的决议（草案）。会议以无记名投票表决方式通过人事任命事项。会议举行宪法宣誓和颁发任命书仪式。

十六届五十六次（2020 年 11 月 25 日）听取和审议资中县人民政府关于资中县第十六届人民代表大会第五次会议代表建议批评意见办理情况的报告；听取和审议资中县人民政府关于资中县脱贫攻坚工作情况的报告；听取和审议资中县人民政府关于《资中县国民经济和社会发展第十三个五年规划纲要》实施情况的报告；听取和审议资中县人民政府关于资中县城市综合管理工作情况的报告；听取和审议资中县人民政府关于公安机关专项斗争工作情况的报告；听取和审议资中县人民政府关于资中县 2020 年财政预算调整方案（草案）的报告；听取和审议资中县人民政府关于 2019 年度财政农业农村资金投入和使用绩效情况的报告；听取和审议资中县人民政府关于资中县 2019 年度县级预算执行和其他财政收支审计查出问题整改情况的报告；听取和审议资中县人民政府关于资中县 2017 年至 2018 年财政扶贫专项资金投入和使用绩效情况审计查出问题整改情况的报告；听取和审议资中县市场监督管理局关于 2019 年度部门预算执行审计查出问题整改情况的报告；听取和审议资中县人民政府关于推进资中二中、球溪中学创建川南名校的报告；听取和审议资中县人大常委会执法检查组关于检查《中华人民共和国森林法》《森林防火条例》贯彻实施情况的报告（书面）；听取和审议资中县人大常委会执法检查组关于检查《全国人大常委会关于全面禁止非法野生动物交易、革除滥食野生动物陋习、切实保障人民群众生命健康安全的决定》贯彻实施情况的报告（书面）；听取和审议资中县人大常委会执法检查组关于检查《中华人民共和国统计法》和《四川省统计管理条例》贯彻实施情况的报告（书面）；听取和审议资中县人大常委会执法检查组关于检查《中华人民共和国妇女权益保障法》贯彻实施情况的报告（书面）；听取和审议资中县人民政府关于《资中县第十六届人大常委会第五十四次会议对〈资中县人民政府关于 2019 年度国有资产管理情况的综合报告〉和〈资中县人民政府关于 2019 年度行政事业性国有资产管理情况的专项报告〉的审议意见》研究处理情况的报告（书面）；听取和审议资中县人民政府关于《资中县第十六届人大常委会第五十四次会议对〈资中县人民政府关于新冠病毒肺炎疫情防控工作情况的报告〉的审议意见》研究处理情况的报告（书面）；听取和审议资中县人民政府关于《资中县第十六届人大常委会第五十四次会议对〈资中县人民政府关于村级建制调整改革工作情况的报告〉的审议意见》研究处理情况的报告（书面）；听取和审议资中县人民政府关于《资中县第十六届人大常委会第五十四次会议对〈资中县人民政府关于全县公安机关、司法行政机关履行职能营造法治化营商环境的专项工作报告〉的审议意见》研究处理情况的报告（书面）；听取和审议资中县人民法院关于《资中县第十六届人大常委会第五十四次会议对〈资中县人民法院关于发挥审判职能营造法治化营商环境专项工作报告〉的审议意见》研究处理情况的报告（书面）；听取和审议资中县人民检察院关于《资中县第十六届人大常委会第五十四次会议对〈资中县人民检察院关于发挥检察职能营造法治化营商环境专项工作报告〉的审议意见》研究处理情况的报告（书面）；听取和审议资中县人民法院关于《资中县第十六届人大常委会第五十四次会议对〈资中县人民法院 2020 年上半年重点工作情况的报告〉的审议意见》研究处理情况的报告（书面）；听取和审议资中县人民检察院关于《资中县第十六届人大常委会第五十四次会议对〈资中县人民检察院 2020 年上半年重点工作情况的报告〉的审议意见》研究处理情况的报告（书面）；听取和审议资中县人大常委会关于接受卢宗礼等 3 人辞去资中县第十六届人民代表大会代表职务请求的决定（草案）；听取和审议资中县人大常委会关于许可成都市双流区人民法院对资中县人大代表王清文采取取保候审强制措施的决定（草案）；听取和审议资中县人大常委会关于批准资中县2020年财政预算调整方案的决议（草案）；人事任免事项。会前学法书面学习了《中华人民共和国企业破产法》《中华人民共和国证券法》《中华人民共和国文物保护法》《中华人民共和国妇女权益保护法》《中华人民共和国统计法》《四川省统计管理条例》《优化营商环境条例》。

【主任会议】 2020年，十六届人大常委会召开主任会议29次。听取了资中县人民代表大会常务委员会关于进一步贯彻落实省、市人大常委会依法做好当前新型冠状病毒肺炎疫情防控工作〈决定〉的通知（送审稿）、资中县人民政府关于资中县2019年度民生实事项目人大代表票决制实施项目完成情况和2020年度民生实事项目人大代表票决制建议项目形成情况的报告（草案）起草说明、县人大常委会人事代表工委关于县十六届人大五次会议确定的重点建议、批评和意见办理情况跟踪了解建议方案、县人大常委会人事代表工委关于组建县人大代表专业小组的建议方案、资中县人民政府关于资中县全域旅游规划编制情况的报告、县人大常委会人事代表工委关于资中县人大常委会2020年工作评议建议方案、资中县人民政府关于全县公安机关“伞状+警务网格”多元社会治安防控新体系建设情况的报告、资中县人民政府关于资中县县级财政转移支付预算2019年执行情况和2020年安排情况的报告、资中县人民政府关于全县医疗保险工作情况的报告、资中县人民政府关于全县农村人居环境整治情况的报告、资中县人民政府关于全县卫生健康信息化建设情况的报告、资中县人民政府关于棚户区改造工作情况的报告、资中县人民政府关于“十四五”经济社会发展规划编制工作的报告、资中县人民政府关于资中县税收征管减税降费工作及2020年上半年税收收入完成情况的报告、资中县人民政府关于全县城市居民最低生活保障工作情况的报告、资中县人民政府关于贯彻落实中央和省市县应对疫情支持中小企业共渡难关相关政策落实情况的报告、资中县人民政府关于全县2019年行政复议和行政应诉工作情况的报告、资中县人民政府关于闲置土地专项清理及存量土地情况的报告、县人大常委会人事代表工委关于人大代表履职服务平台运行情况的报告、县人大常委会人事代表工委关于开展2020年市县人大代表集中视察专题调研工作的建议方案、资中县人民政府关于全县农业服务体系建设情况的报告、资中县人民政府关于民政民生保障政策执行情况的报告、资中县人民政府关于《中华人民共和国统计法》《四川省统计管理条例》贯彻实施情况的报告、资中县人民政府关于优化营商环境工作推进情况的报告、县人大常委会信访办公室关于2020年信访工作情况的报告。

（雷五江　林　龙　杨利娟）

资中县人民政府

重要会议

【**县政府全体会议**】 2020年8月22日，县政府全体会议暨廉政工作会议于县行政办公大楼大礼堂召开，会议主要内容：认真贯彻落实省政府、市政府第三次廉政工作会及市第七届人民政府第九次全体会和县委十四届十七次全体会议精神，总结安排全县政府系统廉政工作和重点工作。

【**县政府常务会议**】 2020年，资中县政府共召开常务会议43次，传达贯彻上级重要会议精神，审定规范性文件，审议人事任免等相关问题。

表4

资中县2020年政府常务会议一览表

届次	主要议题
十六届第一百一十四次（2020年1月3日）	审议有关人事任免
十六届第一百一十五次（2020年1月10日）	审议有关人事任免；学习贯彻有关会议文件精神；听取《关于根治拖欠农民工工资工作情况的报告》；审议《资中县2020年畜牧生产发展实施方案（送审稿）》；审议《资中县2020年突出涉稳问题责任清单（送审稿）》《资中县2020年突出涉信问题责任清单（送审稿）》
十六届第一百一十六次（2020年1月22日）	传达贯彻相关会议文件精神；审议《关于成立资中县新型冠状病毒肺炎疫情应急处置指挥部的通知（送审稿）》
十六届第一百一十七次（2020年1月29日）	学习贯彻县委十四届二百零三次常委会议精神及通报《关于成立县委应对新型冠状病毒肺炎疫情工作领导小组及调整资中县新型冠状病毒肺炎疫情应急处置指挥部的通知》；听取全县新型冠状病毒肺炎疫情及防控处置情况汇报
十六届第一百一十八次（2020年2月10日）	通报县委应对新型冠状病毒肺炎疫情应急领导小组和资中县应对新型冠状病毒肺炎疫情应急指挥部增设农村防控组有关事宜；学习贯彻中央、省、市应对新冠肺炎疫情有关会议及市委常委会议暨市委应对新型冠状病毒肺炎疫情工作领导小组会议相关精神；听取县应对新型冠状病毒肺炎疫情应急指挥部各工作组开展情况汇报及下步工作打算；审议有关人事任免

续表 4

届次	主要议题
十六届第一百一十九次（2020 年 2 月 15 日）	传达贯彻近期中央、省、市应对新冠肺炎疫情防控工作相关会议精神；听取资中县新冠肺炎疫情防控工作情况及下步工作安排；审议《资中县应对新冠肺炎疫情防控期间一次性医用口罩市场保供方案（送审稿）》；听取《关于市发展改革委反馈资中县政府投资工程建设项目招投标领域存在问题整改情况的报告》；听取《资中县退役军人事务局 2019 年度工作报告》；听取《消防救援队伍改革转制一年来全县消防工作和队伍建设情况的报告》；审议将陈家镇新峰坳村 7 社谭家冲崩塌、公民镇盘龙寺村 10 社大鹅山崩塌治理项目作为抢险救灾工程有关事宜；通报有关人事任免；审议有关人事任免
十六届第一百二十次（2020 年 2 月 20 日）	学习贯彻近期中央、省、市应对新冠肺炎防控相关精神，听取县疫情防控工作汇报，研究部署下一步疫情防控和经济社会发展各项工作
十六届第一百二十一次（2020 年 3 月 3 日）	学习贯彻近期中央和省、市应对新冠肺炎疫情防控相关精神；听取《资中县第七次全国人口普查相关情况的报告》；听取《全县投资促进工作会议相关精神贯彻落实情况的报告》；听取《2018 年以来全县专项斗争工作汇报及专项斗争重点推进县有关工作报告》；审议资中县 2019 年省级财政农业改革创新科技示范奖补项目立项相关事宜；审议《资中县运动健康产业园区发展规划（送审稿）》；审议《资中县滨江湿地公园 PPP 项目合同（送审稿）》；审议《资中县生态保护行政约谈办法（试行）（送审稿）》；审议《资中县贯彻落实四川省打赢蓝天保卫战等九个实施方案重点任务分工方案（送审稿）》；审议《资中县双拥工作领导小组成员单位职能职责（送审稿）》；审议《资中县双拥工作领导小组关于创建四川省第十二届双拥模范城的实施意见（送审稿）》；审议《资中县城乡环境治理常态化督促指导工作方案（送审稿）》；审议有关人事任免
十六届第一百二十二次（2020 年 3 月 20 日）	学习贯彻近期中央、省、市应对新冠肺炎疫情防控相关精神；学习贯彻有关会议文件精神；审议《资中县“十四五”规划编制工作方案（送审稿）》；审议 G247 资中城区段整治维修工程等 6 个项目立项有关事宜；审议《资中县 2020 年第一批重点项目建议计划表（送审稿）》；审议《资中县第三产业 2020 年提质增效工作措施和计划清单（送审稿）》；审议《资中县 2020 年创建第五届四川省文明城市工作方案（送审稿）》《资中县创建第五届四川省文明城市实地考察测评点位包保责任制实施方案（送审稿）》；审议成立资中县乡村振兴脱贫攻坚道路建设 PPP 项目公司有关事宜；审议表彰邓纪波等 8 人见义勇为行为有关事宜
十六届第一百二十三次（2020 年 3 月 30 日）	审议有关人事任免；审议《关于推进资中县村级建制调整改革的实施意见（送审稿）》《资中县村级建制调整改革配套方案（送审稿）》《关于建立县领导联系镇、县级部门联系涉改村（社区）推进村级建制调整改革工作机制的通知（送审稿）》《资中县村级建制调整改革模拟方案（送审稿）》；审议《政府工作报告（送审稿）》；审议《资中县 2019 年民生实事项目人大代表票决制实施项目完成情况和 2020 年民生实事项目人大代表票决制建议项目情况的报告（送审稿）》；审议《关于资中县 2019 年国民经济和社会发展计划执行情况及 2020 年计划草案的报告（送审稿）》；审议《关于资中县 2019 年财政预算执行情况和 2020 年财政预算草案的报告（送审稿）》；审议《资中县创建国家卫生县城工作建议实施方案（送审稿）》
十六届第一百二十四次（2020 年 4 月 30 日）	学习贯彻有关会议文件精神；审议《资中县创建国家级历史文化名城实施方案（送审稿）》；审议《资中县创建省级园林县城实施方案（送审稿）》；审议《关于表扬 2019 年度实施乡村振兴战略先进集体和个人的通报（送审稿）》；审议《关于推进“三农”工作补短板 强弱项 促提升确保如期实现全面小康的意见（送审稿）》；审议《2019 年度综合目标绩效考核结果（送审稿）》。

续表 4

届次	主要议题
十六届第一百二十五次（2020 年 5 月 7 日）	审议有关人事任免；审议《资中县村级建制调整改革方案（送审稿）》；审议《关于表扬为庆祝中华人民共和国成立 70 周年活动作出突出贡献的先进集体的通报（送审稿）》；审议《关于表扬 2019 年度禁毒工作先进单位及先进个人的通报（送审稿）》；审议《关于表扬重大案件侦破先进集体和个人的通报（送审稿）》；审议《资中县调整完善县与镇财政管理体制方案（试行）（送审稿）》；听取《关于省督查组汛期安全生产督查及安全生产监管技术服务项目推进工作有关情况的报告》；听取《林双全同志率队赴德阳、成都开展投资促进活动情况的报告》；审议《资中县粮食储备中心水南粮油食品站国有土地使用权收储方案（送审稿）》
十六届第一百二十六次（2020 年 5 月 20 日）	审议有关人事任免；审议张学军等人兼任资中县兴资投资开发集团有限责任公司监事职务有关事宜；学习有关会议文件精神；听取《资中县新冠肺炎疫情防控工作情况的报告》和《资中县应对新型冠状病毒肺炎疫情应急指挥部办公室关于做好新冠肺炎常态化防控工作的通知》；听取《关于贯彻落实近期全国、省市安全生产相关会议精神情况的报告》；听取《关于 GDP 统一核算工作有关情况的报告》；听取《关于中长期青年发展规划全国试点工作情况的报告》；听取《关于整合成立“资中县职业技术学校”情况的报告》；审议《资中县 2019 年度民生实事项目人大代表票决制续建项目、2020 年度民生实事项目人大代表票决制实施项目推进方案（送审稿）》；审议《资中县重大安全隐患问题“清单制 + 责任制”挂牌督办管理制度（试行）（送审稿）》；审议《资中县行政权力指导清单（2019 年本）（送审稿）》；审议《资中县市政设施升级改造工程项目实施方案（修订）（送审稿）》；审议《资中县 2019 年第 4 批乡镇建设用地土地征收补偿方案（送审稿）》；审议双龙镇原桐川乡场镇滑坡治理项目作为抢险救灾工程有关事宜；审议《资中县森林防灭火专项整治工作方案（送审稿）》；审议《资中县 2019 年大中型水库移民后期扶持资金项目实施方案（送审稿）》；审议《资中县开展内江市创建市域社会治理现代化试点合格城市工作规划（2020—2022 年）（送审稿）》；审议资中县城区路口渠化项目变更相关事宜；审议《资中县打好防范化解重大金融风险攻坚战工作方案（送审稿）》
十六届第一百二十七次（2020 年 5 月 26 日）	通报有关人事任免；审议有关人事任免
十六届第一百二十八次（2020 年 6 月 8 日）	通报有关人事任免；审议有关人事任免
十六届第一百二十九次（2020 年 6 月 16 日）	审议《四川资中新发地农产品物流批发市场项目补充投资协议书（送审稿）》
十六届第一百三十次（2020 年 6 月 19 日）	审议有关人事任免
十六届第一百三十一次（2020 年 6 月 24 日）	审议有关人事任免；听取关于兴资集团调整与川发展（F+EPC）项目建设内容有关情况的报告；审议《资中县国有企业退休人员社会化管理工作方案（送审稿）》
十六届第一百三十二次（2020 年 6 月 28 日）	审议《资中县 2019 年第 3、5、6 批城市建设用地土地征收补偿方案（送审稿）》；审议《资中县脱贫攻坚领导小组关于全县脱贫攻坚问题整改结果（送审稿）》；审议推进党校分类建设有关事宜
十六届第一百三十三次（2020 年 7 月 2 日）	审议资中县苌弘大道北延线电力迁改建设项目等 39 个项目立项有关事宜；听取《资中县第七次全国人口普查主要指标及其应用情况的报告》；审议调整执行《内江市规划技术管理规定（2020 版）》相关技术指标有关事宜；审议《资中县小微企业“助保贷”管理办法（送审稿）》；审议有偿划拨资中经开区“回家工程”创新孵化园一期资产给兴资集团有关事宜；审议划转资中县部分国有资本充实社保基金有关事宜；审议《四川资中火车站省粮食储备库迁建项目建设工作领导小组关于省粮库迁建项目资金占用费、工程余款结算的建议方案（送审稿）》
十六届第一百三十四次（2020 年 7 月 6 日）	审议《共同管业生产基地建设项目投资协议书（送审稿）》；审议内江沱江流域水环境综合治理 PPP 项目资中子项目调整投资估算和建设内容有关事宜

续表4

届次	主要议题
十六届第一百三十五次（2020年7月23日）	听取《关于长江流域重点水域禁捕和退捕渔民安置保障工作开展情况的报告》；听取《曾廷富同志带队赴重庆荣昌开展投资促进活动情况的报告》；听取《林双全同志带队赴成都、江门、东莞、杭州、嘉兴等地开展投资促进活动情况的报告》；审议《资中县拟下放乡镇权力事项的建议清单（送审稿）》；审议凤凰教育园区春岚南路市政道路工程（第二次变更）有关事宜；审议将资中一中北校区红旗楼维修改造工程作为抢险救灾工程有关事宜；审议《资中县2020年中省财政专项扶贫资金项目（第三批）实施方案（送审稿）》；审议《资中县生活垃圾分类和处置实施方案（送审稿）》；审议表彰韩存燮见义勇为行为有关事宜
十六届第一百三十六次（2020年7月29日）	审议有关人事任免；学习贯彻有关会议文件精神；听取《关于国家统计局第3统计督察组向四川反馈统计督察情况的报告》；审议《资中县优化营商环境实施方案（送审稿）》；审议《资中县地震应急预案（送审稿）》；审议资中县球溪高级中学教学楼建设项目立项有关事宜；审议资中经开区明心寺片区污水处理厂建设项目（第二次变更）有关事宜；审议《资中县农村生活污水治理专项规划（2020—2022年）（送审稿）》；审议《资中县2020年省级财政现代农业发展工程产业提质增效绿色发展项目实施方案（送审稿）》；审议《步步高超市项目投资合作协议书（送审稿）》
十六届第一百三十七次（2020年8月7日）	听取曾廷富带队赴重庆、天津、北京、成都、厦门、泉州开展投资促进活动情况的报告；审议《资中县2020年度综合目标绩效管理办法（送审稿）》；审议《关于实施青年人才回引工程的若干政策措施（送审稿）》；审议将重龙镇官斗山危岩、公民镇川主庙村3社不稳定斜坡治理作为应急抢险工程有关事宜；审议《资中县森林防火规划（2016—2025年）（送审稿）》
十六届第一百三十八次（2020年8月13日）	审议《关于表扬2020年优秀医务工作者的通报（送审稿）》
十六届第一百三十九次（2020年8月18日）	审议有关人事任免；审议《资中县2019年1、3、6批乡镇和双河污水处理厂建设工程项目建设用地土地征收补偿方案（送审稿）》；审议《资中县征收农用地区片综合地价测算成果报告》；审议《资中县2020年农村“厕所革命”整村推进示范村建设项目实施方案（送审稿）》；审议《关于表扬“资中县优秀服务业企业”和“资中县服务业企业优秀个人”的通报（送审稿）》《关于表扬资中县促进服务业发展工作先进单位和先进个人的通报（送审稿）》；学习有关会议文件精神
十六届第一百四十次（2020年8月28日）	会前学习了《中华人民共和国基本医疗卫生与健康促进法》；通报有关人事任免；学习有关会议文件精神；听取《2020年以来艾滋病防治工作情况的报告》；审议《资中县公办幼儿园保教费收费标准调整方案（送审稿）》；审议《资中县污水处理费征收标准方案（送审稿）》
十六届第一百四十一次（2020年9月4日）	审议有关人事任免；学习有关会议文件精神；听取《政法队伍教育整顿试点工作和公安机关“坚持政治建警全面从严治警”教育整顿有关情况的报告》；审议《资中县行政审批局拟相对集中行使行政权力事项清单（送审稿）》和《资中县综合行政执法局拟相对集中行使行政权力事项清单（送审稿）》；审议《资中县2019年度县级预算执行和其他财政收支的审计工作报告（送审稿）》；审议《关于资中县2020年上半年国民经济和社会发展计划执行情况的报告（送审稿）》；审议《资中县2019年财政决算（草案）和2020年上半年财政预算执行情况的报告（送审稿）》；审议《资中县国有资产管理办公室以管资本为主推进职能转变方案（送审稿）》；审议《资中县乡村振兴脱贫攻坚道路建设PPP项目补充协议（送审稿）》；审议《资中县2020年果菜茶有机肥替代化肥试点项目实施方案（送审稿）》；审议《资中县探索解决丘区农村相对贫困试点工作方案（送审稿）》；审议《关于表扬资中县教育体育系统2019—2020学年度先进集体和先进个人的通报（送审稿）》
十六届第一百四十二次（2020年9月8日）	审议《资中石油基地土地及地面资产无偿移交协议（送审稿）》；审议《资中县落实省第6督导组“回头看”反馈问题整改方案（送审稿）》
十六届第一百四十三次（2020年9月11日）	通报唐未星分工及部分班子成员分工调整；审议《内江市2020年中国农民丰收节暨首届资中鲶鱼美食文化节方案（送审稿）》

续表 4

届次	主要议题
十六届第一百四十四次（2020 年 9 月 13 日）	审议《2019 年综合目标绩效奖励方案（送审稿）》
十六届第一百四十五次（2020 年 9 月 14 日）	审议《资中县生猪产业链项目投资协议书（送审稿）》；审议《资中县现代农业科技合作框架协议（送审稿）》
十六届第一百四十六次（2020 年 9 月 17 日）	审议《年出栏 15 万头商品猪养殖项目投资协议书（送审稿）》
十六届第一百四十七次（2020 年 9 月 27 日）	审议《2019 年综合目标绩效奖励方案》调整有关事宜；审议《县委常委会、县政府常务会、县委、县政府领导安全生产责任清单（送审稿）》；审议《资中县村（居）民小组调整优化改革的实施意见（送审稿）》；学习贯彻中央、省、市应对新冠肺炎疫情近期会议精神并听取《资中县新冠肺炎疫情常态化防控工作情况的报告》
十六届第一百四十八次（2020 年 10 月 22 日）	审议资中县推荐评选抗击新冠肺炎疫情省级表彰先进集体和先进个人名单；审议《资中县镇级权责清单指导目录（送审稿）》
十六届第一百四十九次（2020 年 10 月 29 日）	通报有关人事任免；审议有关人事任免；会前学法：《中华人民共和国民法典》；学习相关会议文件精神；听取《敬老院服务质量提升专项整治工作开展情况报告》；听取《2020 年全县公安工作情况报告》；审议《资中县县级财政国库集中收付管理办法（2020 年修订）（送审稿）》；审议减免四川省中翌药业有限公司等 7 户企业 2019 年房产税有关事宜；审议《四川省第二批党员支持新冠肺炎疫情防控自愿捐款资金分配使用方案（送审稿）》；审议《玉环资中跨省联办政务服务战略合作协议（送审稿）》；审议《资中县县域乡村振兴战略实施规划（2018—2022 年）（送审稿）》；审议《资中县声环境功能区划分方案（送审稿）》；审议《资中县城区老旧小区改造实施方案（送审稿）》；审议《关于进一步做好全县社区建制调整和社区治理优化的实施方案（送审稿）》；审议《自贡市荣县人民政府 内江市资中县人民政府文旅融合发展合作协议（送审稿）》；审议《资中县教学成果奖励办法（送审稿）》；审议《划定森林防火区、规定森林防火期和确定森林火险区划等级的通告（送审稿）》；审议资中县生活垃圾填埋二厂项目可研调整有关事宜；审议资中县农村生活垃圾收转运体系建设项目可研调整有关事宜
十六届第一百五十次（2020 年 11 月 19 日）	学习贯彻有关会议文件精神；听取《资中县 2020 年未成年人犯罪及性侵未成年人犯罪情况报告》；审议《资中县 2020 年财政预算调整方案（草案）的报告（送审稿）》；审议《球溪河（资中段）水环境治理工作方案（送审稿）》；审议《资中县“十四五”时期国民经济和社会发展基本思路（送审稿）》；审议资中县人民医院综合大楼建设项目外部电源工程等 11 个项目立项相关事宜；审议《关于表扬 2019 年度征兵工作先进单位和先进个人的通报（送审稿）》
十六届第一百五十一次（2020 年 11 月 27 日）	审议有关人事任免；审议《资中县村（社区）“两委”换届工作方案（送审稿）》
十六届第一百五十二次（2020 年 12 月 7 日）	审议有关人事任免；听取《关于保障基层医疗机构正常运行有关事宜的报告》；审议《资中县社区建制调整方案（送审稿）》
十六届第一百五十三次（2020 年 12 月 10 日）	通报有关人事任免；学习贯彻《关于山东省青岛市瞒报迟报疫情有关情况的通报》精神；审议《资中县推动现代服务业高质量发展的十条措施（送审稿）》；审议《中国·资中第五届血橙节工作方案（送审稿）》；审议将重龙镇东林社区白石岩滑坡治理作为抢险救灾工程项目有关事宜；审议《资中县一品天下·会客厅项目概念方案深化为修建性详细规划设计方案（送审稿）》
十六届第一百五十四次（2020 年 12 月 14 日）	审议有关人事任免；审议有偿划拨资中县高铁站（高铁公交站、站前广场）资产给润资水务投资开发有限责任公司相关事宜；审议《资中县残疾儿童康复救助制度实施细则（送审稿）》；审议四川顺通矿业集团兴达煤业有限公司主动申请关闭兴隆煤矿有关事宜

续表 4

届次	主要议题
十六届第一百五十五次（2020 年 12 月 30 日）	会前学习了《中华人民共和国反间谍法》《中华人民共和国国家安全法》；学习有关会议文件精神；通报县委常委会复议《中国·资中第五届血橙节工作方案》有关情况；听取资中县精神文明建设工作有关情况的报告；听取资中县新冠肺炎疫情冬春季防控工作情况的报告；传达学习马波在《资中县党政主要领导干部经济责任审计（绵审责报〔2020〕13 号）》上的批示精神，审议《资中县落实县委、县政府主要领导经济责任审计发现问题整改工作方案（送审稿）》；传达学习近期上级森林防灭火相关会议精神，审议《资中县全面推行林长制的实施意见（送审稿）》；审议《帮扶资中县多多生态农业集团工作思路（送审稿）》；审议《银山镇 20 个行政村农村生活污水治理项目实施方案（送审稿）》；审议《关于表扬资中县文化和旅游工作先进集体和先进个人的通报（送审稿）》；审议《资中县人民政府关于发布森林防火禁火令的通告（送审稿）》；听取曾廷富带队赴成都、攀枝花、西昌、广汉开展投资促进活动的报告；听取林双全带队赴深圳、成都开展投资促进活动的报告；听取邓方全带队赴厦门开展投资促进活动的报告；听取唐未星带队赴贵州开展投资促进活动的报告；听取邓方全带团参加第三届中国国际进口博览会情况的报告；听取关于文教建司等三个实体企业处置情况的报告；审议《关于规范全县公务员加班补助值班补助有关问题的通知（送审稿）》；审议资中县鑫超越贸易有限公司等 6 户企业疫情防控期间房产税减免有关事宜；审议《资中县政府采购方式变更审批管理办法（送审稿）》；审议资中县 2020 年洪灾抢险市政设施修复工程等 5 个项目立项有关事宜；审议《资中县政府投资项目材料设备询价暂行办法（送审稿）》；审议《关于表扬 2020 年资中县推进工业高质量发展工作先进单位和先进个人的通报（送审稿）》；审议《资中县农村生活垃圾收转运体系建设工程建设用地土地征收补偿方案（送审稿）》
十六届第一百五十六次（2020 年 12 月 31 日）	听取《资中县 2020 年大额财政资金安排情况的报告》；审议四川宏达玻璃有限公司特种玻璃加工项目搬迁入园有关事宜；审议《资中县“十四五”青年发展规划（送审稿）》；审议《资中县 2020 年 1、6、7、12、14、15 批次建设用地土地征收补偿方案（送审稿）》

（陆鼎方　李春艳）

政府办工作

【概况】 资中县人民政府办公室挂县人民防空办公室、县机关事务管理局牌子，代管县地方志研究室、县机关事务服务中心，下设县政府电子政务中心、县委、县政府总值班室。2020 年，县政府办公室紧紧围绕县委、县政府中心工作，认真履行三项职能（参谋助手、综合协调、联系督办），做好三项服务（为领导服务、为基层服务、为群众服务），办好三项工作（办文、办会、办事），圆满完成各项目标任务。

【履职履责】 高效协调运转，充分发挥政府办上传下达、综合协调作用。一是抓好以文辅政工作。严把办文程序关、公文质量关，公文办理质量和效率稳步提高，累计办理各类公文 13000 余件，起草、撰写综合性材料 300 余篇，整理下发常务会议纪要 43 期。认真做好重要会议承办工作，确保了各类会议顺利、高效召开。2020 年，除未纳入精简范围的文件会议，县政府系统发文 944 件，召开会议 80 次，同比分别减少 32.95%、21.57%。政府办及 1 名工作人员分别被市委、市政府评为内江市生态环境保护先进集体和先进个人，政府办主要负责人被内江市委市政府评为内江市经济社会发展先进个人。二是抓好信息服务工作。提升信息辅政能力，超额完成市委和市政府下达资中县政务信息目标任务。调整政府网站栏目设置，主动、及时、准确公开政府信息 8000 余条，发布政务要闻 236 期、政府常务会信息23次，其中资中县第十六届人民代表大会第五次会议等重大活动受到广泛关注。三是抓好协调服务工作。2020年，完成县人大建议157件、政协委员提案112件、未采纳民生实事项目人大代表票决制项目建议1128件，办结率100%，代表、委员满意和基本满意率100%。全力推动民生实事项目人大代表票决制实施项目，每月及时向县委、人大、政府报告实施项目推进情况，对滞后的项目，以“发点球”方式督办督促责任单位及时整改，有25个实施项目正有序推进，完成农村公路、殡仪服务中心、文庙和武庙复原展陈、县乡道路安全生命防护工程、资威公路（资中段）中修、孟塘镇中心幼儿园等项目建设。同时，做好县委、人大、政府及政协交办的各项工作任务和省市领导到资中调研等重要政务活动的协调服务。

【党风廉政建设】 县政府办始终把政治建设放在首位，坚定不移推进全面从严治党，班子成员严格落实“一岗双责”，切实加强对分管股室党员干部的教育监管，认真学习贯彻中央、省、市、县纪委全会精神，强化纪律作风建设，带动“两个责任”层层落实。大力实施干部塑形行动，向县委推荐优秀“八形”干部1名。严格办公用房和公务用车管理，检查核查全县22个镇、89个县级党政机关及下属事业单位，督促8个镇、9个县级部门完成办公用房问题整改，15个车属单位完成公务用车管理问题整改。以高度的政治责任感配合做好省委第十一巡视组巡视资中和县党政主要领导任期经责审计工作，安排2名班子成员牵头负责日常综合协调服务保障工作。深刻汲取赵坤、黄佑培严重违纪违法案教训，扎实做好以案示警、“以案促改”工作，召开赵坤、黄佑培严重违纪违法案专题反思会暨警示教育大会，组织党员干部到罗泉镇廉洁教育基地开展廉政教育暨主题党日活动，不定期在微信工作群推送“廉洁四川”“廉洁内江”“清廉资中”通报的典型案例，组织观看《越界》等警示教育片，全体干部职工签订拒不收送红包礼金承诺书，未发现有任何违规违纪等问题，干部职工拒腐防变能力不断增强。

【政务公开】 2020年，资中县人民政府办公室坚持“以公开为常态、不公开为例外”原则，通过县政府网站政府信息公开栏录主动公开政府信息265条，通过网络、信函等形式接受社会各界向资中县人民政府及资中县人民政府办公室依申请公开10件，依法依规办理答复10件，没有因政府信息公开工作而被申请行政复议或被提起行政诉讼的情况。认真履行全县政务公开工作主管部门职责，坚持“多方联动”，推行政务公开协调联动机制，牵头编制发布《资中县政府信息主动公开基本目录》《资中县试点领域基层政务公开标准目录》，严格执行四川省政务公开9项地方标准。全年开展政务公开工作指导22镇、32部门120余次，督促整改问题10余类500余条。制定《资中县政务公开工作考核细则》，实行百分制量化考核，将组织体系、载体平台、制度机制等7个方面工作任务细化分解为44项具体考核指标。

【电子政务】 2020年，累计上报市委信息921条，《内江要情》采用44条，《市委主页信息》采用40条。累计上报省政府信息197条；累计上报市政府信息662条，被《政务晨讯》采用44条，《政务晨讯·增刊》采用2条。

保障县政府门户网站正常运行。印发《资中县政府电子政务中心关于处理电子政务外网终端相关风险的函》等文件，采取24小时 ×7天不间断扫描全县电子政务外网、态势感知等措施，全方位确保电子政务外网安全稳步运行，全年未发生网络安全事件。

强化政务新媒体管理。对全县政府系统的政务新媒体进行情况收集汇总，建立《资中县政务新媒体矩阵》专栏，统一在县政府门户网站上矩阵展示；印发《资中县人民政府办公室关于进一步做好政务新媒体规范工作的通知》，并通过政务新媒体监测后台，24 小时实时监测政务新媒体，确保全县政务新媒体规范管理。

努力做好党政新闻报道。积极安排人员做好上级领导调研、周边县区调研、县领导活动、全县重大活动的宣传报道工作。全年发布政务要闻 206 期、县政府常务会信息 23 次。

【机关事务服务】 全面落实疫情防控相关要求，高质量地做好接待、会务工作。协助相关部门圆满完成资中县第四届血橙节开幕式、县两会、内江市 2020 年中国农民丰收节暨首届资中鲶鱼美食文化节、四川省委第十一巡视组巡视资中、省级脱贫攻坚成效考核组莅资考核评估等重要公务服务及会务服务工作。全年开展公务服务 100 余次，累计接待 1000 余人次，服务各类大小会议 900 余次，其中外出服务 30 余次。

努力做好大楼设施设备管理、日常水电维修、电梯维护、配电房的监管等工作，及时解决入驻单位的维修需求等问题，确保大楼用电、用水和安全。规范疫情防控期间的保安工作制度，强调工作纪律，实行来访登记和询问盘查制度，做好进出大楼人员的体温监测登记。

狠抓保洁园艺管护工作，开展控烟工作，组织推广工间操活动，开展病媒生物预防控制集中消杀活动 12 次、环境卫生大扫除活动 20 余次。食堂运行平稳高效，全年协助各单位开展各项公务服务用餐共计 50 余次，服务用餐人员 500 余人次。突出“保障、服务”，着力抓好公务用车制度建设。对保留的 68 辆公务用车实行集中管理、统一调度，日常运行维护由专人负责，车辆的使用、停放、维修保养规范有序。全年出车 14400 余次，里程约 1447100 千米。

努力做好大楼内办公用房的日常维护管理调配工作，重新核定各单位办公用房面积和人员情况，并对大楼部分单位的办公用房按照程序有条不紊地做好调配管理。对县级各部门、镇开展“正风肃纪，纠治四风”办公用房调研检查工作，统一建立台账并动态更新。会同政府办、纪委、财政局开展全县办公用房专项检查 2 次，对相关办公用房使用超标等不规范情况要求立即整改，整改情况及时报送机关事务管理局。

加强统计基础工作，督促全县各级各类公共机构做好能源消费统计，按时完成季度、年度能耗数据填报；有序组织开展公共机构 2019 年消费票据的收集和票据明细的整理工作；分级开展数据审核和票据核对，进一步提高能耗数据质量，防止和杜绝统计数据造假。探索开展节约型机关建设，积极推进节约型公共机构示范单位创建。督促各示范创建单位根据创建方案和评价标准开展创建工作，切实抓好各项创建措施，确保达到创建验收标准。在大楼前坝停车场安装充电桩 2 个，会同县水利局开展节水型单位创建，严格落实水资源管理“双控”目标，开展节水宣传，积极研究县行政办公大楼节水设施设备改造。积极推进公共机构生活垃圾分类示范单位建设。以“减量化、资源化、无害化”，深化部门协调配合，重点抓好“分类投放、分类收集、分类运输、分类处理”四个环节，推行好垃圾分类制度。新购买两分类垃圾桶 27 个、三分类 26 个、四分类 8 个。

（陆鼎方　李春艳）

行政审批

【概况】 2020 年，资中县行政审批局政务服务中心有办公场地 1 万余平方米，入驻单位 28 个；设有综合大厅 1 个（其中独立窗口 36 个，三联窗口 4 个，综合窗口 1 个），独立大厅 10 个。按照“三集中三到位”要求，实现政务服务事项“应进必进”。

【服务体系建设】 加强基层政务服务体系建设。

为做好乡镇行政区划和村级建制调整改革“后半篇”文章，进一步完善镇村便民服务体系建设，根据《资中县深化城乡基层治理实施意见》精神，着力构建“1+7+3”城乡基层治理体系，向镇便民服务中心（点）下放公共服务事项48项；规范村（社区）便民服务指导清单56项，按照“十五个一”工作要求和“四个三”工作机制，开展便民服务代办标准化建设。2020年，全县有镇便民服务中心22个、便民服务站11个，平均建筑面积164平方米，平均入驻部门5.8个，平均入驻事项23.5项；374个村（社区）均设置了代办服务点，平均代办事项8.2项，月平均办件量90件。加快数据整合，提升“互联网+政务服务”水平。进一步完善政务服务软硬件设备设施建设，强化网上审批系统与政务新媒体平台融合，优化线上服务，着力提高办事大厅和网上大厅的融合度。积极搭建资中县行政审批综合服务平台，配合省一体化平台的服务功能，促进审批服务事项网上办、马上办、就近办、一次办，变“面对面”为“键对键”，让“数据多跑路、群众少跑腿”。2020年全县政务服务事项办理量为101.0858万件，其中线上办件量为50.9242万件。强抓疫情防控，推进企业复工复产。面对新冠肺炎疫情，县行政审批局积极应对，大力推行“网上办”“预约办”“延时办”。在政务服务大厅入口分别设置消毒区、体温检测区、等候区、登记区、交接件区，安排志愿服务者督导服务，宣传并核验使用全国一体化政务服务平台“防疫健康信息码”，加强疫情防控。设置“企业复工复产综合窗口”，在政府门户网站建立线上“企业复工复产惠企政策板块”，宣传各级支持政策措施。开办引领、帮办、代办及业务咨询，提供业务咨询3000余人次，设置“绿色通道”，大力推行不见面审批，确保企业快速便捷办理各类事项。

【行政审批和服务事项办理】 压缩审批时限助力提质增效。梳理出可优化涉企行政许可和公共服务事项191项，由5006个工作日压缩至2293个工作日，累计缩减2713个工作日。优化企业开办程序，其中设立登记、公章刻制和首次申领发票并联办理均在4个工作小时内办结。2020年，县行政审批局登记各类企业1187户，其中国有、集体及其控股企业45户，私营企业1085户，新登记农专社57户，家庭农场326户，办理企业股权出质74户、设立46户、注销28户，出质股权数额62072.878万元，被担保债权数额66834万元。推行创新商事登记制度。企业全程电子化登记和企业简易注销登记，通过“营商通”App实现“零见面”办理营业执照。全年办理各类登记3329件，接待咨询9438件，颁发“多证合一”营业执照1854户，颁发全程电子化登记营业执照1010户，通过“营商通”办理的企业为174户，累计办理企业简易注销登记491户，实现现场办结率100%，提前办结率100%。推行“帮办代理”“容缺受理”，为企业帮办代办1452件，容缺受理632件。推进“跨省联办”“川渝联办”政务服务工作。梳理开展联办的医保和养老保险关系转移、跨省转学、新生儿入户等首批21个服务事项，打造覆盖公安、教育、医疗、社保、民政等重点领域高频事项办理服务平台，推动玉环资中“跨省联办”和四川、重庆“川渝联办”政务服务模式发展，方便群众办事。

【服务窗口管理】 推进行政审批制度改革。2019年4月，行政审批局第一批已将7个部门（单位）41个行政许可大项划转到行政审批局。第二批13个单位未划转事项仍由原职能部门承担，县行政审批局根据“三集中三到位”原则进行管理。强化专项治理成果运用。开展“行政审批政务服务领域工作中漠视侵害群众利益问题”专项整治，在2019年漠视侵害群众利益专项整治成效基础上，继续巩固成果，深入解决全县行政审批事项不集中、“一网通办”推进不力、服务效率不高等问题。在全县窗口单位开展“窗口服务意识不强”专项整治，召开专项整治专题部署会3次，通报“窗口服务意识不强”专项整治成果和存在的问题，涉及窗口人员120余人次，通过整治不断提升窗口人员主动服务意识。开展“营商环境”专项整治，共梳理全县营商环境存在的问题15个，整改到位12个，3个问题正在整改。强化作风效能建设。建立政务服务窗口“日巡查+周评比+月通报”机制，由派驻纪检监察组会同县行政审批局开展窗口单位常态化监督检查和激励惩罚。全年制发督查通报9期，查处通报并责令整改服务态度不好、迟到早退等问题10个，评选流动红旗单位18个、“明星红榜”窗口服务人员60人次。

【规范行政审批行为】 强化“一体化政务服务平台”业务指导。加强与市政务服务局对接，争取上级部门对“一体化政务服务平台”的业务指导，在工作中主动钻研平台模块建设内容，提升自身业务能力。同时，分批次组织各镇和县级相关部门平台管理员开展“一体化政务服务平台”业务培训，进一步提升各级管理员对“一体化政务服务平台”系统操作的应用水平。提高审批实效优化营商环境。持续开展审批事项流程再造，进一步缩减涉及企业和群众密切相关的工程建设审批、房屋交易等事项的办理时限。积极探索实施“一事办”服务新模式，实现“一窗受理、集成服务、一次办结”的办事流程，将“最多跑一次”落到实处。扩宽涉企服务“绿色通道”，积极营造亲商、安商、富商的浓厚氛围。企业名称预先核准、登记注册实名认证。除少量涉及前置许可证件的以外，其余企业包括个人独资企业、农民专业合作社、合伙企业等已全部实现企业名称登记网上办理。在企业设立阶段，除法人股东以外，所有自然人股东已全部实现登记注册实名认证。

（郑　波　严昭红）

公共资源交易服务

【概况】 2020年，内江市公共资源交易中心资中县分中心有办公场地1670平方米，设有开标室2个、评标室5个，电子监控室1个，档案室2个。结合中心实际，在整体功能布局上划分为“四区域”（交易受理区、交易组织区、交易评审区、办公区），各功能室均按要求配置，实现流程化管理，基本满足交易需求。

【交易基本情况】 以制度建设为保障，加强内部管理，规范各项工作。一是依法立章，规范中心内部和外部管理，完成内部管理制度汇编，包括公文处理制度、保密工作制度、档案管理制度、印章管理制度等。对外管理方面，制定《开标纪律》《项目监管人员现场守则》《招投标交易中心拍卖、挂牌竞价会现场管理制度》等相关规定，并要求制度落实到位、责任到人，真正做到按制度办事、用机制管人。二是探索建立反腐管理机制，以强化责任担当为“根本点”，全年召开中心党组会4次，专题研究部署党风廉政相关工作，研究制定《“以案促改”工作方案》《招投标领域突出问题整治工作方案》等党风廉政相关工作方案，与班子成员签订2020年廉政建设责任书，与干部职工签订严守党的政治纪律和组织纪律承诺书、不违规收送红包礼金承诺书；以宣传教育引导为“切入点”，组织学习中央、省市廉政工作会等重要会议精神以及《中国共产党纪律处分条例》《中华人民共和国监察法》等法规，观看《蚁噬》《越界》等廉政教育片，开展廉政谈话活动12次。因地制宜在办公场所建设廉政文化墙营造廉政氛围。以推动行业领域廉政建设为“突破点”，制定《资中县公共资源交易现场管理及不良行为记录与披露管理办法》《开标评标现场场所监控系统和视频音频资料管理办法》等规范性文件5个。认真查找岗位廉政风险点23个，制定整改措施8项，成功创建县级“廉洁细胞”。

2020年，政府采购75宗，预算金额3797.66万元，成交金额3425.82万元，节约资金371.84万元，节资率9.79%；土地使用权出让3宗，成交金额351.10万元；产权交易106宗，成交金额408.96万元；电子竞价702宗，预算金额2489.15万元，成交金额2453.36万元，节约资金35.79万元，节资率1.44%；全年共计节约资金423.74万元。

【特色亮点工作】 成功创建首批省级示范交易中心。1月10日，内江市创建全省公共资源示范交易中心工作推进会在资中苌弘大剧院召开，资中县分中心成功创建首批省级示范交易中心。10月14日，在川南片区现场工作会上，资中县分中心做了经验交流发言，针对政府采购过程中采购文件容易隐藏的12个陷阱，探索出“三固化一对应”模式的做法，在现场观摩活动中，受到省交易中心领导、市县领导的高度评价。

顺利实施远程异地评标项目。4月27日，资中县分中心第一个远程异地评标项目圆满完成。在全面实现政府采购全流程电子化交易系统基础上，逐步实施产权交易、土地交易、建设工程全流程电子化。完善异地评标系统，实现不见面投标、开标和电子评标。7月23日，首次远程多地评标圆满完成。

荣获首届全国公共资源交易百强县称号。经内江市公共资源交易中心推选，资中县分中心积极参加此次评选活动，在逾32万人次网络投票参与下，经北京大学、清华大学、中国人民大学、对外经贸大学等业界权威专家教授评审，最终评选出全国百强榜单，内江市公共资源交易中心资中县分中心成功入围全国公共资源交易百强县。

（张万华　范俊杰　吴　菊）

应急管理

【概况】 在新冠肺炎疫情与应急管理工作叠加交织的复杂形势下，资中县应急管理局深入学习贯彻习近平总书记关于应急管理、安全生产和防灾减灾救灾的重要论述，牢牢树立“人民至上、生命至上”理念，一手抓安全生产，一手抓应急管理，牢牢把控安全生产基本盘，稳步推进应急救援机制建设。2020年，全县安全生产形势平稳向好，应急管理和防灾减灾救灾工作开展有力有序。

【安全生产事故】 2020年，全县发生生产安全事故6起，同比减少2起，下降25%；死亡6人，同比减少2人，下降25%；受伤0人，同比减少2人，下降100%；经济损失424.2万元，同比减少116.84万元，同比下降21.6%。安全生产“四项指标”全面下降，没有发生较大及以上生产安全事故。

【综合安全生产监督管理】 落实安全风险分级管控和隐患排查治理体系“双重”预防机制，全县自查自报自改安全隐患4719条。投入208.8万元，深入推进安全监管技术服务项目，详查核查企业（现场）220家，查出整改问题隐患612条，安全风险分级管控平台进一步优化。出台《资中县重大安全隐患问题“清单制＋责任制”挂牌督办管理制度（试行）》，挂牌督办安全隐患70条。组织开展安全生产专项整治三年行动、“排险除患”集中整治、房屋建筑安全专项整治专项行动、疫情防控期间安全防控、岁末年初安全生产集中整治、百日安全攻坚行动、全国两会和中共十九届五中全会及国庆中秋等重点时段安全防范，有效化解安全风险。发挥政府安全生产委员会办公室综合监管作用，督促交通、交警、住建、经信、商务、公安、文广旅游、市场监管、自然资源规划等县级负有安全生产监督管理职责的部门落实“三个必须”要求，加大行业监管监察力度，确保重点行业领域安全。

【危险化学品及烟花爆竹安全监管】 组织省安科院专家对辖区内48家加油站开展专项执法，立案查处21家加油站，共计处罚款人民币37万元。完成全县63个危险化学品企业清单制定工作。编制危化行业《安全生产专项整治三年行动计划》。完成12个加油站的换证现场核查工作，2个加油站的改扩建项目安全条件和安全设施设计审查。完成1个新办危化企业（纸单交易）经营许可证核发工作、1个危化企业的延期换证，16个危化企业生产安全事故应急预案备案，核发“烟花爆竹经营（零售）许可证”462个。大力开展烟花爆竹领域打非治违工作，共计收缴非法烟花爆竹产品600余件。

【煤矿安全监管】 组织开展隐患排查集中整治及“回头看、回头查”、春节后及国庆节后复产专项督查检查、“一通三防”专项检查、汛期水害防治专项检查、皮带输送机专项检查，会同川西煤监分局对3处30万吨以上煤矿开展“开小灶”专项执法检查，切实组织“学法规、抓落实、强管理”及警示教育专项活动，会同内江市应急管理局对4处生产煤矿开展“专家会诊”等工作。2020年，共计对全县煤矿开展各类安全检查、巡查、督查107矿次，查出安全隐患或问题437条，下发各类执法文书140份，作出矿井停产处理5矿次，停止局部作业5矿次，停止设备使用3套，行政处罚41.59万元。

【应急救援】 督促各镇、县级各部门编修完善应急预案700余个，组织开展各类应急演练865次，参演观摩31.1万人次。按照“防大灾、备大灾、救大灾”要求，全县共建立8个镇级救灾物资储备点、18个县级部门储备点和3个企业代储点，应急抢险救灾物资种类达389类。按照“统一领导、专兼并存、优势互补、保障有力”的思路筹备组建各种专兼职应急救援队伍。2020年，全县有县级综合救援队伍1支25人，半专业应急队伍1支16人，乡镇应急队伍22支1600人，安全生产重点企业专业施工、抢修应急救援队伍10支160人。全面完成全县1269户地震农村住房恢复重建工作，拨付房屋恢复重建资金2921万元。积极争取并发放冬春救助资金1235万元。

【执法监察】 积极推行“三带三查”“双随机、一公开”监管机制，坚持原则开展“铸安2020”监管执法专项行动。2020年共立案查处案件56起，处罚款人民币209.09万元。及时查处各类安全隐患、非法违法生产、事故等群众举报，做到有报必接、接报必查，案件、举报件件有结论，查处案件有答复。共受理群众来电、来信和来访6起，办结6起，投诉举报受理率100%，办结回复率100%，群众满意率100%。

【非煤矿山和工矿商贸企业安全生产】 坚持以安全生产清单制管理工作和工贸企业安全生产标准化达标为抓手，在非煤矿山和工贸企业扎实开展“铸安2020”等专项行动。2020年，共计开展工矿商贸企业监督执法检查87次，检查各类生产企业80户，出具检查记录42份，责令限期整改指令书21份，整改复查意见书20份，现场处理措施决定书2份，查封扣押决定书2份，实施行政处罚7户，处罚金额33.7万元。

【防汛抗旱】 印发《资中县应对汛期洪涝地质灾害主体责任方案》《关于印发资中县应对汛期洪涝地质灾害主体责任10个专项工作方案的通知》，压紧压实各级防汛主体责任。严格执行“每日信息报告”“一周一会商”“一月一调度”制度，全年累计发布预警信息32期。成功应对12次暴雨天气过程和“8·13”“8·17”洪峰。洪峰期间，共转移群众19845户68881人、物资1万余吨、车辆4600余辆，解救被困群众1121人，减少经济损失1.26亿元，实现“三零”目标。坚持防汛抗旱并重，召开旱情会商会3次，累计动用机电抗旱设备2134台，送水416次1万余吨，投入抗旱资金500余万元，抗旱灌溉面积11万亩，临时解决人饮困难3万余人，临时解决大牲畜饮水困难1747头。

（吴建辉　薪　珂）

消防救援

【概况】　资中县消防救援大队下设桂花街消防救援站1个、政府专职队7个。主要负责消防监督执法、灭火救援、社会救助及维稳处突等工作。2020年，大队始终以落实中共十九届五中全会精神和习近平“对党忠诚、纪律严明、赴汤蹈火、竭诚为民”的训词要求为统领，开展全年的消防工作。2020年被四川省应急管理厅、四川人力资源和社会保障厅联合表彰为抗击重大自然灾害先进集体，被消防救援支队表彰为安全工作先进单位。

【监督执法】　为确保辖区火灾形势的持续稳定，预防和遏制重大火灾尤其是群死群伤恶性火灾事故的发生，2020年县政府领导、分管领导、县公安局、乡镇派出所组织过多次部门联合开展消防安全大检查，认真排查全县范围的消防隐患。深入开展三年行动专项整治活动、冬春火灾防控、电气火灾、消防安全责任清单制等专项治理工作。在全年的各项整治过程中，大队累计检查单位（场所）454家，发现火灾隐患126处，督促整改火灾隐患123处，下发《责令整改通知书》104份，实施行政处罚17起，全年未发生一起群死群伤恶性火灾事故。实现了社会火灾形势稳定和队伍管理的双稳定。

【灭火救援】　2020年，资中县消防救援大队共接处警1162起，其中火灾扑救79起，抢险救援27起，社会救助1056起，共抢救（疏散）被困人员近200人，抢救财产价值约100万元，充分展现了县消防救援大队应急处置急难险重任务的战斗力。

【抗洪抢险】　8月17日，受汛期影响，沱江上游区域普降大雨，资中县境内多地出现防汛告急，洪水严重威胁人民生命财产安全。县消防救援大队接到县委、县政府命令后，由副大队长汪朝晖坐镇指挥，副大队长向毅带领3车13人2艘橡皮艇，赶赴渔溪、归德、球溪等受灾严重乡镇开展救援。经过31小时连续奋战，成功营救被困群众98人，圆满完成抗洪抢险救灾任务。队伍归队后，县消防救援大队积极协助开展道路清淤工作。及时补充和维护保养防汛器材装备，加强防汛演练，时刻保持快速反应的备战状态。

【安全保卫】　2020年，资中消防救援大队继往开来，进一步完成上级各项指示、工作，圆满完成中共十九届五中全会、两会期间安保工作，重大节假日期间安全保卫工作，组织开展“百日”消防安全隐患大排查大整治工作，全面查处全县火灾隐患。

【器材装备】　资中县消防救援大队现有行政执法车3辆，东风水罐消防车1辆，豪沃水罐消防车1辆，压缩空气泡沫消防车1辆，城市主战车1辆，登高平台消防车1辆，五十铃多功能抢险救援车1辆，23吨豪沃水罐消防车1辆。可载水42吨，泡沫液3.5吨。还有灭火、防护、通信、侦查、救生、堵漏、照明、警戒等器材共3259件套，为处理资中县辖区的突发事件提供了必备的装备保障。

【业务训练】　全体队员积极备战岗位大练兵活动，组织干部、指战员及专职队员开展体能训练。带领战士们参加9月举办的2020年夏训考核暨“火焰尖兵”比武，大队荣获全市团体第二名的好成绩。开展了数次消防演练工作，消防站利用废弃的建筑材料，多次开展真烟真火的训练。同时，消防站根据实际情况，积极开展六熟悉和实战演练200余次。改革转隶这一年间，消防站、专职消防队管理正规化，年内无违法违纪行为发生，没有因灭火救援、监督执法和行政许可引发举报投诉。

【政治学习】 制定《资中县消防大队2020年度思想政治教育计划》，严格落实理论学习制度，组织学习习近平总书记系列讲话精神、全国省市两会精神、《行政机关公务员处分条例》、《事业单位工作人员处分暂行规定》、《国家综合性消防救援队伍内务条令（试行）》、《贯彻落实中央八项规定精神系列专题》、《四川省消防救援总队思想政治教育大纲实施细则》、《“八项规定”与“中央八项规定精神”的区别》等，并认真落实考勤和课堂纪律制度，形成良好的学习氛围，筑牢思想理论基础。大队党委始终保持高度的责任感，精心部署，周密组织，党委班子带头参加学习，迅速打牢思想和组织基础，切实鼓舞士气，凝聚力量。抓好《“践行训词精神，担当神圣使命，坚持五个不动摇”教育实践活动》主题教育。全年开展集中学习80多次，每季度召开保密教育1次，坚持每月召开战备教育及安全教育。同时针对在改革期间的问题，和大家沟通，及时消除迷惑，确保队伍思想稳定。

（冉茂才）

人力资源和社会保障

【概况】 资中县人力资源和社会保障局深入贯彻落实县委、县政府决策部署，围绕“民生为本、人才优先”工作主线，以创业带动就业、统筹城乡社保、集聚高端人才、规范人事管理、构建和谐劳动关系为重点，深入实施就业优先和人才强县两大战略，着力保障和改善民生，大力推进社会保障与和谐劳动关系两大体系建设，推动全县人力资源和社会保障事业持续健康发展。

【就业创业】 城镇新增就业人数8748人，失业人员实现再就业人数2812人，就业援助对象就业人数644人。城镇登记失业率3.72%。新开发农村公益性岗位1112个，安置贫困劳动力就业1097人。新创建示范车间1个、示范村3个、示范基地7个。发放创业担保贷款5138万元。高校毕业生实现创业34人。创业培训1693人，其中城乡创业培训615人。开展重点群体技能培训67期1827人，开展贫困劳动力技能培训6期155人。帮助20604名贫困劳动力实现就业。帮助7017户有劳动能力的贫困家庭至少一人实现就业。新安置农村公益性岗位1097人。按照县新冠肺炎疫情指挥部出台的《关于做好疫情防控期间促进城乡劳动力有序转移就业的通知》有关精神，县人力资源社会保障局成立3个联络组，主动对接浙江省玉环市、嘉兴市南湖区、深圳市等人社部门，并同以上地区签订劳务协作框架协议4个。

【农民工工作】 农民工返岗人数42.19万人，实现劳务收入63.15亿元。完成品牌培训3221人，完成返创培训720人。全县返乡下乡创业总人数1945人，本年度新增创业人数280人；创办经济实体总数（包括第一、第二、第三产业）1750个，本年度新增登记返乡创办企业40户，总投资7.51亿元，企业实现总产值27.53亿元（本年度新增企业实现总产值3.36亿元）；企业吸纳就业总人数11560人，新增返乡创业吸纳就业人员2662人。推选市级优秀农民工4名、返乡下乡企业4户、农民工服务保障先进个人3名、农民工服务保障先进集体4个，推选县级优秀外出务工党员8名、优秀农民工8名、优秀返乡下乡企业8户。携手中国电信资中分公司建立“免费健康服务申报登记辅导站”22个，通过全县100余个电信营业厅，同时依托22支镇级就业促进小分队，开展免费健康服务宣传和指导拟返岗农民工申报登记工作，累计开展免费健康服务294591人次，发放疫情防控宣传资料30余万份。为农民工免费返岗复工牵线搭桥，累计输送返岗农民工 11017 人（其中，到深圳 34 批次 77 车 1782 名，到浙江玉环 5 批次 50 车 1436 名，到重庆 22 批次 26 车 346 名，其他省份务工农民工共计 216 名，省内务工返岗 7237 名，其中向成都富士康输送农民工 14 批 49 车 1687 人）。积极开展关爱服务农民工“十大行动”，累计慰问返乡农民工 228889 人次，其中县级领导慰问省内外农民工及农民工党员 4 次 300 余名，发放慰问金及慰问品折价共 15 万元。

【社会保险】 城镇企业职工养老保险参保 85727 人，工伤保险参保 41311 人。工伤保险建筑业新开工项目参保率 100%。完成了以政府安排工作的方式对退役士兵的社保进行补缴。退休人员社会化管理服务率达到 100%。机关事业单位基本养老保险在职参保人员 16739 人，本年新增 3739 人，退休（职）人员 9835 人。征收机关事业单位养老保险基金（含职业年金）35506 万元。发放退休（职）人员养老金 54521 万元。城乡居民基本养老保险参保人数 50.76 万人，参保缴费人数 22.51 万人。60 周岁以上领取待遇人数 19.8 万人，超省级民生实事目标任务 3.5%。特殊困难群体参加城乡居民基本养老保险 9.39 万人，其中 16～59 周岁人数 5.36 万人,60 周岁以上领取待遇人数 4.3 万人。政府代缴养老保险费人数 5.36 万人（其中已脱贫人员代缴人数 2.41 万人）。基金收入 40272.26 万元，基金支出 25091.24 万元，2020 年基金结余 15181.02 万元，基金累计结余 86617.65 万元。失业保险全县共 713 个企事业单位 29108 人参保，新增扩面人数 2573 人，共征收失业保险费 4043.23 万元，其中失地农民失业保险费 3357.07 万元。发放失业人员价格临时补贴 555.94 万元，其中失地无业农民 397.03 万元。发放技能提升补贴 38 人 5.78 万元。发放稳岗补贴 78 户 402.93 万元，惠及职工 8477 人。发放失业补助金 2846 人 405.03 万元。

【疫情防控】 积极助力疫情防控。实施“四个一批”就业援助行动、“三类培训”技能提升行动、“三类示范”培育引领行动。为特殊困难群体参加城乡居民基本养老保险投入代缴资金 214.73 万元，2020 年 12 月底已代缴 22648 人 226.48 万元；为建档立卡已脱贫人员计划投入代缴资金 273.64 万元。贫困人员参保完成率、政府代缴完成率、待遇发放完成率均达 100%。免征中小微企业和以单位方式参保的个体工商户的社会保险费中的单位缴费部分，累计为 739 个单位减免养老、工伤、失业合计金额 9142.9 万元。为大型企业、民办非企业单位、社会团体等各类社会组织减半征收社保费中的单位缴费部分，累计为 36 个相关单位减负 138.47 万元。为受疫情影响未能及时办理社保参保登记、申报缴费等业务的困难企业，提供延长社保缴费期服务。

【协作维稳】 强化部门协作，维护社会稳定。认真落实上级部署，将企业职工基本养老保险费、工伤保险费正式划转县税务局征缴。加强沟通合作，及时主动与税务部门召开联合推进工作会，为税务部门工作开展提供相关社保法律、政策与经办流程支持，稳妥推进资中县社保缴费划转税务工作平稳过渡。制定《关于印发〈机关事业单位退休“中人”养老待遇计发工作维稳应急预案〉的通知》，对 2000 余名退休“中人”基础数据进行再清理、核查、完善，为退休“中人”待遇计发奠定基础，并于 9 月底顺利兑现第一批 526 名“中人”（2014—2015 年退休）的待遇。引导退捕渔民参保，按 3.75 万元每人的补助标准，落实养老保险缴费补贴。2020 年，全县退捕渔民 271 人（不包含已死亡 3 人、参机关事业单位人员退休养老金 1 人），其中参加企保人员 67 人，已完成 67 名退休人员一次性养老保险补贴发放工作，累计发放补贴 145.32 万元；参加居保人员 204 人，已完成 202 人（其余 2 人属外地参保）养老保险补贴一次性划入个人账户，并对退休人员重新计算待遇，人均每月增加269.78元。

【人事工资】 深化改革推进人事工资工作。完成2019年度13280名政府系统事业单位、2019—2020学年度7631名教体系统事业单位（学校）工作人员年度考核工作。完成378名事业单位人员学历、学位确认工作。完成302名招聘教师、甜城英才等聘用手续办理工作，配合完成退役士兵安置工作。累计办理职务聘任1079人，岗位晋级1352人，为260名事业单位工作人员办理了流动手续。完成政府系统事业单位工作人员职务及岗位续聘工作。为13053名事业单位、机关工勤人员正常晋升工资，核定321名新考聘人员工龄及工资，核定260名调动人员工资，办理285名退休人员退休（职）手续，为2431名职务聘任、岗位晋级的事业单位工作人员和机关工勤人员增长了岗位工资和绩效工资。对80个管档单位进行人事档案审核，应审档案3234人，已审核认定2638人。严格规范档案整理入库，2020年累计接收大中专毕业生报到391人，接收大中专毕业生档案1035份，流动人员档案51份。机要方式转递流动人员档案539份。

【和谐劳动关系】 和谐劳动关系，不断健全体制。一是法规信访工作。制定《资中县人社系统群体性事件应急预案》等，累计处理信访310件（含省委巡视组交办件6件）。“七五”普法工作圆满完成。公职律师参与劳动争议案件调解59件，促使劳资双方达成调解意见59件。二是争议仲裁工作。累计受理劳动争议案件96件，不予受理37件。已处理结案96件，结案率达100%，其中仲裁调解结案（含撤诉）59件，调解结案率61.5%。仲裁裁决结案37件，涉案金额236万元。三是劳动监察工作。对全县近60户企业开展《中华人民共和国劳动法》《保障农民工工资支付条例》等法律法规宣传，提升企业法治意识。对全县24户企业展开2019年薪酬调查工作，为各级部门制定工资标准提供了数据参考。持续推进县属国有企业负责人薪酬制度改革工作，引导其改革工作逐步进入规范化。督促20家新建筑单位在银行办理了农民工工资专户并完成民工实名制备案登记。圆满完成2019年度保障农民工工资支付工作“市考”“省考”“国考”。资中县配合内江市完成2019年“省考”获四川省A级，资中县“市考”获全市B级。2020年，劳动监察机构协调处理拖欠农民工工资案件60件，涉及拖欠755名农民工工资989万元。完成各级网络信箱拖欠农民工工资信访回复111件。

【助力双城经济圈】 积极助力融入成渝双城经济圈。成立由县委常委、县政府常务副县长任组长，县人力资源社会保障局主要负责人任副组长，县就业服务中心、县农民工服务中心有关负责人为成员的深化川渝人社合作推动成渝地区双城经济圈建设工作领导小组，确保县人社系统积极融入成渝双城经济圈建设有力有序。5月26—28日，由县人力资源社会保障局牵头，县教育体育局、县卫生健康局、县文广旅游局配合，邀请成渝两地9名专家组成的智力服务团走进资中，围绕教育、医疗、文旅3个方面7个项目开展指导，共开展现场指导106次，解决技术难题6个，举办专题讲座19场、座谈会7场，提出意见建议41条，开展个别交流咨询9次，指导手术1台，开展术前讨论会1场、病案讨论会2场，受益基层专业技术人员和群众1500余人次。5月29日，由县委常委、县政府常务副县长带队，与成都市高新区签订《高新区资中县推进成渝两地双城经济圈建设人力资源社会保障合作协议》，并建立人员互派工作机制，协同构建人力资源和社会保障公共服务一体化发展新格局。

（严光平　袁　勇）

信访

【概况】 资中县信访局是为正科级行政机构，列入县政府组成部门。2020年，全县信访工作坚持以习近平新时代中国特色社会主义思想为指导，深入学习习近平总书记关于加强和改进人民信访工作的重要论述，全面贯彻中共十九大精神，增强“四个意识”、坚定“四个自信”、坚决做到“两个维护”，紧紧围绕中央、省、市关于信访工作的决策部署，深入推进信访工作制度改革，依法及时就地妥善解决信访突出问题，打好疫情防控攻坚战，全年圆满完成“七个不发生”。受新冠肺炎疫情影响，县级信访总量9298件（含热线电话及网上信箱），同比上升54%。

【信访网络】 2020年，全县群众工作“三级”网络体系有：县级机构（县信访局）1个、镇级信访办公室22个（与社会治理办合署办公）、县级机关信访股（室）41个。

【信访工作制度】 印发《关于继续开展县级领导和县级部门联合接待群众来访活动的通知》，确定每周四为县级领导接访日，认真开展领导接访工作，县级领导接访212批、349人次。继续执行《资中县县级领导接访包案工作个人绩效考核办法》，将参加接访、包案下访、疏导和化解信访突出问题纳入县级领导年度个人绩效考核。扎实开展律师参与信访工作，将每周三定为“律师接访日”，从律师事务所抽派1名律师在县信访局接待来访群众，明理释法，全年律师接访56批、72人次。创新开展城乡基层社会治理，制定《资中县化解初信初访工作实施方案》《资中县信访矛盾攻坚战工作方案》，采取“领导包难案、初访早化解、多方共治理、依法处非访”措施，信访工作成效明显。

【来信来访情况】 2020年，县级受理群众来信326件，同比下降9.4%；接待群众来访612批、2869人次（含协助省委第十一巡视组接访386批、1203人次），同比批次上升98.7%，人次上升13.3%；受理网上信访390件，同比上升9.6%。

【县委书记、县长热线】 2020年，受理县委书记热线和县长热线来电诉求共527件，受理“12345”市民热线来电诉求5186件。

【信访主要问题】 2020年，群众来信来访反映的问题主要集中在房地产开发、劳动保障、城乡建设、农村农业、国土资源水利、交通环保等方面。落实领导干部包案，省交办信访矛盾攻坚2件、市交办百日挂牌攻坚重点信访事项2件、县交办信访矛盾攻坚2件，均全部办结并息访。省委第十一巡视组交办信访事项422件（其中有效件388件）均按期办结，成功化解并息访77件。

【规范信访秩序】 深入宣传贯彻《信访条例》，最高人民法院、最高人民检察院、公安部《关于依法处理信访活动中违法犯罪行为的指导意见》，国家信访局《关于进一步规范信访事项受理办理程序引导来访人依法逐级走访的办法》，拍摄信访工作法治宣传教育片《倡导依法维权严惩违法信访》，引导群众依法逐级信访。

（蔡　清　彭　成）

退役军人事务

【概况】 资中县退役军人事务局为县政府工作部门，资中县退役军人服务中心为其下属全额拨款公益一类副科级事业单位，资中县军队离退休干部休养所隶属县退役军人事务局。2020年，县退役军人事务局提高政治站位，加强党的建设；筑牢安全防线，抓实疫情防控工作；紧贴军改实际，狠抓服务保障体系建设；创新方式方法，促进就业安置；强化部门联动，形成社保接续工作合力；落实优抚待遇，提高服务质量；加大工作力度，维护涉军权益；树牢褒扬导向，弘扬英烈精神。严格履行职能职责，圆满完成各项任务。

【思想政治】 2020年，县退役军人事务局健全完善“人员有台账、事件有预案、工作有体系”运行机制，实现“底数清、情况明、化解实，稳控住”。组织开展“大走访”，加强正面宣传引导，进一步激发广大退役军人及其他优抚对象的荣誉感、责任感、获得感。针对积案逐一落实包案领导、包案股室、包案工作人员，综合运用法律、行政、经济、调解等手段，扎实开展“矛盾问题攻坚化解年”，为优抚对象“解三难”，切实做到诉求合理合法地解决到位，诉求不合理不合法的解释疏导到位。建立困难退役军人关爱帮扶基金，进一步解决困难退役军人在享受现有帮扶措施后，仍存在基本生活、医疗、教育等方面的特殊困难。

【权益维护】 2020年，县退役军人事务局着力推进军人荣誉体系建设，营造爱国拥军良好氛围。深度开发红色资源，依托烈士陵园，开展烈士纪念日活动，爱国教育活动，清明节、公祭日祭拜英烈活动，着力打造喻培伦大将军青年读书处，宣传喻培伦大将军的生平故事和光荣事迹。成立退役军人先锋大讲堂，推选退役军人中的模范标杆、就业创业典型讲好退役军人故事，弘扬广大退役军人奋发有为的时代风貌。持续做好光荣牌悬挂工作，常态化开展立功送喜报活动，成立资中县退役军人事务局迎接退役军人光荣返乡领导小组及5个工作职能组，召开资中县“十佳就业创业退役军人”“十佳爱岗敬业退役军人”“十佳好军嫂”表扬大会，开展“八一”慰问活动，组织形式多样、内容丰富的“八一”座谈会、交流会和慰问演出，大力弘扬新时代拥军优属优良传统，营造关爱军人、崇尚功臣的浓厚氛围。在“八一”慰问活动中，发放纪念水杯和慰问信，慰问退役军人和其他优抚对象，全县共组织座谈会22场，组织慰问演出2场。

【拥军优抚】 2020年，县退役军人事务局认真做好拥军优抚工作，加强和完善优抚对象台账和优抚系统数据库管理，组织专人到全县22个镇进行优抚对象数据核查，进一步确保优抚数据的完整性。认真按照《中华人民共和国兵役法》《中华人民共和国英雄烈士保护法》《军人抚恤优待条例》等规定，切实保障优抚对象合法权益。足额兑付各类补助，将所有优抚对象的抚恤补助、价格临时补助、医疗补助等财政补助资金全部实行“一卡通”发放，确保各项资金及时到卡到人。“光荣之家”牌匾有序，为积极营造爱国拥军、尊崇军人的浓厚社会氛围，积极开展“光荣之家”牌匾悬挂工作，进一步增强退役军人的荣誉感和获得感，激励更多优秀青年从军入伍，报效祖国。县委、县政府主要领导多次听取社保接续工作汇报，并作出批示，县退役军人事务局、人社局、财政局、公安局、医保局、社保中心多次研究社保接续过程中出现的问题，共商解决办法，确保社保接续工作稳步推进。召开“全县部分退役士兵社会保险接续工作推进会”，专题研究部分退役士兵社会保险相关工作难点，针对难点提出解决措施。成立工作专班，专门负责部分退役士兵社会保险接续工作的组织、实施、方案制定、风险评估、经费保障等工作，为顺利开展退役士兵社会保险接续工作提供了强有力的组织保障。建立县级部门协调联系机制，实行专人负责、专人经办。全县设立1个县级和33个镇级（机构改革前）受理点，落实专人负责。

【移交安置】 2020年，县退役军人事务局认真做好退役军人接收、移交、安置工作。积极向县委、县政府请示汇报2020年符合政府安排工作条件退役士兵相关人员情况、相关安置政策，请县委、县政府及时落实岗位数量和岗位编制，确保安置工作有序进行。积极做好伤病残退役士兵接收安置工作。认真做好军队转业干部的接收安置工作。2020年，全县军队转业干部及时联系符合军改文职人员，在规定的时间内开出入户介绍信，按时完成军队自主择业干部接收工作，确保军队改革顺利进行。全面落实安置政策。拓展多元化就业创业渠道。做好2020年度自主就业退役士兵一次性地方经济补助发放工作，实行身份证、退伍证和档案三合一审核方式。联合依托就业服务中心、职业院校等单位适时开设计算机、电工、焊工、汽车驾驶等多种专业技能培训班，积极向退役军人推荐工作岗位，发放培训补助资金，培训合格率达100%。发放2020年自主就业一次性地方经济补助，向退役军人宣传就业创业相关信息。由政府安排工作退役士兵和退出消防员接收计划，全部安置上岗。接收2020年9月退役士兵全部完成报到工作。组织参加内江市首届退役军人就业双选会。

【退役军人服务保障体系建设】 2020年，县退役军人事务局注重服务保障体系建设，按照上级要求，落实退役军人事务局10个行政编制和11个事业编制，镇级退役军人服务站编制39个。县服务中心办公场地102平方米，镇、村（社区）服务站办公场地5357平方米，各级服务中心（站）均配备日常办公设备。严格按照“五有”要求，打造“三级体系”，构建县、镇、村（社区）的退役军人服务保障网络。扎实开展“三活动一制度”工作，把“基层基础基本建设年”活动、“思想政治工作年”活动、“政策法规落实年”活动、“常态化联系退役军人制度”作为年度工作重点任务。6月，组织全县22个镇服务站工作人员参加退役军人事务系统提能培训班，提升服务质量。7月，开展“送文艺送政策进军营”活动。采取上门走访、电话、微信等方式收集退役军人的信息，做到一人一档。四是提升能力建设。加强对镇村退役军人服务站点人才建设的指导，搭建学习宣传活动平台，开展退役军人党性党纪党规教育和业务技能培训。五是搭建信息化平台。建成县中心信息平台、22个镇级服务站信息平台、3个村（社区）平台，并投入使用。

（李亮益　廖　清）

扶贫工作

【概况】 资中县扶贫开发局于2019年2月正式成立，属正科级行政单位。2020年，继续强化脱贫攻坚是“最大的政治责任、最大的民生工程、最大的发展机遇”意识，坚决贯彻落实习近平总书记在决战决胜脱贫攻坚座谈会上的重要讲话精神，结合县情实际，厘清思路，突出重点，尽锐出战精准帮扶，全面落实专项扶贫，推动双业协同发展，强化问题整改清零。对22543户、63297名建档立卡贫困人口，162户、448人边缘易致贫户及86个贫困村开展全覆盖核查验收，所有贫困村、贫困人口均达到现行标准下的退出、脱贫标准，实现高质量、可持续脱贫。

【组织领导】 2020年，成立以县委书记、县长为双组长的脱贫攻坚领导小组，统筹协调解决脱贫攻坚重大问题。建立脱贫攻坚领导小组会、乡镇党委书记例会、一周一会商、一月一调度等相关制度，定期会商研判脱贫攻坚工作。召开县脱贫攻坚领导小组会、推进会、调度会等会议50次。推行“蹲点督导、专项督查、预判评估、验收检查”立体督导方式，实时掌握工作动态，为全县科学调度提供决策依据。

【项目规划】 2020年，县编制《2020年中省财政专项扶贫资金（第一批）项目实施方案》《2020年中省财政专项扶贫资金（第二批）项目实施方案》《2020年中省财政专项扶贫资金（第三批）项目实施方案》《2020年市级财政专项扶贫资金项目（资产收益扶贫模式）实施方案》《2020年市级财政专项扶贫资金项目（基础设施）实施方案》《2020年县级财政专项扶贫资金项目实施方案（第一批）》《2020年县级财政专项扶贫资金项目实施方案（第二批）》。经审查批准后，及时分解下达目标任务，其中建设和扶持项目涉及全县22个镇、累计1129个行政村（其中贫困村101个），种植养殖项目资金覆盖建档立卡贫困人口。

【脱贫创新】 一是创新建立“脱贫帮扶日”制度。组织县、镇、村帮扶力量按“每月两入户”的要求，连续17次、累计组织10.3万人次开展实地帮扶活动，全面提升脱贫群众的满意度。该做法被《县域经济》和省脱贫攻坚简报第80期刊载推广。二是创新开展巩固提升专项行动。组织力量对102个贫困村、22543户贫困户基础信息进行核实核准，发现并修改数据信息2.4万个，更换完善明白卡5.2万份，实现“账账相符、账实相符”。三是创新“1+3+3”解决相对贫困机制，建立“四可进六不进”相对贫困对象识别原则，突出党建引领示范、衔接乡村振兴、强化联农机制三大工作重点，对391户1071名相对贫困村对象落实产业就业、人才教育、政策兜底三大帮扶措施，试点任务圆满完成。四是创新建立防贫保险。在全省率先开展精准防贫保险项目，由政府投入100万元建立防贫保险基金，通过“政府出资+企业运作”的方式对因病、因学、因残等存在返贫致贫风险的对象进行帮扶扶持，筑牢了返贫致贫防线。该做法被“学习强国”等媒体报道。

【政策保障】 全面落实住房安全保障政策，通过“脱贫攻坚住房安全有保障核验小助手”App，现场照相采集相关数据，开展脱贫攻坚住房安全保障核验工作，完成全县22543户建档立卡贫困户住房安全保障情况核验工作。全面落实义务教育保障政策，实现建档立卡贫困学生义务教育全覆盖，无因贫辍学的情况。其中，为2926名贫困儿童减免幼儿保育、保教费370.68万元；向12868名贫困学生发放寄宿生活补助金1079.2万元。落实各类教育保障机制13388.57万元，改扩建校舍建筑面积7930平方米，确保教育扶贫全覆盖。全面落实基本医疗保障政策，严格落实“十免四补助”“两保三救助三基金”、免费健康体检等政策，实现贫困人口基本医疗保险代缴率100%，免费实施复明手术100例、签约家庭医生5.8万人。全面落实文化扶贫政策，2020年开展群众文化活动102场，实施文化惠民演出行动102场，放映农村公益电影800场，补充更新农家书屋图书0.6万册，开展农民体育健身活动102场，创建“文化扶贫示范村”活动1场，开展文化志愿活动102场，丰富了贫困村扶智活动。全面落实就业扶贫政策，通过“送信息上门、省外建制输出、开发本地岗位、增设公益岗位”等举措，共帮助22920名贫困劳动力稳定就业，实现劳务收入3.577亿元，同比增加3722人1224万元。全面落实水利建设扶贫政策，实施贫困村农村饮水工程维修养护项目4个，巩固提升贫困人口饮水安全状况490人；实施贫困村小型水源工程项目7个，整治山坪塘9座，恢复蓄水容积6.93万立方米，解决饮水薄弱建档立卡贫困户的饮水困难问题。

【产业发展扶持】 累计发展以资中血橙为主的现代经作基地1500亩、粮油高质高效示范基地2万亩、建设水产养殖示范基地1个。新（改或扩）建畜禽标准化养殖场（小区）7个、新建提灌站1座、新增农机动力1.36万千瓦，完成新建高标准农田4000亩，完成1080万元的资金拨付的目标任务。2020年投入财政专项扶贫资金1.2796亿元，实施7批次基础设施和产业项目建设，惠及2.4万户7.9万人次，全县贫困户人均纯收入达到8155元。持续加大贫困村集体经济资产收益模式资金投入，推动资中血橙等特色产业融合发展，产业镇、村集中连片发展，86个贫困村集体经济收入达464万元。电视连续剧《月是故乡明》集中展示资中县发展产业决战决胜脱贫攻坚的故事。

【消费扶贫】 累计培育57户企业注册“四川

扶贫”公益商标，建成电商服务中心 1 个、电商示范街 1 条、镇村服务站点 1400 余个，开设扶贫产品销售专区 10 个、专柜 48 个。2020 年，实现扶贫产品线上线下销售额 8339 万元。推进资中·新发地农副产品“三州馆”项目和扶贫产品直播电商基地建设，着力形成“1+8+4”发展格局，打造全国特色扶贫产品交易高地。“三强三推四提升”扶贫产品销售体系被国扶办《扶贫信息》65 期刊发推广。

【社会扶贫】 全面落实社会扶贫政策，累计发放残疾生活补贴、护理补贴 2398 万元，发放低保金 6119.5 万元。投入资金 455.6 万元，帮助 20604 名贫困劳动力实现就业，农村公益性岗位开发安置 1098 名贫困劳动力，脱贫能人创业培训 1078 人，完成贫困劳动力技能培训 155 人，大篷车巡回培训 4085 人。投入资金 26.14 万元，开展“暖冬助学”活动，资助 314 名贫困农民工子女完成学业。发放“栋梁工程”资助金 270 万元，共资助贫困学生 900 名。开展“扶贫日”系列活动，筹集全县各界爱心人士捐款（含物资）523.66 万元，彰显船城大爱。

【驻村帮扶】 坚持“三包”工作机制。32 名县领导、102 个县级部门划片包干 22 个镇，向全县 301 个村和 12 个社区下派第一书记 335 人、驻村工作队队员 204 人、驻村农技员 341 人、扶贫专家服务团 23 人。涌现出省优秀第一书记、驻村工作队员等 6 人，15 人得到提拔重用，因工作期满轮换或因工作、身体原因调整扶贫干部 28 人。

【资金投入】 2020 年，县到位县级以上财政专项扶贫资金 12796 万元，其中：中央资金 660 万元、省级资金 9417 万元、市级资金 843 万元、县级资金 1876 万元。具体为：第一批中央财政扶贫资金 350 万元，省级财政扶贫资金 7365 万元，县级财政资金 435 万元，主要用于支持贫困户果树种苗、畜禽养殖、贫困村基础设施改善、易地扶贫搬迁贴息等。第二批中央财政扶贫资金 10 万元，省级财政扶贫资金 2052 万元，主要用于支持贫困户果树种苗、畜禽养殖、贫困村基础设施改善。第三批中央财政专项扶贫资金 300 万元，县级财政资金 200 万元，主要用于支持贫困户生活条件改善项目等；市级财政专项扶贫资金（基础设施）294 万元，主要用于贫困村基础设施建设; 市级财政专项扶贫资金（资产收益）480 万元，主要用于资产收益扶贫壮大村集体经济收入；其外县级财政专项扶贫资金 1241 万元，主要用于贫困村基础设施改善、雨露计划职业教育补助、扶贫保险等。

【移民】 扎实推进大中型水库移民工作。完成龙江镇 2018 年大中型水库移民后期扶持项目、基础设施、移民培训等建设。开工建设 2019 年大中型水库移民后期扶持资金项目。完成两河口水库工程建设征地移民搬迁安置 64 户 217 人。

（张婧愚　杨程娇）

政协资中县委员会

综述

【概况】 2020年，政协资中县第十四届委员会共召开政协全体会议1次、常委会议6次、主席会议13次，举办十四届县政协委员专题培训学习1次，撰写工作简报、编发政协工作动态13期、社情民意信息27期、政协建议案17件。

【提案】 县政协十四届五次会议以来，共收到委员提案124件，经审查，立案111件，答复率、满意和基本满意率达100%；其中19件提案被列为重点提案，分别由县政府领导领办4件，县政协主席会议督办1件、县政协主席会议成员督办5件，县级部门负责人领办9件，以点带面推动提案办理，取得较好的效果。

【调研】 县政协坚持建言资政和凝聚共识双向发力，着重围绕助力高质量发展和全面融入成渝地区双城经济圈建设，组织委员开展城区停车场建设和管理、推进资中特色农业产业集群发展、现代物流服务基地建设、城乡治安防控体系建设、挖掘历史文化资源创建天府旅游名县、农村撂荒地利用、社会保障平台建设、维护义务教育阶段学生经济权益、退役军人服务体系建设、野生动物资源调查和保护、公共卫生安全、餐厨垃圾回收处理、民营医疗机构运行情况等专题调研，向县委、县政府报送了《关于城区停车场建设和管理的调研报告》《关于资中县现代物流服务基地建设的调研报告》《关于维护义务教育阶段学生经济权益的调研报告》《关于全县公共卫生应急管理体系建设情况的调研报告》等调研成果，建议得到县委主要领导肯定性批示。

【视察】 对书画活动开展情况、国防动员工作开展情况、农村安全饮水情况、罗泉古镇AAAA级旅游景区建设情况、绿色优质农产品生产基地建设情况、创建省级职业中学工作推进情况、老果园改造推进情况和蚕业新型经营主体发展、新型基层供销社建设、妇幼保健院项目建设、松材线虫防治工作、青年志愿者在应急突发事件处置中的作用等开展视察活动。

【组织机构】 政协资中县第十四届委员会内设六委二室；县政协委员设置361名，截至2020年12月，实有委员357人。委员构成基本情况为：中共51名、无党派7名、共青团9名、总工会11名、农业26名、妇联10名、工商联31名、侨联4名、台联6名、新闻文体16名、科技科协31名、社会福利保障10名、法律10名、教育38名、驻资部队3名、经济36名、医卫19名、民族宗教5名、特邀34名。主席1人,副主席4人,秘书长1人,常务委员49人(含副秘书长2人)。

重要会议

【政协全体会议】 政协资中县第十四届委员会第五次会议 会议于2020年4月17—21日在资中县苌弘大剧院举行，出席会议委员328人；驻资市政协委员,历届县政协主席、副主席,秘书长,不是县政协委员的县政协机关正科级以上领导干部，县委书记、副书记、常委，县人大常委会主任、副主任，县政府县长、副县长，县人武部政委、部长，县法院院长，县检察院检察长，资中经开区副县级领导,县处级以上离退休干部代表,不是县政协委员的县委工作部门(单位)及正科级机构主要负责人，县人大常委会办公室主要负责人,不是县政协委员的县政府工作部门(单位)及正科级机构主要负责人,不是县政协委员的省、市级部门直管单位主要负责人，不是县政协委员的正县级学校主要负责人，不是县政协委员的县国有企业集团负责人，各镇党委书记列席会议。会议听取和审议了《政协资中县第十四届委员会常务委员会工作报告》《政协资中县第十四届委员会常务委员会关于十四届四次会议以来提案工作情况的报告》；听取并协商讨论了县政府、县法院、县检察院工作报告，协商讨论了县政府计划、预算报告。审议通过了县政协提案委员会关于县政协十四届五次会议提案审查情况的报告；补选7名常务委员；听取了中共资中县委书记曾廷富讲话；审议通过了《政协资中县第十四届委员会第五次会议决议》；听取县政协主席曾祥超讲话。

【政协常委会议】 县政协十四届二十四次常务委员会 会议于2020年4月9日在苌弘大剧院多功能厅召开。十四届县政协常委会议组成人员出席会议。县委常委、县总工会主席李玉文，县委常委、县政府常务副县长李杜，县人大常委会副主任汤天涛应邀到会指导；县经开区党工委委员、纪工委书记、县财政局局长张光伟，县法院院长范旭光，县检察院检察长安国勇应邀参加会议；不是县政协常委会组成人员的县政协机关副科级以上领导干部列席会议；县委办、县政府办、县委组织部、县委统战部、县发展改革局、县财政局、县机关事务服务中心相关负责人参加会议。会议听取县政府、县法院、县检察院相关工作情况通报；审议通过县政协十四届委员、常委调整增补名单；审议通过了有关人事任免事项；审议通过召开县政协十四届五次会议有关事宜；审议通过《政协资中县第十四届委员会常务委员会工作报告(送审稿)》《政协资中县第十四届委员会常务委员会关于十四届四次会议以来提案工作情况的报告(送审稿)》。

县政协十四届二十五次常务委员会 会议于2020年4月19日在资中县苌弘大剧院216会议室召开了第一次会议。县委常委、县委组织部部长周勇应邀到会指导，十四届县政协常委会议组成人员出席会议，县政协十四届五次会议的各讨论组第一召集人列席会议。会议听取各讨论组关于县政协常委会工作报告、提案工作报告分组讨论情况汇报；审议有关人事任免事项；协商提出《政协资中县第十四届委员会第五次会议选举办法(草案)》；协商提出政协资中县第十四届委员会第五次会议选举总监票人、监票人、总计票人、计票人建议名单；审议通过《政协资中县第十四届委员会第五次会议决议(草案)》。

2020年4月20日，在资中县苌弘大剧院216会议室召开了第二次会议。县委常委、县总工会主席李玉文，县政府副县长周勇，县法院院长范旭光,县检察院检察长安国勇应邀参加会议。十四届县政协常委会议组成人员出席会议，县政协十四届五次会议的各讨论组第一召集人列席会议。会议听取各讨论组关于县政府工作报告及计划、预算报告讨论情况汇报；审议通过有关人事事项；审议通过《政协资中县第十四届委员会第五次会议选举办法（草案）》；审议通过政协资中县第十四届委员会第五次会议选举总监票人、监票人、总计票人、计票人建议名单；审议通过《政协资中县第十四届委员会第五次会议决议（草案）》；审议通过《政协资中县第十四届委员会第五次会议提案审查情况的报告（草案）》。

县政协十四届二十六次常务委员会　会议于2020年6月30日在苌弘大剧院多功能厅召开。十四届县政协常委会议组成人员出席会议。县委常委、县总工会主席李玉文，县人大常委会副主任汤天涛，县政府副县长张文彬，县政府副县长、县公安局局长张成庚，县法院院长范旭光、县检察院检察长安国勇应邀到会指导；县政协老委员联谊会会长、重龙诗书画院院长张子蒸，不是县政协常委会组成人员的县政协机关副科级以上领导干部，不是县政协常委会组成人员的相关界别委员列席会议；县委办、县政府办、县住房城乡建设局、县自然资源规划局、县综合执法局、县交警大队，重龙镇、水南镇、明心寺镇、银山镇、公民镇、陈家镇政协工作委员会负责人参加会议。会议审议通过县政协十四届常委会第二十六次会议日程、议程；学习了《中华人民共和国民法典》；传达学习了习近平总书记在全国两会期间的重要讲话、全国政协十三届三次会议精神、省政协十二届三次会议精神、《政协通报第一期（康俊同志在市委政协工作会议上的讲话）》精神；听取了县政府关于2019年度城建资金执行及2020年度城建资金预算安排情况的通报、县法院“基本解决执行难”情况的通报、县检察院公益诉讼工作情况的通报、县政府关于资中县公安工作情况的通报；县政协、常委分组讨论和审议了会议有关事项；审议通过了《政协资中县委员会关于城区停车场建设和管理的调研报告》；审议通过了十四届县政协委员、常委调整事项。

县政协十四届二十七次常务委员会　会议于2020年9月3日在苌弘大剧院多功能厅召开。十四届县政协常委会议组成人员出席会议。县委副书记任伟，县委常委、县政府常务副县长李杜，县人大常委会副主任汤天涛应邀到会指导；不是县政协常委会组成人员的县政协机关副科级以上干部列席会议；县委办、县发展改革局、县财政局、县农业农村局、县商务合作局、县文广旅游局，双河镇、渔溪镇、新桥镇、铁佛镇、高楼镇、归德镇政协工作委员会负责人参加会议。会议审议通过了县政协十四届常委会第二十七次会议议程、日程；学习了专项斗争有关法律政策；听取了县政府关于2020年上半年国民经济和社会发展计划执行情况的通报、县政府关于2019年财政决算（草案）和2020年上半年财政预算执行情况的通报；县政协，常委分组讨论和审议了会议有关事项；审议通过了县政协《关于挖掘历史文化资源、助推天府旅游名县的调研报告》《关于推进资中特色农业产业集群发展的调研报告》《关于资中县现代物流服务基地建设的调研报告》。

县政协十四届二十八次常务委员会　会议于2020年10月28日在苌弘大剧院多功能厅召开。十四届县政协常委会议组成人员出席会议。县政协副主席李亚如主持会议。县委常委、县总工会主席李玉文，县政府副县长周勇应邀到会指导；不是县政协常委会组成人员的县政协机关委（室）副主任列席会议；县委办、县政府办、县委政法委、县经信局、县住房城乡建设局、县水利局、县审计局，球溪、罗泉、龙结、发轮、龙江、孟塘镇政协工作委员会负责人参加会议。会议学习了《中华人民共和国中医药法》；听取和协商了县政府关于2020年县城区公园规划建设情况、河（湖）长制工作推进情况、资中县2019年度县级预算执行及其他财政收支工作的通报；审议通过了县政协《关于县经济和信息化局工作的民主评议意见》《关于城乡治安防控体系建设情况的调研报告》《中国人民政治协商会议资中县委员会委员履职工作规则》。

县政协十四届二十九次常务委员会　会议于2020年12月16日在县行政办公大楼三楼三会议室召开。十四届县政协常委会议组成人员出席会议。县委常委、县总工会主席李玉文，县人大常委会副主任邓俊秀，县政府副县长吴小平，资中经开区纪工委书记、财政局局长张光伟应邀参会；不是县政协常委会组成人员的县政协机关委（室）副主任、机关党委书记、各界别（联组）召集人列席会议；县委办、县委组织部、县政府办、县司法局、县财政局、县水利局、县文广旅游局，各镇政协工作委员会负责人参加会议。会议听取和协商了中共资中县委关于2020年政协资中县委员会建议案、提案办理情况的通报，县政府关于提案办理情况的通报、县级财政预算调整方案的通报；审议通过了县政协《关于县司法局工作的民主评议意见》《关于县水利局工作的民主评议意见》《关于县文广旅游局工作的民主评议意见》《中国人民政治协商会议资中县委员会全体会议工作规则（试行）》《政协资中县委员会加强委员履职服务管理实施办法》；会议同意卢宗礼辞去县政协委员职务，免去其副主席职务。

（曾祥超　欧明松　何才森）

纪检监察

综述

【概况】 2020年，资中县纪委监委在市纪委监委和县委的坚强领导下，全面贯彻中共十九大和十九届二中、三中、四中、五中全会精神及中央、省、市纪委全会精神和县委部署要求，忠诚履行党章和宪法赋予的职责，立足新发展阶段、贯彻新发展理念、融入新发展格局，充分发挥监督保障执行、促进完善发展作用，把高质量发展作为新时代纪检监察工作的价值理念、目标指向、衡量标准，以强烈的责任担当，引领和开创全面从严治党新局面，全县党风廉政建设社会评价满意度指数连续两年名列全市前茅。

【党风廉政建设】 坚持把党风廉政建设与经济社会发展同部署、同落实、同考核，细化年度党风廉政建设和反腐败重要任务50项，制定差异化主体责任清单2000余份。坚持以县领导履责具体化推动各级履责常态化，深化运用“三书一报告”履责平台，严格实行县领导“签字背书”机制，制发主体责任报告书、建议书、通报书360份，推动落实全面从严治党重点工作76项。探索构建多元化、精准化的履责情况考评机制，“千企万人评作风”测评单位121个，履责情况“双述双评”4000余人次，其中向县委常委会述责述廉25人，电视公开述责述廉25人。坚持以问责激励担当作为，精准实施“两责”同考、“三责”同究，建立重点领域追责问责提级审核把关机制，问责领导干部20人次，从轻减轻处理7人次。

【治本抓源】 探索典型案件四层剖析、三方警示、两次见面、一次监督“4321”工作法，实施公安系统防治项目1个，开展龙结镇闵堂山村农贸市场未批先建、县教体局退二线干部管理较松散等典型案件专项防治项目20个，制发纪律检查建议书和监察建议书31份，标本兼治惩防并举，做实审查调查“后半篇文章”。持续推行“1+X”容错纠错运行机制，联合县委组织部出台《关于实施容错免责，加快推进城乡基层治理的实施方案》，明确10种免责情形、10种问责情形，营造支持改革、鼓励创新、宽容失败、允许试错的良好氛围。

【领导干部廉洁自律】 强化关键少数和重点领域监督监管，严格落实“一把手”教育监管措施27项，经责审计“一把手”15人，督促整改民主集中制执行不到位问题14个，组织处理3人；探索构建村级小微权力“四化”监督体系，推行村级事务公开“五统一”机制，首批制定18项小微权力运行流程图，查找并公布廉洁风险点位32个；系统开展赵坤、黄佑培严重违纪违法案“以案促改”工作，统筹推进招投标、工程建设、国资国企及重点岗位监督监管四个专项机制建设，推动制定招投标监管流程、政府投资管理办法等监督监管制度机制16个。通报曝光典型案件9件，召开赵坤等人严重违纪违法案专题反思会100余场，在案发单位召开专题民主生活会9场。开设“曝光台”“一键举报”“整治漠视侵害群众利益问题”3个专栏，组织230余人参加旁听庭审、处分决定宣布及警示教育会等。

【领导干部作风建设】 坚持从政治高度纠治形式主义、官僚主义，跟进监督贯彻脱贫攻坚、厉行节约等中央重大决策部署12项，嵌入监督落实行业性政策83项，出台疫情防控、禁渔禁捕等工作制度11项，查处不尽责不落实问题119个。精准推动基层减负提质增效，全年发文办会分别下降21%和26%、“督检考”再压减52.2%，精简脱贫攻坚报表13个、减并疫情防控表册42个，精简率达54.2%和89.4%，得到中办调研组和省市领导高度肯定。巩固拓展落实中央八项规定精神成果，持续深化违规发放津补贴、违规经商办企业等“7+2”专项治理，任前、节前、个人重大事项前“三前”提醒领导干部680人次，节假日综合监督21批次，交叉检查、重点抽查单位234个，共查纠“四风”问题252个，清退资金33万元，查处并通报曝光违反中央八项规定精神干部19人次。

【反腐倡廉宣传教育】 坚持正面宣传引导，开展以“以党内监督为主导 推动各类监督贯通协同 强化对权力运行的监督和制约”为主题的纪委书记大宣讲91场，受众4984人；制作发放“苌弘故里扬清风 · 勤廉务实促发展”宣传册67000份，宣传海报6400张。深化融合性宣传教育，统筹举办田间廉展800场、云上廉课40期、木偶送廉200余场，创作《让清明节更清明》《初心永不退伍》等动画、微视频15部，廉洁“云课堂”“木偶剧”分别被“学习强国”“廉洁四川”等采用收录。积极挖掘廉洁元素，发挥资中县罗泉古镇廉洁教育中心作用，3万余人到罗泉古镇接受廉洁教育。推进廉洁文化进校园系列活动，组织开展“立德树人 · 廉洁自律”第三届“成长的声音”青少年主题朗诵大赛，组织送廉洁主题木偶戏进校园100场。

【纠正部门和行业不正之风】 坚决保障脱贫攻坚决战决胜，持续深化脱贫攻坚纪律作风保障工作，“三公开”扶贫项目373个，“明目行动”清理扶贫项目2445个，专项巡察贫困村28个，“回头看”扶贫领域问题线索663件，立案查处84件。巩固拓展惠民惠农财政补贴资金“一卡通”专项治理成果，累计发放补贴99项11.79亿元，实现办卡率、发放率、阳光审批和阳光发放覆盖率“4个100%”。系统治理招投标、人防、建筑企业资质审批和医卫等4个行业领域突出问题，行政处罚违反招投标相关法律法规的建设项目7个，起底并处置问题线索51件，立案查处45件组织处理115人次，处分39人。统筹整治食药安全、农村厕改等13个领域漠视侵害群众利益问题，推动行政执法立案查处案件179件，问责问题背后不作为、慢作为干部293人次。

【违纪违法案件查处】 始终保持惩治腐败的高压态势，坚决强震慑、遏增量、减存量。全年受理检举控告类信访举报188件，处置问题线索737件，立案281件，党纪政务处分254人，其中乡科级18人，留置3人，移送司法机关4人。坚持抓早抓小、挺纪在前，充分运用监督执纪“四种形态”，以第一、第二种形态分别处理党员干部784人次、213人次，占比75.2%、20.4%。持续巩固拓展三年攻坚战成果，累计清查问题线索94件，立案34人，组织处理61人，其中查处“保护伞”11人、“涉黑涉恶腐败”25人，追责问责59人，移送司法1人，收缴“保护伞”违纪违法款 37 万元。

【信息调研】 聚焦中心工作，精心组织全县纪检监察干部围绕党的政治监督、基层治理体系和治理能力等重点领域开展调查研究，形成《全力营造风清气正政治生态 助推资中全面融入成渝双城经济圈建设》《关于发挥党内监督主导作用的调研报告》等调研报告 30 余篇，不断推动反腐倡廉理论创新、制度创新和实践创新。

重要会议

【县纪委全体会议】 2020 年 3 月 16 日，十四届县纪委第五次全体会议在资中县苌弘大剧院召开，县委书记曾廷富出席会议并讲话。会议传达学习了十九届中央纪委四次全会、省纪委十一届四次全会和市纪委七届五次全会精神，组织观看了 2019 年度党风廉政建设和反腐败工作综述片，通报了 2019 年度党风廉政建设责任制考核结果、2019 年度乡镇党风廉政建设社会评价和县级部门“千企万人评作风”综合测评结果。县委常委、县纪委书记、县监委主任雷五江代表县纪委常委会作了题为《强化权力制约 推动责任落实 为全面建成小康社会提供坚强的纪律保障》的工作报告，全会讨论并通过了报告和大会决议。

（唐　莉　周显莲）

民主党派

民盟资中总支

【基本情况】 民盟资中总支成立于1998年11月，2020年有支部6个，盟员141人，主要来自教育界。总支主委张文彬，副主委李涛、林大平、易华、郭芷邑。

【思想建设】 始终坚持将政治理论作为盟组织和全体盟员整体素质提升的必学内容，紧紧围绕县委“一个取向、两个建成、三大攻坚、六个资中、十大行动”总体发展思路，以会议、微信、QQ等多种形式开展20余次学习讨论活动,同时,利用微信等网络平台,不断提高对外宣传影响力,多篇信息被民盟内江市委微信公众号采纳发布。

【组织建设】 坚持“人才强盟”战略，做好后备干部的培养和推荐，多名年轻盟员被选举进入各支部班子。6月29日，民盟资中总支在资中剧场隆重举行庆祝建党99周年文艺晚会。8月5~6日持续暴雨，8月13~17日特大洪峰过境资中，多名盟员第一时间奔赴一线，积极参与防汛减灾和灾后重建。9月，组织新盟员参加在市社会主义学院举办的民主党派新成员培训班，进一步培养新盟员的党派意识和综合素质。

【参政议政】 依托盟员中的人大代表、政协委员、特邀监察员，参加了多次脱贫攻坚、乡村振兴等调研和民主监督活动，向市、县提交政协提案17件、人大建议11件。形成5篇调研报告，其中《关于加强沱江北岸亲水休闲景观平台规范管理的建议》被列为县长领办件,《关于优化疫苗接种服务的建议》被列为局长亲办件。

【服务社会】 积极服务社会、关注民生，节前到沱江沿岸开展环境卫生整治志愿服务活动，8月到滨江湿地公园开展汛后淤泥大清除活动，为广大人民群众创造舒适的生活环境。疫情发生后，广大盟员直面危险，坚守岗位，切实维护和保障了人民群众生命安全与身体健康。为太平镇中心学校、银山镇中心小学贫困学生，残疾人康复中心儿童捐赠爱心奶粉和进口乳制品，为贫困学子点亮了希望，助力贫困家庭儿童健康成长。到归德镇甘露中学开展“送教下乡”活动，将优质课堂和先进教育理念送到乡村。3名盟员分别担任3个贫困村的驻村工作队员，冲锋在脱贫攻坚第一线，助力打赢脱贫攻坚收官战，树立了民盟的良好社会形象。

2020年，民盟资中总支被民盟中央评为“盟务工作先进基层组织”，被民盟省委评为“四川民盟组织工作先进基层组织”“社会服务工作先进基层组织”。

（张文彬　赵　庆）

民建资中支部

【基本情况】民建资中支部成立于2010年12月，2020年有会员30人，主要来自非公有制经济代表人士及行政事业单位和企业管理人员。支部主委周建华，副主委张彭玲、唐透。

【思想建设】　深入学习贯彻中共十九大精神和民建中央与省委重要会议精神，学习《民建中央关于加强会的思想政治建设的意见》、民建会章、会史和会的优良传统，努力形成顾全大局、发扬传统、团结奋进的思想基础，提高政治素质。通过多种形式的学习、讨论，会员的政治意识、大局意识、合作意识不断增强，爱国情怀、爱党信念、爱会精神、爱学品质不断激励，为增强会的创新活力凝聚了思想动力。

【组织建设】　以创建“五个好”魅力基层组织为契机，坚持以思想建设为核心、以组织建设为基础、以制度建设为保证，着眼于提高会的整体素质、强化会的整体功能，探索和建立会的有效工作机制。积极探索组织工作的新思路、新方法和新途径，按照《中国民主建国会章程》的规定，切实加强组织建设，2020年发展新会员4名，支部共有会员30人，其中市人大代表4人，市政协委员1人，县人大代表9人（其中人大常委1人），县政协委员7人（其中政协常委3人）。

【参政议政】　紧紧围绕市委、市政府和县委、县政府的中心工作，深入开展调研工作，切实履行参政议政职能，成果丰硕。市、县两会期间，支部代表、委员们以饱满的政治热情和高度负责的政治责任感，积极参政议政，努力提高议案、提案质量，做到参政参到点子上，议政议出水平来，共提交建议、提案13件。

【服务社会】　支部以“船城关爱”为品牌，围绕“慈善爱心”“志愿服务”等活动，开展社会服务。组织会员赴太平镇开展消费扶贫活动，走村入户购买贫困户畜牧产品及农产品，共消费8200余元；组织会员捐资助学，奉献爱心，回馈社会，支助贫困学生共2.5万元；积极响应各界号召为贫困户捐款2.8万元。

（唐　透　王　燕）

农工党资中总支

【基本情况】　农工党资中总支成立于1987年5月，2020年有7个支部，党员148名，主要来自县内医院、学校和各企事业单位。总支主委李玲，副主委何天清、余桦。

【疫情防控】　在新冠肺炎疫情防控阻击战中，医卫界农工党员披上“白色战衣”，义无反顾挺身而出，冲锋陷阵，践行“敬佑生命、救死扶伤、甘于奉献、大爱无疆”的使命。其中，医院支部贺超是内江市第一个进入疫情隔离区的医生，在双河院区、隔离病区、发热留观病区乃至内江二院隔离区都有他的身影。姚永梅、贺超、黄亭亭被农工内江市委表彰为“新冠肺炎疫情防控工作优秀党员”，贺超、姚永梅、张国光、孙于茹、陈璐被县委、县政府通报表彰为“2020年优秀医务工作者”，刘莉、蒋艳被评为“疫情防控工作先进个人”。党员们不忘医者初心，舍身逆向而行，用无畏的勇气筑起生命防线。

【思想建设】　深入开展“不忘合作初心，继续携手前进”主题教育，结合庆祝中国农工民主党成立90周年，精心制定活动方案，通过开展多种形式的党史学习，深刻认识历史、感悟历史、牢记历史，进一步继承和发扬农工党爱国革命的优良传统，以更加坚定的理想信念、强烈的历史使命感和高度的政治责任感履行好参政党职能。

【组织建设】 坚持民主集中制原则，积极推进领导班子建设，继续健全和完善有关制度，不断提高班子领导能力。注重后备干部培养，积极组织党员参加“新时代治蜀兴川执政骨干递进培养计划新时代2020年专业化领导干部培训”“全县年轻干部铸魂工程培训”“提升履职能力、决战脱贫攻坚、助力乡村振兴主题培训”，着力提高党员综合素质。2020年被农工党中央评为“纪念中国农工民主党成立90周年组织建设工作先进集体”。

【参政议政】 团结带领全县农工党员切实履行参政党职能，深入开展各类学习研讨和调查研究，党员中先后有2人担任市人大代表，4人担任市政协委员，9人担任县人大代表，14人担任县政协委员，在两会期间共计提交议案提案建议30余条，提交调研报告《推动资中县中医药产业发展的建议》《教师队伍思想政治建设情况》等。其中《关于加快养老事业发展的建议》作为资中县首次公开大会票决项目,《关于贫困人口住院医疗费用报销存在问题的建议》《关于加快医保结算的建议》作为A级提案,受到市委、市政府的高度重视并采纳;《关于加快推进城市住宅小区垃圾分类的建议》被县政协通报表扬为优秀提案。在参政议政、民主监督工作中发挥了重要作用。

【服务社会】 充分发挥党派医卫界别优势，积极组织动员党员,开展各种便民、为民、利民服务。在龙结镇卫生院定期开展定点医疗帮扶，全面提升基层卫生院建设管理水平和医疗服务能力，共同为基层群众健康把好脉、服好务。切实开展医疗扶贫，在鱼溪镇蚂蟥坪村开展贫困老年患者居家护理服务；在孟塘镇建华村开展医疗下乡健康义诊活动；在县老年公寓开展“提升健康素养乐享银龄生活”义诊活动。

（郑　雯　余胜强）

九三学社资中委员会

【基本情况】 2020年，九三学社资中委员会设有支社4个，共有社员65人，成员主要为县内医卫、农业等部门的中高级科技人员。主委张丽，副主委尹智、刘武华、王章彬。

【思想建设】 认真学习《中共中央关于加强中国特色社会主义参政党建设的意见》精神，组织社员关注并收看“九三学社之声”公众号“不忘合作初心,继续携手前进”主题教育网络课堂教学。中共十九届五中全会召开，九三学社资中委员会迅速行动，召开主委扩大会议集体学习贯彻中共十九届五中全会精神。把思想和行动高度统一到全会的决策部署和工作要求上来，强化自身建设，扎实履职尽责，努力把社资中委员会建设成为政治坚定、组织坚实、履职有力、作风优良、制度健全的高素质新时代中国特色社会主义参政党基层组织。

【组织建设】 资中九三各支社经过民主选举程序于11月底顺利进行换届选举完成政治交接，组成了新的支社领导班子。资中委员会以“政治坚定、组织坚实、履职有力、作风优良、制度健全”为指引，充分激发基层组织活力，广泛凝心聚力。资中九三社员全部为中级以上职称，其中高级职称27人。社员中担任市、县两级人大代表和政协委员的共计24人，同时担任市、县两级人大代表和政协委员的有5人。在组织建设上年龄结构逐渐趋于合理，专业水平和参政议政能力明显增强。

【参政议政】 资中九三学社积极发挥自身优势特点，努力提高社员的参政意识为地方党委、政府建真言、献实策。2020年资中九三学社内市、县人大代表、政协委员共提交市、县两会建议和提案19件。其中：提交市人代会建议2件，市政协会提案4件，县人代会建议5件，县政协提案8件。

【服务社会】 新冠肺炎疫情暴发以来，资中九三学社全面安排部署各支社疫情防控工作，要求全体社员坚守工作岗位，积极投身到新冠肺炎疫情防控阻击战中，为资中疫情防控贡献出资中九三学社的力量。虽然受新冠肺炎疫情影响，但九三学社资中委员会各项社务工作扎实推进，有序进行。资中委员会组织社员到资中弘升药业、重龙镇西外社区、文庙社区、杨柳滩村等地开展产业发展和社区治理的课题调研；参加“人才五进”活动，组织专家人才走进乡村和社区开展帮扶，推动乡村产业、人才、文化、生态和组织全面振兴；组织社内医务专家对县人民医院手术室工作流程进行调研并提出整改报告；参加九三学社内江市委在东兴区田家镇开展的“送科技、送文化、送医疗——扶贫日”活动等。

（张　丽　陈英豪）

群众团体

资中县总工会

【概况】　2020年，资中县总工会紧紧围绕县委、县政府中心工作，坚持以习近平新时代中国特色社会主义思想，特别是习近平总书记关于工人阶级和工会工作的重要论述为指导，深入贯彻中共十九大和十九届四中、五中全会精神，始终保持和增强群团工作的政治性、先进性、群众性，团结带领广大职工建功立业、主动作为，紧扣决胜全面小康、决战脱贫攻坚、统筹推进新冠肺炎疫情防控和经济社会发展，为夺取全县疫情防控和经济社会发展双胜利贡献出了工会力量。

【组织建设】　改革创新持续推进，基层组织建设力度加大。切实开展25人以上100人以下非公企业建会工作。2020年，县266户非公企业已建会221户，建会率达83%。集中精力打造模范职工之家2个（水南镇四通社区职工之家和快递行业工会职工之家）。产业工人队伍建设改革持续推进。开展“产业工人队伍建设改革深化年”行动，认真贯彻落实《资中县产业工人队伍建设改革实施方案》，努力建设一支有理想守信念、懂技术会创新、敢担当讲奉献的产业工人队伍。网上工会建设初见成效。制发《关于做好四川省工会网上工作平台宣传推广使用的通知》，做好四川省工会网上工作平台在资中的宣传推广使用，计划3年内会员注册用户数达4.7万人（2020年2.4万人、2021年1.5万人、2022年0.8万人），且平台认证会员数与平台注册用户数的比例不低于30%。各机关企事业单位干部带头下载、认证、使用“川工之家”App，2020年县共有平台注册工会组织754个，注册工会干部1056人，会员总数100304人（其中农民工会员72137人），平台注册用户数达26554人，平台认证会员数24186人，认证率91.08%。

【维权保障】　坚定不移依法维护职工合法权益，引导职工构建和谐社会。坚持政府与工会联席会议、劳动关系三方协调会议制度，积极参与涉及职工切身利益的法律法规和政策调研、修改和制定，从源头上维护职工合法权益。深入开展和谐劳动关系创建活动，全县参与创建和谐劳动关系企业面达到96%，建会企业工资专项集体合同签订率达到96%，选出工资集体协商工作示范企业8户。开展职工维权服务“三平台五机制”建设，组建工会维权律师团1个、工会维权工作站（点）33个，为职工提供方便快捷的维权服务。牵头实施创新企事业单位民主管理制度专项改革，全县国有及国有控股企业、事业单位职代会和厂务公开实现全覆盖，已建会非公企业建制率达到92%。建会企业职业病防治专项集体合同签订率100%，女职工特殊权益保护专项集体合同签订率100%。

【帮扶工作】 扎实做好困难职工帮扶，助力打赢脱贫攻坚战。积极申报各类帮扶项目,开展"造血式"帮扶。以就业、技能和助学扶贫为重点，持续推进困难职工帮扶、工会助力脱贫攻坚"七大行动"，做好工会定点扶贫工作，高质量完成脱贫攻坚任务。通过申报农民工创业援助、农民工技能培训、促进就业及职业培训、城镇困难职工解困脱困和帮扶专项补助等 7 个帮扶项目，将帮扶工作由"输血式"转变为"造血式"，并将项目计划层层落实，使得帮扶对象更加明确，帮扶措施更加具体。困难职工（农民工）档案动态管理日趋规范。2020 年，共发放困难职工帮扶资金 52 万元，帮扶慰问困难职工（农民工）782 人次。分类做好城镇困难职工解困脱困工作，积极配合省第三方评估组完成城镇困难职工解困脱困工作成效评估，其中入户 50 户，座谈 38 户，电访 2 户，确保深度困难职工 2020 年全面实现解困脱困。筹集送温暖资金 32.3 万元，慰问困难职工（农民工）343 人。在明心寺镇中心学校成功举行 2020 年温暖冬日・惠动甜城——内江市工会助力脱贫攻坚暖冬助学专项行动启动仪式，发放暖冬助学资金 26.14 万元，资助贫困学生 314 人。筹集"送清凉"资金 2.5 万元，发放防暑降温用品 500 余份。发放"金秋助学"资金 0.9 万元，资助贫困学生 5 人。

【经济技术创新活动】 坚持弘扬劳模精神、劳动精神、工匠精神，认真做好关心关爱劳模工作。2020 年，全县有劳模 121 人（其中全国劳模 4 人，省部级劳模 53 人，市级劳模 64 人）。开展五一劳动奖章（状）和工人先锋号推荐评选，表扬一批在疫情防控和复工复产工作中涌现出的先进集体和个人，共评选出五一劳动奖章（状）8 名，工人先锋号 3 名，凝聚了广大职工坚决打赢"两场硬仗"，奋力夺取"双胜利"的磅礴力量。认真做好省第八届劳动模范和先进工作者评选推荐工作，评选出省劳模 3 名，先进工作者 1 名。开展第三届"甜城工匠"寻找活动，评选出"甜城工匠"1 名、优秀工匠 1 名。召开庆五一劳模代表座谈会，走访慰问劳模代表 10 名，发放慰问金 5000 元。以"劳模宣传月"为契机，讲好劳模工匠故事，激励更多职工学先进、争先进、赶先进。

【民主管理】 深入贯彻《四川省职工代表大会条例》和《县委依法治县的意见》，健全以职工代表大会为基本形式的企事业单位民主管理制度，巩固和扩大厂务公开、职代会制度覆盖面，强化分类指导。牵头实施创新企事业单位民主管理制度专项改革，全县国有及国有控股企业、事业单位职代会和厂务公开实现全覆盖，已建会非公企业建制率达 92%，努力构建和谐稳定的劳动关系。

【精神文明创建】 坚持党的领导和服务大局相结合，更好扛起新时代工会组织使命担当。坚持用党的创新理论武装头脑，坚持以习近平新时代中国特色社会主义思想为指导。用好"学习强国""弘资中"等学习平台，深入学习中共十九大和十九届四中、五中全会精神，深刻领会习近平总书记关于工人阶级和工会工作的重要论述，认真贯彻落实省委十一届六次全会、市委七届十次全会及县委十四届十六次全会部署要求，切实增强"四个意识"、坚定"四个自信"、做到"两个维护"。坚持强化职工思想政治引领。落实意识形态工作责任制，守正创新做好工会宣传思想政治工作。

（罗忠阳　黄平才　罗志莲）

共青团资中县委

【概况】 2020 年,共青团资中县委努力践行"服务大局、服务社会、服务青年"的思想，坚持党建带团建，开拓进取，真抓实干，使团的各项工作和组织建设取得了新的进展。2020 年全县有 6～35 岁青少年 45 万人，14～28 岁青少年 21 万人，其中团员约 1.8 万人，团青比例为 7.14%。全县有团组织 2065 个，其中团委 64 个、团工委 2 个、团总支 62 个，团支部 1552 个，毕业生团组织 385 个。

【引领青年】 一是凝聚青春力量，助力脱贫攻坚。开展“党员结对帮扶”，对重龙镇泥巴湾村4名贫困户实行一对一精准帮扶，全年累计走访慰问20次。建立童伴计划之家，累计走访儿童5621人次，解决儿童福利需求456例，协助儿童返校17例，协助儿童户籍登记88例，协助大病儿童14例，协助申请临时救助儿童58例；开展“小手牵大手”等主题活动987场，参与儿童近1.5万人次。二是全心服务青年，助力就业创业。出台《关于进一步做好资中青年就业创业工作的通知》等系列文件，营造青年就业创业良好环境；大力宣传“青创计划”“船青贷”等创业贷款，“青创计划”为青年提供3万～10万免息贷款，“船青贷”为创业青年提供200万元以内贷款。打造青年创业一条街、电商创业一条街和示范商户。联合县人社局等单位开展“春风行动”就业专场招聘会。积极为创业青年对接直播带货，助力青年复工复产。三是开展疫情防控、抗洪抢险等志愿服务。组建县志愿帮扶服务中心，实施志愿服务扩容增效行动。统一规范制定资中青年志愿者马甲3000件和青年志愿者旗帜34面。出台《资中县志愿者星级评定管理办法（试行）》《资中县爱心商家管理办法》。组织各类防洪救灾服务队伍95支，参与志愿者2541人次。组织各基层团组织开展环境卫生大清扫活动，累计大清扫300余次，参与志愿者3000余名。疫情防控期间，建立志愿帮扶服务点480个，共组建各类志愿服务队562支，累计招募各类志愿者4.7万名，累计开展志愿服务人数达17万人次。发放志愿者荣誉证书3393份。组织疫情志愿者注册全国志愿服务信息系统，进行时长补录工作，并为志愿者制作专属星级证。设计资中志愿者形象LOGO“橙小青”。

【凝聚青年】 一是开展主题教育。常态化组织青年参加“青年大学习”网上主题团课25.7万人次。组织全县团员青年学习习近平总书记“五四寄语”精神。打造罗泉会议会址、陈家烈士陵园等4个青少年教育基地。组建110人的“资中县青年思想政治宣讲团”定期巡回宣讲，引导全县35万名青年“向上向善”。二是开展疫情防控宣传。制作《资中志愿者》疫情防控宣传片，推选报道疫情防控青年志愿者典型173人；树立王荣、黄旭东两名援鄂抗疫“青年英雄”榜样；发出《致全县各级团组织和广大团员青年的一封信》和《关于充分发挥全县各级团组织和广大团员在打赢新型冠状病毒肺炎疫情防控阻击战中的桥梁纽带作用和示范带头作用的通知》；制作《防范疫情，从我做起》《防范疫情，我要参与》两个H5小视频，引导6.2万名团员、少先队员积极参与疫情防控承诺践诺活动。三是开展典型选树活动。开展“两红两优”“抗疫优秀支援者”“优秀农村青年致富带头人”等评选活动。疫情防控期间，向上级单位推荐先进个人19人，向团省委、团市委成功推荐评选个人30人。四是开展新媒体宣传引导。通过微信公众号、微博以及青年之声等新媒体平台，及时宣传国家的相关政策、团的声音及基层团组织的活动，全年累计发布信息600余条，阅读量达74万人次。

【助力青年】 搭建交流平台。2020年续签、招录西部计划志愿者22名，定期开展交流慰问活动。提供大学生寒假社会实习岗位223个，成功到岗实习103人。深化“团团有约”联谊交友品牌，开展“线上+线下”青年交友活动4次，覆盖青年430余人。搭建参与平台。新建逵骧书城、弘粹文创等青年之家5个，建立资中青年24小时图书馆和青春悦享活动阵地，开展线下活动20余次。组织“团团接您回家”“青春志愿 爱在旅途”等志愿服务活动30余场次。搭建关爱平台。1月，在明心寺镇莲池铺希望小学开展美国职业篮球联盟希望小学新春感恩季关怀行动。联合开展“暖冬行·家乡情”资中县关爱留守儿童活动，为高楼镇348名孩子带去书包、文具等慰问物资，合计金额2万余元。

【提升青年】 加强组织建设。新建资中县青少年事务服务中心，新增事业编制2个；新建经开区团工委和快递行业团支部；做好乡镇、村（社区）团委（团支部）合并工作，对基层团组织班子进行调整；召开中国少年先锋队资中县第三次代表大会；完善学校少工委设置和辅导员配备；做好做实青联组织社团试点工作。深化从严治团。严控团学比例，发展团员2029名，确保初、高中毕业班比例控制在30%和60%以内。加强干部队伍建设。组织召开共青团资中县委十一届二次全体会议，会议审议通过《在全县广大青少年中倡导健康生活的决定》；召开资中县青年工作联席会议工作例会暨纪念五四运动101周年座谈会；召开学校团组织工作培训会，举办基层团组织负责人培训班，240余人参加培训；组织团干部到重庆市荣昌区考察学习青年思想引领、就业创业、志愿服务等工作；制作青年文化衫200余件；建立青年驿站，为来资就业创业青年提供1～3天免费住宿。

【特色亮点】 高效推进中长期青年发展规划全国试点。出台县试点工作方案及任务清单，提出十大“青春”行动、细化35项工作举措。邀请专家团队编制《资中县“十四五”青年发展规划》，结合县实际情况提出“青年资中 宜业之城”发展定位。邀请团中央、团省委领导对全县党政领导干部开展试点工作培训。组建“资中青年汇智团”和“资中青年工作评估团”，开展汇智堂讲堂1次。开展“资中青年LOGO”最终评选活动。与重庆荣昌区签订成渝地区双城经济圈荣资两地青年发展合作协议，在7个方面16个重点领域促进两地青年共同发展。承办四川省中长期青年发展规划试点工作推进会，县试点工作得到团中央书记处书记傅正邦、团省委书记张荣的高度肯定。

深入实施“青马工程”全国试点。依托资中县乡村振兴学院，建设占地近500亩的青年培训基地。组织50名学员到培训基地参加为期1周的集中培训，其间到范长江纪念馆、市廉洁教育中心、罗泉会议会址及翠溪血橙农民专业合作社现场学习调研。

做深做实少先队“分批入队”省级试点。集中举行入团入队仪式等主题活动200场次，覆盖青少年5万人。开展“迎接少代会，争做好队员”资中县少先队分批入队教育观摩活动。资中县学生张梓晨成功当选为全国少代会代表。

有效推进“童伴计划”全覆盖项目。投入经费近400万元，分两年在全县301个村建成童伴之家并配备童伴妈妈301名，实现建制村全覆盖，解决14万名外出务工青年子女关爱教育缺失等问题。2020年已建立童伴计划之家162个、配备童伴妈妈162名，走访儿童5621人次。

（刘盛权　周文杰）

资中县妇女联合会

【概况】 2020年，县妇联围绕中心、服务大局，坚定以习近平新时代中国特色社会主义思想为指导，认真贯彻落实中央、省委、市委和县委决策部署，全面搭建“晨读晚诵”微信读书平台，让共读共建的良好风尚成为引领广大妇女家庭的重要生活方式，创新开展“爱满家”系列行动，让家国情怀、家园意识、家人心理不断深化，全力推进媒体融合，妇联工作的影响力、传播力、引导力明显提升。

【基层组织建设】 认真贯彻落实党中央及省委、市委、县委的各项决策部署，全面加强妇联系统党的建设，充分发挥妇联党组“把方向、管大局、保落实”的重要作用，坚持以思想政治建设为引领，以队伍建设为抓手，以制度建设为保障，切实加强党对妇联工作的领导。抓好队伍建设，以忠诚干事为前提，不断巩固提升“不忘初心、牢记使命”主题教育成果，全面加强妇联组织党的建设，抓好党风廉政及反腐败工作，坚决做到“两个维护”，坚持把牢妇女工作的政治方向。以示范引领为关键，加强县妇联执委队伍建设，建立县妇联执委履职制度，推动各执委在团结动员、联系服务妇女中更好发挥作用。以高效履职为要求，健全密切妇女群众的长效机制，推动妇联干部走出机关搞调查、深入基层访民情、走进群众交朋友，建设一支具有妇女情怀和职业精神的妇联干部队伍。坚持推进妇联组织改革，继续推进在妇联执委、社会组织负责人、女性创新创业带头人等妇女群众集中的地方建立“妇女微家”。结合机构改革，指导人大常委会机关、生态环境局、融媒体中心等8个单位成立机关妇委会。构建开放格局，优化妇联干部选任方式，通过上挂、兼任等方式，着力建设专兼挂相融合、优势互补、充满活力的妇联干部队伍体系。自下而上推荐选拔优秀女性代表，拓展妇联工作覆盖面，以“资中县妇女联合会”微信公众号为主体，对上连接全国妇联、省、市妇联官方网络综合服务平台，对下连接企事业单位、乡镇、村（社区）微信群和QQ群，着力打造“晨读晚诵微信读书会”，拓展县、镇、村三级妇女微信圈群服务功能，做大网上朋友圈，打造三级联动“互联网+妇联”工作新格局，提升妇联工作组织力。健全“双网融合”机制，紧密衔接“网上妇女之家”“基层妇女微家”，推进协同联动，增强妇联组织的引领服务功能。

【维权】 发挥基层执委作用，深入与妇女群众“最后一千米”，依托“橘缘·妇女微家”“绿天邑·妇女微家”“琴舞·妇女微家”“创新创业·妇女微家”“睦邻·妇女微家”5个妇女微家，突出“微阵地、零距离”特点，发挥其“群众性”“家门口”优势，起到“唠嗑式”调解、“微信群”普法、“邻里间”引导的作用，将妇联组织直接延伸至“家庭细胞”周围，有效推动基层普法宣传和平安建设，凝聚基层人心，团结妇女群众听党话、跟党走。深化“法治四川·巾帼在行动”活动，结合关爱未成年人健康成长专项行动，在全县范围内开展线下维权宣传活动30余次，发放宣传资料13000余份，覆盖人数2000余人。在“三八”维权周期间，围绕“依法治县”和“七五普法”规划要求，开展线上维权宣传活动12期，受教育人数上千，取得较好的关注度。不断强化“12338”维权热线功能，推进2个示范性妇女议事会建设，深化文庙社区“搭把手”维权项目子品牌建设，陆续开展3期涉及“禁毒防艾”“妇女维权”、的社区宣传活动，不断挖掘子品牌阵地在基层妇女维权发挥的作用，以示范点带动形成区域维权工作质量高地。三级妇联组织共计接待群众来信来访来电400余件。

【巾帼建功行动】 着力实施“姐妹手拉手·巾帼脱贫快步走”活动，针对返乡女农民工、留守妇女举办彩妆、母婴护理技能培训班4期，培训110人次。开展2020年“两癌”救助工作，救助精准扶贫对象、贫困母亲等特殊困难群众8名，每人获得1万元救助金，缓解了患病妇女的燃眉之急。实现“乡村振兴巾帼行动”“巾帼脱贫行动”有机结合，在农村产业发展、生态环境保护、乡风文明建设等方面发挥妇联组织的独特作用，最广泛地把农村妇女动员起来、组织起来，为实现乡村全面振兴贡献巾帼力量。疫情防控期间通过微信等平台传授手工技能，在特殊时期帮助妇女群众居家防疫与学技创收两不误。组织动员妇女群众做好春耕生产工作，确保抓好防疫、不误农时。龙结镇米粮村，妇女坚持不聚集，各家奔忙在果园里，给果树修枝、上肥，联系快递公司网上销售水果数千件。大力实施“农村妇女素质提升计划”，大力培育、宣传陈秀英等一批能挣钱、能当家、能奉献的农村家庭女能人。示范带动广大农村妇女提高适应生产力发展和市场竞争的能力，在更广领域、更深层次参与农业农村现代化建设。大力开展“美丽家园”建设行动。以绿色家庭创建为抓手，引领农村妇女创建“美丽庭院”，从家庭做起、从改变生活和卫生习惯入手，全面净化绿化美化庭院。

【家庭家教家风】 建立“最美家庭”常态化寻找机制，注重寻找宣传的过程，围绕清正廉洁、绿色环保、爱岗敬业、孝老爱亲等核心价值观广泛寻找各类“最美家庭”，吸引更多年轻家庭、农民工家庭参与。深挖“最美家庭”典型并向上级推荐，其中黄旭东、李佳灵家庭获评2020年全国抗疫“最美家庭”，为内江市唯一上榜家庭，为广大家庭树立起学习标杆和价值导向。以“晒好家风、讲最美故事”为主题，组织“最美家庭”线上线下巡讲4场。在广大家庭中广泛传播“孝、爱、亲、和、廉”五字诀，让“五字诀”在每一个家庭成员的心里生根、开花。延伸“晨读晚诵微信读书”，运用线上线下平台，让良好家风家教、党的方针政策、文明风尚等在妇女群众、广大家庭中“植根”“刷屏”，浸润人心，久久为功。在全县科级领导中开展“树清廉家风·建最美家庭”廉洁家书征集展示活动，并择优在“资中县妇女联合会”微信公众号进行展示，筑牢反腐倡廉家庭防线，以好家风促党风政风。发挥“家庭纪委书记”亲情监督作用，在孟塘镇睦邻村挂牌成立家庭教育示范基地，以此为载体组织开展“好家教好家风巡讲活动”“倡清廉家风·建幸福家庭”廉洁教育会、家教家风主题展、“家风故事汇”展演等各具特色的家风家教主题活动20余场。组织“爱家庭”网上讨论，针对当前家庭热点重点话题开展网络全民讨论；开展“心中的家”标准征集，广泛征集我心中的“好公婆”“好父母”“好丈夫”“好妻子”“好儿女”标准。增进社会各界对“爱家庭”的理解、认同和共鸣，引导全民正视家庭问题，共同探讨家庭问题解决的方法途径。

【节日活动】 3月5日上午，县委常委、总工会主席李玉文，县人民政府副县长吴小平先后来到资中县人民医院和县卫健局，代表县委、县政府慰问一线医务人员及为疫情防控做出贡献的卫健系统工作人员代表，表达全县人民对她们的敬意与祝福。3月5日，开展“最美的花，献给最美的你”活动，为资中县4户援鄂医疗队家庭送去“暖心菜”、节日鲜花和慰问卡，表达对家属们的衷心感谢。3月6—7日，县妇联看望慰问巾帼志愿者代表，为她们送上鲜花和节日的祝福，感谢她们在疫情防控中的默默付出。5月19日上午，在残疾人康复中心举行脑瘫儿童爱心捐赠仪式。5月29日上午，在资中县水南镇红花小学举行以“自强感恩·快乐成长”为主题的“六一”慰问活动。

（张兰英　刘　惠）

资中县科学技术协会

【概况】 资中县科学技术协会是资中县科技工作者的群众组织，是县委领导下的人民团体，是县委、县政府联系科技工作者的桥梁和纽带，是各学会（协会、研究会）、农技协的业务主管部门，由镇科协、企事业科协、学会、农技协组成。2020年，县科协坚持以习近平新时代中国特色社会主义思想和中共十九大精神为指导，坚持稳中求进、守正创新，全面加强开放型、平台型、枢纽型科协组织建设，切实履行“四服务一加强”的职能职责，圆满完成了各项工作任务。

【科普宣传】 先后在双河镇场镇社区开展2020年文化科技卫生“三下乡”集中示范服务活动、陈家镇冷家湾村开展疫情防控暨春耕复耕技术培训、重龙镇小东社区开展“科技活动周”暨文明健康生活进社区活动、陈家镇冷家湾村开展农业实用技术培训暨“全国科普日”活动。全县各级科协和基层组织共举办各类实用技术培训十余期，培训农村基层干部、党员和农户14800余人次。

【科普阵地建设】 加强对政府广场、滨江公园、农村（社区）科普宣传栏的维护与更新，新建2处“天府科技云”宣传专栏；与内江市新农村数字电影有限公司资中工作站签订合作协议，全年放映科普公益电影200场次；开办《科普大篷车》电视栏目，全年推出科普节目12期。与县融媒体中心签订科普宣传合作协议，在“弘资中”微信公众平台上推送“微科普”专栏50余期。

【青少年科普活动】 与资中县教育和体育局、县社科联合会联合主办主题为“创新、体验、成长”的资中县第十九届中小学生科技创新大赛。经逐级展评，获县级一等奖367件、二等奖457件、三等奖670件；获市级一等奖56件、二等奖59件、三等奖46件；获省级二等奖1件、三等奖5件。与县妇联联合开展“讲科学、爱科学、学科学、用科学”科普实践活动，组织15组青少年家庭观看科学小视频及科技小发明，互动体验“气球变变变、氦气变声、色彩攀升、漂浮的画、隐藏的字、里拉斜塔”等科学实践活动。开展科技知识有奖问答活动和“创新在我身边、拥抱智慧生活”评选活动。

【组织建设】 结合区域经济特点和产业发展实际，分类指导成立资中县川红橘种植专业技术协会、全福果业种植科普示范基地；指导各镇科协在完成换届任务的基础上，通过委员会增补等形式，全面吸纳“三长”（农技站长、卫生院长、学校校长）进入镇科协领导机构。依靠“三长”及其团队，扎实开展科普讲座、健康义诊、技术推广，推动科协系统智力资源、科普资源、学会资源向基层一线延伸。

【科技交流、推广和培训】 组织全县20余名科技工作者到内江市农科院开展2020年全国科技工作者日暨“科技为民·奋斗有我”主题活动，对接前沿农业科技，服务农业高质量发展；联合通达水产养殖专业技术协会开展小龙虾养殖技术交流会，着力实现养殖模式创新和关键技术突破；组织梨园蔬菜协会与好农夫科普示范基地进行产业对接，在技术交流、科技推广、经济合作等方面搭建互联互通平台；在梨园蔬菜协会推广钢架大棚网吊西瓜等新技术3项、辣椒长新1号等新品种4个。

（李　玲　康　利）

资中县归国华侨联合会

【概况】 资中县归国华侨联合会（以下简称县侨联），是中国共产党领导的由全县归侨、侨眷组成的人民团体，是党和政府联系广大归侨、侨眷和海外侨胞的桥梁和纽带。2020年，在上级侨联的指导，县委、县政府的直接领导下，县侨联团结广大归侨、侨眷和海外侨胞，致力于促进经济发展、参政议政、维护侨益和促进祖国统一等各项工作，坚持求实创新的工作作风，开创侨联工作新局面，圆满完成各项工作任务。

【侨爱心工程】 全县已建侨心学校4所（吴仲良第五小学、吴仲良第三初级中学、邵逸夫小学、罗裕昌爱心中心小学）、爱心图书室2个（罗裕昌爱心中心小学、配龙中心校）。

【扶贫救助】 募集到捐赠资金11.96万余元：走访慰问困难侨属29户，发放慰问金1.44万元；看望受洪灾侨属何顺高并发放省级救助金5200元；募集到余明、邹梦娟等海外侨胞捐赠资金1万元，资助罗泉镇中心校优秀贫困学生15名；在栋梁工程公益活动中，协调22个单位筹款9万元，资助30名优秀贫困学生圆大学梦。

【海外联谊】 加强宣传，做好对外联络联谊工作。加强联系交往，通过热情接待归国华侨和海外侨胞，联络感情，促进他们积极关心关注家乡发展变化，为家乡的建设引资引智；疫情防控期间发出“致资中籍海外华人华侨的一封家书”和倡议书，动员海内外侨胞、侨属、侨眷贡献爱心和力量，共同抗疫。联系侨眷李俊辉筹集口罩12200个，协调排查境外回资中人员245人。

【文化交流】 组织全县中学生参加“第二十一届世界华人学生作文大赛”国内征文，总参赛人数6178人，收集整理选送232篇优秀作文，30名学生获奖，其中获全国二等奖11名、三等奖19名；开展“情暖侨心·写春联送祝福”走访慰问活动，现场写春联500余幅。

【参政议政】 认真履行政治协商、民主监督、参政议政职能，推荐优秀侨资企业家到人大、政协和侨联担任代表、委员、常委，充分发挥侨界人士的参政议政作用，积极反映侨情民意，为资中的发展积极建言献策。省侨联二级巡视员龙博一行调研了“侨胞之家”建设，对县侨联在创新工作思路、增强基层组织活力、凝聚侨心维护侨益、搭建联谊交流平台等工作给予充分肯定。市政协副主席何兵一行视察调研了吴仲良第五小学、吴仲良第三初级中学等侨心学校，为县侨心学校的发展提出了宝贵的意见和建议。

【为侨服务】 疫情防控期间通过电话、电子邮件、微信、QQ 等方式，关心侨属侨眷的工作和生活，在传统节日，开展“情暖侨心”慰问活动。坚持以真情为侨办实事办好事，加强联系交往，了解侨情，增进友谊。

【帮扶侨属企业】 关心侨资民营企业疫情防控期间的生产和发展，积极维护侨资企业的合法权益，为侨资企业发展铺路搭桥。到四川资中燃建有限责任公司、资中正道轮胎经营部进行走访调研、落实侨企帮扶措施，协调和帮助企业做大做强。加强与相关管理部门协同合作，对侨属企业进行政策宣传，指导、引导、教育帮助他们守法经营，诚信经营，依法纳税，注重环保，赢得政府的信任和支持，依法维护侨属侨眷合法权益，进一步凝聚侨心、维护侨界的稳定团结。切实加强华侨华人新生代、归国留学人员的联系。

【来信来访】 通过与省侨联、天津市侨联、自贡市侨联配合，帮助加拿大华侨王毓安寻亲，在侨界传为佳话。帮助困难侨属田洪敏修建住房，收到国家补贴的危房改造款 1.8 万元。通过与省侨联、外办、省教育厅、省招办等多个部门联系，解决侨胞大学入籍问题。

【侨务宣传】 在“宪法宣传月”开展侨法宣传活动，发放《中华人民共和国归侨侨眷权益保护法实施办法》2000 份《中华人民共和国国籍法》1500 份。

（邹　敏　曾秀林）

资中县工商业联合会

【概况】 2020 年，资中县工商业联合会紧紧围绕“两个健康”工作主题，狠抓非公经济人士思想政治工作，持续开展“百企帮百村”精准扶贫行动，引导会员积极参政议政，按照“政治建会、团结立会、服务兴会、改革强会”推动工商联事业不断创新发展。

【非公有制经济】 促进非公有制经济健康发展。一是开展理想信念教育。通过执委会、主席会传达学习《中共中央　国务院关于营造更好发展环境支持民营企业改革发展的意见》《关于促进中小企业健康发展的实施意见》等文件精神，引导非公经济人士不忘初心跟党走，凝心聚力谋发展，在机遇与挑战中创造更加美好的未来，为资中经济社会的发展作出积极的贡献。二是积极推动金融服务。为实时了解企业金融服务需求和困难，为企业提供投融资建议，打通民营企业金融服务“最后一千米”，向县金融办推荐 10 户会员企业作为全县“金融顾问”服务对象。12 月 19 日，县农村信用合作联社向昆明市四川资中商会贷款授信 5 亿元，帮助异地商会会员解决融资需求。三是建立常态服务机制。建立《资中县工商联（总商会）联系企业、服务会员制度》，主席（会长）、副主席（副会长）每月深入联系会员企业 2 次，了解企业情况，掌握企业动态，积极与相关部门沟通协调，帮助联系会员企业解决实际问题。2020 年，先后帮助 6 户会员企业解决对公账户解冻、费用拖欠、防疫物资紧缺、复工复产难等问题。

【参政议政与建言献策】 一是开展界别视察活动。5 月 20 日、10 月 18 日，分别组织县政协工商联界别委员对全县餐厨垃圾回收处理、洞藏酒业发展情况进行视察调研，通过听介绍、看现场，参会委员了解了全县厨餐垃圾处理和洞藏酒业发展的现状，并就下一步如何更好地回收处理全县餐厨垃圾及更好地发展洞藏酒业提出意见建议 14 条。二是积极反映企业意见建议。深入会员企业实地调研，了解收集企业目前急需解决的困难和问题，特别是企业在复工复产过程中遇到的一些问题，建立困难问题需求清单和动态管理台账，通过调研报告、情况反映、社情民意等多种方式积极反映呼吁，助推企业发展。10 月 29 日，县工商联与县检察院共同举办“服务‘六稳’‘六保’护航民企发展检察开放日活动”，对检察机关如何更好服务民营企业健康发展提出意见建议。三是抓好两会参政议政。引导会员中的市县人大代表、政协委员，围绕全县中心工作和群众普遍关注的重点、难点问题，积极建言献策，为县委、县政府科学决策提供有力参考。在县政协十四届五次会议期间，工商联界别政协委员共提交提案12件。

【联谊交流】 由主席带队，分别深入昆明和成都，组织召开相关人员座谈会，并积极与当地统战部、工商联、民政局等相关部门沟通协调，推动昆明市四川资中商会、成都资中商会换届工作的启动。通过坚持不懈的努力，昆明市四川资中商会于2020年12月19日顺利完成换届工作，成功选举新一届商会领导班子。

【光彩事业】 引导会员企业抗击疫情献爱心。新冠肺炎疫情防控期间，县工商联通过QQ、微信工作群强化宣传，凝聚会员思想共识，统一抗疫行动。各会员企业积极发扬“一方有难，八方支援”的精神，接力爱心传递，踊跃捐款捐物246.08万元支援抗疫阻击战。持续开展“百企帮百村”精准扶贫行动。资中县世纪丰汽贸有限公司在太平镇天宝寺村4组（原洪福村2组），出资3万元购买的爱媛38果苗3100株，种植面积62亩；36户帮扶企业捐赠55万余元帮助贫困户改善生活、住房等条件，帮助贫困大学生完成学业；扶贫日，16户会员企业和一个异地商会共捐款10.38万元。

（王利双　李　军）

资中县残疾人联合会

【概况】 2020年，资中县残疾人联合会充分发挥“代表、服务、管理”的工作职能，稳步推进残疾人康复工作、助残活动、残疾人体育、维权及基层组织建设等工作。进一步强化残疾人社会保障和服务体系建设，为实现“全面小康残疾人一个也不能少”的目标而奋斗。2020年，全县有各类持证残疾人44067人。

【康复】 2020年，资中县残疾人康复中心开展脑瘫儿童康复训练、智力残疾儿童康复训练等项目。自康复中心投入运行以来，已为5500余人次残疾人提供康复训练、医疗咨询、教育指导、宣传等服务。2020年，救助脑瘫儿童康复训练60人，资金111.8万元；救助听力残疾儿童康复训练15人，资金33.28万元；救助智力残疾儿童康复训练47人，资金86万元；救助孤独症儿童康复训练16人，资金28.8万元；假肢（矫形器）安装56例（其中：大腿20例，小腿17例，矫形器19例），资金33.7万元；免费发放适配辅助器具3000件，资金58万元。

【助残活动】 2020年元旦春节期间，县残联开展“温暖万家行”活动，为帮助困难残疾人温暖过冬、欢乐祥和过节，通过深入调查走访、收集困难残疾人名单、认真审核等程序，对173名困难残疾人，按照人均400元的标准，通过银行将6.92万元慰问金汇入贫困残疾人的“一卡通”，并向帮扶困难残疾人家庭发放米、面、油等生活必需品。在第30个“全国助残日”，开展以“助残脱贫 决胜小康”为主题的“助残日”系列活动，为特教校学生送去康复健身器具（运动器材）16类、178件，慰问金5000元；为87名残疾人送去节日慰问金22400元；组织专家为特教学生开展法制道德宣讲1场；发放《致全县残疾朋友的一封信》600余份；按照资残工委〔2020〕1号文件精神，全县16个残工委成员单位为98户困难残疾人家庭送去慰问金，米、油、面等生活必需品，并送去节日的问候；在助学方面，全县有适龄残疾儿童936人，入学905人，入学率96.7%；资助贫困残疾人大学生和特困残疾人家庭子女大学生203人，资金27.82万元。

【劳动就业】 深入贯彻《中华人民共和国残疾人就业条例》，支持和鼓励残疾人自谋职业和自主创业，制定残疾人劳动就业实施方案，协调县人社局帮助解决残疾人就业问题，增加残疾人收入。2020年按比例安置残疾人就业49人，残疾人居家灵活就业（创业）补贴1703人，资金156.88万元。残疾人居家托养286人，资金17.16万元。农村残疾人实用技术培训500人，资金15万元。

【维权行动】 加强组织领导，落实工作责任，严控到市、赴省、进京上访，杜绝集访、缠访、闹访。健全完善制度，加强劝返疏导工作，确保信访工作有序开展，扎实开展矛盾纠纷排查，坚持把矛盾化解在源头；妥善处理残疾人来信来访，把矛盾解决在萌芽状态，全年共接待残疾人来访 53 人，上级残联、信访平台案件办结率分别为 100%。积极为残疾人提供法律服务，为残疾人提供法律服务 5 人次，接受法律咨询 12 人次。

（林用军　卓　骊）

资中县红十字会

【概况】 2020 年，资中县红十字会在县委、县政府的坚强领导下，主动作为，发动新型冠状病毒肺炎抗疫募捐工作，参与夏季汛期抗洪救灾，持续开展“大爱资中”公益项目，完成应急救护培训工作和一例造血干细胞志愿捐献任务，各项工作都取得了新的成绩。

【抗疫】 1 月 28 日，对社会发布公开抗疫募捐倡议书。疫情防控期间，共募集现金 163.85 万元；募集抗疫物资（含医疗设备）折价 181.87 万元；为县教育系统争取到市红十字会募集的消毒液 60 吨，共计价值 120 万元。有效地支持 16 个镇、8 个部门开展疫情防控工作。争取到省红十字会“受新冠病毒影响特殊困难群众救助金”1.12 万元，发放给 14 户困难家庭。为 3 名一线医务人员争取省红十字会困难家庭补助 8.5 万元。争取到省红十字会“健康社区”项目 1 个，共 3 万元，在重龙镇东林社区实施。为社区开展疫情防控知识讲座 2 次、志愿者入户宣传 2 次、救助受疫情影响困难家庭 10 户、为社区添置防疫物资价值 1.2 万元。

【救灾】 2020 年 7—8 月，县防洪形势严峻，特别是“8・13”“8・17”洪峰过境期间，县沿河沿江乡镇受灾严重。县红十字会主动积极向上级红十字会报灾情，争取到中国红十字会总会、省红十字会、省红十字基金会、内江市红十字会等救灾物资和资金共计价值 56.96 万元。

【救助】 “大爱资中”项目共计 211788.05 元，救助困难群众（含贫困学生）233 人，2020 年春节博爱送万家发放慰问箱 375 个。“船城爱心圆梦大学”完成资助贫困应届高考大学生 50 人，共计支出 152100 元。“扶贫村道路畅通项目”311631.97 元，共支持 12 镇 19 条道路的维修和施工。

【应急救护培训】 全年培训急救员 1261 名；在重龙镇、水南镇开展小学、幼儿园应急救护普及培训，共培训师生 1.5 万名。

【三献工作】 1 月 16 日，县造血干细胞捐献志愿者朱玉在四川省人民医院血液科成功采集造血干细胞 170 毫升，她成为资中县第 5 例（四川第 236 例、中国 9408 例）造血干细胞成功捐献者。县红十字会和县人民医院联合开展造血干细胞志愿采样入库活动，共 60 多名医护人员志愿加入中华骨髓库。4 月 12 日，在县政府广场开展“撸起袖子、为生命加油”的主题无偿献血活动，共有 16 名红十字会志愿者和 21 名社会群众参与无偿献血，共计献血 1 万多毫升。新完成人体遗体器官志愿捐献登记 2 名。受省红十字会人体遗体器官捐献管理中心的委托参与人体器官、遗体捐献见证 1 例。

【一般募捐与人道平台】 2020 年“9・9”公益日共募捐 27.8 万元。为双龙镇青龙嘴村便民公路桥募资 5 万元。为公民镇地震灾民聚居点建设捐款 1 万元；定向募捐 108 万元支持聚居点公益基础设施建设。

【红十字会改革】 认真学习《四川省红十字会改革方案》，积极为《内江市红十字会改革方案》（征求意见稿）建言献策，调研县内其他已完成改革的群团部门情况，收集整理县红十字会改革的重点任务和措施办法，为启动县红十字会改革做好充分准备。对县红十字会改革方案进行广泛的意见收集。按照程序报送县红会改革方案。2020 年，改革方案已经顺利通过深改会审议，县政府办公室已经印发。

（谭　忠　李　竹）

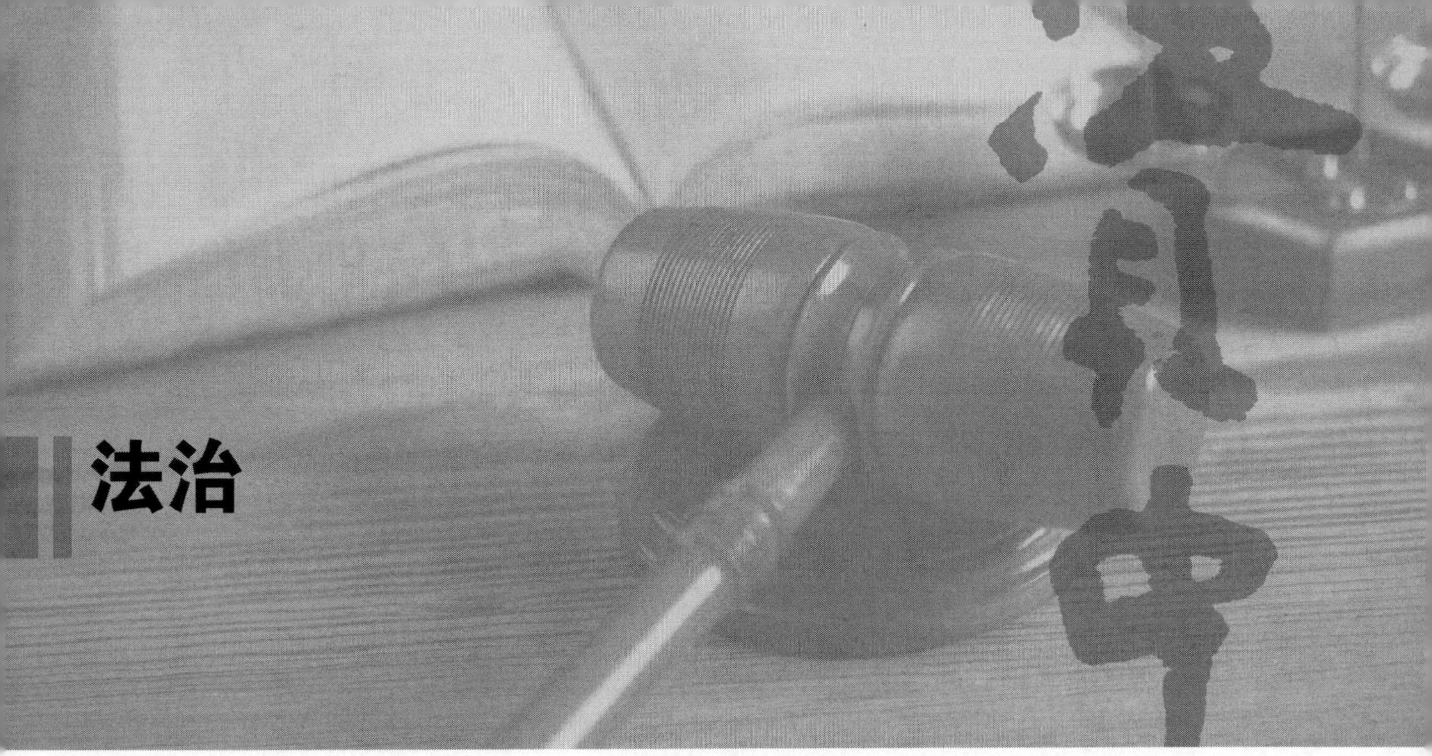

法治

政法委及综治

【概况】 中共资中县委政法委员会是中共资中县委领导和管理政法工作的职能部门，为正科级，列县委工作机关序列。2020年，县委政法委紧紧围绕县委中心工作，团结和带领全县政法干警，依靠全县人民，始终保持昂扬向上的精神状态和奋发有为的工作干劲，积极应对新形势下的严峻考验和挑战，努力化解社会矛盾，全力维护国家政治安全、确保社会大局稳定、促进社会公平正义、保障人民安居乐业，为全县经济社会发展提供了有力的保障。

【政法队伍建设】 突出政治引领，常态化抓好思想建设。一是抓实政治学习。通过委务会、中心组学习会、职工大会、三会一课等形式，持续深入抓好习近平新时代中国特色社会主义思想等的学习宣传，把学习贯彻《政法工作条例》和四川省《实施细则》纳入党委（党组）理论中心组和各类培训班的重要内容，切实将党的绝对领导落到实处。二是严明政治纪律和政治规矩。推动落实政治督察、纪律作风督查巡查等机制，细化落实重大事项请示报告、述职述廉、监督问责、列席民主生活会等制度，确保“刀把子”牢牢掌握在党和人民手中，加快修复净化政治生态，切实把遵守政治纪律政治规矩刻印在灵魂中、熔铸在血液里。三是常态化开展思想教育工作。通过职工会、微信工作群等形式，加强政法干警战时思想教育工作，保持队伍旺盛战斗力，为全面取得疫情阻击战胜利提供思想保障；加强意识形态工作，通过学习和经常性提醒增强干警法治思维意识。四是严格请示报告制度。严格执行《政法机关党组织向党委请示报告重大事项规定》，坚持政法各部门主要负责人、乡镇政法委员向政法委全委会述职，坚持重大事项、干部任免提前沟通、汇报，严格落实“三重一大”要求，将党对政法工作的领导具体化。

突出率带作用，常态化建设过硬班子。配齐配强政法系统领导班子，县委政法委、县检察院、县公安局、县司法局等4个单位领导班子已配齐职数。强化领导干部率带作用。县领导到联系镇、联系单位，班子成员到分管科室为政法干警上专题党课，认真执行民主集中制原则，坚持重大问题和重要部署集体研讨、民主决策，并广泛征求、虚心听取广大干警的意见和建议，确保决策的科学性和准确性。注重优秀年轻干部培养。分类型、分层次推进年轻干部培养，实行“老带新、一带一”结对培养，健全培养锻炼、定期调整，构建一支数量充足、充满活力的高素质政法队伍，2020年，向市委政法委、县委组织部推荐优秀年轻干部35人次，开设“青春讲堂”8期，举办年轻干部素能提升培训及相关活动6次。

突出示范引领，常态化淬炼过硬队伍。一是加强干部协管工作。2020年，任免政法系统中层干部129人次，配齐22个乡镇政法委员，实现了乡镇政法委员全覆盖，同时，为加强乡镇政法委员履职尽责，探索建立《政法委员向县委政法委全委会述职制度》《镇政法委员统筹协调乡镇政法工作制度（试行）》，为乡镇政法委员履职提供制度保障。二是抓先进典型培塑。落实及时表彰奖励机制，开展“学英模见行动”活动，引导政法干警远学英模，形成“比、学、赶、超”的良好氛围，切实增强干警的职业荣誉感、归属感、自豪感。涌现出全国法院人民法庭工作先进个人、四川省先进工作者等一大批先进典型。三是加强素能培训。举办资中县政法综治维稳干部及政法系统年轻干部专题培训班、“优化法治化营商环境，助力成渝双城经济圈建设”研讨会、《中华人民共和国民法典》、“七五普法”业务骨干培训、社区矫正业务培训等专题培训30余次，受训干警2000余人次，积极支持干警参加各类外训200余人次，有效提升政法干警做好新时代政法工作能力水平。四是落实关爱举措。注重干警身心健康，通过谈心谈话、专家网络授课等形式对干警心理问题进行及时有效疏导，按期组织干警进行体检，确保关心到位；积极组织开展节日慰问等活动，在干警因病住院、因公负伤时探望，在退休时慰问、嫁娶生子时祝贺、直系亲属去世时吊唁，确保关爱到位。

突出职能职责，常态化夯实政法基础建设。一是配齐专职网格员。新增55名专职网格员，县城区专职网格员已全部配备到位。二是配齐基层政法力量。22个乡镇政法委员配备齐全，依托乡镇区划调整改革，在各镇设置了社会治理办公室，配备5～9名工作人员。以“153”架构建设为契机，稳步推进“一镇一派出所、一法庭、一司法所”建设，建强基层群防群治力量，建成治保委员会、调解委员会、综治服务站各376个，建成率均为100%，并确保有人干事。三是加快智慧政法建设。印发《乡镇区划调整后镇综治中心合并方案》，指导各镇做好镇综治中心合并调整工作，为建设美丽幸福乡村提供有力保障。四是发挥政法力量。组织全县800余名政法干警深入镇村开展挂包工作的同时，组建资中政法先锋队、矛盾纠纷排查化解服务队，到镇村协助其开展政法综治维稳工作，着力解决一批群众反映强烈的突出问题。

突出从严从实，常态化抓好党风廉政建设。一是抓政治生态。做好巡视整改及李万勇严重违纪违法问题暨赵坤、黄佑培案“以案促改”工作，认真汲取蒲波、彭宇行、侯晓春严重违纪违法案教训，努力营造风清气正的良好政治生态。二是抓专项整治。开展执法司法“四不”问题、“带病提拔”“赌博敛财”纪律作风突出问题等专项整治，通过上廉政党课、观看反腐倡廉专题片、赴警示教育基地参观等教育形式，引导干部正确认识自己、摆正位置。三是抓教育整顿。按照公安部统一部署，县公安局扎实开展“坚持政治建警全面从严治警”教育整顿工作，确定6个方面23项任务措施，明确治安大队和高楼派出所确定为教育整顿试点单位，为系统开展教育整顿工作积累经验。四是抓问题整改。做好巡视巡察督查反馈问题整改，以巡视巡察督察为契机，突出问题导向，针对反馈的问题逐项制定整改措施，落实责任人、责任单位，明确整改时限，切实抓紧抓好抓出成效，做到全整改、真整改、实整改，扎实做好整改落实工作的“后半篇文章”。五是抓作风效能。开展纪律作风明察暗访3次，进一步严明政法机关铁纪铁规，持续优化政法干警纪律作风。

【政法宣传教育】 强化阵地建设。全县政法系统建设发展各类新媒体账号22个，通过与《四川法治报》、四川新闻网、资中融媒体中心等主流媒体签订合作协议，结合政法各家两微一端等平台，全力构筑政法全媒体宣传矩阵，努力构建“线上 + 线下”“常态 + 主题”的政法舆论宣传引导新格局，拍摄政法专题宣传 20 余条，推送和发布各类信息、动态 1 万余条，发表各类新闻稿件 2000 余篇，开展《战疫・我们在一起》专题宣传 20 期，在“向英雄致敬・为祖国点赞”活动中，政法干警抗疫先进事迹获群众点赞 2.5 万余次。

强化机制建设。按照“一月一主题”，结合政法干警大走访，常态开展、平安建设、反邪警示教育等系列宣传活动 560 次，发放宣传资料 25 万份（册），通过微信群和 QQ 群等推送平安建设宣传信息 8 万余条，不断扩大平安建设及专项斗争的宣传效果和社会影响力。组织开展“国家安全在身边”暨反邪教主题宣传活动和“防范邪教宣传月”活动，悬挂反邪宣传挂图 320 余幅，发放宣传资料 5 万余份（册），大力营造“国家安全、人人有责”的浓厚氛围。

强化队伍建设。建立全县政法宣传信息联络员队伍，不定期就政法宣传工作情况进行通报分析，安排部署宣传重点，为平安建设提供强大舆论支持。同时在政法各部门抽选组建了一支思想理论好、综合素质高、具有丰富意识形态工作经验的政法网军队伍，制定完善相关工作机制，形成了战时主攻、平时主宣的运行模式。全年开展政法网军拉练 5 次，有效提升政法干警运用网络引导舆论的能力。

【维护社会稳定】 2020 年，县委、县政府高度重视维稳工作，把社会稳定放在工作第一位。全县各级各部门全面贯彻总体国家安全观，深入落实中央、省、市防范化解重大风险和维护社会稳定决策部署，抓实抓细防风险、保安全、护稳定、战疫情各项措施，化解各类矛盾纠纷 692 条、市县挂牌突出涉稳问题 36 件，处置突发涉稳事件十余起，完成风险评估 155 个，省维稳工作平台各项基础数据录入位居全市第一、全省前列，全县社会大局持续和谐稳定，实现“七个不发生”工作目标。被评为四川省维护稳定工作先进集体、内江市政法系统先进集体、新冠肺炎疫情防控先进集体、全国全省两会期间信访保障工作先进集体。

【综治平安建设】 巩固两项机制。健全评价机制，印发《资中县 2020 年深化平安建设实施方案》，将平安建设工作纳入全县综治目标考核绩效。巩固挂包联系机制，2020 年全县政法干警共开展走访 2184 人次，指导开展宣传 85 次，协助开展矛盾纠纷排查 384 起，化解 371 起，收集建议意见 85 条。

建强政法、综治维稳、网格员（调解员）三支队伍。邀请专家、教授授课，受益干部（警）1500 余人次；强化岗位练兵，抽调 72 人组建资中政法先锋队；全面调整两所一庭，设置 22 个派出所，22 个司法所，5 个法庭。配齐配强全县 22 个镇政法委员，培养基层综治维稳队伍 114 人。全县重新划分城区网格 158 个，场镇社区网格 61 个，农村网格 301 个；新增 55 名专职网格员；出台网格员、调解员考核办法，组织网格员集中培训 2 次，开展人民调解大讲堂 2 次，视频培训 6 次。

做实治安防控、网格化服务管理、法律服务和政务服务四大体系。大力推广“伞状 + 警务网格”治安防控体系建设，城区 55 个小区实行“三色牌”管理；全县组建义警队伍 72 支共 3000 余人。对四类重点人员实现全覆盖走访，全县收集网格服务事件 30870 件，办结 30629 件，办结率为 99.21%。健全法律援助工作机制，接待群众 520 余次，办理法律援助案件 323 件，解答法律咨询 3091 人次。持续深化“放管服”改革，下放公共服务事项 48 项，村（社区）指导清单 56 项，全县 100% 的村（社区）可直接办理或代办政务服务事项。

实施大整改、大整治、大决战、大化解、大清除和大宣传六大行动。对省、市平安建设满意度测评梳理反馈问题455条，制定专项整改方案，全面整改完成。开展打击“盗抢骗”“黄赌毒”“食药环”专项行动，九类涉恶案件同比下降20%；入室盗窃案件下降48.68%；涉毒刑事案件下降62.24%；经济类犯罪案件下降36.36%；寻衅滋事案件下降60.47%。全县开展“百日攻坚”专项行动，排查治安乱点34个，行业乱象22个，第三批县级挂牌治安乱点5个、行业乱象5个。开展化解矛盾纠纷“百日挂牌攻坚”行动，对30件重点涉信涉稳问题进行挂牌督办，已全部化解到位。开展矿业安全检查、烟花爆竹公司专项检查30余次，排查整治问题203个；对旅馆、学校、医院等公共场所，排查消防安全隐患10处，现场整改4处。开展各类宣传活动112场次，发放各类宣传资料5万余份；推送平安建设各类信息，普及群众100余万人。

【市域社会治理】 压实责任　成立县委书记、县长任双组长的试点工作领导小组，领导小组下设1个办公室和10个专项工作组。出台三年规划和2020年实施方案，明确推进市域社会治理18个大项、48个中项、104个小项工作任务。

科技支撑　构建三级智能监控体系，全县建成天网1429个，建成雪亮工程平台22个、点位1636个；慧眼工程安装监控探头38737户。推广“两车卫士”，2020年安装26624台，破案率同比提升59%。示范引领智慧小区建设，指导建设规范化“智慧小区”3个（凤凰城小区、瑞安家园、银杏园小区）。

三治融合　一是推动自治强基。成立全县志愿服务帮扶中心，组建志愿者服务团体457个，实名注册志愿者19.41万人。大力推广“童伴计划”项目，童伴妈妈累计走访儿童4832人次。二是突出法治保障。强化普法宣教，开展法治木偶戏送法送戏进校园进农村142场。推行“五分五化”诉源治理资中模式，2020年县法院诉讼案件立案3463件，比2019年4135件同期下降16.25%。三是注重德治教化。大力开展各类先进典型评选活动，评选最美志愿者130人，新时代好少年10人，好儿媳好公婆8人，涌现出全国最美家庭1个。

三中心合一建设　统筹县级三中心融合，县网格化服务监管中心、县矛盾纠纷多元化解协调中心并入县综治中心合署办公。落实镇级三中心要求，全县22个镇中7个镇已完成综治中心规范化建设，剩余15个镇已全面动工；22个镇均已建成镇级矛盾纠纷多元化解协调中心。持续做好平安村（社区）创建工作，2020年25个村（社区）被评为县级六无平安村（社区），15个村（社区）被评为市级六无平安村（社区），3个村（社区）被评为省级六无平安村（社区）。

【】 加强组织领导，突出工作重点。资中县被确定为全省重点推进县后，县委、县政府及时调整了由县委书记、县长任双组长的县专项斗争领导小组，进一步强化了对专项斗争的组织领导。2020年县委常委会、县政府常务会9次听取工作汇报，传达贯彻中央、省、市会议精神，召开领导小组会议7次，扫黑办例会41次，案件协商会6次，完善目标考核体系，压紧压实工作责任。2020年，资中县专项斗争目标绩效考核和宣传报道被评为全市优秀。

创新宣传形式，浓厚斗争氛围。开展了春节前集中宣传、5月集中宣传和“决胜大会战”集中宣传，并按照“一月一主题”要求，每月发布宣传音频。2020年全县召开新闻发布会1次、赃款赃物返还大会1次，印制宣传手册10万余份，制作专题片3个，制作《疯狂的套路贷》专题节目1部，县纪委监委制作《“五个一”机制》并在“学习强国”上发布。各镇落实周三、周六宣传日制度，各单位利用LED滚动播放宣传标语4000余条，悬挂宣传横幅120余幅，设置固定宣传栏60余个，召开专题会议80余次，官方微博、微信发表文章130余篇，营造浓厚氛围。

强化统筹调度，深化“六清”行动。深入开展“线索清仓”行动。对专项斗争开展以来收到的332条线索全部认真梳理、逐条过筛、回溯核查；全年收到线索32条，核查完结32条，查实10条，查否22条。深入开展“逃犯清零”行动。截至年底，境内逃犯全部抓获归案，抓捕归案境外逃犯1人。深入开展“案件清结”行动。先后组织开展打击整治涉互联网黑恶犯罪、命案积案攻坚、百日冲刺等专项行动，对2020年立案的涉黑涉恶案件，实行领导包案、倒排日期、挂图作战。截至年底，已全部侦查终结，一审认定涉黑组织1个，成员13人；涉恶团伙1个，成员4人；涉恶集团1个，成员10人。深入开展“伞网清除”行动。全面开展涉黑涉恶案件“回头看”。2020年县纪委监委查处党员干部涉黑涉恶腐败和充当“保护伞”及追责问责53人，立案查处25人，组织处理28人，移送司法1人。其中，查处“保护伞”7人，查处“涉黑涉恶腐败”22人，追责问责24人。深入开展“黑财清底”行动。开展对黑恶势力清缴非法所得的“断血”行动，摧毁黑恶势力经济基础。一审判处财产刑1322万元，追缴房产10处、土地32亩及1处营业房等值财产及收益，对5名涉黑组织成员并处没收个人全部财产，其中生效判决移送执行786.6万元，已执行到位638.67万元，执行到位率81.2%。深入开展“行业清源”行动。2020年全县挂牌整治治安乱点5个、行业乱象5个，公检法纪发出“三书一函”28件，回复28件，回复率100%。各部门按照“三书一函”要求全部落实“以案促改”，推动了综合治理、系统治理、源头治理。

紧盯基层治理，建强基层组织。坚持《资中县村(社区)“两委”干部县级审核备案管理办法》，联合县民政局、县纪委监委、县公安局等职能部门，坚持联审机制，落实“凡进必审、凡任必审、凡动必备”，全年对23批4592名“两委”干部候选人进行联审，取消资格30人，坚决把违纪违法人员排除在村（社区）干部队伍之外。

着力构建机制，推动长效常治。建立联动协调机制。探索创新建立《关于规范刑事涉案财物执行的实施意见》，全县共建立工作机制30余个，促进长效推进。建立查案治本机制。探索创新建立《关于办案单位组织发案地区严格落实查办案件“五个一”机制的实施意见》，公检法纪等办案单位会同发案地区对2个黑社会性质组织案、7个恶势力团伙（集团）案落实“五个一”。建立乱点乱象治理长效机制。制定《关于建立健全“三常态”制度深入推进长效机制建设的意见》，各有关单位按照“三常态”要求建立长效机制46个，巩固整治成效，提升行业监管水平。

切实对标对表，整改反馈问题。2020年省扫黑办和省第6督导组先后到资中县开展调研和督导“回头看”。对省扫黑办专题调研反馈的6个问题以及省督“回头看”反馈的6个问题和五点建议，资中县高度重视、主动认领，第一时间召开会议专题研究，制定整改方案，明确责任单位、时限及责任人，并通过开展全覆盖督导，督促落地落实，各级各部门认真落实整改措施，于9月20日全部整改完成并长期坚持。

（罗世友　何浪飞　廖春辉）

公安

【概况】 2020年，资中县公安局开展反恐防暴、打击侵财、、禁毒、道路交通安全监管、治安巡逻等工作，共接警12.25万件，立刑事案件1900件，刑事拘留377人，逮捕221人，公诉540人，取保候审372人，追逃152人，查处行政案件1318件，行政拘留541人，强制戒毒112人，社区戒毒55人。2020年被表彰为“全省最强实战公安局”“全省公安机关执法质量优秀县级公安机关”，年度综合目标考核名列全市第二，奋进系列总成绩排名全市第一，“6·2”特大电信网络诈骗案专案组被省公安厅记集体二等功一次；全局46个集体及285名个人受到各级表彰奖励，2名民警分别被公安部、公安部刑事侦查局表彰为“训练标兵”“平台之星”，6 名民警被省厅表彰为先进个人。

【国内安全保卫】 深入开展反恐防暴工作。广辟情报来源，做优情报预警预测，切实消除各种暴恐苗头。深化反邪教和宗教工作。深入推进意识形态领域斗争，依法严打网络谣言，严查网上非法活动，持续强化重点网站的巡查管理，切实维护社会大局稳定。

【刑事侦查】 开展打击侵财、、“两车违法犯罪”“奋进 1-5 号系列专项行动”，取得打击处理犯罪嫌疑人上升、九类涉恶、入室盗窃、涉毒、经济、寻衅滋事刑事案件及黄赌毒行政案件下降等“一升六降”的成效。全年立新增九类涉恶案件 71 件，刑拘 79 人，逮捕 45 人，起诉 81 人，打掉涉恶团伙 4 个，判决九类案件 19 件，判决恶势力犯罪团伙 1 个、恶势力犯罪集团 1 个；抓获电信诈骗犯罪嫌疑人 71 人，挡获被盗抢机动车 12 辆。

【治安管理】 案件办理：2020 年，全局共立涉黄赌刑事案件 35 起，刑事拘留 63 人；查处“黄赌”行政案件 174 件，行政拘留 89 人；捣毁涉黄窝点 20 个、赌博窝点 35 个，收缴赌博违法所得 90 万元。

基层基础工作：以警综平台新增“2020 治安考核查询”模块为抓手,全面开展“一标三实”信息采集，加大对各派出所责任区和街路巷管辖的调整工作，进一步开展剥夺政治权利人员专项核查清理工作。共核查 ZAZDR 数据 4938 人，核查率 98.41%；采集适龄段手机号码 380873 条，采集率 98.93%；核查两年未维护的出租房屋 11012 家，核查率 100%；核查两年未维护的闲置房屋 98857 家，核查率 100%；清理农业劳动者 4529 人，清理率 100%；清理空巢老人 13534 人，清理率 100%；清理留守儿童 7898 人，清理率 100%；核查省厅 2019 年技术分析的电话号码和居住轨迹错误数据 12675 条，核查率 100%；清理狱外在管剥夺政治权利人员 58 人。

【交通管理】 加强道路交通安全监管，共查处各类交通违法行为 16 万余起。其中酒驾 572 起，无证驾驶 1119 起，货车超载 1390 起，货车非法改拼装 962 起。共发生交通事故 359 起，死亡 40 人，伤 423 人，经济损失 166240 元。同比事故起数下降 23.3%，死亡人数上升 8.11%，伤者数下降 27.32%，经济损失下降 60.72%。未发生一起一次死亡 3 人以上重特大交通事故。

【消防监督管理】 严格执行《加强出租屋及校园周边经营场所消防安全管理工作方案》，从防火分隔、安全疏散逃生、消防设施器材配备、日常消防管理等方面，对辖区出租屋、校园及周边经营场所消防安全开展检查。共检查重点单位和行业场所 465 家，排查出重点风险隐患 21 起，检查学校幼儿园 50 余家，发放治安隐患整改通知书 11 份。

【监所管理】 看守所对收押的犯罪嫌疑人开展提讯、监巡和管教工作；拘留所对收拘的行政拘留人员和强制隔离戒毒人员落实安全管理措施，全力确保监管场所安全。

【巡逻防控】 以“平安资中”建设为目标，以城区巡逻防控工作为重点，严格落实市公安局提出的“伞状 + 警务网格”立体化治安防控新体系建设工作要求，实行网络化巡逻防控模式，按照巡逻围着警情转、警力围着防控转要求，多措并举，严密巡控，压缩犯罪空间。2020 年，共接警 3782 起，其中刑事案件 9 起，治安案件 13 起，群众求助 282 起，灾害事故（包括火灾事故 3 起）36 起，其他警情 2827 起，移交其他单位警情 615 起。

【出入境管理】 资中出入境大队秉承“出入有境、服务无境”的服务理念，以创星级服务窗口为目标,持续深入推进“放管服”改革,不断完善“互联网 + 政务服务”建设，使群众切实感受到办理的便利；共为 2000 余名申请人办理因私出国护照 1232 件，港澳台通行证件 452 件，港澳台签注 744 次。疫情防控期间出入境窗口推出延长部分外国人在华停居留期限等7项服务措施，累计排查登记境外到资人员353人，成立打击治理跨境赌博专项工作专班，深挖情报线索，侦办涉及跨境赌博案件4起，共查获嫌疑人31人。2020年被四川省公安厅评为“三星窗口”。

【经侦】 相继开展反假币、打击涉众型经济、打击房地产和招投标领域违法犯罪等专项行动，共受理各类经济案件11起，立案13起，破案8起，移送起诉35人。

【禁毒缉毒】 相继开展禁毒人民战争、两打三控、“奋进”系列行动等专项行动，破获“3·2”“3·3”制毒案件。

【公安改革】 突出智慧安防理念，推行“政府主导、公安主推、企业共建、物业联建”模式，积极探索“智慧小区”建设，新建智慧小区6个，另有签约小区1个，成功搭建智慧小区平台并通过上级联合验收，上传数据3万余条。

【驾驶证管理】 办理各类机动车上户10795台，年检审机动车45819台，办理B2型以下驾驶证7256名，注销、强制报废机动车2200台，补换证15875个，驾驶人递交体检表24382份。

【人口变动记述】 截至12月31日，全县总人口1216704人，其中城镇人口204473人，农业人口1012231人，全县办理迁入2127人，迁出人9203人，出生上户8713人，死亡注销13594人。

【流动人口管理】 继续按照“党政领导、公安牵头、部门配合、网格负责、社会参与”的总体思路，依托所、站、点三级管理网络，通过季度实地抽查和考核，进一步强化流动人口信息申报登记工作。全年新增流动人口12239人，新增从业人员6507人，行政处罚拒不申报信息的单位、出租房主和个人19起。

（卿　波　毛海霞　刘介兵）

检察

【概况】 2020年，资中县人民检察院在县委和上级检察机关的坚强领导下，在县人大及其常委会的有力监督、县政府的大力支持、县政协的民主监督和人民群众的社会监督下，坚持以习近平新时代中国特色社会主义思想为指导，紧紧围绕全县发展稳定大局，忠实履行法律监督职能，主动服务常态化疫情防控和“六稳”“六保”，服务资中全面融入成渝地区双城经济圈建设，推动“四大检察”“十大业务”全面协调充分发展，各项工作取得了新的进展。

【刑事检察】 2020年共受理审查批捕案件199件309人，审结198件307人，审查后批准逮捕167件254人，不批准逮捕31件53人。受理审查起诉案件339件645人，审结324件648人，审查后提起公诉297件601人，作出不起诉决定案件26件45人。受理未成年人审查批捕案件26件38人，审查后批准逮捕19件31人，不批准逮捕7件7人。受理未成年人起诉案件35件55人，审查后提起公诉27件38人，不起诉3件5人，附条件不起诉2人，公安撤回2件2人。加强对刑事立案、侦查、审判活动的监督，监督侦查机关立案10件，监督撤案3件，追捕6人，追诉5人。纠正侦查活动违法16件，刑事审判活动违法2件，提出抗诉2件，提请市检察院抗诉4件。加强刑事执行检察监督，办理财产刑执行检察监督案件4件，审查暂予监外执行案件8件，纠正刑罚执行、监管活动违法案件7件，办理羁押期限审查案件1件，纠正监外执行违法违规13件，审查收监执行案件4件。

【民事行政检察】 2020年共受理民事检察监督案件26件，其中民事生效裁判监督案件7件，民事审判程序监督案件6件，民事执行活动监督案件5件，支持起诉案件8件，提出虚假诉讼检察建议4件。受理行政检察监督案件7件，其中行政审判违法监督案件1件，行政执法违法监督案件5件，行政争议化解案件1件，向有关行政机关发出社会治理类检察建议11件。

【公益诉讼检察】 2020年共受理公益诉讼案件32件，其中环境与资源保护类案件30件，国有财产保护类案件2件，发出诉前检察建议31件，立案刑事附带民事公益诉讼案件4件。

【控告申诉检察】 全年受理信访案件30件（来信11件，来访15件，网络4件），其中控告案件15件、民事申诉案件12件、刑事申诉案件3件。办理刑事被害人救助案件6件6人，发放司法救助金总计6.1万元。贯彻落实律师参与化解和代理涉法涉诉信访案件工作，律师参与矛盾化解1件。

【综合业务检察】 2020年院案件管理中心共受理各类案件469件717人，其中批捕类164件265人、公诉类305件452人。制作电子卷宗308件817卷，接待律师134人次，处理异地阅卷申请22件，办理网上预约2件。公开案件程序性信息519条，发布重要案件信息10条。办理各类检察技术案件22件，其中技术性证据审查案件6件，技术协助案件16件。召开检察委员会8次，审议不起诉案件2件2人，起诉案件2件2人。

（安国勇　蔡　雷）

法院

【概况】 2020年，资中县人民法院坚持以习近平新时代中国特色社会主义思想为指导，全面贯彻落实中共十九大和十九届二中、三中、四中、五中全会精神，在县委坚强领导下，在县人大及其常委会有力监督、县政府大力支持、县政协民主监督下，围绕"努力让人民群众在每一个司法案件中感受到公平正义"目标，紧扣"司法为民、公正司法"主线，坚持"提质增效、服务大局、守正创新、创先争优"工作思路，实施"1366"工程，在履行审判职能、服务发展大局、深推司法改革、践行司法为民、坚持从严治党等方面取得新成效。

【审判】 紧紧围绕经济社会发展大局，突出执法办案第一要务，聚力履行职能，维护公平正义，建设平安资中有新担当。受理案件6618件，结案6523件，结案率98.56%。受理刑事案件327件，结案324件，结案率99.08%。受理民商事案件3646件，结案3584件，结案率98.3%。受理行政诉讼案件35件，结案33件，结案率94.29%；加大庭前协调力度，原告自愿撤诉7件；依法判决行政机关败诉5件，败诉率15.15%，同比下降0.64%；开庭审理20件，17名行政机关负责人出庭应诉，出庭应诉率85%。

【执行成果】 受理执行案件2462件，结案2439件，结案率99.07%，执行到位2.86亿元。加大强制执行力度，查封、扣押、冻结被执行人财产1960件；采取网络查控、委托调查、悬赏执行等措施查找被执行人信息、财产线索90万条；对80件案件财产进行网络司法拍卖，成交额1.3亿元；加强执行惩戒，公布失信被执行人信息530条，限制高消费1499人；坚持善意文明执行，在依法保障申请人胜诉权益的前提下，审慎采取拘留、罚款等强制措施，灵活运用"活封"，避免把败诉企业"逼上绝路"；创新执行工作机制，全力推行简案快执、难案精执；在全市率先建立网格员协助执行机制，网格员协助执行142件；规范执行行为，杜绝消极执行、选择执行、乱执行。执行工作"3+1"核心指标保持高水平运行，18项重点质效指标中12项居全市前列。

【】 自专项斗争开展以来，以"六清行动"为抓手纵深推进工作。狠抓"案件清结"，审结涉黑恶势力犯罪案件10件109人，其中审结市法院指定的"4·10"涉黑案件，对组织、领导者李翼数罪并罚，判处有期徒刑25年，剥夺政治权利4年，并处没收个人全部财产。扩大“黑财清底”战果，一审判处财产刑，追缴、退赔1322万元，追缴32亩土地等值的资产、营业房9处、住房2套。完结“线索清仓”，对已结刑事案件全覆盖线索摸排，动员群众摸排2000余人次。坚决“伞网清除”，认定被告人张义在担任内江市市中区朝阳镇镇长期间，为恶势力组织充当“保护伞”，一审对其犯受贿罪判处有期徒刑四年,并处罚金30万元。强化“行业清源”，向案件涉及的单位发送司法建议5件，收到回复5件。

【服务大局】 “谋”字当先构建施工图 制发实施意见，为乡村振兴、成渝地区双城经济圈建设等提供司法服务和保障。助力脱贫攻坚，选派驻村帮扶干部7人，134名干警结对帮扶贫困户225户，先进事迹被中国长安网、《内江日报》等媒体多次报道。抽调144名干警分赴10个镇全力战“疫”，参与社区值守等工作；联合发布通告,建立涉疫情刑事案件提前介入和会商机制，实现案件快侦、快诉、快审。发出司法建议13条，助力中小企业积极应对疫情可能引发的法律风险，指导帮助四川沙淇实业有限公司、李山建材厂等企业如期复工复产。

“聚”字为要下好联手棋 与重庆市荣昌区法院签订渝西川东首个基层法院司法协作框架协议，联合举办优化法治化营商环境研讨会，交流形成十二条共识。与西南政法大学共建教学科研实践基地，推进法院队伍革命化、正规化、专业化、职业化。加大破产审判工作力度，依法妥善处理四川沙淇实业有限公司破产重整案等，推动构建政府主导风险管控与事务协调、法院主导司法程序的府院联动机制；协助政府依法稳妥处理中正信远等公司重大纠纷。建立法治化营商环境观察员工作制度，召开民营企业座谈会3次，院长带队到企业调研9次，为企业健康发展提供法律指引。联合建立沱江流域（资中段）水环境资源保护执法司法联动机制，聘请环境资源审判专家31名，加大环境资源司法保护力度，贯彻“两山”理念。

“实”字落地激活新动能 推进“枫桥式”人民法庭建设，建立矛盾纠纷化解指导联系点，组建13人的矛盾纠纷排查化解服务队，派出100名干警开展平安建设挂包联系工作，协助化解疑难矛盾纠纷55件；委派人民调解委员会调解案件711件，确认人民调解协议146件。审结涉民营企业案件978件，涉案金额3.3亿元，依法服务民营经济发展；防范金融风险，审执结涉金融案件243件，保护金融债权，营造公平市场环境。加强环资审判工作，按照市法院安排集中管辖全市法院一定范围的刑事、民事、行政环境资源案件，依法审结20件，审结非法猎捕野生动物等公益诉讼案件4件；召开内江法院环境资源审判工作新闻发布会，并到场监督执行滥伐林木案被告人修复植被。

【司法为民】 加强审判管理，提高案件质效 健全审判监督管理制度，强化院庭长、员额法官主体责任，全面构建“大审管”工作格局。定期研判审判态势，加强庭审、裁判文书及发回重审、改判、再审等案件质量评查，不断提升案件质量。推进类案检索系统运用，努力实现同案同判。发挥裁判文书纠错系统功能，提高裁判文书质量。开展“办案攻坚争先年”活动，7项重点考核指标中案件改发率、旧存案件化解率等5项指标居全市法院前列。

全面司法公开，实现阳光司法 加强司法公开工作，审判流程公开率100%，应公开生效裁判文书上网率100%，应公开审理案件庭审公开率100%；在中国庭审公开网、新浪直播网全程直播庭审1211件，网上点击量41.05万次；公开执行信息2565条，满足社会公众的知情权、参与权、表达权和监督权。建立人民陪审员智能管理平台，规范人民陪审员参审工作，人民陪审员参与案件审理729件，参审率82.37%。

优化司法服务，满足民生需求 建立健全多

元立案机制，做到当场立、自助立、网上立、就近立、跨域立，满足人民群众立案需求。建成全省为数不多全市首个24小时自助诉讼服务点，与县司法局率先在全市联合设立诉讼服务站(点)25个，推进“非接触式”诉讼服务。坚持巡回审判，巡回办案785件，方便人民群众就地诉讼。

加强司法宣传，营造法治环境　召开环境资源审判、一站式多元解纷和诉讼服务体系建设新闻发布会，国家、省、市、县级多个媒体予以报道。通过资中融媒体平台发布重点工作、典型案例等信息55条，官方微博、微信发布信息334条，被各级各类媒体采用稿件272篇次。在内江电视台《开庭说法》栏目录播法制节目9期。开展“法律七进”65次，受教育6200余人次，院领导、业务骨干在县委常委会、县政府常务会会前学法上宣讲《中华人民共和国民法典》，在全县纪检监察干部、新任副科级领导干部、党组织书记等培训班上对《中华人民共和国民法典》进行讲解。

【司法改革】　持续推进司法体制改革　完善法官审判权力和责任清单，进一步健全审判权力运行机制。完善审判委员会制度，发挥审判委员会总结审判经验、对重大疑难复杂案件的把关作用。院庭长对涉黑恶、重大疑难复杂等278件“四类案件”进行监督管理。院庭长带头办案2277件，院长担任审判长审结了李翼等48名被告人涉黑案件，发挥示范引领作用。

扎实推进刑事审判改革　强化庭审实质化，审理案件71件，关键证人、被害人出庭作证6次，当庭裁判案件208件。坚持刑事普通程序律师辩护全覆盖，为188名被告人指定辩护律师；设立律师阅卷室及休息室，为律师履行职责提供保障。落实宽严相济刑事司法政策，适用认罪认罚从宽制度处理案件227件234人，适用轻刑快处方式审理案件128件141人。协助开展社区矫正工作，对被判处非监禁刑的被告人进行回访，其中对未成年被告人回访考察26人次。

深入推进民事审判改革　推进民事庭审实质化，提高民事案件庭审质效；推进民商事案件繁简分流，扩大简易案件速裁使用范围，简易程序适用率72.94%。适用小额诉讼程序审结案件734件，实现一审终审。推进类型化案件要素式审判改革，提高审判效率。巩固家事审判改革成效，审结家事案件1062件。深化“道路交通事故损害赔偿纠纷网上数据一体化处理”改革试点工作，试点以来调处道交纠纷276件，为全面推进改革贡献了资中智慧。

【司法政务管理】　完善档案管理制度。全面提高档案质量，努力实现档案管理规范化、专业化、制度化建设。进一步完善《档案查、借阅责任制度》《档案管理制度》《档案保密制度》《档案员岗位责任制》等制度，建立档案台账，有效防止不规范借阅、调档，排除档案安全隐患，实现零泄密、零损毁、零丢失和零被盗事件。做好档案查阅利用，全年外部查阅利用1035人次，内部查阅利用252人次，法院间查阅利用17人次，对外查阅利用异地12人次；提供档案查阅1409件，其中本院各部门查阅各类档案件数342件、外部个人及外部单位查阅档案件数1035件，法院间查阅利用档案件数20件，对外查阅利用异地档案件数12件。做好电子档案利用，全面实现电子档案在办案系统里的在线流转，简化审批流程，打破法院之间、部门之间调阅档案烦琐耗时长的局面，提高了工作效率。在诉讼服务中心、档案室设立电子档案查阅点，极大地方便了当事人查阅、利用档案，有效提升人民群众司法获得感和满意度。

强化值班制度，坚持每天24小时值班，认真做好值班记录，完善交接班登记制度，重要情况及时向领导汇报。强化安全检查，加强法院机关安全保卫，明确岗位责任，落实带班领导巡岗制度及内部防范措施，保证机关安全。增强押解和执行工作的安全措施，做好工作预案，保持高度的责任心和警惕性。强化后勤保障，加强法警业务培训，提高处理突发事件能力。加强车辆管理，制定警车管理制度，做好车辆日常维护工作，开展不定期的驾驶员安全培训，确保行车安全。

【智慧法院建设】 在全市法院率先建成“24小时自助诉讼服务点”，利用大数据等信息技术手段，实现诉讼服务平台由实体向网络延伸，诉讼服务时间由8小时向24小时延伸；建成“云上法庭”3个，2月19日，利用“云上法庭”审结全省首例涉疫物资（口罩）诈骗案，从受理到宣判不足24小时，入选全省法院典型案例，被中央电视台等多个国家级媒体报道，受到市委主要领导肯定性批示；搭建集约化送达服务平台，通过平台送达案件2447件，平均送达时间1.49天，成功送达率87.42%，切实解决案多人少和“送达难”问题；建成庭审智能语音识别转换系统3套，利用庭审智能语音识别转换系统开庭513件，转换文字262万字，有力提高开庭审理效能；建立互联网法庭2套，实现了当事人异地调解、开庭审理等工作，让人民群众有更多司法获得感；建立人民陪审员智能管理平台，提高人民陪审员参与陪审工作的规范化、透明度；建立刑事案件证人保护系统，既保证确需证人出庭作证案件的开庭审理，又能充分保障证人的人身安全。

（李小平　何成康）

司法行政

【概况】 2020年，资中县司法局坚持以习近平新时代中国特色社会主义思想为指导，全面贯彻习近平总书记关于政法工作的重要指示精神，在县委、县政府的坚强领导下，在市司法局、县委政法委的指导下，紧紧围绕中心、服务大局，以依法治县为统揽，全面履行行政执法、刑事执行、公共法律服务等职能，不忘初心、牢记使命，锐意进取、担当实干，以实际行动为加快建设国家级历史文化名城和成渝中部经济强县提供坚强法治保障。

【依法治县】 召开全面依法治县委员会第二次会议，制发《资中县全面依法治县2020年工作要点》《资中县关于加强法治乡村建设的实施意见（2020—2022年）》；落实疫情防控法治保障措施，制发《关于为坚决打赢疫情防控阻击战提供司法服务和保障的实施意见》，开展疫情防控相关文件合法性审查100余次，开设《法治资中》等法治宣传专栏，发布疫情相关法律法规及典型案例信息200余条；提升领导干部法治意识，制发《中共资中县委常委会2020年会前学法计划》，开展县委常委会会前学法和中心组集中学法12次，学习各类法律法规20部；开展法治政府建设，推出企业开办“帮办代理”“容缺受理”服务，帮办代办802户、容缺办理337户；开展社会治理，出台《资中县市域社会治理2020年法治保障工作方案》并推动执行。

【法治宣传】 2020年，组织召开资中县迎接“七五”普法总结验收工作业务培训会，对各镇、县级各部门、部分学校等“法律七进”点位的“七五”普法工作进行总结验收。资中县《传统“偶艺”助力资中法治宣传》被四川省司法厅遴选为全省“七五”普法特色亮点工作，资中县水南实验学校被省司法厅遴选为全省“七五”普法特色点位。全面落实“谁执法谁普法”“谁服务谁普法”普法责任制，严格推进“法治四川行·一月一主题”普法活动，深入开展国家安全、环境保护、、社区矫正、宪法宣传等专题法治宣传。结合资中县2020年“宪法宣传月”活动，开展“七五”普法成果展，悬挂大型宣传标语10幅，“七五”普法成果图文展板50块，张贴宣传挂图20张，进行有奖知识竞答300余人次，设立宣传及咨询台47个，为群众面对面提供法律咨询240人次。分类开展“法律七进”400余场次、学法活动200余场次。出台《资中县关于开展公共卫生专项法治宣传教育工作的通知》，发布《资中县关于严厉打击新型冠状病毒肺炎疫情防控期间违法犯罪行为的通告》，印制防治新型冠状病毒普法宣传资料，动员全县各级各部门共同做好疫情防控普法宣传工作；疫情防控期间，累计发放疫情防控法治宣传资料3.3万份，深入900余户重点对象家中排查宣传，通过电话、短信、微信等方式对居家观察对象开展法治宣传1.5万余人次，调处重大矛盾纠纷20余件，法律服务、法律援助出动296人次，利用“弘资中—法治资中App”开展疫情防控、复工复产法治宣传，发布疫情防控法治信息200条，累计受益4.9万余人次。

【人民调解】 调整完善人民调解网络，完成22个镇、366个村（社区）人民调解委员会备案登记。开展调解员素质培训，大力提升调解能力。续聘9名专职调解员，保障专业调解力量；规范执行专职调解员管理和考核办法，加强专职调解员管理。全县各类调委会共调处矛盾纠纷10732件，调解成功10593件，成功率98.7%，全县矛盾纠纷发生率稳控在1%以内。

【帮教安置】 加强服刑人员信息核查和重点人员接送，服刑人员基本信息核实率100%，一般帮教对象衔接率85%以上，重点帮教对象接送率100%。通过远程视频会见系统，加大与监狱工作衔接，大力开展亲情帮教。特别是疫情防控期间，通过远程视频会见系统较好地解决了部分在监服刑人员亲属无法与在监服刑人员当面会见的问题。

【社区矫正】 建立健全“三级四位”社区矫正工作网络和多元化社区矫正工作志愿者、联络员队伍。高标准建成社区矫正中心，成功召开全县社区矫正工作推进大会，承办2020年内江市社区矫正工作业务培训会暨经验交流现场会。以“片区+中心”模式，助推“片区”联动协作，强化监督管理、教育矫正，开展片区集中教育36场次，矫正中心集中教育10场次，参加教育300余人次；疫情防控期间，依托线上“微”教育，累计发出警示教育、政策、工作提醒100余条。以四川省内江强制戒毒所为现场警示教育平台强化刑罚执行一体化工作，针对性组织社区矫正对象分批进行涉毒警示教育。委托内江市八益职业技能培训学校对25名社区矫正对象开展为期15天的中式烹饪厨艺培训。多途径学习宣传《中华人民共和国社区矫正法》。加强队伍建设，开展专题社区矫正业务培训4次；联合县检察院到各镇开展社区矫正执法专项检查12件次，利用行政工作例会、节假会议、局司法行政工作微信群进行工作提醒、督导50余次；依托“万案大评查”评审活动，及时开展自查自纠、专项整改。年度累计新增接收社区矫正对象283人，解除矫正292人，在册监管社区矫正对象393人，接受社会调查评估228件，开展心理评估3人次，针对性开展未成年矫正对象心理矫治3人4次，开展执行地变更监管35人（出29人、进6人）；纳入手机定位监管345人；暂予监外执行期满收监执行2人，违反监管规定警告处理4人6次，训诫提醒4人6次，提请撤销缓刑收监执行1人。

【公证服务】 加大公证督查力度，严格按司法部办证程序相关规定，完善办证申请、受理、告知、询问等事项，严格审查当事人申请公证的目的、用途及真实性。2020年办理各类公证案件2258件，其中：国内公证2153件，涉外办证88件，涉港澳台公证17件，办证合格率100%。

【法律援助】 调整“三点一线”法律援助特色网络，完善一小时法律援助服务圈。落实“六统一”制度，推进法律援助工作制度化、规范化管理。深入开展法律援助宣传，提高群众知晓率。加大特殊群体法律援助力度，畅通农民工、妇女儿童等特殊群体“绿色通道”。通过“五个当天”共办理涉及农民工讨薪的案件86件，挽回经济损失170万元。2020年共办理法律援助案件476件，完成法律援助民生工程目标任务5123人次，执行进度达182.96%。配合推进以审判为中心的刑事诉讼制度改革，保障律师依法辩护权利，最大限度调动律师力量，加大律师法律援助工作力度。逐步完善诉讼对接机制，加强与公安、检察院、法院对接沟通，建立资中县法律援助中心驻法院工作站。有力推进认罪认罚从宽制度改革，做好值班律师提供认罪认罚法律帮助，为犯罪嫌疑人提供认罪认罚法律帮助340余人次。积极推进刑事案件律师辩护全覆盖工作，办理涉黑涉恶及有重大社会影响案件207件，重点指派“李某等48人参加黑社会性质组织罪”涉黑案件、“尹某等16人妨害公务罪案”“包某等134人电信诈骗罪案”3起典型案件。

【律师工作】 强化律师“德”的考核，完成3个律师事务所、31名律师年度考核和律师事务所承诺事项审查。加强律师参与涉黑涉恶案件的监督工作，参与“4·10”涉黑案件、尹玉昌等涉恶案件审理旁听。组织律师开展城区民营企业法治体检，审查企业用工合同、资金管理、经营风险、债权债务等内容，解答企业生产经营方面常见问题，讲解公司管理相关法律法规，切实维护企业及员工合法权益。

【基层法律服务】 加强基层法律服务行业监督检查，继续实施负面清单制。完善基层法律服务所合伙章程协议，完成14个基层法律服务所、48名基层法律服务工作者年度考核。2020年全县基层法律服务工作者共办理民事案件713件，担任企事业单位法律顾问60家，担任村（社区）法律顾问31人，办理法律援助案件164件。

【行政执法监督审查】 加强重大行政决策合法性审查，在涉及行政区域调整、招商引资、村级建制改革等重大行政决策上依法提出审查意见建议；加强行政规范性文件审查管理，落实行政规范性文件双重备案制度，分别报送市政府和县人大常委会备案行政规范性文件3件；有效推动落实行政执法“三项制度”，加强执法协调监督，促进公正文明执法。

【行政复议与应诉】 规范办理行政复议案件6件，办结率100%；承办的王某某不服县交警大队行政处罚案入选全市行政复议典型案例；2篇行政复议裁判文书在“全市优秀行政复议裁判文书”评选中分获二等奖和三等奖。承办以县政府为被告的行政应诉案件4件，均胜诉；全县发生以县政府部门、镇为被告的一审行政应诉案件42件；通过印发应诉提醒函、定期通报等方式，督促指导行政执法部门压紧压实主体责任，对标抓好整改落实，倒逼落实出庭应诉各项规定，出庭应诉率达94.74%，同比提高3.63%。强化“府院”共治，印发《“府院”法治共建方案》《责任分工方案》，有效促进行政案件源头治理和行政争议实质化解。

复议应诉工作顺利接受市人大的调研座谈，并获充分肯定；副县长张成庚代表县政府在县委全面依法治县委员会第二次会议上所作的复议应诉工作报告获得与会者一致称赞；复议应诉工作先后2个年度被市法治政府建设工作领导小组及市政府行政复议委员会通报表扬。

【行政权力公开】 规范行政审批职能，对一体化平台、行政审批中介事项等进行梳理，提出修改意见，完善相关行政审批职能的核实和确认。简化行政审批程序，在资中县公共法律服务中心设立法律服务行政审批服务席，实现全程网办、“最多跑一次”。开展对律师事务所、基层法律服务所、公证处的“双随机一公开”监督检查12次，促进“放管服”改革。

（黄德超　张小春）

军事

人民武装

【概况】 资中县人民武装部坚持以习近平新时代中国特色社会主义思想和习近平强军思想为指导，坚决贯彻新时代军事战略方针，聚焦主责主业谋发展，压实职能职责抓落实，不断增强“四个意识”、坚定“四个自信”、做到“两个维护”，贯彻军委主席负责制，圆满完成各项任务。

【思想政治】 2020 年，县人武部以中共十九大及十九届二中、三中、四中、五中全会精神为指引，始终把“看齐追随”作为根本紧抓不放，做到习近平主席讲话随到随学、精讲深悟。深化巩固“传承红色基因 担当强军重任”“不忘初心、牢记使命”主题教育成果，结合纪念抗美援朝出国作战胜利 70 周年以及“五佳”评选活动，引导全体人员守初心、找差距、抓整改、强动力。全面清理清查“郭徐房张”有害信息，认真开展重要岗位人员政治考核，多次组织社团清理整治，及时搞好网络涉军生态环境专项行动，引导干部职工正确认识处理网上敌情，打好意识形态主动仗。

【国防动员】 2020 年，县人武部突出主业，聚焦“高效”抓国防动员。围绕军事斗争准备需求，认真组织业务培训会、任务部署会、工作推进会，及时到铁马物流等重点企业现场调查，核查更新国防动员潜力数据，精准掌握近 5 年资中县退役士兵底数。以完成征兵任务为底线、以提高兵员质量为核心，多次组织召开征兵工作动员会、推进会、讲评会、总结会，高标准完成新兵征集任务，实现廉洁、高效、圆满目标。按照“国防法规进班子、国防教育进学校、国防知识进社区、国防宣传进家庭”的工作思路，先后开展“资中县党政领导国防教育暨军事日”“国防教育暨征兵宣传进校园”“国家第 20 个全民国防教育日暨资中县 2020 年欢送新兵入伍”等活动，增强干部、群众的国防观念。

【正规化建设】 2020 年，县人武部落实制度，聚焦“规范”抓建设标准。深入贯彻《中国共产党军队党的建设条例》，先后完成 4 次党委中心组带机关理论学习，组织党委（支部）书记培训，开展纠正党风廉政建设形势分析，明确党委议事程序规则，制定人武部形式主义、官僚主义问题整改清单，党委班子的创造力、凝聚力、战斗力有了进一步提升。以“条令学习月”“百日安全”等活动为抓手，围绕正规“四个秩序”，从规范办文办会办事秩序做起，严格一人一事管理，制定《人武部人员量化管理规定》，严查值班脱岗、违规喝酒、“微腐败”等易发多发问题，全年无违规违纪问题。认真开展重点行业领域清理整治“回头看”，严格落实财经活动事前审批制度落实，及时上缴家底经费，完成营区综合升级改造，修订完善后装保障方案，签订预征预储协议60余份；严格车辆派遣管理规定，强化油料动态监控，装备管理实现“四无”。

【参治参建】 2020年，县人武部求真务实，聚焦“做实”抓双拥共建。结合开展“脱贫帮扶日”活动，与镇村干部一起研究脱贫帮扶项目，组织干部职工走村入户搞好慰问、宣讲、帮扶，先后完成“泄洪口扩建”“文化长廊建设”“山顶灌溉蓄水池修建”等项目建设，完成各级组织的交叉检查。走访慰问维和官兵亲属、困难群众，联合开展“上门送喜报、荣誉进家门”活动，将送喜报活动纳入资中县双拥工作机制，2020年，向2名二等功臣（张波、朱才远）和35名三等功臣的家庭送喜报、慰问金和纪念品。落实军地互提需求、互办实事的“双清单”制度，建立5个军地双拥共建单位，广泛开展双拥宣传教育和群众性双拥共建活动，进一步密切军政军民关系。

（金中华　魏　锴）

武警

【概况】 中国人民武装警察部队资中中队主要担负资中县看守所固定目标看守勤务及资中片区“处突”“反恐”和维护社会稳定等任务。自2000年以来，中队历届官兵励精图治，艰苦奋斗，先后13次被总队树为“标兵中队”，荣立集体二等功7次、集体三等功10次。2020年，中队深入贯彻军委主席负责制，以习近平主席训词训令为遵循，贯彻学习中共十九大精神和习近平强军思想，着眼“建设‘四铁’标兵中队、培育习近平主席的‘好战士’”这个总目标，引领强军新征程。2020年被总队表彰为“‘四铁’先进中队”、先进基层党组织。

【政治思想】 2020年，中队党支部不忘铸魂育人的初心，久久为功抓首位固根本，积蓄标兵内涵底蕴。以教育人、培养人、塑造人为目标，发挥熔炉作用，坚持“三个注重”，持续提升内涵底蕴。一是注重用创新理论培育官兵忠诚品格。坚持用习近平强军思想建队育人，用党的创新理论武装官兵，用《平“语”近人——习近平用典》引领官兵全面贯彻学习 习近平主席重要讲话精神、灵活运用“士兵小讲堂”小课堂、“习近平主席系列讲话图书”小专柜、《习近平论强军兴军》小广播、《2020年　　　　习近平主席讲话汇编》小手册、《学“习”进行时》小专报、“训词、训令”小专栏、理论武装小专员、“双争”评比小标兵等“八小”载体，努力使中共十九大精神、习近平强军思想和党建思想深入兵心、落地生根。深入开展“传承红色基因、担当强军重任”主题教育，切实把主题教育里秉承红色基因与赓续标兵传统紧密结合起来。利用“一屏两网三端四平台”（智能电视屏、强军网、互联网、手机端、电脑端、纸媒端、微信公众号平台、抖音平台、视频平台、今日头条平台）开设“双百”微课“士兵小讲堂”活动，组织切合新时代的“五微”教育（网上微学习、拍摄微电影、比赛微竞答、实时微串讲、课下微交流）等，增强学习的时效性。二是注重用优良传统培养官兵崇高品质。注重在深挖传统中寻找底蕴，为官兵讲每块奖牌背后的故事，强化“中队兴亡、我的责任”危机意识。把建队37年来形成的“责任、精品、荣誉”队魂和“忠勇、精武、法治、民主”队训、“铁心向党、绝对忠诚”的标兵品质、“崇尚荣誉、团结拼搏”的标兵精神、“党员带头、民主建队”的标兵传统、“严在平时、细在经常”的标兵家风等融入政治环境、融入《标兵的样子》队歌里、融入仪式活动，通过耳濡目染、点滴熏陶，增强官兵扎根船城做奉献的使命感。三是注重用先进文化培塑官兵良好品行。继续“以文化人”，与资中县图书馆签订协议，成立图书馆分馆，每季度更换图书300余册，开展“少抽一盒烟、多读一本书”读书成才活动，通过好书推荐、诗词大会、朗诵演讲等方式，增强官兵学习兴趣。开展“歌咏演唱”“兴趣小组”“一队一品”等卫士风采文化活动，展现官兵风貌。广泛宣传中队“标兵的样子”先进事迹，发挥典型引领作用，选树身边典型，激发官兵在队言队、在队爱队的自豪感。针对“90”后、“00”后战士的新时代特征，通过人文、历史、政治、经济等通识性教育，趣味生动地打造新时代官兵的价值感体系，创新开展“心胜”（定下心胜石、每月一堂心胜电影课、每月一次心胜读书会、每月一期“心胜小报”、“心胜”荣誉大传承、结合时事组织“心胜”辨析会）系列活动，开展“三学”活动，鼓励官兵参加职业技能和学历升级考试，官兵文化水平不断提高。

【使命任务】 2020年，中队官兵始终不忘能打胜仗的初心，着力锻造标兵筋骨。深入学习贯彻训词、训令，战备训练做到“三紧三抓”。一是紧贴实战抓训练。严格落实新《军事训练大纲》要求，抓住“教练员”队伍这个龙头，从严落实官兵分训、士官组训和干部跟班作业制度，突出抓好指挥能力和任教能力训练，正课时间练战士、业余时间练干部，提高指挥士官“四会”技能和带兵能力，培养了一批“四会”教练员队伍。二是紧跟形势抓战备。深入贯彻新条令试点和“五长集训”现场会精神，细化编携配装、统一箱包柜架，规范晾衣场、警用器材室、车库等场所。有力推进营区“路面黑化”“智慧书吧”等工程建设，争取经费投入智慧磐石二期工程建设。按照“两个不经，一个保持”“一句话命令加补充指示”要求，落实“3+1”战备值班模式，应急班常态保持应急战备水平，确保随时能拉得出、打得赢。抓好特殊敏感期形势任务和战备教育，增强战备意识。三是紧盯任务抓执勤。始终把执勤作为“饭碗工程”，坚持日讲评、周分析、月总结，落实奖惩机制，立起执勤“铁规矩”。扎实开展执勤训练，深化“一点一策、一岗一策”任务研究，贴近实战开展反脱逃、反暴狱、反袭击情况处置训练，提高“三员一兵一组一班”联动处置能力。结合中队实际，落实执勤工作“五个防止”和治理打瞌睡“五条措施”，树牢官兵“哨位就是战场、执勤就是战斗”意识，提升安全系数。

【正规化建设】 2020年，中队官兵不忘依法从严的初心，久久为功，抓管理，正秩序，守牢标兵形象底线。面对“条令年”的特殊要求，牢牢把握“稳中求进”总基调，做到“三个坚持”。一是坚持法治思维，树牢安全理念。强化“制度就是法”的意识，坚持“两个必须”（各项规章制度条令条例必须得到遵守，官兵合法权益必须得到维护），细化完善《“一二三四五”手册》，建章立制促规范。用“安全工作六个一”活动检验“八个规范”成效，将“小苗头”当作“大隐患”，把“有可能”当作“已发生”，“安全靠建设”理念深入人心。将“带兵三种境界”（带着干、自觉干、创新干）、“十二字带兵法”（严是爱、真情带、教方法、多表扬）落到实处，突出强调一级一级“带着干”，干部骨干“四个带兵”能力得到提高。二是坚持教养一致，正规日常秩序。全面贯彻落实支队首长高标准抓建设的要求，更换安全提示标识和管理责任卡片，注重日常养成抓点滴，用“六按”规范一日生活秩序，用“四无三化”（四无：无烟头、无死角、无杂物、无蚊蝇；三化：营区队列化、礼节规范化、军容严整化）规范内外环境，落实“五步机制”（检查、通报、整改、验收、督导），营造“说了就干、马上就办、立即解决、事不过夜”的浓厚氛围，规范中队日常秩序。制定“三步走”方针（第一步练军事增强自信、第二步练管理提高能力、第三步练综合素质走上班长岗位），解决新转士官定位不准、感到迷茫问题，倡导士官队伍“四个带头”（带头遵规守纪、参与训练、执行命令、弘扬正能量），通过军事考核、情况处置、现场答辩等方式实现骨干竞争上岗，骨干带兵和管理能力有效提升。三是坚持体系防范，抓实预防工作。围绕“四心工程”推动经常性思想工作，利用“大谈心”“三互”“双四一”“零报告”等制度载体，采取为新战友洗脸、为老兵点赞、过集体晚会、做病号饭、为父母寄送喜报等方式，营造拴心留人环境。定期组织两支队伍培训，开展模拟情况处置和心理行为训练，建立家庭、社会、部队“三位一体”管控机制。

（王 欢　陈啟友）

人民防空

【概况】 资中县人民防空办公室（简称县人防办）为县政府办内设机构。2020 年，县人防办狠抓防空警报日常维护和人防工程管理。

【工程管理】 2020 年，县人防办狠抓人防工程结建审批工作，强化在建人防结建工程日常监督管理。鉴于资中县人防办既无专业工程技术人员，也无监督管理人防结建工程经验，市人防办加大对资中县工程项目的支持，在工程建设的重要时间节点和重要部位，多次安排市人防办工程科技术人员赴资中检查在建项目，现场指导，开展人防行政执法工作。

【指挥通信】 落实基层人防工作站建设。按照全市的统一安排部署，做好防空警报日常维护管理工作。各防空警报点按要求落实半月检查制度，警报器完好率 100%，除一个工作站因通信原因不能由中控室统一控制外（“9 · 18” 手动鸣放），其余警报均能实现集中统一鸣放。同时，与各警报点签订警报器维护管理合同。

（李 波　朱 炬）

自然资源

土地资源

【概况】 2020年，资中县自然资源和规划局坚持全面从严治党，突出党建引领；坚持全面统算谋划，突出规划引领；坚持生态红线管控，突出资源保护；坚持依法出让土地，突出要素保障；坚持推进“放管服”改革，突出优化服务；坚持预防为主原则，突出综合治理；坚持推进生态修复，突出环境改善；坚持开展，突出整治乱象；坚持推动全面发展，突出中心重点。年末圆满完成各项目标任务。

【国土资源】 截至2020年12月底，全县实有耕地面积84255.86公顷，划定永久基本农田68814.42公顷；全县煤矿探明储量45588万吨，已出让量1687万吨，探明储量剩余43901万吨；全县石灰石探明储量27000万吨，已出让量11407万吨，探明储量剩余15593万吨。页岩气可开发面积约570平方千米，地质储量2832亿立方米。

【资源调查和确权登记管理】 资中县第三次全国国土调查工作自启动以来，投入技术作业人员200余人，完成全县33个乡镇包括线状地物面状化、图斑的矢量化、内业影像判读提取不一致图斑、耕地细化标注及种植属性标注等内业图班矢量化等工作，核查举证共计282433个图斑，经过近30轮的省市成果核查，5次国家级核查，于11月3日以零差错率通过国家级核查。自然资源确权登记情况：各类自然资源共涉及矿产类65宗、水库4座、森林2处、河流2条。已完成65宗矿产类自然资源确权登记招标和14宗矿区资料收集与整理、基础数据分析、首次登记公告编制等工作。

【耕地保护】 严格执行耕地保护和基本农田保护制度，落实共同责任机制。年初，县政府与各镇签订《耕地保护目标责任书》共22份。全县共设立基本农田保护标志牌108块（其中1块县级107块镇级），界桩582个，划定基本农田保护面积68814.42公顷，共45984个图斑，33个保护区，755个保护片，10632个保护地块，签订责任书788份，发放保护卡19万户。年末实际耕地保有量84499.32公顷，耕地保有量和基本农田保护面积均不低于市级下达的目标任务。

【土地整理】 2020年，继续推进金李井镇和骝马镇省投土地整理项目的实施，项目建设规模25878.8亩，预计新增耕地2117.55亩。

实施鱼溪镇、双河镇2个历史遗留工矿废弃地复垦利用试点工作，复垦规模67.1647公顷，预新增加耕地面积42.3613公顷、林地面积18.6829公顷，复垦完成后可获得61.6931公顷建设用地周转指标。

【用地保障】 2020年完成半山公社、双河镇污水处理厂、新发地二期、远达二期、西干道南北地块、困牛山一期等重点项目拆迁工作，全年完成集体土地征收1194.12亩。

发布征地启动公告7个共11宗地，面积118公顷。上报组卷9个批次、1个单独选址项目面积共29.906公顷。涉及西干道二期、党校二期和三期、回锅肉小镇等项目。

【执法监察】 2020年，组织县、镇两级开展动态巡查共2103次，重点区域巡查覆盖率达98%，制止违法行为100%。巡查及卫片发现违法行为27件，其中土地违法行为有22件，占地面积254.28亩；矿产领域违法行为有5件，立案查处5件，没收并处罚款共2252207元。

整改“大棚房”另案查处类问题121个，占地面积267.54亩，对121个点位进行实地测绘并完成数据矢量化和上报工作。

开展违建别墅问题专项整治行动，清查项目24个、占地面积41.11亩、建筑面积13068.2平方米，整改违建别墅问题2处（拆除复耕1处、0.2亩，拆除复绿1处、2.02亩）。开展违建别墅问题清查整治“回头看”工作，核查国家下发重点区域疑似图斑矢量数据53个，占地面积147.2475亩，建筑面积6.18万平方米。

全年受理各类信访258件（其中重访16件，初访242件），已办结245件，办结率94.96%。

【矿产资源开发利用】 加强矿产资源调规工作，合理开发利用矿产资源。根据县域经济发展需求，积极开展第四轮矿产资源规划调规工作。切实推进香炉山——牛躺山水泥用石灰石矿采矿权和鱼溪镇响水滩地热水探矿权的出让上报工作。加大力度开展矿山执法检查，打击违法违规行为，维护矿业生产秩序。

【城乡规划】 资中县国土空间规划编制 完成前期调研、“双评价”“双评估”等20个专题研究、拟定县级指标分解方案，形成《资中县国土空间规划（2020—2035年）》大纲，并多次对接市级规划，征求县级相关部门意见。初步划定城镇开发边界。

土地利用总体规划局部调整 一是完成高楼镇、归德镇等11个镇土地利用总体规划（2006—2020年）修改工作，9月获市人民政府审批。二是完成资中县土地利用总体规划（2006—2020年）局部调整工作（报省厅批次），10月获省自然资源厅审批。三是完成球溪镇等8个镇土地利用总体规划（2006—2020年）修改工作，12月获市人民政府审批。四是完成资中县土地利用总体规划（2006—2020年）局部修改工作（报省人民政府批次），12月获省人民政府审批。

村规划编制《资中县发轮镇余家场村村规划（2020—2035年）》编制工作于2020年10月通过资中县城乡规划委员会审定。

城乡建设用地增减挂钩 编制完成资中县双河镇葫芦寺村、长山岭村城乡建设用地增减挂钩项目和资中县孟塘镇睦邻村城乡建设用地增减挂钩等2个项目实施规划，已获省自然资源厅批复。

乡村空间布局规划编制 根据资中县乡村振兴规划委员办公室相关工作要求，完成《资中县乡村空间布局规划》编制工作，规划成果已通过县政府和县乡村振兴委员会办公会审定，待乡村振兴委员会全会审议。

建设项目规划管理 审查各类专项规划编制、修建性规划方案，并提交城乡规划委员会审定，全年共计召开专业委员会9次，规委会11次；出具球溪镇屠宰场建设项目、畅达二期建设项目、君子泉酒业项目、廖叶沟水库周边建设用地建设项目、新发地二期建设项目、共同管业建设用地项目等共计21个规划条件；审批教育园区一期（小学部）建设、教育园区（幼儿园）建设、县妇幼保健院建设、陈家幼儿园建设、生活垃圾焚烧建设、翡翠园五期建设、西干道道路建设、和鸣大道道路建设、远达A区至E区道路和绿地配建建设、望江名门二期、水南四幼、中医院二期等规划总平图共计41个。

林业

【概况】 截至2020年底，资中县森林资源面积65万余亩（不含四旁），森林蓄积238万立方米，森林覆盖率32.64%。有活立木蓄积238.77万立方米，其中疏林地活立木蓄积161.45万立方米，四旁活立木蓄积74.4万立方米，散生活立木蓄积2.92万立方米。

【林业产业】 积极扶持壮大特色水果产业，继续加大竹产业、木本粮油（油茶、油橄榄）、花卉等产业基地建设；加强农业产业结构调整，组织林业专业技术人员搞好产前、产中、产后服务；加大对以嘉富木业等为主的木材加工企业的扶持力度，鼓励引导企业建立自己的工业原料基地；发展推进竹产业和竹林风景线建设，新增竹林面积0.3万亩，低质低效竹林质量提升0.75万亩；发展林业产业基地0.8万亩。2020年，全县实现林业总产值20.59亿元，生态旅游与休闲产业收入6.0亿元。

【国有林场】 全场经营面积47609亩，林地面积47470亩，森林蓄积46.6万立方米，分布于全县6个镇；有国家重点公益林45569亩，其中风景林2785亩，母树林4067亩，水土保持林38717亩，以马尾松、湿地松、火炬松、柏树为主要树种。

【绿化造林】 围绕大地增绿、农民增收的总体目标，大力开展生态绿化建设。持续加强退耕还林12.04万亩天然林资源、6.42万亩生态保护工作。继续推动大规模绿化资中行动暨沱江流域生态治理大规模绿化项目，新造人工造林3000亩，森林质量精准提升11000亩，封山育林3000亩，退化修复600亩，义务植树56.2万株。着力推进“三带两线”绿化工程项目，完成水系绿化930亩（其中乌龙河绿化530亩，濛溪河绿化400亩）；完成G321国道（鱼溪段）道路绿化10千米，巩固罗泉古镇旅游环线绿化24.206千米。

（胡　明　吴升茂　刘　刚　李春燕　何钰祺）

水利

【概况】 2020年，水利基础设施领域投资项目建设共涉及续建、新开工10个（其中续建项目7个、新开工项目3个），计划总投资87411.30元，其中续建项目计划总投资84652.30万元（含资中县两河口水库工程79602.49万元）、新建项目计划总投资2759万元。2020年累计完成投资15677.48万元，其中续建项目累计完成投资15572.48万元（资中县两河口水库工程10898万元，其他项目4674.48万元），新开工项目累计完成投资105万元。

【水利建设与利用】 认真搞好水利工程蓄水保灌工作，确保农业稳粮增收。全县水利工程共7287处，其中中型水库2座，小（1）型水库33座，小（2）型水库142座，塘堰7110口。截至12月底，全县各类工程蓄水15134.067万立方米，占应蓄水的131.99%。各类工程蓄水中，中型水库蓄水3368.36万立方米，小（1）型水库工程蓄水4224.457万立方米，小（2）型水库工程蓄水3124.87万立方米，山坪塘蓄水2685.69万立方米，石河堰蓄水1730.69万立方米。

完成灾后水利薄弱环节小型病险水库除险加固项目下达中央水利发展资金1624万元，在水南镇、鱼溪镇等8个镇实施，共整治病险水库12座，主要整治内容为整治坝顶、内外坝坡、溢洪道、放水设施，新建管理房、新增大坝安全监测设施等。

完成2019年中央水利发展资金小型水源工程建设项目，该项目在资中县17个镇35个村实施，其中涉及2019年“水美新村”9个，贫困村7个。整治山坪塘44处，工程总投资341.7万元，其中中央水利发展资金300万元，县级自筹4.88万元，群众投劳折资36.82万元。该工程于2019年12

月开工建设，2020年3月底完工，于2020年4月底完成县级验收。项目实施后，恢复蓄水能力23.53万立方米，恢复和改善灌溉面积0.4279万亩。

完成2020年省级农村饮水安全专项资金工程（巩固提升项目），该工程在12个镇、53个村实施，主要建设内容：新建水井87口及配套工程90套，整治水井2口及配套工程2套，自来水入户工程1处，新建蓄水池1座。工程总投资136万元，其中省级专项资金100万元，群众自筹36.79万元。项目完成后将解决112户、303人（其中建档立卡贫困人口饮水不安全93户、259人）的饮水安全问题。

【防汛抗旱】 落实水旱灾害防御责任制，对全县177座水库、20座水电站安全度汛责任人和235个山洪灾害危险区责任人及时调整和更换。根据省、市、县要求，各镇按照属地管理、分级负责的原则，进一步完善以地方政府行政首长负责制为核心的安全责任制。逐一落实水库大坝安全管理的地方政府、主管部门、管理单位“三个责任人”，水库、水电站安全度汛行政、技术、巡查值守“三个责任人”，山洪灾害危险区行政、巡查、预警转移“三个责任人”，明确各类责任人的主要职责、基本要求和责任追究制度。根据实际情况，按照《四川省防汛总体预案编制大纲》要求，编制资中县水旱灾害防御预案，2座中型水库、33座小（1）型水库、142座小（2）型水库、20座水电站防汛应急预案和水库、水电站大坝调度规程及235个山洪灾害危险区“两张图”预案修订。再次修订水库防汛抗旱应急抢险预案、大坝安全管理应急预案、水库调度规程，开展防洪抢险应急演练，做好汛期水情、雨情及水库枢纽运行情况的监测工作。

健全防御体系应对“8·17”洪峰过境，实时监测水情信息，及时传递预警信息19条次、27683人。通过QQ群每小时通报沿江各镇的洪水实时水位情况，让沿江各镇及时了解掌握上游水情信息，提前研判做好防范转移工作，确保人民生命财产安全，全面实现了“三零”目标。

【水政监察】 加大水法律、法规宣传力度，营造良好法治环境。结合疫情防控，开展多种形式的水法宣传活动，充分利用“世界水日”“中国水周”、贯彻实施《沱江流域水环境保护条例》、“长江流域禁止捕捞”“七五普法”阵地宣传等时机，利用板报、图片悬挂宣传标语、网络、LED宣传栏、现场解答等形式宣传水法律、法规，组织宣传车辆下乡镇、进社区、到企业，开展现场咨询等形式巡回宣传，扩大覆盖宣传面。2020年，全县共布置宣传栏60余块、悬挂横幅岩标100余条，接受群众现场宣传、咨询400余人次，散发宣传资料2000余份。

加强监督，严格执法。针对取水许可、河道采砂、水土保持、水利工程管护、涉河建设等涉水管理重点，在日常工作中执行水政监察巡查制度，做到对水利工程、重点河段、敏感区域常规巡查每周不少于一次，对特殊取用水户和可能引起水土流失的工程项目采取不定期进行监督检查，对涉河建设审批强化事后监管。全年出动执法人员20余人次，执法车辆60余辆次，其中组织联合执法行动6次，节假日、夜间巡查16次；查办行政处罚案2起，调解水事纠纷26起 。

强化河道砂石禁采监管，依据《四川省河道采砂管理条例》及省、市《关于建立河道采砂管理合作机制及其运行管理办法》等文件精神，县水利局牵头构建河道采砂管理合作机制，对沱江、球溪河等重点河段加大巡查密度，切实加强涉砂船舶定点靠泊管理，进一步开展砂石堆放场（加工场）整治“回头看”，依法查处“银山渡改桥”施工区非法采砂案，罚没5.5万元，切实做到河道砂石的有效管控。

认真开展河湖违法陈年积案“清零”行动，做到河道“清四乱”常态化。河库管理所（县河长办）牵头、县江河站及县水政监察大队联合镇政府，共巡查河库12次，依法开展涉水违法建设整治，注重收集“黑、恶、乱”“行业乱象乱点”

等线索，配合相关单位做好甄别及整治工作。处置“南滩河”临时过河便道、龙江镇龙江溪养鱼护栏、沱江亲水景观商业设施等违建51处，督促水南镇倒石桥碎石场等5处乱堆整改，查处重龙镇泥巴湾社区弃土场渣土乱堆行为(罚款5万元)。

强化水土保持执法监督检查，联合县经信局等相关单位，对全县20多家碎石加工场进行清理检查，对不符合水保要求的项目督促限期整改，对58个生产建设项目的水保工作进行跟踪检查，追缴相关企业水土保持补偿费40余万元。

加强涉河建设项目监督检查，避免新增涉水违法建设。对成自高铁跨河桥梁、金李井等镇污水管网十余处建设项目进行事中监督，要求完善工程建设审批手续；对银山渡改桥、沱江南岸滨江湿地公园等涉河建设进行跟踪检查，督促施工与审批相符。联合县交通运输局等相关单位，对全县17处客、货码头进行清理检查，对不符合要求的督促落实整改。

加强水库、堤防、村镇供水等水利设施监督检查，避免水利工程安全及水质污染等问题发生。在水行政执法检查中，水利局与应急、生态环境、卫健等部门联动，对球溪河、水库、中小河流堤防、村镇集中供水站等重点部位进行定期和不定期检查，通过加强巡查，做到对微小问题早发现早处置，为消除水利工程安全隐患、杜绝水库肥水养鱼、保障农村饮水安全、落实水电站下泄生态流量等工作保驾护航。

【水土保持】 2020年完成审批生产建设项目水土保持方案48个，其中承诺制项目26个，审批率100%；征收到位水土保持补偿费120余万元；完成水土流失综合治理面积20平方千米。

水土保持重点工程建设顺利推进。资中县2019年朱家河项目区坡耕地水土流失综合治理工程位于银山镇、明心寺镇，工程计划总投资2000万元，其中中央补助1600万元，县级配套400万元。该工程于2019年7月开工建设，2019年完成坡改梯主体工程，2020年重点开展坡面水系配套工程建设。原计划在2020年3月完工，由于受疫情影响以及工程变更等原因，2020年12月竣工验收。

水土保持监测点建设按期启动。组织开展资中县金紫山水土保持监测点规划和实施方案编制工作，完成监测点选址和实施方案编制，经省监测总站专家审查后报内江市水利局批准，2020年12月投入使用。

【重点项目】 资中县两河口水库工程（省级）项目施工便道的建设完成80%，消力池开挖完成60%，签订移民协议26户。

资中县三黄分干渠工程（市级）项目完成可研报告初稿，正在协助都江堰管理局编制都江堰灌区续建配套及现代化改造项目规划。

资中县水库综合治理项目（市级）已完成50座劣V类水库水质综合治理，改善全县水库水质。

乌龙河（资中段）水环境治理工程（县级）项目已完工并通过县级验收。

2019年小型水库维修养护项目（县级）已完工。

2020年病险水库除险加固项目（县级）已完成1座水库的批复。余下的11座正待批复。

资中县2020年坡耕地水土流失综合治理工程（县级）项目已完成实施方案编制，并通过专家审查。

2019年中央农业生产和水利救灾资金项目（县级）已完工。

资中县朱家河项目区2019年坡耕地水土流失综合治理工程（县级）项目坡改梯已完成100%，配套完成90%，占工程的90%。

沱江右岸资中城区松山坝段堤防工程(县级)项目专家意见初稿已上报省厅建管处。

沱江右岸资中县银山镇糖厂段堤防工程（县级）项目修改设计报告已完成并上报省厅，等待专家意见。

沱江左岸资中城区白石岩堤防工程（县级）

项目修改设计报告已完成并上报省厅，等待专家意见。

沱江干流资中县宫皇坝段堤防工程（县级）项目正在编制可研报告。

资中城区自来水厂段和大中坝唐明渡段堤防工程（县级）项目专家意见初稿已上报省厅建管处。

【河（湖）长制】 完善体系，规范有序推进工作。结合乡镇行政区划调整，及时完善全县河长名单，设立县、镇、村三级河（湖）长1248名，河道警长276名，企业河长73名，保洁员423名，护河员873名，巡查员728名，监督员68名，河小青（志愿者）749名，更新公示牌453块。

建立健全跨流域跨区域河库联防联控机制。与仁寿县、资阳市雁江区、安岳县等建立了上下游联席会议机制并长效坚持，开展联防联控行动33次。

加快河（湖）长制信息化进程。结合“智慧水利”建设，在河（湖）长制信息平台（一期）基础上，完成二期能力建设，不断完善各级河（湖）长制信息化平台功能搭建。

加大宣传发动。开展河（湖）长制知识大讲堂132次，累计培训23400余人次；被国家、省、市级以上部门采纳河长制相关信息简报40余篇。

强化任务，成效明显。围绕水资源保护、水域岸线管理、水污染防治、水环境治理、水生态修复、综合执法等“六大任务”，全力推进河库治理。持续开展“清河 护岸 净水 保水”四项行动，完成清理河道7200余千米、渠道3300余千米，涉水垃圾、漂浮物15300余吨。

【小水电工作】 开展长江经济带小水电清理整改工作，根据四川省水利厅、四川省发展和改革委员会、四川省经济和信息化厅、四川省生态环境厅、四川省能源局《关于印发〈四川省长江经济带小水电清理整改工作实施方案〉的通知》（川水函〔2019〕329号）及四川省水利厅《关于印发〈四川省长江经济带小水电站清理整改综合评估指导意见〉的通知》（川水发〔2019〕5号）相关要求，开展全县28座水电站清理整改工作。

坚持问题导向、分类处置、依法依规原则，切实开展资中县小水电清理整改工作，对照小水电清理整改工作标准，对全县小水电进行全部核查评估，委托第三方机构编制《资中县长江经济带小水电清理整改综合评估报告》，组织县发改、经信、生态环境、自然资源与规划、农业农村（渔业发展）等相关部门及专家对综合评估报告进行评审。

根据《资中县长江经济带小水电清理整改综合评估报告》提出的小水电清理整改综合评估指标体系和评估意见及建议，资中县28座小水电站分为整改、退出两类，其中整改类20座、退出类8座（其中立即退出7座、限期退出1座）。

按照分类评估意见逐站编制“一站一策”整改方案，并按照整改方案进行清理整改，已完成28座电站整改及退出整改任务，对退出类电站的保留设施已全部落实管护责任。由县水利局牵头组织县发改、经信、生态环境、自然资源、农业等部门对各水电站整改情况进行县级验收，并接受了省、市各部门的督导，下一步将申请省、市销号验收工作。

（谢　斌　孟爱民　李　丹）

气象

【概况】 2020年，资中县气象局认真做好气象服务各项工作，成功预报“7·15”大暴雨、“7·31”大暴雨、“8·12”大暴雨等多次暴雨重要天气，做到提前预警，及时发布重要天气消息及各类预警信号。实现了重大气象灾害零死亡、零失踪、零重伤的“三零”目标。

【重要气象事件】 2020年2月14—16日、3月26—28日、11月21—23日共出现3次寒潮天气过程。9月12—18日、20—30日出现2次初秋低温连阴雨天气过程。10月2—7日、12—21日出现2次连阴雨天气过程。共出现4次暴雨天气过程，6月17日暴雨（最大降雨量出现在球溪镇双峰寺75.3毫米）、7月10日暴雨（最大降雨量出现在公民镇回龙桥村61.5毫米）、7月15日暴雨（最大降雨量出现在太平镇石宝村117.1毫米）、7月25日暴雨（最大降雨量出现在双龙镇红牌村76.4毫米）；3次区域性大暴雨天气过程，7月29—31日区域性大暴雨（最大降雨量出现在公民镇134.3毫米）、8月12—13日区域性大暴雨（最大降雨量出现在孟塘镇163.9毫米）、8月16—17日区域性大暴雨（最大降雨出现在发轮镇119.1毫米）。4月25日20时至5月20日20时总降水量12.2毫米，出现一次夏旱，且资中县45个区域站均达到气象夏旱标准。

【气象服务】 2020年县气象局为县领导以及相关县级部门和各镇领导、防汛责任人、防灾责任人、气象协理员、气象信息员等发送气象短信84万余条。编制气象旬、月、季报48期；制发农业气象旬、月报36期；制发农业气象专题天气预报11期；制发农用天气预报32期；制发特色农业（资中血橙）气象专报16期；制作发布《气象信息快报》《最大气象信息专报》《灾害性天气预警信号》《专题天气预报》等各类服务材料304期。

【人影工作】 2020年3月下旬开始，资中县天气大部分时间晴好，森林火险气象等级高，严重干旱导致人畜饮水困难，农作物受损，为抗旱增雨，降低森林火险等级，资中县人影办严密监视天气变化，抓住有利作业时机，于4月2日、4月22日、4月23日、5月21日、5月24日、6月2日、6月16日，开展人影作业，作业效果显著，降低了森林火险等级，缓解了全县旱情。

【灾情】 7月29—31日，资中县接连出现2次区域性暴雨天气过程，大暴雨站点11个，暴雨站点57个（其中，29日暴雨站点24个，30日暴雨站点33个），最大降雨量出现在7月30日公民镇134.3毫米。据县应急管理局统计，截至7月31日17时，2次暴雨导致22个镇9264人受灾，紧急转移360户、1070人，分散安置1070人，农作物受灾面积7428亩，公路中断15条次，供电中断8条次，边坡垮塌220处，损坏灌溉设施59处，冲毁塘坝83座，损坏机电泵站5座，桥梁受损1座，造成直接经济损失1300万元；超汛限水位水库60座。

8月12日和17日，资中县出现2次范围较广、强度较大的区域性暴雨天气过程，并伴有雷电和6级左右阵性大风。8月12日8时至8月13日8时，全县46个监测站点中大暴雨8个，暴雨18个，最大降雨出现在孟塘镇，为163.9毫米；最大小时雨强出现在孟塘镇，为92.9毫米。据县应急管理局统计，截至8月14日8时，此次暴雨洪涝灾害和洪峰过境共造成资中县118000人受灾，紧急转移28006人，全部得到妥善分散安置，一般损坏房屋8间；农作物受灾1975.52公顷（其中成灾389.5公顷，绝收79.84公顷）；损坏塘坝86座、灌溉设施43处，供电中断6条次，公路塌方13处、路面损坏27处，损坏水电站2座，企业受损11户，地灾隐患点出现滑坡54处、崩塌158处。造成直接经济损失6689.95万元（其中农业损失3271.45万元，工矿企业损失677万元，基础设施损失2298.2万元，家庭财产损失290.3万元）。8月16日8时至8月17日8时，全县46个监测站点中大暴雨1个，暴雨7个，最大降雨出现在发轮镇119.1毫米；“8·17”特大洪水导致全县186682人受灾，房屋受损11间，紧急转移19845户、68881人，淹没房屋6382间、商铺2547间，道路中断77条次，供电中断75条次，损坏灌溉设施147处，损毁机电井345眼、机电泵站17座，损坏小型水电站17座，冲毁塘坝545座，农作物受灾2223.85公顷，工矿企业停产2户，造成直接经济损失1.9亿元。

【气候评价】 2020年平均气温偏高，年降水量偏多，年日照时数偏多。

（张雷 唐华清）

生态环境

综述

【概况】 2020年，资中县深入贯彻习近平生态文明思想及系列重要指示批示精神，树牢并践行“绿水青山就是金山银山”理念，认真落实党中央国务院、省委省政府、市委市政府生态文明建设和环境保护决策部署，紧紧围绕改善环境质量核心和打好污染防治攻坚战目标，持续推进水、大气和土壤环境综合整治，狠抓中央、省环保督察反馈问题整改，圆满完成了上级下达的生态环境保护各项目标任务，生态环境质量持续向好。

【编制水功能区划】 完成省级水功能区划4个，分别为球溪河资中保留区、濛溪河乐至至资中保留区、濛溪河资中饮用水保护区、濛溪河资中保留区，4个区划均为水功能一级区，水系均为岷沱江。其中球溪河资中保留区位于球溪河，起于河源，止于河口，长度147千米；濛溪河乐至至资中保留区位于濛溪河，起于河源，止于水口庙，长度65千米；濛溪河资中饮用水保护区位于濛溪河，起于水口庙，止于两河口，长度31千米；濛溪河资中保留区位于濛溪河，起于两河口，止于河口，长21千米。

【污染源普查】 全力推进第二次全国污染源普查，清查建库污染源1494家，配合内江市污普办接受省级验收，完成污普资料的收集归档等，编制并公布《第二次全国污染源普查公报》。严格落实“三线一单”硬约束，强化环境空间总量管控，否决4个化工类污染较重企业入驻经开区，审批环评报告书1个、报告表69个，备案登记表209个。加强排污许可证清理整顿与核发管理，完成2018—2019年固定污染源摸底、排查和2020年固定污染源分类、清查等工作，完成排污许可证发证67个，登记管理777个。

【减排成效】 坚持绿色发展，主动服务经济高质量发展。突出管理减排、工程减排、结构减排三大减排措施，推进污染物总量减排。经过严格核算，2020年资中县COD削减量为2253.55吨；氨氮削减量为173.24吨，SO_2削减量为1599.63吨，NOx削减量为4177.02吨，VOCs削减量为2356.59吨。开展应对气候变化，完成辖区内西南水泥、成实天鹰和星船城水泥3家重点单位碳排放和信息披露工作，碳排放强度下降明显。

环境保护

【自然生态保护】 《资中县“十三五”生态文明建设和环境保护规划》约束性指标6项（城

市集中式饮用水源地水质达标率达到100%、全县各镇集中式饮用水源水质达标率 > 90%、化学需氧量、氨氮、二氧化硫、氮氧化物排放总量）已全部完成；城区空气质量优良天数比率为97.8%，同比提高3.6%；PM2.5年平均浓度为25.2微克/立方米，好于年度目标；主要河流均达到Ⅲ类水体标准；镇饮用水水源地达标率88.5%，好于年度目标；化学需氧量、氨氮、二氧化硫、氮氧化物削减明显。

【流域水环境保护】 以沱江河（资中段）、球溪河、濛溪河等重点流域水环境综合整治为重点，狠抓水污染防治工作。制定《资中县水污染防治行动计划实施方案2020年度工作计划》《资中县重点小流域枯水期水质管控方案》，全力推进球溪河、濛溪河、乌龙河等重点流域枯水期水质管控，对于未按要求落实措施、导致管控目标不能实现的单位，以督办函、提示函等方式进行督促，累计下发通报1个、提示函6个、警示函1个；成立球溪河流域环境问题专项整治专班，坚持每天对球溪河开展督查巡查，累计发现问题点位133个，已完成整改131个，制定了《球溪河一河一策保护方案（2021—2025年）》，发轮镇、配龙镇2座污水处理厂建成并投运，完成球溪河两岸栽植绿化树800余亩。1—12月，沱江银山镇断面、濛溪口断面均稳定达到Ⅲ类水质，球溪河球溪河口断面水质平均达Ⅲ类、乌龙河花朝门断面水质平均达Ⅳ类，均达到上级考核标准。1—12月，县级及以上集中式饮用水水源地水质达标率100%，乡镇在用集中式饮用水水源保护区水质达标率为88.5%。

环境治理

【污染治理】 进一步完善整改"清单制 + 责任制"工作机制，推进城镇生活污水处理设施建设PPP项目百日攻坚行动，坚持县委、县政府主要领导牵头，相关领导分片联系，联系县领导包点，定期汇总、调度、通报，推进整改落实。2020年，市级以上反馈资中县的突出环境问题453个，已整改447个，完成率为98.7%。其中中央层面突出环境问题共165个问题已全部整改，完成率为100%；省级层面突出环境问题共180个，已完成178个，完成率为98.9%；市级层面突出环境问题共108个，已完成104个，完成率为96.3%。打好蓝天保卫战。制定《资中县贯彻落实四川省打赢蓝天保卫战等九个实施方案重点任务分工方案》《资中县蓝天保卫战2020年行动计划》，全面实施"减排、抑尘、压煤、治车、控秸"五大重点工程，有效控制大气污染。打好碧水保卫战。制定《资中县水污染防治行动计划实施方案2020年度工作计划》《资中县重点小流域枯水期水质管控方案》。打好净土保卫战。完成重点行业企业用地调查基础信息核实；完成全国污染地块土壤环境管理系统所有疑似地块政策依据上传。完成2020年危险废物申报登记工作，督促企业入驻四川省固体废物管理信息系统，督促并指导相关企业（单位）填报管理计划并按照相关要求进行危险废物转移等，完成31家危险废物产生单位规范化考核和15家核与辐射利用单位现场考核。

【城市环境综合治理】 城市声环境质量总体较好。城市区域环境噪声平均等效声级为55.5分贝，符合国家城考环境噪声低于60分贝标准要求，属于"较好"声环境水平；道路交通噪声平均等效声级为70.4分贝，超《声环境质量标准》（GB 3096—2008）4类功能区标准（70分贝）0.4分贝；各功能区噪声昼间、夜间平均等效声级年均值为57.3分贝，均符合国家标准，属于"较好"声环境水平。加强汽车尾气整治。开展重型柴油车排气污染专项整治，完成尾气抽查275台次，并对超标的2台车辆进行了现场处罚。完成非道路移动机械编码申报255台次，对城区22个建筑工地开展日常监管，集中消纳建筑垃圾（弃土）57 万立方米。增加机械洒水、人工清扫频率，累计出动人员 9000 余人次、冲洗车辆 2300 余台次，街道机械化作业率达 80%。

【农业面源污染治理】 监督指导农业面源污染治理，制发并落实“美丽资中·宜居乡村”农村人居环境整治工作“1+10”推进方案，完成 17 个村农村环境综合整治任务，扎实推进农村垃圾、污水、厕所“三大革命”，建成卫生厕所约 14.1 万户、普及率 61.2%。打造“五清”行动升级版，累计清理各级公路 1337.3 千米、水渠 892.5 千米，打捞河道漂浮物 308.52 吨，着力建设“美丽资中·宜居乡村”。制定《资中县畜禽养殖污染“一场一策”整治方案》，科学划定全县禁养区 424.82 平方千米，关闭沱江河、乌龙河、石堰河流域和饮用水源保护等禁养区畜禽养殖场 67 个，完成 12 个养殖场畜禽粪污处理设施建设，规模养殖场粪污处理设施装备配套率达 100%，停业整顿生猪屠宰企业 35 个；开展畜禽粪污资源化综合利用整县推进试点，全县规模化畜禽养殖场粪污综合利用率 86%，废旧农膜回收利用率 78% 以上，化肥、农药使用量实现零增长。

环境监管

【环境宣传教育】 倡导绿色生活，2020 年 4 月，以开展爱国卫生运动为契机，在武庙社区集中宣传环境保护方面的法律法规及核安全方面知识，现场接待人数 96 人，发放资料 200 余本；开展“6·5”世界环境日“美丽中国，我是行动者”主题宣传“进社区”活动，现场接受群众建议 13 条，发放宣传折页 300 余份，环保资料 500 余份，悬挂宣传条幅 6 条，宣传展板 6 块。邀请省环科院田晓刚到资中县开展“坚持绿色发展，践行生态文明”专题讲座，组织开展绿色环保公众开放日活动 1 次，受邀群众 40 余人次，向省、市环保部门共推送环保作品 11 个，获奖 5 人次，向省厅、市局、县级等门户网站推送环保宣传信息 120 余条，采用报道 70 余条，报送外宣素材十余次，有效营造绿色环保宣传氛围。

【环境保护执法】 一是稳步推进环保机构改革。11 月 19 日，完成资中生态环境保护综合行政执法大队、生态环境安全应急服务中心和资中生态环境监测中心站等机构挂牌，全县生态环境保护机构更加健全、工作职能更加宽广、工作力量更加充实。二是建立环境资源审判工作专家库。探索建立执法司法联动机制，制发《关于环境资源审判工作专家库的运行办法（试行）》，在全市率先建立环境资源审判工作专家库，西南政法大学副校长唐力、法学院院长梅传强等 7 名教授以及县公安局、自然资源规划局、市场监管局等部门 31 人入选首期专家库。三是加强生态环境行政执法合力。制定《资中县生态环境保护联合执法及执法司法协作机制》，有效整合各部门的执法职能，突破行政执法职能单一的瓶颈，破解行政执法力量不足的难题，实现生态环境保护行政执法的精准联合行动、综合研判和高效处理，实现全面排查、彻底根除、同步驱动、整体推进，充分发挥行政执法与司法的联动作用，加快形成资中县生态环境保护联合行政执法强大合力。四是持续打击环境违法行为。继续保持对环境违法行为打击的高压态势，严厉打击各类环境违法行为。2020 年共出动执法人员 2300 余人次，检查企业 70 余户次，开展“双随机”检查 96 户次，立案查处环境违法案件 39 件，处罚款 712 万元，严格执行《中华人民共和国环境保护法》4 个配套办法，查处环境违法行为 5 件，其中移送公安机关行政拘留 2 件、查封扣押 2 件、停产整治 1 件。

【环境监测】 强化环境监测，编制完成《2020 年资中县环境监测方案》《2020 年资中县环境质量报告书》，全力抓好全县水环境、声环境、大气环境质量监测工作，对县城区饮用水源地和全县乡镇饮用水源地开展定期监测，组织对全县 177 座劣Ⅴ类水库开展整治监测工作 2 次（枯水期和丰水期)，根据企业复工复产情况有序开展污染源监督性监测，开展“测管协同”，依法参加环境执法监测，2020年共获监测数据13500余个，发送监测报告193份，为资中县生态环境保护决策和管理提供科学依据。

【地下水污染监督防治】 认真贯彻落实《四川省地下水污染防治实施方案》和《内江市地下水污染防治实施方案》，加快推进全县地下水污染防治工作，保障地下水安全。一是预防为主，防治结合。开展地下水环境状况调查评估，摸清全县地下水环境状况及其空间分布。加强地下水环境监管能力建设，推进地下水、地表水、土壤、区域与场地污染协同防治。二是突出重点，分类指导。以“双源”(集中式地下水型饮用水水源和地下水污染源)为重点，综合分析水文地质条件和地下水污染特征，制定相应的防治对策，切实提升地下水污染防治水平，保障地下水型饮用水源环境安全，严格管控地下水污染源。三是问题导向，风险防控。结合县内重点区域、重点行业特点，加强地下水污染风险防控体系建设，逐步解决地下水型饮用水源安全保障薄弱、污染源多且环境风险大、环境监测体系不完善、资金保障不足等问题。四是厘清责任，循序渐进。落实地下水污染防治目标责任制，逐步建立水质变化趋势和污染防治措施双重评估考核制和“谁污染谁修复、谁损害谁赔偿”责任追究制。统筹考虑地下水污染防治工作的轻重缓急，有序推进地下水污染防治和生态保护工作。

【排污口设置管理】 推进入河排污口整治，印发《资中县沱江干流入河排污口排查整治工作实施方案》，2020年，资中县自查沱江(资中段)干流入河排污口71个，已整治完成25个(含过渡措施8个)，加强监管工业企业入河排污口10个，长期治理的河流入河口5个，正在整治31个。

(秦　义　陈永刚)

城乡建设·城市管理

城乡建设

【概况】 2020年，资中县住房和城乡建设局紧扣“国家级历史文化名城和成渝中部经济强县”战略定位，实施“依山、理水、传文、营城”策略，重点推进海绵城市建设、住房安全保障、村镇建设等工作，全面提升城市功能品质，打造宜居宜业活力资中。

【城市建设】 一是推进绿地公园建设，打造生态宜居城市。完成凤凰公园、汇金天地B、C区绿地建设，持续推进滨江湿地公园建设，开展重龙山至睏牛山建设步道、唐明渡湿地公园前期工作。牵头城市骑游道、绿道建设工作，完成资州大道骑游道、绿道改造及和鸣大道绿道改造。为全县增加公园绿地面积约5万平方米、城市绿道约2.5千米。二是加强市政道路建设，提升居民出行环境。完成竹花路二期市政道路、安居街市政道路改扩建项目建设，开展西干道二期、和鸣大道西延线、西干道二期至和鸣大道连接线、滨江大道四五期、万金山体育公园市政道路勘察设计等前期工作，攻坚克难推进苌弘大道北延线建设，逐步完善市政道路环线。三是加强环境整治，打好环保攻坚战。城区污水处理厂升级改造项目已于2020年6月完成建设，9月竣工验收并正式投入运行，并达到排放标准要求。城区水厂改扩建工程项目厂区已完成建设，待通水调试；管网已完成70余千米，剩余少量管网因线路优化，待确定方案后立即组织实施。内江沱江流域水环境治理PPP项目资中县子项目包含28个乡镇污水处理设施建设项目和黑臭水体治理项目，其中28个乡镇污水处理厂和配套主管网已全部完成建设。黑臭水体治理项目也在加快建设之中，完成武陵河入河口段清淤和管网修复，完成谷田河人民医院至重龙大道段清淤和污水管网埋设。

【村镇建设】 一是完成改造目标任务。已完成四类重点对象农村危房改造3333户，其中建档立卡贫困户农村危房改造1985户，超额完成上级下达的目标任务。二是全面完成核验工作。全县22978户建档立卡贫困户住房安全保障情况已全部核验完成，核验完成率达100%。

【房地产市场】 一是房地产健康发展。房地产开发完成投资315000万元，完成住房销售面积63.41万平方米，完成商品房销售面积71.38万平方米。二是保障性安居工程有序推进。新建各类保障性住房3734套、建筑面积22.82万平方米，累计发放租赁补贴1547户、保障人口2641

人，发放补贴资金326.94万元；完成棚户区改造4500余户，累计拨付征收补偿资金19.29亿元；改造农村危房14084户，土坯房16161户。三是老旧小区改造推进有力。成立老旧小区改造领导小组，制定老旧小区改造实施方案；启动可行性研究、规划等前期工作。

【行业管理】 一是加强工程建设管理。督促落实施工现场扬尘治理制度，开展工地扬尘污染治理，严格施工现场封闭，进出道路硬化，封闭管理运输，驶出车辆冲洗，浮土覆盖，降低工地扬尘污染。二是持续加强发展建筑业。2020年共回引建筑业企业15户，其中施工总承包企业8户，劳务企业7户；税收增加3000万元；全年受监工程54项，报监备案率100%，受监工程建筑面积110万平方米；共完成施工图设计审查备案项目42个，建筑面积共计143万平方米，完成建筑工程开工面积130.33万平方米。竣工验收备案52项（含单位工程），建筑面积60万平方米；竣工备案52项，工程竣工备案率达100%，项目竣工标志牌上墙52处。三是加大燃气监管。完成资中县燃气专项规划及三园天然气供气方案编制工作，积极推进与中石油昆仑燃气有限公司四川分公司综合能源利用项目战略合作，全年开展天然气、液化气检查32次，排除安全隐患14处。

【全县建筑业资质情况简介】 2020年，全县建筑类企业109户，其中一级施工总承包企业2户，二级施工总承包企业13户，三级施工总承包企业18户。

（田　胜　曾海燕）

【房地产管理】 县住房保障和房地产服务中心以加强保障性住房管理和为民服务为重点，以关爱行动为主线，不断聚集暖心服务的新亮点。发放租赁补贴270户，较2019年新增37户，发放补贴资金24.73万元；完成非税收入资金（公租房租金）缴存入库420万元；完成公租房保障对象资格复核审查3444户；出具公租房租金标准通知373份；完成瑞安佳园公租房小区“人脸识别”智慧门禁系统升级改造；清理人才公寓空置房44套；受理审核轮候资料59户，分配人才公寓30户；办理网签拆件68户，恢复住房保障系统内人员信息58条；全年销售经济适用住房27套，盘活闲置国有资产352.905万元；完成经济适用住房不动产权转移40户，完成公租房、经适房资料收集、整理、归档159卷，完成人员信息档案变更45卷。出具未享受公租房、房改房、租赁补贴等相关证明67份；接收城镇低收入家庭申请公租房101户，审核合格95户；清理、腾退、安置公租房76套，保证了公共租赁住房的公平合理利用。

国有土地房屋交易管理。2020年，办理二手房签约2345件，同比减少22.35%，补录不动产登记中心受理的首次、变更、更正、转让、抵押、预告、注销等登记34689件；档案查询30556件，同比增加43.01%；归集维修资金5853户，约1451.49万元；录入各级人民法院房屋查（解）封559件，同比减少19.91%。

农房登记工作。根据农村制度改革工作实际情况撰写了《资中县农村制度改革情况报告》；根据市国土资源规划局关于《做好“房地一体”不动产登记暨农村产改确权登记颁证收尾工作》调研工作会议精神，与县自然资源规划局做好数据移交基础工作，为农房登记实行“房地一体”的不动产登记奠定了基础。

房地产市场管理。全年核发商品房预售许可150件，建筑面积101.76万平方米；商品房买卖合同备案9944件；审查注销商品房买卖合同244件；审核拨付商品房预售资金544笔30.32亿余元；协助司法机构对商品房进行预查（解）封275宗，涉及房屋300余套；每月撰写房地产市场分析报告，与统计、税务等部门共享商品房预（销）售数据，及时发现和遏制房地产市场供需、价格、投资等方面的异动。

征收与补偿。城市建设，征收先行。坚持依法征收、和谐征收、阳光征收、全过程公开原则，积极创新方式，运用法治思维化解房屋征收难题。截至2020年底，全县累计实施棚户区改造656户，拨付棚改资金58215万元。共筹集项目资本金31878万元，争取农业发展银行贷款资金115135万元；整理出让土地315亩，实现土地收益55466万元（其中西干道南2地块104.8亩，实现土地收益19391万元；西干道南3地块104.8亩，实现土地收益18347万元；19号地块105.4亩，实现土地收益17728万元）。

物业及室内装饰装修管理。对65个住宅小区开展安全生产大检查，重点排查整治物业领域突出治安乱点、行业乱点、乱象6个；查处翡翠园一期、城南一号、中豪、中华园、B区还房、御都花园、中铁城市中心等住宅小区违规装修行为30余起；完成前期物业招投标备案6件；规范新建住宅小区物业承接查验行为，完成“翡翠园二期”项目的物业承接查验检查；妥善处理物业和装饰装修矛盾纠纷，接待群众来访100余人次，处理信访投诉135件，调处率100%，满意率98.6%，维护社会稳定。

法治、信访、维稳。中心制定了2020年《普法和法治建设学习计划》《依法治县工作实施方案》《会前学法制度》；实行重大行政决策终身责任追究及倒查机制；广泛开展法治宣传教育，强化法制文化阵地建设；畅通信访举报渠道，强化应急处理，有效地化解各类矛盾纠纷266件，处理率100%，满意率100%；解决执行难，配合法院完成查解封309件；深入专项斗争，加大涉黑涉恶线索摸排力度，对房地产市场、物业行业等重点领域进行全面摸排梳理，建立长效机制。

（陈建宇　刘建清　孙　利　孙文章）

城市综合行政执法管理

【概况】 2020年，资中县综合行政执法局认真落实“标本兼治、疏堵结合、长效管理”的方针，结合创建国家卫生县城、“五清”行动、环保突出问题整改等重点工作，治理市容及环境卫生，完善城市功能，探索和推进城市管理新方式，改善城市环境，提升城市品质。

【城市市容管理】 市容市貌整治。针对占道经营和流动摊点整治工作，坚持“堵疏结合、规范管理、区分对待”的原则，开展集中整治行动，重点对县城综合农贸市场和桂花市场区域占道经营、乱设摊点、骑门店现象进行规范。全年整治行动期间，取缔骑门摊点580余户、规范坐商归店1200余户次，劝离游商走贩占道经营3200余次，拆除撑杆搭棚640余次，清除占道垃圾杂物300余处，暂扣物品30余起（件），出动执法人员400余人次，出动执法车辆150余次，专项整治“行商归区，坐商归店，农贸归市”。办理各类群众市容市貌问题举报案件330余件，办理环保督察相关督办案件25件。

户外广告整治。按照广告设置管理相关的职能职责，组织执法人员对大型户外广告、城区流动广告、城市牛皮癣小广告、破旧横幅广告等集中进行清理；对执法区域的流动车体广告进行全方位逐一排查，加大对非法车体广告的排查力度，防止广告车噪声扰民、亮度过高、有碍城市观瞻等问题出现；通过巡查，对未规范的市政施工、门市装饰装修行动进行监管，累计发出《整改通知书》200余份。全年累计清理“牛皮癣”5万余起，取缔破旧横幅广告1000余幅，三轮车车身广告300余辆，制止市政违规施工开挖100余起，城区市政、装饰装修围挡规范施工成为新常态。

“两违”建设治理。根据工作安排，加大违

建拆除力度，2020年立案查处65起建设领域违法案件，结案25起；共拆除违法建设3处，建筑面积500余平方米，罚款90余万元；对县城西干道、凤凰岭片区、古城片区、县工业园区等重点工程涉及19处违法建设进行了调查。

扬尘油烟噪声整治。为加强对城区餐饮服务业油烟污染和露天烧烤的管理，累计发放《致广大餐饮经营者的一封信》5000余份。对辖区内餐饮经营门店进行拉网式排查，重点检查餐饮经营门店安装油烟净化设备、正常使用、定期清洗情况，共排查全城餐饮企业800余户，已安装油烟净化设施的餐饮企业共计500余户，未安装油烟净化设施的餐饮企业300余户。对不符合整治要求的餐饮业单位下达整改通知书，明确整改时限及要求，对辖区内限期整改对象进行日常检查督促其加快整改进度。办理群众油烟信访举报案件130件次。

积极投入抗疫、抗洪。在年初抗击新冠肺炎疫情防控期间，全员上岗，利用执法车喇叭向广大人民群众宣传抗疫知识，配合市场监管局完成东林市场、武陵市场、城南综合市场禁止活禽宰杀工作，配合社区对出入小区人员进行测量体温并登记。在“8・17”抗洪救灾工作中，出动执法人员800余人次参与抗洪救灾工作。

推动“地摊经济”。根据县委组织部《关于加强党建引领促进“地摊经济”有序发展的通知》精神，成立了“地摊经济”临时党支部，下设9个党小组，共有党员64名。2020年在主城区设置临时摊区疏导点26处，设立临时摊点指示牌36块，累计提供车载流动摊点500余个，流动小百货200余处，便民占道经营小市场5个，解决1700余人就业问题。

以专项行动为重要抓手，规范文化旅游市场。突出意识形态领域“扫黄打非”执法检查，联合县文广旅游局、县新闻出版局、市场监管局、县民宗局等开展专项执法检查10次，出动执法人员110人次，为规范经营秩序，检查各类经营场所70余家次，收缴各类非法出版物420余册，查处网吧接纳未成年人案1件。深入开展文化旅游市场法治宣传，组织执法人员进入网吧、书店、娱乐场所等经营场所进行现场宣传，发放宣传资料500余份，探索依法治理工作的有效形式，文明执法、规范执法，加强文化旅游市场执法，努力创造诚实守信、和谐有序的文化旅游环境。

【城市环境卫生管理】 加强日常管理工作，提升环境卫生质量。一是强化城区环卫作业管理。统筹安排，科学制定冲洗计划，对城区主、次干道的人行道、非机动车道、车行道及县城区卫生死角、城乡接合部道路及入城口、小区院坝堆积杂物进行全面清理，全年组织人员2000余人次，车辆400余台次，共清理卫生死角500处，清运生活垃圾1.8万吨。开展“沱江河”资中段亲水平台专项整治，共组织人员800余人次，车辆100余台次，清理杂物垃圾3000余吨，改善了河道及亲水平台的环境卫生。二是环卫作业管理。强化日常清扫保洁力度，确保垃圾清运率、密闭化运输率及无害化处理率均达100%。开展卫生死角盲点专项整治，加大城区扬尘治理，启动公厕维修维护。三是城区扬尘治理。加强源头治理，对辖区内所有渣土工地出入口道路、洗车设施情况开展排查督促整改；加强巡查力度及源头管控，督促工地一车一证、装载达标、洗车后净车出场，对场内裸露黄土要求工地进行全覆盖以及场内必须采取洒水降尘措施。加强垃圾运输途中防洒漏管理，为每辆清运车购买雨篷布，要求每辆清运车在清运输途中盖好雨篷布，防止垃圾飘洒造成二次污染。

适时开展专项活动，持续提升环境卫生。一是开展县“城乡市容环境卫生专项整治行动”。3月起在县城区及部分乡镇开展市容环境卫生整治专项行动。其他乡镇参照专项整治工作内容，集中力量打造镇域内重要节点、重要干道环境卫生示范点、示范线，改善乡镇环境卫生。二是开展“市容环境大扫除、干干净净迎国庆活动”。出动洒水车、高清车、扫地车对城区121条主要街道进行大冲洗和大清扫。利用清洗车每天对城区主要干道的护栏、标志牌、灯杆、垃圾箱桶等“城市家具”进行清洗。采用小型机械，每天对城区主、次干道的人行道、非机动车道、车行道分时段进行人工配合清洗。三是结合主题教育开展城乡环境治理专项整治。印发专项整治工作方案。制定“县领导包片、县级部门包街、党员包责任区”和城乡环境治理专项整治工作考核办法，牵头制定专项整治6项工作机制。督促乡镇、牵头部门和各县级部门制定工作方案，明确任务、实施整治。共制发7期工作情况通报，促进工作落实。

【城乡环境综合治理】 加强日常管理，定期开展对各镇的检查指导和督促考核，促进农村环境治理有人管、坚持管、有成效。协调县级相关职能部门，扎实开展城市环境治理工作。一是协调城管部门，开展城市创文、创卫环境治理工作，促进城市市容环境清洁、有序。规范经营秩序，全面规范店外店、摊外摊现象，规范整治重点地段，对城区户外广告进行规划设计及专项整治，开展卫生死角盲点治理，狠抓城区扬尘治理工作。二是协调治理“工地乱象”，县住建部门以建设标准化建筑工地为目标，积极开展建筑工地综合治理大行动，县城规划区范围内所有工地基本达标。三是处理群众投诉，共接待群众来信、来电、来访18起，受理率100%，办结率100%，办理人大代表意见和政协委员提案共5件。

城乡环境治理月督促指导工作。实行“月保底+月督促指导”方式，助推“五清”行动向纵深发展。在原有《“五清”行动暨秸秆禁烧常态化考核方案》的基础上，进一步调整、细化为《资中县城乡环境治理常态化督促指导工作方案》，提出了全县“五清”行动提标升级的工作内容和标准。由县综合行政执法局牵头，定期开展城乡环境治理月督促指导评比打分，同时，针对乡镇在环境治理工作存在的困难和问题予以指导，全县各镇河道、水渠、水沟、农户庭院、垃圾库池得到有效整治和巩固，农村人居环境得到显著改善。2020年制发督查通报12期，拨付1—12月的“五清”月督促指导工作经费共1392.84万元到各镇。

实施城乡环境治理“三大工程、十项制度”。按照内江市城乡环境卫生大清扫工作安排，2月28日县委主要领导亲自研究部署，紧紧抓住干部带头、党员先锋、群众帮带等三个关键实施三大工程，围绕带动门前三包、“三长”严管巡查、清洗常态、垃圾清运、评比逗硬等十个环节建立十项制度，制定了《实施三大工程，建立十项制度推进城乡环境卫生“大清扫”快见实效、“五清行动”常态化高质量》纲领性文件，并印发全县各镇各部门，充分发挥党员干部率先垂范作用，广泛带动群众百姓自觉参与的积极性、主动性。3月15日后“大清扫”转为常态，共制发疫情防控期间城乡环境卫生“大清扫”常态化工作督促指导情况通报9期。

疫情防控工作。以县指挥部名义印发《资中县爱国卫生运动城乡环境卫生治理工作方案》，制定了《关于做好新型冠状病毒肺炎疫情防控期间废弃口罩的收集、运输和处置工作的紧急通知》《关于在全县使用雾炮机开展喷洒消毒的通知》等文件，明确了工作目标、工作任务、考评标准、保障措施，并在全县推行双河镇“坐商归店、行商归市、车辆归位、广告归点、线路归顺、垃圾归库、污水归网、违建必拆”“七归一必”模式，深入开展“爱国卫生运动”与城乡环境卫生治理相结合，进一步完善政府领导、部门协作、公众参与的工作机制，动员全县各级各部门和广大党员干部积极参与、持续推进城乡环境卫生治理，确保新冠病毒防控工作顺利进行。共制发疫情防控期间废弃口罩收运设施配备和处置工作的情况通报 22 期。

开展月末大扫除工作。按照《内江市开展月末环境卫生大扫除工作方案》文件要求，制定《资中县开展全民“文明卫生志愿服务日”暨“环境卫生月末大扫除日”活动工作方案》，要求各镇、县级各部门带头，发动全县党员干部群众参与大扫除，县综合行政执法局牵头并组织 2 个督查指导组，分别对城区、22 个镇的全民月末大扫除开展情况进行督促指导和暗访，制发月末大扫除督查情况通报 9 期。

开展农村生活垃圾治理工作。印发《资中县生活垃圾分类实施和处置方案》（资中府办发〔2020〕32 号）给各镇和各县级部门认真实施。2020 年，县实行生活垃圾分类的行政村（社区）61 个。

建立农村生活垃圾收转运体系。球溪镇压缩式中转站已投入试运行；5 月 11 日起，县综合行政执法局积极配合 PPP 运营公司（航天三创环保科技有限公司）开展农村生活垃圾收转运项目垃圾收集设施布点规划工作，全县垃圾收集设施布点规划工作已完成。

【执法督导管理】 行政执法。全年参与 39 个行政处罚案件的调查、处罚工作，审核案件 50 件，通过案审会 21 件，结案 17 个；行政强制协调监管方面，共参与 23 户强拆对象的前期调查、法律文书制作、送达、强拆方案的制作，促进 9 户强拆对象签订拆迁协议；参与行政应诉案件 4 起。

“放管服”工作。共梳理承接行政权力事项 868 项，其中行政许可 9 项，行政处罚 845 项，行政强制 7 项，行政征收 5 项，行政奖励 2 项。

依法治县工作。把依法治县和具体综合行政执法工作相结合，牢固干部职工依法行政、执法为民理念。切实做好行政诉讼应诉工作，多次与法院、司法局交流、沟通，自觉接受司法监督。选派 10 人次中层以上领导及业务骨干参加内江市城管执法局组织的各类法律法规培训班并参加县上行政执法资格考试并取得了四川省行政执法证。

工作。落实扫黑办每月制定的《专项斗争工作提醒单》，建立线索排查、信息报送等工作制度。在政府广场、鼓楼坝广场等处悬挂标语 10 余条，摆放咨询台 2 个；印制并向市民发放宣传单 500 余份，在 LED 电子显示屏上滚动播放宣传标语 10 条，让专项行动更深入人心。

（曾林彬　唐续澜）

经济开发区建设

【概况】 资中经济开发区管委会坚定落实疫情防控各项决策部署，积极参与抗洪险、落实“脱贫帮扶日”制度，开展“非公经济组织联乡村・党建助振兴”活动；严格执行“三书一报告”制度，组织研究督导党风廉政建设、正风肃纪等重点工作 10 余次；落实安全环保督促制度，制发《工业园区安全生产工作方案》，开展安全环保会议培训 13 次、监督检查 40 余次。加强与省规划设计院的充分对接，进一步优化完善经开区“五纵四横一环”路网结构，科学编制《资中经开区“十四五”产业布局及规划》，进一步加快基础设施建设和培育壮大园区产业，助推园区高质量发展。

【招商引资及服务企业】 2020 年，签约产业项目 15 个。明心食品园建胜食品、君子泉酒厂等项目建设顺利推进，汇源薯业项目开始试生产，食品园标准厂房 A、B 栋厂房主体完工。内江万瑞农副产品生态鱼类及蔬菜精深加工项目进行场地装修。四川随福食品酱卤产品项目已完成装修及设备安装，即将投产。富仕豪制冷设备压缩机项目、重庆郎拓管道及阀件风口生产线项目、晨禾电机电动卷膜器项目、卓金宝通用零部件制造扩能项目已开始试生产。四川二荆条污水处理设备生产项目、碚城云山机械计速器和制动器制造项目、资中县川宏智能科技有限公司精密智能机械项目正进行场地装修、设备安装。资中县回家工程创新创业孵化园三期工程已交付3栋厂房使用，有3栋厂房主体完成，另2栋正在建设中。新发地项目一期主体完成，二期协议已完成签订，正进行土石方平场。一品天下·资中会客厅项目已完成土石方开挖，进行基础建设。共同管业签订投资协议，正进行土石方平场。

【安置还房建设】 推动安置还房A区和C区办证工作；清理剩余安置房源及经营性资产，处置政府投资性闲置资产。

【基础设施建设】 春岚南路、和鸣东街、五洲国际商贸城西侧道路、新发地西侧道路建成通车，新发地南侧、石堰河路西段、科创路、和鸣大道西段准备通车；教育产业园区1号、3号路完成沥青铺设，2号路完成路基和管网敷设；凤凰大道东延线（一期）开工建设；远大配建凤翔东路东一段形成通车条件；体育公园、山体公园完成基础建设；远大配建凤翔东路东二段、三段完成土石方；明心食品园区兴盛路、兴园路和兴农大道已建成通车；望江名门配套市政道路B段、C段已完成土石方；县市政设施升级改造工程已报省财政厅审批转段。完善凤凰工业园、明心食品园燃气管道铺设，启动明心食品园特色农产品加工园永久性用电及配套设计建设，完成石银线改迁工程，开展明心3.5万伏变电站前期工作。经开区五横六纵路网体系正逐步形成，汇金广场、国际商贸城、新发地商圈的配套设施基本建成。

【园区建设成效】 2020年，新增承载面积0.33平方千米，全产业固定资产投资35.34亿元，同比增长14.92%，新入驻单项投资5000万元以上的工业项目（企业）2个，产业集中度达90.06%，“四上”企业销售收入89.13亿元，招商引资落地企业（项目）9个，其中1亿～5亿元项目5个，10亿元以上项目1个，返乡创业项目6个。

（胡志勇　蔡　斌）

工业·科技

概述

【基本情况】 资中县经济和信息化局是资中县人民政府工作部门，挂县科学技术局、县大数据局牌子。2020年，按照国家政策，相应进行了机关事业单位工作人员工资标准调整、增加遗属生活费和档案整理移交工作。

【经济社会发展概况】 2020年，县经信局以习近平新时代中国特色社会主义思想为引领，贯彻落实中共十九大和十九届五中全会精神、习近平总书记对四川工作系列重要指示批示精神，全力以赴多措并举，抓好抓实新冠肺炎疫情防控期间企业复工复产、疫情防控、服务保障和经济发展等工作。按照省、市、县委关于建立现代产业体系部署，积极推进新型建材、食用酒精、绿色食品、装备制造和运动健康（生物材料）等重点产业发展，打造配套服务成渝的新型建材大县、绿色食品大县、基酒生产大县、新兴机械汽（摩）配基地和运动健康（生物材料）基地。执行“双联六服务、每月一背书”制度，开展“千名干部到千户工业企业”帮扶行动，帮助企业协调解决困难，促进工业经济稳步发展。

【发展速度】 2020年，规上工业企业实现全年规模工业主营业务收入76.90亿元，同比增长2.9%；利润总额同比增长25.4%；规模工业增加值增速达5.6%，同比下降4.0%；全部工业入库税金4.46亿元，同比增长5.0%；工业投资同比增长0.7%。工业技改同比下降20.4%。

【经济运行质量和效益】 2020年，规模以上工业产销率97.8%；营业收入利润率7.6%；单位工业增加值能耗同比下降10.8%；工业用电量93540万千瓦时，同比增长18.2%；工业贡献率21.8%；总资产贡献率6.7%；资产负债率66.9%；亏损企业亏损额7452万元，同比下降55.8%。入规工业企业12户（四川丰旭新型建材有限公司、四川壕坤矿业有限公司、内江海庆建材有限责任公司、四川省迪威药业有限责任公司、资中县国润排水有限公司、资中县高新塑料制品有限责任公司、资中县石家混凝土有限公司、资中县双鸿建材有限公司、内江诺亚生物科技有限公司、资中县银山鸿展工业有限责任公司、资中县鑫友矿业有限公司、四川天源达环保科技有限公司）。

【主要产品产量】 2020年，县内酒精产量359248.38千升，同比增长17.7%；玻璃产量183821.07平方米，同比下降11.5%；水泥产量6519203.42吨，同比增长2.5%。

【“四新一大”产业】　“四新一大”产业指新材料、新医药、新装备、新能源、大数据产业企业。2020年，全县有“四新一大”企业23户，包括从事高新技术玻璃加工、中药饮片加工、兽药生产、石油钻采设备生产、汽车零配件生产、轨道交通装备零部件铸件生产、天然气供应等业务的企业。其产业产值占规模工业总产值比重19.0%，较2019年同期提高2.4%。其中新材料企业10户，产值6.82亿元；新医药企业2户，产值1.33亿元；新装备企业3户，产值0.90亿元；新能源企业8户，产值5.23亿元；大数据产业企业0户。

【重点企业发展】　2020年，全县规模以上工业企业51户，五大支柱产业继续延续良好的发展势头，实现工业总产值76.32亿元，占全部规模工业总产值的98.19%。其中食品饮料业产值占规模工业总产值的45.97%，居第1位；冶金建材业产值占规模工业总产值的40.56%，居第2位；电力能源业产值占规模工业总产值的8.13%，居第3位；医药化工业产值占规模工业总产值的2.32%，居第4位；机械制造业产值占规模工业总产值的1.15%，居第5位。2020年，全县产值30亿元以上的企业1户（资中县银山鸿展工业有限责任公司年产值30.05亿元），产值10亿元以上的企业1户（四川省星船城水泥股份有限公司年产值11.53亿元），产值8亿元以上的企业1户（四川成实天鹰水泥有限公司年产值8.17亿元），产值3亿元以上的企业2户（四川资中西南水泥有限公司年产值3.23亿元，四川蜀畅达肉类食品有限责任公司3.06亿元）。

冶金建材业

【规模企业】　全县有规模以上冶金建材工业企业22户，包括从事水泥生产、白石开采、碎石加工、高新技术玻璃加工等业务的企业。

【经济指标】　水泥行业继续执行四川省经信厅、省环保厅联合下发的《关于开展水泥行业季节性错峰生产的通知》文件要求，每户企业全年季节性错峰生产不少于125天，产能发挥不足。

全县冶金建材业产值31.53亿元，同比增长0.2%；主营业务收入29.41亿元，同比下降3.5%；实现利润总额5.27亿元，同比增长3.0%。其中产值超5000万元的企业1户，超1亿元的企业1户，超2亿元的企业3户，超10亿元的企业1户。

饮料食品业

【规模企业】　全县有规模以上食品饮料工业企业8户，包括从事饮料生产、食用酒精生产、花生酥生产、肉类食品加工等业务的企业。

【经济指标】　全县食品饮料业产值35.73亿元，同比增长20.3%；主营业务收入35.52亿元，同比增长14.7%；实现利润总额0.16亿元，同比下降119.3%。其中产值超5000万元的企业3户，超3亿元的企业1户，超30亿元的企业1户。

机械制造业

【规模企业】　全县有规模以上机械制造工业企业3户，包括从事石油钻采设备生产、汽车零配件生产、轨道交通装备零部件铸件生产等业务的企业。

【经济指标】　全县机械制造业产值0.90亿元，同比下降0.8%；主营业务收入1.04亿元，同比增长7.9%；实现利润总额0.03亿元，同比增长40.5%。其中产值超3000万元企业1户。

医药化工业

【规模企业】 全县有规模以上医药化工企业4户，包括从事中药饮片加工、兽药生产、农用薄膜生产、食品添加剂（液体二氧化碳）生产等业务的企业。

【经济指标】 全县医药化工业产值1.83亿元，同比下降2.8%；主营业务收入1.87亿元，同比下降0.7%；实现利润总额0.03亿元，同比下降54.8%。其中，产值超5000万元的企业2户。

电力能源业

【规模企业】 全县有规模以上电力能源工业企业9户，包括从事原煤开采、水力发电、火力发电、天然气供应等业务的企业。

【经济指标】 煤炭行业继续执行国家发改委、人社部、国家能源局和国家煤炭安监局联合发布的《关于进一步规范和改善煤炭生产经营秩序的通知》文件要求，每户企业全年生产时间不超过276个工作日，未能达到满负荷生产。

全县电力能源业产值6.33亿元，同比下降15.6%；主营业务收入7.08亿元，同比下降12.0%；实现利润总额0.31亿元，同比上升32.4%。其中产值超5000万元的企业2户，超1亿元的企业3户。

【国家电力】 国网资中县供电公司担负着资中县城区及11个镇的工农业生产和人民生活用电的供电任务，供电面积969.84平方千米，营业户数28.68万户，趸售客户1户（资中龙源电力公司）。全年累计售电量11.89亿千瓦时，同比上升4.21%。10千伏及以下线损累计完成5.96%，同比下降0.94%；220千伏及以下线损累计完成4.86%，同比下降0.03%。

电网建设与发展。扎实推进电网规划，完成公司“十四五”规划报告大纲编制，规划电网项目224个，重点围绕电网补强、新增供电能力、提升供电质量进行建设。结合县政府招商引资和经济建设情况，重点针对资中县经开区凤凰岭片区发展需求，规划扩建变电站10千伏间隔17个，新建10千伏出线6回，新增环网柜15台，总投资2300余万元，为资中县招商引资、经济发展当好电力“先行官”。高效推进民生工程，紧盯“6・30”目标任务，在做好疫情防控的前提下，克服阻工、工期紧张等因素，组织召开协调会10余次、现场办公20余次，完成了4条10千伏主线、73个配变台区，约5000只户表的安装、改接和投运工作，让移交供区人民群众用上了放心电，为资中县实现在成渝地区双城经济圈中快速发展提供了坚强的电力保障。

安全生产。全面落实安全生产责任，对2020年全员安全责任清单进行修编、公示，不定期对安全责任清单知责履责情况进行监督检查，扎实开展安全教育培训，结合全国安全生产月，开展“安全生产万里行”用电安全宣传活动。组织全员安规考试和三种人考试，对分包队伍135人开展安全教育培训和安规考试。出色应对“8・13”“8・17”特大洪峰过境资中，出动抢险人员1226人次、车辆270台次、发电机7台，特别是“8・17”洪灾，仅用2天就恢复了因洪水停电的线路22条、台区566个、用户50514户，未发生因电力供应引发的舆情和影响社会稳定的负面事件，公司抗洪救灾事迹入选资中县防汛救灾先进事迹报告会。

市场服务。持续优化营商环境，推行“三省三零”和“阳光业扩”办理服务，精简用电手续，优化办电流程，压缩办电时间；配合县政府成立经开区电力服务小组，加大电力投资，减少办电成本，全年完成高低压新装增容业务1588

笔，完成各类变更业务3874笔，完成分布式光伏新装7笔。积极贯彻国家降电价及电能替代政策，为29户企业及26万余户居民节约用电成本1088.16万元。

（张屹东　黄成胜）

【地方电力】 四川省水电投资经营集团资中龙源电力有限公司（前身是成立于1981年的资中县地方电力公司，于2005年通过资产重组、体制改革组建而成。公司注册资本14007万元，四川省水电投资经营集团有限公司占股份88.74%，资中县财政局占股份11.26%）是一家独立核算、自负盈亏的趸售转供电国有股份制电力企业，供电营业区包括资中县境内12个镇，相邻安岳县3个乡镇，资阳市雁江区1个镇，内江市东兴区1个乡，共17个乡镇。用电户数20.63万户，常用电户数16.6万户。

2020年，公司生产经营情况良好。资产总额87180.6万元。营业总收入完成16309.89万元。购电30465万千瓦时。完成售电28092万千瓦时。综合线损7.79%。电费回收率100%。公司坚持“强基固本、内外兼修、深化改革、融合发展”的经营总基调，将党建工作与生产经营高度融合，努力夯实电网，竭诚为广大用户提供供电服务。2020年争取到农网升级工程项目3个批次的投资计划，共7621.3万元。其中：2020年第一批次10千伏及以下项目下达投资计划2770万元；长宁县2016年调整10千伏及以下项目投资计划1528.3万元；2020年新增10千伏及以下项目下达投资计划3323万元。通过积极实施低压电网改造升级，推动智能电表安装应用全覆盖，不断提升供电质量和供电可靠性，提升用户电力“获得感”。

（黄才贵　游　卉）

科学技术

【“科教兴县”战略】 坚持实施“科教兴县”战略，组织实施重大科技项目，全力提升科技自主创新能力，强化科技宣传和知识产权保护服务工作，为建设四川丘区经济大县文化名城提供了有力的科技支撑。

【科技计划】 全县实施各类重点科技项目36项。其中：县级重点科技计划项目29项，市级重点项目4项，省级重点项目1项，国家级重点项目2个。资中县归德镇翠溪血橙农民专业合作社实施的“资中血橙标准化种植及保鲜关键技术研发与示范”获得中央引导地方科技发展专项资金100万元，四川光辉好口碑农业发展有限公司实施的“资中血橙新品种新技术集成创新与示范”获得科技部科技助力经济2020年专项资金50万元，资中县犇鑫农业有限公司实施的“百万头内江黑猪与资中血橙 猪—沼—柑橘种养循环技术集成与示范”获得四川省重点科技计划项目资金支持100万元，四川省晨田机床制造有限公司等企业实施的“高速、高精度五轴复合系列数控车床研究与产业化”等4个科技项目获得市级科技孵化和成果转化资金支持55万元。县级应用技术研发资金支持县级重点科技计划项目29项。

【工业科技创新】 开展企业自主创新专项行动，狠抓企业技术改造，鼓励企业实施技术改造、技术创新。2020年成功培育国家高新技术企业3户、市级高新技术企业7户。培育高新技术产品3个、战略性新兴产品3个，创建市级工程技术研究中心1家。建成省级众创空间1个（资中乡村振兴学院众创空间）。2020年，实现高新技术产业主营业务收入31.62亿元，占规模工业主营业务收入的比重达41.1%。资中县企业、学校、医院与高校、科研院所完成签约合作项目5项。

【农业科技示范】 切实加强校地合作，推进国家农业科技园区建设；实施涉农业科技项目29项；推广天府22号花生新品种等新技术新品种20项；成功培育农业方面国家高新技术企业1户、市级高新技术企业7户；组织科技扶贫培训102次，培训贫困农民2650人次。

【科普宣传】 结合“4·26”世界知识产权日和“12·4”法制宣传日，开展集中宣传2次，接待咨询1500余人次。

【科技经费投入】 县级财政继续加大科技投入，县级应用技术研究与开发资金、科普经费纳入同级财政预算。2020年，争取到上级科技项目资金305万元，其中，中央科技专项150万元，省级100万元，市级55万元，县级140万元。

【科技成果】 贯彻执行《中华人民共和国科学技术进步法》《中华人民共和国促进科技成果转化法》等科技法律法规，开展科技成果立项、引进、鉴定和推广工作，提高科技成果转化率。一种大行程可微调电动卷膜器用行程控制器等3项产品被认定为市级高新技术产品，一种新型卷帘机等3项产品被认定为内江市战略新兴产品，推广天府22号花生新品种等新技术新品种20项，科技成果转移转化取得显著成效。

【科技体制改革】 持续深化科技体制改革，出台《资中县深化科研项目评审、科技人才评价、科研机构评估改革实施方案》。

（李　彬　韩向东　崔洪源　陈其华）

交通·通信

交通

【概况】 2020年7月，资中县推行交通行政执法改革，撤销原县道路运输发展中心、县公路路政管理大队、县水路交通发展中心共三支执法队伍，整合人力、物力成立资中县交通运输综合行政执法大队，与资中县交通运输局实行局队合一，县交通运输局局长兼任大队长，重新调整县交通运输局机关内设股室。2020年县交通运输局以习近平新时代中国特色社会主义思想为指导，按照县委、县政府各项规划部署，扎实开展全县交通运输建设。

【基本情况】 资中交通运输以铁路、公路、水路三种运输方式构成。截至2020年底，资中县境内共有铁路里程102.5千米，其中：成渝铁路58千米，资（中）威（远）铁路26千米，归（德）连（界）铁路18.5千米。

公路总里程9427千米，其中高速公路一条（厦蓉高速）53千米，国道123.726千米，省道116.664千米，县道651.832千米，乡道486.083千米，村道5088.569千米，入户道路2907.126千米。

按技术等级划分，一级路16.005千米（国道14.562千米、省道1.443千米），二级路142.948千米（国道109.492千米、省道11.777千米、县道21.679千米），三级路6.456千米（省道1.162千米，县道5.294千米），四级路3190.512千米（县道365.798千米、乡道311.426千米、村道2513.288千米），等外级6071.079千米（县道15.322千米、乡道43.848千米、村道3045.817千米、入户道路2966.092千米）。

按路面类型分，高级路面872.661千米（国道124.054千米、省道99.022千米、县道366.191千米、乡道283.394千米），简易铺装路面2974.569千米（县道7.887千米、乡道2.152千米、村道2460千米、入户道路504.53千米），未铺装路面5640.896千米（省道21.505千米，县道67.25千米、乡道99.807千米、村道3045.817千米、入户道路2406.517千米）。

农村公路总里程9133.61千米，占全县各类公路总里程的96.88%，其中：县道651.832千米，乡道486.083千米，村道5088.569千米，入户道路2907.126千米。

桥梁总数487座共15529.2延米（因国家路网布局规划调整，对不符合技术标准的进行了调减，共减少57座桥梁共1138延米），其中：

国道桥36座共2612.3延米，省道桥22座共1238.8延米，县道桥101座共3652.5延米，乡道桥84座共2621.6延米，村道桥244座共5320延米。按建筑材料和使用性质分：永久性485座共15512.2延米（国道36座共2612.3延米、省道桥22座共1238.8延米、县道101座共3652.5延米、乡道82座共2604.6延米、村道244座共5320米）；半永久2座17米（乡道2座17米）。

通航里程80千米，资中（全县）乡镇客运码头6个，公益性渡口25个，渡口改人行桥13座。有客船41艘，渡船31艘（机动渡船27艘、人力渡船4艘），货船38艘，采石船12艘，抽沙船3艘，快艇4艘，海事执法船5艘，海事趸船1艘。

【基础设施建设】 国省道大中修工程 国道G247线中修工程，双河镇至宋家镇11千米，施工完成；S207交叉口至楠木寺段7.152千米，施工完成。G247（资中段）中修工程全部完工，并于2020年11月4日顺利完成交通运输部的路况检测评定工作。

县乡道改造工程 林下经济点建设项目28.5千米，完成12.5千米面层铺筑。资中县银楠路建设项目：银楠路建设项目11千米，已完工，并通过项目交工验收工作。资威路快速通道一期工程（球溪至连界）项目（资中段）分三段实施：一是新建480米道路，二是标识标牌、旅游设施建设，三是龙结—罗泉道路建设11.15千米。2020年，资威路快速通道一期工程项目新建480米段已完成路面铺筑及标志标线施工，累计完成总投资约650万元。罗泉—龙结道路建设11.15千米建设项目，已完成路面沥青混凝土铺筑和标志标线施工。

通村公路 28个行政村通硬化路项目：已完成路基工程98千米，完成路面基层98千米，完成新（改）建路面面层98千米，实现全县所有建制村通硬化路的目标。48个脱贫通村小康路项目：截至12月底，已全部完工，完成路基工程96千米、水稳基层96千米、水泥砼路面96千米。24个窄路加宽项目：计50.7千米。已完工项目9个19.9千米；已开工建设项目6个9.6千米；正在开展前期工作项目4个10.5千米。

渡改公路桥 银山镇渡口改公路桥建设项目：银山镇渡口改公路桥完成1号、2号、3号、4号、5号桥墩桩基施工，0号桥台抗滑桩，完成连接线路基处理换填、管涵施工，累计完成投资3400万元。归德镇渡口改公路桥建设项目：完成工可编制和勘察设计的招标工作，截至年底工可工作已完成，正在开展勘察、设计工作。

安全生命防护工程 完成农村公路"六个一"建设项目,3700平方米标线、500余根道口标注桩、400余块标志牌、3处小品小景；完成670立方米挡墙的浇筑、完成17千米波形护栏的安装。

场站建设 已完成资中县三个招呼站的调研、选址、工可等前期工作，拟在瓦窑坝、奉安公园、石堰河设置相应的乘车出行招呼站作为资中县汽车客运站配套工程，等待县政府立项。城南配载站被确定为缓建项目。

【交通安全管理】 一是狠抓落实，明确责任。按照上级对安全工作的要求，认真组织，积极推进安全生产责任清单编制工作，制定并下发"资中县交通运输局安全生产责任清单（2020年）"。同时督促各交通运输重点企业按照文件要求，认真梳理本单位安全生产管理责任，并结合上级相关部门制定的清单参考模板形成本单位切实可行的安全生产管理责任清单。将安全责任落实到最基层，形成一级抓一级、一级督促一级、一级检查一级，齐抓共管、人人有责的安全管理体系。二是部署开展"春运""安全生产月""安全生产专项整治三年行动""排险除患"集中整治等专项行动，做到有计划、有安排、有检查、有总结。三是强化运输企业、经营船主管理，加强市场秩序整顿，改善安全设施，落实检查制度，严格规范程序。2020年，资中县交通运输系统未发生因工作原因造成的工程建设、道路运输及水上交通的安全事故。

【公路养护】 2020年，投入国省干线日常养护经费500余万元。一是推进脱贫攻坚“两通”专项项目，投入资金300余万元，完成乐双路、归沙路、孟木路、球马路、资甘路、宋金路等73千米的烂路维修工程。二是对资资路、孟木路等13千米进行维修。三是完成板铺路3处挡墙及板铺路坑槽填补整治，对干线道路的水毁和塌方及挡墙清理整治。四是更换波形护栏294米及标志标牌27块，完成43千米水泥砼路面的沥青灌缝。五是配合罗泉古镇创AAAA级旅游景区，进行S213铁佛至罗泉段道路的维修，罗泉古镇连接线沥青砼铺装及归沙路的维修。

【交通行业管理】 行政审批　严格落实“三集中、三到位”“一站式服务”，2020年为道路运输企业、经营业户服务货车检测年审、客车检测年审、教练车检测年审、出租车检测年审、客车新增线路许可、新办货运公司许可证等项目共计3355件。

运输管理　对全县78户货运企业、1户出租车公司进行质量信誉考评，责令6户货运企业限期整改，注销2户违规货运企业。纠正班线客运违章60余台次，清理驾培市场，对全县6家驾培机构、280台教练车辆、349名教练员进行全面清理和公示。严格公交公司服务质量信誉考评，整改安全隐患5件次，纠正违章行为10件次，积极提升公交服务。2020年资中城市公交营运公交车辆为86辆，公交线路9条，公交IC卡充值点13个，公交车输送客流达1800万人次。

水上交通管理　资中县交通运输局核查营运船舶79艘，其中客运渡船41艘，货船38艘。督促各船舶管理站更换安装设置垃圾、油污水集中收集桶8个，更换和新安装“船舶油污水分离器”8台，新增危废储存间16间，新增采石船简单打包装置12个。开展送安全生产知识活动到校园、到企业、到乡镇等3次，送出宣传资料5000余份，受教育面达7000余人次。

交通执法　全年出动执法人员7528次，巡查里程12490千米，检查车辆（货运、客运）9242次，检查船舶340次，货运源头企业1635户。纠正出租汽车违规违章行为40台次，整治三轮车载客问题点位20个，查处“黑车”20余台次，整治非法码头11个，发送船舶垃圾处理“五联单”600份，督促建设“危废储存间”16个，检测货运车辆23365台，处罚306台，卸货13263吨，对路面查处110名违法货运车辆驾驶员信息录入道路运输从业人员记分系统，发送守法经营手册及宣传挂图5000余份。

【建制村通客车】 2020年初，全县未通客车建制村47个。按照“两通”工作要求，采取预约响应式和延伸客运班线方式，全县新投放乡村预约响应式客车15辆，新延伸农村客运班线车120辆，新建乡村招呼站牌380余个。为确保乡村客运“开得通、留得住”，建立建制村客运运行保障机制。对新购置用于解决建制村通客车的车辆，做到“五有”（有标识、有电话、有车辆、有制度、有台账），“四统一”（统一乡村客运标识、统一招呼站牌、统一外观、统一从业人员管理），按5.3万元/车标准包干给予一次性补贴共计80万元，对参与建制村通客运车辆给予45万元以内的经营性亏损补贴，圆满完成全县22个乡镇、386个建制村通客车目标任务。6月29日，资中县举行乡村客运全覆盖通车仪式，标志资中县全面实现乡镇和建制村100%通客车。

【应急管理】 调整以局党委书记、局长为组长的全县交通系统应急管理工作领导小组（下设办公室在局安监股），明确工作原则、适用范围、组织指挥体系和职责、预警级别的划分、应急响应、后期处置、应急保障等。建立健全领导班子应急管理工作责任制，落实应急管理“一岗双责”责任制，制定和完善各类预案。积极组织演练，提高自救互救能力，增强预案的可操作性。2020年，在县政府的统一安排下，由县交警大队牵头组织全县道路运输事故应急演练，资中县8户客运企业（含公交、出租）、3户危货运输企业和6家驾校均组织人员到场参与。此外，县公路养护管理段及交警等单位联合举行公路应急抢险演练；县交通运输局组织人员参加由县政府主办的资中县2020年防汛减灾暨超标准洪水防御综合应急演练。

【交通环保】 积极开展交通行业整治专项行动工作。按照工作要求，县交通运输局积极开展交通行业整治专项行动。2020年共计检查修车、洗车及汽车美容业户181家。督促现场整改37家，发放限期整改通知书50份，定期复查整改情况。

抓实抓好“河长制”工作。建立工作机制。制定印发《太平河、通槽沟溪“六张清单”》，完成“一河一策”的编制。督促相关镇严格按照工作要求，抓好太平河、通槽沟溪的水资源保护、水污染防治等工作，加强巡河，发现问题及时处置。

加强船舶和港口水污染防治理。联合县综合行政执法局、县发展和改革局、内江市资中生态环境局、县住房和城乡建设局开展综合整治行动。督促涉水镇和相关企业，在27个客运、渡口码头修建27个危险废物储存间，并在船舶、码头规范配置生活垃圾桶、油污水桶等。

抓好道路“五清”行动工作。按照“五清”工作要求，结合全县大清扫活动，完成清沟3528.6千米、清路5459.25千米、涵洞淤泥清理912个、建筑遗留的废弃物清理13处、路边广告乱贴清理1826处，出动人员26999人次、出动车辆1901台次、自卸货车90台次、挖掘机30台次、装载机25台次，洒水车30台次。

抓好非法码头整治工作。全县共有非法码头11个，根据上级文件要求，已于2020年9月底前，全部完成整改，其中规范提升1个，取缔10个，并复绿。

【新冠肺炎疫情防控】 2020年，按照县委、县政府的安排部署，认真开展联合防疫检测工作。一是着重开展高速公路、高铁北站、火车站、汽车客运站和外市连接的国、省、县、乡、村道体温检测工作，设置体温检测点303个，对各体温检测点的工作落实情况进行督查。二是严格落实乘客体温检测和规范旅客信息登记工作，落实国家防疫健康信息码查验使用。交通系统的干部职工申请、使用健康码率100%。三是在车站、码头张贴健康信息码，对来往旅客要求填报健康码信息。疫情防控期间，各车站每日扫码700～800人，码头每日扫码200～300人，高铁站每日扫码2000人左右。四是有序组织复工复产，帮助农民工安全返岗，积极开展“春风行动”。3—5月实行点对点开设民工专车，有序发车74批次，发送农民工专车166台次，向广州、深圳、广西、天津、浙江、河北、成都等地输送农民工13492人次。

（刘　强　蔡　萍）

邮政快递业

【概况】 资中邮政管理局贯彻执行国家邮政法律法规、方针政策和邮政服务标准，研究拟订本地区邮政发展规划，监督管理本地区邮政市场及邮政普遍服务和机要通信等特殊服务的实施，资中县邮政业服务中心配合做好邮政业禁毒、反恐、扫黄打非、行业安全生产监管、统计等工作，保障邮政通信与信息安全。

2008年，资中申通分公司在资中率先开办快递业务；随后中通、天天等民营快递企业先后进驻资中，但受当时快递由邮政公司专营的法律规定制约，民营快递发展较慢。2009年，新修订的《中华人民共和国邮政法》明确民营企业可以经营快递业务，加之“双十一”购物节电商购物的兴起，使资中民营快递发展迎来了春天。在各种利好因素的推动下，国内各大品牌快递企业纷纷在资中成立法人公司、设立分支机构，资中快递业进入黄金发展期，呈现出井喷式增长态势。截至2020年底，全县共有快递品牌11个，营业网点202个，其中有分支机构89家，邮政网点48个，邮政快递行业从业人员800余人。2020年揽件量491.2275万件，其中农特产品288.695万件（水果的揽件量204.47万件），派件量2371.2612万件。近三年，资中县邮政业务总量、快递业务量和快递业务收入均按30%以上速度增长。

【加强行业监管】 以落实“三项制度”为主线，夯实基地安全根基。2020年共检查快递企业、营业点202家，出动执法检查人员400余人次，责令整改12家快递网点，有效规范市场秩序，保障行业安全有序发展，为资中县邮政业营造良好的发展环境。

【注重安全培训】 定期举办专题培训班，组织快递企业学习《邮政业快递安全监督管理办法》。10月，省邮政业服务中心组织成都市邮政业安全服务中心、简阳市邮政业服务中心等16家省市县邮政业服务中心负责人在资中召开应急法律法规和旺季服务保障工作培训会，学习《应急法律法规知识》《四川省邮政快递业应急预案和四川省旺季服务保障工作方案》等法律法规，进一步提高全县快递行业安全、合规经营水平，增强从业人员应急和法律法规意识，确保全县快递业务旺季期间行业安全平稳运行。同时指导快递企业修订应急预案，加强专兼职应急救援队伍和应急物资装备的配备。

【规范末端网点】 通过开展交邮合作、邮快合作、快快合作，提升网络资源利用效率，实现末端网点降本增效，更好地满足人民群众的快递需求。2020年，在县城区新增住宅小区建立船城快递超市6个，在罗泉、银山等镇建立9个船城快递超市末端整合试点，实现抱团下乡。船城快递超市的建立不仅解决了“快递下乡”过程中乡镇快递代办网点杂乱无章的问题，也制约了恶性竞争、揽件乱杀价、邮件丢失等不良问题。

【共享干线运输】 根据《关于推进电子商务与快递物流协同发展的意见》(国办发〔2018〕1号)文件精神，2019年在全县范围内积极探索为农产品进城、工业品下乡乡镇干线运输共享模式。2020年全部完成干线运输共享（19台箱式车辆共享13条线路），提高了服务功能及质量，为快递行业节约成本300余万元。

【建立行业工会】 资中邮政管理局以全总提出的发展“八大群体工会”组织为契机，按照省、市、县总工会的工作要求，积极思考筹建快递行业工会联合会。资中快递行业成立工会联合会1个，申通、韵达、顺丰、百世、中通、圆通等7个分会（1个分会由天天、京东、德邦组成），入会人员达800人。工会联合会成立后，增强了广大从业人员的归属感，维护了企业与社会稳定，达到劳工、企业和社会三者之间的和谐共赢，把党和政府以及工会组织的温暖送到“快递小哥”的心坎上，推动县邮政业健康有序发展。

（肖体云　李　丽）

【邮政资中县分公司】 中国邮政集团有限公司四川省资中县分公司下辖班组6个、邮政自营网点29个，邮政委代办所19个、邮政普遍服务点48个、邮掌柜352个；县内城市投递段道20个，自办汽车邮路4条，邮政服务“三农”邮掌柜276个；智能包裹柜累计建设27个，助农取款点15个，报刊亭10个，信报箱8361个，打造了多方共赢的邮政综合服务平台。

普遍服务。夯实普遍服务基础，全力建设农村邮政综合服务平台。全县邮政29个自营网点开展营业窗口规范化服务达标专项活动，对从业人员服务规范、普遍服务资料和投诉电话上墙公示，配备配齐邮务类台席必备单册、用品用具；19个委代办所安装邮政E邮局和配置蓝牙打印机，改造装修委代办所9个硬件基础设施设备。持续着力打好建制村直接通邮攻坚战。全县391个建制村直接通邮率达到100%，农村投递段道三轮车配备率70%，汽车配备率（含私车公助）10%；外勤投递人员手持智能终端配备率100%，全县城区邮件达到当日收寄，当日发运，当日进口，当日投递。持续强化机要通信安全监管，机要通信无失泄密和丢损件，保持39年质量全红。

邮政业务。2020年全县邮政收入规模达到12970万元，超额完成市公司收入预算目标的102.94%，收入规模排全市第一，列全省50强第9位。储蓄余额新增4.37亿元，达到67.46亿元，全县邮政收入总体规模逆势上扬，发展进度和发展质量在全市邮政靠前，经营得到增收增效，较好地完成县委、县政府、市公司党委交办的各项工作目标任务。

能力建设。截至2020年，全县邮政27个代理金融网点共有ATM机和CRS机56台，ITM机37台，完成全省邮政金融网点统一柜面系统工程；持续维护邮政视频联播系统，确保全县邮政信息化建设进度和一线生产运行；持续开展全县邮政29个自营网点标准化整治，前台金融从业人员达到145人，在防范金融重大风险的同时提升服务能力；逐步完成龙江支局、归德支局原址重建投入使用、公民支局原址重建主体建设，为资中邮政高质量发展打下了坚实的基础。

（刘飞龙　邱　浪）

电信

【概况】 中国电信股份有限公司资中分公司（简称资中电信）设有综合办公室、渠道经营部、政校分局、商客分局、龙都分局、学府分局、武陵分局、滨江分局、东林分局及网络运营分局和20个农村支局；为资中县最大的基础网络运营商和综合信息服务提供商，主要经营固定电话、移动通信、卫星通信、光纤互联网接入及应用等综合信息服务，拥有“天翼”“天翼飞Young”“天翼e家”“商务领航”等知名品牌，打造了天翼高清、翼支付、物联网、云和大数据、“互联网+”等5个转型生态圈,具备电信全业务、多产品融合的服务能力和渠道体系。

【基础设施建设】 以提高客户感知、打造精品网络为指导，投资重点面向光纤宽带、电信光纤电视、移动无线网络、宽带能力提升，同时兼顾信息平台应用客户需求进行通信网络基础建设。截至2020年底，新建“宽带乡村”累计总投资665万元，行政村通光纤宽带累计392个村，行政村光纤通达率达100%；农村光纤端口9.1万多个，实现城区及22个乡镇光纤全覆盖；4G基站519个，基站总数1304个；拥有固定资产1.25亿元，建有资中最先进的多环路自动保护光纤通信网络和最完善的通信基础设施，3G和4G网络覆盖县城城区及22个镇。

在网络技术发展方面,全面推进全光网建设，全力实施FTTH（光纤入户）工程；推进信息基础设施建设，“宽带乡村”“智慧田园”战略，加快提升资中县信息化建设水平，充分发挥信息化在地方经济建设和社会发展中的积极作用，为四川率先成为全光网省做出贡献。

【业务发展】 通过近几年的转型发展，网络规模不断扩大，资中电信在用户、收入等方面实现稳定增长,综合实力大幅度提升；截至2020年底，天翼移动用户36.1万户，天翼宽带用户13.10万户，光纤电视用户12.5万户，业务收入业务发展年均增幅18.00%。

资中电信积极拓展信息平台应用，通过中国

电信成都西部信息中心平台为地方提供党政内外网、天网、应急通信、园区、企业和农村信息化等行业信息化应用工程，为地方经济社会发展提供方便快捷的通信服务和信息化应用。资中县政府与资中电信联袂推广益农社、网格E通、党员远教、农技宝、想家视频通话、远程教育、天虎云商、小额支付、村医E通、村务公开等信息化应用、关爱留守儿童、文化下乡等应用，通过农村光纤宽带和信息化惠民、惠企，促进了农村产业健康有序发展，为县域经济发展提供了有力支撑和保障。

资中电信积极响应国家“提速降费”号召，实现宽带用户的免费大提速，同时推出融合不限量升级套餐，在提速的同时加大无线上网流量的赠送力度，从而实现提速不提价、用户优惠更多的目的。

（刘　斌　尹忠诚）

移动通信

【概况】 中国移动通信集团四川有限公司资中分公司（资中移动），主要负责中国移动在资中县的普遍通信服务、党政机要通信、应急通信等任务，牢固树立“创新、协调、绿色、开放、共享”的新发展理念，加速通信基础设施建设，构建5G领先优势，推动“互联网+”产业结构调整。聚焦党政、医疗、教育、园区四大重点行业，形成“专网+平台+应用+终端”的5G融合方案，建立5G项目全生命周期管理体系，持续引领5G时代。准确把握万物互联时代特征，全面实施大连接战略，加快构筑“力量大厦”，成为数字化创新、品牌价值领先的通信运营商，全力促进资中经济社会发展。

【网络建设】 2020年资中移动积极探索新能力、新模式，做好资源智慧调度，构建会呼吸的网络，4G全网覆盖率达到96.4%，5G城区覆盖率达到93.1%，累计端口使用率52.6%，实现城镇宽带全覆盖，农村行政村宽带覆盖率提升到98%，农村住户宽带覆盖率提升到85%。加快城镇千兆宽带小区布局，全面升级宽带接入平台，实现城镇千兆到户，已完成城区综合业务区10 GPON升级。资中移动已建成覆盖范围广、通信质量高、业务品种丰富、服务水平一流的移动通信网络，成为地方通信行业领域网络规模最大、服务客户最多的通信运营商。

【业务发展】 近三年纳税1007.83万元，为350人提供就业岗位。加快推进公司市场工作计划，严格落实国家相关工作要求，为客户提供更加优质的有线和无线网络服务。全力推动移动手机侧流量资费扩容服务的普及，推动“全民宽带”“智慧爱家”家庭侧互联网接入的普及，促进国家互联网数字化工作推进。针对集团市场，推出集团V网、集团彩铃、企业视频彩铃、手机终端、固话、家庭宽带、互联网及数据专线、和对讲业务（POC业务）、M2M物联网、云mas、云主机、云空间、云存储、云视讯、云办公、IDC、云计算、大数据和人工智能等产品业务；针对家庭市场，推出合家欢、朋友圈、小区宽带等关爱业务，2020年公司响应“人人都是宣传员，人人都是代言人”方针，宣传主推看家宝、语音遥控器业务；针对商铺市场，推出商务管家、商铺专线、附近推和朋友圈等产品业务；针对校园市场，推出和校园、班班通、云课堂、5G智慧校园等信息化服务；针对5G市场，推出5G资费套餐及流量包，产品全面升级，超大流量、超快速率，超多权益。2020年，移动各类营业厅网点达到156家。

（黄　璐　潘常全）

农业

综述

【概况】 2020 年，全县农业增加值 86.03 亿元，增长 5.7%。农林牧渔服务业总产值 129.16 亿元，比 2019 年增长 5.9%。其中，农业产值 73.3 亿元，增长 5.0%；畜牧业产值 41.56 亿元，增长 11.1%；渔业产值 6.08 亿元，增长 4.1%；农林牧渔业服务业产值 1.93 亿元，增长 8.1%。

【农业供给侧结构性改革】 完善“1+4+3”现代农业产业体系，新增血橙标准种植面积 1.55 万亩。“内江黑猪”祖代场全面建成，德康集团新桥 3000 头种猪场、铁佛 7500 头能繁母猪、10 万头育肥猪项目及新希望六和公司重龙镇年出栏 15 万头商品猪项目开工，35 个年出栏 1000 头及以上养殖场投产，全年出栏生猪 67.29 万头。万亩鲶鱼现代农业产业园加快建设，省级良种场、品质提升中心建设完成，中国城堡鱼乡融合发展示范园成为成渝地区现代设施渔业集成养成示范基地，渔业经济总产值 13.58 亿元。争取到全省唯一一个高标准农田“三通一平”整县示范点。

【农民增收】 据农村住户记账户调查资料数据显示，2020 年资中县农村居民人均可支配收入达 17592 元，比 2019 年增加 1427 元，增长 8.8%。

【乡村振兴】 获评 1 个省级、3 个市级现代农业园区和资中县国家现代农业产业园纳入国家创建名单。获评乡村振兴市级先进镇 2 个、示范村 10 个，县级先进镇 7 个、示范村 29 个。人居环境不断改善，农村户用卫生厕所普及率达 90.3%，创建“美丽内江 · 宜居乡村”达标村 143 个。成功承办内江市 2020 年中国农民丰收节。

【农业农村改革】 稳步推进集体产权制度和农产产权制度改革，农村承包地确权登记颁证基本完成，启动集体资源“三权分置”试点，完成农村集体资产清产核资、农村集体成员界定工作，推广“三换”“四化”等模式，推动农村资源变资产、资金变股金、农民变股东，赋予农村集体经济组织市场主体地位，有效盘活农村集体资产资源，实现集体产权制度改革成果高效运用。2020 年，累计流转土地 31 万亩，土地流转率达 25%。全县村级集体经济总收入达 1104 万元。

【农村沼气建设】 一是探索农村户厕改造“两改一建一推广”（“沼改厕”“坑改池”、新建三格化粪池、推广成品化粪池）模式。全县累计在 22 个镇 38 个行政村新（改、扩）建农村无害化卫生厕所 10269 户。二是“养沼种”三位一体循环农业经济发展，新建“畜—沼—果（菜、粮）”

循环农业经济示范点3个，养殖场年产沼气3.6万立方米，免费为周边120户农户提供沼气，年户均增收节支300元以上。三是厕所粪污无害化处理与资源化利用，分别在铁佛镇柏龙村、罗泉镇小桥村、陈家镇枇杷村3个村改厕1602户，新建大中型沼气池9处、总容积2600立方米，开展沼液综合利用4900亩，实现粪污资源化利用。四是农村沼气池户厕改造（“沼改厕”）利用原有废弃沼气池进行粪污无害化处理，全县累计实施“沼改厕”3670户。五是2019年中央专项彩票公益金支持农村公共厕所建设，新建成农村公厕55个。项目村农村公厕实现全覆盖，有效改善了农村的生产生活环境。

2020年，全县巩固和维护已建户用沼气工程175口，指导农村户用沼气“沼改厕”500户，推广沼液浸种3850公顷，沼气综合利用18200户，新建生态家园模式2300户；新建城镇生活污水净化沼气池2900立方米；巩固和维护已建规模化大型沼气工程1处、已建集中供气沼气工程3处；开展“三沼”综合利用和安全生产大培训138人次；全年无安全责任事故情况发生。

【农业综合执法】 全面完成农业综合执法改革任务，资中县长江流域重点水域及其他天然水域自2020年9月1日起全面实施禁捕，会同公安、市场监管等部门加大对非法捕捞行为和加工销售天然渔获物的打击力度，收缴非法捕捞禁用渔具12套、扣押非法捕捞渔船1艘、现场销毁各种非法网具600余张，收缴并放生非法捕捞渔获物25千克，劝导违规垂钓人员337人次，行政立案2件；开展以种子、农药、肥料等农资产品打假专项治理行动，共查处农业违法一般案件12件，获四川省农业农村厅优秀案卷2件，专项行动期间检查水稻品种121个，玉米品种227个，抽检杂交水稻、杂交玉米品种42个，送有资质的种子质量检测部门进行种子质量和真实性检测。开展农药市场大检查行动，以种衣剂、复配制剂和国家明令禁止生产、销售和使用的甲胺磷、以硫磷、久效磷等76种农药为检查重点，检查农药经营户350户，480个品种，抽检农药产品24个。加强肥料市场监管，严厉查处经营废酸磷肥、含激素或激素类叶面肥料的违法行为，检查肥料品种9个，经营网点128个。健全动物检疫申报点建设，落实动物检疫申报制度和规范执行动物检疫规程，充实畜产品质量安全监管队伍。加大动物卫生监督执法力度，并协助县市场监督管理局、县公安局等职能部门，开展肉食品经营性冻库、农贸市场等的执法监督，先后开展生猪定点屠宰资格审核清理，动物移动严管，生猪屠宰“扫雷”“瘦肉精”整治、病死动物及其产品集中无害化处理、非洲猪瘟防控知识宣传、“注水肉”等专项行动，严控源头安全，强化过程监管，排查安全隐患，确保动物卫生安全；开展农村宅基地执法检查工作，对交办转办、线索移送或投诉举报的农村村民违法建宅基地问题开展调查，重点检查农村村民宅基地“未批先建”“少批多建”“少批多占”“批甲占乙”“一户多宅”等突出问题，调查交办转办、线索移送或投诉举报农村宅基地问题15件。

种植业

【概况】 2020年，资中县粮食播种面积160.84万亩，增长0.34%。粮食总产量56.42万吨，增长0.67%。其中，稻谷产量14.66万吨，增长0.32%；小麦产量322吨，下降50.28%；玉米产量22.37万吨，增长0.52%；薯类产量15.29万吨，增长0.66%。经济作物面积67.94万亩，增长2.23%。其中，油料面积34.9万亩、比2019年增长0.7%，油料总产量5.21万吨、增长2.73%；蔬菜播种面积27.72万亩、增长2.8%，产量74.5万吨、增长 8.23%。辣椒常年播种面积在 5 万亩左右，其中四川赢耀农业有限公司在龙江、孟塘、狮子等镇发展二荆条辣椒 5000 亩。推广果蔬套作，发展葡萄、柑橘、花椒等套作辣椒 6000 余亩；柑橘套作冬瓜 1300 亩；柑橘套作萝卜、冬尖、榨菜等加工型蔬菜 5000 余亩。通过套作模式平均每亩增加收入 4000 元。大力发展订单农业，通过多年发展加工型蔬菜产业逐步形成了“公司 + 蔬菜合作社 + 农户”的模式，由公司根据市场需求情况，向合作社下达种植计划并提供种子，合作社组织农民进行生产，产品通过合作社交企业回收加工。其中资中丰源食品有限责任公司、四川汇源食品有限公司与资中县梨园蔬菜专业合作社等，发展订单种植，面积约 4000 亩。

【农业基础设施建设】 资中县 2019 年高标准农田建设项目建设面积 2.8 万亩（高效节水灌溉 0.3 万亩），总投资 4563 万元，其中中央财政资金 3030 万元、省级财政资金 597 万元、县财政 636 万元，新型农业经营主体自筹 300 万元。建成高标准农田 2.8 万亩，完成坡改梯 8352.51 亩，田型调整 1227.77 亩，整治山坪塘 19 座，新建蓄水池 24 口、提灌站 5 座、涵洞 787 个，新修渠道 28.019 千米、机耕道 15.205 千米、生产路 19.856 千米，土壤改良 28000 亩。2020 年 1 月，资中被确定为全省唯一高标准农田全域建设试点县，按照“整县示范”的要求，全域推进“三通一平”建设。资中县 2020 年高标准农田建设项目面积 3.8 万亩（含高效节水灌溉 0.35 万亩）项目总投资 13393.42 万元，资金来源为中央、省级财政资金 5700 万元，自筹资金 4693.42 万元，县级其他资金（专项债）3000 万元。建设高标准农田面积 3.8 万亩。建设内容为土地平整工程、土壤改良、灌溉与排水工程、田间道路工程、科技推广等。

【大小春生产技术培训】 结合 2019 年中央财政产油大县奖励资金集中使用项目、2019 年耕地轮作休耕制度试点工作、2019 年省级财政现代农业发展工程资金资中县水稻绿色高质高效创建示范项目等项目，采取现场技术指导、印发技术资料等方式，进行技术宣传和指导，累计派出技术骨干 1220 人次，召开县级培训会 1 次，镇级培训会 18 次，村级各类培训指导会 422 次，召开现场会 1 次。累计培训技术骨干农户 4.5 万人次，发放各类宣传技术资料及技术手册 2.5 万余份。

【农作物病虫害防治和植物检疫】 2020 年，全县各种作物病、虫、草、鼠害发生面积 366.19 万亩，指导全县油菜、水稻、玉米、花生及果树、蔬菜等作物病、虫、草、鼠害防治面积 461.47 万亩次，减少粮、油、果、蔬等损失 7.39 万吨。全年发布病虫预报 16 期，预报准确率达 95.2%。推广绿色防控技术面积 67.08 万亩次，主要作物绿色防控覆盖率达 41.8%，推广专业化统防统治 85.6 万亩次，专业化统防统治覆盖率达 42%，病虫害危害损失控制在 3% 以下。实施农药减量控害技术，全年全县化学农药使用量 675 吨，比 2019 年减少 31 吨，控制面源污染，促进农业可持续发展。加强产地和调运检疫工作，完成两杂种子产地检疫 1270 亩，29.4 万千克；柑橘苗木产地检疫 1311 亩、3564 万株。加强稻水象甲的防控阻截工作，疫情处置率达 100%，确保疫情不扩散、不危害，保障了全县农业生产安全。

【项目建设】 2020 年下达资中县中省项目 55 个，涉及中省资金 34899.58 万元。一是耕地地力保护资金项目，中央下达资金 9578.44 万元，补贴面积 806636.86 亩，补贴标准为 118.73 元 / 亩，通过“一卡通”发放耕地地力保护补贴资金 9577.19 万元。二是农业生产社会化服务项目，中央下达资金 300 万元，政府购买服务涉及大豆 15000 亩、水稻 6000 亩、资中血橙 7000 亩。扩种大豆 15000 亩，为资中血橙新栽植果园增加收入 1500 万元，减轻资中血橙种植户建园初期资金压力；新栽植资中血橙 7000 亩，预计成年挂果后可增加优质资中血橙 1400 万千克；水稻全程机械化 6000 亩，提升农业社会化服务主体的服务能力，进一步改善农村缺劳力、缺技术的现状。三是农产品仓储保鲜冷链设施建设项目，中央下达资金 500 万元，支持新型农业经营主体建设农产品仓储保鲜设施 10 个，实际完成 18 个。本项目新建 2550 吨冷藏库（高温库），100 吨冷藏库（低温库），600 吨气调库，改建保鲜冷链设施 1 处。年可保鲜青花椒 500 吨，蔬菜 450 吨，以资中血橙为主的柑橘类 2300 吨。

【新技术推广】 大力推广油菜固定厢沟双免耕、油菜直播、油菜机播机收，水稻集中育秧、旱育秧、机插秧、直播稻，玉米集中育苗移栽、地膜覆盖，幼龄血橙苗间作大豆等技术模式。2020 年，推广油菜机播机收 2000 亩；水稻集中育秧、旱育秧 20.9 万亩、机插秧 3.6 万亩、机直播 0.1 万亩；幼龄血橙苗间作大豆 1.65 万亩。

【农村经营管理】 2020 年，开展农村土地承包监督管理、农民负担监督管理、农村集体三资（资金、资产、资源）管理、农村经济审计、农民专业合作社建设、政策性农业保险、农业农经统计、农村集体产权制度改革、乡村振兴农业产业发展贷款、政银担合作助推农业贷款等 10 个方面的工作；在全县 22 个镇，继续完善农村土地承包经营权确权登记工作，完成承包地确权登记面积 127.85 万亩。狠抓农村土地流转规范管理和矛盾纠纷调处工作，全年单独受理和会同有关部门联合受理土地承包经营纠纷来访案件 112 件，均调处结案，有效化解了农村社会矛盾。截至 2020 年 12 月，全县注册各类农民专业合作社 547 个，其中：国家级示范合作社 4 个、省级示范合作社 28 个、市级示范合作社 51 个、县级示范社 60 个。在全县 22 个镇开展水稻、玉米、油菜等保险业务，投保面积分别为 9.07 万亩、18.55 万亩、0.14 万亩。受暴雨、干旱、病虫灾害影响，2020 年全县受灾理赔面积 1.27 万亩，受灾理赔金额 129.08 万元。

【阳光工程培训】 一是高素质农民培训工作。2020 年，高素质农民培训共 216 人，分为 4 个专业 4 个班次，其中生产经营型 175 人（果树种植 80 人、水产养殖 45 人、畜牧养殖 50 人），技能服务型（青花椒种植）41 人。培训对象均为正在从事或有意愿从事资中血橙、资中黑猪、资中鲶鱼、青花椒等特色产业的农业生产、经营、服务的务农农民和返乡创业者。

二是中等学历教育。将中等学历教育与农村实用人才和村社干部学历提升结合起来，融入“百万高素质农民学历提升行动”，重点在高素质农民培训对象和村社干部及后备干部中做好中等学历的宣传工作。2020 年共招生 71 人，在校生 236 人，招生和办学规模全省第一。2020 年 9 月 17 日，中央农广校和四川省农广校到资中开展中职教育改革试点专题调研，对县农广校中职教育工作给予充分肯定，资中县被确定为全国 29 个中职教育改革试点县之一。

三是各类专项培训。完成 64 个贫困村财政专项扶贫开发项目技术培训 8000 人次；在孟塘镇库区实施移民培训 300 人，周边村民 800 余人次，轮式拖拉机驾驶员培训 63 人；开展冬春科技大培训 4000 人次；高素质农民技能提升培训 180 人，组织开展国家现代农业产业园创建农业科技培训，培训高素质农民 100 人，骨干人才 100 人，实用人才 1600 人。

农业机械

【概况】 2020 年，全县有各类农业机械 318560 台（套），其中拖拉机及配套机械 320 台，耕整机 6256 台，水稻插秧机 83 台，排灌动力机械 13888 台，农用水泵 12726 台，节水灌溉类机械 1162 台，田间管理机械 8370 台，联合收获机 229 台，收获后处理机械 8013 台，农产品初加工动力机械 11356 台，农产品初加工作业机械

11450 台，畜牧养殖机械 5320 台，渔业机械 738 台，运输机械 1558 台，农田基本建设机械 450 台。年末农机总动力达 58.17 万千瓦，农业机械原值 22736 万元。

【农机推广】 2020 年，全县完成机耕面积 108 万亩，机播面积 35 万亩，机收面积 52 万亩，全县耕种收综合机械化率达到 60.135%。搞好农村机电提灌机械维修改造工作，确保春灌满栽满插。全县维修改造机电提灌 122 台（套）、6750 千瓦；恢复改善灌面 5.6 万亩，新增灌面 4.3 万亩，完成提水量约 1690 万立方米。搞好农机产（商）品销售、维修网点质量监督。配合市场监督等部门依据有关法律、法规，联合打击以次充好、以假乱真、以不合格产品冒充合格产品等违法行为，维护农机消费者、经营者的合法权益。抗旱期间储存、调配农机产（商）品、农用油料，保证抗旱提水的需要。

【农机监理】 2020 年，拖拉机年检 863 台，过户 65 台，注销报废拖拉机 615 台。驾驶员换证 129 人，印发宣传材料 6000 份。召开农机安全生产座谈会 2 次，参加人数 60 余人。与拖拉机驾驶员签订“安全承诺书”“安全责任书”1600 余份，与农机合作社签订“安全责任书”6 份。

畜牧业

【概况】 2020 年，资中县出栏生猪 67.29 万头，同比上升 21.24%；牛出栏 1.01 万头，同比增长 104.86%；羊出栏 18.10 万只，同比增长 1.49%；家禽出栏 867.93 万只，同比增长 5.96%；兔出栏 357.6 万只，同比增长 0.14%；禽蛋产量 17452 吨，同比减少 3.46%。

【畜禽养殖】 通过生猪标准化规模养殖小区（场）建设、养殖园区和重点村建设、新农村建设和畜禽粪污资源化整县推进项目实施等，利用各种畜牧项目，科学规划，引导广大养殖户修建标准化畜禽圈舍，改善畜禽养殖环境。2020 年，新开工年出栏 1000 头生猪养殖场 46 家，已建成 39 家，投产 35 家。2020 年全县年出栏 500 头以上的生猪养殖户达 223 户。

【科教服务】 开展新型职业农民培训、贫困村及库区移民实用技术培训、国家园区实用技术人才培训、国家现代农业产业园高素质农民培训（畜牧）、科技宣传、科技服务及咨询等。45 名畜牧兽医技术指导员联系 22 个镇 450 户畜禽养殖户开展科技指导，联系户户均增收 500 元。积极推广优质二杂母猪饲养、肉猪快速育肥技术、稻鸭共育种养结合技术、优质肉鸡生态养殖等技术，新增能繁母猪 1 万头。

【动物防疫】 按照“政府保密度、部门保质量”和“五统一”“五不漏”的要求，完善县、镇、村三级动物防疫体系，签订动物防疫目标责任书，切实做好疫苗计划、采购、领发放、免疫监测以及消耗性物资采购等工作，规范重大动物疫病防疫物资管理制度。建立春夏秋冬“四季免疫 + 月月补免 + 仔猪阉割免疫”的防控体系。2020 年，全县免疫生猪 44.24 万头，牛 1.40 万头，羊 9.27 万只，鸡 287.98 万羽，鸭 130.72 万羽，鹅 23.82 万羽，其他禽 1 万羽，应免尽免、免疫密度达 100%。免疫抗体均在 80% 以上，全县无重大动物疫病疫情发生。

【产业化经营】 全县有国家、省、市级畜牧产业化龙头企业 5 户（国家级有四川福元肉类食品有限公司和资中永辉生态农牧有限公司，市级有四川永久畜牧药业有限公司、资中县国宏生猪养殖有限公司和内江市种羊场），其中年销售收入过亿元的畜牧龙头企业 1 户。资中取得“中国黑猪之乡”称号，打造出“黑溜宝”“黑德香”生猪品牌。依托德康集团、正邦集团、新希望集团等大型养殖企业，“公司 + 适度规模养殖场”的产业化模式发展初具雏形。

【兽药饲料安全监管】 2020年,集中开展以“瘦肉精”为重点的全面大检查，对辖区内的适度规模户实施“瘦肉精”全覆盖排查。所有规模养殖场（户）严格实行畜产品安全制度，防疫、消毒、兽药、饲料使用等环节都由畜牧兽医专业人员指导，饲养管理规程由专业人员把关，确保饲养环节科学安全。进一步规范兽药饲料市场秩序，严格执行禁用药、兽药休药期制度，加大饲料兽药企业的监管，开展“兽用抗菌药专项整治”行动及“饲料生产经营环节专项检查”工作，确保畜禽投入安全。对兽药经销企业（37户）、饲料经销商（276户）、兽药生产企业（1户）和饲料生产企业（5户）进行例行监督检查、定时与不定时监督执法；开展“瘦肉精”全覆盖式监测，对养殖环节完成全县规模养殖场“瘦肉精”拉网式检查监督工作，每季度进行常规抽检，累计抽检3803例，其中克伦特罗、莱克多巴胺、沙丁胺醇各3852份，Ⅰ多联卡3852份，结果均为阴性，未发现使用“瘦肉精”等违禁药品的行为。

水产渔政

【概况】 将资中鲶鱼作为特色主导产业之一纳入“4+5+5”现代县域产业体系，紧紧围绕资中鲶鱼“1112·百亿产业”目标，努力打造资中鲶鱼为“川鱼第一条鱼”，擦亮“资中鲶鱼”金字招牌，全力推进资中鲶鱼产业链发展。

【科技兴渔】 与西南大学、上海海洋大学等10个科研院所成立“长江上游渔业科技川渝合作专家大院”，大力发展现代设施渔业，加快水产业高效、绿色发展。建成工厂化南美白对虾基地，发展高位池和玻璃钢等现代设施渔业示范基地，全县共发展高位池46口和玻璃钢360余口。

【培育特色产业】实施资中鲶鱼振兴计划，出台《资中鲶鱼产业高质量发展实施意见（2019—2022）》《资中鲶鱼“1112”百亿产业规划》，着力建设1个现代种业园、1个优质品种推广平台、1个30千米的果渔循环产业带、美丽渔村，2个鲶鱼美食文化示范区（休闲鱼溪，高铁新镇、美味球溪），实现“青山挂金果、绿水跃银鱼”愿景，重振资中鲶鱼雄风。2020年，实施工程水域养殖面积3.91万亩、稻田养鱼12.94万亩，实现水产品总产量32688吨（其中名特优新品种产量18300吨），其中资中鲶鱼养殖面积10200亩，产量7280吨；渔业经济总产值13.57亿元。2018年12月，“资中鲶鱼”被评为省级特色农产品优势区；2019年7月,资中被授予“中国鲶鱼之乡”称号。按照省厅“10+3”体系建设,川鱼振兴产业，力争把资中鲶鱼打造为全省第一条鱼。

【渔政管理】 2019—2020年，按照国务院办公厅《关于切实做好长江流域禁捕有关工作的通知》（国办发明电〔2020〕21号）以及部、省、市相关文件要求和长江流域重点水域禁捕和渔民安置保障工作推进电视电话会议精神，资中县138艘渔船已全部退捕上岸，退捕工作圆满结束。

（黄　军　陈　涛　王　敏）

蚕桑业

【概况】 资中县蚕业发展中心属县政府直属正科级单位，代表县政府对全县的蚕桑行业行使行政管理职能，属财政全额拨款的事业单位。2020年，全县发放蚕种9275张，产茧354.7吨，新建标准化室外钢架大蚕棚8796平方米，推广大蚕省力化蚕床（台）8250平方米，推广优良方格蔟22515片，培训蚕农1300余人次，新建（改造）标准化小蚕共育室116.44平方米，新栽（改造）桑园1013亩，培育家庭农场1个。蚕茧产值11949.8万元；1000亩果桑产果量80万千克，产值640万元；休闲蚕业产值60万元；桑枝、蚕沙、桑园复合经营产值515.88万；全县农民蚕桑产业收入共计2410万元。由于新冠肺炎疫情影响，蚕茧、丝绸产品单价较2019年降低，行业一、二、三产业综合产值1.8亿元。

【产业发展】 2020年，资中蚕业发展围绕“依靠科技，龙头带动，扩大面积，主攻质量，提高效益”五个核心，以“依托项目建基地，集中优势抓大户、广推科技重共育、创新机制兴专合、提质增效促发展”为工作思路，推进蚕桑产业持续健康发展。一是配合县人大、政协调研发展。形成《关于全县蚕桑产业发展情况的视察意见》《关于推进资中县蚕桑新型经营主体发展》的调研报告。二是依托蚕桑项目，促基地建设。以蚕业发展项目为依托，抓好孟塘镇、马鞍镇、陈家镇和银山镇等蚕桑基地建设工作。全县桑园面积达2.1万亩，蚕桑基地建设规模逐步扩大。三是重园区建设，显蚕业特色。以资中县现代蚕桑融合发展示范园区建设为契机，打造陈家镇蚕桑特色小镇，陈家镇优质高产桑园面积达6000亩，集以桑养蚕、采果观光、综合配套为一体的园区建设得到持续发展，为全县特色蚕业的发展树立样板。四是完善发展机制，推进行业发展。继续深化和完善宏和丝绸有限责任丝绸公司与陈家镇、孟塘镇等蚕桑基地的合作机制，实行最低保护价收购和二次返利，形成“龙头企业+合作社+共育户+家庭农场+农户”的现代农业发展模式。五是加强服务引导，培育新型经营主体。深入蚕桑基地乡镇，做好技术服务和政策宣传，培育有桑园5亩以上、年养蚕10张以上的蚕桑大户和蚕桑家庭农场共40余户，使其逐渐成为全县蚕业发展的重要支柱。2020年成功申报市级蚕桑家庭农场2个。六是加强科技服务，提升蚕茧产量质量。加强蚕桑实用技术的普及养蚕新技术的推广；以“请进来”“走出去”等方式，提高资中蚕业科技水平。创新蚕饲养模式，推行小蚕“全托”饲养。据调查统计，每张蚕增产4.7千克，张产值增159.8元，给全县蚕农年增收200万元以上。创新桑园建设模式，推行桑园快速丰产技术。在孟塘镇、陈家镇进行快速丰产技术示范120亩，正秋、晚秋每亩可养蚕1.5张左右，亩桑实现2020年养蚕收入2500元以上。

【蚕桑品种】 2020年共实施五批次养蚕，春1、春2、正秋、晚秋四批品种为川山×蜀水，夏季蚕用的品种为781×7532。2020年全县栽植叶用桑农桑14号600亩，强桑1号100亩。嫁接用桑品种有强桑1号、育7-11，共嫁接313亩。

【小蚕共育】 全县有小蚕智能控制共育室7个，分别为孟塘镇1个、银山镇1个、陈家镇5个。县蚕业发展中心严格管理，出台小蚕共育操作规范和饲育技术标准，制定《2020年资中县小蚕共育补贴和奖励办法》，各共育室严格按规章制度、操作规范和技术标准进行共育，蚕农共育数量张榜公示，温湿度记载、用桑量、生产龄期经过记载造册，确保共育质量。全县小蚕共育面在90%以上。

（向雪莲　朱建辉）

内江国家农业科技园区建设

【概况】 2020年，持续推进国家农业高新技术产业示范区创建工作。先后获批2020年资中县国家现代农业产业园和资中县国家农村产业融合发展示范园创建；以光辉好口碑公司为运营机构申报的资中县乡村振兴学院众创空间通过省级众创空间名单备案；在2020年科技部对第6批共47个园区进行综合评估中，内江国家农业科技园区获评全国优秀园区之一，成为农业科技金融试点全国首批7家园区之一。省委书记彭清华等省委领导对园区“科技引领抓发展、开放协同促创新、联农惠农助振兴”做法予以充分肯定。

【基础设施建设】 全面完成农村生产道路（二

期）升级改造工程、农村生产道路连通工程（一期）项目，升级改造农村生产道路 9 千米，完成银楠路沿线景观绿化约 3 千米，平整土地 1.6 万亩，新建水肥一体智能化系统 350 亩。完成万亩血橙主题公园项目河道疏浚、绿化工程、公园配套道路工程，启动建设游客接待中心。加力推进农业科技孵化园项目建设，700 米入场道路全面完工，桥梁桩基已完成，完成总部基地、专家大院、配套用房、停车场场地平整；内江市银山生态种养殖示范基地项目已流转土地 3000 余亩，完成 8 幢猪场主体建设。

【重点项目建设】 2020 年，包装生成项目 18 个，其中县级项目 12 个。积极向上争取四川省资中县国家现代农业产业园（一期）项目债券资金、中央引导地方科技发展专项资金等 7200 万元。全面完成 2019 年省级现代农业产业园建设项目、内江医用基因编辑小型猪产学研繁育中心（一期）项目、农业科技孵化园科研示范基地等项目。2020 年园区承担市级重点考核项目 10 个，其中 9 个项目提前完成考核。核心区新建标准化血橙种植基地 297.23 亩，完成 100 亩匡廷云院士工作站血橙套种大豆实验示范。

【科技支撑体系建设】 园区与科技部农村中心推荐的 16 家高校、科研院所开展深度产学研合作，参与“科技助力经济 2020”重点专项和“百城百园”专项行动。受邀到湖北武汉、重庆荣昌就“100+N”开放协同创新体系推进作大会经验交流，得到科技部农村中心主任邓小明充分肯定。与市科技局、农业银行内江分行共同起草《科技金融战略合作框架协议》，未来 3 年将提供 100 亿元意向信用额度。重庆畜科院“1+1+N”体系建设进展迅速，中科院电子辐照中心、四川乡村学院联盟、内江职院现代农业产业学院等一大批创新载体聚向园区。天艺种业成功获批国家农业高新技术企业，光辉好口碑、中科奥格等 7 户企业成为市级农业高新技术企业。与四川省农科院和中国农业科学院柑橘研究所合作，开展血橙增甜着色试验示范，引进血橙新品种 4 个，研发试验新品种 3 个。联合匡廷云院士（专家）工作站及四川省内高校跨区域开展校企研发合作，进一步解决土壤肥力流失、保鲜技术落后等问题。推动四川省植物工程研究院入园开展青花椒无公害丰产栽培技术、新品种研发和实验示范。规划建设四川省首个农业科技孵化器及农业科技试验基地——农科荟。2020 年完成科技项目申报 8 项，其中部级 1 项，争取到 2020 年中央引导地方科技发展项目资金 100 万元；争取到市级科技项目申报 7 项。

【特色主导产业发展】 2020 年，园区核心区实现销售收入 5.8 亿元，带动农户 30 余万户。持续实施“双三计划·百亿产业”计划，内江黑猪“四场三园一小镇”计划，资中鲶鱼“1112”发展规划，推进“1+2”绿色优质蔬菜发展计划，不断完善“1+4+3”现代农业产业体系，建设成渝地区绿色优质农产品生产基地。内江黑猪祖代场全面建成，投资 1.5 亿元的医用基因编辑小型猪产学研繁育中心（一期）建成投产；引进大禹节水集团试点推行资中血橙标准种植水肥一体化灌溉 1500 亩，并出席中国第二届节水论坛作经验交流，新增血橙标准种植 1.5 万亩，完成老果园改造 1.08 万亩；中国橙堡鱼乡融合发展示范园初具雏形，带动全县规范养殖资中鲶鱼 8800 亩，实现渔业经济总产值 13.579 亿元。天府智慧农业生态园即将定植投产。央视黄金强档电视连续剧《月是故乡明》集中展示了园区发展资中血橙、振兴资中鲶鱼、推动脱贫攻坚与乡村振兴衔接的奋斗篇章。

【招商引资】 2020 年，招商引资域外到位资金 8.9 亿元，完成项目投资 8.9 亿元。感应庵血橙种植基地、好农夫种植基地、洪彬水果种植基地、金合欢水果种植基地等 10 个项目，累计投资 5.605 亿元。园区核心区累计入驻业主 44 户，大禹集团、德康集团、中科奥格等一批知名企业落户园区。

【创新工作】 承办基因编辑小型猪产学研全国交流会，会上四川中科奥格生物科技有限公司同10家合作院校及单位签订《基因编辑猪研究及产业化项目战略合作备忘录》，内江农业科技园区管理委员会与四川中科奥格生物科技有限公司签订《医用猪精准计量和质量控制体系建设项目战略合作框架协议》。承办四川内江国家农业科技园区成果转化对接会，邀请省内高校院所专家开展科技成果发布会，促进10余项科技成果的精准对接。园区与中国移动通信集团四川有限公司签署《信息化平台服务合同》，完成血橙追溯体系建设，进一步延伸了血橙全产业链条。园区与四川大学、中国科学院植物研究所签订《技术开发（委托）合同》，围绕血橙发育营养需求和品质变化规律、血橙优良品种种植方式优化、血橙采收指标研究和标准化、血橙综合保鲜技术研究和示范4个方面开展合作。匡廷云院士（专家）工作站孙群、廖红教授在园区成功实施血橙套种大豆实验示范项目。2020年园区纳入中国农业银行科技金融服务首批试点单位，资中县农业银行等金融机构已累计向光辉好口碑、大千合作社等9户血橙产业龙头企业签约贷款3765万元，向园区内新型农业经营主体、农户总体授信6亿元。

【扶贫】 2020年，扎实开展成效巩固提升专项行动、脱贫攻坚帮扶日等“百日行动”，对联系的31户帮扶对象家庭收入和“两不愁三保障”巩固情况进行检查评估；落实帮扶资金2万元。组织开展血橙种植技术培训6次、环境卫生清扫活动12次，“面对面”开展脱贫攻坚政策宣讲18次，帮助解决问题32个。

（肖　勇　黄志刚　周　玲）

财税·审计·金融

财政

【概况】 2020年，资中县财政部门坚持以习近平新时代中国特色社会主义思想为指导，认真落实中央、省、市、县各项决策部署，统筹推进疫情防控和经济社会发展，扎实做好“六稳”工作，全面落实“六保”任务，坚持积极的财政政策更加积极有为，稳步推进各项财政体制改革和财政管理工作，圆满完成了既定任务。

【财政收支概况】 全县一般公共预算收入93034万元，占调整预算数（以下简称预算）的101.1%；政府性基金预算收入151628万元，占预算的112.5%；国有资本经营预算收入3256万元，占预算的250.5%；社会保险基金预算收入44687万元，占预算的114.3%。全县一般公共预算支出592543万元，占预算的97.1%，同比增长5.2%；政府性基金预算支出229366万元，占预算的94.6%，同比增长88.1%；国有资本经营预算支出936万元，主要用于国有企业政策性补贴、保障国家粮食安全等方面；社会保险基金预算支出25091万元，占预算的100%，主要用于足额兑现城乡居民基本养老保险待遇。

【财源建设】 强化财政保障，打好疫情防控阻击战。累计投入8689万元支持疫情防控各项政策措施落实。争取到位并投入抗疫特别国债12910万元、中央基建投资5000万元，建成核酸检测实验室5个，应对重大突发卫生事件的应急处置和救治能力显著提升。全力支持打赢脱贫攻坚战。安排46905万元实施15个专项扶贫计划，用好用活四项扶贫基金，全县“四个不摘”政策全部落实，脱贫攻坚顺利收官。支持推进生态文明建设。投入50254万元改善生态环境，引入社会资本参与环境综合治理，完成PPP签约38727万元。支持卫生健康事业发展。支持县级公立医院改革，落实镇、村医疗卫生机构基本药物制度，持续加大重大疾病和慢性病的防控力度，提高特殊家庭特别扶助标准和基本公共卫生服务财政补助标准；全县卫生健康支出3.94亿元，同比增加4559万元，增长13.1%。支持农业农村优先发展。安排44789万元，支持高标准农田、病险水库整治、沱江堤防等项目建设，改善农业基础条件；安排6005万元，支持现代农业产业体系建设，促进粮食、生猪、血橙、渔业、蔬菜等农业产业增产增效；拨付10465万元，落实惠农补贴，提高农民种粮积极性；安排2884万元支持政府储备粮保管、轮换和智能粮库升级改造等，确保粮食保供稳价；安排12454万元，支持国家农业科技园区建设；安排7323万元，用于开展村级公益事业“一事一议”财政奖补和美丽乡村建设等；全县农林水支出10.51亿元，同比增长12%。推进文体旅游繁荣发展。支持国学文化活动周、资中大舞台、资中之春等文化活动开展，举办文化惠民演出210场；整合资金支持罗泉古镇国家AAAA级旅游景区创建；大力支持文武庙复原陈展、万亩血橙主题公园、孟塘里乡情生态园等文旅、农旅项目建设，争创天府旅游名县候选县；落实文化惠民政策，建设贫困村阅报栏55个，完善贫困村文化室102个；支持实施校园足球“种子计划”“苗子计划”；全县文化旅游与传媒支出7534万元，同比增长14.6%。加速补齐交通“短板”。筹集29661万元，升级改造18.2千米国省干道、31.5千米县乡道、47.7千米村道，新（改）建村级公路22.5千米；支持农村公路“六个一”工程、农村“两通”工程，支持“四好农村路”建设。落实积极财政政策，助力企业纾困发展。加强直达资金分配管理，69217万元财政资金直达基层，直接惠企利民；筹集资金19702万元支持企业复工复产和创新升级；利用财政金融互动奖补政策撬动金融机构为小微企业发放“战疫贷”27790万元、“稳保贷”39804万元、创业担保贷款5153万元，积极为企业“输血”；全年新增减税降费19007万元，减免中小企业和个体工商户房屋租金376万元，努力为企业“减负”。

【收入征管】 科学预测年度收入预期，加强收入形势研判，严格实行“清单制＋责任制”，强化信息互联共享，加大建筑业、房地产、酒精、水泥、煤炭和页岩气等重点税源收入征管力度。加大社会抚养费依法征收考核力度，积极清理盘活政府存量资源资产，全力组织可形成财力的非税收入。制发《资中县政府性投资工程类非招标项目实施政府采购操作指南（试行）》，坚持抓发展促增收，增强收入后劲。2020年，全县税收收入完成64280万元，为预算的103.2%；非税收入完成28754万元，为预算的96.8%；税占比达69.1%，同比提升1.7个百分点。出台《资中县调整完善县与镇财政管理体制方案》，激活镇活力，促进镇级抓收入、壮财力、促发展。建立完善县对镇建筑企业回引、非税收入、招商引资、协税护税等收入考核激励机制，镇非税收入完成684.91万元，超计划128%；社会抚养费完成132万元，同比增长9.3倍；建筑企业回引税收完成1569.2万元，同比增长65%。提前谋划土地出让，加大城市（镇）经营力度，国有土地使用权出让收入入库148988万元，确保了财政收支平衡。

【支出管理】 严格按照“保工资、保运转、保基本民生、促发展”支出序列安排财政支出，不断优化财政支出结构，全县工资性支出183592万元，占一般公共预算支出的31%，同比增支768万元，增长0.4%；运转类支出28970万元，占一般公共预算支出的4.9%，同比增支1801万元，增长6.6%；基本民生类支出197063万元，占一般公共预算支出的33.3%，同比增支19228万元，增长10.8%；产业发展及债务还本付息等其他支出182918万元，占一般公共预算支出的30.8%，同比增支27835万元，增长17.9%。

【财务管理】 落实厉行节约要求，全县行政事业单位一般性支出压减10.2%；财政拨款“三公”经费同比下降5.9%。修订《财政投资评审管理办法》，加强财政投资项目评审，全年召开财政投资评审审查例会14次，审定项目450个，审减金额24622万元，综合审减率10.8%。进一步规范政府采购，完成政府采购预算50357万元，实际采购金额46318万元，节约金额4039万元，节约率8%。

【财政改革】 推进县与镇财政事权和支出责任划分改革，合理确定镇级财权和事权，提升镇级财政保障水平，激发镇发展积极性。深化预算绩效管理，出台《资中县县级预算绩效运行监控管理暂行办法》等三项制度办法，初步构建全方位、全过程、全覆盖的预算绩效管理体系。加强绩效评价工作，建立重大政策、重点项目绩效评价常态化机制，建立预算绩效管理信息系统，提升绩效评价工作质量。深化国资国企改革，拟定《资中县国有企业退休人员社会化管理工作方案》，完成中央、省、市国有企业退休人员接收1222人。积极落实国有企业股权划转充实社保基金工作，全市县（市、区）范围内率先完成清理划转。开展国有企业管理政策、职责清理，出台《县属国有企业投资监督管理暂行办法》，拟订《县属国有企业投资项目评审暂行办法》，全面加强企业项目运行监管。积极配合人大预算联网监督工作，着力提高项目支出管理水平。

【财政监管】 持续正风肃纪，牵头开展违规发放奖金及补贴、新冠肺炎疫情防控、禁捕退捕资金、“五项”经费、脱贫攻坚和纠治“四风”等专项检查，查出违规问题42个，整改资金45.66万元。开展政府采购领域专项整治，移交乱象问题线索10条。开展社会保障“一卡通”专项清理，深化漠视侵害群众利益专项整治，共发放87项补贴6.68亿元，惠及群众248.8万人次，补贴资金发放更为安全高效，补贴政策落地更为透明见效。

【国有资产管理】 资中县兴资投资开发集团有限责任公司 由资中县财政局、中国农发重点建设基金有限公司和四川省财政厅联合出资设立。2020年，兴资集团对外参股公司16个，下属控股公司18个。资产总额121.48亿元，实现营业收入3.87亿元，实现利润2980万元，通过各种融资方式共实现融资到账约46亿元，有效保障了集团公司的生产经营发展。建材板块实现突破性增长，建材公司销售商品混凝土58.93万立方米，较2019年同期增加47.6%，投资的湿拌砂浆站已基本完成建设，预计2021年2月底投入运营；检测公司积极参与市场竞争，签订19份项目检测合同，出具钢筋、混凝土、砂浆等各类检测报告38598份，实现营业收入366万元，较2019年同期增加71.5%。房地产板块实现产业延伸，对外投资收购成立了中屹达建设公司，预计2021年5月正式投入运营。重龙镇南华街地块商业开发改造项目正在进行项目前期调研。道路交通板块实现创新理念发展，交建公司打破停留在政府业主代建管理意识，转变发展模式，重点研究道路修建中的建材供应、修建后的管理营运，投资成立了沥青混凝土生产公司。旅游文化板块实现新发展，文旅公司顺利完成文武庙文物复原展陈项目，5月正式投入运营，累计接待游客9000余人次，实现收入约20万元；罗泉古镇已成功创建国家AAAA级旅游景区，8月投入试运营，累计接待游客14万余人次，游客接待中心实现文创产品销售、停车费等收入约4万元。投融资支撑板块实现高标准管理，通过建立资产信息管理软件系统，完善国有资产管理台账，定期对资产位置、面积、产权、现状进行清理核实，实现国有资产账实相符，经营管理的49.21万平方米资产，有力保障了集团融资工作的开展。

资中县润资水务投资开发有限责任公司 国有独资公司，下设子公司8个。2020年，公司及其子公司营业总收入7120万元，总支出6502万元，实现利润618万元；共计筹集资金2.2亿多元，保证了还本付息和工作的顺利推进；公司承建的重龙大道南延线及水系景观（二期）工程、双河水厂输水管道建设完工，南延线及水系景观（三期）工程、西干道市政道路建设（一期）工程顺利推进；城乡饮水统筹工程覆盖县城建成区域及16个镇，自来水用户（含转供水用户）达到12万户；资中县城区供水管网及供水设施改造提升项目、资中县城乡统筹供水一体化工程项目两个专项债项目申报成功；公司狠抓党建基础建设和意识形态工作，认真落实民主集中制；扎实开展“脱贫攻坚”帮扶工作，公司26名干部职工结对帮扶龙结镇芦花村贫困户87户，每月定期在脱贫帮扶日组织帮扶责任人到村开展帮扶工作，共计捐资4.9万元，帮助芦花村修复便民路、维修受损公路、安装太阳能路灯、维修堰坎等。

（张光伟　熊　武　陈　浩）

税务

【概况】　2020年，资中县税务局不断坚持党建引领，抓好税收主业主责，打造税务文化基石，激发干部职工的积极性、主动性和创造性，为资中县经济发展贡献税务力量。

【税法宣传】　县税务局围绕“减税费优服务 助复产促发展”主题，集中开展第29个全国税收宣传月活动。发挥税源管理分局下户宣传优势，走进企业、社区、人流集中地等，开展减税降费上高铁、进校园等活动，累计发放《致纳税人的一封信》、推送个人所得税汇算政策、减税降费宣传册及海报等资料7000余份。建立减税降费税企微信交流群12个，精准推送优惠政策；充分利用新闻媒体，通过资中电视台、《内江日报》等渠道报道减税降费政策12次，在四川新闻网首页、中国党政理论网上报道2次，利用“资中微生活”等知名公众号宣传5次。与邮政公司资中分公司合作，通过公交车、公交站牌、邮政大厅等方式投放宣传标语80条次，累计发放资料3000余份，标语覆盖5万人次。

【组织收入】　在面临疫情影响和减税降费双重压力下，县税务局坚持组织收入原则，全年组织税费收入25.61亿元，同比增长23.65%，其中税收收入14.14亿元，社保和非税收入11.47亿元。完成地方公共财政预算收入6.83亿元，超全年收入计划0.18亿元，超计划任务2.7%，优质高效完成全年收入任务，实现平稳增长。

【税收征管】　推行“非接触式”办税缴费模式，引导纳税人使用电子税务局办理各项涉税缴费业务，开通发票申领免费邮寄业务，电子税务局网办率达98.32％，累计为3084户纳税人免费邮寄发票；顺利完成个人所得税和企业所得税综合汇算清缴工作，有序推进企业社保费、非税收入划转到税务部门征收，按照时间节点完成城乡居民和机关事业单位“两险”征收工作任务。

【依法治税】　通过建立学法用法制度、完善年度学习计划、规范基层干部执法流程等一系列方式，不断健全依法行政工作机制，开展会前学法11期，党委中心组专题学法6期，顺利完成“七五”普法验收，推动行政执法“三项制度”落地落实。

【纳税服务】　服务质效再提升。坚持深入开展“便民办税春风行动”，对照纳税人满意度调查指标，落实“最多跑一次”清单制度，实现“一次性告知”“一窗受理”“一站式办结”，落实政务服务“好差评”服务。引入“6S”精益管理新模式打造标准化办税大厅，营造整洁舒适的办税大厅和服务环境。办税服务厅每日严格做好疫情防控措施，分流聚集人群减少办税服务厅人员聚集。针对企业量身定制“一企一策”帮扶计划，推广“非接触式”服务，引导纳税人通过电子税务局办理相关业务，纸质资料采取“免费邮寄”方式送达纳税人，疫情防控期间累计为708户纳税人免费邮寄发票，切实降低疫情传播风险。建立“1+2+N”银税合作机制，以人行、银监部门主导的银行征信体系为支撑，打造开放式银税互动平台，为全县36户次纳税人提供信用贷款1327万元。

（彭洪艺　王　永　黄　明）

审计监督管理

【概况】　2020年，资中县审计局完成审计项目223个，其中：财政财务收支审计47个，查出管理不规范金额 70069.6 万元，收缴处罚金额 6821.93 万元；工程项目审计 176 个，审减金额 7317.8 万元，向县纪委监委、相关部门移送问题线索 23 件，审计工作得到了县委、县政府及上级审计机关的充分肯定。

【预算执行审计】 以预算执行为主线，掌握本级预算编制和调整及收支的基本情况，核实预算收入支出的真实性和完整性、非税收入账户资金是否及时解缴等，促进建立全面“规范透明、标准科学、约束有力”的预算制度。全年完成预算执行审计项目 3 个，审计查出主要问题金额 25710 万元，实现县一级预算单位审计全覆盖。

【财政决算审计】 重点关注财政预算执行情况、财政资金支出的真实性以及惠农等专项资金的使用情况，并对群众反映的热点问题进行延伸审计，大力促进了各单位规范财政财务收支和管理行为。全年完成财政决算审计项目 9 个，共审计查出主要问题金额 39135 万元。

【行政事业审计】 检查部门、单位贯彻落实中央八项规定和各级政府相关规定以及执行厉行节约反对浪费条例的情况，重点核查乱发津补贴、“三公”经费、会议费和正版软件使用等情况。全年完成审计项目 12 个，管理不规范金额 6532 万元，收缴处理上缴财政 301 万元。

【政府投资审计】 提高政府性资金使用绩效，深化政府投资审计“三个转变”。重点关注工程管理、工程建设、资金使用等情况，对 2 个省市县重点项目实施跟踪审计，对跟踪审计中发现的问题及时发出审计整改函，督促业主单位及时整改，认真履行建设职责，规范投资建设管理。全年审计投资项目、工程项目 176 个，送审金额 84477.8 万元，审减 7317.8 万元。

【经济责任审计】 加强对权力运行的制约和监督，揭示公共权力运行、资产负债损益中存在的问题，客观界定被审计领导干部应承担的经济责任，促进领导干部切实履职尽责。全年完成审计项目 16 个，共查出违规金额 518.93 万元，管理不规范金额 6831.6 万元，收缴处理上缴财政 435.77 万元。

【企业审计】 以弄清企业资产经营管理情况、促进增收节支、提高企业效益、维护国有资产安全为目标，重点审计资产的核算是否按照实际发生的经济行为并依照国家财经法规的规定进行，在经济活动中形成的各项负债的合理性、真实性及偿付的及时性、记录完整性，记录的内容是否与债权人对应等情况。全年完成审计项目 3 个，审计查出管理不规范金额 1195 万元。

【审计调查】 根据审计署统一方案，每季度开展重大政策措施落实情况跟踪审计，按照上级审计机关的要求，明确目标，落实责任，将任务分解到股室人头，确保该项工作落到实处；按照上级审计机关统一安排开展新冠肺炎疫情防控资金和捐赠款物、稳定粮食生产和恢复生猪生产政策落实情况、2019 年度脱贫攻坚政策措施落实情况、科技资金、新增财政资金直达市县基层直接惠企利民、“十三五”期间高标准农田等 6 个方面情况进行审计，并对审计发现的问题按相关法律法规进行了处理。

【计算机审计】 坚持科技强审，强化审计干部的大数据审计思维，坚持数据先行，充分发挥大数据手段在财政预算执行审计、惠民类资金审计等项目中的作用，实现县一级预算单位审计全覆盖。2020 年，共建立数据模型 45 个，筛选疑点数据 5678 条，通过有针对性地核查疑点信息，极大地节约了审计时间，提高了审计效率。

【结果运用】 抓好审计成果的综合分析，提升审计成果层次。对审计查出的问题成因从主、客观两方面进行综合分析，提出解决问题的建议和办法，注重增强审计建议的针对性和可操作性，全年提出审计建议、意见 205 条，促进被审计单位出台（完善）制度 26 项。

【审计公告】 健全完善审计公告制度，细化审计公告程序和办法，审计结果逐步向社会全面公告，充分发挥社会舆论的监督作用。通过资中县人民政府信息公开向社会公告2019年度审计工作报告、2019年度县级预算执行及其他财政收支审计查出问题整改情况报告和24个审计项目的审计结果，公开部门动态信息48条。

（郑建波　张忠盛　陈秀君）

金融

【基本情况】 中国人民银行资中县支行认真贯彻落实全国金融工作会议和内江中支工作会议精神与工作部署，以习近平新时代中国特色社会主义思想和习近平总书记系列重要讲话精神为指导，坚持金融服务实体经济的本质要求，切实防范金融风险，依法、高效履行基层央行职责。按照“强素质、增活力、创一流”的整体工作思路，认真贯彻执行稳健的货币政策，坚持疫情防控与经济社会发展并重，着力推动金融服务“六稳”“六保”，积极推进金融改革创新，有力支持和促进了地方经济健康持续发展。

2020年，县域内金融机构基本情况：一是银行业金融机构。全县有银行业金融机构9家，其中政策性银行1家、国有商业银行5家、城市商业银行1家、村镇银行1家、地方法人机构1家，有从业人员1510人，金融网点116个，全县22个镇均安有ATM机。截至2020年12月末，全县银行业金融机构人民币各项存款余额449.62亿元，较年初增加50.15亿元，同比增长12.55%，高于全市平均水平0.3个百分点；人民币各项贷款余额218.19亿元，较年初增加32.33亿元，同比增长17.39%，同比增速高于全市平均水平1.81个百分点，存贷比48.51%。存款余额、贷款余额和贷款新增额居三县（市）第一。二是保险公司。全县有保险机构21家，其中财险13家、寿险8家，保险从业人员2164人，服务站（点）基本实现镇全覆盖。截至2020年12月末，全县保险业累计实现保费收入6.39亿元、同比增长1.96%，其中财险公司保费收入1.86亿元、寿险公司保费收入4.53亿元。三是地方金融组织。全县有融资性担保公司3家（资中县兴资农业融资担保有限责任公司、四川诚佳融资担保有限公司、四川省资中县鸿通融资担保有限公司），从业人员26人，截至2020年12月末，在保余额8.71亿元，在保客户数225户；有小额贷款公司1家（内江资中县民银小额贷款有限责任公司），员工9名，贷款余额1.29亿元。

【货币信贷】 加大逆周期调节力度。定期召开金融运行形势分析会，做好稳健的货币政策传导。结合县域实际，针对重点项目、重点产业和薄弱环节加大信贷投放力度，确保信贷总量的持续稳定增长，社会融资规模和本外币贷款新增量均创下历史新高。

持续做好项目贷款投放。助力“投资唱主角”，围绕资中3个省级、94个市级、421个县级重点项目建设，主动对接，提前介入，加大对县域重点项目的金融支持力度。辖内金融机构向经济开发区污水处理厂一期及配套道路建设项目、资中县人民医院建设、万亩血橙主题公园、农业园区农村生产道路、新发地成渝地区国际农产品交易中心等28个项目提供信贷支持12亿元。

金融精准扶贫工作力度不减。全县金融精准扶贫贷款余额6.31亿元（其中个人精准扶贫贷款余额1.33亿元），同比增长40.68%，不良率0.27%；产业精准扶贫贷款余额3.06亿元，同比增长7.77%，不良率2.57%；项目精准扶贫贷款余额1.92亿元，同比降低29.55%，不良率为0；个人扶贫小额信贷余额1221.28万元，不良率0.6%。做好定点帮扶工作。每月两次深入对口贫困村，了解贫困户需求，与村“两委”共谋发展对策，帮助对口的1户贫困户贷款5万元发展肉牛产业，帮助村集体发展小龙虾养殖等产业，带动贫困户 17 户，对口帮扶的 26 户贫困户均通过脱贫标准验收。

深化金融服务乡村振兴战略。以“银山国家农业科技园区综合金融服务示范区”建设为抓手，加大对乡村振兴的信贷投放。全县金融机构发放涉农贷款余额 151.07 亿元，同比增长 16.86%。加大金融支持生猪保供力度，对全县 1613 户新型农业经营主体进行摸排，重点对 133 户养猪专合社、家庭农场开展对接。县域涉农金融机构共对 1417 户生猪养殖主体发放贷款 1.06 亿元。针对生猪产业发展现状、各类养殖主体融资难题、金融支持短板开展专项调研。引导金融机构灵活运用乡村振兴农业发展贷款风险补偿金聚焦血橙种植、生猪养殖以及综合农旅产业发展，加大信贷投入，2020 年累计发放乡村振兴贷款 95 笔，金额 1.04 亿元。

加大绿色信贷投放力度。积极融入资中县污染防治攻坚战大局，以项目建设为重点，推进绿色信贷投放，向经开区污水处理厂一期及配套道路建设项目、银山镇污水处理厂及管网工程项目、资中县农村路网改善提升一期工程项目、资中县贫困村扶贫一期项目等项目发放绿色贷款 4.53 亿元，较年初增加 2.83 亿元。

金融支持疫情防控阻击战。自新冠肺炎疫情发生以来，坚决贯彻落实党中央、国务院关于打赢疫情防控阻击战、促进经济社会发展的决策部署，认真执行上级行党委关于金融助力企业复工复产、稳企业保就业系列举措，加大企业复工复产支持力度、用好用活贷款专用额度，强化疫情防控企业信贷投放，为资中县 51 家规模以上工业、5331 户民营小微企业复工复产提供 10.81 亿元的信贷支持；向资中县鸿展、弘升药业、资中火车站省粮食储备库等疫情防控重点企业提供信贷支持 1.38 亿元，为全县打赢疫情防控阻击战提供了有力支撑。

做好民营小微企业金融服务。贯彻落实“民营小微金融服务工作计划”“个体工商户金融甘露行动计划”，持续通过进园区、入企业，帮助企业解决融资难题。深度强化政银企合作、创新开展融资对接。加强同县上行业主管部门的协同联动，结合县域产业发展实际，组织开展专项融资对接，提升企业融资可得性。组织开展专项融资对接 6 场，组织辖内银行金融机构开展各类融资对接 35 次，走访企业 373 户，签约授信 1.77 亿元。民营小微企业贷款余额 87.83 亿元，较年初增加 17.61 亿元，同比增长 19.9%，高于各项贷款平均增速，共计支持 9909 户市场主体，其中小型企业 215 户、微型企业 305 户、个体工商户 9059 户、小微企业主 330 户。培育有信贷需求的首贷户 120 户，发放“内江市小微企业金融服务手册”“内江市个体工商户金融服务手册”2000 余份，向 60 余户企业发放贷款 6.23 亿元。

建立“5 + 3 + 2”工作机制。按照重点项目、三次产业、个体工商户 5 张清单，核心企业、重点企业、小微企业分类对接以及线上线下两个对接渠道的工作模式加大银企对接力度，取得明显成效。三类企业获贷率达到 60%，高于全市平均水平，其中为 14 户核心企业提供信贷支持 4.67 亿元；对接 52 户规上企业，向星船城水泥等 24 户企业发放贷款 9.19 亿元；走访规上服务业 22 家，向资中县公共汽车公司等 11 户企业发放贷款 3738 万元；走访 52 户商贸业企业，向淳馨酒业等 30 户企业发放贷款 2.56 亿元；走访个体工商户 3059 户，发放贷款 7.37 亿元。

推动货币政策工具直达实体。用好贷款延期支付工具，加大信用贷款力度，全力支持小微企业渡过难关。累计对 1500 余户企业的 6 亿元贷款进行延期，延期率 60%。共投放利率互换激励资金 93.53 万元，支持辖内法人机构资中联社累计延期率达 77.55%，在内江市法人金融机构中排名第一。向 1783 户普惠小微企业发放信用贷款 3.09 亿元，占新发放普惠小微企业贷款的 14.5%，有效缓解了小微企业抵押物缺乏的问题。

金融政策工具聚合效果充分显现。推动资中县“两权抵押贷款风险基金”增加到 500 万元，“助保贷”资金池规模增加到 1000 万元，乡村振兴农业发展贷款风险补偿金规模扩大到 980 万元。发放支农再贷款 3.78 亿元，超额完成限额目标。圆满完成“战疫贷”工作任务。辖内 3 家经办银行共对接推荐企业 426 户，放贷 161 笔，金额 2.67 亿元，平均利率 4.35%。落实财政奖补贴息政策，全年审核申请财政奖补资金 142.15 万元，贴息资金 180.92 万元，做到应贴尽贴。“稳保贷”有序衔接，累计发放稳保贷 3.98 亿元，平均利率 4%，支持 252 户小微企业。

【金融稳定】 建立完善风险化解处置机制。密切关注辖区区域金融运行和风险情况，不断探索完善市场化、法治化金融风险处置机制，压实各方责任。定期向县政府报告央行金融机构评级结果和风险较高机构的风险状况，及时提示风险，压实地方政府属地风险处置责任和维稳第一责任。积极沟通协调，以县金融工作领导小组的名义正式出台“金融稳定协调机制”文件。同时拟写了《关于当前资中县金融风险形势分析的报告》，向县政府做专题汇报，为县域优化金融生态环境、打赢防范化解金融风险攻坚战打下了坚实的基础。召开“促就业、保企业、防风险”工作座谈会和金融支持稳企业保就业防风险推进会，对金融支持稳企业保就业防风险工作进行推动落实。全县不良贷款余额 4.18 亿元，较年初减少 7952 万元，不良率 1.92%，比年初降低 2.1 个百分点。

加大对金融风险的监测预警处置。通过风险提示、约谈、通报等手段，积极采取针对性措施化解风险，压实金融机构主体责任。及时对资中联社营运情况及风险指标进行监测分析，发出风险提示，督促资中联社制定落实风险化解和处置工作时间表、路线图。与县法院就打击恶意逃废金融债务、县域金融债权维护工作开展合作，有力提升涉金融债权的审结执行水平。资中联社不良贷款余额 3.91 亿元，较年初减少 1.56 亿元，占比 4.24%，较年初降低 1.68 个百分点；推动其他金融机构不良贷款化解，指导辖内农发行核销不良贷款 2.73 亿元。

全面推动反洗钱工作。会同资中县公安局组织召开 2020 年禁毒反洗钱工作联席会，并组织各机构对“2020 年禁边行动”名单中的人员进行协查。多维度、多形式开展禁毒宣传和反洗钱系列宣传活动。持续开展反洗钱走访。

【金融服务】 深化中小微企业信用体系建设。加强天府信用通平台推广工作力度。推动 796 户市场主体注册，对接贷款 207 笔，金额 9.93 亿元。按照《关于进一步加强内江市信用农户、信用村、信用乡（镇）评定工作的通知》的要求，指导涉农机构优化各项指标，持续开展三项评定工作。对四川永久畜牧药业有限公司等 391 户失信的企业或新型农业经营主体重新评级授信，共计发放贷款 3.15 亿元。上报经验总结材料《开展农村信用救助　助力增收致富》，并在全市推广。

推进数字普惠金融试点。对辖内数字普惠金融试点工作情况开展评估，结合金融支持稳企业保就业工作不断深化普惠金融工作，优化各项指标，确保 2020 年各项指标得到明显提升，消费者数字普惠金融获得感进一步增强。

完善农村支付环境建设。结合村级建制调整，进一步优化助农取款点设置。深化“银山农业科技园区”金融综合服务创新示范区建设，推动创建“移动支付便民示范镇”。按照打造主要街区标准，共计拓展银山镇商户 162 户，商户数已完成 100 户的打造标准；云闪付交易 632 笔，交易金额 54.34 万元，有交易的云闪付商户 44 家，占比 27%。

加强人民币管理。持续推进人民币净化工程，重点开展“爱护人民币 打击非法使用人民币图样”专项整治活动。突击检查祭祀用品销售商户和摊点 15 家，现场收缴违法销售使用人民币图样“人民币版冥币”祭祀用品 40 余沓，责令 6 户商家对违法销售使用人民币图样“人民币版冥币”祭祀用品现场销毁，对销售人员进行批评教育。并由资中县市场监管局对某违规使用人民币图样的个体工商户给予警告、没收扣押冥币、罚款 200 元的行政处罚。

切实履行国库管理与服务职责。积极疏通税款报解渠道，加快税款上划速度，及时做好预算支出和退库的核算，为政府、财税、金融和企业提供优质的服务。办理预算收入 18.96 万笔，累计金额 47.86 亿元；办理预算支出 2.74 万笔，累计金额 92.99 亿元；办理预算收入退库 1.08 万笔，累计金额 0.71 亿元。

加大金融消费者权益保护工作力度。金融消费者权益保护工作实现金融机构、县域全覆盖。累计受理金融消费投诉 30 余项，群众满意度达到 100%。以开展“3 · 15”金融消费者权益保护宣传、“普及金融知识，守住‘钱袋子’”等活动为契机，围绕反假币、非法集资、个人征信、电信网络诈骗等内容，开展集中宣传活动，提升群众金融风险防范意识。

（孔冀川　胡　敏　刘文忠　胡　倩）

【农发行资中支行】 2020 年，发放各类贷款 175086.5 万元，收回各类贷款 2.72 亿元，年末贷款余额 30.41 亿元，各类存款余额 7.17 亿元，实现利润 475.79 万元。

认真落实粮油信贷政策，全力支持粮食收储。对政策性粮油业务，坚持作为政治任务，抓好责任落实，定期开展查库，确保贷款企业和委托监管的粮食、油脂库存账账相符、账实一致；坚持在“不打白条前提下防控风险”，全力做好新形势下的粮油信贷工作，把支持粮油收储作为全行工作的重中之重。在疫情防控期间，发放地方调控粮油应急贷款 763 万元，用于储备小包装大米 1400 吨、菜籽油 140 吨。做好粮油轮换工作，全年轮换粮油 13942 吨，其中小麦 12842 吨、菜籽油 1100 吨，收放贷款累计 9637 万元。

积极服务小微企业，完善信贷结构。以习近平新时代中国特色社会主义思想为指导，积极贯彻落实党中央、国务院有关缓解小微企业“融资难、融资贵”的决策部署，遵循“政策导向、示范引领、择优支持、风险可控”的原则，积极对县域内小微企业基本情况进行摸排，通过高层营销、多次营销，挖掘培育小微企业新客户，探索支持符合条件的小微企业贷款需求，通过努力，已向四川中科奥格生物科技有限公司发放 200 万元产业化龙头企业贷款，用于基因猪的养殖。

持续精准发力，大力支持地方经济发展。根据总行信贷政策调整实际，进一步厘清信贷支持的重点和着力点，主动提升站位，抢抓发展机遇，在发展中寻求破解不良贷款良方。多次向县委、县政府领导汇报，积极主动对接县财政局、交通局、发改局、扶贫移民局等部门，就农发行信贷政策及支持重点进行宣传，得到了党政部门的积极响应，信贷需求强劲，筛选了条件相对成熟、党政关切、风险可控的项目，进行营销培育。

（余祥龙　张文文）

【工行资中支行】 2020 年支行各项存款余额 26.48 亿元，较年初净增 3.32 亿元；储蓄存款余额 21.1 亿元，较年初净增 2.67 亿元；对公存款余额 5.37 亿元,较年初净增 0.66 亿元。贷款情况：2020 年支行各项贷款余额 15.89 亿元，较年初增加 2.5 亿元，其中个人贷款净增 2.23 亿元，公司贷款净增 2908 万元。中收及利润：2020 年累计完成 1762 万元，其中个人中收 1597 万元，法人中收 165 万元。 客户基础：2020 年，支行个人客户余额 20.59 万户，净增 2.53 万户；新开对公结算账户 480 户，较年初净增 121 户，同比增幅 33.7%。

重点产品销售情况：支行认真落实党中央服务实体金融要求，2020 年末小微企业贷款余额

6096万元，贷款户数32户，累计发放12885万元，发放全省首笔小微农担贷80万元；支行在了解到县域内党费管理的需求后，第一时间登门拜会县内各级机关党委，快速了解需求，争取减免政策，为客户提供方便、优质高效的服务，赢得客户的信赖，做好党费账户拓户工作，2020年已开立党费账户15户；通过加强与县教育局的合作关系，为校外培训机构提供优质服务，开立校外监管账户28户，占全县校外培训学校总数的62%。

（李昆鹏　邓　威）

【农行资中支行】　2020年年末，支行各项存款余额70.66亿元，比年初净增3.9亿元，增幅为6%，其中对公5.57亿元、个人65.09亿元；各项存款时点增量3.90亿元，其中对公-1.71亿元、个人5.61亿元。各项贷款余额25.66亿元，其中对公12.64亿元、个人13.02亿元，其中对公下降1.45%、个人提升2.24%；各项贷款时点增量3.66亿元，其中对公-1.07亿元、个人4.73亿元，增量占比31.27%；不良贷款余额353万元，较年初上升214万元，不良率0.14%，不良率比年初上升0.08个百分点。实现中间业务收入3591万元，计划完成率为93.35%，同比多增186万元。实现拨备前利润12855万元，计划完成率104.12%，同比多增1775万元；净利润9297万元，计划完成率100.88%，同比多增1202万元。

2020年，支行按照省分行"回归县域、下沉乡村、创新推动"转型发展总体思路谋篇布局，加强银证合作，强化组织保障，积极支持民营小微复工复产，支持乡村振兴产业发展，取得一定成效。加大对疫情防控、稳产保供、复工复产企业的信贷支持力度，积极履行社会责任。积极支持重点防疫客户贷款。2020年上半年，支行对医院和防疫生产企业发放流动资金贷款3800万元，得到县委、县政府的认可。积极落实"贷款应延尽延"政策。支行为6户普惠小微法人客户办理延期还本，涉及贷款金额1278万元，其中展期4户、金额1178万元，无还本续贷2户、金额100万元。加快推进普惠金融场景建设。支行选取资中经济开发区工业园区作为普惠金融营销场景之一，通过对园区内企业进行分类摸排，与10户企业建立信贷关系，贷款余额2824万元。加大小微e贷产品运用。通过"支行领导+客户部团队+网点"模式，对全县400余户A、B、M级纳税企业进行走访营销，共新增投放纳税e贷640万元、抵押e贷3275万元。多措并举，加大惠农e贷投放力度。在继续抓好农村个人抵押贷款、省农担担保贷款的基础上，狠抓惠农e特色贷款、农户建档线上贷款的投放。2020年已发放惠农特色e贷23户、560万元。建立专业营销团队，加快业务转型发展。支行积极响应上级行业务经营转型发展要求，加快建立专业营销队伍，充实前台营销力量。加强风险防控，筑牢安全生产防线。加强脱贫攻坚。3次召开脱贫攻坚专题会议，研究部署全行开展金融扶贫工作和对联系贫困村的帮扶工作，2020年11月末扶贫贷款余额3230万元，2020年新增扶贫贷款940万元；组织120人次对39户贫困户开展结对帮扶和走访慰问，并组织员工捐款1.5万元开展扶贫帮扶工作。

（秦　勇　孙　建）

【中行资中支行】　2020年12月底，支行各项存款余额达216.01亿元，较年初新增29.16亿元。支行各项授信余额达133.15亿元，较年初新增13.61亿元。全年牢固树立全行员工的合规意识，强化合规操作，组织开展"2020年案件（风险）专项治理"、"乱象治理"回头看、、"防范打击非法金融"等专项活动。以"禁令"为准绳规范职业操守。全年无重大案件事故发生。

（黄　烜　申　参　肖　娟）

【建行资中支行】　2020年末，支行一般性存款余额41.10亿元、占比较年初提升0.42个百分点，较年初新增4.76亿元，日均新增3.50亿元。对公存款：支行对公存款时点余额10.01亿元，时点余额比年初新增1.26亿元，新增占比57.97%。日均余额10.42亿元，较年初新增8464万元，日均余额四行占比39.08%，日均余额新增占比57.97%。对公贷款：公司类贷款较年初新增11037万元；小企业贷款余额39324万元，较年初新增14226万元；贷款户数376户，较年初新增147户，全年任务完成率121%。个人存款余额31.09亿元，较年初新增3.49亿元，计划完成率101%，余额占比21.24%，较年初增加0.19%；新增占比22.88%，较年初增加1.47%，市场占比持续提升。信用卡业务：全年实现信用卡发卡2428张，一般分期交易金额748万元。支行全年实现专项分期交易7269万元，其中分期通5441万元，购车分期151万元，装修分期1677万元，交易金额完成率115%。渠道建设：从优化支行物理网点布局和成本控制的角度出发，积极推进渠道建设，完成了御都花园自助银行报批，装修设计、施工及验收工作，并于2020年12月初投入使用。个贷业务：2020年，支行商业性个人住房贷余额8.10亿元（含二手房、个人商业用房贷款），余额较年初增长2.60亿元。个人住房贷款余额6.95亿元(新房)，较年初增加2.51亿元，发放937笔，发放金额3.19亿元；个人再交易住房贷款余额5546.91万元，较年初下降51.22万元，新发放25笔，发放金额782万元；个人商业用房贷款余额4877.03万元，较年初新增926.98万元，新发放49笔，发放金额1673.10万元。公积金住房贷款余额为3.03亿元，余额较年初增加5646.85万元。公积金住房贷款发放223笔，发放金额为8445万元。个人助业贷款全年发放63笔，金额1714万元（含存量支用）。

全力做好风险合规、案件防控及安全保卫工作。认真落实两防主体责任。开展员工异常行为排查与核查，持续开展案件警示教育，强化员工法律合规意识。坚守风险合规底线，全面落实监管要求。对关键业务环节操作风险屡查屡犯问题切实抓好整改落实，严格贯彻执行监管机构关于反洗钱、等专项工作的金融政策和管理规定。认真落实安全防控主体责任。按照安全保卫工作相关制度要求，做好物防、技防和消防设施设备的日常检查、维护，保证支行安全营运，确保实现全年“零案件”发生。积极做好脱贫攻坚工作。支行班子成员、全体党员全年24次深入贫困村，与村“两委”就村基础设施建设、产业项目、集体经济情况等进行沟通协商；帮扶贫困村新桥镇兰家坝村顺利完成2020年脱贫攻坚迎检工作。助力乡村振兴，充分利用全县22个镇、301个行政村的村卫生室开通“裕农通”金融服务点。通过服务点，村民可以享受缴纳社保、转账汇款、账户查询等银行金融服务。

（古　莉　周亚力　彭红兵）

【资中农信联社】 资中县农村信用合作联社（以下简称“资中农信联社”）是一家致力于服务“三农”、中小微企业和县域经济的现代金融机构。2020年，资中农信联社坚持以习近平新时代中国特色社会主义思想为指导，坚守“服务三农、服务中小微企业、服务县域实体经济”的市场定位，扛好农村金融主力军银行、普惠金融主力军银行、地方金融主力军银行旗帜，统筹推进常态化疫情防控、贯彻“六稳”“六保”、抓实金融精准扶贫、乡村振兴、服务民生等重点工作，在助力全县经济社会加快发展和“十三五”圆满收官方面贡献资中农信力量。

业务发展情况　规模指标：2020年，各项存款余额165.93亿元，比年初净增18.08亿元，增速12.23%；各项贷款余额92.36亿元（其中贴现13.35亿元），比年初净增6.88亿元，增速8.05%。质量指标：不良贷款余额3.91亿元，较年初下降1.15亿元；不良贷款率4.24%，较年初下降1.68个百分点。效益指标：各项收入8.34亿元，同比增加0.32亿元，增长3.95%；拨备前利润2.20亿元，同比下降0.02亿元。全年实现无责任性安全事故，无廉政不稳定等事件。实收资本：2020年，资中农信联社实收资本4亿元。

普惠金融及社会责任　资中农信联社大力开展普惠金融活动，积极承担社会责任，全年开展送金融知识下乡活动300余场次，出动宣传人员1200余人次，发放宣传资料近8万份，加深了基层群众对金融政策的理解，有效提高了广大人民群众对“金融诈骗”的防范等意识。履行好社会责任支持抗击疫情，主动投入人力113人（次）参与各镇乡疫情防控工作，动员全体党员为抗疫捐款2.6万元。响应“六稳”“六保”政策，为疫情防控和符合复工复产的企业提供信贷资金保障，累计发放专属抗疫贷款产品“战疫贷”178笔、2.70亿元，占全县银行业机构的97.83%，发放“稳保贷”314户、3.98亿元，占全县银行业机构的100%；积极落实中小微企业无还本续贷、延期还本付息、减费降息等金融帮扶政策，全年累计降息让利4500余万元，为中小微企业办理延期还本付息共367户，贷款金额6.44亿元。加大贫困户建档立卡和信贷支持力度，2020年共计对全县2.3万户贫困户建档立卡和评级授信，覆盖面达100%，授信金额3.11亿元。2020年有金融精准扶贫产业贷款2.56亿元，占全县银行业机构的90%；金融精准扶贫小额信用贷款0.11亿元，占全县银行业机构的95%，帮扶2667名贫困户脱贫摘帽。重点支持脱贫攻坚、春耕备耕、养殖、种植、县域小微企业复工复产等，支农再贷款余额37761万元；累计发放乡村振兴贷款7864万元，余额6670万元；已办理省农担担保贷款105户，金额7496万元。全年累计发放中小微企业、个体工商户、小微企业主等实体经济贷款6639笔54.49亿元。大力发展电子银行业务，填补乡镇金融空白。通过信用联社全县55个营业机构，延伸建设乡村金融综合服务站点152个，乡镇覆盖率达100%，行政村覆盖率达50.49%。EPOS布放343台，累计交易145.19万笔、4.53亿元。达到“村村通”金融功能全覆盖，实现老百姓“日常金融不出户、基础金融不出村、综合金融不出镇”的既定目标，真正解决老百姓金融服务“最后一千米”的问题；累计发行社保卡997883张，激活率达90.45%；义务代理粮食直补、新农保、教师工资等20余项，累计代理发放惠民惠农财政补贴资金7.02亿元，代发城乡居保2.27亿元。

（魏　攀　周东来　王思静）

【邮储银行资中支行】　2020年，邮政储蓄银行资中县支行个人存款余额达9.75亿元，对公存款余额3.2亿元；各项贷款余额8亿元，不良贷款293.27万元，不良率0.37%；社保IC卡新增476张；信用卡累计进件6927件；手机银行新增客户数2984户；直贴票据贴现总金额1.61亿元。建立和完善员工岗位轮换、行为排查、强制休假、高管管理等制度，不断提高规范化管理水平；强化了员工素质培训，制订了全行员工的培训计划，并积极参加省、市分行组织的各种业务培训，通过“走出去”“自我消化”的方式，从业人员的金融、法律、风险和新业务等知识有了明显的提高。强化作风转变，落实行风行貌专项整治行动，严明工作纪律，严格规范着装，整治库房、清理宣传用品等。加强反腐倡廉教育。观看红色电影《浩浩长江》，组织党员认真学习《中邮先锋》的党风廉政专栏。

（丁有华　李　中）

【内江兴隆村镇银行资中支行】　2020年，支行各项存款余额11.31亿元，比年初增加1.98亿元，增长21.35%。贷款情况：2020年，各项贷款余额6.43亿元，日均贷款余额6.53亿元，较2019年增加0.17亿元。涉农贷款余额6.16亿元，余额占比达到95.8%；小微企业贷款（含个人经营性贷款）5.70亿元，余额占比88.7%。2020年实现营业收入4615万元。积极优化资源配置，支持县域经济发展。大力支持民营企业健康发展，进一步提升农村金融服务水平；认真贯彻执行国家宏观调控政策和监管要求，坚守市场定位，支农支小；坚定不移地支持实体经济发展，为县域经济注入新活力；认真开展精准扶贫，大力践行普惠金融。开展三年合规文化建设活动，把组织学习总行《合规文化建设三年提升活动方案（2018—2020年）》纳入2020年工作重点，牢固树立合规经营理念，根植于心，大力提倡合规文化建设。

（刘宏伟　李　兰）

【宜商银行资中支行】　宜宾市商业银行股份有限公司是由中国银行保险监督管理委员会批准成立的城市商业银行，属国有控股银行。宜商银行资中支行成立于2017年6月，有物理网点1个，7月正式对外营业。2020年，各项存款余额2.08亿元，各项贷款余额1.50亿元，无不良贷款。宜宾市商业银行资中支行将更加积极贯彻执行党中央各项决策部署，积极围绕县委、县政府战略定位，立足新发展阶段、贯彻新发展理念、融入新发展格局，扎实做好"六稳"工作、落实"六保"任务，加快创新步伐，推动政策工具在县域更广泛的运用，积极助力县域中小企业等实体经济加快发展。推动信用体系建设，守住不发生系统性风险底线，全面融入县域发展的各个领域。

（李荷婷　张　俊）

【人保财险资中支公司】　2020年开办的主要险种有：企业财产保险、家庭财产保险、责任保险、机动车辆保险、机动车辆交通事故强制保险、政策性农业保险、意外伤害保险、健康保险、货物运输保险、保证保险。全年累计实现保费收入6842.20万元，赔款支出3039.67万元。其中：企业财产保险保费收入34.92万元，赔款支出24.93万元；家庭财产保险保费收入104.21万元，赔款支出5.47万元；责任保险保费收入738.15万元，赔款支出178.97万元；机动车辆保险保费收入3349.98万元，赔款支出1661.18万元；机动车辆交通事故强制保险保费收入1364.77万元，赔款支出455.93万元；政策性农业保险保费收入605.53万元，赔款支出359.38万元；意外伤害保险保费收入160.99万元，赔款支出45.93万元；健康保险保费收入470.78万元，赔款支出306.55万元；保证保险保费收入11.59万元，赔款支出9961.22元；工程险保险保费收入1.24万元，赔款支出3253.44元。

（郑　华　黎　科）

【中国人寿资中县支公司】　中国人寿资中县支公司秉持"诚实守信、客户至上"的服务理念，依托覆盖全县城乡的服务网络，致力于为社会大众提供优质的保险产品和服务。公司向个人及团体提供人寿、年金、健康、意外伤害及财产类保险产品，涵盖生存、养老、疾病、医疗、身故、残疾、财产安全等多种保障范围，全面满足客户在人身、财产保险领域的保险保障和投资理财需求。同时，资中公司积极响应各级政府扶贫攻坚的号召，坚持"保险业姓保"，大力推进农村小额人身保险、关爱女性保险、关爱男性保险、老龄保险等惠民保险，踏实践行中国人寿特色寿险发展道路，持续稳定地发展城镇业务，积极创新地开拓农村市场，充分发挥保险精准扶贫作用，为构建和谐社会筑牢风险保障防线。在客户服务方面，公司推行快速理赔、保全等特色服务，赢得众多客户良好的口碑，促进公司品牌形象、品牌价值和社会影响力的大幅提升。2020年，公司实现总保费收入13931.58万元，其中新单保费收入4450.16万元，续期保费收入9481.42万元。各项赔款合计支出895.73万元，其中健康险赔款支出489.85万元，意外险赔款支出405.88万元。

（肖洪英　刘章军）

商贸

商务

【概况】 资中县商务和经济合作局代管资中县投资促进服务中心，资中县电子商务服务中心为其下属单位。2020年，全县服务业增加值完成118.37亿元，同比增长3.1%。社会消费品零售总额完成90.62亿元，同比下降-3.3%，新培育规上、限上企业33户，电子商务交易额实现58.04亿元，网络零售额实现15.58亿元，实现外贸进出口2323万元。完成市外到位资金136.36亿元，省外到位资金101.13亿；重点项目引进44个（“四新一大”23个，特色农业项目9个，现代服务业项目7个）；引进返乡创业项目8个；引进5亿元以上项目9个。

【服务业】 召开资中县服务业发展大会，拍摄县服务业发展专题片《这里·是资中》，举办服务业发展专题展。发放2019年统计规范化补助、企业培育奖励以及重点项目奖励共计309万余元。更新311帮扶企业库和干部库，健全“311”干部帮扶考评机制，共有77个县级部门开展帮扶工作，顺利帮扶企业133户。资中首家商业综合体——城市茂购物广场开业，建筑面积约4万平方米，引进万达影城、步步高超市、肯德基、屈臣氏、山水S酒店等知名品牌主力店。

【促消费】 举办“资中GO·购资中”购物节活动，发放4550张消费券共计16万元，2周内带动消费1200余万元。举办车展、房交会活动，售出汽车24辆、销售金额400余万元；售出商品房及商铺102套，销售面积8000余平方米，销售金额4000余万元。2020年4月，县政府出资50万元参与内江市商务局牵头举办的“2020大千美食 甜美生活 内江千万消费券活动”，资中县共有200余户餐饮企业参与此次活动。“五一”期间，县内28户商超、餐饮、家电等商贸企业，通过开展形式多样的促销活动，销售额达800万元。

【市场拓展】 组织企业参加羊肉汤美食节、味美四川、川货全国行·重庆站、新春年货节等各类展会约20户次。

【市场运行监测】 指导城区8家大中型商超和4户商贸批发企业做好生活必需品应急保供及监测工作，疫情防控期间按要求报送生活必需品数据，确保企业及时调货、补货，满足市民购买需求。指导督促县14户商贸流通企业的市场运行监测工作，按时做好日报、周报、旬报、月报、季报、半年报和年报工作，完成网上直报1000余次。定人定点督导城区重点商超疫情防控工作，确保商场超市疫情防控措施落实到位。对资中县商场超市、报废汽车公司、二手车经营主体、再生资源回收站点、康安民爆等进行安全检查，全力规范市场经营秩序。

【行政事项】 县商务和经济合作局涉及的行政权力共 55 项，包括 48 项行政处罚、2 项行政检查和 5 项其他行政权力。2020 年 8 月，资中县再生资源（含报废汽车）回收行业管理职责由供销部门划转至商务部门。

【外经外贸】 2020 年外贸进出口额 2323 万元人民币，同比下降 24.7%。其中川虎鬃业 2126 万元人民币，同比下降 26%；宏昕和电子有限公司 189.1 万元人民币，同比下降 12%；晨禾机械有限公司 7.41 万元人民币。新增外贸进出口 3 户，其中进口企业 1 户，即银山鸿展公司。2020 年，累计进出口备案企业 22 户。争取省级外经贸发展专项补助资金 76.44 万元。11 月 5—10 日，组织资中云翔科技有限公司、四川晨禾机械有限公司赴上海参加第三届中国国际进口博览会。

【电子商务】 一是创新应用“内容电商”。开展网络直播，助力农特优产走出去，开展“云游历史文化名城 尽享船城名优特产”直播活动，全场点赞 32.9 万次，累计吸引观众 2.2 万人，直播销售 2000 余单，线上销售额突破 5 万元。二是开展多元化电商人才培训。2020 年累计开展 83 场培训，培训人次 3701 人。持续推进校企合作 67 场，培训 2981 人次；农村电商技能专题培训 6 场，培训 243 人次；“内容电商”等创新应用课程培训 10 场，培训人次 477 人次。三是拓展渠道展示展销。成功组织 10 余户次电商企业参加第六届川南电商博览会、2020 川货直播节等活动，活动期间销售火爆，极大推动县特色网销品牌拓展消费市场。四是电商扶贫，推动电商扶贫标识性产品上平台。全面梳理县域特色品牌，打造根兴、丰源、甘露永跃枇杷等 7 款四川扶贫标识性产品，有效助力电商精准扶贫。五是聚力聚势聚智，铸就现代物流服务基地发展动能。开展县物流服务基地建设专题调研，赴简阳市、自贡市自流井区等地考察学习先进经验，不断完善现代物流体系建设，优化物流园区结构功能。

【重大项目建设】 汇金天地 B、C 区竣工开业，C 区引进永辉超市，ABC 区共入驻生活性服务业企业 397 户。资中国际商贸城 1、2 期已开业，入驻商户 195 户。新发地 1 期市场开业，入驻商户 87 户。

【招商引资成果】 “走出去”“请进来”双开花。一是坚持县领导带队走出去。县委、县政府主要领导带队“走出去”58 批次，县分管领导“走出去”共 174 次，积极开展对内外区域合作，赴北京、浙江、广州等重点区域开展投资促进活动，主动与北京新发地、成都共同管业、西藏新好科技等企业开展洽谈，重点签约新发地二期、共同管业生产基地等项目。二是“请进来”155 次，邀请杭州集世迈、蓝城集团、贵州航天智慧农业集团等 65 户大型外来投资企业莅资考察。

【特色餐饮名店】 2020 年评选出 5 家资中鲶鱼美食品牌店，并予授牌。组织企业参加内江市夜市餐饮特色店评选活动，资中 8 户餐饮企业成功评选为内江市夜市餐饮特色店。

【资金补贴】 按照《内江市应对新型冠状病毒肺炎疫情服务业中小企业专项补贴资金实施细则》《资中县人民政府关于印发十八条措施应对新型冠状病毒肺炎疫情支持中小企业共渡难关的通知》文件精神，共有 20 户企业申领补贴 117.6 万元。2020 年 3 月，完成对 2019 年规模化集约化蚕桑示范基地建设的验收工作，发放外经贸发展专项资金（中央茧丝绸）77 万元，支持和推动资中县茧丝绸行业的发展。

【回家工程】 创新创业孵化园一、二、三期，签约重庆郎拓、四川一色三源等企业累计 31 户，已投产 18 户。

（张凯 鲁超）

供销

【概况】 资中县供销合作社是为农服务的合作经济组织，是党和政府做好“三农”工作的重要载体。2020年，紧紧围绕服务“三农”工作大局，以密切与农民利益联结为核心，以提升为农服务能力为根本，努力拓展供销网络体系。按照“三社”融合模式重建基层供销社2个，领办农民专业合作社5个，改造提升农村社区综合服务社5个，庄稼医院网点10个，农资销售网点15个。

【农业生产资料供应】 县供销社充分发挥农资流通主渠道作用，疫情防控期间，积极与运输、市场监管等部门沟通，协助农资企业办理通行证，加快社有农资企业的调运、储备和供应。一是按照市县化肥储备领导小组办公室的要求，2020年农资淡储旺供化肥9000吨，农药60吨，全年累计销售各类化肥6.9万吨。二是提升农资服务质量。开展以“两放心、三到户、两保一限”为主要内容的“农资绿色诚信服务”活动，全县范围内送肥到村到户1.6万吨，直接为农增收节支170余万元。三是依托社有农资企业，整合网络资源，建立区域农资物流配送中心，改建农资销售网络建设站点，提升服务“三农”综合实力。

【生产经营】 2020年全系统销售总额105455万元。其中，“供销社＋电商”2476.90万元；平台交易额1144.7万元；农资供应22859.15万元；农副产品购进63161.4万元；土地适度规模经营面积3780亩。

【再生资源】 2020年8月6日起，将再生资源（含报废汽车）回收行业管理职责由县供销社划转至县商务合作局。

【烟花爆竹】 烟花爆竹属易燃易爆危险化学品，它的进货、运输、储存、销售有严格规定，严禁无牌无证经营。社有企业永兴烟花爆竹废旧物资回收公司是全县唯一一家专营公司。全县烟花爆竹专销网点431个，经营品种312种。销售总额760万元，实现利润123万元。

（朱建军　潘　华　朱永平）

粮油

【概况】 资中县粮食储备中心有下属事业单位资中县粮油检测服务站，下属企业资中县粮油购销总公司、四川资中火车站省粮食储备库、资中县楠木寺粮食储备库、资中县球溪粮食储备库、资中县龙江粮食储备库。储备粮油按照《资中县县级储备粮油暂行管理办法》规定进行轮换，坚持网上公开竞卖竞买，确保轮换程序公平、公开、公正。2020年接受中储粮成都分公司的2020年春、冬季粮食库存和安全检查，检查结果认定资中县储备粮管理和粮库生产安全。

【粮油储备】 2020年，资中县粮食储备情况为：四川资中火车站省粮食储备库现储存粮油总库存为37478.34吨，其中省级储备粮食8000吨、省级储备油900吨，县级储备粮食5500吨，县级储备油200吨。托市收购粮6328.34吨（存球溪库258.34吨）。中央直属库凌家粮库租赁库房存进口大豆1万吨，楠木寺和龙江粮食储备库存放县级储备小麦5010吨，疫情新增临储小包装大米1400吨、小包装菜籽油140吨。球溪粮食储备库总库存3500吨（小麦2000吨、稻谷1500吨）；楠木寺粮食储备库库存990吨（小麦990吨）。各库储备粮油储存安全、质量良好、管理规范。按照《资中县县级储备粮油暂行管理办法》规定进行轮换；坚持网上公开竞卖竞买，确保轮换程序公平、公开、公正。2020年接受了中储粮成都分公司的2020年春、冬季粮食库存和安全检查，检查结果认定县储备粮管理和粮库生产安全。

【疫情应急防控】 资中县粮油应急供应网点24

个；自新冠肺炎疫情暴发以来，粮食系统迅速响应，主动作为，统筹做好疫情防控和安全生产工作，保障粮油市场粮食供应，制定《资中县粮食质量安全应急预案》，2020年5月12日，在四川资中火车站省粮食储备库联合举办2020年消防、防汛、减灾应急演练活动。扎实做好疫情防控期间的粮油市场供应工作，按照上级关于做好疫情防控和安全生产的重要指示精神，资中县成品粮储备规模：大米1900吨，新增1500吨；菜籽油240吨，新增190吨。

【爱粮节粮宣传】 2020年10月14日，县粮食储备中心、县发展改革局、县经信局、县农业农村局、县教育体育局、县妇联会，组织开展资中县2020年世界粮食日宣传活动。确定3个优良粮食行业企业为第一批县级“粮食安全宣传教育基地”，根据企业特色创新载体、丰富内容，开展形式多样的粮食安全宣传教育活动。重视宣传教育基地发展，保障必要工作条件和运行经费，不断提高粮食安全宣传教育工作质量和水平。

【粮食产业发展】 加大粮库智能化升级改造，围绕储粮高质量、高营养、高效益和低损耗、低污染、低成本目标，深入推进“科技兴粮、科技储粮”，持续开展绿色低温储粮体系建设和技术应用。全面提高库存粮食供应质量，优粮优储、优质优价，带动种植农业增收、储备企业增收。依托春源农民专业合作社、凤凰桥农民专业合作社，打造具有区域特色的优质大米品牌，打响资中优质大米知名度。

【粮食安全行政首长责任制】 严格按照2020年省、市粮食安全行政首长责任制考核工作相关要求，县粮食储备中心加强与县财政局、县农业农村局、县水利局、县自然资源与规划局等部门沟通协作，推进粮食安全行政首长责任制在全县有序有效全面落实，确保考核工作取得好成绩。牵头制定《资中县2020年度落实粮食安全行政首长责任制工作方案》。县政府主要领导专题研究粮食工作，实地调研储备粮管理仓储设施建设和粮油应急保供相关工作。

（张　魁　孙　莉）

烟草

【概况】 2020年，资中县烟草专卖局（分公司）紧扣全年目标任务，统筹推进疫情防控和生产经营工作，以初心不变的定力、主动求变的勇气、沉着应变的举措狠抓各项工作，较好地完成“十三五”收官工作，推动资中烟草高质量发展。2020年累计销售卷烟25220箱，完成全年销售计划；卷烟销售收入83919.52万元，同比增长4.44%，实现毛利25127.47万元，同比增长7.27%。全年累计实现税利23628.98万元，较2019年同期增加1243.53万元，增长5.56 %；利润总额19820.19万元，同比增加1119.95万元，增长5.99%。

【专卖打假】 狠抓市场监管，制定《APCD工作法工作流程》《零售户分类管理办法》《违法违规大户治理方案》《双随机一公开实施细则》，启动“3+X”监管模式，推动数字专卖实践。强化案件查办，多维发展协作机制，深化全员专卖外延，完善烟草、市管、邮政等多部门协作机制，开展物流快递、电子烟、非卖品专项整治工作，查获“8·16”康某互联网售假案、“1·14”朱某非渠道进货案、“7·20”郭某无证运输等一批区域有影响力、有代表性的违法违规案件，刑拘4人，判刑3人，有力震慑了不法烟贩。全年共查获涉烟案件191起，查获违法卷烟285.3万支，同比增长184.95%，市场净化率保持在全市领先水平。

【证件管理】 着力处理好进与出、放与管、服与罚的关系，积极转变行政许可模式，提升政务服务能力。通过AIGIS系统、移动执法设备重塑“线上＋线下”一体化办证信息回传流程，施行

“6+N”办证许可期限模式，在全市率先开展好差评线上评价体系，推动放管服管理，全年新办许可证 320 户，注销 52 户许可证，完成行政许可事项 854 项。10 月 23 日，县局（分公司）顺利完成“三基”工作的创建验收。在许可证管理方面全年新办烟草专卖零售许可证 320 户、注销 52 户许可证，完成行政许可事项 854 项。

【卷烟经营】 一是质量效益稳中有升。累计销售卷烟 25220 箱，完成全年销售计划；卷烟销售收入 83919.52 万元，同比增长 4.44%，实现毛利 25127.47 万元，同比增长 7.27%。二是品牌培育初见成效。销售重点品牌 21275.73 箱，同比增长 2.74%。销售川烟总量 5470.52 箱，同比增长 19.89%。三是卷烟市场状态保持良好。通过 157 户样本客户的调查，11 月总体存销比 0.4，川烟存销比 0.5，宽窄存销比 0.7。四是内涵指标持续向好。全年累计实现税利 23628.98 万元，较去年同期增加 1243.53 万元，增长 5.56 %；利润总额 19820.19 万元，同比增加 1119.95 万元，增长 5.99%。落实采购制度，严格按照采购计划开支，实现资产盘活一处，收入租金 5244 元。

【网络建设】 加强对客户守法诚信自律监督，引导客户合理盈利，避免形成价格同盟、过度追求盈利，侵害卷烟消费者利益。紧抓红码推广，采取“先易后难”的推广策略，努力促进红码管家全覆盖运用，实现红码订货率、支付率、使用率 3 个 100% 的目标。紧抓终端建设，建立“智慧收银”日督促反馈机制，确保智慧收银机“日使用率 100%”。建立“智慧收银”周核查机制，分析客户扫码数据，对异常数据进行有针对性的指导，确保智慧收银机扫码销售率保持合理区间。紧抓客户服务。发放“客户应知应会手册”，落实政策透明化；致力“四个摸清”、网上拜访等线上服务，确保疫情防控期间服务不减、力度不减、标准不降。重新全面核实客户地理位置、经营场所、联系电话、客户分类属性等基础信息，以精准的基础信息为后期工作打下基础。2020 年，网上订货入网率、非现金入网率、网订成功率、非现金扣款率均为 100%。

（蒋　凯　马　林）

综合管理

发展规划与改革

【概况】 2020年，资中县发展改革局紧紧围绕发展与改革这条思路，有序推动“十四五”规划编制；加强经济预警预测，推动资中县全面融入成渝地区双城经济圈建设、灾后恢复重建、节能减排工作；积极争取上级资金，加快公共服务基础设施建设；认真完成重点项目目标任务、全社会固定资产投资、社会信用体系建设等工作；有效整治了工程招投标领域突出问题。

【发展环境】 从国际国内经济形势看，中央经济工作会议指出，在超常规刺激政策和低基数因素共同作用下，加之疫苗开始全面接种，2021年全球经济有望出现恢复性增长，全国经济长期向好的基本面没有改变，国内经济运行逐步恢复常态，同时疫情变化和外部环境存在诸多不确定性，中国经济恢复基础尚不牢固，要坚持稳中求进工作总基调，合理把握宏观调控节奏和力度，精准有效实施宏观政策，努力保持经济运行在合理区间。

从全省看，全省经济发展正处于优化区域发展格局、培育创新发展动能、打造开放战略枢纽、重塑产业发展优势的重要窗口期，省委经济工作会议指出，要坚持“稳农业、强工业、促消费、扩内需、抓项目、重创新、畅循环、提质量”的经济工作思路，着力做实经济增长支撑，推动经济发展质量变革、效率变革、动力变革，不断增强四川经济的创新力和竞争力。

从全市看，内江市正面临成渝地区双城经济圈建设开局起步、新一轮西部大开发纵深推进、西部陆海新通道建设成势见效等国家和省委重大战略交汇叠加的历史机遇，内江市大力实施融入成渝地区双城经济圈建设、构建“5+4+5”现代产业体系、产业项目提升年、脱贫攻坚、沱江流域综合治理等系列部署，已经激发出持续发展的新活力新动力，为经济稳定增长奠定了坚实基础。同时，疫情防控和经济社会恢复发展取得“双胜利”，市场活力动力增强，在加快融入“双循环”新发展格局下，内江市经济有望实现更快增长。

从全县看，资中正处于发展功能定位调整重大机遇期、高质量发展版图加快重塑期、城镇化优化提升黄金期、新的经济增长点成长壮大期、文化名城底蕴全面彰显期、科技资源加快聚集关键期、农文旅融合发展推进期等多重历史机遇叠加的发展关键时期，发展具有多方面的优势和条件。但同时也存在着面临“中部塌陷”、经济总量小，产业结构不优、要素保障难度大、财政支撑乏力、民生短板突出等问题。

【计划编制与执行】 针对经济运行中的重点、难点问题和制约因素，加强预警监测和调查研究，撰写《关于资中县2019年国民经济和社会发展计划执行情况及2020年计划草案的报告》《资中县2020年上半年国民经济和社会发展计划执行情况报告》《资中县"十四五"时期国民经济和社会发展基本思路》《资中县2020年一季度经济形势分析及上半年发展预测》《资中县2020年上半年经济形势分析》《资中县2020年前三季度经济运行分析》《资中县2020年四季度经济运行分析》等经济运行分析报告，积极为县委、县政府当好参谋助手。为县委、县政府草拟《资中县农村基本公共服务发展规划》《资中县农村生态建设规划》《县域乡村振兴规划（2018—2022年）》《资中县创新聚能行动计划（2018—2020年）》《资中县融合发展行动计划（2018—2020年）》等计划、规划，充分发挥主管部门职能职责，严格按安排部署推进各项工作。

【重点项目推进】 对重点建设项目实行"责任制+清单制"、倒排工期、挂图作战等办法，加快前期谋划、项目投资和建设推进。2020年，共实施省、市、县重点项目423个，总投资979.16亿元，完成投资132.43亿元，占年计划的101.29%。其中，省级重点项目5个，总投资77.26亿元，2020年完成投资8.33亿元，占年计划的157.17%；市级重点项目94个，总投资568.65亿元，2020年完成投资68.75亿元，占年计划的128.7%。

【体制改革】 加强对经济体制改革的综合协调，牵头推进投融资改革、创新创业工作、社会信用体系建设等重点领域改革。持续推进《资中县关于鼓励和规范国有企业投资项目引入非国有资本的实施方案》《资中县生态文明建设目标评价考核办法》《资中县关于加强政务诚信建设的实施意见》等专项改革方案；持续推进《资中县社会信用体系建设工作实施方案》《资中县社会信用体系建设三年行动计划方案（2018—2020年）》《资中县建立完善守信联合激励和失信联合惩戒制度加快推进社会诚信建设实施方案》《关于进一步健全相关领域实名登记制度的实施方案》等政策文件；制发《资中县发展和改革局等9个部门〈转发开展涉政府产权纠纷问题专项治理行动的通知〉的通知》；开展依法营造企业家健康成长环境，弘扬优秀企业家精神工作；持续推进《中共资中县委、资中县人民政府关于依法营造企业家健康成长环境—弘扬优秀企业家精神、更好发挥企业家作用的实施意见》，营造依法保护企业家合法权益的治理环境、促进企业家公开竞争诚信经营的市场环境、激励企业家干事创业的政务环境和社会氛围，大力弘扬企业家精神；深入开展收入分配制度改革，资中县收入分配制度的新体制新机制已初步形成。推进全面创新改革，深入实施《资中县系统推进全面创新改革试验实施方案》，重点推进改革试验项目、加快建设科技孵化平台和积极支持企业创新能力项目建设。

【争取项目资金】 精准对接中央、省预算内投资计划，围绕生态建设、农业农村、教育医疗和环保节能等重点投资方向，抓早编报项目，23个项目争取到位资金2.13亿元。抢抓国家加快债券审批发行的机遇，争取发行"2020兴资债"企业债4.2亿元，地方政府专项债券13.32亿元，成自高铁建设债券资金3.64亿元。

【招投标管理】 规范招投标工作各项流程，做到依法依理有据，严格按招投标程序操作，招投标流程符合《中华人民共和国招投标法》《四川省国家投资工程建设项目招投标条例》；加大招投标法规和配套规章制度宣传力度，提高招投标经办人的政策水平和业务水平，强化招投标事中、事后监管。按照相关政策和法律法规及时办理计划立项，在项目立项审批上按上级规定标准审批和立项，重大项目变更及其他特殊情况以县委、县政府的研究决定为准。2020 年，为各类政府投资工程建设项目按计划立项 127 个；为 143 个各类企业项目立项备案，计划总投资 113.28 亿元；共实施政府性投资项目招标方案核准 41 个，招标方式均为公开招标。

【价格认证】 严格按照《价格认定规定》《价格认定文书格式规范》《四川省涉案财物价格鉴证管理条例》《四川省涉案财物价格鉴证操作规程》的规定，打击经济、刑事犯罪，保障社会和谐稳定。2020 年，共办理案件 150 件，涉及金额 131.79 万元。其中刑事案件 123 件，涉及金额 66.81 万元；涉纪案件 1 件，涉及金额 63 万元。其余价格争议纠纷调解和其他事务性协调、调解、认证等涉及房屋、机动车、电子产品、林木、烟草、生产用品、日常用品、食品、贵金属、珠宝玉石等涉案财物 817 件次。另有价格咨询 20 余件。2020 年没有发生复核案件。

【重要物资和应急储备】 规范救灾物资储备、调拨及经费管理，提升救灾物资储备管理工作水平，依据《四川省救灾物资管理办法》《自然灾害救助条例》等有关法律法规，提高救灾应急能力，保障受灾人员基本生活，2020 年新采购棉大衣 500 套、棉被 1000 床、帐篷 283 顶、折叠床 500 张，耗资 739900 元，内江市救灾物资储备中心调拨棉被 300 床、棉大衣 300 件，全部入库管理。在“8・6 洪灾”“9・8 地震”“12・18 地震”救灾中发放救灾物资共计 3589 件：其中棉衣裤 2336 套，棉被 810 床，雨衣、裤、鞋 70 件（双），发电机 8 台，手电筒 60 只，头灯 30 只，棉大衣 250 件，帐篷 10 顶，折叠床 15 床。2020 年共有库存 2855 件，其中棉被 1070 床、棉大衣 392 件、棉衣裤 300 套、雨衣裤 161 套、雨鞋 236 双、折叠床 368 张、帐篷 254 顶、发电机 8 台、头灯 12 只。

（姚奕丞　易鹏程　赖永辉）

统计管理

【概况】 统计工作紧紧围绕资中县委、县政府中心工作，以习近平新时代中国特色社会主义思想为指导，认真贯彻落实中共十九大精神、中共十九届四中和五中全会、中央经济工作会议精神和习近平总书记关于统计工作重要讲话批示指示精神以及省委十一届六次全会与省委经济工作会议精神、全国统计工作会议精神，牢牢把握新时代的新要求，以提高统计数据质量为核心，以实施第七次全国人口普查为契机，坚持依法治统，着力强化统计基层基础，不断提升统计服务水平，努力开创统计工作新局面，圆满完成统计、调查等各项工作任务。

【统计调查】 抓好各类统计业务调查，严格执行国家和省市统计报表制度，顺利完成国民经济各行业、各领域 30 多项常规统计调查。做好改善民生有关统计工作；围绕文化名城建设，加强文化产业统计监测；认真开展全县人才资源调查工作。圆满完成社情民意调查。积极做好“千企万人评作风”调查，测评对象达 120 个单位，调查对象 6000 余人；继续做好资中县党风廉政建设满意度测评和社会安全感群众满意度测评，有效推动正风肃纪工作和社会治安综合治理工作。

【数据质量】 按照中共中央办公厅、国务院办公厅《关于深化统计管理体制改革提高统计数据真实性的意见》（中办发〔2016〕76 号），习近平总书记对统计工作的重要批示指示要求，着力提高统计数据质量。认真组织实施统计调查制度，严格数据采集制度，积极稳妥推进企业“一套表”联网直报工作，坚持“先进库、再有数”，绝不自行修改名录库；坚持由企业报送真实的统计数据，绝不干预企业报送真实数据，报表规范，数据质量得到保证；建立重要数据质量评估办法，开展评估工作，对数据进行审核、把关。严格执行统计数据发布制度。加强对县域经济运行态势和社会发展情况的统计监测和分析，每月编印《统计简报》《统计专报》《统计分析》《资中经济信息》，每年编印《统计公报》《资中统计年鉴》，为各级领导经济决策，完成全面建成小康社会统计监测，对抗疫和发展特殊之年资中县宏观经济运行态势作出客观分析判断，提供扎实有效的参考依据，受到社会各界好评。严把数据质量关。确定统计数据由主要领导亲自抓、分管领导具体抓、相关部门共同参与的数据质量责任机制。加强源头数据审核，加大平台数据监控，重点加大对企业异动数据的监控力度，构建严密的数据质量事前、事中、事后监控体制和责任体制。

【统计执法】 加强统计法治建设。推进领导干部统计法律法规宣传教育，配合县人大常委会对《中华人民共和国统计法》《四川省统计管理条例》贯彻落实情况开展执法检查，并在县人大常委会主任会议上汇报《资中县贯彻落实〈中华人民共和国统计法〉〈四川省统计管理条例〉情况的报告》。在县委常委会（扩大）会、县政府常务会上把学习《防范和惩治造假、弄虚作假督察工作规定》、习近平总书记对统计工作的重要批示指示和《关于深化统计管理体制改革提高统计数据真实性的意见》《统计违纪违法责任人处分处理建议办法》《全国人口普查条例》等统计相关法律法规作为会议重要内容之一。加强统计法制宣传。深入推进统计法律法规“七进”活动，结合统计工作实际，有力推动统计法“进机关、进乡村、进社区、进学校、进企业、进单位、进寺庙”；落实“谁执法谁普法”责任，扎实做好《统计法》《统计法实施条例》《全国人口普查条例》《统计上严重失信企业信息公示暂行办法》等统计法律法规的宣传，努力营造全社会支持配合统计工作的良好氛围。加强统计执法监督。按照《四川省统计改革全领域试点实施方案》要求，资中县承担统计基层基础工作机制改革项目。县委、县政府将统计改革工作纳入2020年县统计局重点工作，县统计局严格按照《资中县统计基层基础改革试点项目工作方案》的方案，继续贯彻落实《资中县人民政府关于深化统计改革健全统计机制强化统计基础的实施意见》（资中府发〔2019〕20号）的文件精神，建立健全“用数据说话、用数据决策、用数据管理、用数据创新”的管理体制机制。

【统计培训】 认真做好统计培训，采取各种方式，分层次、分行业、分期限、分批次，组织统计干部参加全省、全市各类业务培训，着力提升全县统计干部业务综合能力，先后安排职工参加外训学习，局领导班子及职工分别到重庆大学、西南大学、内江职业技术学院高新校区、资中县乡村振兴学院参加培训学习；开展基层统计业务人员培训，2020年共开展各类统计工作培训12场，培训人员1000余人次。

【统计服务】 积极服务县域经济发展。编辑发行大型工具书《资中统计年鉴（2019）》；对县域经济发展各项经济指标数据按月进行收集整理、审核评估、预警预测和对上协调，按月编印《资中经济信息》；按季度进行经济运行分析；年终及时发布《资中县国民经济和社会发展统计公报》；深入企业、农村、街头、居民家中调查研究，掌握第一手资料，做到“心中有数”，说真话、说实话、积极撰写调研报告。全年共形成统计专报17期、统计简报23期、统计分析22期、统计及人口普查快讯合计157期、人口普查简报16期，竭力为各级领导经济决策提供翔实的参考依据。

【人口普查】 资中县第七次全国人口普查工作取得阶段性胜利。2020年1—6月，落实工作机构、普查经费物资、宣传工作、普查“两员”2182人的选聘、各部门工作职能职责、普查区调整、建筑物标绘、普查小区划分阶段工作完成，确保人普工作有序开展。各镇、县级各部门经过几个月的努力，在水南镇四通社区圆满完成人口普查市级综合试点工作，达到了检视问题、解决问题、锻炼队伍、积累经验的预期目的，得到了省、市、县级充分肯定。11—12 月基本完成入户数据采集上报工作；县、市、省、国家完成人普数据验收。2020 年全面查清资中县人口数量、结构、分布、城乡住房等方面情况，确保第七次全国人口普查数据真实准确，经得起质量抽查，客观反映资中县人口发展状况。

（黄治勇　周 怡　李 婧）

国家统计调查

【概况】　2020 年，国家统计局资中调查队独立完成畜禽监测、粮食监测、居民收支等调查、审核、上报工作，调查质量稳中有升。牵头提请出台多项针对辅助调查员和记账户的考核细则，提高辅助调查员的积极性和记账户的配合度，进而促进数据质量的提升。完成 7 个党建与业务融合共建点建设，共同推进调查点双发展、双促进。采用划片包干指导、蹲点督导指导、定期会商指导、抽查走访入户、层层把关审核等方式，高质量完成县域内脱贫攻坚调查任务。

【工作开展情况】　2020 年资中队坚持党建引领，立足调查队政治机关的定位，以党建统领调查业务工作发展，着力推进统计调查工作。一是强化党建引领，拧紧思想“总开关”。深入学习中共十九大精神、习近平总书记系列重要讲话精神，出台了《党组理论学习中心组学习制度》。全年开展 12 次党组中心组理论学习，多种形式组织党员干部职工集中学习《中国共产党廉洁自律准则》、习近平总书记系列重要讲话和优秀共产党员先进事迹等。坚持党管意识形态工作，认真履行支部书记第一责任人职责，专题研究意识形态工作 1 次，开展意识形态学习教育 3 次，严明政治纪律和政治规矩，不断增强意识形态管控效力。组织参加抗击疫情、缅怀革命先烈、重温入党誓词等主题党日活动，不断加强实践活动教育，使全体党员进一步坚定理想信念、提升党性修养。二是严守廉政纪律，打造干事创业铁军。在党风廉政方面加强监管，确保各项工作落到实处。全面抓好 2020 年党风廉政建设工作部署，制定了《国家统计局资中调查队党组书记 2020 年度党风廉政建设主体责任清单》《国家统计局资中调查队班子成员 2020 年度党风廉政建设主体责任清单》等，形成“一把手”负总责、一层抓一层、层层抓落实的工作格局。2020 年，资中国调队党组研究部署党风廉政建设工作 2 次，听取工作情况汇报 2 次，并将履行从严治党主体责任情况纳入目标管理，推动主体责任落实到位，打造了一支勤政廉政、风清气正的统计调查干部队伍。三是完善各项制度，全力夯实国家调查基础。按照巩固基层、强化激励、提升服务的目标，以县政府办的名义出台《资中县住户调查工作评优奖励办法（试行）》（资中府办发〔2020〕9 号），联合县农业局、县财政局和县统计局出台《资中县畜禽监测调查工作考核办法（试行）》《资中县农产量对地调查工作考核办法（试行）》等制度，通过多方协调，将辅助调查员补贴标准由原来的 120 元 / 月提高到 200 元 / 月，记账户补贴标准由 80 元 / 月提高到 120 元 / 月，电子记账户增加 20 元 / 月流量补贴达 140 元 / 月，并根据全年工作质量情况，按照考核标准进行评优奖励。四是注重业务提升，抓好工作“主战场”。完成与县统计局业务分工交接工作，独立完成畜禽监测、粮食监测、居民收支调查等的调查、审核、上报工作，确保工作不断、数据按期上报、调查质量稳中有升的目标。为进一步推进各项中心工作，高质量完成统计调查工作，开展统计基础工作调查、统计基础工作“回头看”、电子记账入户培训、夏粮播面现场核定、生猪数量随机核查等专项工作，规范调查点基础工作、提高调查员业务能力、查实中心工作的短缺、保障源头数据真实可靠。通过入户培训、宣传、手把手指导，新增电子记账户 21 户，使资中县电子记账户覆盖率从 57% 提高到 67.5%。结合星级管理要求，全面推进各项调查入户入点走访、检查、辅导的现场痕迹化管理，每季度联合县级部门开展季度调查数据基础工作专项督查工作，提高了调查对象、调查过程和调查数据的真实性。2020 年资中县 20 个住户调查点均在三星以上，新晋 5 个四星点、2 个五星模范打造点。五是创新工作方式，打造调查亮点。党建向业务延伸、业务向党建靠拢。主动融入资中县党建引领城乡基层治理工作体系，构建“2+6”党建助推调查业务工作体系，促进党建工作更好地融入和推动统计调查等中心工作。2020 年已制定完成《国家统计局资中调查队“2+6”党建助推调查业务工作方案》，整合多方力量，共同推进调查点党建与业务双发展、双促进。2020 年 7 个共建点已全部建设完成，为党建助推业务积蓄经验、扩面生长夯实基础。提前研判，样本轮换推进快。7 月，举办住户调查样本轮换培训会，连续对各调查点所在乡镇进行动员培训，并督促乡镇保障人力物力、确保工作顺利进行。10 月初克服样本变化大、老龄样本户多、电子记账推行困难等不利局面，在样本替换率远低于全省平均水平情况下，仅耗时 2 个月，完成了全县 22978 户调查工作。倾力调查，服务地方政府，围绕系统中心工作和地方重点工作、重点项目的完成情况、存在的问题和后期工作建议方面完成专题报告 7 篇，直接全面反映热点难点问题，得到地方党政领导的关注和肯定。六是严守方法制度，高质量完成脱贫攻坚调查。积极贯彻落实国家局、省总队关于住户调查样本轮换的具体要求，优先安排，落实经费、场地、人员保障。采取分级培训形式，运用多种培训方法，吃透弄懂调查标准。严格执行最严工作标准，扎实开展调查实训，规范调查程序，稳步推进工作开展。采用划片包干指导、蹲点督导指导、定期会商指导等，强化现场指导，全面提升调查质量。

【工作成果】 2020 年，资中国调队各项业务工作均得到上级部门认可，荣获多项殊荣。获省级表彰 2 个（2020 年度粮食统计调查数据归口管理工作先进县、2020 年度畜牧业统计调查数据归口管理工作先进县）、市级表彰 8 个（2020 年内江国家调查工作综合考评二等奖、2020 年全市粮食监测工作二等奖、2020 年全市畜禽监测工作二等奖、2020 年采购经理指数监测工作三等奖、2020 年工业生产者价格监测工作二等奖、2020 年新设立小微企业和个体户跟踪调查工作一等奖、2020 年度城镇住户调查专业考核三等奖、2020 年度农村住户调查专业考核一等奖）。

（刘 桃 李 锐）

市场监督管理

【概况】 2020 年，资中县市场监督管理局在县委、县政府的正确领导下，以习近平新时代中国特色社会主义思想为指导，深入贯彻中央、省、市、县系列重大决策部署，紧紧围绕县委、县政府中心工作，严把关口，筑牢三大安全防线、强化服务，推进民营经济发展、严格执法，规范市场经济秩序、夯实基础，构建标准质量体系、关注民生，着力聚焦群众所需、迎难而上，统筹推进疫情防控，持续深化机构改革。2020 年资中县市场监督管理综合行政执法大队及 22 个市场监督管理所成立。

【疫情防控】 一是落实“三停二禁一登记”措施。累计出动执法人员 14750 人次，排查活禽交易市场 2936 个次，检查督促食品生产经营单位 17683 家次、药品医疗器械经营企业 8784 户次；

叫停各类宴席31975桌，督促45处合法宗教场所暂停聚集性餐饮活动。二是维护社会稳定。开展价格检查2644户次，查处价格违法行为15件；处理各类消费投诉举报496件，诉转案44件。三是落实疫情防控常态化。针对冷链产品，出动执法人员451人次，排查市场208个次、专业冻库161家次、商场超市219家次、大中型餐饮单位371家次。开展食品从业人员核酸监测，共计检测外环境样品296份，从业人员咽拭子样品265人份。

【民营经济发展】 推动应对疫情支持中小企业共渡难关"省13条""市16条""县18条"政策的落地落实，大力开展"战役贷"融资工作，支持企业复工复产。全县共推荐拟支持企业280余户，走访企业540户次，共为156户小微企业发放贷款27575万元。以"4+5+5"产业为主导，指导企业抓住发展机遇，主动融入双城经济圈发展，召开民营企业座谈会，收集整理67条建议意见，撰写调研文章2篇。积极参与全县优化营商环境方案制定工作，梳理出可优化的事项171项，累计由4600个工作日压缩至2049个工作日完成，累计缩减2551个工作日。全年新发展市场主体4544户，12月起为新登记企业免费刻制印章。

【春雷行动2020】 全面开展"春雷行动2020"，共立案查处各类市场违法案件630件，结案568件，结案率达90.16%，罚没金额186.05万元。其中，罚没金额50万元以上的重大案件1件，被省市场监管局评为典型案例1件。

【食品安全】 一是落实食品安全监督抽检工作。全年监督抽检850批次，其中不合格30批次；快速抽检大宗食品152批次，检测合格率100%。二是强化食品安全检查。开展学校食堂、餐饮服务单位、食品生产企业等专项检查，共检查1477家次、农贸市场208次、学校食堂500家次。发出责令整改通知书102份，当场处罚20件，立案14件。三是全力保障重大活动，确保食品安全。高考、中考期间，全程驻点监管8个学校食品安全，快速抽检大宗食品152批次，检测合格率100%，有效保障11726名考生及教师餐饮的食品安全。全程驻点监管两会及省委第十一巡视组在资中县集中巡视期间就餐场所的疫情防控和餐饮服务食品安全；对永庆寺佛教"腊八节"传统施粥活动、2020中国资中首届鲶鱼节等重大活动食品安全进行驻点监管，全年未发生食品安全责任事故。

【药化械安全】 开展药品安全、中药饮片质量安全、精神药品、国家集中采购和使用中选药品、药品网络销售等专项整治行动。共抽检药品100批次、化妆品6批次、医疗器械5批次，审核上报药品不良反应654例，医疗器械不良事件173例，化妆品不良反应47例，药物滥用80例，共计立案157件。

【特种设备安全】 开展特种设备安全专项整治三年行动、"排险除患"集中整治等11项重点工作。全年检查特种设备使用单位262家，在用设备2310台次，压力管道745千米。提出整改意见67条，发出《特种设备安全监察指令书》35份，完成县内挂牌督办的重大安全隐患整治3个。组织完成2次特种设备应急救援演练，特种设备检验率达到90%，电梯持证上岗率100%。

【标准化与质量监督】 落实质量提升，组织中建材玻璃（内江）有限公司开展四川省质量对标提升达标产品认定工作。强化产品质量抽检，共计抽检169批次，合格率为90.5%，其中砖类产品抽检合格率96.4%，同比增长7.5%。持续推进标准化建设，新增公示标准13家，办理商品条码9个，立项市级地方标准2个。

【计量与认证】 开展免费检定在用计量器具3176台件。检查煤矿、高速路收费站、治超站、工矿企业等重点领域相关企业29户、检查环境监测机构1家、机动车排放检验机构2家和重点排污企业8户，检查环境监测用计量器具36台件。

【商标广告与知识产权】 查处商标侵权案7件、查处市场混淆行为案和不正当竞争案5件。协助企业完成内江市首例专利融资贷款150万元。开展“送商标”活动，送创业商标、扶贫商标各1枚。推进品牌打造，结合罗泉古镇AAAA级旅游景区创建，评选4家豆腐餐饮店作为“资中罗泉豆腐品牌店”，配合商务部门评选5家“资中鲶鱼美食品牌店”。

【反不正当竞争与价格监督】 全年检查各类市场主体9892家次，行政指导、行政约谈285次，督促退还价款4.5万元。

【网络交易监管】 动产抵押撤销1件，新增动产抵押登记2件，抵押金额1652万元，注销2户，金额424万元；开展省、市、县级“守合同重信用”企业申报、公示活动，其中省级2户、市级8户、县级7户（新增2户）。开展“打击市场销售长江流域非法捕捞渔获物”专项行动，强化餐饮服务、野生动物市场销售监管。

【消费者权益保护】 全力开展放心舒心消费城市创建工作，更换举报电话标识牌837个，确定放心舒心示范点24个。完善消费者投诉举报渠道，新增罗泉古镇风景区消费维权服务站和城市茂消费维权服务站、12家ODR（在线消费纠纷解决）企业，共受理各类申诉举报1084件，受理率100%，为消费者挽回经济损失38.84万元。

【中心工作】 一是对标落实脱贫攻坚。组织50名帮扶责任人对129户结对贫困户开展17次脱贫攻坚帮扶走访活动，扶贫日捐赠资金7820元（定向龙结镇），购买扶贫产品61240元（购血橙33240元，购鲜姜28000元），落实9名第一书记和21名驻村干部待遇。二是竭力做好创建文明城市工作。举全局之力全身心投入创文工作中，成效显著，涉及市监考评指标高分通过验收。三是“划行规市”落地落实。积极协调处理新发地市场建设与规划，组织召开商家恳谈会，做好前期搬迁调查、准备工作。四是全力开展斗争。创新宣传方式，梳理投诉举报线索、实地摸排等措施，排查出涉黑涉恶有效线索8条，移交上级部门处理。五是“七五”工作取得成效，以96分的高分通过验收。

（赖尊国　刘　卫）

教育·体育

教育

【概况】 2020 年，全县教育工作以学生德智体美劳全面发展为主线，以干部教师队伍建设为抓手，以正风肃纪和规范办学行为为保障，以“奋进之笔”努力构筑教育事业的“鼎兴之路”，办好人民满意的教育。2020 年全县有各级各类学校 299 所（公办 175 所，民办 124 所），有学生 134615 人（公办 120062 人，民办 14553 人），有在职教职工 9071 人（公办 7810 人，民办 1261 人），其中有专任教师 8050 人（公办 7329 人，民办学校 721 人）。

【特殊教育】 2020 年，全县有适龄残疾儿童少年 936 人，其中义务教育阶段在校学生 905 人（初中毕业 10 人，随班就读 562 人，送教上门 186 人，特殊教育实验学校就读 147 人），依法缓学 15 人，未入学 16 人，入学率达 96.69%，其中“三类残疾儿童少年”入学率 95.87%（视残 98.25%，听残 91.18%，智残 96.30%）。特殊教育形成了“以普通学校随班就读为主体、以特殊教育学校为骨干、以送教上门和远程教育为补充”的办学格局。全面贯彻落实《资中县特殊教育提升计划实施方案（2017—2020）》，确保残疾儿童少年生均公用经费达到 6000 元 / 生。在招收 5 人以上残疾学生随班就读的普通学校，按照每间 5 万元的标准，建成特殊教育资源教室 28 个，全县目前共建成 54 个。

【学前教育】 2020 年全县有幼儿园 159 所（公办 39 所，民办 120 所），幼儿 22599 人（公办 11325 人，民办 11274 人），学前教育 3~5 周岁入园率为 89.17%。有教职工 1520 人（公办 489 人，民办 1031 人），其中专任教师 995 人（公办 423 人，民办 572 人）。大力建设城乡公办幼儿园，扶持普惠性民办幼儿园发展，全县普惠性幼儿园覆盖率达 96.37%，公办幼儿园在园幼儿占比达到 50.11%，均超额完成上级下达的“80、50”目标任务。开展以“特殊的时光，不一样的陪伴”为主题的学前教育宣传月活动。继续开展帮扶活动，组织城区幼儿教师给乡镇公民办幼儿教师上示范课 19 节，专题讲座 8 场，指导创编早操 20 节，指导参与环境创设 90 人次，赠送教具玩具及相关设备数百套。1115 名公民办幼儿教师分 4 期在县教师进修学校参加以培训教育理论、训练教育技能、指导开展亲子活动、观摩讨论优秀教育活动为主要内容的全员培训。资中县凤凰幼儿园命名为县级示范幼儿园。银山镇中心园积极创建市级示范幼儿园，水南二幼积极创建省级示范幼儿园。资中县教育和体育局被成渝地区双城经济圈职业院校学前教育发展联盟聘为常务理事单位。

【义务教育】 2020年，全县义务教育有公办小学81所（46个村小教学点不计所数），初中41所（初级中学6所、九年一贯制学校35所），改制高完中6所；民办小学1所，九年一贯制学校1所。有小学生51777人（公办51052人，民办725人），小学学龄人口净入学率100%；有初中生34652人（公办34238人，民办414人），初中学龄人口净入学率99.65%。有小学学校（纯小学和村小）教职工2420人（公办2372人，民办48人），其中专任教师3221人（公办3175人，民办46人）；有初中学校（初级中学和九年一贯制学校）教职工2444人（公办2384人，民办62人），其中专任教师2295人（公办2277人，民办18人）。

2020年，印发《资中县2020年中小学、幼儿园招生入学工作实施方案》，简化优化进城务工人员子女入学程序，确保平等接受义务教育。严格招生管理，对城区周边11所公办小学实行网上申请、现场确认的方式报名，对报名数超计划的水南实验学校、苌弘小学进行电脑随机摇号。加强控辍保学，落实政府、教育双线对接，发送相关法律法规和教育扶贫政策信息上千条，组织专题家长会100余场，发放宣传单3万多份，全县6498名建档立卡贫困户适龄子女义务教育均有保障。全县义务教育学校82个“大班额”全部化解。资中三中和水南镇苌弘小学创建为市级艺术教育特色学校，水南镇中心学校创建为市级优秀传统文化艺术传承学校，资中一中、资中二中、资中三中、资中县职业技术学校、重龙镇中心学校和重龙镇红光小学的学生艺术团创建为市级优秀学生艺术团。

【普高教育】 2020年全县有普通高中4所，高级中学1所，有在校学生17418人，教职工2204人，其中专任教师1129人。2020年，积极准备高考综合改革，着力解决师资不足问题，解决教学和教辅用房需求，解决项目建设问题。按照“分年实施、逐步消除”的原则，化解“大班额”3个，还剩余5个占比1.53%。高考本科上线2556人，上线比例达54.64%，再创资中县历史新高，远高于全省平均水平。重点本科上线817人，上线比例达17.47%，高出资中县三年平均重本升学率0.05个百分点，远高于全省平均水平。本科和重点本科上线绝对人数、上线比例均继续保持全市各县（市）区第一名，实现了高考“四连冠”。资中三中肖育龙以美术专业成绩全省第一名、文化考试成绩超越清华录取线的优异成绩考上清华大学。资中二中张宇以621分勇夺内江市文科第一名，陈卓言以682分勇夺资中县理科第一名。全县600分以上263人，660分以上25人（进入全市特尖生行列）。资中二中本科上线1305人，上线比例达74.06%；重点本科上线483人，上线比例达27.41%。球溪高级中学本科上线1003人，上线比例达68.37%；重点本科上线303人，上线比例20.65%。资中一中本科上线187人，重点本科上线28人。资中三中本科上线43人，重点本科上线2人。龙结中学本科上线18人、重点本科上线1人，高职单招名列全市第一、全省前茅。全县高职单招录取1931人（普高1380人、职高551人），录取比例达90.19%，录取人数和录取比例均为全市第一名。

【中职教育】 2020年，全县有中等职业学校3所（公办1所，民办2所），在校学生7938人（公办5798人，民办2140人），在职教职工396人（公办276人，民办120人），其中专任教师332人（公办247人，民办85人）。水南职中、双龙职中整合成立资中县职业技术学校工作基本完成。资中县职业技术学校创建省级中职示范学校接受省教育厅中期指导，学校整体办学实力显著提升，新增校外实训基地6个，校内实训室8个，校内实训基地3个，教学仪器设备477台套，建成教育教学信息化管理平台，数字化校园环境初步形成。完善校企合作制度9个，开展订单班、共建专业、共享教学资源、师生顶岗实习、现代学徒制等合作。新增与成都金典汽车有限公司和重庆秋田齿轮有限公司开展现代学徒制合作，并加入成渝地区双城经济圈中部职业教育联盟。与泸州职业技术学校、四川化工职业学院、四川航天职业学院合作，开展五年贯通培养，招收学生190人。新增学科带头人8人、骨干教师18人，“双师型”教师比例提高到76%。在高职单招已录取551人的情况下，公民办中职学校34人参加普通高考，本科上线15人，上线人数占全市的79%。

【民办教育】 2020年全县共有民办教育校（点）195所，其中幼儿园120所，小学1所，九年一贯制学校1所，中职学校2所，校外培训机构71所，有幼儿学生11274人，小学生725人，初中生414人，中职生2140人。2020年，取缔办学水平较差的小规模民办幼儿园30所。对127所民办幼儿园开展2019年度年检工作，其中综合评议得分在90分及以上50所，90分以下77所，均合格。县政府兑现民办幼儿园考核奖补资金171.534万元，兑现利民小学考核奖补资金170万元。县教育和体育局、县财政、县发改局联合制发《关于普惠性民办幼儿园认定和管理工作通知》，重新认定普惠性民办幼儿园112所。认真落实民办学校分类登记工作，其中普惠性民办幼儿园112所、营利性民办幼儿园3所、非营利性义务教育学校2所、中职学校2所。对未取得许可证的校外培训机构进行督促指导，促其达到办证条件，依法开展培训工作，其中审批21所，责令停办2所。将27所无证无照培训机构纳入黑名单动态管理，并向社会公布。

【教育科研】 2020年，将片区教研中心由12个调整为7个，规范课题申报管理，市级立项16项，县级立项57项。积极参加各类教研比赛评比活动，获得省级奖10项，市级奖88项。多层次、多渠道、全方位开展送教下乡活动，其中幼儿园送教43人次，小学送教85人次，初中送教278人次。积极开展枫叶杯教学比赛、小学“十佳教师”评选等教研活动。疫情防控期间，积极搭建网课平台，做好延迟开学期间网络教学工作，确保“停课不停学，学习不延期”。获得四川省第19次科研成果奖一等奖1名、三等奖2名；获得四川省课题阶段性成果奖二等奖1名、三等奖1名；获得内江市第16届教育科研成果奖一等奖11名、二等奖28名、三等奖30名。

【队伍建设】 2020年面向社会公开考聘幼儿园、中小学教师196名，考核安置省属公费师范生54名，考核引进硕士研究生2名、甜城英才1名。组织1名园长参加校长国培示范性项目培训班，2名教师参加“国培计划”示范项目培训，2名教师参加国家安全教育教师培训，5600余名教师参加内江市中小学幼儿园教师专业素养提升全员培训，7000多名教师参加“国培”中西部和幼师项目培训，160余名教师参加部分“国培”“省培”项目培训，12名教师参加四川省职业院校教师素质提高计划项目培训、350余名班主任参加县级集中培训。经过三年的培养，授予2017—2020批次137名教师资中县中小学骨干教师称号。开展两期学校党务干部培训，206人参培，累计培训80余学时。103名党组织书记参加第四期全国中小学党组织书记网络培训。举办“十三五”第十一期干部培训班，参培96人。教师节期间，四川省委教育工委、四川省教育厅表彰中小学名校长1名（球溪中学伍文森），中小学名班主任1名（双龙职中傅洪成），教书育人名师1名（水南镇中心学校刘兰）。市委教育工委、市教育局表彰教育教学工作优秀单位8个、安全管理工作优秀单位2个，市级名班主任8名、教书育人名师10名。

【“三免一补”】 2020年，继续对所有义务教育阶段学生全部免除学杂费、免费提供教科书和作业本，做到应免尽免。按照小学每生1000元/年、初中每生1250元/年的标准，补助义务教育阶段家庭经济困难寄宿学生生活费，2020年春季学期补助5495人339.01万元，2020秋季学期补助5495人339.725万元。按照小学每生500元/年、初中每生625元/年的标准，补助义务教育阶段家庭经济困难非寄宿学生生活费，2020年春季学期补助7373人199.9562万元，2020年秋季学期补助7373人200.5万元。

【学生资助】 2020年，按照公办建档立卡幼儿据实减免，民办建档立卡幼儿参照镇内同类别公办幼儿园收费标准减免，其他家庭经济困难幼儿每生1000元/年的标准，减免2926名幼儿保教费。按照平均每生2000元/年的标准，为4128名普通高中家庭经济困难学生发放国家助学金。按照据实减免的要求，为4128名普通高中家庭经济困难学生免除学费。按照平均每生2000元/年的标准，补助中职学生助学金，其中2020年春季学期662人，秋季学期785人。按照每生4000元/年的标准，为816名2016年及以后入学的建档立卡困难家庭本专科学生发放特别资助。按照每生1000元/年的标准，为744名建档立卡困难家庭中职学生发放生活补助。

【基础建设】 2020年，重龙镇第六幼儿园、鱼溪镇中心幼儿园、陈家镇中心幼儿园新建项目，重龙镇第一幼儿园、孟塘镇中心幼儿园、走马学校教学楼食堂改扩建项目，马鞍镇皇觉小学、孟塘镇两渡小学、孟塘镇大佛小学教学及教辅用房项目，水南镇第一幼儿园吴仲良校区整体搬迁及装饰装修项目竣工交付使用。银山镇大联小学迁建项目基本完工。水南镇中心学校教学及教辅用房建设项目，北楼基本完成建设，东楼正在装饰装修。资中县凤凰教育园区项目（一期）开工建设，小学部正在进行土石方施工，幼儿园正在进行施工、监理招标工作，中学部正在进行深化设计。重龙小学、水南镇第四幼儿园开工建设。

【学校后勤】 2020年，全覆盖检查学校食堂239个、厨房15个。积极开展“灭害行动”“明厨亮灶”工作，“明厨亮灶”达标率100%，食品安全风险分级等级达到B级以上学校食堂达100%。30所学校建立食品安全校园智慧后勤管理系统。12所学校投入49.6万元对食堂进行“煤改气”；18所学校投入572.75万元对食堂进行新建、改扩建；31所学校投入103.26万元进行食堂信息化建设；12所学校投入129.14万元对学生公寓（宿舍）进行改、扩建；15所学校投入36.07万元对饮用水设施进行改、扩建；9所学校投入9.88万元进行垃圾池改造；11所学校投入285.06万元新建厕所52个，改建厕所9个。继续对铁佛、双河和宋家等3个镇9所村小的269名农村义务教育学生实施每生6元/餐的营养午餐试点工作（市财政补助1元、县财政补助3元、学生承担2元）。

【教育督导】 2020年，切实加强督导队伍建设，聘任部分县级部门领导、学校校长、幼儿园园长和县教育体育局中层干部为资中县第九届兼职督学，共105名，任期3年。将全县调整优化为12个督学责任区，构建督学全参与、学校（园）全覆盖的教育督导网络。落实挂牌督导工作机制，将143所中小学校、163所公（民）办幼儿园全部纳入挂牌督导。对83所幼儿园（班）开展办园水平督导评估，完成第一轮幼儿园办园水平督导评估。圆满完成省、市对资中县人民政府履行教育职责督导评估工作。积极准备义务教育均衡发展“全域迎检”工作，围绕八项指标做好义务教育均衡发展差异系数监测，全县义务教育均衡发展实现达标均衡，小学差异系数为0.3737，初中差异系数为0.1981。

【依法治教】 建立社会、学校、家庭“三位一体”德治体系，弘扬社会主义核心价值观，确保法治教育“课时、教材、师资、经费、考试”五落实。从法院、检察院、公安局、司法局等部门重新聘任49名优秀领导干部担任全县144所公民办中小学校法治副校长，聘期3年。学习宣传《中华人民共和国民法典》，组织全县5000余名教职工和4万余名学生通过网络平台，观看民法典公开课。组织、参加第五届全国中小学生“学宪法讲宪法”知识竞赛和全国青少年普法网“宪法小卫士”活动，获内江市优秀组织奖。成功举办资中县第五届中小学生“学宪法、讲宪法”演讲比赛。

县教育体育局、县关工委联合宣讲团，深入全县22所中小学开展“关爱明天、普法先行”道德法治宣讲活动，受益师生30000余人。

体育

【学校体育】 2020年，县教体局按照国家规定，强化体育教学常规管理，确保学生每天在校1小时锻炼。积极推进“盘破门”武术进校园活动，组织创编“盘坡长拳”“盘坡双头棍”“小四门”三项新套路。完成138所中小学《国家学生体质健康标准》测试和上报工作，上报成功率100%，参测率99.14%。提升体育师资素质，举办足球、篮球、田径、盘破门竞赛规则培训、体育教师优质课比赛、体育教师教学优秀论文评比等活动，派出56名管理干部、体育教师参加上级培训、学习和交流。举办资中县“体彩杯”中小学生篮球、足球、田径、盘破门武术比赛，15044名运动员参加，选出77名优秀体育苗子。县教育和体育局与内江市体育局签订共建四川省女子足球队后备人才基地协议，全省唯一的女子足球队后备人才基地落户资中，每年获得各类费用、补贴100万元；基地组建了5支2007—2011年龄段参加第15届全运会的女子足球运动队（每个年龄段1支队伍），有在训运动员133名。组织参加四川省省青少年锦标赛，棒球队获得第五名、垒球队获得第六名、田径队取得总分110分。参加青少年城际足球邀请赛（连界站）09/10组别比赛，作为唯一的女足运动队与男足同台竞技，取得09组别第三名、10组别第二名的佳绩。参加全国校园足球夏令营（最佳阵容遴选）活动，小学乙组1人、高中甲组4人、乙组4人入选最佳阵容。参加全国青少年校园足球夏令营总营（最佳阵容遴选）活动，获得高中甲组第二名，罗选美和雷新月入选校园足球国家队。参加全国青少年体育冬夏夏令营（四川内江站）暨内江市校园足球联赛，重龙镇中心学校、重龙镇西街小学和水南实验学校包揽小学女子组冠亚季军，资中一中获得高中女子组冠军。

【社会体育】 2020年向上级争取农民体育健身工程98个，更换20个村的破损健身器材，实现了资中县行政村农民健身工程全覆盖。投入县级体彩公益金10万元新建村（社区）全民健身路径10条。投入345万元，建成罗汉洞、龙江、骝马、银山平安寨等4个5人制足球场和太平7人制足球场。开展两次体育场地统计调查工作，全县体育场地较2019年新增127个，新增面积1.5491万平方米。进一步完善全民健身服务组织体系，建设晨晚练体育活动点134个，健身气功站点112个。加大社会体育指导员培训力度，新增一级指导员培训2人，二级指导员培训20人。加强体彩销售网点建设管理，新增6个、改造8个，全年体彩销量2800万元。

积极应对疫情影响，创新居家健身新模式，组织参加第一届四川省“云健身”网络运动会太极拳比赛、“战疫情 · 有我在”健身气功云教学、“我热身 · 我健康”讲述健身故事、全国健身气功网络视频大赛等各类线上体育活动。组织参加川南五市太极拳邀请赛，获金牌107枚、银牌47枚、优秀教练20人、优秀学员20人。参加内江市第十三届老年人乒乓球比赛，获得团体第三名。参加内江市第四届乡镇（街道）老年人运动会，篮球代表队获得团体第一名，创资中历史最佳成绩。参加内江市《国家体育锻炼标准》达标赛总决赛，获得团体第二名。积极开展端午节沱江漂游、纪念毛主席畅游长江54周年沱江漂游、杨氏太极拳《达摩剑》免费培训、全国百城千村健身气功交流展示比赛（资中分场）、第八届离退休职工“养老保险杯”太极武术比赛等丰富多彩的全民健身活动。资中培养的田径运动员吴艳妮获得2020年全国田径锦标赛女子100米栏冠军。资中女足队员林芸芸代表四川女足参加中国女子甲级联赛获得冠军，帮助四川队成功升级到中国女子足球超级联赛。

（郑忠辉 张 强 曾 勇）

文化·广电·旅游

综述

【概况】 资中县文化广播电视和旅游局（简称县文广旅游局）坚持以习近平新时代中国特色社会主义思想为指导，全面贯彻中共十九大精神，深入学习贯彻习近平总书记对四川工作系列重要指示精神，认真贯彻落实四川省文化和旅游发展大会精神，紧紧围绕县委、县政府和上级文化旅游部门的中心工作，按照年度计划，依法行政，有序推进文化惠民，精心实施文物保护，创作扶持文艺作品，大力发展文旅经济，加快推进文化旅游深度融合发展，文化广电旅游各项工作有序推进。2020 年全县接待游客 833.9 万人次，实现旅游总收入 59.77 亿元，文化旅游总投资额达 3.006 亿元。

【基础设施建设】 开展文化扶贫“回头看”“回头帮”及巩固提升工作，投入 51 万元完成 102 个贫困村文化室设施设备补充更新，投入 25 万元完成银山镇、鱼溪镇文化综合服务中心提档升级，为更好地发挥公共文化阵地服务效能、丰富群众精神文化生活、推动城乡公共服务均等化打下坚实基础。资中县首个 24 小时自助图书馆投入试运行，自助图书馆内上架哲学类、文学类、历史地理类及医疗卫生类中文图书 1.5 万余册，标志着县图书馆在数字化、智能化方面开启新篇章。

【行业管理】 加强宣传，重点宣传文化市场管理法律法规，为经营业主提供政策、法律咨询，引导业主自觉合法经营；规范市场,先后开展“扫黄打非”“”“网吧集中整治”等行动，引导资中县文化旅游企业健康发展；落实责任，签订旅游安全生产目标责任书，联合相关部门对旅游企业进行全面联合执法检查，确保及时有效发现安全隐患。

文化

【群众文化】 全年共完成文化惠民演出 244 场。其中：采取政府购买公共文化服务方式，由资中县木偶剧团承担完成“乡村振兴·精准扶贫”文化惠民演出 98 场；组织指导镇文艺演出队开展贫困村文化演出 22 场；完成罗泉古镇川剧座唱 15 场，送木偶戏进校园 101 场，资中大舞台演出 8 场。此外，利用春节、端午节、中秋节、国庆节、非物质文化遗产日等传统节日和重大节庆，积极探索“文化乐民、文化富民”新途径，举办各类群众文化活动，主要包括：2020年1—11月，在资中县苌弘大剧院开展资中苌弘音乐文化惠民演出季13场；2—3月，举办“资中之春”系列群众文化活动；3月25日，在资中县武庙广场举行抗疫主题摄影美术展；4月23日，在吴仲良第五小学开展第三届超星杯“众志成城战疫情”有奖征文比赛；6月13日，在资中县渔耕德苑生态农庄举行“2020年文化和自然遗产日”——资中宣传周非遗专场展演；6月23—29日，在资中文庙、武庙开展“2020中国·资中第二届国学文化旅游周”；9月23日，在资中县和鸣广场举办四川省2020年“万人赏月诵中秋”群众文化活动内江市资中县分会场；9月20—11月6日，在县图书馆开展第三届“成长的声音”青少年朗诵大赛；9—10月，在县文化馆开展“多彩资中·炫舞活力”2020广场舞大赛；11月20日，在县文化馆举办“泸县·资中”书法作品联展。

【文化事业】 广泛开展各种形式的文艺培训，主要采取分片培训和集中培训的方式，完成全县22个镇基层文艺骨干和“村村响”值机人员培训工作。积极开展和指导全县的文艺创作活动，全县文学、音乐、书法、摄影、美术等各个领域百花齐放，文艺创作事业再创辉煌。开展抗疫书画摄影展、“不忘初心、牢记使命”“众志成城抗疫情”有奖征文比赛等主题文化活动，组织县作协、书协、美协、县木偶剧团等文艺团体围绕脱贫攻坚、抗击新冠肺炎疫情等主题，创作书法、美术、文学等各类作品200余件，音频视频作品20个，摄影作品1000余件，新创剧目3个。

【文物保护与管理】 继续加大文物保护维修工作力度。一是成功申报罗泉会议会址纪念馆、孟塘镇睦邻村村史馆为“四川省财政资助乡史村史和社区博物馆建设示范项目”。二是针对党校南华宫、罗泉镇韩家吊脚楼、甘露寺出现垮塌等险情，进行现场查勘、讨论并提出保护利用指导意见。三是针对成自高铁修建工程，对球溪镇鸡公山、马鞍山和高楼镇吊脚楼村11组、4组先后发现的摩崖造像和古墓葬，进行现场查勘、讨论并提出处理意见，并报上级文物主管部门。四是完成资中文庙和武庙消防工程、安防工程，武庙防雷工程的前期招标准备工作；争取文庙和武庙消防工程、安防工程，武庙防雷工程经费785万元，2020年经费已下达到资中财政局。五是顺利完成罗泉盐神庙维修工程，该工程项目得到国家文物局全国重点文物保护单位维修专项补助921万元。六是投入资金1500万元完成资中文庙和武庙的复原展陈工程。七是完成重龙山摩崖造像危岩整治文物区项目计划书，完成重龙山摩崖造像保护范围和建设控制地带划分。八是完成孔子牌位保护修复方案。

高度重视文物安全工作。一是完成省文旅厅综合执法监督局组织的“2020年双随机一抽查活动”，对罗泉镇绣楼、罗泉镇钟氏宗祠、秦家岩摩崖造像、重龙山永庆寺、御河沟摩崖造像等文物保护单位进行文物安全及防疫工作抽查，进一步加强文物综合环境治理。二是督促文物看守人员与当地人民政府签订了看守责任书84份。三是组织实施2020年全市文化广电和旅游系统综合应急演练及培训会。四是先后3次开展文物宗教场所消防安全隐患整治、文物安全检查工作，检查文物保护单位20处；完成全县文物保护单位文物执法巡查共85处（含子来桥消失1处），填写文物执法巡查登记表84份。

【非遗保护工作】 积极开展非物质文化遗产保护工作，不断挖掘全县的非物质文化遗产保护项目。一是李忠英、李永成功列为第六批市级非遗代表性项目传承人。二是胡海、林昆等非遗代表性项目传承人积极参与疫情文艺创作和宣传工作，创作快板、三句半等文艺作品，受到“学习强国”平台和媒体报道；市级非遗项目保护单位资中县君子泉酒厂向县政府捐赠10吨消毒液，受到社会好评。三是组织资中选手及作品参加2020年内江市民间手艺人技能大赛活动暨作品大展。唐友民以综合评分第一名荣获内江市十大民间手艺人称号，孙源等8人荣获内江市优秀民间手艺人称号，资中入选作品大展精品53件。四是组织举办2020年文化和自然遗产日——资中宣传周系列展演展示活动，开展文化遗产成果展、非遗专场展演、展示体验、非遗购物节、非遗影像展等，宣传周活动关注人数35万余人次。五是协助《月是故乡明》剧组，完成参演非遗项目王氏竹琴内容修改与完善。

广电

【广播电视宣传】 资中县融媒体中心在“弘资中”App中开设《众志成城抗疫情》《聚焦两会》《法治资中》《决战决胜脱贫攻坚》《举全县之力争创四川省文明城市》《创文访谈》《不文明现象随手拍》《创文曝光台》《2020年镇党委书记新年谈发展专栏》《第三十五届“资中之春”系列活动》《资中县首届苌弘音乐艺术节暨文化惠民演出季活动专栏》等30余个重点专栏，全面报道县委、县政府中心工作。全年完成电视新闻稿件1645件、广播新闻稿件1645件、App新闻稿件13584件、微信新闻稿件600余条，制作播出《船城视点》《农民朋友》《船城旗帜》《疾控之窗》《人大代表风采》《政协委员风采》栏目66期，全年上送新闻稿件389条、小专题45部。融媒体客户端（“弘资中”App）下载用户达70万，注册用户19.5万。“弘资中”微信公众号已获得13.6万余人关注，新媒体运营成效明显。

做好县两会的策划和采访报道工作。圆满完成县两会采访任务，共采访报道新闻40条；同时，在“弘资中”App实时发布两会动态，让群众第一时间了解县两会信息。

全力做好新冠肺炎疫情防控宣传工作，自新冠肺炎疫情发生以来，第一时间公布疫情情况，发布卫生防疫知识，跟踪报道防疫一线动态。采编新闻1661条，客户端（“弘资中”App）共计发布信息11474条，“弘资中”微信公众号共计发布信息1578条，中央电视台采用资中县融媒体中心上送新闻7条，省、市电视台采用资中县融媒体上送新闻187条；“村村响”广播共播放防疫知识宣传普及信息3931条，其中文艺作品类2406条，健康科普类268条，权威发布类1257条，播放频次20659条次，播放时长900时7分12秒；“弘资中”App先后成功链接“新冠肺炎疫情查询”“健康申报查询”“新冠肺炎疫情心理咨询”等服务功能，“弘资中”微信公众号先后成功链接“域外登记”“健康申报查询”“健康码”等端口，为人民群众提供关于疫情相关问题咨询和查询、个人资料登记、健康证申领等服务，确保疫情防控宣传全覆盖，防控知识人人知。资中“战疫情”新闻先后6次在中央电视台《新闻联播》《新闻直播间》《朝闻天下》等栏目播出，受到中央媒体的广泛关注。疫情防控期间采写的信息，有112条被腾讯新闻、封面新闻、网易新闻、四川观察、四川新闻网、最内江、内江头条等媒体采用。

全面做好抗洪抢险报道。8月12—23日，共报道防汛信息、群众传移、灾后重建、市县领导视察灾情、抗洪救灾典型人物等新闻340余条。

2020年共直播5场：“中国·资中”第四届血橙节开幕，“花开天府”全省接力云赏四川好春光——走进资中，2020“中国·资中”第二届国学文化旅游周开幕式——祭孔大典，2020《中国好声音》资中赛区总决赛，苌弘故里 鲶耀农门——内江市2020年中国农民丰收节暨首届资中鲶鱼美食文化节。

【网络传输安全】 由广电网络资中分公司牵头，出台和完善了安全生产和安全播出防范措施及应急预案，进一步提高了应对突发事件的组织指挥能力和应急处置能力，确保应急机制及调度工作迅捷、高效、有序地进行，在突发情况下保证广播电视公共安全及有线广播电视网络传输应急抢修工作的需要。督促机房设备的维护和管理，按照有关技术要求，对机房设备进行日常维护和检修，排除故障隐患。遇重大节假日、重要安全播出期，加派人员加大对线路的巡查力度，确保重保期的安全播出工作。全年无重大安全生产事故，未发生重大信号中断停播及不良信源的干扰、插播事件，实现了安全生产、安全播出的“三零”目标。

【广电执法】 地面非法卫星设施整治工作：2020年全县向广大经营业主、群众发放法律宣传单共1700余份、悬挂宣传横幅6幅、设置电视广播广告宣传7条，并在电视台长期播放，真正使宣传工作到家、到户、到人。2020年在清理整顿工作中，由局广播电视股会同广播电视台相关人员的配合，开展集中整治非法卫星地面接收设施行动5次，出动车辆13架次、人员44人，对资中县苏家湾镇、孟塘镇、双龙镇等9个镇辖区内非法安装使用卫星地面接收设施的用户进行整治，通过宣传教育，让经营业主和使用农户主动停止销售，自行拆除地面卫星接收设施；在整治工作中，由于各单位密切配合，齐抓共管，形成工作合力，使专项整治工作环环相扣，上下联动，有效地确保了工作的落实，使整个整治工作取得了良好的效果。通过历年长期整治，资中县非法销售、安装、使用卫星电视广播地面接收设施的态势得到有效遏制，收到明显成效，切实维护了广播电视行业的安全。黑广播打击情况：资中广播电视台利用新闻宣传10条次、标语150条次，提高人民群众对打击治理“黑广播”“伪基站”违法犯罪活动的认识，积极发动人民群众主动检举揭发“黑广播”“伪基站”违法犯罪活动的线索。开展集中打击治理“黑广播”专项行动2次，对县城辖区内调频广播（87—108 m h z）进行巡查和监听，各镇也安排人员对各自镇域进行巡查，未发现“黑广播”信号。对资中广播电视台播出内容核查情况：资中广播电视台播出内容无干扰民航通信导航的行为以及利用“伪基站”扰乱社会秩序、损害公民财产权益、侵犯公民隐私的行为。

旅游

【旅游资源】 资中属全省丘陵大县、百万人口大县、农产品主体功能区、内江国家农业科技园区（核心区），列入国家农村产业融合发展示范园创建名单，现代农业产业园纳入国家创建管理体系的省级现代农业产业园名单，是中国血橙之乡、枇杷之乡、黑猪（内江猪）之乡。一是资中文化底蕴深厚。建县至今已有2100余年历史，是成渝线上唯一的省级历史文化名城，有国家级历史文化名镇——罗泉古镇、省级历史文化名镇——铁佛古镇，有不可移动文物保护单位634处，儒家、武术、革命、美食、佛教、井盐“六大文化”品牌交相辉映，素有“苌弘故里、状元之乡”之美誉。二是资中自然资源独特。有省级风景名胜区重龙山——白云山、“川中小桂林”九龙峡、“川中千岛湖”龙江湖，沱江新画廊、千年梨花村、响水滩、万亩血橙主题公园等乡村文旅融合发展项目分布全县。“一山两庙一江两滩一古镇”（重龙山、文庙、武庙、沱江、杨柳滩、响水滩、罗泉古镇）文旅融合精品线路初步形成。三是资中旅游产品丰富。资中鲶鱼入选省级特色农产品优势区名单，资中血橙入选全国特色农产品优势区名单，资中冬尖、资中鲶鱼、资中血橙、资中枇杷、罗泉豆腐5件国家地理标志保护产品享誉全四川。国家非物质文化遗产中型杖头木偶戏蜚声中外。京川优购等本土电商企业蓬勃发展。

"黑溜宝"、花生酥、兔子面等特色食品美名远扬。四是资中交通优势明显。成渝高铁、成渝高速、成渝铁路横贯全境，资中已融入成渝半小时经济圈。沱江干流经资中 82.5 千米,"城区—乡镇" 40 分钟交通圈基本形成。特别是随着成自高铁在球溪设站（资中西站），井乐高速、资荣快通、资威快通等陆续启动，"三条铁路、三条高铁、四条高速、五条快通" 的对外交通大通道将逐步构建。五是资中发展思路明晰。按照"文化立魂，生态塑形"的建设理念，"建设国家级历史文化名城和成渝中部经济强县"发展定位，坚持以全域旅游理念谋划和引领产业发展，以品牌创建为抓手，以完善配套服务设施为推手，以开展丰富多彩的活动为载体，加快融入成渝双城经济圈和巴蜀文化旅游走廊建设，推动产业高质量发展。

【旅游管理】 通过签订旅游安全生产目标责任书，层层落实安全责任。制定下发《安全生产月活动方案》《关于做好暑期旺季汛期旅游安全工作综合督查的通知》等旅游安全生产文件，定期不定期地对各涉旅企业贯彻落实情况进行检查督察。旅游旺季和春节、五一、十一等重大节假日和活动期间，联合应急管理、消防、卫生监督、市场监管等部门，对旅游企业的消防安全、食品卫生安全、特种设备、游乐设施、游船快艇、旅游汽车以及安全应急预案、安全标识标牌等进行全面联合执法检查，及时有效地发现各类安全隐患并加以整改，确保全年旅游安全。2020 年，全县无重大旅游安全事故发生。

【旅游宣传促销】 6 月 26—30 日，举办以"传承国学经典，打造国学基地，促进文旅融合"为主题的"2020 中国・资中第二届国学文化旅游周"，通过进行萧韶古乐表演、毛笔临帖大会、开笔礼、资中特色旅游商品推介等系列具有资中文化特色的活动,聚了人气、提了商气、打了品牌。9 月 22 日—10 月 22 日，在内江市 2020 年中国农民丰收节暨首届资中鲶鱼美食文化节期间，鱼溪镇响水滩、资中新发地、资中五指山农旅康养生态园、原耕部落・心农场举行了看演出、品美食、捞鲶鱼的特色活动，极大提升了资中鲶鱼的知名度。以杨柳滩景区为主拍摄地的连续剧《月是故乡明》在央视 1 套、8 套黄金强档热播，首播当天收视率全国第一；四川卫视《说走就走的旅行》连续 5 期推介资中文化旅游资源，有力提升了资中的知名度、美誉度。

【旅游环境整治】 2020 年，完成新建旅游厕所 4 座：资中孟塘里乡情示范园厕所、资中五指山农旅康养生态园厕所、资中蒙溪桃花苑厕所、资中红旗山厕所。完成改建旅游厕所 2 座：资中文庙厕所、资中县龙江镇花湖洞天厕所 2 号。结合自身工作实际,积极落实全县专项斗争会议精神，对各景区景点、旅行社等行业领域开展检查，坚持深入游客、群众中，深入一线，深入基层开展线索摸排，重点检查敲诈勒索、欺行霸市、强买强卖等违法行为，着力服务全县旅游企业，努力建设安全和谐的旅游市场，助力全县专项斗争向纵深开展。

（张　智　钟　杰）

社会生活

卫生健康

【概况】 2020年，资中县卫生健康局贯彻执行省、市卫生健康工作会议精神，按年初计划和工作思路，巩固党的群众路线教育实践活动成果，立足卫生工作实际，认真履行工作职责，圆满完成了各项工作任务，促进县卫生事业健康、有序发展，全县全民医疗卫生单位共实现业务收入9.28亿元。

【卫生改革】 继续实施基本药物制度，全县各卫生院累计销售基药5.55亿元，让利群众2.88亿元；继续推进公立医院取消药品加成，累计销售药品7.76亿元，累计让利群众1.16亿元；“电子化注册”工作进展顺利，注册进度达100%，医疗机构和医务人员电子证照申领率居全市第一；分级诊疗有序推进，渔歌医疗平台运行有效，全县共实现转诊17816人次；远程诊疗项目运行良好，县人民医院和县中医院远程会诊中心累计诊断32654人次；继续发展县域医共体，在县人民医院与球溪镇顺河卫生院建立医共体、县中医医院与马鞍镇卫生院建立中医康复专科联盟的基础上，总结经验，进一步在全县推广。

【基础设施建设】 重点推进县人民医院综合大楼建设、县中医医院迁建、县人民医院等5个核酸实验室建设等项目。县人民医院综合建设大楼项目副楼（感染科）已投入使用，主楼已完成地下3层、地上24层主体结构及二次砌体施工，正在实施装饰装修工程；县中医院迁建项目已投入使用，县中医院迁建项目二期已开工建设；县妇幼保健计划生育服务中心医技楼建设项目已投入使用，县妇幼保健计划生育服务中心综合楼一期、二期建设项目已开工建设；县人民医院等5个核酸实验室建设项目已投入使用；重龙镇卫生院维修改造项目已投入使用。

【公共卫生体系建设】 稳步推进乡村医生养老保障改革，将2020年度享受乡村医生养老保障补助资金通过“一卡通”平台发放，共计952.7144万元（其中享受离岗乡村医生生活补助2039人，补助资金850.3520万元；享受在岗乡村医生养老保险缴费补助400人，补助资金102.3625万元），无群体事件发生。基本公共卫生服务项目工作有序推进，实现全县规范化居民电子健康档案建立113.2份，建档率97.84%；儿童预防接种证建证率100%，新生儿访视率达96.25%，孕产妇早孕建册率93.11%，产后访视率达96.11%；严重精神障碍患者规范管理6481

人，规范管理率为 96.26%；卫生计生监督协管信息报告率 100%；肺结核患者管理率 99.67%；传染病疫情报告及时率 100%，群众知晓率 92.65%，群众满意率 93.57%，各项指标均在全市前列。积极改革完善家庭医生签约服务，2020 年全县有家庭医生团队 208 个 1377 人，其中二级及以上医院医师 72 人、卫生院医务人员 523 人，全县完成电子化家庭医生签约 649336 人。

【卫生综合执法】 加强对全县医疗机构、公共场所、集中式供水单位的日常监督，全年监督单位 8158 户次，监督覆盖率 99.35%。国家双随机抽查单位 227 家，实际完成 201 家（26 家关闭），查处卫生违法案件 314 件，处罚金额 25.62 万元（其中一般行政处罚 45 件，处罚金额 15.31 万元；简易处罚 269 件，处罚金额 10.31 万元），全年无行政复议、行政诉讼及恶性卫生违法案件发生。

【预防保健】 加大传染病控制管理力度，全年发生法定传染病 16 种 3224 例（按发病日期统计），发病率 279.47/10 万，较 2019 年同期下降 23.55%；规范开展免疫规划工作，建立全县冷链监测和疫苗管理信息系统，做到冷链实时监控。2020 年，全县报告常规接种国家免疫规划疫苗共计 133186 剂次，接种率为 99.89%；有序开展慢病管理工作，全年上报死亡病例 8875 人，报告死亡率 721.25/10 万；卫生监测工作有序进行，对 156 家公共场所进行消毒质量监测，开展从业人员预防性健康体检 369 人次，监测各类水 363 个；结核病防治工作有序开展，全县接诊可疑病人 1925 例，完成年初下达任务数的 110%；美沙酮门诊工作有效开展，门诊新入治病人 4 人，累计收治 395 名病人，解除治疗合同 302 人；精神卫生工作有序开展，全县系统在册精神障碍患者 6733 人，在管 6671 人，管理率 96.61%。

【妇幼保健】 搞好孕产妇健康管理服务。2020 年全县（机构）活产数 4194 人，住院分娩率 99.99%。孕产妇死亡 1 人，孕产妇死亡率 14.66/10 万，危重孕产妇评审 2 例，孕产妇死亡评审开展 1 例。搞好儿童健康管理服务。全县 3 岁以下儿童 24463 人，3 岁以下儿童系统管理 24059 人，3 岁以下儿童系统管理率 98.35%；新生儿死亡 8 人，新生儿死亡率 1.17 ‰；婴儿死亡 15 人，婴儿死亡率 2.20‰；5 岁以下儿童死亡 31 人，5 岁以下儿童死亡率 4.55‰；新生儿访视 6797 人，新生儿访视率 99.66%；无新生儿患破伤风的情况发生。2020 年新生儿死亡评审 1 次，共评审 1 例，创造条件可避免 1 例。搞好预防艾滋病、梅毒、乙肝母婴传播工作。2020 年，全县接受 HIV 抗体检测孕妇 4176 人，孕早期接受 HIV 检测数 4109 人，孕早期检测率 98.40%。搞好“三网监测”工作。全县（辖区）活产数 6820 人，孕产妇死亡 1 人；出生缺陷 40 例，缺陷率 58.45/ 万。搞好孕优及婚检工作。2020 年共完成 6452 对免费孕前优生健康检查，覆盖率 110.63%；完成 4206 对婚前健康检查，婚检率 90.09%。

【创卫工作】 2020 年创建成省级卫生镇 2 个、省级卫生村 27 个、省级卫生单位 22 个、无烟单位 23 个，市级卫生社区 11 个、市级卫生单位 54 个、无烟单位 57 个。全面启动创建国家卫生县城工作，细化责任、狠抓落实、强力有序推动创建，力争 2021 年顺利通过国家暗访检查；积极推荐罗泉镇向省爱卫会申报创建国家卫生乡镇，有望在 2021 年获得国家卫生乡镇称号，实现资中县国家卫生乡镇“零”的突破。圆满完成年内改建 2 所公厕的任务，医疗卫生单位公厕管理率 100%。

【地方病防治】 加强疟疾的监测处置工作，完成 767 人次发热病人血检工作，完成率 127.00%；落实血防“春查”任务，强化人群监测和督导质控，切实做好血吸虫病防控工作，全年查螺面积 202543 平方米，未发现钉螺滋生；巩固碘缺乏病防控工作，完成 100 名孕妇尿碘盐碘及 200 名儿童尿碘盐碘甲状腺监测任务，碘盐覆盖率 99%，合格碘盐食用率 96.66%，孕产妇尿碘中位数 176 毫克 / 升，各项指标均达碘缺乏病消除标准。

【中医工作】 资中县中医医院顺利完成中医药服务能力提升“十百千”工程 2019 年县级中医医院重点建设项目；县中医医院与省骨科医院建立专科联盟，继续发展中医药产业在社会办医，福仁堂医院打造医养结合单位试点。

【医政管理】 医疗质量管理不断加强，共完成医疗质控检查 3 次；完成二级以下医疗机构医务人员抗菌药物培训和资格考试，936 人合格，并予以授权；妥善处置医疗纠纷 8 起，处置群众投诉举报 32 件；完成建档立卡贫困人口白内障筛查 213 人，手术 100 人；继续开展行风建设，进行行业领域专项治理，共排查出问题线索 97 条，重大线索 2 条，已移交纪委；持续开展专项斗争，各医疗卫生单位参与线索摸排共 930 人次，并对医院内部及周边乱象进行排查和整治；全面完成中考、高考学生体检和征兵体检工作。

【医德医风教育】 召开党风廉政建设和反腐败专题会（视频会）5 次，全系统制定“2020 年度党风廉政建设主体责任清单”50 份，紧盯春节、五一、端午等节点，开展预警提醒 5 次，暗访督查 3 次；对 80 余名县级医疗单位新提拔的中层干部开展任前廉政谈话；成功创建市级“廉洁医院”、县级“廉洁医院”各 1 个，县卫健局与县医保局密切配合狠抓行业领域专项整治，全力抓好省委巡视工作，认真开展“四风”9 个方面问题的排查、整改工作，深入开展医疗乱象、医疗行业领域专项整治及公职人员违规经商办企业清理工作；规范系统内各单位“三重一大”议事程序，强化监督，医疗废弃物、违规经商办企业兼职等执纪问责，对失职渎职等违规违纪行为开展纪律审查，对 4 名违规违纪人员给予党政纪处分。

【无偿献血】 搞好无偿献血工作，2020 年共完成无偿献血 14270 个单位，超额完成市上下达目标任务，无一例输血性传播疾病发生，保证全市临床用血安全和全县应急用血。

【依法管理】 严格落实党政领导计生责任，坚持党政一把手亲自抓负总责，继续坚持将计划生育工作纳入党政综合工作考核评估，严格执行“一票否决”制度，拟定《关于坚持和完善计划生育目标管理责任制的实施办法》。落实全面二孩政策，2020 年出生人口 9843 人，出生率 7.47‰；死亡 6008 人，死亡率 4.56‰；人口自然增长率 2.91‰。强化计生政策执行力度，全县共办理生育登记 6609 对（其中一孩生育登记 3879 对，二孩生育登记 2730 对），生育登记覆盖面进一步提高。

【宣传教育】 主动加强与各级主流媒体的沟通与对接，2020 年先后在《中国人口报》《四川日报》《大众健康报》《家庭生活报》“四川新闻网”等国家、省市新闻媒体发布宣传资中县卫健工作的文章 403 篇。开展“学习强国”学习平台应用提质工作，2020 年卫健系统“学习强国”学习平台注册人数为 1564 人，活跃度增强、发文质量明显提高，在“学习强国”学习平台发表文章 7 篇。以做好卫健系统宣传工作为契机，组织干部职工深入村（社区）开展“一对一”结对帮扶和“关爱失独家庭”活动 200 余人次，使他们充分感受卫健干部职工的关爱和社会大家庭的温暖。以做好卫健系统宣传工作为契机，在县广播电视台开设了一栏《卫健风采》节目对先进典型进行宣传，确定对尹智等 12 名先进典型进行宣传，节目共计 12 期。

【利益导向】 完善计生利益导向机制，全面落实各项奖励优惠政策。确认奖励扶助对象 9457 名，应享受扶助金 907.87 万元；确认特别扶助对象 1215 名，应享受扶助金 1121.04 万元。确认计划生育手术并发症扶助对象 304 名，应享受扶助金 73.2 万元。确认 2020 年度资中县农村奖励扶助参加城乡医保扶助对象 6675 名，兑付扶助经费 94.85 万元。确认 2020 年度资中县女方49周岁以上独生子女死亡、伤残的家庭参加社会养老保险扶助对象426名，财政代缴养老金19.82万元。

【计生成果】 为符合条件的家庭进行信息采集并全部录入“四川省计划生育特别家庭扶助关怀信息系统”，2020年全县有832户1215人录入该系统，100%的家庭明确“双岗”联系人并进行联系；持续推进重大节假日走访联系慰问，全县有联系扶助关怀对象2400户次，发放慰问金及慰问品折价共计50万余元。全县所有公立医院均开通“计划生育特殊家庭就医绿色通道”，共为420余人次免去一般诊疗费、挂号费；免费体检一次，通知率达100%，共为858名对象进行免费健康体检；开展家庭医生签约工作，共为832户进行家庭医生签约，签约率100%。

【老龄工作】 开展老年健康宣传、老年人艾滋病防治专题培训和敬老月重阳节慰问及系列活动；积极发展老年病诊治、老年病护理的老年病专项医疗服务；发展中医药健康养老服务，在县级医院、卫生院开设中医馆，向老年人提供健康咨询、理疗康复、膳食指导等服务；推行乡村医生与辖区老年人签订医疗卫生服务协议，定期走访服务老年人，上门诊治老年病人。

【职业安全健康监督管理】 搞好食品安全工作，完成食品安全风险监测80例，完成食源性疾病监测368例，完成率102%。搞好职业病防治工作，全年开展职业卫生监督检查155户次，下达监督意见书155份，行政处罚1家；完成职业病危害现状调查84家，完成工作场所职业病危害因素检测27家。

（肖代彬　孙华强　周渝沣）

医疗保障

【概况】 2020年，在县委、县政府的坚强领导下，县医保局认真落实各项安排部署，严格执行医保政策规定，深入推进疫情防控、参保续保、待遇保障、基金监管、药械招采等工作，各项任务圆满完成，人民群众幸福感不断提高。

【疫情防控】 一是拨付资金，减轻垫资压力。疫情暴发后，对全县承担救治任务的定点医疗机构，一次性拨付3个月总控费用7700余万元，确保患者正常享受医疗服务。二是采购物资，维护群众生命安全。协调组织资中县部分医药企业，积极采购口罩，并在全市各县区中首先面向市场投放口罩45900只、赠送500只。三是减税降费，支持企业复工复产。按照省市要求，对资中县453家社会组织减半征收医保费1164.15万元，有力支持企业复工复产。

【基本医疗保险】 资中县是劳务输出大县，受政策规定不得重复参保因素影响，通过全县22个镇摸底核实，参加了异地医疗保险人数达18.97万人，2020年资中县实际应参人数104.05万人，实际参保人数102.4万人，其中城镇职工参保7.2万人，城乡居民参保95.2万人，参保率为98.41%。

【报销比例】 2020年，城镇基本医疗保险一档参保人员发生住院医疗费用20690.61万元，政策范围内15517.99万元，基本医疗支付13004.84万元，补充医疗支付736.24万元，大病支付634.60万元，城镇基本医疗保险一档政策范围内报销比例达87.89%。城乡基本医疗保险二档参保人员发生住院医疗费用115047.30万元，政策范围内费用87185.77万元，基本医疗支付60396.5万元，大病支付5421.75万元，城乡居民政策范围内费用报销比例达75.49%。

【贫困人员居保个人部分代缴】 经多次动态调整，剔除死亡、参军、迁出等因素，2020年年初，资中县贫困人口数为64964人，经过5月、9月和11月3次动态调整，截至12月，代缴建档立卡贫困人口参加城乡居民医疗保险个人缴费

65218 人，代缴资金 1695.67 万元已全部拨付到位，建档立卡贫困人口城乡居民基本医保参保率达到 100%。

【贫困人员政策倾斜】 2020 年，资中县建档立卡贫困人口县域内住院 24389 人次，发生总费用 9133.27 万元，政策范围内费用 8475.77 万元，基本医疗保险报销 7616.58 万元，大病保险报销 306.11 万元，政策范围内医疗费用报销比例 93.5%。

【医疗救助】 一是加强部门协调沟通。医疗救助职能划转至医保局后，细致分析历史救助数据，科学测算，多部门会商，反复沟通，出台新的《资中县城乡医疗救助实施办法》。二是精准识别救助对象。加强信息共享，与扶贫移民局、民政局和各镇人民政府建立信息联动机制。三是规范申报审批程序。救助资金通过"一卡通监管发放平台"发放，确保阳光操作，真正把救助资金发放到困难群众的手中。救助对象在县域内住院时，系统自动识别身份，出院自动计算倾斜支付金额和医疗救助金额，在年度救助限额内救助对象政策范围内个人自付住院费用，救助比例不低于 70%。2020 年，通过一卡通发放住院医疗救助 87 人次，21.58 万元；通过一站式发放住院医疗救助 18107 人次，784.72 万元。

【单行支付药品】 按照《四川省医疗保障局关于完善国家谈判药品和部分高值药品支付管理有关政策的通知》将国家 2019 年谈判新增的雷替曲塞等 28 个药品调入单行支付药品（调整后共 61 个药品）；将国家 2019 常规准入药品中的戈利木单抗等 7 个药品调入高值药品名单，将利妥昔单抗等 4 个药品从原单行支付药品名单调入高值药品名单（调整后共 18 个药品）。使更多的患者享受医保待遇。通过增加药品目录，简化报销程序，提高报销比例，使医保好政策惠广大参保人员。2020 年全年单行支付药品报销共计 2227 人次，报销金额共计 1087.57 万元；高值药报销共计 956 人次，报销金额共计 552.85 万元。

【基金监管】 一是开展打击欺诈骗保专项治理。二是强化基金日常监管。2020 年，处理违规定点医药机构 553 家次，收回违规费用 423.31 万元；处理违约金 39.76 万元；暂停医保刷卡业务 10 家；解除医药机构服务协议 155 家；完成举报、交办线索核查 6 件；上报典型案例 45 起；移交纪委线索 5 条；移送公安机关 1 起。

【药械招采】 2020 年，资中县辖区内 39 个公立医疗机构参加了国家集中采购药品工作，总共采购药品 224.37 万元。其中，第一批次集采签订合同 133 份，采购 17 个品种药品，合同金额 97.57 万元；第二批次集采签订合同 234 份，采购 26 个品种药品，合同金额 39.22 万元。完成约定合同采购量后，各医疗机构根据需用情况对集采药品做了追加采购，一、二批合计追加采购 87.58 万元。另外，县人民医院已开展心脏支架材料采集工作。

（黄鼎峰　曾　鹏）

民政

【概况】 资中县民政局全面贯彻落实中共十九大，十九届四中、五中全会精神和习近平总书记系列重要讲话精神，践行"民政为民，民政爱民"工作理念，在县委、县政府的领导下，深入贯彻省、市民政工作会议精神，全力推动民政工作持续健康发展。全县民政工作坚持稳中求进工作总基调，奋力开创民政事业发展新局面。

【社会救助及福利】 2020 年，民政兜底资金全部通过"一卡通"平台发放，达到规范化、动态化管理。2020 年，全县城市低保 5151 户、8077 人，发放低保金 3625.6 万元；农村低保 18298 户、28151 人（其中将 12235 名符合条件的建档立卡贫困对象纳入低保），发放低保金 7717.502 万元；发放困难残疾人生活补贴104925人次，共1049.25万元；重度残疾人生活补贴243829人次，共计1323.44万元；孤儿及艾滋病儿童生活费发放1264人次，共113.76万元；2020年1月起开始发放事实无人抚养儿童生活费，累计发放708人次，共43.6879万元；福彩圆梦·孤儿助学发放14人，14万元；“明天计划”（孤儿体检）35人，共2.8万元；全县有特困供养人员13168人（分散供养10994人，集中供养2174人），累计发放城乡特困人员供养金8997.13万元，发放价格临时补贴765.27万元。全年救助流浪乞讨人员338人次。扎实开展“寒冬送温暖”“夏季送清凉”活动，发放御寒和清凉物品，保障流浪乞讨人员的基本权益。开展“大爱寻亲 温暖回家”主题救助寻亲专项活动，通过DNA比对、人脸识别等方式甄别滞留人员身份信息，同时利用自媒体拓宽寻亲服务渠道，帮助17名异地滞留资中多年的流浪乞讨人员寻亲回家。集中开展长期滞站生活无着落的流浪乞讨人员落户安置专项行动，经过多方努力，成功为33名无身份信息长期滞留在县救助站的流浪乞讨人员落户到县救助站集体户口，并纳入城镇特困人员供养范围，同时享受医疗保障政策。全县80岁以上高龄老人36352人，累计发放高龄津贴1592.9925万元。为26049人次集中供养特困人员累计发放集中供养护理补贴101.688万元，投入项目资金138.641万元为10971名分散供养特困人员提供生活照料服务。投资674万元，对重龙镇苏家湾敬老院、发轮镇中心敬老院、高楼镇中心敬老院、公民镇广泰敬老院进行适老化改造。

【社会事务管理】 圆满完成全县村级建制调整、村民小组合并、社区建制调整三项重大改革工作。将384个村调减为301个，将66个社区先调增至75个，又再次调减为65个；将3242个村民小组调减为2822个，将825个居民小组调成为777个。作为三项重大工作的牵头部门，县民政局扎实做好领导小组办公室日常工作，确保改革顺利推进。“双调双优”做法得到省委书记彭清华的肯定，《资中县着眼夯实“两个调优”底部支撑 积极稳妥推进村民小组调整优化工作》被省村级建制调整改革领导小组办公室专刊采用。指导全县村级自治组织治理工作。有效治理软弱涣散的村级自治组织，督导村（居）务公开、修订完善村规民约（居民公约）等工作。为113个涉改村（社区）重新颁发自治组织特别法人信用代码证书。开展农村社区建设试点工作。2020年，以“一村一社区”模式，在水南镇干坡村等6个村创建农村社区6个。持续推进社区治理工作，开展示范社区建设创建工作，创建重龙镇文庙社区和水南镇四通社区为市级示范社。扎实做好殡葬工作，精心组织开展清明节群众祭扫活动，取得科学、文明、安全祭扫效果。会同自然资源规划局等部门组织开展“住宅式”“硬化大墓”“活人墓”清理工作。资中殡仪服务中心全面投入使用，完成公墓项目建设选址工作。严格执行《殡葬管理条例》，努力提高火化率。扎实做好地名管理工作，搞好地名命名更名工作，全年共命名更名街道6条；开展不规范地名清理，清理“大洋怪重”地名8条。做好行政区域界线联检工作，完成雁资线和资安线第四轮联合检查工作。组织实施全县乡镇行政区域界线勘测工作，2020年完成实地勘测、三交点界桩埋设、勘界成果上报，编制《资中县行政区划图》《乡镇行政区划图》。

【社会组织管理】 全面加强社会组织管理，有序开展社会组织年检工作，并将社会组织党建纳入登记、年检、评估工作中。启动资中县培育孵化中心建设，全面完成28家行业协会商会脱钩工作，销售福利彩票4020万元，组织社工人才参加社会工作师职业资格考试，积极引导本地社会工作者参与基层民政公共服务，支持做好各级社工服务项目组织实施、配套支持、业务指导工作。引导社会组织参与精准扶贫，4家协会在“双

12”扶贫日自动捐赠 5100 元。推广应用全国志愿服务信息系统，辖区内注册志愿团体 459 个，志愿者数量 19 万余人，指导开展社会工作和志愿服务宣传活动。全县社区、社会组织、社会工作专业人才有机融合、相互促进，“三社联动”的良好态势逐步形成。

【信访】 深入学习贯彻中央和省委关于信访工作决策部署，持续推进信访工作制度改革，巩固信访工作改革成果，切实转变观念，建立形成法治、为民、公正、透明的新型信访工作模式。履行签订信访、维护社会稳定、社会治安综合治理、安全生产目标责任。着力打造“阳光信访”“责任信访”“法治信访”“开放信访”“和谐信访”，深入推进领导接访、下访、约访和包案化解信访突出问题，切实维护群众合法权益。畅通群众信访渠道，抓好初信初访办理，完成民政部网上信访交办、转办的信访事项，继续清理重信重访，切实把信访问题解决在基层、化解在属地，信访事项处理率达 100%。引导群众依法逐级走访，规范民政信访秩序，完善信访事项受理、办理、复查和督查等工作机制，及时解决群众反映的问题。认真开展社会稳定风险评估，对可能产生社会稳定风险的重大决策事项（重大政策、重大改革、重大项目、重大活动等）进行风险评估；继续开展信访积案难案化解活动，社会矛盾纠纷排查率、化解率均达 100%。按要求及时上报信访情况，省厅的督办件及时回复率 100%，按时完成市局交办的其他信访事项、安全生产工作。

【慈善事业】 慈善事业成绩显著，全年接受用于新冠肺炎疫情防控捐款 451.7 万元，物资 339101 件折价约 209.2 万元。资助贫困学生 102 名，资助金额达 33.8 万元，其中：推荐给省级资助 27 名，资助金额为 11.3 万元；县级资助 75 名，资助金额为 22.5 万元。

（陈　军　黄　艳）

镇域

重龙镇

【基本情况】 重龙镇位于县城沱江北部（老城区），北纬29°46′，东经104°51′，与水南、归德、双龙、马鞍、狮子、太平、银山、明心寺镇和东兴区的富溪镇相邻。镇政府驻后西街127号。全镇辖区面积113平方千米，耕地59454亩，其中原苏家湾森林覆盖率29.8%，重龙森林覆盖率23.1%。镇地处浅丘，西高东低。土壤有水稻土、大板泥、二泥土、紫黄泥土、黄沙土、石骨子土、灰泥土。有水库11座，其中小（1）型3座（乌龟山、双河口、土地桥）、小（2）型8座（叫花岩、团结、红旗、狮子山、高屋基、鲤鱼坡、菩萨岩、人和寨）。镇辖14个行政村（杨柳滩、大垭、兴隆场、大鱼箭、七根松、天宝寨、茯苓、茅庵、龙马、濛溪口、法王寺、宁国寺、文峰、官斗），117个村民小组，15个社区（文江、苏家湾、泥巴湾、西外、西街、后西、文庙、小东、城东、东林、千弓堰、天才坝、罗汉洞、谷田坝、醮坛山），225个居民小组。全镇年末总人口124671人（其中城镇居民53929人），总户数49245户。2020年，全镇出生1027人，死亡655人，人口自然增长率2.83%。辖区内有个体工商户5124户。财政一般预算收入43.6万元，农村居民人均可支配收入18427元；劳务输出22821人次。

【村级建制调整改革】 运用“三抓三促”开展村（社区）建制调整改革工作，全镇37个村（社区）调整优化为29个村（社区），减幅达22%，调整优化7个城市社区服务范围，促进资源配置更加合理。其中，万安村第4、5、6、7村民小组和兴隆场村合并为兴隆场村；万安村第1、2、3、8、9、10村民小组，桐江村第5、6、7、8村民小组和苏家湾社区合并为苏家湾社区；泥巴湾村和桐江村第1、2、3、4村民小组合并为泥巴湾社区；尖峰村和文江场社区合并为文江社区；杨柳滩村和红庙村第1、2、3村民小组合并为杨柳滩村；大垭村和红庙村第4、5、6、7、8村民小组合并为大垭村；罗汉洞村和芋子田村合并为罗汉洞社区；文庙口村改为文庙口社区；醮坛山村改为醮坛山社区；歇山庙村改为歇山庙社区；香炉山村改为香炉山社区。

【农业】 2020年，全镇水稻播种面积11885.9亩，玉米种植39709.1亩；新增农机8台，有农业专业合作社26个。种植：全年粮食总产量34743.8吨，其中水稻6061.8吨、玉米15010吨、红苕8419.8吨、豆类等杂粮4036吨；经济油料作物

4551.2 吨，其中油菜籽 2430 吨、花生 2121.2 吨。养殖：全镇生猪出栏 50436 头、存栏 36753 头，母猪存栏 3960 头；牛出栏 103 头，存栏 520 头；羊出栏 10221 只、存栏 7205 只；小家禽出栏 638088 只、存栏 191981 只。地力保护补贴面积 46991 亩，退耕还林补贴 160332 元。

【工商企业】 2020 年，全镇工商企业总数 594 户，其中规模以上、主要工商业 13 户。分别为资中华润燃气有限公司，主要业务为燃气供应；四川永久畜牧药业有限公司，主要业务为兽药生产；资中县船城供排水有限责任公司，主要业务为自来水供应；四川忠伟铁马水电有限公司，主要业务为电力生产；资中县科华电器有限责任公司，主要业务为电器零售；资中县正才电器有限公司，主要业务为电器零售；资中县成渝摩托销售有限公司，主要业务为摩托车零售；内江市康安民爆物品有限公司，主要业务为炸药批发；四川天赐万兴商贸有限公司，主要业务为水泥批发；四川省中恒鸿和贸易有限责任公司，主要业务为水泥批发；资中县高邦石英砂有限责任公司，主要业务为碎石批发；资中县济安堂大药房有限公司，主要业务为药品零售；四川省迪威药业有限责任公司，主要业务为药品生产。

【旅游业】 全镇旅游景点有全国重点文物保护单位文庙、武庙、重龙山摩崖造像，国家 AA 级风景名胜区重龙山风景名胜区，省级文物保护单位西蜀名刹永庆寺，杨柳滩沱江新画廊影视基地等。2020 年，旅游业总收入 2498 万元。

【基础设施】 2020 年，全镇改建公路 3.8 千米。公路总里程 369.45 千米，其中县道 26.45 千米，村道 343 千米。

【社会事业】 教育：重龙镇共有小学 12 所（重龙镇中心校、红光路小学、西街小学、谷田小学、香炉山小学、永宁小学、文江小学、苏家湾中心校、茅庵小学、龙马小学、濛溪口小学、报恩小学），在校生 7675 人，教职工 469 人。其中重龙镇中心校在校生 2133 人、教职工 108 人，红光路小学在校生 1568 人、教职工 81 人，西街小学在校生 1458 人、教职工 76 人，谷田小学在校生 312 人、教职工 24 人，香炉山小学在校生 280 人、教职工 20 人，永宁小学在校生 149 人、教职工 14 人，文江小学在校生 169 人、教职工 18 人，苏家湾中心校在校生 1287 人、教职工 76 人，茅庵小学在校生 91 人、教职工 15 人，龙马小学在校生 53 人、教职工 11 人，濛溪口小学在校生 20 人、教职工 9 人，报恩小学在校生 155 人、教职工 17 人。有幼儿园 9 所（重龙镇第一、第二、第三、第五、第六幼儿园，苏家湾幼儿园，晓霞幼儿园，俊林幼儿园，鑫星幼儿园），在园幼儿 2727 人，教职工 190 人。其中重龙镇第一幼儿园在园幼儿 592 人、教职工 34 人，重龙镇第二幼儿园在园幼儿 741 人、教职工 40 人，重龙镇第三幼儿园在园幼儿 618 人、教职工 38 人，重龙镇第五幼儿园在园幼儿 188 人、教职工 20 人，重龙镇第六幼儿园在园幼儿 204 人、教职工 29 人；苏家湾幼儿园在园幼儿 153 人、教职工 7 人，晓霞幼儿园在园幼儿 54 人、教职工 6 人，俊林幼儿园在园幼儿 80 人、教职工 6 人，鑫星幼儿园在园幼儿 97 人、教职工 10 人。医疗卫生：有卫生院 2 所，职工 124 人（其中各类卫生技术人员 101 人、工勤人员 20 人），有 X 光机 1 台、DR1 台、彩超机 2 台、B 超机 3 台、心电图仪 2 台、脑血流图机 2 台、3 分类血球计数分析仪 2 台、全自动生化分析仪等医疗设备，床位 110 张，2020 年业务收入 1406.88 万元，处理门（急）诊病人 82843 人次，住院治疗 3116 人次，辅助检查 41658 人次；村卫生室 60 个；个体诊所 36 个。全镇新建健康档案 1800 份，管理慢性病人 10976 人次、精神病人 615 人次、孕（产）妇 729 人次，预防接种国家规定疫苗 13993 人次，65 岁以上老年人健康检查 9602 人。社会保障：全镇残疾人 5839 人，实施“阳光家园计划”，为重度残疾人发放护理补贴（一级 326 人，每月每人 80 元，二级 2644 人，每月每人 50 元，三级 48 人，每月每人 20 元）；城乡居民参保人数（覆盖人数）35630 人，城乡居民保险新增参保 1108 人；城乡居民基本养老保险高档次参保完成 1052 人；城乡居民基本养老保险待遇追收目标任务比例达到 76%；落实城乡居民基本养老保险待遇 12736 人；代缴贫困人口、低保对象、特困人员等困难群体城乡居民基本养老保险个人缴费 6079 名。新征地农转非人员参加社保 1842 名已于 2020 年基本办理完毕。困难救助：慈善助学资助 1 名高中毕业生上大学，栋梁工程资助 36 名学生上大学，残联助学资助 31 名残疾生上大学；临时救助困难群众 15 户，救助金额 46200 元。培训与就业：创业担保贷款 747 万元；促进高校毕业生实现创业人数 7 人；脱贫能人创业培训 73 人；大篷车巡回培训 240 人；完成四川省农民工服务平台建设任务。完成城镇新增就业 1054 人。

【环境综合治理】 落实清扫保洁制度，清理、清运垃圾 19470 吨，街道、居民楼无“牛皮癣”，无乱扔烟头、纸屑、果皮现象。加强场镇垃圾收集设施日常维护管理，文江社区、苏家湾社区要求垃圾收集设施无破损、无焚烧痕迹，无垃圾爆库外溢现象。通过西外社区等 32 个村（社区）的努力，全镇做到了排水沟通畅，无污水外溢，无卫生死角存在；南门口渡口等公共场所卫生整洁。规范农贸市场管理，合理设置市场功能分区；加强市场升级改造。资中县文庙口商贸市场、七贤街农贸市场、西门口农贸市场、东林新城农贸市场等在疫情防控期间每天及时消毒，保障各市场正常流通，保障广大人民群众放心舒心购物。在西外社区、文庙社区、小东社区、后西社区、东林社区、城东社区、西街社区等 7 个城市社区规范设置广告张贴栏、店铺招牌及宣传横幅。文江社区、苏家湾社区等通过社区干部的共同努力，完善场镇交通标志标线规划。主要街道坐商规店，合理规划设置临时摊区。镇综合行政执法办每月进行控违拆违巡查，发现乱搭乱建、撑杆搭棚一处，及时处理一处。场镇施工工地规范作业，运输车辆无抛撒滴漏等乱象。

（钟世能　刘治昊）

水南镇

【基本情况】 水南镇位于县城沱江南部，北纬 29°46′，东经 104°50′，东与明心寺镇接壤，南与公民镇、新桥镇接壤，西与归德镇、鱼溪镇接壤，北与重龙镇隔河相望，是县委、县政府所在地。镇政府驻苌弘大道人和街 1 号。全镇辖区面积 80.26 平方千米，集镇建成面积 11.16 平方千米（其中资中经济开发区 8.66 平方千米、板栗椏 0.03 平方千米），耕地 37772 亩，森林 23292.3 亩，森林覆盖率 19.34%。西北高、东南低，属浅丘中谷地貌，最高点为高庙子，海拔 450 米，浅丘土地面积 25.18 平方千米，矿产有青砂石、页岩、河沙、土陶泥。土壤有灰棕紫泥土、小黄泥土、大眼泥、潮沙泥、暗紫泥土、冷黄沙泥土等。土壤有潮砂泥、小黄泥、小沙泥、大眼泥、灰棕紫砂泥土和沙黄泥土等。总户籍人口 118046 人（农业人口 62513 人、农业户数 18810 户、劳动力 34596 人、外出务工人员 23889 人、非农业人口 55533 人、非农户数 22511 户、常住人口 152022 人），符合政策生育的人口 1384 人，人口自然增长率 3.25‰。财政一般预算收入 88.4 万元。劳务输出 23889 人，劳务收入 7.17 亿元。实现旅游收入 10023 万元。

【村级建制调整改革】 调整改革前，镇辖 19 个行政村（内坊冲村、奉安村、乘家村、姊妹桥村、凉水井村、河联坝村、瓦窑坝村、钎子坟村、板桥村、高山村、板栗椏村、沱江村、金华村、郑家沟村、窑山村、干坡村、青山村、太阳河村、园坝子村)、10个社区(四通社区、人和社区、水南社区、武陵社区、笔坛社区、倒石桥社区、砚台社区、大石桥社区、长山社区、板栗椏社区)。2020年5月，水南镇进行村级建制调整改革：将板桥村和高山村合并为板桥村；将内坊冲村改为内坊冲社区；将瓦窑坝村改为瓦窑坝社区；将奉安村改为奉安社区；将乘家村和倒石桥社区合并为倒石桥社区；将板栗椏村和板栗椏社区合并为板栗椏社区；对砚台、笔坛两个超大社区进行分解，新增凤凰社区；将大石桥村和笔坛社区部分版图合并为大石桥社区。11月，将奉安社区1—6社和长山社区合并为长山社区，将奉安社区7社、8社、9社和倒石桥社区合并为奉安社区。调整改革后，镇辖13个行政村(姊妹桥村、凉水井村、河联坝村、钎子坟村、板桥村、沱江村、金华村、郑家沟村、窑山村、干坡村、青山村、太阳河村、园坝子村)共114个村民小组，辖13个社区(四通社区、人和社区、水南社区、武陵社区、笔坛社区、砚台社区、大石桥社区、长山社区、板栗椏社区、凤凰社区、奉安社区、内坊冲社区、瓦窑坝社区)共147个居民小组。

【农业】 2020年，全镇粮食总产量21660.90吨，其中水稻12383.4亩，产量6715.03吨；玉米15606亩,产量7109.12吨；红薯面积18824亩,产量4822.71吨；马铃薯3500亩,产量1015.55吨；豆类面积11290亩，产量1971.62吨，其中大豆8364.10亩，产量1450.29吨，其他豆类2925.9亩，产量521.33吨；油菜籽11431.70亩，产量1771.93吨；花生4155.42亩，产量914.2吨；蔬菜面积5888.31亩、产量10874.11吨，果用瓜面积15.1亩、产量37.75吨,草莓10亩、产量1.2吨。生猪出栏3.6万头，大牲畜64头，山羊7213只，鸡、鸭、鹅累计出栏54.45万只，兔18.8万只；水产品年产量1712吨,全年能繁母猪投保103户，投保数量246头，保费22140元；育肥猪投保21户，投保数量489头，保费21516元；全年发放耕地地力补贴29964.75亩、3408518.54万元，稻谷补贴9001.43亩、51.30万元，农机购置补贴3.81万元。

调整农业产业结构，2020年全镇土地流转403.1亩，有2宗土地共270亩进入内江市产权交易中心资中分中心进行挂牌交易；全镇农民专业合作组织27个，其中种植业8个、水产业2个、养殖业17个，涉及花木、苗圃、水果、林木、桑树、山羊、生猪、肉牛、鸡、水产品等。家庭农场46个，其中：种植业30个，面积2231亩，主要种植香橘、超晚熟蜜柚、资中血橙等；水产养殖业3个，面积108亩，主要有泥鳅、龙虾、各种鱼；畜牧业13个。

【工业】 2020年，水南镇规模以上工业企业12户，完成总产值85715.9万元。四川川虎鬃业有限公司产值完成3394万元；资中县兴资建材有限责任公司产值完成29692万元；资中县四通包装有限公司产值完成2057万元；四川省水电投资经营集团资中龙源电力产值完成14024万元；四川省资中县恒生机械产值完成3333万元；四川宏达玻璃有限公司产值完成2109万元；中建材(内江)玻璃高新技术有限公司产值完成10837万元；四川润生源饮料有限公司产值完成8426万元；四川希迈汽配有限公司产值完成2862万元；资中县磊源建材有限公司产值完成4081万元；资中县高新塑料制品有限责任公司产值完成2000.1万元；资中县圆润排水有限公司产值完成2900.8万元。2020年退出规模以上工业企业2户(四川省福元肉类食品有限公司，四川省沁霖食品有限公司)。

【环境综合治理】 开展城乡环境综合治理，在各村(社区)组织宣传活动5次，组织宣传人员400人次。制作宣传标语32幅、大型广告牌8幅，印发宣传单18000份，分别发放到辖区各村（社区）、居民楼、学校，镇域居民知晓率达89%。清理各村（社区）卫生死角20处，购买垃圾车3辆，租用大型铲车4次，清理垃圾150余吨，投入人力180人次，清理“牛皮癣”广告2000余条，整治街面撑杆搭棚、占道经营70余处，规范广告牌60余个，清运垃圾2700余吨。新建垃圾池15个、垃圾房12个，新增垃圾箱34个。2020年城管办日常检查90余次，发现问题55处，并及时通知各村（社区）立即整改，确保环境卫生保持在良好状态。各村（社区）合计清扫面积200余万平方米，疏通污水沟10余处200多米，清理外漏沼气池5个。劝导不文明行为420余人次。全年累计投入经费120万余元。

【新冠肺炎疫情防控】 对42783户17万余人进行3轮摸排（第一轮摸排湖北返乡人员796人，第二轮摸排市外返资人员5754人，第三轮川外及中高风险、境外人员8756人）；坚持以“村子为战吃场”“小区为战场”，开展“镇党委+社区干部+网格员+楼栋长”四级防控管服，及时摸排人员信息；对中高风险地区和境外返资的3758人落实“341”管服。加强重点场所管理，社区细分为81个工作网格，对格内的交通站点、商场超市、餐饮场所、福利养老机构、学校医院等重点场所开展督促。同时，加强镇政府、村（社区）办公阵地的日常防控。结合大数据反馈，累计排查重点人员903人，建立完善信息管理台账。落实管控机制落实，组织村（社区）干部、网格员、乡村医生、党员代表、村民代表等组成志愿服务队，为中高风险地区和境外返资的3718人提供法律服务、生活服务、心理辅导服务和医疗服务。加大宣传力度，出动各类宣传车辆75台，累计张贴发放各类宣传资料9万余份，流动播放LED疫情防控宣传标语7800余条，发动群众主动举报抗拒疫情防控措施、哄抬物价等违法犯罪行为。封闭式管理到位。成立疫情防控临时党支部28个，组织党员干部、社会志愿者、县直机关干部对全镇疫情防控重要卡点、体温监测服务点严防死守，规范登记进出车辆、人员信息，严格筛查外来人员，有效控制传染源，切断传播途径。复工复产推进到位。组织农民工服务中心、社区、卫生院等单位为30663名外出务工和返岗农民工提供行前健康服务。

【脱贫攻坚】 村级建制调整后，水南镇有贫困户的村（社区）20个，其中贫困村5个，金华村、干坡村、板桥村于2016年退出贫困村；河联坝村、沱江村于2017年退出贫困村。经过历年动态调整，有贫困人口1394户3971人，其中异地搬迁户4户，边缘户、易致贫户16户，脱贫不稳定户1户，均于2020年达到脱贫标准。财政扶贫：2016—2020年，全镇财政扶贫资金项目共121个，财政补助资金2555.66万元，均完成建设任务。脱贫成效：一是住房安全达标。累计实施危房改造建设507户，其中C级危房改造90户、D级危房改造413户，易地扶贫搬迁4户，实现贫困户住房安全。二是建档立卡贫困人口收入持续增收。全镇有劳动力的贫困人口数2058人，外出务工人数1333人，2020年贫困人口年人均纯收入较2019年增长358元。三是产业发展持续发力。累计发放土鸡、大耳白兔、川中黑山羊、土鹅等畜禽9万余只，栽种血橙、大雅等柑橘苗2000余亩。四是基础设施保障有力。新建硬化路3.794千米，新建便民路3千米，整治山坪塘3口。五是集体经济持续增长。产业扶持周转金250万元，用于专门发展贫困村集体经济；资产收益项目4个，资金投入310万元，新建高位水产养殖池45个，水果气调库、兔场、果品包装中心各1个，贫困村集体经济收入人均达81元，已全部到账并完成分红。

【重点项目】 征地拆迁：水南镇2020年完成征地拆迁土地1500余亩，涉及拆迁户1000余户。远达东侧地块，涉及原长山村7社、8社和原奉安村2社、4社，共计555.588亩，拆迁户120户；

西干道南2号地块，涉及原李五沟村2社和瓦窑坝村4社，共计71.45亩，拆迁户75户；西干道南3号地块,涉及原李五沟村1社和瓦窑坝村4社,共计41.29亩,拆迁户78户；物流园扩大地块（共同管业），涉及原大石桥村8社，共计128.42亩，拆迁户8户。西干道北1号地块，涉及原李五沟村2社和瓦窑坝村4社，共计38.60亩，拆迁户129户。西干道南4号地块,涉及原李五沟村1社、2社，共计47.71亩，拆迁户113户。西干道南5号地块（道路部分），涉及原李五沟村1社、2社和瓦窑坝村4社，共计20.56亩。新发地二期及增加地块，涉及原大石桥村2社、3社、4社，共计227亩，拆迁户60余户。西干道二期，涉及原花香村4社、5社,共计252亩,拆迁户97户。和鸣大道西沿线地块，涉及约22亩；凤凰公园，涉及55.23亩；五陵井风貌改造一期，涉及约25亩；棚户区改造一丝厂一片区项目，涉及261户。滨江和喜望江名门项目，征地10余亩；板栗屠宰场项目征地12.7亩；殡仪馆地块，涉及原板栗桠社区，共计37.8亩，70余户；板栗农贸市场地块，共计23亩；板栗加油站地块，共计3.7亩；西干道市政道路建设，涉及内坊冲社区、瓦窑坝社区1.4千米。征地拍卖地4宗：远达东侧地块，涉及原长山村7、8社和原奉安村2、4社，共计555.588亩；西干道南2号地块，涉及原李五沟村2社和瓦窑坝村4社，共计71.45亩；西干道南3号地块,涉及原李五沟村1社和瓦窑坝村4社，共计41.29亩；物流园扩大地块（共同管业），涉及原大石桥村8社，共计128.42亩。

【基础设施】 交通：截至2020年12月，全镇村级公路总里程275.3千米，其中水泥硬化路面139.894千米、泥结碎石路面（含无路面公路）135.406千米。新建水泥硬化路3.794千米（其中青山村3.524千米、姊妹桥村0.27千米），新建便民路3千米。水利：全镇有水库6座，总库容273.39万立方米。其中：小（1）型水库1座（马家坡水库），总库容122.79万立方米；小（2）型水库5座：七〇水库总库容61.61万立方米，胡家寺水库总库容21万立方米，新华水库总库容21.8万立方米，红旗水库总库容11万立方米，偏岩洞水库总库容35.19万立方米。2020年维修山坪塘3口；对七〇水库渠道进行维护和清淤渠道100米；解除马家坡水库的养鱼承包合同。

【社会事业】 教育：全镇有小学8所（水南镇中心学校、吴仲良第五小学、水南镇板桥小学、水南镇凉水井小学、水南镇苌弘小学、水南镇实验小学、板栗桠中心校、红花小学），省一级示范性普通高中1所（资中二中），市级重点职中1所（水南职中），普通中学1所（资中四中）。全镇学校占地面积247289.8平方米，图书室藏书47万册，学校教职工1270人，其中专任教师1184人；小学校长8人，幼儿园园长3人；在校小学生6038人，中学生11890人；中小学校园设施、教室、行政用房、厕所设施达标。全镇公办幼儿园4所（水南镇第一幼儿园、水南镇第二幼儿园、水南镇板栗桠中心幼儿园、水南镇红花小学附设幼儿班），员工114人，入园幼儿1397人；私立幼儿园23所，员工292人，入园幼儿3845人。2020年小学毕业班学生1336人，全科合格人数1336人，合格率100%。2020年资助学前教育阶段学生1178人，金额65.76万元（其中公办393人、民办785人）；全镇教职工捐款1096人次、捐款额5.68万元，学生捐款13874人次、捐款额27.75万元，共计33.43万元；全年资助学生国家助学金198.92万元，资助贫困学生1930人。国家资助中职学生612人次、金额49.55万元，资助贫困教职工40人、金额2.92万元；资助贫困学生479人、金额13.36万元，资助师生394人、金额16.28万元。

医疗卫生：卫生院2所（水南镇卫生院、板栗卫生院），职工118人（包括社区医院）；村卫生室52个，从业人员57人；私人诊所68

个，从业人员197人。建立居民电子健康档案102183份，设立健康宣传栏43个，制发宣传资料20种共计45300余份，开展健康知识讲座327次，参与健康知识讲座8653人次。完成预防接种42689剂次，完成学生体检28181人次。健康管理孕产妇1384人，6岁以下儿童8022人、3岁以下儿童4552人；健康管理登记65岁以上老年人8012人、高血压患者5042人、糖尿病患者2456人。积极开展新冠肺炎疫情防控工作，为外出务工人员开具健康申报证明27300余份，协助卫生部门开展返乡人员居家观察3718人次，免费发放疫情防控中药大锅汤10299人次。

社会保障：居民参保人数15214人，2020年完成7244人，到龄领取人数6838人。农村低保455户，751人，新增16户，21人，取消20户，32人，降标18户，18人；城镇低保1684户，2954人，新增73户，140人，调标33户，21人，取消147户，272人，降标63户，64人。有特困人员711人，其中敬老院集中供养72人，院外发放救助金每人每月546元，院内发放救助金每人每月546元；新增重度残疾人护理补贴70人，取消51人，在册重度残疾人2139人，全年发放护理补贴1354030元；发放低保残疾困难生活救助84.75万元，为36人提供残疾人辅助器具，假肢装配2人，资助残疾家庭学生19人，为136名残疾人办理灵活就业创业直补，共发放补贴资金128200元。分散养育孤儿3人，每月发放救助金2700元；新增事实无人抚养儿童1人，每月发放465元。享受精简退职职工救济金24人，每月发放4800元。慈善帮困助学资助学生8人,发放24000元。栋梁工程资助学生37人，111000元。办理特别困难救助2人,共计2000元；临时生活救助59户，共计14.62万元。为全镇3280名失能老人、特困老人提供居家养老服务，发放高龄补贴2911人。完成城乡居民基本医疗保障覆盖85782人，城镇新增就业1000人，城镇失业人员再就业480人，落实城乡居民基本养老保障待遇10060人。

文广体新：累计接待借阅图书8002人次、绿色上网206人次、多功能厅排练演出420人次。开展社区文化活动112场，开展文明城市创建文艺活动、迎新春文艺活动、城镇医保宣传文艺活动等群众文化活动13次；全面完成地面无线数字电视“户户通”建设任务和广播“村村响”筹备、安装任务。在水南综合文化站打造群众性文化体育活动场所，成立艺术团、秧歌队、腰鼓队、书画协会等艺术团队。落实体育场地维修经费1万元，文体活动补助12000元，常年开展乒乓球、羽毛球、拔河、跳绳、跳高、铅球、健身操、短跑等群众体育活动,在13个村开展“送文化下乡”活动。圆满完成省、市下达的农民健身工程和其他建设任务及社会体育指导员培训任务。建立文物保护专项管理制度。开展网吧文明检查12次。

（杨　靖　曹伟明）

明心寺镇

【基本情况】 明心寺镇位于县城东南，沱江南岸，北纬29°36′21″～29°39′13″，东经104°30′10″～104°32′09″，东邻银山镇，西与水南镇接壤，南连公民镇，北靠重龙镇。镇政府驻茅店子村3组（瓦店子），距县城8千米。镇域面积37平方千米，集镇建成面积0.54平方千米，耕地面积16140亩。西北略高于东南，属浅中丘中宽谷地貌，海拔最高点646米（老寨子山），最低点328米（新塘坊沱江河面）。土壤为水稻土、沙黄泥土、黄泥土、暗紫泥土、冷沙黄泥土。矿产主要有砂石、页岩。镇辖9个行政村（宜古寺、莲池铺、茅店子、唐明渡、黄泥埂、明心坝、油坊山、土墙堰、老寨子）、74个村民小组，1个社区（川硫）、16个居民小组。全镇年末总人口32176人（其中城镇居民3891人），总户数11398户。2020年，镇本级公共财政预算收入46.4万元；农民人均可支配收入15795元；劳务输出12000人，收入1.8亿元以上。

【村级建制调整改革】 通过深入调研、广泛征求意见、村民会议决议、专家认证、风险评估、合法性审查等，按照“调优、调强、调大”的原则，高质量完成村级、社区建制调整改革，将田坝村、万福社区并入川硫社区，行政村从10个调整为9个，社区从2个调整为1个，选优配强村（社区）“两委”干部16人，实现“一肩挑”9人，完成率100%。

【农业】 种植：粮食总产量10824吨（其中小春面积1921亩、产量455吨，大春面积24401亩、产量10369吨）；主要经济作物总产2681吨（其中油菜产量1306吨，甘蔗产量1170吨，花生产量205吨）。养殖：生猪出栏1.8万头，家禽出栏30.05万只。全年粮食补贴7774户，14162.04亩，共计161.09万元，其中水稻补贴2345户，4624.49亩，共计26.36万元。2016—2020年脱贫攻坚涉及的10个方面，130个问题全部整改到位，完成上级全覆盖验收并合格。大力实施乡村振兴，加快推进农业农村现代化。全镇流转土地6000余亩，发展柑橘等特色产业5000余亩，稻鱼养殖1000余亩，带动周边群众就业6000余人次，人均增收2000元。紧紧围绕“农业增效，农民增收，农村繁荣”，加快乡村振兴“1+7+N”规划，依托“三园互动”融合区、现代农业产业园核心区优势，打造乡村振兴“两区两带”示范项目，积极培养新型农业经营主体，新增一批农业产业化龙头企业、农民专业合作社、家庭农场，带动经济发展。

【工业】 2020年，全镇有工商企业42户，总产值31750万元。其中规模以上企业1户（四川蜀畅达肉类食品有限责任公司），为生畜屠宰业，实现工业产值30609万元。

【招商引资】 2020年引进外商项目1个（资中县明欣园种植农民专业合作社），引进资金1100万元。项目已通过县相关部门的验收。

【基础设施】 2020年，镇境内有国道7.5千米，高速公路4.5千米，乡村公路150.68千米，其中水泥路97.878千米（新增3.5米宽水泥硬化公路5.968千米）；有公共汽车站1个，公共交通日发客运汽车56班次，日均容量1000余人次；成渝铁路在茅店子设货运站1个。水利：沱江在镇境内流长19千米，流域面积95平方千米；有水库3座，其中小（1）型1座（老寨子）、小（2）型2座（黄泥埂、龙山庙），总库容880.94万立方米。供水：新增县城区管网城北供水工程的水球墨管网工程47000米，其中铸铁暗管直径600毫米的2500米，直径110毫米的2200米。新修公共厕所10所，占地面积共366.8平方米。供气：天然气覆盖1个社区和20个自然村（原老村）。全镇9个行政村、1个社区均通电、广播、电话和有线电视。

【社会事业】 教育：2020年，全镇有中小学校4所（初中1所，小学3所），在校初中生544人，小学生1508人，教师147人；有幼儿园6所（其中公办1所），在园幼儿568人。医疗卫生：镇卫生院1所，医生11人，护士7人，床位48张；参加城乡居民基本医疗保险27490人，医疗补助33户，金额62500元。社会保障：敬老院1所（万福敬老院1650平方米），院内供养特困人员46人；参加城乡居民社会养老保险15420人，其中60周岁以上领取养老保险金4970人；城镇享受最低生活保障338人，农村969人。加强外出务工人员服务和管理，开展远程教育培训340次，培养农村家庭能人2580人，培训农民工590人次，培训下岗失业人员146人次，实现再就业590人（包括失业再就业人员160人）。

【综合整治】 持续推进、信访维稳工作，结合线索有效开展行业乱象治安乱点整治工作，将打击黑恶势力进行到底。一是做好信访接待、核查、回复等工作，2020年化解矛盾纠纷852件次；二是加强重点人员的管控，严格按照“五个一”要求成立专班，制定管控方案以及应急预案，确保在发生重大信访案件时能够及时、高效、有序地处理；三是广泛收集问题、意见，采取入户走访、集中座谈等形式，收集问题26个，协调解决问题26个，为人民群众创造了一个稳定和谐的社会环境。

（钟华大　程　鑫　陈建业）

银山镇

【基本情况】 银山镇位于县城东南、沱江南岸，北纬29°41′09″，东经104°59′04″，东界内江市东兴区富溪镇、市中区史家镇，南连市中区全安镇，西邻公民镇，北接明心寺镇、重龙镇。镇政府驻老上街109号，距县城15.6千米。辖区面积81.31平方千米，镇区建成面积3.5平方千米（其中镇中心区1.2平方千米，开发区2.3平方千米），耕地47389.9亩，退耕还林5244.7亩（森林覆盖率36.59%）。成渝铁路、厦蓉高速公路和321国道穿镇而过。镇东北部较高，中部和西部略低，属浅丘中谷地貌，海拔最高点421米，最低点298米。自然资源有天然气、豆元石、河沙、石料、沙金等。土壤以大泥为主，水以沱江水系为主。是“全国小城镇建设示范镇”“四川省科技示范镇”“四川省社会治安综合治理示范镇”“四川省文化先进镇”“四川省‘百镇示范行动’试点镇”、四川省和谐社区示范街道（镇），全国重点镇。镇辖13个行政村（杨柳坳村、张家寺村、金紫铺村、岗石村、大石村、大联村、古井村、双塘坊村、碾子湾村、观音寺村、狮子岭村、黄莲树村、六角嘴村）、132个村民组，4个社区（银磷社区、平安寨社区、铜锣社区、朱家场社区）、67个居民小组。全镇年末总人口61241人（其中城镇居民10936人），总户数27362户。2020年，全镇出生405人，死亡34人 。镇本级公共财政预算收入32.80万元。农民人均可支配收入25613元；劳务输出15800人，劳务收入2.8亿元；全社会固定资产投资完成5586万元，招商引资到位域外资金3200万元。

【村级建制调整改革】 将瓦厂沟村并入杨柳坳村，大兴和村并入张家寺村，姜家沟村与高坡村合并为大联村，铜锣村改为铜锣社区，老场村改为朱家场社区，民主社区、保卫社区、和平社区、团结社区并入银磷社区。调整改革后，镇辖13个村、132个村民组，4个社区、67个居民组。

【农业】 产业发展：省级财政农业改革创新科技示范奖补、果渔循环产业、玖实花椒种植基地建设、宇晨血橙种植园以及好口碑血橙园等项目持续推进，投资623.7万元建设资中县中药材标准化种植示范基地，投资2000万元用于银鑫园4万头生猪标准化规模养殖场建设，投资2.73亿元推动旺康农业产业项目进一步发展，促使农业经济结构进一步优化，全年完成农业增加值27454.57万元，比2019年增加4.68%。种植：2020年粮食作物以玉米、水稻、红苕为主，总产量3.63万吨（其中：玉米17696吨，水稻6898吨，豆类1348吨，薯类10360吨）；经济作物主要有油菜籽、花生、水果、蔬菜，总产量3.08万吨。养殖：全年生猪出栏3.36万头，小家禽出栏36.8万只，兔出栏16.46万只，水产品产量1277吨。农民人均纯收入2.56万元，增速11.5%。

【现代农业示范园区】 创建现代农业产业园区，围绕全县“15815”园区培育思路，全镇规划建设各级各类现代农业产业园14个，2020年集中连片发展血橙2万亩，青花椒1万亩；特种水产650亩，年产资中鲶鱼、鲈鱼等150万千克。打造中国“橙堡鱼乡”融合发展示范园，采取“种

养循环 + 产业融合”的模式，发展血橙标准化种植与高密度渔业产业。扎实开展全域旅游，成功举办血橙采摘节，万亩血橙主题公园、资中县天府智慧农业生态园等景区建设稳步推进。2020年，中国“橙堡鱼乡”融合发展示范园景区打造完成，实现“青山挂金果、绿水跃银鱼”的美好景象，成为广大群众休闲娱乐、采摘度假、观光旅游新坐标。

【工商业】 工业：2020 年，镇有规模以上企业 5 户，职工 689 人，实现工业总产值 31 亿元。其中：资中鸿展工业有限责任公司是西南最大的酒精生产基地、四川省重点农业产业化龙头企业，产品（特优食用酒精）销往省内外，实现产值 300497 万元；资中县宏和丝绸有限责任公司生产的“双宫丝”“白厂丝”（桑蚕丝）远销欧美及东南亚地区，实现产值 2381 万元；资中县亚泰纸业有限公司主要生产纸制品，实现产值 2455 万元；资中县澳特气体有限公司，实现产值 2168 万元。商业：全镇有商业网点 1 个，城乡集贸市场 3 个，餐饮美食 110 家，其他服务业 119 户，商户从业人员 149 人，乡村从业人员 28513 人。

【小城镇建设】 2020 年，银山镇以“五清”工作为突破口，彻底改变城乡环境脏乱差面貌。全镇 13 个行政村建有垃圾堆放点（垃圾房、池、库、桶、箱等）189 个，覆盖率 100%，3000 平方米场镇垃圾中转站已投入使用。和各店铺签订“门前双五包”协议，清理沟渠、河库环境卫生 700 余处，清理道路旁卫生 600 余起，清除广告 100 余处，清扫背街小巷道路 10 余条；清理 321 国道边堵塞水沟 900 米，清理主要道路 9 条，约 30 千米；清理铁路沿线陈年垃圾约 30 吨；督促危房改造 56 户。推进落实“厕所革命”工作，全镇村改厕基数 9049 户，2020 年整村推进厕所革命示范村已验收。畜禽粪污收集率、粪污处理设施设备配套率均达 100%，大大提高了镇村人居环境整洁舒适度。继续完善公共基础设施，农村建房 140 户，新建场镇公共厕所 1 座、村公共厕所 20 个，新建垃圾中转站 1 座、污水收集池 17 座，完成百镇建设项目投资 3.55 亿元。投资 1500 万元建设的银山镇初级中学项目，主体已完工。完成投资 300 万元用于卫生院康复治疗中心装饰项目，投资 1.2 亿元的银山沱江大桥建设项目正按计划推进。小城镇建设项目第三期工程、场镇道路改造及管网改造项目均已竣工，文化综合服务中心提档升级项目有序推进，镇村居民生活质量显著提升。

【基础设施】 交通：2020 年，境内有成渝铁路 6.5 千米，成渝高铁 6.7 千米，火车站 1 个；321 国道 7.5 千米，厦蓉高速公路 5.5 千米，县道水泥硬化公路 28.55 千米，乡村公路 362.12 千米（其中易地扶贫搬迁剩余规模配套基础设施建设工程 11.18 千米，四好村及美丽新村项目 1.75 千米，脱贫通村小康路 6.95 千米）。全镇村村通公路，有标准化公共汽车站 1 个（银山），场镇汽车站 2 个（杨柳坳村、朱家场社区），标准化汽车加油站 2 个；沱江通航 8.8 千米，有客运渡船码头 2 个，货船码头 1 个，各类机动客货船 30 艘。水利：有小（2）型水库 7 座（永德、倒桥、双石桥、黄石坡、燃灯寺、双塘坊、东岳庙），总库容 330 万立方米；河堰 23 道，山坪塘 574 口，总蓄水量 285 万立方米；除镇自来水厂外，金紫铺村亦建有供水站。供电：全年用电 3300 万度。供气：天然气用户 8425 户。光纤通信：全镇光纤电视覆盖率 100%。电信、移动、联通、铁通各类通信营业点 23 个，99.1% 的家庭有座机电话或手机。

【社会事业】 教育：2020 年，全镇有中小学 7 所（其中 4 所设有初中班），有教职工 275 人，在校初中生 1636 人、小学生 2362 人；幼儿园 7 所（其中公办 3 所、民办 4 所），在园幼儿 1033 人。医疗卫生：镇中心卫生院 1 所（职工 68 人，其中执业医师 18 人、执业助理医师 7 人、注册护士 22 人，编制床位 99 张），村卫生室 47 个，个体诊所6个,参加城乡基本医疗保险45257人。文化体育：13个村（社区）(银磷社区、观音寺村、黄莲树村、六角嘴村、大联村、岗石村、古井村、张家寺村、杨柳坳村、双塘坊村、狮子岭村、大石村、碾子湾村）完成农民体育健身工程，17个村（社区）拥有文化器材；共计有6个简易戏台；13个村已安装广播器材。有农村电影放映队1支,全年免费放映电影216场。社会保障:全镇设立敬老院2所,有特困供养人员665人(其中院内供养87人)，发放特困供养资金8073人次383.04万元；为73名困难群众提供临时救助，发放临时救助款11.65万元，发放困难残疾人补贴60.74万元；享受最低生活保障1276户1861人(其中农村低保964户1450人，城镇低保312户411人)，全年累计发放农村低保金395.41万元、城镇低保金195.8万元。加强残疾人工作力度，做好重度残疾护理补贴申请工作，完成残疾人“量体裁衣”人数2113人。实施栋梁工程，资助贫困大学生57名，合计金额14.27万元。提供居家养老服务1534人；享受高龄补贴2072人(其中80～89岁1743人,90～99岁321人,100岁以上老人8人)，发放高龄补贴98.51万元;发放重度残疾护理补贴998人，合计金额62.49万元。加大社会保险基金征缴力度，扩大社会保险覆盖面，各项社会保险征缴任务全面完成，同时开展养老金领取人员资格认证工作，防止养老金流失，城乡居民基本养老保险参保缴费30950人（其中60周岁以上领取养老保险9392人)。全面落实镇村(社区）两级服务站常态化联系退役军人制度，认真执行退役军人优抚优待政策，重点优抚对象享受补助人员716人，全年共计发放优抚金528.8万元。多措并举抓好就业和农民工工作，鼓励和引导失业人员再就业、务工人员返乡创业，全年城镇新增就业220人，城镇失业人员再就业90人，新增返乡创业人员14人。在全面复工复产后，坚持综合文化站及村（社区）图书室、农家书屋免费对外开放，完成建档立卡贫困户广播电视“户户通”安装75户，为15个村“农家书屋”增添图书共计1170册。新增县级示范村1个、市县级同创示范村1个，创建省级示范村2个。各乡村振兴项目财政奖补资金共计800万元。

【生态环境建设】 “河（湖）长制”工作有序推进，实行“河长制”公示制度，镇级、村级河长全年巡河问河共3000余次。加强水污染综合治理，全年累计清理沿岸垃圾452吨，清理河道398.1千米，实施人工造林400亩，森林质量精准提升455亩，城周生态绿化760亩，道路绿化3千米,沱江干流绿化3.5千米。建立巡河、打捞、垃圾清理转运等长效机制。全面落实长江流域禁捕退捕工作，沱江银山段22户渔民退捕，渔船渔具全部回收处理。开展秸秆综合利用，秸秆林下覆盖1600余亩，秸秆粉碎还田2700亩；回收秸秆250余吨用于养殖场饲料加工。推进果猪、果鱼等产业粪污资源循环利用，有机肥、化肥用量减少30%以上，绿化水平不断提升。

（谢俊杰　彭思杰）

公民镇

【基本情况】 公民镇位于县城南部，北纬29°40′，东经104°50′，东接银山镇，南连陈家镇、市中区全安镇，西界双河镇，北邻新桥、水南镇。镇政府驻大井坝场东路1号，距县城13千米。镇域面积62平方千米,耕地面积3522.25公顷(基本农田3112.37公顷)，森林覆盖率38.67%。西北略高、东南较低,以浅表丘陵为主,最高点（火连岩）海拔548米，最低点（马道子的陡沟子）350米。境内主要矿产有铁矿、煤、石灰石、土陶泥、石料。土壤为水稻土、紫色泥土、大泥土、二泥土、黄沙土、夹沙土、石骨子土。镇辖11

个行政村（高石坝子、桂家桥、罗成庙、大井、盘龙寺、川主庙、太平寺、感应庵、藿麻山、陡沟、葛麻寺）、117个村民小组，2个社区（大井场、楠木寺）、22个居民小组。全镇年末总人口47929人（其中城镇居民3032人、男25480人），总户数16229户。2020年全镇出生346人，死亡349人，人口自然增长率-0.06‰。本级公共财政预算收入58.73万元；农民人均可支配收入16851元。劳务输出1.2万人，收入2.8亿元。

【村级建制调整改革】 调整前，镇辖16个村（高石坝子、金竹林、桂家桥、罗成庙、楠木寺、大井、盘龙寺、回龙桥、川主庙、太平寺、感应庵、藿麻山、徐家冲、陡沟、葛麻寺、高峰山）、1个社区（大井场）。5月，公民镇进行村级建制调整改革：将回龙桥村第1、2、3、4、8、9、10、11村民小组，大井村第5村民小组划归大井场社区管辖；设立楠木寺社区，将楠木寺村，回龙桥村第5、6、7村民小组，董家堰村第6、7村民小组划归其管辖；将金竹林村第1、2、3村民小组划归藿麻山村管辖；将金竹林村第4、5、6村民小组划归高石坝子村管辖；将徐家冲村、陡沟村合并为陡沟村；将高峰山村、葛麻寺村合并为葛麻寺村。调整后，辖11个村、2个社区。

【农业】 2020年，全镇有专业合作社23个、家庭农场65个。种植：粮食作物面积56142亩，总产量21653吨，其中水稻14910亩、7930吨，玉米18968亩、8678吨，豆子13326亩、2046吨，红苕8938亩、2999吨，洋芋1611亩、505吨；油料作物面积12778亩，总产量1824吨，其中油菜9049亩、1365吨，花生3729亩、459吨。养殖：全年出栏生猪5.04万头，牛47头，山羊5310头，小家禽36.08万只，兔11.71万只。粮食补贴12483户、金额361.58万元。

【工业】 2020年，镇内有工业企业49户，产值2.1341亿元。其中：规模以上工业企业1户，内江南光有限责任公司（集体控股），产煤，产值1.091亿元；规模以下企业10户，个体工商户38户。

【招商引资】 引进四川永利乡鹰电子商务有限责任公司，项目总投资规模15000万元人民币，占地面积28.5亩，用于建设四川永利乡鹰电子商贸产业园项目，正在建设中；南光坑口电厂进行技改，投资860万，实施南光有限责任公司坑口电厂锅炉大修及环保升级改造工程；四川欧固建材有限公司技改项目，投资505万元，实施公司扩建；回锅肉小镇项目在实施中，已投资1800万元，后续建设正在按计划进行。

【旅游业】 2020年，持续推进特色回锅肉小镇建设，新建民宿一处（龙氏庄园）。全镇实现旅游总收入800余万元。

【脱贫攻坚】 村级建制调整后，公民镇有贫困村2个（葛麻寺村，含原葛麻寺村、奚家冲村、五凤桥村；陡沟村，含原徐家冲村、简家冲村、落锅田村、陡沟村），非贫困村11个，贫困户945人，2446人，已圆满完成脱贫。11月，迎接省级脱贫成效考核并顺利过关。

【基础设施】 交通：投资346万元，新建3.5米宽公路2千米、4.5米宽公路2.6千米、便民路9.56千米。水利：有水库7座，其中小（1）型2座（回龙桥、桂家桥）、小（2）型5座（泉水沟、二郎庙、三一二、团结、广东庵），总库容344.1万立方米；按上级部门要求，全面推进河长制，组织修订完善“一河一库一策”管理保护方案，完成“一河（库）一档”资料收集归档，持续开展“清河”“清渠”相关工作，整治山坪塘11口，配合实施城乡饮水统筹工程，完成楠木寺村的主、支管道安装工作；镇污水处理厂项目完工。

【社会事业】 教育：全镇有学校7所（公民中学、镇中心学校、马道子小学、三块石小学、广太小学、楠木寺小学、盘龙寺村小学），教学班79个（其中初中班32个），在校生3470人（其中初中生1675人），教师263人；幼儿园教学点6个（其中私立幼儿园2所），在园幼儿742人（其中私立 338 人)。医疗卫生:镇中心卫生院 1 所,有医护人员 72 人,床位数 70 张,有螺旋 CT、DR 高频数字摄影成像系统、电子无痛胃镜、体外碎石、彩色多普勒诊断仪(彩超)、经颅多普勒(脑血流图)、动态心电图检查仪、全自动生化仪、血球分析仪、尿液分析仪、血凝仪、电解质分析仪、FC-302 全自动化学发光免疫分析仪、MSA99 肺功能仪、麻醉呼吸机、妇科阴道镜、妇科臭氧治疗仪和中心供氧系统等先进仪器设备;村卫生室 38 个,个体诊所 2 个,从业人员 43 人(村医 40 人,个体 3 人);参加城乡居民基本医疗保险 37762 人。社会保障:敬老院 2 所(广太和大井),有特困供养人员 472 人(其中院内 125 人、每人每月 546 元,院外 347 人,每人每月 546 元);参加城乡居民基本养老保险 21402 人,其中 60 周岁以上领取养老保险金 7886 人;全镇享受最低生活保障 1194 人,其中城镇 34 人(人均每月 378 元、最低 285 元、最高 515 元),农村 1160 人(人均每月 230 元)。优抚:全镇优抚对象 532 人;孤儿 5 人(每人每月补助 900 元),重残 660 人(其中一级 99 人、每人每月 80 元;二级 520 人、每人每月 50 元;精神智力三级残 41 人,每人每月 20 元),困难残疾人 325 人(每人每月 100 元),高龄 1524 人(其中 80~90 岁 1321 人、每人每月 25 元,90 至 99 岁 200 人、每人每月 50 元,100 岁以上 3 人、每人每月 200 元)。培训与就业:青年劳动力就业技能培训 55 人,培养新型职业农民 128 人,建档立卡贫困户家庭劳动力培训 48 人,农民工返乡创业培训 18 人,培养家庭能人 2440 人;城镇新增就业人员 232 人,城镇下岗失业人员再就业 120 人。

【其他工作】 环境综合治理:拆除违章建筑 1000 平方米,场镇增植绿化 800 余平方米,人行道整治 500 平方米,“五清”投入 120.32 万元。农村生活污水治理:推进“千村示范工程”建设,2019 年高石坝子村“千村示范工程”验收合格,2020 年大井村、太平寺村“千村示范工程”建设完成并投入使用。大井场社区 PPP 项目污水处理厂建成正在试运行阶段,公民镇与南光企业合建的楠木寺社区污水处理站已建成并投入使用,场镇二级、三级污水管网建设安装完毕。灾情处置:7 月 30 日,受强降雨影响,公民镇境内多处发生危岩崩塌、滑坡,镇广大党员干部第一时间奔赴防汛前线,投入救灾力量 230 人,其中党员干部 180 人,红袖标 30 人,志愿者 20 人,在防汛抢险一线践行初心和使命,全力保障人民群众生命财产安全。镇感应庵村为 2020 年度省级集体经济扶持壮大试点村,获得财政扶持资金 100 万元,成为内江市 2020 年实施乡村振兴战略工作示范村。

(仇乙然　李　雷)

陈家镇

【基本情况】 陈家镇位于县城南部,北纬 29°34′～29°39′,东经 104°46′～104°54′,东靠内江市中区朝阳和全安镇,东北与公民镇相接,南邻威远县龙会、高石、东联镇,西北连双河镇。镇政府驻陈家场英烈路 66 号,距县城 30 千米。辖区面积 54.1 平方千米,辖 8 个行政村(新店子、付氏祠、枇杷湾、王家坪、玉皇观、高家坝、双堰坳、冷家湾)、80 个村民小组,2 个社区(陈家场、拥共)、23 个居民小组。总林木面积 30710 亩(其中防护林 16842 亩,经济林 8947 亩,竹林 4921 亩),森林蓄积 11458 立方米,森林覆盖率 39.3%。陈家镇交通便利,南接内威荣高速公路,西连资威快速通道,内资公路穿境而过;产业特色突出,以栽桑养蚕为主,多元发展水果、肉牛、蔬菜产业。全镇年末总人口 32743 人(其中城镇居民 1148 人、男 17556 人),总户数 11704 户。2020 年全镇出生 345 人,死亡 148 人，人口自然增长率 5.86‰。2020 年，全镇实现一产业增加值 19481 万元，增速达 3.7%。非规模工业销售收入 614 万元，增速达 12%。非规模工业利润总额 50 万元，增速达 12%。公共财政预算拨款收入 1927.4 万元。农民人均可支配收入 1.73 万元，增速达 9.5%。农民人均可支配收入 17300 元。劳务输出 1.11 万人，收入 1.6 亿元。

【村级建制调整改革】 由 13 个村、1 个社区调整为 8 个村、2 个社区，115 个村民小组、24 个居民小组调整为 80 个村民小组、23 个居民小组，减幅达 25.9%。具体调整如下：撤销老罐堂村，将其管辖区域划归高家坝村管辖；撤销何氏坝村，将其管辖区域划归冷家湾村管辖；撤销牌坊村，将其管辖区域划归玉皇观村（划出第 3、4、5、6 村民小组）管辖；将枇杷湾村第 10 村民小组的管辖区域划归王家坪村管辖；撤销半边街村和石庙子村，将半边街村第 1、2、3、4、5、6、7 村民小组和石庙子村第 1、2、3、4、5、6、7 村民小组的管辖区域划归陈家场社区管辖；将半边街村第 8、9、10、11、12 村民小组和石庙子村 8、9、10、11 村民小组的管辖区域划归新店子村管辖。设立拥共社区，将玉皇观村第 1、2、3、4、5、6 村民小组的管辖区域划归其管辖。

【农业】 种植：粮食主产水稻、玉米等，总产量 17470 吨（其中水稻 4294 吨、玉米 7227 吨、薯类 4010 吨、豆类 1939 吨）；经济作物主要为油菜、花生、水果、蔬菜，其中油菜产量 761 吨，花生产量 218 吨，水果产量 1192 吨，蔬菜产量 13640 吨。养殖：出栏生猪 36290 万头、家禽 331207 万只，水产品 1002 吨，建立水产设施渔业基地 1 个。

【固定资产投资】 全年完成固定资产投资 58427 万元，其中乌龙河资中段水质提档完成 316 万元，资中区块页岩气开发项目投资完成 58000 万元，蚕桑融合发展示范园项目投资完成 111 万元。

【招商引资】 2020 年，引进项目 2 个（资中县峰鹏建材有限公司、四川紫晨农业有限公司），完成招商引资 2000 万元。

【基础设施】 镇政府多方筹措资金，努力完善基础设施建设。2020 年利用省级财政扶贫资金（第三批）61.2 万元在玉皇观村新建 3 米宽生产便民路 1.5 千米，已完成建设并报账；利用市级财政扶贫资金（第二批）59.56 万元在冷家湾村新建 3 米宽生产便民路 1.46 千米，已完成建设并报账；利用县级财政扶贫资金（第一批）29.76 万元在高家坝村窄路加宽 930 米，已完成建设并报账。完成危房改造 758 户；在冷家湾村新建蓄水池 3 口，在高家坝村新建蓄水池 2 口，已完成建设并报账。集中供水站 2020 年中央水利发展项目管道安装 3.05 千米，供水池整治维修 200 平方米，对 3 个水池防渗处理 500 平方米，共计投资 60 余万元；投资 28 万元完成补巴桥场镇段清淤 690 米；镇污水处理厂即将竣工投入使用。

【社会事业】 教育：坚持教育优先发展，推进义务教育均衡发展。全镇共有公立教学点 5 个（陈家镇中心幼儿园、陈家镇中心小学、麒麟小学、拥共小学、陈家镇中心校初中部），义务教育共有学生 1824 人，教师 127 人。2020 年中考二中上线 33 人，球中上线 24 人，其余普高 58 人。投入资金 906 万元，修建陈家镇中心幼儿园，预计 2021 年投入使用；投入资金 42.6 万元，维修加固拥共小学综合楼、围墙、操场，已完成维修；投入资金 45 万元对本部初中、小学更换门窗、修补地面、危房拆除等，已全部完成。在园幼儿 462 人，其中公办幼儿园（陈家镇中心幼儿园）59 人。医疗卫生：1 所卫生院（职工 39 人、床位 55 张），村卫生室 24 个，个体诊所 2 个；社会保障：城镇新增就业 150 人，下岗失业人员再就业 60 人；完成农民工创业培训 2 场次，累计参训 53 人，全员获得《创业培训（SYB）合格证书》，完成创业就业大篷车巡回培训 3 期，累计参训170人；建立2个农民工“归雁驿站”，新回引11名农民工返乡创业。完成领取养老保险人员待遇认证6200人；完成城乡居民基本养老保险续保任务，覆盖14236人，续保缴费6250人。新增农村低保对象80人，共有农村低保对象591户、918人；新增城镇低保对象2人，共有城镇低保对象69人。完成对所有特困供养对象的年审工作，新增农村特困供养对象23人，共有农村特困供养对象485人，其中分散供养对象408人，集中供养对象77人，专项供养标准由原每人每年6000元调整为自2020年7月起每人每年6552元。完成城乡特困人员数据由全国网络版向四川救助系统迁移录入工作。解决35名城乡困难居民临时救助金3.5万元，全年累计发放临时价格补贴86万余元，发放孤儿生活费3.2万元。陈家敬老院入住43人，拥共敬老院入住34人；发放优待抚恤187.7万元，义务家属优待金36.1万元。全面完成退役军人信息采集工作，完成重点优抚对象第二次医疗补贴，补贴金额4700元。

【脱贫攻坚】 聚焦“两不愁三保障”主要指标，统筹发挥民政、住建、劳保、就业等相关部门的职能职责，对边缘易致贫户落实低保兜底、危房改造、医疗救助、公益性岗位等分类施策措施，圆满完成9户防止返贫监测对象的问题销号，同时打好为贫困人口购买“返贫保”“扶贫保”的“组合拳”，进一步筑牢防止返贫监测的防线，确保决战决胜脱贫攻坚“不漏一户，不漏一人”。开展脱贫攻坚问题整改清零行动“回头看”，再次梳理核查历年来省、市、县、各类巡视巡察及挂牌督战反馈的151个问题，发动驻村工作队、村组干部、帮扶责任人积极入户核实，同时镇脱贫办牵头组织纪检、民政、村建等部门随机抽查核定问题整改成效，构建“部门主责、干部主推、责任倒查”的工作机制，确保所有问题整改清零，坚决避免出现“翻烧饼”的情况。利用下拨的财政专项扶贫项目资金190.41万元，顺利实施5个基础设施建设项目和1个产业发展到户项目。新建蓄水池5口，完成为32户贫困农户改厕的建设任务。产业发展上，累计完成鹅577只、鸭2317只、兔子1742只的产业发展物资采购和发放任务。

【其他工作】 计划生育：出生人数242人，死亡人数202人，自然增长率1.09‰，计划生育率达98.35%，孕优、婚检均已完成县上下达的任务数，给予符合条件的农村计划生育家庭父母321人每年扶助资金960元；给予符合条件的独生子女伤残家庭父母9人,2020年每人扶助金8160元；给予符合条件的独生子女死亡家庭父母10人,2020年每人扶助金10320元。文物古迹：对文物保护做到每月巡查一次，共计巡查12次。信访：全年共处理“县长信箱”2件，县长热线3件，县委书记信箱4件，回复率达100%。

（曾秀英　涂　惠）

双河镇

【基本情况】 双河镇位于县城西南，北纬27°40′，东经104°37′，与公民、陈家、新桥镇和威远县黄荆沟镇、高石镇相邻。镇政府驻双河场新街8号,距县城15千米。辖区面积93平方千米，集镇建成面积3.2平方千米，耕地面积42628.35亩，林地49303亩（含国有林场8700亩），林木覆盖率为32.48%。地形东南偏低、西北偏高，以浅中丘中宽谷为主，最高点（猫儿寨山顶）海拔684米，最低点（响滩子大田）海拔330米。自然资源有页岩、石英砂、煤、石灰石、天然气、盐、森林和土陶泥等。土壤为灰棕紫泥土、黄沙泥土、黄泥土、暗紫泥土、冷沙黄泥土、石灰石黄泥土。镇辖15个行政村（水口庙社区、安木店村、葫芦寺社区、上马门社区、董家堰村、金峰寺村、雁家嘴村、天宫堂村、石家冲村、熊桥村、中峰寺村、宋家社区、梨花村、猫儿寨村、拥跃村）、158个村民小组，2个场镇社区（双河场、宋家场）、22个居民小组。双河镇年末总人口56595人（其中城镇居民3356人、男2096人），总户数19172户，多为汉族，另有回、苗、彝、佤等族。2020年，全镇出生387人，死亡381人，人口自然增长率0.09‰；实现地区生产总值129276万元，农民人均纯收入17994元，劳务输出19443人、收入8.166亿元，乡村旅游总收入1500万元。

【村级建制调整改革】 2020年5月，双河镇顺利完成村级建制调整改革，以优化空间布局、整合发展资源、巩固基层基础、降低运行成本为主攻方向，通过把建制村规模调大、布局调优、实力调强、服务调好、队伍调活、机制调新的方式，由原来的18个村、4个社区调整为15个村、2个社区。设立宋家村，将鸡腿山村、道田村第1、2、3村民小组、宋家村第1、2、3、6村民小组划归其管辖，办公地点设在原宋家村办公室，做大做强集镇村和中心村；将石家冲社区、安木店村第10、11、12村民小组、葫芦寺村第1、3、4村民小组划归双河场社区管辖，办公地点设在双河场社区办公室，做大做强场镇。将芦茅冲村、水口庙村合并为水口庙村，新村办公地点设在原水口庙村办公室，依托祖代场横跨两村的优势发展以黑猪养殖为主的种养循环生态农业；将道田村第4、5、6、7、8村民小组划归拥跃村管辖，办公地点设在拥跃村办公室，依托“半山·悦谷”旅游通道发展民宿等为主的生态旅游康养产业；将熊桥社区，宋家村第4、5、7村民小组，熊桥村第3、4、5村民小组划归宋家场社区管辖，办公地点设在宋家场社区办公室，有利于盘活辖区内闲置资产，招商引资发展工业经济；将雷氏祠村更名为梨花村，利于打造“千年梨乡”文化旅游活动品牌，推进“全域旅游”战略。将董家堰村第6、7村民小组，划入公民镇楠木寺社区。

【农业】 2020年，双河镇开展农技推广服务培训25次，参训1650人次，其中培训农村农业科技骨干92人，新型职业农民培训736人，新型职业农民工实用技术培训863人次。在水口庙村、石家冲村发展资中血橙现代农业产业基地建设项目，种植资中血橙2160亩。全年实现农业总产值52719万元，农业增加值17755万元；粮食产量20001吨（其中水稻7890吨、玉米7109吨、薯类4333吨、豆类669吨）；油料2355吨（其中花生633吨、油菜籽1722吨）；蔬菜19127吨；水果4880吨；茶叶1.2吨；出栏猪67037头、牛1460头、羊13944只、小家畜（包括兔）204026只。水产品1.876万吨。全年地力补助面积28692.56亩、补贴326万元，亩均补贴113.75元，户数13667户、户均补贴238.53元；农业电子商务交易额190万元。

【工业】 2020年，双河镇内工业企业总数为52户，实现工业总产值83805万元。其中规模以上工业企业5户，实现工业总产值32491万元，销售收入33442万元、利润-69万元，税收3765万元。

【招商引资】 2020年，双河镇招商引资7个企业，到位资金10620万元，其中引进资中县世泰养殖家庭农场投资1200万元，四川随福食品有限公司投资1000万元，资中县黑金养殖家庭农场投资720万元，资中县奎兴养殖家庭农场投资1500万元，资中县君子泉酒厂投资1500万元，四川领昂科技有限公司投资3500万元，内江鑫强农业发展有限公司投资1200万元。

【重点项目】 2020年，内江城乡生活垃圾处理PPP项目（资中县生活垃圾焚烧环保发电项目、资中县生活垃圾填埋二厂项目和资中县农村生活垃圾收转运体系建设项目），下拨房屋及构筑物等补偿款1853.33万元，土地附着物（林、木等）补偿款25.92万元，青苗补偿款9.50万元。

【建设项目】 2020年，双河镇有10个重点建设项目，已累计完成 7 个，累计完成投资 4630 万元。聚龙湾美丽渔村建设项目：位于双河镇上马门社区，投资金额 1200 万元，其规模为改建鱼塘 100 亩、栽种果树 100 亩，新建路灯 1000 米，新建钓鱼台 100 个，新建高位养殖池 12 口，尾水处理 60 亩及处理设备、机电设备；生产用房 1500 平方米、停车场 1000 平方米。资中县君子泉酒厂酒窖扩建项目：位于双河镇道田村，投资金额 3000 万元，其规模为车间扩建、酒窖二期扩建、包装车间、工业园区建设。资中县鸿运果业种植农民专业合作社血橙种植项目：位于双河镇永福庵村，投资金额 500 万元，其规模为种植血橙 500 亩，修建道路 1.5 千米及其他附属设施。资中县飘香种植家庭农场草莓项目：位于双河镇长堰塘村，投资金额 120 万元，其规模为占地 38.2 亩，大棚 50 个，简易棚 3 个，基础设施和围网。潴源绿养殖家庭农场内江黑猪 + 资中县种养循环血橙种植项目：位于双河镇河堰口村，投资金额 500 万元，其规模为污水处理池 4500 立方米，水管 10800 米，流转土地 513 亩，种植血橙 350 亩。德康集团祖代场种养循环种植项目：位于双河镇芦茅冲村，投资金额 1000 万元，其规模为流转土地 600 亩于种植血橙 600 亩，修建道路及其他附属设施。久久佳生态农旅开发项目：位于双河镇河堰口村，投资金额 800 万元，其规模为办公室 350 平方米，仓库 1200 平方米防疫室 20 平方米；生产棚 5600 平方米，农家旅游 800 平方米，厕所 200 平方米；附属设施 300 平方米，年养殖肉鸡 4 万只，年种植中药材 300 万吨。资中县国盛建材重金石加工生产线项目：位于双河镇河堰口村，投资金额 1100 万元，其规模为重金石加工销售，厂区公路硬化，机械设备 10 台。雷氏祠村钢筋加工厂建设项目：位于双河镇梨花村，投资金额 210 万元，其规模为修建钢铁加工厂。葫芦寺社区新村居民聚居点建设项目：位于双河镇葫芦寺社区，投资金额 2000 万元，其规模为土地平场 39000 平方米，房屋建设 9600 平方米及附属设施。

【环境治理】 双河镇严格落实环境保护“党政同责、一岗双责”，确保环境目标责任落实，召开环境保护工作专题会议，研究部署水污染防治、改善环境空气质量、维护全镇生态环境、秸秆禁烧等内容。一是把环境宣传教育工作放在突出位置，充分利用环境宣传日，通过广播、标语、宣传栏、电子显示屏、发放宣传资料等多种形式，广泛深入各村（社区）民委会、企事业单位宣传有关环境保护的法律、法规。二是保障群众饮用水安全，集中饮用水水源地保护标识标牌和隔离设施均按时更新修缮，日常水源地监察工作如期进行；同时，强化规模以下企业监管，不定期召开企业负责人会议，特别针对碎石行业的整治，制定“一厂一策”，与各村（社区）及辖区内企业签订目标责任书，辖区内规模以下石材加工（条石开采）、烤（酿）酒厂、汽修厂油榨坊、家具、搅拌站等行业的监管均保质保量完成，全年无突出问题通报。三是加强农村环境综合整治，严格落实资环委办〔2020〕14 号与《资中县农村生活污水治理专项规划 2020 年实施方案》文件要求，完成全面环境保护与农村污水治理工作以及全力配合做好环境投诉有关工作，全年信访投诉均处理完成，生态环境工作全年无通报、无投诉。

【脱贫攻坚】 2020 年，双河镇党委、政府紧盯全镇脱贫目标任务，始终将脱贫攻坚工作作为首要政治任务、第一民生和头等大事。全镇村级建制调整后有水口庙村、上马门村、雁家嘴村、拥跃村、猫儿寨村 5 个省定贫困村，贫困户 1108 户 3186 人，实现全部贫困户脱贫，其中 2014 年脱贫 263 户 840 人；2015 年脱贫 304 户 774 人；2016 年脱贫 34 户 108 人；2018 年脱贫 305 户 942 人；2019 年脱贫 202 户 522 人。猫儿寨村、水口庙村、上马门村于 2018 年退出贫困村，拥跃村、雁家嘴村于2019年退出贫困村。一是上紧攻坚发条，坚持高位推动。按期完成2020年各批次财政专项扶贫资金项目建设，以及项目招标、开工、实施、报账等全部工作。并始终保持脱贫攻坚专注定力，从严压紧“五个一”帮扶责任，扎实开展“回头看”“回头帮”活动，坚决做到不脱贫、不脱钩，不小康、不罢休。严格督查考核，采取明察暗访、全面核查、重点抽查等方式，实行“一周一督查、一月一通报、一季一小评、年终一考核”。二是强化教育引导，激发内生动力。更加突出贫困群众主体地位，破除“以穷为荣、以穷为由”旧观念，引导树立艰苦奋斗、自力更生、主动脱贫思想，坚决不等不靠，立志脱贫致富。全力办好农民夜校，持续开展群众“三大主题”教育、健康生活养成、村容村貌整治等活动，以新冠肺炎疫情防控、“大清扫”活动为契机，引导群众真正养成好习惯、形成好风气。三是全力备战赶考，确保常态长效。认真研究上级脱贫攻坚新要求新部署，广泛宣传户脱贫“两不愁三保障”“一超六有”，做到人人知标准、个个明要求。同时，按照资脱贫组发〔2020〕1号文件及系列要求，开展脱贫攻坚巩固提升行动，对脱贫攻坚及督导组反馈问题均进行及时整改，镇级、村级、户级档案资料均完整归档。

【风险防控】 扎实推进专项斗争，建立健全各项规则制度，形成多部门联动、齐抓共管的工作机制，组织综治办、派出所等部门对辖区内的重点行业、重点区域进行排查，摸排出治安乱点1个、社会乱象2项，制定整改措施进行专项治理；强化矛盾纠纷排查化解，镇村（社区）两级人民调解委员会共受理各类民间纠纷247件，调解247件；做好平安创建等工作，强化邪教防范机制；正确应对“9·8”威远5.4级地震、“12·18”资中5.2级地震等突发事件，防汛抗旱、消防救援和森林防火工作成效显著。

【基础设施】 交通：2020年，双河镇内有公路216.359千米，其中国道15.11千米，省道5.821千米，县道7.56千米，镇道6.5千米，村组道181.368千米。2020年投资766万元，新建水泥路8.39千米（其中雁家嘴村中的甘家坳1.44千米，上马门社区中的上马门0.4千米、猴子店0.5千米，水口庙社区中的河堰口0.96千米、梨花村的汤家祠0.83千米、中峰寺村1.1千米、拥跃村2.66千米、猫儿寨村0.5千米）、拥跃村沥青路0.75千米。水利：有水库14座，其中小（1）型4座（老鹰岩、高坡、长征、工农）、小（2）型10座（豹子沟、苏家祠、黄莲坳、新桥沟、尖山、幸福、鹞子岩、七一、中峰寺、蓼叶沟），总库容829.85万立方米。2020年投资39.768万元，新建水口庙社区提灌站一套（电动机、管道、石河堰清淤、泵房、高压线安装）；投资4.98万元，整治豹子沟水库；投资2.13万元，整治黄莲坳水库；投资2.53万元，清淤水渠4.25千米；投资0.56万元，整治苏家祠水库水井等水利设施，水口庙社区、安木店村、葫芦寺社区、石家冲村等村（社区）的生产、生活用水安全得到了保障。

【社会事业】 教育：2020年，双河镇有义务教育阶段学校9所（上马门小学、水口庙社区小学、雁家嘴村小学、双河镇中心学校、石家冲小学、民庆小学、猫儿寨村小学、斜龙小学、宋家学校），其中设有初中的学校3所（双河镇中心学校、石家冲小学、宋家学校），有初中在校学生1000人、教师89人，小学在校学生1420人、教师117人；幼儿园9所（双河镇中心幼儿园、上马门小学附设幼儿班、石家冲小学附设幼儿班、水口庙村小附设幼儿班、雁家嘴村附设幼儿班、葫芦寺社区长山岭幼儿园、宋家学校中心幼儿园、宋家根生幼儿园、宋家道田佳家乐幼儿园），幼儿在园664人，幼儿入园率95%以上。医疗卫生：全镇有卫生院2所，医务人员49人；村卫生室40个，乡村医生44人。参加城乡居民医疗保险27510人。

社会保障：有标准化敬老院2所，院内集中供养特困人员68人、院外分散供养特困人员475人，年发特困供养金356.04万元；参加城乡居民基本社会养老保险12138人，其中60周岁以上领取养老保险金5616人；参加城乡居民社会养老保险44706人。享受最低生活保障982户，其中城镇90户（年发最低生活保障金51.6万元），农村968户（年发398.06万元）。奖励扶助：奖励符合条件的农村计划生育家庭541人（新享受44人、继续享受497人，每人年发960元、共计年发51.936万元）；农村部分独生子女特殊困难家庭奖励扶助55人（新享受7人、继续享受48人、共计年发3.44万元）；计划生育家庭特别扶助60人（新享受8人、继续享受52人、共计年发52.896万元）；发放自然灾情救助金55万元，临时生活救助金13.29万元；符合条件的468人离职村级干部享受补助金额38.49万元。其他：资助“栋梁工程”大学生27名8.10万元，残疾人大学生12名15300元，独女双女大学奖学11名3.3万元；高校毕业生创业1人，城镇新增就业292人；协助完成小额担保贷款120万元。新征兵12名。优抚：全镇优抚对象598人、年发补助金442.3万元。

（康又识　雷庆水）

新桥镇

【概况】 新桥镇位于县城西南，东连水南镇，南邻公民、双河镇，西接威远县黄荆沟、观音滩镇，北接鱼溪镇。镇政府驻兴隆场兴学街31号，距县城12千米。全镇辖区面积107平方千米，集镇建成面积0.65平方千米，耕地32834亩，森林56266.9亩（覆盖率35.06%）。地形东北偏低、西南偏高，属深浅丘结合地貌，杉树坳海拔739.8米为全县最高点。矿产有煤、石灰石、石料、耐火泥、页岩、石英砂等。土壤主要为壤土、黏土、页岩沙土、黄沙土、冷莎黄泥土、水稻土和紫色土。镇辖17个行政村（清平、凉风、和睦、东升、烟火店、复兴、杨柳、山水坡、太河、八块田、双桥、玄天观、红庙子、三皇庙、华光、五马、兰家坝）、127个村民小组，2个社区（新桥场、兴隆街）、8个居民小组。全镇年末总人口46872人，总户数16241户。本级公共财政预算收入16万元，农民人均纯收入15928元；全年劳务输出16047人，劳务收入41468万元。

【村级建制调整改革】 完成村级建制调整改革，将原19个村、2个社区，优化调整后设置为17个村（其中：清平村和文化村合并为清平村、和睦村和大田村合并为和睦村）、2个社区（其中双桥村3社、玄天观村1和5社并入兴隆街社区）。完成村（居）民小组调整优化改革工作，调整优化涉及小组104个，共计减少45个小组，调整后共有135个村（居）民小组。

【农业】 2020年，全镇有农业龙头企业2个（资中县畅达牧业有限责任公司、资中县远江生态农业有限责任公司）、农民专业合作社28个；家庭农场82个，成功申报家庭农场培育项目3个，每个奖金10万元；全年粮食总产15543吨（其中水稻7730吨、玉米5014吨、红苕2065吨、洋芋164吨、豆类1399吨）经济作物主要有油菜、花生、水果等，年产油菜籽1272吨，花生658吨、果品9983吨；全年生猪出栏4.5万头，小家禽出栏72万只，完成水产品1655吨。

【工业】 2020年全镇有规模工业企业7户（资中县中恒建材有限公司、四川资中西南水泥有限公司、内江文华矿业有限公司、资中县兴隆街镇光山弯白石厂、资中县双鸿建材有限公司、资中县石家混凝土有限公司、资中县鸿龙汽车运输有限公司），实现总产值41462万元。非规模企业实现总产值19292万元。

【招商引资】 2020年，共招商引资落地项目2

个（资中县双鸿建材有限公司、四川网户牧业有限公司），引回资金6100万元。

【旅游资源】 镇域有二级旅游资源1处（白云山），四级旅游资源54处，从事旅游服务业农家乐2处（百合屋基、水映双桥），全镇年接待游客2万余人次。

【基础设施】 交通：2020年，全镇公路里程305.42千米、其中县道26.66千米、镇道15.5千米、村道72.5千米、组道190.76千米（包括本年新建兰家坝村3米宽水泥硬化路1.82千米，五马村4.5米宽水泥硬化路2千米，双桥村4.5米宽水泥硬化路1.9千米，太河村4.5米宽水泥硬化路6千米，红庙子村、太河村、和睦村、凉风村小康路3.5米宽水泥硬化路9千米）。水利：有水库11座,其中：有小（1）型水库4座（和平、杉树坳、仰天窝、大河沟），有小（2）型水库7座（文化、红旗、凤凰桥、新桥、牌坊沟、楠竹山、华光水库），总库容1034.98万立方米。

【社会事业】 教育：2020年，镇内有中学1所（新桥中学），教职工46人，在校生517人；小学校9所（新桥中心校，兴隆街中心校，清平小学，白庙小学，石庙小学，五皇完小，红庙子小学、三皇庙小学、华光村小学），教职工181人，在校学生1412人；幼儿园有公办班13个，在园幼儿316人。医疗卫生：镇卫生院2所，有医护人员70人（其中主治医师6人、执业医师8人、执业助理医师7人、主管护师2人、护师11人、护士18人、检验师3人、康复治疗师1人、医技13人、工人1人），床位90张；参加城乡居民基本医疗保险二档38100人。社会保障：敬老院2所，院内供养特困人员54人，院外453人；享受最低生活保障764户、1214人（其中城镇48户、55人）；参加城乡居民基本养老保险20426人，其中60周岁以上领取养老保险金8132人。其他：独生子女家庭享受奖励扶助455人，奖金43.68万元；特别扶助奖51人，奖金47.18万元；高中助学奖75人，奖金3.75万元；大学助学奖7人，奖金2.1万元。

（李洪学　刘成万）

鱼溪镇

【基本情况】 鱼溪镇位于县城西部,东接水南镇，南连新桥镇，西邻铁佛镇、威远县观音滩镇，北靠归德、高楼镇。镇政府驻鱼溪场（团鱼口）新街85号，距县城14千米。成渝高速公路、321国道、归沙公路和归连铁路横贯镇域。全镇辖区面积96平方千米，集镇建成面积1.762平方千米（其中金李井0.96平方千米），耕地2.5万亩，森林面积1751.4公顷，森林覆盖率30%。镇地属中丘中谷、坪状高丘地貌。自然资源主要有石灰石。土壤主要为水稻土和紫色土。镇辖20个行政村（红莲、向阳、金钟、协和、长胜、光明、亢溪桥、裕丰、鲶鱼、双联、鱼溪、齐心、世和、老君、土庐、蚂蟥坪、金香炉、禁药碑、桐梓坪、碾盘山）、193个村民小组，2个社区（鱼溪、金李井）、16个居民小组。总人口70660人（其中城镇居民4816人），总户数23876户。地方财政一般预算收入55.01万元；全社会固定资产投资完成8200万元，农村人均可支配收入17237元，同比增长9.23%。农村土地流转423亩，农业增加值13063.09万元；劳务输出20139人，收入30507万元。

【村级建制调整改革】 撤销元坝村，将其管辖区域划归裕丰村；撤销过河村，将其第1、2、3、4村民小组管辖区域划归亢溪桥村，将其第5、6、7村民小组管辖区域划归齐心村；撤销石板村，将其管辖区域划归世和村；撤销人寿村，将其管辖区域划归金李井社区。调整后,由原先24个村、3个社区减少至20个村、2个社区，减幅达18%。

【农业】 生态鲶鱼集中养殖面积450亩，一产业增加值及增速完成全年任务。种植：粮食作物以水稻、玉米、红苕等为主，粮食总产量27199吨（其中水稻10261吨、玉米9913.1吨、红苕5411吨、洋芋825吨、豆类2617.5吨），较2019年同期增长68.96%；经济作物主要有油菜、花生、水果和蔬菜，产量分别为1569吨、591吨、12947吨和27466吨，较2019年同期增长85.94%；生猪出栏46974头，较2019年同期增长57.3%；小家禽出栏599559只，较2019年同期增长33.0%；水产品产量达2185吨，较2019年同期增长89.7%。全年出栏牛15头、羊142494只、兔178158只。

【工商企业】 工商个体户1278户，个人独资67个，公司19个，农民专业合作社20个，合伙5个；全年实现社会消费品零售总额2000万元，增速5%，培育新进产值2000万～5000万元的规模企业2户（四川壕坤矿业有限公司、内江海庆建材有限责任公司）。规模工业经济发展良好，2020年销售收入达9000万元，利润1400万元，均创造历史新高；万元增加值能耗下降率达全县平均水平；规模工业利润总额及增速超全县平均水平。培育规模工业企业2户（资中县泰鑫建材有限公司、资中县聚兴盛有限公司）；培育规模以上服务业企业2户（个体户资中县吴卫海超市、商贸企业资中县晟隆贸易有限公司）。新增各类网店、微店10户，带动农村青年、返乡大学生、返乡农民工、农村妇女、残疾人电商就业创业20人，发挥阵地作用，利用远程教育与“宽带乡村”有机融合，搭建村活动阵地电子商务平台22个。开展“电商惠民”活动，血橙、不知火、枇杷、爱媛等特色农产品成为网销主流。

【旅游业】 开展好辖区文旅、农旅资源大普查，新增12处，形成书面材料；完成旅游行业人才培训工作2次，共培训7人；开展文旅、农旅市场专项检查8次；加快推进通景道路提升改造；大力扶持返乡创业人员，尽政府可能提供咨询帮助；结合“五清”行动，保持辖区内旅游环境净化、美化；完善游客紧急救援工作机制，构建游客紧急救助医疗点；全面落实“全域旅游”“旅游厕所”；举办各类庆祝活动18次；完成民宿创建1户；有序推进响水滩生态农业休闲体验区（二期）项目、五指山生态园区、杏雨酒乡、云岭金秋的建设；强化氛围营造，加大文旅、农旅项目宣传，利用新媒体平台累计发表涉旅信息4篇，全年无一起旅游安全事故和投诉案件。辖区全年接待游客4.3万人次，“川南十大生态旅游乡镇”的美誉得到传承。

【小城镇建设】 城镇建设和管理水平得到提升，全镇总规达到5平方千米，控规达到3平方千米。作为“百镇建设行动”试点镇，鱼溪镇以乡村振兴为指引，以“百镇建设行动”为契机，积极对接上级部门。对镇辖区内建筑工程质量安全进行监督管理，未发生一起施工安全事故；加大农房建设及村镇房屋产权产籍管理工作，开展危房改造提升工程，完成C级、D级危房改造156户（其中建档立卡户72户、三类人员39户、享受危改补贴的一般户45户），修建100户一般房屋，总投资1000万元。大力推动场镇基础设施建设，改建原鱼溪镇污水处理厂1座，占地面积5.3亩，总投资1300余万元，铺设污水管网3.58千米，设计规模500立方米/天，厂区进度已完成90%；新建金李井社区污水处理厂1座，总投资800余万元，铺设污水管网3.2千米，设计规模400立方米/天；新建公平村垃圾中转站1座，总投资600万，占地5.3亩，能容纳中转200吨垃圾。积极推进双联村、鲶鱼村县市级“四好村”创建工作；大力推动城镇基础设施建设。

【招商引资】 借助“金桥行动”“返乡创业”“人才回引”等政策，通过“走出去、引进来”加大引资力度，共回引成功人士3人，实施项目3个，项目总投资达6000万元。2020年，共完成全社会固定资产投资8200万元，有效推进了镇域经济的发展。

【基础设施】 开展道路交通安全执法大检查18次，维修维护危险路段、中小学校、场镇等路口减震减速装置48米，修建防撞墩19个，在国省道与县乡道接口及出村路口增设交通安全警示标志6处；全年累计完成公路建设5.2千米（主要是光明村村级公路改造工程），通过“一事一议”的奖补完成12.65千米公路建设，在已硬化的村级公路沿线安装路灯75盏。长胜村、裕丰村、碾盘山村、向阳村、金香炉村、鱼溪村共完成扶贫项目及脱贫小康路建设公路9.6千米，投入资金504.16万元；光明村、向阳村完成窄路加宽0.6千米，投入资金19.6万元；整治楠木湾桥投入资金26万元。有水库15个，其中小（1）型水库3个，小（2）型水库12个，总库容1837.2万立方米，所有水库运行正常。全镇用电户15336户，自来水用户2037户，天然气用户5163户，有线电视用户6756户，固定电话用户9156户，宽带用户13020户。

【资源保护】 重点区域国土资源动态巡查范围覆盖率达到90%，对违法占地行为坚决制止；耕地保护面积4485.39公顷；成功调解52起涉及土地、矿产资源信访矛盾纠纷。封山育林100亩，义务植树22000株，在鲶鱼村、过河村、双联村森林质量精准提升中开展幼林龄林抚育500亩；退耕还林面积始终保持在6948亩的警戒线上，森林病虫害成灾率控制在3‰以内，森林病虫害防治率达95%；全年累计张贴防火宣传标语3500余幅，发动宣传车475车次到各村进行森林防火宣传；开展森林防火应急演练2次；建立60人组成的应急抢险队伍；认真落实防火值班制度。

【社会事业】 教育：开展关爱留守儿童活动4次，资助贫困学生1531名；辖区内小学正常适龄儿童入学率100%，小学在校生巩固100%，15周岁人口初等教育完成率98.3%，残疾儿童少年入学率100%。镇内有职中1所（鱼溪职业中学），在校学生402人，教职工65人；公办小学4所，教职工221人，在校生人数3801人（镇中心校1534人、金李井学校1719人、亢溪40人、金带508人）；私立小学1所（利民小学）在校学生626人，教职工48人。幼儿园5所，在校生768人，教职工96人。医疗卫生：镇内有卫生院2所（鱼溪中心卫生院、金李井卫生院），职工91人，万元以上设备48件，床位数120张；村卫生室46个，个体诊所5个。免费孕前优生健康检查137对，婚前检查完成191.5对。全镇出生人口559人，奖励扶助发放金共计42.912万元，特别扶助发放金共计27.168万元。城镇居民医疗保险参保52364人，享受医疗报销532人次。文体：有村级农家书屋22个、村级远程教育站点22个；开展“扫黄打非”集中检查6次；积极实施农民健身工程，举行文化扶贫演出及体育全民健身活动6次，开展公益电影放映244场；举办红莲村春节联欢晚会、鱼溪镇返乡创业人士联欢会、五指山美食节文艺活动等文体活动4次，观看人数达1.6万人次。

社会保障：新（改）建农村户厕（户）701户；提高城乡居民基本医疗保障水平52364人；治理地质灾害隐患点4处，避险搬迁安置农户3户8人；农村家庭能人培训4000人；城乡居民基本养老保险参保33120人（新参保625人，续保9628人），60周岁以上领取养老保险金193人；城镇新增就业203人，城镇失业人员再就业68人；青年劳动力就业技能50人；建档立卡贫困家庭劳动力就业技能培训15人；农民工等人员返乡下乡创业培训15人；提供法律援助111人；给予符合条件的农村计划生育家庭447人，每人每年960元奖扶金；给予符合条件的独生子女伤残家庭8人，每人每年8160元奖扶金；给予符合条件的独生子女死亡家庭父母20人，每人每年10320元奖扶金；扶贫捐资助学（大学生）26 人，共发放资金 8.1 万元；定期按标准发放 10 名孤儿的救助金共 10.8 万元。农村特困人员 728 人，新增 30 人，共发放困难残疾人生活费补贴资金 61.3 万元；重度残疾资金 34.08 万元；敬老院 3 所，院内五保 106 人，院外 622 人，共发放五保金 458.49 万元；享受农村低保 1090 户 1598 人、城镇低保 75 户 95 人，共计发放低保资金 486.59 万元。

【脱贫攻坚】 全面完成脱贫攻坚任务，确保全镇贫困户清零 。通过脱贫攻坚巩固提升专项行动，对全镇 1314 户 3897 人进行全覆盖入户核查，共发现问题 6535 个（其中涉及一般问题 6490 个，重点问题 145 个），整改问题 6535 个，更换明白卡 1314 份，帮扶手册更换 1314 份，发放明白带 515 个，明白卡框 695 个，人员动态调整减少 12 户 107 人。落实“回头看，回头帮”机制，结对帮扶农村贫困对象 1307 户 3833 人。持续推进产业扶持，使用 2020 年省财政专项资金 86.7 万元，购买种兔、土鹅、肉鸡面向贫困户免费发放；使用扶贫资金 332 万元，新建水泥路 2.7 千米，整治山坪塘 23 口、石河堰 1 口。积极开展“脱贫帮扶日”专项行动，完成 156 户农村住房危房改造。切实抓好乡村振兴工作，召开乡村振兴工作研判会 8 次；报送创先争示推进情况 12 次；鱼溪镇成功创建县级先进镇，创建县级示范村 3 个（红莲村、世和村、金香炉），推荐双联村同步创建省级、市级示范村；推荐五指山生态园、夹水潭生态园、响水滩创建县级示范先进园区，成功创建鱼溪镇果渔综合体（响水滩）县级先进园区。

【环境综合治理】 加强乡村“五乱”治理，广泛开展“五清”行动，逐步引导老百姓养成讲文明、爱卫生的良好习惯。投入资金 108 万元，清理河道 223 千米、水面漂浮物 168 吨、河道障碍 74 处、河道垃圾 174 吨；投入资金 18 万元，清理各类渠道 126 千米、河道内外杂物 48 吨；投入资金 14.5 万元，清理公路涵洞、排水排污沟 103 处、淤泥垃圾等 81 吨；投入资金 12 万元，清理农田排水沟 112 处、农作物秸秆等杂物 68 吨；投入资金 25.6 万元，清理村民院落、聚居区房前屋后明暗沟 1996 处、淤泥垃圾等 84 吨；投入资金 76.8 万元，清理公路 593 千米、路面杂物垃圾 86.2 吨、违规非公路标志牌 141 块、私搭乱建 1450 平方米、违规摆摊设点 253 个；投入资金 2706 万元，清理庭院 7686 个，清理村民房前屋后杂物、柴草乱堆放 6625 处，清理垃圾、杂物、残垣断壁、路障 180 余吨；完成 701 户农村改厕。加强场镇市容市貌管理，加大对各村、社环境卫生的督查，全力打造美丽乡村升级版，营造优美人居新环境。

（赵　军　蒋　玲）

铁佛镇

【基本情况】 铁佛镇位于县城西南，北纬 29°47′，东经 104°36′，东连高楼、鱼溪镇，南邻威远县观音滩、连界镇，西界罗泉镇，北接龙结镇。镇政府驻铁佛场，距县城 30 千米。全镇辖区面积 56 平方千米，集镇建成面积 0.353 平方千米（其中茶店子 0.073 平方千米），耕地 2.39 万亩（其中田 1.5 万亩），森林 14946 亩（覆盖率 17.79%）。地形北高南低，属坪状高丘地貌，地质为喀斯特类型，海拔 450 ～ 550 米。矿产主要有石灰石、煤等。土壤为暗紫泥土、冷沙黄泥土。镇辖 9 个行政村（石钟、高荣、太平、石关、柏龙、浪水、新立、茶店子、高屋基）、88 个村民小组，1 个社区（铁佛场镇）、7 个居民小组。全镇年末总人口 32274 人（其中城镇居民 2245 人），总户数 12019 户。2020 年工业总产值 12203 万元（规模工业实现工业总产值 12023 万元，增速达 15%，超额实现目标任务，规模工业万元增加值能耗下降率 2%；非规模工业销售收入 180 万元，增速 9%）。完成地方公共财政预算收入 34.7 万元（其中社会抚养费收入 0.5，其他非税收入 34.2 万元），农业经济实现 18815.83 万元，增速 3.6%。农村居民人均可支配收入 16400 元，转移劳动力 11000 人，劳务收入 3.5 亿元。

【村级建制调整改革】 铁佛镇村级建制调整，由原 11 个行政村（石钟、高荣、太平、石关、柏龙、浪水、干坝、新立、茶店子、高屋基、邵家坝）、1 个社区合并为 9 个行政村、1 个社区。具体调整为：将干坝村和浪水村合并为浪水村，辖 7 个村民小组；将邵家坝村和茶店子村合并为茶店子村，辖 13 个村民小组。2020 年 5 月，涉改村完成挂牌仪式，并按程序完成村临时党组织和临时工作委员会的组建。

【农业】 以种养循环现代农业产业园区发展带动农业产业化经营，2020 年全镇实现农业产业化产值 14443.9 万元。粮食作物以水稻、小麦、玉米、红苕为主，总产量 14023 吨；经济作物主要为油菜、花生、水果等，其中油菜籽产量 879 吨、花生 274 吨 、水果 11360 吨。全年出栏生猪 3.725 万头、大牲畜 91 头、小家禽 27.7298 万只、兔 12.2815 万只、羊 7367 只。全年享受耕地地力补贴面积 23596.66 亩，发放金额 268.41 万元，享受稻谷补贴面积 3205.31 亩，发放金额 18.27 万元。

【招商引资】 2020 年，铁佛镇引进四川天源达环保科技有限公司、资中县宏岭矿业有限公司落地铁佛镇，其中天源达公司总投资 32000 万元，已投入正常生产经营，2020 年达到规模以上企业标准；宏岭矿业有限公司总投资 2600 万元，已正常生产经营。

【旅游资源】 铁佛古镇历史悠久，文化底蕴深厚，有 113 处文物保护点，2020 年文旅资源普查新增文旅景点 38 个。客家文化源远流长，全镇有客家人 2.5 万人，会说客家话的约 1.7 万人；清代古建筑群、街道等文物古迹（南华宫、王家祠等）保存完好，另有兴鹏宾馆、福运宾馆、万达宾馆、紫云小镇饭店、迎宾旅馆等可供游客食宿。镇整合资源优势，优化旅游环境，规范建筑修缮、翻建、摆摊设点及商业经营行为，有效提升铁佛形象，促进旅游业发展。全年接待游客 1.15 万人次，旅游总收入 420 万元。

【小城镇建设】 2020 年，按照总体规划布局，铁佛镇采取分块建设、同步推进的措施。在城镇公共服务和配套设施建设中，确保镇教育质量稳中求进、医疗卫生设施覆盖镇全部居民、工业特色产业健康稳步发展。城镇市政公用设施建设中，对铁佛街进行维修改造，并对场镇所有街道的水系进行清理，竣工后场镇面貌将进一步改善。按照“生产发展、生活宽裕、乡风文明、村容整洁、管理民主”要求，着力于人居环境建设，场镇人均绿地面积达 13 平方米。投资建设日处理能力为 500 立方米的污水处理厂，2020 年场镇污水已有 80% 能进入污水处理厂。按照村运、镇收、县处理模式，配备垃圾转运车 4 辆、镇垃圾临时转运站 2 个。

【基础设施】 交通：2020 年，镇内有公路 286.835 千米，其中县道 25 千米（铁茶路划归县道）、镇道 13 千米、通村公路 248.835 千米（本年水泥硬化 11.67 千米，其中柏龙公路 1.6 千米，茶店子公路 4.1 千米，太平公路 4 千米，石关公路 0.45 千米，浪水公路 1.52 千米）。水利：有水库 11 座，其中小（1）型 1 座（解放）、小（2）型 10 座（石钟、中华、蒲田沟、三岔、长堰塘、石海角、芦家堰、友谊、高峰、大椏口），总库容 325.16 万立方米；山坪塘 538 口，石河堰 6 道，电力提灌站 6 处，输水渠系 27.5 千米，全镇总蓄水量 962 万立方米，有效水量 281.5 万立方米，有效灌溉面积 1.61 万亩。广播电视：11 个行政村通光纤电视，用户 3421 户。供水：全镇 5020 户（含场镇居民）使用自来水。供电：全镇用电户 13331 户，用电量 710 万千瓦时。

【社会事业】 教育：2020 年，镇内学校 4 所（镇中心校，茶店子、石关、浪水小学），在校学生 2143 人（其中初中生 620 人），教职工 119 人；幼儿园 1 所，在园幼儿 87 人。医疗卫生：镇卫生院 1 所（床位 50 张、医务人员 34 人），村卫生室 28 个（卫技人员 29 人），个体诊所 2 个；参加城乡居民基本医疗保险二档 25554 人。文化事业：村文化活动室 9 个，文化惠民活动 5 次，新增体育健身路径 2 条。社会保障：镇内敬老院 2 所（铁佛、茶店子），院内供养五保老人 53 人，院外 242 人；城乡居民基本养老保险参保 12810 人，其中 60 周岁以上领取养老保险金 5088 人；机关事业保险参保 92 人（其中在职 70 人、退休 20 人）；对 20 名居住镇内领取社会养老保险费的退休人员进行资格认证；督促 5 户企业每月按时上缴工伤保险基金；享受最低生活保障 938 人（其中城镇低保 26 人）。劳动就业：搞好农民工培训，提高农民工素质，全年培训 4400 人，帮扶 9 名“4050”就业困难人员实现就业，城镇新增就业 200 人，下岗失业人员实现再就业 52 人。信访：全年受理信访案件 67 起，均予回复，群众满意度 100%；排查发现各类矛盾纠纷 364 起，调处 364 起，成功率 100%。

（张大力　贺　雪）

高楼镇

【基本情况】 高楼镇位于县城西北，北纬 29°52′，东经 103°19′，与归德、鱼溪、铁佛、龙结和球溪镇相邻。镇政府驻高楼场新街 261 号，距县城 23 千米。全镇辖区面积 89.68 平方千米，集镇建成面积 2.28 平方千米（其中走马 0.78 平方千米），耕地 52369 亩，林地 38745 亩，森林覆盖率 32.69%。地属浅丘，矿产资源主要有石灰石。土壤为紫色泥土和水稻土。镇辖 22 个行政村（紫金、清凉、五四、集中、鹤林、一心、共家、雨台、玉皇庙、三河、龙台、天星、帽角山、瓦子坳、庙湾、东岳庙、乌龟山、东溪湾、花树湾、新合、钟家祠、吊脚楼）、199 个村民小组，2 个社区（高楼场、走马场）、22 个居民小组。2020 年末，全镇总人口 67633 人（其中男性 36038 人、城镇居民 5423 人），出生 537 人，死亡 472 人，人口自然增长率 0.96 ‰。地方一般公共预算收入 50.3 万元，农村居民人均可支配收入达 17986 元，转移劳动力 22800 人，劳务收入 5.1 亿元。

【村级建制调整改革】 调整改革前，高楼镇共有 26 个村、3 个社区。2020 年 5 月，镇实施村级建制调整改革，将天星村和世民村合并为天星村，玉皇庙村与合群村合并为玉皇庙村，藿麻村第 1、2、3、4、5 村民小组划归龙台村管辖，藿麻村第 6、7、8、9 村民小组划归共家村管辖，张家嘴村与走马场社区合并为走马场社区，高楼场镇社区与高新街社区合并为高楼场社区。优化调整后全镇设置 22 个村、2 个社区。

【农业】 全镇实现农业总产值 65718.4 万元。粮食作物总产量 37968 吨（其中水稻 11412 吨、玉米 13879 吨，豆类 2232 吨、薯类 10445 吨），经济作物总产量 3270 吨（其中油菜 2317 吨、花生 953 吨），粮食补贴涉及 17835 户、48968.31 亩，共 557.02 万元。生猪出栏 69956 头，年底存栏 28321 头。认真贯彻党中央关于乡村振兴战略的决策部署，依托“不知火”在全县的主导产业优势，规划建设资中“不知火”现代农业产业园区，按照“一镇、一核、两环、三区、多点”的“1123+N”规划布局，核心区规划面积 1.8 万亩，涉及 12 个村；截至 2020 年，全镇累计发展“不知火”面积 2.9 万亩。

【工业企业】 镇域内共有工业企业 14 户，其中规模以上企业 3 户（四川根兴食品有限公司、四川农丰饲料有限公司、四川省骏钦贸易有限公司），规模以下企业11户（资中三合电站、资中县缘木源家具有限公司、资中县金座家具有限公司、资中县高楼集中供水站、资中县维派家具有限责任公司、四川世豪家具有限责任公司、资中县走马宏源建材厂、资中县宏源水泥制品有限责任公司、资中县东合泰升建材厂、资中县玉泽施工设备服务有限公司、资中县荣恒建材有限公司）。

【基础设施】 2020年，公路总里程数664.43千米，其中321国道10千米，省道8.9千米，县道16.15千米，镇道16.1千米，村组道（包含便民路）613.28千米。水利：有小（1）型水库2座（石板河、易家街），有小（2）型水库12座（蔡家沟、裤头河、水鸭田、杨家沟、爱国、白果桥、曹家沟、查尔岩、大坡岩、红花、黄天嘴、三岔堰），总库容700.98万立方米。其他：全镇有自来水用户6207户，管道燃气用户5939户，金融机构网点4个。

【招商引资】 2020年，引进资中县昶欣旺生态农业园项目，总投资2588万元，新建猪舍5000平方米、水果种植区480亩，以及相关附属配套设施，年出栏生猪3000头，年种植李子产量5000吨；引进资中县荣恒建材有限公司项目，总投资2000万元，为碎石、机制砂生产线，机械设备17台，厂房13000平方米，计划用地19亩。

【社会事业】 2020年，全镇有中小学6所（高楼镇中心校，走马中心校，共农、三河、逸夫、东合小学），教职工221人，在校学生3325人；幼儿园6所（其中公办2所），教职工44人，在园幼儿819人。医疗卫生：镇卫生院2所，村（社区）卫生室50个；参加城乡居民基本医疗保险人数54093人。敬老院2所，院内供养五保老人120人，院外供养728人，城镇五保3人；城乡居民参保人数35212人，其中60岁以上领取养老金11601人；享受最低生活保障1017户1632人，金额38.54万元（其中城镇17户18人，金额为6677元）。其他：农民实用技术培训220人次，城镇新增就业185人，计生奖励扶助729人，落实优抚政策，补助优抚对象756人，金额总计41.21万元。

【其他工作】 场镇环境实现提质增效，安装场镇太阳能路灯50个，整治场镇卫生死角80余处，购买分类垃圾桶20个，美化场镇道路200米，高楼、走马两座污水处理厂投入运行。农村人居环境整治深入推进，整村推进“厕所革命”，新建三格化粪池925口。社会治理有效加强，高楼镇派出所被命名为省级“枫桥式公安派出所”。大力推行“543”工作法助力社会治理，信访矛盾2020年化解率100%。

（崔兴乐　王曼任）

归德镇

【基本情况】 归德镇位于县城西北，沱江上游，北纬29°48′，东经104°44′，与重龙、水南、鱼溪、高楼、球溪镇及资阳市雁江区相邻。镇政府驻归德场德胜新街58号，距县城23千米。全镇辖区面积85平方千米，集镇建成面积1.443平方千米（其中甘露场0.243平方千米），耕地3.37万亩，森林32681.85亩（覆盖率39.28%）。地属中浅丘陵，地形西北偏高、西南偏低。矿产主要有河沙、圆石。矿产主要有石料、沙金、河沙、豆元石。土壤以水稻土、紫色土和灰棕泥土为主。有集市4个（归德场、甘露场、马沿、道合寺），镇辖18个行政村（特建、童家嘴、天鹅山、罗汉道、官斗山、芦高山、凤凰、长兴、印盒、月亮峡、麻柳河、楠木湾、菠萝寺、杨坪冲、甘露寺、玉皇、大龙、小尖山）、139个村民小组，2个社区（归德场、甘露场）、8个居民小组。2020年总人口46377人（其中城镇居民2862人、男25952人），农业人口43755人；2020年全镇出生292人，死亡192人，人口自然增长率2.1‰。公共财政预算拨款收入2808.55万元；农民人均可支配收入1.78万元；转移劳动力18664人，务工收入3.45亿元。

【村级建制调整改革】 按照“调优、调强、调大”的原则，将童家嘴、李古坳、印盒、凤凰、天灯、双民、大龙、甘露寺等21个行政村、2个社区调整为18个行政村、2个社区，减少3个村，减幅13%。将李古坳村、童家嘴村合并为童家嘴村；将印盒村第1、2、3、4村民小组划归凤凰村管辖；将印盒村第5、6、7村民小组划归天灯村管辖，命名为印盒村；将双民村第1、2村民小组划归甘露寺村管辖；将双民村第3、4村民小组划归大龙村管辖。按照以强带弱、地域相近、产业相近、促进发展的原则，涉及调整的村（居）民小组116个（村民小组101个，居民小组15个），调整率58.8%，调整后有139个村民小组（减少43个）、8个居民小组（减少7个），减少率25. 3%。

【农业】 2020年，种植：粮食作物以水稻、玉米为主，水稻4097吨，玉米8775吨；经济作物主要为油菜、花生、蔬菜、枇杷、血橙，其中油菜1555吨，花生706吨，蔬菜50684吨，枇杷17919吨，血橙8000吨。养殖：年出栏生猪4.36万头、小家禽（畜）53.99万只、家兔20万只；水产品产量1844吨。粮食直接补贴33585.1亩、补贴金额398.76万元，稻谷补贴面积3201.54亩、补贴金额18.25万元；基本农田保有量完成1957.21公顷。归德镇枇杷园区被综合评估为省级优秀农业科技园区、内江市三星级枇杷现代农业园区，归德镇被评为市级科技支撑产业发展创新型镇。

【工商企业】 2020年镇规模以上企业为四川省资中县铭鸿食品有限责任公司，主产酱腌菜，产值3000万元；12月，四川丰旭新型建材有限公司成功申报为规模以上工业企业，主要生产钢筋混凝土排水管、水泥管等，产值2224万元。

【基础设施】 交通：成渝铁路纵贯全境，有火车站2个（归德、登瀛崖），其中归德火车站是归连（归德至连界）铁路的起点站；汽车客运站2个，镇内有归渔（归德至渔溪）、归阳（归德至阳鸣）、归甘（归德至甘露）、顺朱路（归德至顺河场）县道及村组公路339.25千米，完成改造通组公路硬化7.09千米，其中芦高山村0.86千米，月亮峡村0.84千米，甘露寺村3.49千米，小尖山村1.9千米，建设投资322.1万元。沱江河左岸甘露片岸线长21.496千米，右岸归德片岸线长19.6千米；支流麻柳河在归德境内4.6千米，在麻柳河村7社归德码头汇入沱江河；有归德、甘露、登瀛岩、牛碾沱、双峰、机关石6个水码头。水利：有水库8座，其中小（1）型1座（白砂嘴），小（2）型7座（茄丝坝、道合寺、沙湾、黑洞子、五里班、龙洞河、石盘山），总库容347.1立方米。小型农田水利设施建设“宜居乡村”基础建设项目投资11.5万元，新修大龙村石田坎2根、杨坪冲村石田坎1根、新建芦高山村山坪塘1口、小尖山村蓄水池2口。

【社会事业】 教育：2020年，镇内学校7所（镇中心小校、马沿小学、印盒小学、甘露中学、宝峰小学、沙湾小学、明德小学），小学入学率、学前三年普及率、15岁人口初等教育完成率均达100%，在校学生2412人，教职工214人。幼儿园9所，在园幼儿394人，教师28人。医疗卫生：镇卫生院2所，医护人员共34名，主要设备有DR、彩超、全自动生化等，床位110张；村卫生室36个，村医生33人；个体诊所4个，医务人员10人；参加城乡居民基本医疗保险35903人，缴费845.1万元。社会保障：全镇五保老人562人，其中院内65人；最低生活保障城镇47人，农村770人；城乡居民基本养老保险参保缴费14136人，60周岁以上领取养老保险金8193人。就业：新增城镇就业384人，城镇失业人员再就业73

人，促进高校毕业生实现创业 3 人。其他：帮助贫困学生 27 人（每人每年 3000 元），直到高中毕业；改造农村 D 级危房 42 户，农村 C 级危房 6 户；提供法律援助咨询10余人次，法律援助案件4件。

【其他工作】 新冠肺炎疫情防控情况：落实“三四一”服务人员 1101 人，463 名党员、志愿者 24 小时值守防疫卡点 48 个，保障一线防护口罩 3.1 万只，消毒、劝返车辆 4.6 万辆次。抗洪：组建“党员巡逻队”26 支、临时党组织 7 个，党员 1298 名，昼夜值守警戒点 18 处，转移群众 1817 户 6048 人，救援 512 人，无人员伤亡。鉴定抢修进水房屋及电路 600 余户，清淤 1.3 万吨，消毒 66.2 万平方米。信访：镇加强政务服务中心管理，及时调查处理群众来信来访。全年结办信访案 198 件，开展集中下访活动 24 次，排解矛盾 386 件。综治：打击各种刑事犯罪活动，积极开展全民禁毒斗争。落实社会治安综合治理措施，深化整体联动治安防范工程，组织村（社区）干部、志愿者每月治安巡逻 170 余次，整顿和规范经济秩序，集贸市场、建筑市场、医药市场和食品、种子等专项整治取得良好效果。

（刘学军　朱素佳）

球溪镇

【基本情况】 球溪镇位于县城西北，北纬 29°54′，东经 104°37′，东连归德镇，南靠高楼镇，西界龙结镇，西北与发轮镇相邻，北接资阳市雁江区。镇政府驻炭市坳巷 41 号，距县城 35 千米。全镇辖区面积 96 平方千米，集镇建成面积 1.935 平方千米（其中顺河场 0.125 平方千米），耕地 46020 亩，林地面积 52200 亩（森林覆盖率 36.25%）。地形东北偏低，西南、西北偏高，属浅丘中谷地貌，河流呈西南往东北流向，最高点（黑山子）海拔 501 米，最低点（大河口）327.6 米。矿产有河沙、页岩、鹅卵石、砂石。土壤为水稻土、大板泥、大眼泥土、二泥土、紫黄泥土、灰泥土、石骨子土、黄沙土、夹沙土、潮沙土。镇辖 15 个行政村（双堰塘、大佛沟、界牌、鸡公山、大黑山子、甑子坝、雷打坡、翠流、高店子、六角庙、白草坝、曹古坪、大象寺、新房子、张家祠）、132 个村民小组，4 个社区（高铁新城、张家桥、球溪河、双峰）、69 个居民小组。2020 年，全镇年末总人口 61472 人（其中城镇居民 7822 人，男 33948 人，女 27524 人），总户数 20138 户。2020 年全镇出生 427 人，死亡 432 人，人口自然增长率 −0.45‰。本级公共财政预算收入 25 万元，农民人均可支配收入 18701 元。劳务输出 23000 人，劳务收入 8.52 亿元。

【村级建制调整改革】 调整改革前，镇辖 22 个行政村（双堰塘、大佛沟、界牌、牌坊沟、马鞍山、鸡公山、油房湾、大黑山子、甑子坝、张家桥、雷打坡、高坳、翠流、高店子、双峰寺、六角庙、菜子沟、白草坝、曹古坪、大象寺、新房子、张家祠）、161 个村民小组，5 个社区（泉江、顺江街、和平街、交通街、顺河场）、80 个居民小组。2020 年 5 月，球溪镇实施村级建制调整改革。将菜子沟村、白草坝村合并为白草坝村；将高坳村、翠流村合并为翠流村；设立双峰社区，将双峰寺村、顺河场社区划归其管辖；设立球溪河社区，将泉江社区、顺江街社区、和平街社区、交通街社区、牌坊沟村、鸡公山村第 1 村民小组、鸡公山村第 2 村民小组划归其管辖；设立高铁新城社区，将马鞍山村、油房湾村划归其管辖；设立张家桥社区，将张家桥村划归其管辖。调整改革后，镇辖 15 个行政村、132 个村民小组，4 个社区、69 个居民小组。村级建制调整改革后减少行政村 7 个，优化比例 68%，调大调强集镇村、中心村、特色产业村，形成梯次分明的村级发展格局；完成村改社区 4 个，构建新型城乡融合互动形态；村（居）民小组调整改革后减少村民小组 29 个、居民小组 11 个，减幅 17%。

【农业】 2020 年，实现农业增加值 34703 万元。种植：粮食作物以水稻、玉米为主，总产量 29884 吨；经济作物主要为油菜、花生，年产量分别为 1776 吨、1097 吨。养殖：年出栏生猪 4.98 万头、家禽 55.90 万只、家兔 24.42 万只、肉牛 89 头、肉羊 10907 只，水产品产量 2073 吨。兑现耕地地力保护补贴 510.70 万元，农机购置补贴 3.4 万元。新增家庭农场 2 个，清理空壳社 5 个，实有专合社 27 个、家庭农场 68 个。申报万亩柑橘园、稻果鱼种养结合现代农业产业园、柠檬柚果树现代农业园 3 个农业产业园区建设；优化新增资中血橙种植约 100 亩；建设玻璃钢循环养殖场项目，修建养鱼池 150 口；建设稻果鱼产业发展小型提灌站 1 个；省级乡村振兴战略示范村 90 万元奖补资金用于双峰寺村农村人居环境整治、产业发展基础设施配套、乡村治理及乡风文明建设，其中新建龙虾养殖基地 20 亩。

【脱贫攻坚】 2020 年，球溪镇 938 户 2275 名建档立卡贫困户均已参加城乡居民基本医疗保险二档，1304 户 2071 人享受“低保”、727 人享受特困政策、974 人享受重度残疾补贴政策、441 人享受困难残疾补贴；580 人享受计生奖扶政策、82 人享受计生特别扶助政策；新增派球溪镇中心校增派帮扶责任人 44 人，顺河片区中心校增派帮扶责任人 15 人，共计帮扶贫困户 295 户，全镇市级帮扶责任人 2 人，县级帮扶责任人 105 人，镇级帮扶责任人 236 人；完成贫困户危房改建 14 户（D 级 6 户，C 级 8 户）；中省财政专项扶贫资金第一批产业到户项目（入股养殖加州鲈鱼），完成报账 96.26 万元；中省财政专项扶贫资金第一批基础设施建设项目（太平嘴村 2 口堰塘和 1.633 千米水渠、太和桥村 7 口堰塘和 12 口蓄水池已完工、大象寺村 2 口堰塘和 6.525 千米便民路、菜子沟村 1 口堰塘），完成报账 141.1 万元；中省财政专项扶贫资金第一批资产收益玻璃钢循环养殖场项目，完成报账 191.2 万元；县级财政专项扶贫资金项目第一批牌坊沟村公路项目已完工，完成报账 55.79 万元；市级财政专项扶贫资金资产收益扶贫项目，菜子沟村和大象寺村各投入市级财政资金 100 万元，合建生猪养殖场一座，项目占地约 3000 平方米，圈舍面积 2300 平方米，完成报账 195.5 万元。2020 年中省财政专项扶贫资金第二批产业到户项目，对 2019 年底系统中人均收入低于 5000 元的贫困户 251 户 599 人发展种兔养殖产业，投入省级财政资金 23.96 万元采购种兔 1997 只，实际发放 1974 只，完成报账 23.54 万元；省级财政专项扶贫资金（第二批）资产收益扶贫供水泵站项目，在双堰塘村建设供水泵站一座，包含 1000 立方米蓄水池 1 口，完成报账 82.45 万元。

【工商企业】 全镇有工业企业 19 个，其中规上工业企业 6 个（四川成实天鹰水泥有限公司、四川沙淇实业有限公司、资中县嘉富木业有限责任公司、四川弘升药业有限公司、资中县诚科建材有限责任公司、资中县球溪建材厂），2020 年实现工业总产值 104053.96 万元、同比增长 17.14%，销售收入 82001.95 万元、利润 -1385.33 万元。其中四川成实天鹰水泥有限公司（央企），主产干法水泥，实现产值 81684.02 万元、销售收入 57064.90 万元、利润 78.20 万元；四川沙淇实业有限公司（其他有限责任公司），主产食用酒精、单一饲料，实现产值 6258.79 万元、销售收入 8427.00 万元、利润 -1236.80 万元；资中县嘉富木业有限责任公司（私营企业），主产中密度纤维板，实现产值 6258.79 万元、销售收入 3365.33 万元、利润 -66.73 万元；四川省弘升药业有限公司（私营企业），主产中药饮片，实现产值 8199.40 万元、销售收入 8657.20 万元、利润 -292.80 万元；资中县诚科建材有限责任公司（私营企业），主产砼结构构件、商品混凝土，实现产值 2589.98 万元、销售收入 2270.43 万元、利润 40.80 万元；资中县球溪建材厂（个人独资企业），主产砖，实现产值 2914.00 万元、销售收入 2217.09 万元、利润 92.00 万元。

【旅游业】 2020 年，“河田山谷”观光旅游项目，已清理拓展岩洞 23 个，打造塑山 3 个、雕塑 2 处、石刻 8 处，进厂大门主体和美化装饰、游客中心售票厅主体、导游室主体建设完成，道路硬化 3 千米，修建长城围墙 2 千米，拆迁肖洞子庙 1 个，规划农副产品摊位 32 个、生态停车场 3 个，种植芭蕉 13 万株、中药材 286 亩，翠流湖 3.8 公路两边绿化率达 80%。

【小城镇建设】 2020 年，投资 20.27 万元，完善环卫基础设施建设，新购置洒水车 1 辆，拆除原有垃圾房 17 处，硬化垃圾点位 37 处共 256 平方米，封闭原有垃圾房 15 处。投资 3725 万元，在高铁新城社区（原马鞍山村）建设球溪生活垃圾压缩式中转站，配备各类垃圾车、电动三轮车、生活垃圾分类桶等附属设施，压缩生活垃圾 160 吨 / 天，服务球溪及周边 7 个镇，2020 年 7 月正式完工；投资 141.84 万元，在张家桥村建设一体化污水处理设施及管网，2020 年 7 月 28 日正式完工；投资 800 万元，在顺河场建设日处理污水量达 75 吨的污水处理厂，2020 年 12 月 30 日正式完工。开展场镇秩序综合整治专项活动 20 次，规范摊位 186 处；对场镇重点区域规范化管理实行定点定责定岗制；新增道路监控设备 9 个，投资 10 余万元，加强对占道经营和摊点乱摆乱放进行定期不定期治理；设置季节性果蔬等商品临时销售点。

【基础设施】 交通：成渝高速公路（设有上下行进出口）、321 国道、仁顺公路穿境而过，公路、水路四通八达。2020 年，镇内有成渝铁路 8.8 千米、高速公路 8 千米，国道 8 千米，县道 23.2 千米，乡村道 408.43 千米。成自高铁（球溪镇）正在建设，成自高铁球溪段全长 8.5 千米，项目总用地 260 亩，其中一期用地 120 亩，主要修建站前广场、站前路及相应基础配套设施；二期用地 140 亩，主要建设站前道路及相应基础配套设施。该项目一期已完成土地调规、林业用地报征、征地预公告公示、用地预审程序中的勘察论证、项目用地红线放线、正式征地前的社会动员、房屋测量工作。2020 年 11 月 26 日组织公开招标，由四川宏图都市建筑设计有限公司中标，负责对该项目进行概念设计和施工图编制，中标金额 278 万元。设计方案已通过专家评审、局务会审核，正等待专委会及规委会审核评议。节地评价报告、用地预审报告、社会稳定风险评估报告、现状调查、征地拆迁补偿安置方案编制等工作正在有序推进。该项目二期已提交《成自高铁 · 资中球溪站站前广场基础设施建设项目用地红线图（二期）》《球溪镇高铁新城用地布局图（初设方案）》。乡村道中本年新建水泥路 2.12 千米（鸡公山村 390 米，高坳村 980 米，泉江社区 750 米）。水利：有水库 6 座，其中小（1）型 1 座（东风）、小（2）型 5 座（大山、群利、莱子沟、水鸭沱、谭桥），总库容 360.7 万立方米。

【社会事业】 教育：2020 年，镇内有中小学 16 所（球溪高级中学、球溪镇中心学校、顺河场中心学校、球溪镇小学、翠流小学、张家小学、葵花小学、成渝小学、泉宜小学、阳鸣小学、育才小学、甑子坝村小、高店子村小、曹古坪村小、磙子山村小、莱子沟村小），在校学生 9978 人，教职工 642 人；幼儿园 5 所（球溪镇幼儿园、卉卉幼儿园、胜利幼儿园、贝贝星幼儿园、新艺幼儿园），在校幼儿 1172 人，教职工 46 人。医疗卫生：镇内中心卫生院 2 所，有医生 32 人，护士 19 人，药剂 7 人，彩超、B 超以及其他医技人员 7 人，床位 133 张；村卫生室 67 个。社会保障：城乡居民基本医疗保险参保 48764 人，城乡居民基本养老保险参保 10190 人，60 周岁以上领取养老保险金 10165 人。敬老院 3 所（球溪镇中心敬老院，顺河场中心敬老院，顺河敬老院），院内供养五保老人720人。享受五保132人（其中农村124人，城镇8人），享受最低生活保障2071人（其中农村1337人，城镇734人）。民生工程：为1657人80周岁以上老人提供居家养老服务，救助2名贫困家庭脑瘫儿童，为985名重度残疾人发放护理补贴，为150名贫困残疾人适配基本辅助器具，城乡残疾人居家灵活就业55人。困难救助：临时救助72人，自然灾害救助2059人。就业与培训：城镇新增就业405人，失业人员再就业132人，农民工转移就业19261人，高校毕业生自主创业2人；受理企业主体吸纳贫困户就业申请补贴3个；新增农村公益性岗位37人，疫情防控期间临时公益性岗位4人，城镇公益性岗位4人；举办脱贫能人培训1次88人；大篷车贫困户培训248人；创业技能培训10次300余人；开展就业招聘会5期，提供就业岗位300余个。

【其他工作】 环境综合治理：完善环保设施，修复主管网100余米，维修、疏通场镇二三级管网500余米，维修改造场镇范围内污水收集池47个，排查改造沿河居民直排管道500余户；开展张家桥社区、雷打坡村农村生活污水治理“千村示范工程”，新建污水处理设施59座，入户管网约1700余米；规划二级场镇4个、行政村污水治理点位25个，推进球溪河流域农村生活污水治理。信访：球溪镇有20个调解委员会23名调解员，排查调解一般性矛盾纠纷376起，成功调解374起，调解成功率99.4%；接待群众来访36次，处理网络信访件26件，“12345”热线154件，县委书记、县长热线13件，结案率100%。综治：球溪镇有“红袖标”巡逻队20支，累计开展治安巡防2116次。文物古迹：2020年7月，球溪镇鸡公山村发现宋墓2处。疫情防控：球溪镇内防扩散、外防输入，在非常时期划分重点、管控和普通“三级防控”区域，严格落实“331”机制疫情防控管理服务，明确部门负责切实开展“平安回家”“平安出行”活动，支持协调弘升药业新增KN95口罩生产线，全力打赢疫情防控阻击战，涌现先进典型人物若干，其中新闻媒体报道80人（央视报道1人、腾讯视频1人、四川新闻网2人、《内江日报》3人、“资中融媒体中心”3人、“弘资中”70人）。抗洪抢险：沉着应对“8·13”“8·17”两次洪峰过境，成功实现“三零”目标，4个小时成功撤离商户137户400余人，紧急调动党员干部100人、民兵30人、网格员10人、志愿者30人全面参与被淹区域人员转移和受威胁地带群众财产转移，共计转移3201人。长江流域禁捕退捕：2020年8月6日，签订渔民退捕补偿协议100%；举办退捕渔民职业技术培训2次；全力做好流域重点水域禁捕和退捕渔民安置工作。金牧粮草种植：完成球溪河、龙结河沿河两岸金牧粮草种植460亩。劳动监察服务：全年受理7起欠薪投诉，涉及100余人次，涉及金额80余万元，成功调解3起，为劳动者讨回工资30余万元；移交县劳动监察大队2起，主要涉及高铁建设、垃圾中转站项目等建筑领域劳动者工资欠薪问题。

（胡清高　胡枫秋）

罗泉镇

【基本情况】 罗泉镇位于县城西北，北纬29°49′，东经104°37′，东连铁佛镇，南界威远县连界镇，西邻仁寿县，北接龙结镇。镇政府驻罗泉场广福街20号，距县城49千米。全镇辖区面积64平方千米，集镇建成面积3.5平方千米，基本农田实际保有量30580.5亩，森林覆盖率33.6%。地形东南偏高、北偏低，最高点（獐子坳）海拔593米，最低点（小桥村韩家坝）320米，属浅丘平坝地貌。矿产主要有石灰石、煤。土壤为水稻土、大混土、小沙土、石骨子土、黄沙土、潮沙土。镇辖9个行政村（小桥、曹家、石河、下河、蒲家、龙灯、睢家、共和、窟窿）、90个村民小组，1个社区（禹王宫）、14个居民小组。全镇年末总人口31760人（其中城镇居民1445人、男17003人），总户数10581户。2020年，全镇出生256人，死亡143人，人口自然增长率3.48‰。全年本级公共财政预算收入24.91万元；农民人均可支配收入17300元；劳务输出1.14万人、收入1.68亿元。

【村级建制调整改革】 2020年5月，完成村级建制调整改革，将原来的11个村调整为9个村。松坪村和下河村合并为下河村，新村办公地点设在原松坪村办公室，辖16个村民小组。板板桥村第1、2、3、4、5村民小组划归睢家村管辖，办公地点设在原睢家村办公室，辖15个村民小组。板板桥村第6、7、8、9、10村民小组划归共和村管辖，办公地点设在原共和村办公室，辖17个村民小组。2020年12月，完成社区建制调整改革，将原来的2个社区调整为1个社区。罗泉场社区与禹王宫社区合并为禹王宫社区，办公地点设在原禹王宫社区办公室,辖14个居民小组。

【农业】 2020年,实现农业增加值18221.17万元。种植：粮食作物以水稻、玉米、红苕为主，总产量1.88万吨；经济作物主要为油料作物、水果，其中油料作物1190吨、水果产量16859吨。养殖：全镇出栏生猪26323头、肉牛717头、羊7782只、小家禽(畜)297968只；水产品养殖面积1406亩，产量1154吨（主要为草鱼、鲤鱼、花鲢、白鲢）。

【工业】 2020年，实现工业总产值7036万元，其中规模以上工业企业1户（资中县铁佛荣盛白石厂），实现产值3779万元。

【旅游业】 罗泉古镇坐落于群山之中,三面环山，古镇沿沱江支流珠溪河依势而建，主街长2.5千米，俗称“五里长街”，形态自然，宛如一条昂首向东、卧于山水之间的“蛟龙”，历史上称罗泉为“川中第一龙镇”。镇政府围绕“古镇 + 田园”工作思路，“一核两翼”产业布局，奋力打造优质的旅游目的地和农产品供给地，争做内江成都协同发展前沿的奋斗目标，坚持以罗泉会议会址、“九宫、一寺、八庙”为依托，以保护、恢复、规范开发为手段，以盘破门武术、特色民间艺术、罗泉溶洞、沿河自然风光为基础，大力发展“风情文化”；以闻名天下的罗泉豆腐系列打造“休闲饮食文化”，实现旅游兴镇目标。2020年，完成AAAA级旅游景区标准游客接待中心及停车场建设项目、盐神庙、城隍庙修复复建项目、罗泉会议会址和维修及陈列布展、观龙台森林公园（一期）项目附属工程等项目建设。全年接待旅客20万余人次，旅游总收入2000余万元。

【小城镇建设】 2020年，镇持续抓好拆违控违工作，严厉禁止毁坏古镇风貌的修建行为，提出“控拆并重、强化监管、上下联动、属地管理、杜绝增量、消化存量”的拆违控违工作目标。全年控制预建房26户，2128平方米，拆除违法建设4户，面积310平方米，实现全镇“零违建、零增量”工作目标。

【脱贫工作】 2020年，改造危房12户，支付资金216万元。第一批财政扶贫专项资金440万元，其中营盘山村88万元、干坝子村107万元、獐子坳村240万元、龙灯村5万元，用于资产收益扶贫项目基础设施建设,硬化水泥路5.44千米，整治堰塘1口，经县级验收合格。第二批财政扶贫专项资金23.16万元，全部用于产业发展到户项目，给贫困户发放土杂肉鸡，帮助贫困户发展养殖业，已全部发放，通过县级验收。

【基础设施】 交通：2020年，镇内公路140千米，其中县道20千米，镇村道120千米（包括本年水泥硬化獐子坳村公路3千米、营盘山村公路1.1千米）。水利：有水库8座，其中小（1）型1座（银家街）、小（2）型7座（平桥、五星、白杨、吕洞沟、达摩山、桥上桥、大坟坝），总库容365.44万立方米；整治山坪塘6口，取缔网箱和肥水养鱼 17 处。其他：古镇项目建设情况，河道整治 3.5 千米，沿河建设游步道 4 千米、骑游道 2.4 千米；污水管网建设主体工程已完工，场镇及周边居民生活污水已接入污水管网引入污水一体化设备进行处理；新建公厕 3 座、280 平方米，提档升级 2 座、200 平方米。

【社会事业】 教育：2020 年，镇内学校 5 所（资中县吴仲良第三初级中学、罗泉镇万发小学、罗泉镇睢家小学、罗泉镇小桥小学和罗泉镇小学），在校初中生 643 人、小学生 851 人，在职教师 102 人、工人 5 人；学前三年普及率 93.67%，小学正常适龄儿童入学率、初中入学率均达 100%。公办幼儿园 1 所（罗泉镇中心幼儿园），在园幼儿 183 人；民办幼儿园 2 所（小太阳幼儿园、银家街幼儿园），在园幼儿 117 人。医疗卫生：镇卫生院 1 所，医生 10 人，护士 13 人，主要设备 6 台，床位 40 个，村卫生室 23 个，私人诊所 1 个；参加城乡居民基本医疗保险二档 25467 人。社会保障：敬老院 2 所（睢家和小桥），特困供养人员院内 112 人，院外 374 人；参加城乡居民基本养老保险 18682 人，60 周岁以上领取养老保险金 6052 人；享受最低生活保障 595 户、828 人（其中城镇 51 户、65 人，农村 544 户、763 人）。文体工作：全年开展综合性群众文化活动 4 次，贫困村惠民文艺演出 4 场，体育活动 10 次，镇综合文化站和村（社区）书屋每周按时免费开放；文物保护每月巡查 2 次。2020 年，举办龙灯、牛儿灯表演 2 次；举办罗泉非遗展演——木偶戏和盘破门武术表演 30 余次；每周日在老茶馆举办川剧座唱活动。其他：城乡残疾人居家灵活就业 57 人，资助残疾人子女大学生 5 人；适配基本辅助器具 80 人，资助重度残疾人 458 人护理费用，完成残疾人“量体裁衣”式个性化服务 974 人；开展温暖万家行活动，慰问特困残疾人 24 人。

（周中兴　田　瑞）

龙结镇

【基本情况】 龙结镇位于县城西北，北纬 29°53′，东经 104°31′，东邻球溪、高楼镇，南界铁佛、罗泉镇，西连仁寿县，北接配龙镇。镇政府驻龙结场上升街 57 号，距县城 50 千米。辖区面积 59 平方千米，集镇建成面积 1.56 平方千米，耕地 37000 亩，森林 2.8 万亩（覆盖率 31.8%）。地形南高北低，属坪状高丘、缓丘宽谷地貌。土壤为水稻土、大板泥、二泥土、紫黄泥土、灰泥土、石骨子土、黄沙土、潮泥土。镇辖 12 个行政村（大朝门、米粮、青龙、杨家山、蜂糖河、沙子沟、大路沟、观音坝、盐店、方家坝、白岩洞、芦花村）、115 个村民小组，1 个社区（龙结场）、2 个居民小组。全镇年末总人口 38653 人（其中城镇居民 1857 人、男 20962 人），总户数 12624 户。2020 年，全镇出生 355 人，死亡 174 人，人口自然增长率 4.6‰。农村居民人均可支配收入 1.86 万元。劳务输出 14167 人，收入 1.8 亿元。

【村级建制调整改革】 将长堰子村整村并入沙子沟村，将闵堂山村整村并入龙结场社区，全镇建制村由 14 个减少到 12 个，村（居）民小组由 140 个减少到 115 个。

【农业】 种植：2020 年，粮食以水稻、玉米、小麦、薯类为主，总产量 22160 吨（其中水稻 5660 吨、玉米 9267 吨、其他杂粮 7233 吨）；经济作物主产油菜籽、花生，总产量 1555 吨（花生 642 吨、油菜籽 913 吨）；蔬菜总产量 17524 吨；柑橘类种植面积达 2.3 万亩，其中资中血橙种植面积 1.9 万亩，血橙总产量 4.75 万吨，销售额 1.425 亿元。养殖：主要为猪、禽、兔等，全年出栏生猪 43040 头、牛 43 头、羊 6108 头、兔 12 万余只，小家禽 39 万余只；水产养殖以淡水鱼为主，总产量 1017 吨。耕地地力保护补贴 10327 户，落实补贴面积 35247.51 亩。

【脱贫攻坚】 开展挂牌督战整改问题 581 个，巩固提升行动整改问题 4650 个，问题整改清零行动整改问题 94 个，对照上级反馈指标开展数据质量清洗 3 次，开展动态调整 3 次，建档立卡户 827 户、2209 人。扶贫日系列活动捐款 4100 元；扶贫小额信贷 4 户，金额 7 万元。2020 年中省财政专项扶贫资金投入 677.64 万元，其中投入芦花村、白岩洞村、蜂糖河村 3 个贫困村基础设施建设 577 万元，新建村、组硬化路 6.883 千米，整治山坪塘 5 口，发放羊、鸡、鹅等物资产业到户资金 100.64 万元；市级财政资金投入 100 万元新建养猪场 1 个，正在建设中；县级财政扶贫投入 1.2 万元用于实用技术培训，主要用于对贫困村的贫困户进行实用技术培训，接受培训 400 余人次。

【工商企业】 2020 年，镇内主要工业企业 9 户（鑫盛自来水厂、生猪屠宰厂、时友电站、四川省涛韶商贸有限公司、县明心预制厂黑脸观音分厂、高滩电站、资中县龙结大朝门混凝土有限公司、资中县聚鑫建材厂、四川福满园果业有限公司），营业收入 3100 万元；固定资产投入 1501 万元。

【旅游业】 2020 年黑脸观音场镇建有农家乐 1 个（棕榈园），全镇实现旅游总收入约 3000 万元。在建工程杨家山河田山谷，项目投资 4000 万元。

【招商引资】 2020 年，招商引资企业 1 户（家德福生鲜超市），项目投资 500 万元，已正常运营。

【基础设施】 交通：2020 年，镇内公路 429.63 千米，其中省道 8 千米，县道 6.85 千米，镇、村道 414.78 千米（新硬化 17.23 千米，其中芦花村 4.313 千米、蜂糖河村 1.12 千米、白岩洞村 1.45 千米、大朝门村 1.339 千米、观音坝村 3.9 千米、大路沟村 3.18 千米、方家坝村 0.927 千米、米粮村 1 千米），路面质量良好。基建：加强控制和查处违法建筑，拆除违章建筑 300 平方米。水利：有水库 7 座，其中小（1）型 1 座（狮子岩），小（2）型 6 座（小沟、糖房湾、长河堰、桂花、羊子岩、谭家坝），总库容 311.45 万立方米；水渠 96 千米（其中主干渠 14.5 千米）。供电：全镇户户通电。广电：98% 以上农户通有线电视。供水：场镇社区居民户户通自来水，11 个村（除杨家山外）部分使用自来水，90% 以上农户用机电抽取饮用水。供气：场镇社区 90% 以上居民使用天然气，12 个自然村的村民使用天然气。

【社会事业】 教育：2020 年，镇内有市重点中学 1 所（龙结中学，园林式新型学校），教职工 186 人，在校生 3216 人；小学 3 所，在校生 1675 人、教师 113 人，其中镇中心校在校生 1547 人、教师 89 人，明德（原石柱）小学在校生 106 人、教师 18 人，新莲小学在校生 22 人、教师 6 人。幼儿园 4 所（其中公办 1 所），在园幼儿 707 人，教师 55 人。适龄儿童入学率达 100%。医疗卫生：中心卫生院 1 所（占地近 4000 平方米、建筑面积 2850 平方米，全院职工 59 人、床位 97 张），村卫生室 31 个；城乡居民基本医疗保险参保人数 29598 人。社会保障：有敬老院 1 所（龙结镇中心敬老院），供养特困人员 559 人（其中院内供养 90 人）；城乡居民基本养老保险人数 18073 人，享受最低生活保障 1018 人（其中城镇 67 人）；60 周岁以上领取养老保险金 6945 人；80 岁以上高龄补贴 1225 人。

（张海军 郭美伶）

发轮镇

【基本情况】 发轮镇位于县城西北部，东、北邻资阳市雁江区，西连仁寿县，南接球溪、龙结镇。镇政府驻发轮场中心街 30 号，距资中县城 62 千米、资阳市区 20.7 千米、仁寿县城 44 千米。地理位置优越，交通优势明显。全镇辖区面积 96.41 平方千米，集镇建成面积 1.239 平方千米（配龙 0.539 平方千米），耕地 56979.9 亩，林地面积38200亩，森林覆盖率为39.8%。地形东北较高、东南较低，属浅丘中谷地貌。矿产主要有河沙、石料。土壤为水稻土、紫色土、紫黄泥土、大板泥、二泥土、灰泥土、石骨子土、黄沙土、潮泥土。镇辖18个行政村（筒车坳、龙水、白庙、黄柳、花秋、牛儿山、天池、庙沟、学田、永新、余家场、楼房、宝华、叶家、田家、枣树、高宝、青岗）、184个村民小组，2个社区（发轮场、配龙场）、10个居民小组。全镇年末总人口58396人（其中城镇居民2297人、男1330人），总户数18651户；2020年全镇出生579人，死亡330人，人口自然增长率4.2‰。一般公共预算本级收入完成18.1万元，占全年目标数41.6万元的43.5%；农民人均可支配收入1.85万元；全年劳务输出23000人次，实现劳务收入2.8亿元。

【村级建制调整改革】 由原24个行政村（筒车坳、登贵桥、白庙、黄柳、花秋、牛儿山、天池、庙沟、古堰、学田、永新、三星、余家场、三树、楼房、碾米山、宝华、大沟、大水、叶家、观音、枣树、高宝、青岗）、2个社区合并为18个行政村、2个社区。撤销三星村，将其管辖区域划归余家场村管辖。撤销碾米村，将其管辖区域划归楼房村管辖。撤销大沟村，将其第1、2、3村民小组的管辖区域划归宝华村管辖；将其第4、5、6、7、8、9村民小组的管辖区域划归叶家村管辖。撤销大水村和观音村，设立田家村，将大水村和观音村的管辖区域划归其管辖。撤销古堰村，将其管辖区域划归庙沟村管辖。撤销三树村，将其管辖区域划归白庙村管辖。将登贵桥村更名为龙水村。

【农业】 2020年，全镇农业粮食总产量34627吨，其中玉米15588吨，水稻6021吨。经济作物：主产油菜、花生，产量分别为1693吨、844吨；水果主要以青见、春见、资中血橙、柑橘为主，总产量46326吨。养殖：全年生猪出栏数50219头，存栏数25878头，能繁母畜2618头，仔猪5281。牛出栏数97头，存栏数254头。羊出栏8150只，存栏6129只。家禽（含兔）出栏696737只，存栏440447只。农业种植业参保12076亩，畜牧业参保3618头（只）。

【工商业】 镇内规模以下工业企业及个体实现营业收入2763万元、利润总额621.2万元，其中规模以下工业企业实现营业收入943.9万元，利润总额236万元。

【旅游业】 发轮镇历史根脉绵长，人文底蕴深厚，是孔子之师苌弘居住地，现存“苌弘洞”“苌弘祠”“苌弘读书台”遗址。有隋朝龙水县城遗址、始凿于唐代的四川第三大坐佛龙水大佛等省市县级文物保护单位4处，境内云台寺、发轮寺常年吸引八方香客祈福；地标建筑“发轮天桥”建筑规模大（长300米、高70米），是全省农村灌溉引水渠中的佼佼者；朱家祠堂风格独特、工艺精湛，见证了发轮的历史变迁。发轮镇土地肥沃、物产丰饶，素以“万亩橘乡”之名享誉川内外。发轮小灶酿酒已有百余年历史，其传统手工艺源远流长，用五谷杂粮酿造出民间美酒独具特色。

【招商引资】 2020年，完成余家场智汇堂康养中心项目、场镇绿化整治项目入库工作，包装并生成8个重点项目，完成年度目标考核任务。

【基础设施】 交通：2020年完成脱贫攻坚公路建设6.7千米，窄路加宽14.5千米，脱贫小康路建设6.3千米，“一事一议”公路建设4.5千米，建设资产收益扶贫项目（玻璃钢循环养殖系统）池体150口。修复在“8·17”洪灾中排查的山体滑坡，道路、堡坎、田坎坍塌100余处，清理道路障碍65处。水利：有中型水库1座（黄板桥）、小（2）型水库3座（团结、店子坳、桑树湾），总库容1685万立方米。2020年塘堰整治2口，新建提灌站1座。基建：改造农村D级危房97户，其中建档立卡贫困户11户，4类重点人群41户，非四类对象45户；C级危房改造2户。

【社会事业】 教育：全镇有学校9所（发轮职中、发轮中心校、配龙学校、明德小学、学田小学、枣树小学、观音小学、完美小学、碾米山小学），2020 年在校初中生 1396 人、小学生 2181 人，教职工 226 人；幼儿园 9 所，在园幼儿 1035 人。医卫：有卫生院 2 所、村卫生室 52 个、私人诊所 6 个；参加城乡居民基本医疗保险 46283 人。社会保障：城乡居民基本养老保险参保人数 26510 人，其中 60 周岁以上领取养老保险金 10781 人。全镇敬老院 2 所，城乡特困供养人员 830 人，其中院内 99 人、院外 731 人。农村低保 1274 户、1883 人，城镇低保 42 户、54 人，共计发放低保金 535.57 万元；重度残疾护理补贴 897 人（其中一级 189 人、二级 682 人，三级 26 人），在册优抚对象 673 人。

【其他工作】 结合网格化管理推行“河长制”工作，清理河道 260 千米、入河排污口 28 次、河道障碍 121 处、河岸垃圾 580 吨，清渠 38 千米、清沟 220 余千米、清理淤泥 76 立方米、打捞水葫芦等漂浮物 256 吨，出动 1200 余人次对沿河两岸的白色垃圾进行打捞，总投入资金近 36 万元。出动宣传人员 700 余人次，发放宣传资料 1 万余份，发放通告 100 份左右，加强镇村居民秸秆禁烧环保意识；转运秸秆 1300 余吨，采取机械粉碎直接还田、覆盖还田等方式，提高秸秆综合利用率。全面落实球溪河流域（发轮段）禁捕退捕鱼工作，劝导上岸非法船只 17 艘。修复洪水冲毁污水管网 5000 余米，出动清理人员 800 余人次，常态化巡查饮用水源保护区，清理饮用水源地水上漂浮物及沿河两岸面源污染。租赁两台日处理量 300 吨的污水处理一体化设施，解决场镇污水直排问题，惠及人口 9000 余人次。启动球溪河流域农村生活污水治理工程，10 月实施金牧粮草种植项目。建设垃圾收集设施 337 个（其中垃圾房 14 个、垃圾池 34 个，分类垃圾桶 289 个）；垃圾清理采取“户分类、村（社区）收集、镇转运、片区处理”的片区处理模式，利用 2 辆转运车，对场镇及农村生活垃圾实行“日产日清”，全年清运垃圾 3990 吨。结合城乡环境大清扫行动，多次开展垃圾清理专项行动，全面清理村民房前屋后杂物乱堆乱放 2936 处，清扫庭院 9886 个，清理公路（村道）1341 千米，共投入 240 余万元。

（韩建文　黄　梅）

龙江镇

【基本情况】 龙江镇位于县城东北，北纬 29°53′，东经 105°02′，东接安岳县，南连狮子、太平镇，西界马鞍镇，北邻孟塘镇和安岳县。镇政府驻蔡家场和平街 8 号，距县城 28 千米。全镇辖区面积 90 平方千米，集镇建成面积 1.17 平方千米，耕地 45476 亩（其中田 15565 亩），林地 15122 亩（以柏树、柏杨树、桉树等为主），森林覆盖率 22.5%。镇地处缓丘，且靠近濛溪河、高洞河，地表水资源充足，矿产主要有天然气、页岩。土壤主要为红棕紫泥土、水稻土。镇辖 15 个行政村（秀峰、平等、白阳、安乐、金田、松柏、团结、联溪、百乐、石坪、永镇、龙结、川民、全胜、双河）、149 个村民小组，2 个社区（蔡家场、红旗）、25 个居民小组。2020 年末全镇总人口 54363 人（其中城镇居民 11500 人，男性 29084 人），总户数 14708 户。财政一般预算收入 39.37 万元；农民人均纯收入 16300 元；劳务输出 29053 人，收入 2.8 亿元。

【村级建制调整改革】 2020 年 5 月，龙江镇完成村级建制调整改革，将原来的 18 个行政村、2 个社区调整为 15 个行政村、2 个社区。川民村和铁佛村合并为川民村，新村办公地点设置在原川民村办公室；红旗社区和月山村合并为红旗社区，新村办公室设在原红旗社区办公室；团结村和永兴村合并团结村，新村办公室设置在原团结村办公室。减少行政村 3 个，减幅 17%；190 个小组调整为174小组，减少16个小组。

【农业】 种植：强力推进现代农业发展，建好五大农业产业基地。粮食主产水稻、玉米、红苕，总产量31539吨，其中玉米14868吨；油菜等主要经济作物总产量1842吨；水果总产663吨。养殖：全年生猪出栏32486头，小家禽（兔）出栏361015只；水产品产量1002吨。保险：全镇参加政策性农业保险11059.7亩、缴纳保险费52676.12元；农业受灾2353.6亩，获得赔偿23.59元；政策性养殖业保险4436头、缴纳保险费52864.4元；受损生猪437头、获赔偿19.19万元。农业结构调整：2020年积极推动农业转型升级，流转土地2000余亩；强力推进“稻+鱼”“稻+虾”种养模式，发展龙江镇稻渔综合种养规模化面积1500余亩，散户稻渔种养面积3000余亩，建成400亩以上稻渔综合种养示范基地2个。政策性惠民补贴：“耕地地力保护”补贴443.36万元（面积38976.86亩），退耕还林补贴21624元，农机补贴80100元。

【脱贫攻坚】 全镇有建档立卡贫困户1199户、3678人，2020年已全面完成脱贫。保障贫困户家庭子女进入义务教育阶段学习，无辍学人员；保障贫困户进入新型合作医疗保险并享受就医优惠政策，贫困户住院治疗自费均在10%以内；保障贫困户的住房安全，对C级和D级共4户贫困户危房进行修建。所有贫困户均通电、通广播电视，饮用水均能达到国家规定饮用标准。为贫困村（团结村）修建4.5米宽水泥路、1米宽便民路、窄路加宽1.96千米。利用财政资金（第二批）295.04万元，为贫困村（繁荣村）修建4.5米宽水泥路3.18千米，为贫困村（金田村）修建3米宽产业路0.23千米。

【工商业】 2020年，全镇有工商企业及分公司203家，总产值6.03亿元。其中成双天然气有限公司产值2480万元，廖小华食品经营店产值1860万元，成华商联有限责任公司产值1795万元。

【旅游业】 以龙江湖旅游为主体，发展观光农业，突出休闲、垂钓特色；发展农家乐，增强接待能力，做好景区及周边环境整治工作、改善景区环境，2020年实现旅游总收入150万元。

【招商引资】 2020年，龙江镇共回引企业3户（资中万鑫劳务有限公司、四川熙南大华建设工程有限公司、四川振乡兴村有限公司），总投资1200万元。

【基础设施】 交通：镇内公路总里数206.63千米，其中2020年新建公路4.28千米（团结村1.1千米、繁荣村3.18千米）。基建：全镇完成建设投资3059万元，完成危房改造6户，土坯房改造90户。供电：全镇户户通电，由大华电站（原龙江电站）和龙源电力有限公司龙江营业所负责供电（大华供秀峰、平等、白阳、安乐、金田5个行政村和2个社区，其他村由龙源供）。供水：有自来水厂1座，供应蔡家场、红旗社区及周边的秀峰村部分村民生活用水，用户5812户。供气：天然气配送站1个，天然气管网已辐射龙江镇所有村社，有用户8435户。广电：大力发展广播电视事业，光纤电视用户8675户（其中数字电视用户612户）；全镇15个行政村实现广播村村响。通信：中国移动、中国电信、广播电视网络公司共同经营宽带网络业务，用户7103户（其中移动2819户、电信3112户、广播电视网络公司1172户）；全镇有座机电话542部，手机48743部。

【社会事业】 教育：2020年，镇内有龙江中学、镇中心学校，完小5所（烟火店、月山、龙江湖、新政和向阳小学）、村小7所（平等、松柏、安乐、永兴、联溪、百乐、龙结小学），在校学生2510人，教职工182人；幼儿园15所（其中公办幼儿园1所），在园幼儿1072人。医疗卫生：中心卫生院1所（有职工57人、床位85张）、村卫生室36个（医务人员36人）、私人诊所5个（医务人员5人）；参加城乡居民基本医疗保险43008

人（其中特殊人员6181人）。社会保障：镇有敬老院2所（龙江、月山敬老院），院内供养特困人员63人，院外428人；参加城乡居民基本养老保险20668人，其中60周岁以上领取养老保险金9135人。享受最低生活保障842户、1356人（其中城镇49户、63人）。培训与就业：创业培训281人（农民工等人员返乡下乡创业培训45人），建档立卡贫困户40人、农村家庭能人培训2310人；城镇新增就业250人，城镇失业人员再就业60人。其他：以就业、扶贫、康复、居家托养、配置器具、发放补贴、慰问等方式帮助残疾人1736人；80周岁以上的老人发放高龄补贴1484人，困难家庭失能老人和80周岁以上老人提供居家养老服务1268人。

【其他工作】 环境综合治理：为落实环境保护政策，守护“蓝天、碧水、净土”，共出动镇村社干部3000人次，出动宣传巡查车45天次，发放宣传资料1.6万份，有效遏制秸秆焚烧现象，同时组织秸秆专业收集队，共计323人次，对油菜秸秆进行集中收集转运，在果树林下进行还田，共计实施林下还田1502亩；“五清”行动常抓不懈，维修整治垃圾房12个；推进场镇污水处理厂建设，自筹资金20余万元铺设二级管网和入户管网3千米，污水处理厂正处于调试阶段，正式运行后日处理污水量可达900吨；严格落实环保工作责任制，积极整改落实市级环保督察组交办案件2件。对乱搭、乱建、乱摆、乱放、乱卖“五乱”现象进行重点治理，收缴摊位牌98个，拆除乱搭棚点28处，乱建房屋2处，乱摆摊位45处，乱放杂物12处，重新划定经营界线150个；针对车辆乱停乱放，在场镇划出停车线200米，安装违章停放车辆监控器7处，将车辆集中停放；同时建立街道市场巡查队伍，配备专业人员5名，配置城管服装5套，逢场天进行巡查监管。

疫情防控：2020年年初，面对突如其来的新冠肺炎疫情，全镇上下众志成城、顽强拼搏，1123名党员干部冲锋在前，120名社区工作者、网格员奋战一线，300多名志愿者主动参战，6万人民心手相连，在共克时艰中勇毅前行。建机制、设防线，坚持村子为战、社区为战，划片包干、网格管理，联防联控、群防群治，筑起龙江坚实的安全城墙。排查市外返乡人员2015人，其中湖北等重点疫区返乡人员共349人，出境外返乡人员6人，开展核酸检测工作，应检尽检率100%；疫情防控期间为15732名群众办理健康证，帮助其复工复产；累计投入疫情防控资金81.93万元，加大抗疫一线和困难人员关心和保障，确保疫情防控和群众日常生活有序开展。

信访：认真搞好群众来信来访的接待和办理，落实好领导接待制度和领导包案落实制度，深入推进“大调解”体系建设，及时解决群众的合理诉求，坚决纠正各种损害群众利益的行为，实现了“三零”目标。综合治理：继续深化“平安龙江”创建，完成9个村社区“雪亮工程”建设，完善社会治安综合治理防控体系和社会矛盾调处体系，加强网格化管理，提升社会管理水平。加强防邪教工作，搞好宣传教育，做好对邪教的防范和处理，做好人员的转化。

（蔡　伟　肖　萍）

孟塘镇

【基本情况】 孟塘镇位于县城东北，北纬30°00′，东经105°03′，东南接龙江镇，南连马鞍、双龙镇，西邻资阳市雁江区，北靠安岳县华严镇。镇政府驻孟塘场正街61号，距离县城40千米。辖区面积93平方千米，集镇建成面积1.8平方千米（包括二级场镇农家和两渡），基本农田保护面积5189.01公顷，耕地5854.75公顷，森林11998亩，覆盖率21.04%（含四旁树、零星林木）。镇地属缓丘宽谷地形，矿产主要有页岩等。

土壤为紫色土。有集市3个(孟塘、两渡、农家)。镇辖14个行政村(柏莲、三江、梨园、互助、水口、梨树、胡顶、新店、狮子、大佛、石古、杨树、睦邻、新民)、133个村民小组,1个社区(大堰塘)、15个居民小组。全镇年末总人口47392人,总户数14607户。2020年,全镇出生358人,死亡446人,人口自然增长率-1.86‰。完成社会消费品零售总额4013万元,本级公共财政预算收入24万元;农民人均可支配收入17800元;劳务输出15374人,收入21236万元。

【村级建制调整改革】 2020年5月,将原来的16个行政村(大堰、柏莲、三江、梨园、互助、梨树、凉水、胡顶、新店、大佛、狮子、杨树、石古、睦邻、新民、水口)、1个社区(孟塘场),减少1个行政村,形成15个行政村、1个社区。将凉水村、胡顶村合并为胡顶村;设立大堰塘社区,将大堰村、孟塘场社区划归其管辖。

【农业】 全镇有农民专业合作社24个,实现农业增加值31752万元。种植:粮食作物以水稻、玉米、红苕、大豆为主,总产量37425吨;经济作物主要为花生9521亩、产量1342吨,油菜16552亩、产量2516吨。养殖:全镇年出栏生猪44742头、山羊5501只、小家禽322587只、兔104923只,水产品产量1053吨;全年地力保护补助50221.7亩、626.42万元。产业:水口村种植产业园发展耙耙柑、爱媛38、沃柑、晚红血橙等优良品种共1200余亩;新店村、杨树村、石古村、互助村等村共同成立蚕桑基地共2000余亩,年养殖蚕1000张,单产35千克,共计35吨。

【招商引资】 2020年,招商引资到位资金4160万元,固定投资2375万元。

【旅游业】 11月5日,孟塘镇睦邻村孟塘里乡情生态园被成功授牌为国家AAA级旅游景区,睦邻村被内江市文化和旅游产业领导小组评为内江市文旅特色村;2020年完成投资1560万元。2020年全镇旅游收入29.6万元。

【精准扶贫】 2020年,全镇建档立卡贫困户910户2789人完成脱贫,已发放就医优惠证和扶贫惠民存折(其中扶持生产一批965人,扶持就业一批210人);为春季70名、秋季79名贫困户子女申请雨露计划;完成三类人员15户27人(残疾1户3人、低保7户17人、特困7户7人)和一般户3户11人的危房改造。

【基础设施】 交通:2020年,镇内有公路427.11千米,其中水泥硬化路200.32千米,2020年通过财政专项资金、大中型水库后期移民扶持项目、土地整理项目完工的水泥硬化村道36.8千米(其中观音碑至蔡家寺2.5千米,互助村1.5千米,大佛村1千米,新店村2千米)。水利:新建和整治维修各类水利工程79处。其中:新建囤水石田坎12根、机井1口,病险水库除险加固后续工程完成1座,新建蓄水池26口,整治维修山坪塘22口;整治渠系配套36处,灌溉水渠清淤86.2千米。新建提灌站1座,新增蓄引提水能力10.8万立方米、有效灌面980亩、节水灌面554亩。解决孟塘镇7056人的饮水安全问题,新安装城乡饮水统筹管道26.5千米,饮用水入户1968户;新建大口井16口,整治大口井6口。

【社会事业】 教育:2020年,镇中心学校辖完小3所(农家、天竺、两渡,其中镇中心学校和两渡小学设有初中班)、村小5所(建设、大佛、新店、睦邻、李窑),有教职工222人,教学班89个(其中初中班25个),在校生2792人(其中初中生1034人);有幼儿园11所(其中公办2所:农家小学、中心幼儿园),幼儿教师52人(其中公办幼儿教师27人),在园幼儿790人(其中公办幼儿园401人)。医疗卫生:镇卫生院1所,医护人员44人,床位数58。村卫生室27个,个体诊所2所,村医生27人。社会保障:镇内敬老院2所(孟塘中心敬老院和农家敬老院),

院内供养特困人员 73 人，分散供养 313 人；参加城乡居民基本医疗保险 38849 人，参加城乡居民基本养老保险 24558 人，60 周岁以上领取养老保险金 11230 人，城乡居民基本养老保险生存年检 16844 人，城乡居民基本养老保险待遇审批 174 人；享受最低生活保障 853 户 1319 人（其中城镇 14 户 17 人，建档立卡贫困户 361 户 602 人）。

【其他工作】 环境保护：2020 年，通过走村入户、召开院坝会等形式发放秸秆禁烧宣传单 6200 余张，利用“村村响”、流动宣传车，每日播放秸秆禁烧音频 200 余次，总播放量达 5000 余次。以村为单位配置垃圾收集车辆、垃圾桶，配备保洁员 167 名，实行一天一普扫，全天保洁。投放垃圾桶 526 个，设置垃圾收集点 32 个，配备保洁车 20 辆，垃圾转运车 3 辆。综合治理：分析社会治安形势 4 次，矛盾纠纷调解成功率达 100%，市级以上挂牌重点案件化解率 100%；悬挂综治平安建设宣传横幅 25 幅，张贴平安建设标语 285 张，开展集中宣传 4 次。社区戒毒（康复）人员报到率 100%，发放禁毒宣传资料 2000 余份，开展培训 4 次，1500 余人次参训。食品安全：利用学校、气象台、卫生院、信用社等 LED 电子屏滚动播放食品安全信息 200 余次，召开食品安全培训会 5 次，累计培训辖区内商户 824 人次，教育群众 3600 余人次，入商户签订食品安全承诺书 83 份，出动执法人员 18 人次，对商店、超市、小卖部等 80 余家进行检查 4 次，整改问题 15 个。依法治理：开展法治宣传 12 次，推送法律知识 500 余条，发放宣传手册 2000 余份，组织培训 12 次，培训法律明白人 100 余人，审定村规民约 15 个。交通安全：与派出所、业主等签订道路交通安全承诺书 22 份，进行道路障碍清理 30 余千米，在安全隐患处设置交通警示牌、警示标志 2 个，执勤检查 26 次，出动执勤人员 340 人次，检查车辆 125 辆，查处 6 起，劝返 42 辆。安全应急：发放宣传资料 2000 余份，组织 120 人次参加 12 次安全综合检查，共检查 31 家企事业单位，发现 11 处安全隐患并已完成全面整治。文体广新：开展群众性体育活动 4 次；每周免费开放文化站 40 小时。

（刘　超　龚春燕）

双龙镇

【基本情况】 双龙镇位于县城东北，北纬 29°51′，东经 104°54′，与马鞍镇、孟塘镇、重龙镇及资阳市石岭镇、堪嘉镇接壤。镇政府驻舒家桥老街 112 号，距县城 16.5 千米。辖区面积 102.46 平方千米，集镇建成面积 1.34 平方千米，耕地 6.76 万亩，森林 32766.22 亩（覆盖率 21.42%），主要树种为松树、柏树、杨树等。镇地属浅丘，海拔 320 ～ 450 米。矿产主要有条石。土壤为沙溪庙组土层（灰棕紫泥土）。镇辖 18 个行政村（响滩、大坟坝、寿星桥、檬茨、金龟、铧头场、柏林、骑龙、永华、云峰、状元、刘家庙、红牌、金鼓、五福、三柏、红豆沟、窑厂），207 个村民小组，2 个社区（舒家桥、骝马场），25 个居民小组。

全镇人口共 23205 户、72259 人，上报出生人口 380 人，死亡人口 195 人，人口自然增长率 2.33‰。农民人均可支配收入 17977 元。农村劳动力转移 26700 人，劳务收入 2.1 亿元。

【村级建制调整改革】 围绕“三个双龙”目标，紧抓特色产业镇定位，拓展场镇发展规模的思路，全镇由 22 个村 2 个社区调整为 18 个村 2 个社区，减少 4 个村，涉调 10 个村 2 个社区，减幅达 18.18%。为扎实做好村级建制调整两项改革的“后半篇”文章，配优配强村级干部，按照“一强三化”要求，调整 4 名村党组织书记，充实村实职干部 4 名，考察选拔新增培育提能村后备干部 14 名；平稳有序推进村（居）民小组、调整优化，将 214 个村民小组 29 个居民小组优化调整为 207 个村民小组、25 个居民小组。

【农业】 种植：全年农作物播种面积 184494 亩（其中大春农作物 139978 亩、小春 44516 亩），粮食产量 41500 吨；经济作物种植面积 24839 亩（其中大春 10385 亩、小春 14454 亩）；农作物参保 48131.48 亩，赔付 1004 户、金额 76148 元。2020 年耕地地力保护补贴面积 61427.49 亩，其中稻谷补贴面积 10708.93 亩。特色农业：完成金龟村、三柏村镇级农业园区项目规划、编制、实施工作，园区内已种植血橙 4000 余亩、青花椒 400 余亩。申报县级示范家庭农场 5 个、市级示范家庭农场 3 个，1 个省级示范家庭农场正在申报。完成 500 余亩高标准农田建设规划。响滩村“资中县鲢鱼原种场”项目建设有序推进，已投放部分种鱼苗。畜牧：年出栏生猪 4.8588 万头、小家禽 57.673 万只。脱贫：全镇共有建档立卡贫困户 1403 户、4053 人，其中贫困村 4 个，贫困户 565 户、1615 人；非贫困村（含社区）16 个，贫困户 838 户、2438 人。有驻村工作队 4 支，驻村第一书记 19 个。帮扶单位 10 个，其中市级单位 3 个，分别是团市委、市民政局、市红十字会；县级单位 7 个，分别是县委政法委、县委政研室、县司法局、县应急管理局、县妇幼保健计生服务中心、市场监督管局、内江兴隆村镇银行资中支行。其他：在青龙嘴村安装草地贪夜蛾诱捕器 15 套、三柏村安装杀虫灯 20 台；发放有机无机复混肥 206 吨，发放秸秆腐熟剂 4 吨；积极应对抗旱工作，维修电排 1 座，清理水渠 3 千米，协调县河库联网指挥部放水 60 万立方米，缓解旱情影响；完成 26 口山坪塘及 1.5 千米便民路的建设，气调库及洗选中心工程建设投入使用；受理 256 台农机购置补贴，兑现 2020 年 79 台 11180 元及 2020 年第一批 213 台 39260 元补贴。

【工商企业】 2020 年，全镇工商业单位 203 家，其中个体户 156 家、销售额 3280 万元；主要工业企业 9 户、销售额 5196 万元，其中规模以上工业企业 1 户（资中县兴鑫商品混凝土有限责任公司），销售额 2210 万元；规模以下工业企业 8 户（资中县杨明酒业有限公司、资中县骝马镇矸石机砖厂、资中县双龙镇自来水厂、四川省资中县酒业有限公司双龙酒厂、资中县黄潭井电站、资中县双龙生猪定点屠宰场、资中县鸿鹄电站、资中县鑫达纸杯厂），销售额 39859 万元。

【招商引资】 2020 年，双龙镇引进四川言信净化设备有限公司，注册资本 2000 万元。

【基础设施】 交通：资安公路（资中至安岳）纵贯全境。2020 年，镇内有公路 214.14 千米，其中水泥公路 120.36 千米，泥结石路 107.78 千米；2020 年新建公路 9.676 千米，其中三柏村 0.685 千米，状元村 3.837 千米，柏林村 1.674 千米，铧头场村 3.48 千米。基建：2020 年全年危房改造 118 户，补贴资金 232.4 万元；建设一体化生活污水处理设施（黄潭井一体化污水处理设施位于双龙镇寿星桥村，项目总投资 345.9 万元，占地 592.18 平方米）、污水处理厂项目（位于舒家桥社区，项目总投资 1200 万元，占地 2.27 亩，设计能力每日处理污水 400 吨）、生活垃圾转运站项目（位于舒家桥社区,项目总投资 2240.5 万，占地 8 亩，设计能力每日压缩生活垃圾 160 吨）。水利：有小（1）型水库 1 座（秃木桥）、小（2）型 5 座（姜家湾、蛮子洞、宋泗、金沟湾、文昌宫），总库容 292.75 万立方米。供电：由龙源电力公司双龙营业所供电，用户 7675 户。供水：骝马自来水厂、双龙自来水厂用户 3010 户。供气：内江中鑫天然气公司供应天然气，用户 2135 户。广电：全镇光纤电视用户 3100 户，20 个行政村、社区全部实现广播村村响。通信：镇有电信代办点 3 个，移动代办点 3 个。

【社会事业】 教育：2020 年，镇内小学 9 所，在校学生 4706 人，其中双龙中心校 1323 人、黄潭井小学57人、铧头小学636人、同川小学508人、骑龙小学152人、骝马学校559人、骝马小学778人、玉带小学517人、五湖小学176人；幼儿园12所，在园幼儿820人，其中公办2所（双龙中心幼儿园、骝马中心幼儿园），民办10所、665人（分别为双龙场镇小博士幼儿园、青龙嘴新天地幼儿园、穿山露珠幼儿园、骑龙阳光幼儿园、铧头优爱幼儿园、五福幼儿园、天天乐幼儿园、风华幼儿园、沙沙幼儿园、红牌幼儿园）。医疗卫生：镇中心卫生院2所，村卫生室58个。社会保障：镇有敬老院4所（同川、骑龙、窑厂、金鼓），共有五保老人1025人，院内供养171人；参加城乡居民基本养老保险19168人，已领取养老保险金7780人，全年发放资金1002.403万元；享受最低生活保障1289户2090人（其中农村1242户2026人）。全年扶持农村建档立卡贫困人口126人，资助困难大学生上学18人，为贫困残疾人适配亟须的基本辅助器具40人，发放农村贫困残疾人补贴589人，重度残疾人护理补贴1192人，资助残疾人创业93人，扶残助学10人；开展残疾人专项调查，完成残疾人“量体裁衣”式个性化服务2539人。全镇城乡居民基本医疗保险已完成58162人，城乡居民基本养老保险新增参保人员1134人、高档次659人。就业：新增建档贫困户农村公益性岗位60人，疫情防控期间临时公益性岗位3人，城镇新增就业人员152人，下岗失业人员实现再就业60人，再就业培训301人（包括有新开办的绿色食品培训和厨师培训）。卫计事业：发放农村计生家庭奖励扶助对象341人，特别扶助对象39人，独生子女父母奖励金932人，享受在岗缴费补助34人，享受离岗生活补助125人。

【综合治理】 加强巡逻，增强防控，开展防汛减灾等安全巡逻312次、820人次，开展疫情、节假日巡逻20次，及时发现和消除治安隐患问题7起；做好群众矛盾化解，开展矛盾纠纷排查5次，排除出矛盾纠纷450件，化解446件，调处成功率99.1%。

【环境整治】 投资3.7万元，设立路线牌6个、临时停车点5处，拆除违章建筑64处；投资3.6万元，设置居民垃圾桶50个；投资32.5万元，清运垃圾3200余吨；投入清扫保洁费40万元、宣传教育经费7.5万元、整治工作经费20万元；投入资金55万元、人力3000余次，清理河道累计30.6千米，清理河道淤泥1500吨，清理河岸垃圾、水葫芦等漂浮物1200吨；投资80余万元，划定资中县濛溪河黄连咀备用水保护区，安装隔离围网2.86千米、保护区界标18块、交通警示牌2块、宣传牌4块；投资400余万元，建设双龙镇黄潭井二级场镇一体化生活污水处理设施1座，处理能力70吨/日，污水处理站占地592.18平方米，生活污水收集管网2891米；投资7万元，划定秃木桥饮用水水源保护区，安装隔离网1080米；投资10万元，聘请保洁人员负责河道垃圾日常清理。污水处理厂：骝马污水处理厂于3月20日动工修建，厂区占地面积4.01亩，收集管网（重力管、压力管）设计3400米，提升泵站3个，处理规模300吨/天，总投资1700万；双龙污水处理厂于4月10日动工修建，厂区占地面积2.27亩，应急收集池1个、收集管网重力管设计700米，提升泵站1个，处理规模400吨/天，总投资1200万。卫生厕所改造：三柏村首批323户厕所改造已完成验收工作，刘家庙村、骝马场社区厕所改造整体推进。退役军人事务：建立镇级退役军人服务站1个、服务窗口1个，村级服务站19个，接待各类退役军人；帮助退役军人及其他优抚对象二次医疗报销，协助县退役军人事务局抽查（年检）各类优抚对象，落实参战退役军人公益性（临聘）岗位。

（朱兴勇　吴　浩）

马鞍镇

【基本情况】 马鞍镇位于县城东北郊，北纬29°51′，东经104°58′，东与龙江镇、狮子镇相连，南接重龙镇，西邻双龙镇，北界孟塘镇。镇政府驻马鞍场老街4号，距县城22千米。全镇辖区面积41平方千米，集镇建成面积0.382平方千米，耕地面积25838亩，林地面积17070亩，巩固退耕还林面积4148.5亩，森林覆盖率27.7%。地形东北偏高，西南偏低，属缓丘宽谷地带，海拔330～427米。土壤主要为水稻土。辖7个行政村（拾童庙、白羊沟、石板滩、麦子湾、石桥、杨家寺、驼柏树）、79个村民小组，1个社区居民委员会（马鞍）、4个居民小组。全镇年末总人口29314人（其中：城镇居民1410人，男人15829人），总户数9683户。上级财政补助收入1505万元，基金收入77900元；劳务输出10105人，收入1.55亿元。

【村级建制调整改革】 马鞍镇将松树村整体并入驼柏树村，成立新的驼柏树村；将白羊沟村1组、2组合并为1个村民小组；将杨泗小组、皇觉小组、石板滩9组合并为皇觉杨泗第3居民小组。建制调整后，镇有行政村7个（减少1个）、村民小组79个（减少2个），社区1个（马鞍）、居民小组4个（马鞍场镇第1组、马鞍场镇第2组、皇觉杨泗第3组、社区第4组）。

【疫情防控】 摸排登记武汉返乡人员147人，市外返回人员844人，省外返回人员334人，指导参加核酸检测9人。落实居家观察452人，开展“三责任四服务一承诺”管理服务4968次，签订居家观察承诺书400余份，设置疫情防控体温检测卡点10个，成立临时党支部9个，组建志愿服务队9支，出动防疫人员5253人次，劝返车辆43691辆，体温监测74916人次，张贴、发放各类宣传单（册）4万余份，悬挂横幅39幅，出动宣传车16辆，使用电子屏3个，音响喇叭120个，组建场镇疫情防控巡逻队1支、村建防控巡逻队8支、开展巡逻3000余次，关闭茶楼、KTV、网吧、餐馆68家，取消群体性聚餐85次、1200桌，劝返赶场、走亲访友人员6000余人次。对79家超市、药店等公共场所配备消毒防护措施，对7家零售药店落实登记报告制度。推广国家防疫健康码和下载“弘资中”健康码1万余人，查验5000余人次。常态化疫情防控财政投入20余万元，组织党员干部交纳特殊党费1.7万元，接受社会各界捐资、捐物17万余元。全镇无一人感染新冠病毒。

【农业】 种植：粮食以水稻、玉米、红苕为主，经济作物主要为花生、油菜、水果。全年粮食总产18853吨，油菜1648吨，花生615吨，水果2769吨。完成保险油菜2994亩、水稻1518亩、玉米4974亩。养殖：全年出栏生猪22666头、牛64头、羊1684只、小家禽196040只、兔136356只。完成育肥猪、母猪参保分别178头、871头，免疫生猪7480头、小家禽124324只、牛183头、羊4338只、兔157132只，使用消毒药760千克，消毒面积822094平方米。

2020年，共7个村开展农民实用技术培训6000余人次，培训新型农民400人次。开展新品种试验示范，在7个村创建玉米高产地7000亩、水稻高产地3000亩，平均每亩增产10%。免费发放油菜肥料110吨，旱育保姆1000包，安装杀虫灯20盏，在7个村发放水稻螟虫防治药剂2000瓶。推广玉米新品种8个、水稻新品种6个。配合县农业农村局、财政局核实2020年耕地地力保护面积22546.05亩，发放金额2564623.65元；核实稻谷补贴面积3750.36亩，发放金额213770.52元。做好农机补贴工作，全年补贴102台，共3.072万元。加强“三资”管理工作，完成原19个村187个社的清产核资工作。推动农村产权制度改革，颁发土地确权证7729本。培育家庭农场19户，专业合作社5户，养殖大户15户，开展“厕所革命”整村推进工作，已完成三格化粪池150口。高标准农田建设项目规划6000亩，正在推进中。

【脱贫攻坚】 为全镇623户建档立卡户购买扶贫保险，每户48元，发放“脱贫攻坚政策指南十挂历”626张。开展“寒冬送温暖”“99腾讯公益日”活动，春节期间集中对县级帮扶部门帮扶的32户建档立卡户进行慰问、发慰问品、慰问金折价共7700元。积极开展脱贫攻坚成效巩固提升专项行动，对照“一低五有”“一超六有”，逐户逐人全面排查，对“账实不符”的8150个问题进行整改，保证明白卡、帮扶手册国扶子系统的数据与实际情况一致。开展受疫情影响贫困人口外出务工意愿和产业发展需求摸排工作，对168户有产业需求和337名有意愿外出务工的人员，通过公益性岗位安置、提供就业信息、发放产业物资等形式进行有针对性帮扶，取得明显实效。投入9.2万元，实施贫困户、边缘户C级、D级危房改造共8户（其中C级6户、D级2户），已全面竣工。建立防止返贫监测、帮扶机制，为11户新纳入建档立卡户办理低保调标，为49名符合条件的建档立卡贫困学生发放助学金7.35万元。投入中央、省财政专项扶贫资金72.76万元，为贫困户免费发放土杂鸡22074只、大耳种兔1193只、商品兔738只、川中黑山羊120只、土鹅5591只。加大贫困村基础设施建设，投入中央、省财政专项扶贫资金338.5万元，县级财政专项扶贫53.12万元，新修水渠1千米，整治山坪塘7口，新修便民路6.49千米，新修宽4.5米水泥路1.675千米，囤水田坎6根、蓄水池3口、新修错车道6处，新修3米宽产业路1.5千米，加宽通村路（加宽1.5米）1.66千米。

【环境治理】 环境卫生：大力实施村庄清洁行动，常态化开展“五清”及城乡环境整治工作。2020年，召开镇村干部会议25次，院坝会251次，签订目标责任书14份，挂横幅32幅，LED显示器、滚动播放52次，发资料6000余份；组织320余人次清理大小濛溪河，打捞水葫芦、杂物593吨，清理公路289千米、沟渠58千米、垃圾60余吨，清理公路涵洞、排水沟70余处，整治乱堆乱放3645处，清运生活垃圾4300余吨。杨泗场镇一体化污水处理站已投入试运行，马鞍场镇一体化污水处理站已完工，正在调试中。抓好秸秆焚烧工作，召开会议10次，成立18人的专项督察队，各村组建10人的工作小分队，劝导村民文明祭祖，禁烧秸秆，出动宣传车58次，发宣传资料5000余份，发秸秆腐热剂5200千克，完成秸秆粉碎还田3100亩，查处违规案4件，批评警告18人，有效遏制了野外秸秆燃烧行为。河长制：全面落实河长制，形成主要领导负总责、河长具体负责、相关职能部门各司其责的责任体系，全年召开会议10余次，发宣传单2000余次，出动宣传车30余次，更新河长制公示牌7块，全镇镇级河长巡河220次，村级河长巡河1600余次，清理河道障碍物61处，入河排污口28处。

【食品安全】 配备专职干部3人，明确各村主任为食品安全协管员。通过会议、发放宣传单等形式，大力宣传《中华人民共和国食品安全法》《中华人民共和国消费者权益保护法》等法律、法规，提高消费者自我防范、自我保护意识。严格监管，全年现场检查82次。落实应急管理措施，畅通食品安全信息报告渠道，全年未发生食品安全事故。

【计划生育】 2020年，全镇出生人口271人、出生率8.7‰，死亡人口203人、死亡率6.5‰，人口自然增长率2.2‰，有已婚育龄妇女5564人。全年免费孕前优生健康检查合格人数256人，婚前检查人数314人，均超额完成目标任务。对农村部分独生子女特殊困难家庭9人发扶助金0.68万元，为独子、双女6人高中、大学发助学金、奖学金0.6万元，为奖励特别扶助对象28人发扶助金 26.088 万元，为奖励扶助对象 128 人发奖励金 12.288 万元，为独生子女父母 380 人发奖励金 2.376 万元。

【基础设施】 新建拾童庙村 11 组水泥路 0.3 千米，总投入 10 万元，其中村民筹资 11400 元、筹劳折资 38600 元，财政奖补贴 5 万元；驼柏树 12 组新建山坪塘 1 口，总投入 4 万元，其中村民筹资 4040 元、筹劳折资 15960 元，财政奖补贴 2 万元；新建白羊沟 5 组果园水泥路 0.22 千米，总投入 6 万元，其中村民筹资 6200 元、筹劳折资 23800 元，财政奖补贴 3 万元；新建石桥 9 组水泥路 0.8 千米，总投入 24 万元，其中村民筹资 4000 元、筹劳折资 15680 元，财政奖补贴 12 万元，社会捐赠 100320 元（此项目为 2014 年已建工程，占 2020 年指标）。

【社会事业】 教育：2020 年，镇内有中心校 1 所，完小 2 所（皇觉小学、杨四小学）、村小 1 所（白羊沟学校，石桥小学已撤并）。有中小学生 1810 人（其中小学 1135 人），教学班 45 个，教职工 144 人，中小学入学率巩固率均为 100%；幼儿园 2 所（公办 1 所，私立 1 所），在园幼儿 405 人。文化：开展群众文化活动，免费开放镇村文化活动室，接待 1080 余人次，为麦子湾、驼柏树、拾童庙安装健身器材各 1 套（每套 6 件）。免费为各村放电影 84 场。开展文化旅游资源普查，上报 18 个资源点。抓好文化市场监管，与有关部门配合，进行 11 次检查，出动检查车 11 台次，人员 47 人次。医疗卫生：镇卫生院 1 所（职工 35 人、床位 62 个），村卫生室 22 个，从业人员 27 人；参加城乡居民基本医疗保险 23254 人，补偿总额 332.9 万元（其中：住院补偿 275.73 万元 /1991 人次，门诊补偿 57.17 万 /11902 人次）。解决手术并发症定额补助 5 人、1.2 万元，为 8 户贫困户申请卫生扶贫救助金，为离岗乡村医生 62 人发养老保障补助 23.895 万元。解决符合医疗救助 26 人。医院全年门诊 18432 人次，住院治疗 2012 人次，实现总收入 839.8 万元，其中：业务收入 494.18 万元，药品收入 212.7 万元。无偿献血 56700 毫升。社会保障：城乡居民基本养老保险新参保 371 人，完成待遇审批 140 人；清理死亡冒领、重复领取完成 89%，列全县第八名。城镇新增就业 100 人，帮助 857 名贫困人口劳动力实现就业。组织 52 人参加贫困能人创业培训，131 人参加大篷车巡回培训。完成 35 万元担保贷款。镇内有敬老院 2 个，特困 397 人（院内 49 人、院外 348 人），现有低保 583 户、947 人。有重度残疾人 455 人，高龄补贴 811 人（80～89 岁 680 人，90～99 岁 127 人，100 岁以上 4 人），临时救助 25 人、24400 元。残疾人工作：镇残联春节期间慰问残疾人 12 户、发放慰问金 4800 元，补发 2017—2019 年残疾人生活补贴 21 户、20238.17 元。发放 2020 年残疾人生活补贴 66 户、122103.32 元，新办残疾证 35 个，投资 24500 元为 7 名建档立卡贫困残疾人进行无障碍设施改造，资助残疾人大学生和残疾人子女大学生 6 人、6100 元，发建档立卡户低保户残疾人居家灵活就业 71 人、65800 元。

【高考喜讯】 马鞍镇麦子湾村民张士强之女张宇 2020 年高考得分 621 分，为内江市高考文科状元，被四川大学录取。

（陈　娅　唐忠德）

狮子镇

【基本情况】 狮子镇位于县城东部，与太平镇、重龙镇、马鞍镇、龙江镇相连。镇政府驻狮子场正街道 1 号，距县城 17 千米。辖区面积 50 平方千米，集镇建成面积 0.7 平方千米，耕地面积为 28460 亩，自然植被覆盖率 39%，森林覆盖率为 28.2%，主要树种有松、杉、柏树等。地形西北偏高，东南偏低，河流呈西北往东南流向，主要属浅丘中谷地貌，最高点（黑山寺）海拔438米，最低点（天恩寨村贯牛老河口）340米。土壤为水稻土、黄沙泥土和黄灰色沙土。镇辖9个行政村（菜子冲、铜马桥、锣鼓山、级海寺、李子园、双朝门、清明嘴、茶店、磨加墩）、87个村民小组，1个社区（狮子）、3个居民小组。2020年末总人口数为36495人（其中农业人口35716人），总户数11326户（其中农业户数11201户）。本地公共财政预算收入27.89万，农业增加值31586万元，社会消费品零售总额为75106万元。农民人均可支配收入19326元，劳务输出10183人，收入1.344亿元。

【村级建制调整改革】 2020年5月，狮子镇进行村级建制调整改革，撤销黑山寺村和坊家铺村，将黑山寺村第1、2、3、4村民小组和坊家铺村第1、2、3、4村民小组的管辖区域划归狮子社区管辖；将黑山寺村第5、6、7、8、9村民小组的管辖区域划归锣鼓山村管辖；将坊家铺村第5、6、7村民小组的管辖区域划归清明嘴村管辖。建制调整后，镇辖行政村9个（减少2个）、村民小组87个，社区1个、居民小组3个。

【农业】 坚持加快发展、统筹兼顾的原则，在全镇实施农业产业结构调整，着重以种植业为主、养殖业为辅。全年粮食总产量20268吨；生猪出栏2.79万头，小家禽出栏31.88万只，水产品产量1053吨。特色农业：随着农业经济的快速发展，家庭农场发展迅速，群众意愿高，2020年发展家庭农场32家。发展专业合作4个，主要以薄壳核桃、树苗、养殖鱼类为主，辐射到临边的清明嘴村、双朝门村、李子园村，涉及农户300余户。新农村建设：结合实际，总体规划，落实具体方案，2020年完成镇级千米建设约6.3千米，并做好控违拆违工作。

【脱贫攻坚】 全镇有建档立卡贫困户641户、1821人（其中贫困村茶店村117户、297人，级海寺村100户、325人，磨加墩村64户、184人），至2020年全部脱贫（2014年脱贫114户、366人；2018年脱贫197户、526人；2020年脱贫330户、929人）。主要致贫原因是因病，次要原因是缺劳力、缺技术，贫困发生率5.55%。全镇五保户492户（其中建档立卡五保户39户）；低保户528户、828人（其中建档立卡贫困户247户、425人），重度残疾685人（其中建档立卡贫困户117人）。围绕实现人均纯收入4100元的年度脱贫标准，紧抓产业和就业增收这一根本之策，利用财政专项扶贫资金为建档立卡贫困户提供种、养品种，在2018年和2019年投入450万元的基础上又投入85万元为贫困户发放种兔、鹅和鸭3个养殖品种，确保贫困户收入持续增长。

【旅游业】 2020年，打造狮子镇千亩龙虾基地乡村旅游景点1个，通过景点吸引游客以及商户，促进农民增收致富。疫情防控期间，景点游客较少，小龙虾以向外出售的方式，销售收入50余万元。

【招商引资】 2020年，狮子镇累计回引建筑企业2户，完成纳税目标任务53.8万元。

【基础设施】 交通：2020年，镇内有公路249.99千米，其中县道11.77千米，镇道24.11千米，村道、社道214.11千米。水利：有水库9座，其中小（1）型2座（铜马桥、五台山）、小（2）型7座（白杨、红土地、茶店子、天恩糖厂、周家洞、筲箕堰、酥麻湾），总库容931.41万立方米。重点做好基础设施建设，积极与上级部门沟通协商，茶店村窄路加宽，修建了一条2米宽、1.5千米的产业路以及一条3.5米宽、1千米的生产道。全镇水泥路网已达110千米，水泥公路通村率达100%，通社率达60%。

【社会事业】 教育：全镇有中小学4所（镇中心校、黄家、天恩和高家寺），教职员工134人，在校学生1501人（其中初中生480人、小学生1021人）。2020年11人考入省重点中学、35人考入市重点中学；有幼儿园4所（其中公办1所），在园幼儿 394 人。医疗卫生：有卫生院 1 所，职工 33 人(医生 14 人),床位 55 张；村卫生室 26 个。社会保障：有敬老院 1 座（天恩敬老院），共设置床位 116 个，供养五保老人 492 人（入院 74 人，院外散居五保老人 418 人）。享受低保 528 户、828 人。城乡居民基本医疗保险参保 29002 人，参合率 97%；城乡居民基本养老保险参保 15430 人，其中 60 周岁以上领取养老保险金 6116 人。文化：完善全镇村（社区）的“村村响”工程，图书库存量达到 4 万册；对镇域内的 4 座古墓做到定期巡查、原地保护。

【民生工程】 菜子冲村主导产业为特色稻虾养殖，依托高标准农田改造，着力打造特色稻虾养殖基地面积 500 亩，已注册专业合作社 1 家，带动周边贫困户及农村剩余劳动力在基地务工收入 15 万余元。清明嘴村青花椒种植面积约 100 亩，2020 年产值 15 万元；小龙虾养殖面积约 340 亩，2020 年产值 200 多万元，注册家庭农场 4 家，带动周边贫困户及农村剩余劳动力在基地务工收入 13 万元。磨加墩村、茶店村、小学湾村气调库项目总投资 116.6 万元（其中市级财政扶贫投资 100 万元，合作业主自筹 16.6 万元），建设面积 280 平方米，有 6 个贮藏库和 1 个办公用房。项目建成后将形成贮藏 200 吨的能力，促进全镇果蔬业健康发展，依托县镇农业部门和公司，实施“公司 + 气调库 + 农户”的组织经营模式，预计年纯收入能达到 6 万元，同时以种植水果为突破口，解决周边部分贫困劳动力就近就业问题，带动周边种养业发展，稳定贫困户家庭经济收入和增加贫困农户持续增收渠道，同步发展壮大村集体经济。

再次投资 50 万元，完成清明嘴村家庭养殖农场续建工作及清明嘴村现代农业园区包装；投资 100 余万元发展磨家墩村苗木家庭农场建设，已发展种植李子树和桃树 100 亩；投资 100 万元续建茶店村养殖农场，积极探索开展林上种植、林下养殖模式，2020 年发展种植晚红血橙 150 亩，养殖小家禽年出栏 4 万余只。

【其他工作】 卫计：建立艾滋病防治工作实行“一把手”负责制，组织开展艾滋病全面筛查 11680 人；全面落实农村计划生育家庭奖励扶助和特别扶助，对象资格确认准确无误；全面完成免费孕前优生健康、婚前医检目标任务；积极落实卫生扶贫救助工作，组织无偿献血活动。信访：2020 年共受理各类纠纷 150 件，已调处化解矛盾纠纷 150 件，成功率 100%。

（张明辉　袁　琳）

太平镇

【基本情况】 太平镇位于县城东部，北纬 29°47′，东经 105°02′，与重龙、狮子、龙江镇和内江市东兴区、资阳市安岳县相邻。镇政府驻太平镇和平街 11 号，距县城 23 千米。辖区面积 87 平方千米，集镇建成面积 1.44 平方千米（其中太平场镇 1.05 平方千米、龙山场镇 0.3 平方千米、天宝寺场镇 0.09 平方千米），耕地 60717 亩，林地面积 31800 亩，林木覆盖率 24.21%，主要为柏树、桉树、马桑树。地形西南高、东北低，属缓丘宽谷地貌，平均海拔 400 米，最高点（大青杠村寨子山）海拔 451 米，最低点(龙头村 4 组) 311 米。土壤主要为紫砂泥土、沙黄土、暗紫土、冷沙黄泥土。镇辖 15 个行政村（琴山、莲花桥、鲤鱼田、庆荣、岩鹰嘴、高寺、大青杠、东岳、任家、天宝寺、双龙、龙头、红门、石院、石宝）、124 个村民小组，2 个社区（太平场、龙山）、15 个居民小组。全镇总人口 61518 人（其中城镇居民 2488 人），户数 19312 户，出生 305 人，死亡 365 人，自然增长率 – 0.97‰。全年实现地方公共财政预算收入 24.4 万元，2020 年人均可支配收入 19520 元。实现劳务输出 2 万余人，劳务收入达到2.7亿元。

【村级建制调整改革】 太平镇依据有关规定，经多方论证，并征求社会各界意见，制定了《太平镇村级建制调整改革初步方案》。4月20日，11个涉改村（社区）按照法定程序，召开群众户代表大会表决通过，明确了新建制村（社区）的村名、办公场所等，顺利完成太平镇11个建制村（社区）（设立龙头村，将奚家村、龙头村第2、3、5、6、7、8村民小组划归其管辖；设立红门村，将三圣村，红门村第1、3、4、5、6村民小组划归其管辖；将红门村第2村民小组、龙头村第1、4村民小组划归龙山社区管辖；将合乡村第1、2、3村民小组划归双龙村管辖；将合乡村第4、5、6、7村民小组划归天宝寺村管辖；将琴山村第1、5、6村民小组，东岳村第1、2村民小组划归太平场社区管辖；琴山村划出第1、5、6村民小组，东岳村划出第1、2村民小组）的合并工作。调整前18个村，调整后15个村，减少3个村，涉调9个村，减幅达到17%；调整前2个社区，调整后2个社区，个数无增减变化，涉调2个社区。

【农业】 种植：2020年，粮食作物以水稻、玉米、红苕等为主，粮食总产量48278吨。养殖：畜牧品种以猪为主，兼养小家禽（鸡、鸭、鹅）、畜（兔），出栏生猪67470头，生猪参保1万余头，出栏小家禽、畜655853只，水产品产量1646吨。

【脱贫攻坚】 扎实开展脱贫攻坚巩固提升、“清零”等行动，组织开展“挂牌督战”，自查整改问题74个。落实“脱贫帮扶日”制度，帮扶责任人入户走访帮扶对象6000余人次。规划并实施中省财政专项扶贫资金项目3批次，发放土杂肉鸡、土鹅、种兔和商品羊等66568只。完成改厕2户，D级危房改造32户。全镇1253户贫困户“一超六有”全部达标。

【工商业】 2020年，社会消费品零售总额34892万元。工商企业总数4个，总产值11004万元，利润总额777万元。主要企业有天宝寺页岩机砖厂（私营，机砖生产，从业人员20人，年产值1500.6万）、内江中鑫天然气公司（私营，燃气供应，从业人员23人，年产值2268万）、太平屠宰场（私营，生猪屠宰，从业人员10人，年产值80余万）、资中县共赢建材有限公司（私营，建材制造与批发，从业人员13人，年产值550.9万）。

【旅游业】 2020年7月，太平镇在任家村顺利举办第一届资中8号龙虾文化旅游节，吸引游客约1.2万人，旅游及水果、蔬菜、家禽等农副产品收入约200万元，促进省级“鱼米之乡”示范项目落地，先后被省、市、县10余家媒体报道。

【招商引资】 2020年10月，太平镇回引四川亿茂农业有限公司，回村发展种养殖业，投入资金500万元。

【基础设施】 交通：2020年，全镇公路共377.4千米，新建通组公路2.46千米，其中东岳村1.2千米，双龙村1.2千米，天宝寺村0.06千米。基建：全年完成村镇建设投资3190万元，“三类人员”D级危房改造22户，“非四类人员”D级10户。水利：有小（2）型水库14座（七一、联合、龙洞沟、大水口、岩鹰嘴、东岳庙、长山顶、三河、白马、工农、天宝寺、鹞子岩、三圣场、光辉水库），山坪塘662口，石河堰27口。全镇供水2013户，供气4290户；广播电视已实现全覆盖安装。

【社会事业】 教育：全镇学校7所，其中中学1所（太平中学），小学6所（太平中心校，共荣小学，杨家河小学，天宝寺小学，龙山小学，国政小学），在校学生3221人，教职工270人；幼儿园6所（悦悦、天乙、嘉嘉、童欣、高寺村、莲花桥村、冯家村幼儿园），在园幼儿801人，幼儿教师18人。2020年，大力开展校园周边环境整治，成立以镇长为组长的教育工作领导小组，建立领导干部联系学校制度，村（社区）与政府签订教育工作目标责任书。镇内小学在校生巩固率99.9%，小学正常适龄儿童入学率、初中在校学生巩固率、残疾儿童少年入学率均达100%。医疗卫生：卫生院2所（太平中心卫生院、龙山卫生院），医务人员87人；村卫生室40个，村医42人；个体诊所1个，从业人员2人；新农合参保人数47026人。免费孕前优生健康检查142人，艾滋病血检14561人。社会保障：城乡居民基本养老保险覆盖人数15860人，60周岁以上领取养老保险金6392人；全镇敬老院3所（太平、国政、龙山），院内供养五保老人259人，院外453人；享受最低生活保障584户、1352人（其中城镇低保户35户、40人；农村低保户549户、1312人，）。民生工程：全镇重度残疾702人、困难残疾221人，全年按时发放城乡低保、重残、困残、五保供养等民生补贴共计460万元，民生兜底落地落实。城镇新增就业120人，实现城镇失业人员再就业40人，促进高校毕业生实现创业2人。

【其他工作】 社区建设：抓好社区禁毒（康复）管理，全年处理吸毒人员若干。城乡环境综合治理：2020年，开展月末大扫除、垃圾专项治理等行动34次，出动队伍280余支，累计5863人参与，整改县治理办巡查问题点位312处，清理公路219.8千米、河道41.2千米，收集转运生活垃圾1095车次5600余吨，治理乱张贴乱涂写500余处，协同三创公司规划垃圾收集桶设置点位260个。全年镇级河长巡河760人次，处置河岸乱倒垃圾、河面漂浮物等问题20个。信访："矛盾纠纷多元化解"信息系统录入纠纷258条，随手调比例26%，调解矛盾纠纷344起，调解率100%，每月报送网格及矛盾纠纷经典案例各1件。文物古迹：现存有清康熙年间儒将姚允先的墓穴。应急抢险：8月13日、8月17日，沱江河防洪抢险，出动24人。

（罗爱中　李林未）

附录

资中县2020年单位获奖情况统计表

表5

获奖单位	授奖单位	获奖时间	奖项
资中县	省委、省政府	2020年5月	2019年脱贫攻坚先进集体
	省委、省政府	2020年5月	2019年脱贫攻坚先进县
	省委、省政府	2020年6月	全省去冬今春农民工服务保障工作先进单位
	省委办公厅、省政府办公厅	2020年5月	2019年脱贫攻坚成效考核综合评价为“好”
	省农业农村厅	2020年1月	四川省特色农产品（内江黑猪）优势区
	国家统计局四川调查总队	2020年1月	2019年生猪调出大县监测调查工作先进县
	省农业农村厅	2020年2月	2019年度农机安全监管工作先进单位
	省邮政管理局	2020年2月	2019年全省快递服务现代农业银牌项目
	省委办公厅、省政府办公厅	2020年3月	2019年度全省农民增收工作先进县
	省农业农村厅	2020年12月	检疫监管工作突出单位
	省农业农村厅	2020年12月	农作物病虫监测预警工作优秀单位
	省农业农村厅	2020年12月	全省农村经营管理工作突出单位
	省农业农村厅	2020年12月	2020年度省植物保护工作绩效考核突出单位
	省精神文明建设委员会	2020年12月	第五届四川省文明城市
	国家统计局四川调查总队	2020年12月	2020年度粮食畜牧业统计调查数据归口管理工作先进县
	省烟草发展工作领导小组	2020年12月	2020年度川烟培育和现代烟草农业发展成效突出县

续表 5

获奖单位	授奖单位	获奖时间	奖项
县委、县政府	市委、市政府	2020 年 9 月	内江市招商引资“百日攻坚行动”最大招商项目奖、最快签约落地奖
县纪委监委机关	省委、省政府	2020 年 5 月	2019 年度脱贫攻坚先进集体
县法院	省法院	2020 年 1 月	2019 年度全省法院思想政治工作先进集体
	省法院	2020 年 4 月	全省法院“基本解决执行难”工作先进集体
	省法院	2020 年 4 月	全省法院档案规范化管理工作先进集体
	省法院	2020 年 6 月	全省法院系统第二十二届学术讨论会基层法院组织工作先进奖
县司法行政装备办公室	省法院	2020 年 4 月	全省法院信息化工作先进集体
银山人民法庭	省法院	2020 年 9 月	四川省法院系统先进集体
民事审判第二庭	省法院	2020 年 12 月	2020 年四川省环境资源司法协作先进集体
县检察院	最高人民检察院	2020 年 10 月	第七届“全国先进基层检察院”
	省检察院、省人社厅	2020 年 2 月	四川省检察系统先进集体（2016—2019）
内江国家农业科技园区	科技部办公厅	2020 年 12 月	2020 年国家农业科技园区综合评估优秀
	省科技厅	2020 年 12 月	资中县、东兴区、市中区省级农业科技园区综合评估优秀
	市委	2020 年 4 月	2019 年全市目标综合考核一等奖
内江国家农业科技园区管理委员会	市委	2020 年 10 月	2019 年度内江市经济社会发展先进集体
县委政法委	省委政法委、省人社厅	2020 年 1 月	四川省维护稳定工作先进集体
县法学会	省法学会	2020 年 3 月	2019 年度全省法学会研究工作先进集体
县老年大学	中国老年大学	2020 年 5 月	第七批全国老年远程教育特色微视频课程
	中国老年大学	2020 年 11 月	第四批全国老年远程教育课题论文三等奖
县政府办	市委、市政府	2020 年 9 月	“9·8”威远 5.4 级地震和“12·18”资中 5.2 级地震灾后重建工作先进集体
	市委、市政府	2020 年 11 月	生态环境保护服务保障先进集体

续表 5

获奖单位	授奖单位	获奖时间	奖项
县教育体育局	教育部关工委	2020 年 8 月	“新时代好少年 • 美好生活劳动创造”主题教育读书活动先进集体
	国家体育总局	2020 年 10 月	2020“茵浪杯”青少年城际足球邀请赛最佳团队风尚奖
	省体育局	2020 年 5 月	2020 年四川省青少年校园足球最佳阵容遴选（初中女子甲组）冠军
	省教育厅、教育报刊社	2020 年 10 月	2019—2020 年度四川教育宣传工作先进单位
	省科协等 8 部门	2020 年 8 月	第 35 届省青少年科技创新大赛基层优秀组织
县公安局	省公安厅	2020 年 1 月	全省公安机关严打入室盗窃犯罪“三大战区”集中会战最强实战 “公安局”
	市政府	2020 年 1 月	“9 • 8”威远 5.4 级地震抗震救灾工作先进集体
	市政府	2020 年 8 月	2019 年度无偿献血工作先进集体
县公安局部督“6•2”案专案组	省公安厅	2020 年 2 月	全省公安机关打击电信网络诈骗犯罪“集体二等功”
重龙派出所党支部	省公安厅	2020 年 2 月	最强支部
县车辆管理所	省公安厅	2020 年 8 月	一等县级车辆管理所
县看守所	省公安厅	2020 年 12 月	示范监所
	省公安厅	2020 年 12 月	全省公安监管系统先进集体
法制大队	省公安厅	2020 年 2 月	优秀县级公安机关
县公安局指挥中心	省公安厅	2020 年 12 月	全省公安机关 110 工作成绩突出集体
县司法局	省司法厅	2020 年 3 月	抗击新冠肺炎疫情表现突出的集体
高楼司法所	省司法厅	2020 年 12 月	省级规范化司法所
公民司法所	省司法厅	2020 年 12 月	省级规范化司法所
县财政局	省财政厅	2020 年 4 月	2019 年度国有企业经济效益月度快报工作情况通报表扬
	省财政厅	2020 年 9 月	2019 年度企业财务会计决算工作情况通报表扬
	省财政厅	2020 年 12 月	2019 年度公共基础设施等行政事业性国有资产年度报告工作情况的通报表扬
	省财政厅	2020 年 12 月	2019 年度财政总决算工作情况通报表扬
	省财政厅	2020 年 12 月	2019 年度部门决算工作情况通报表扬
	省财政厅	2020 年 12 月	2019 年度财政决算和预算执行分析工作情况的通报表扬
	省“双拥”领导小组	2020 年 4 月	拥军优属先进单位
	省总河长办	2020 年 6 月	2019 年度河长制湖长制工作考核通报表扬
	市委	2020 年 11 月	2019 年度内江市经济社会发展先进集体
	市委	2020 年 9 月	“9 • 8”威远 5.4 级地震和“12 • 18”资中 5.2 级地震灾后重建工作先进集体

续表 5

获奖单位	授奖单位	获奖时间	奖项
市创业促进中心	人社部就业促进司	2020 年 11 月	优秀就业服务项目（“就业 110”“三个工作日”帮助就业）二等奖
县人社局	省委办公厅、省政府办公厅	2020 年 6 月	全省去冬今春农民工服务保障工作先进单位
	省政府	2020 年 8 月	四川省残疾人就业工作先进单位
	省政府	2020 年 9 月	人社系统统计先进集体
	省人社厅	2020 年 9 月	2019—2020 年度《中国劳动保障报》新闻宣传发行工作先进单位
县水利局	省水利厅	2020 年 5 月	2019 年全省水利工程建设工作先进集体
	省总河长办公室	2020 年 8 月	全省河（湖）长制工作先进集体
县农业农村局	省农业农村厅	2020 年 12 月	2020 年全省农村经营管理工作突出单位
	省农业农村厅	2020 年 12 月	“经营两杂种子未按规定建立种子经营档案案”“销售的种子标签内容不符合规定案”被评为全省农业行政处罚优秀案卷
	省农机监理总站	2020 年	农机合作社安全生产清单制管理工作突出单位
	省机电排灌管理总站	2020 年	农村机电提灌项目建设工作突出单位、农村机电提灌信息报送工作突出单位
	农业农村部办公厅	2020 年 1 月	“销售种子标签内容不符合规定案”被列为“2019 年全国农业行政处罚优秀案卷”
	市委、市政府	2020 年 9 月	内江市招商引资“百日攻坚行动”先进集体
广播电视学校资中县分校	省农业广播电视学校	2020 年 12 月	2020 年度四川省农广校系统农民教育培训工作先进集体
资中县种子管理站	省种子站	2020 年 1 月	“2019 年农作物新品种展示评价和安全性监测工作先进单位”“2019 年农作物种子质量监测工作先进单位”“2019 年农作物制种基地建设管理工作先进单位”
县鸿吉源农业科技有限公司	农业农村部渔业渔政管理局	2020 年	国家级水产健康养殖示范场（第十四批）
四川原耕时代农业发展有限公司	农业农村部渔业渔政管理局	2020 年	国家级水产健康养殖示范场（第十四批）
县泰之源水产养殖有限公司	农业农村部渔业渔政管理局	2020 年	国家级水产健康养殖示范场（第十四批）
县盛果水产养殖家庭农场	农业农村部渔业渔政管理局	2020 年	国家级水产健康养殖示范场（第十五批）
县盛焱养殖家庭农场	农业农村部渔业渔政管理局	2020 年	国家级水产健康养殖示范场（第十五批）
县茂盛养殖家庭农场	农业农村部渔业渔政管理局	2020 年	国家级水产健康养殖示范场（第十五批）
县商务合作局	市委、市政府	2020 年 9 月	招商引资“百日攻坚行动”先进集体
县市监局	省市监局	2020 年 10 月	2019 年度全省企业年报公示工作先进单位

续表 5

获奖单位	授奖单位	获奖时间	奖项
县卫生健康局	省中医药管理局	2020 年 8 月	四川省中医药传承创新发展先进集体
	市委	2020 年 1 月	“9·8”威远 5.4 级地震抗震救灾工作先进单位
县人民医院	省人口和计划生育领导小组	2020 年 6 月	2019 年度计划生育家庭特别扶助工作、生育秩序整治行动和人口与家庭动态监测调查先进集体
县综合行政执法局	市委、市政府	2020 年 12 月	内江市防汛救灾先进集体
县扶贫开发局	省扶贫开发局	2020 年 12 月	全省 2020 年脱贫攻坚信息宣传工作先进单位
	省扶贫开发局	2020 年 12 月	全省 2020 年系统动态调整工作先进单位
县工商联	省工商业联合会	2020 年 10 月	四川省“五好”县级工商联
县红十字会	四川省红十字会	2020 年 6 月	疫情防控工作优秀集体
	四川省红十字会	2020 年 10 月	2020 年“99 公益日”活动组织工作先进集体
重龙镇东林社区居委会	中国红十字会总会	2020 年 10 月	抗击新冠肺炎疫情暨红十字应急救护知识竞赛活动单位组织一等奖
县供销社	省供销社	2020 年 1 月	2019 年度省供销系统信息宣传成绩突出单位
	省供销社	2020 年 1 月	2019 年度省供销系统监事会建设成绩突出单位
县妇幼保健计划生育服务中心	省妇幼临床检验质量控制中心	2020 年 12 月	2020 年妇幼临床检验先进集体
县疾控中心	中国疾控中心慢性非传染性疾控中心	2020 年 3 月	2004—2019 年中国死因登记报告工作先进集体奖
	省麻风病防治工作办公室	2020 年 1 月	2019 年麻风防治工作先进单位
县消防大队	省应急厅、省人社厅	2020 年	抗击重大自然灾害先进集体
县税务局	中央文明委	2020 年 11 月	第六届全国文明单位
	团省委	2020 年 5 月	四川大学生社会实践活动优秀实习基地
资中生态环境局	省污染源普查办	2020 年 12 月	四川省第二次全国污染源普查表现突出的先进集体、优秀质量核查评估报告三等奖
	市委、市政府	2020 年 11 月	环境执法先进集体
邮政资中县分公司党支部	省邮政公司	2020 年	2020 年全省邮政先进基层党组织
苏家湾邮政支局	省邮政公司	2020 年	2020 年全省邮政抗洪救灾先进集体

续表 5

获奖单位	授奖单位	获奖时间	奖项
重龙镇	省人口计生领导小组	2020 年 6 月	2019 年度计划生育家庭特别扶助工作、生育秩序整治行动和人口与家庭动态监测调查先进集体
	省精神文明建设委员会	2020 年 12 月	文明村镇
	市政府、内江军分区	2020 年 8 月	2019 年度征兵工作先进单位
	市委、市政府	2020 年 11 月	内江市生态环境保护先进集体
	市委	2020 年 12 月	全市防汛救灾先进基层党组织
	市委、市政府	2020 年 12 月	2020 年“美丽内江·宜居乡村”达标村
重龙镇杨柳滩村	省委、省政府	2020 年 3 月	2019 年度四川省实施乡村振兴战略工作示范村
水南镇	市委	2020 年 9 月	招商引资“百日攻坚行动”先进集体
	市委	2020 年 11 月	2019 年度内江市经济社会发展先进集体
	市委	2020 年 11 月	内江市生态环境保护先进集体
	市委	2020 年 12 月	内江市防汛救灾先进集体
资中凤凰城小区	省委城乡基层治理办	2020 年 12 月	党建品牌“360 红帆港”荣获“全省基层治理示范小区”称号
公民镇	市委、市政府	2020 年 1 月	“9·8”威远 5.4 级地震抗震救灾工作先进集体
	市委、市政府	2020 年 9 月	“9·8”威远 5.4 级地震和“12·18”资中 5.2 级地震灾后重建工作先进集体
陈家镇	市委、市政府	2020 年 1 月	内江市生态环境保护先进单位
	市委、市政府	2020 年 9 月	“12·18”资中“5·2”级地震灾后重建工作先进集体
鱼溪镇	省委城乡基层治理办	2020 年 6 月	省基层治理现代化试点镇
	市委、市政府	2020 年 12 月	2020 年实施乡村振兴战略工作先进乡镇
	市委	2020 年 12 月	全市防汛救灾先进基层党组织
	市政府	2020 年 8 月	2019 年度无偿献血工作优秀乡镇
资中县不知火现代农业园区	市政府	2020 年	被命名“2020 年内江市五星级现代农业园区”
归德镇	市委	2020 年 12 月	内江市防汛救灾先进集体
归德镇凤凰社区临时支委	市委	2020 年 12 月	内江市防汛救灾先进基层党组织
球溪镇	省委	2020 年 3 月	2019 年度四川省实施乡村振兴战略工作先进乡镇
	市委、市政府	2020 年 12 月	内江市防汛救灾先进集体

资中县2020年个人获奖情况统计表

表6

姓名	所在单位	授奖单位	获奖时间	奖项
黄平方	县司法局	司法部	2020年1月	“大排查早调解护稳定迎国庆”专项活动表现突出个人
吴磊	县公安局	公安部	2020年8月	部级“个人标兵”
唐可钦	县公安局	公安部刑事侦查局	2020年11月	平台之星
唐军基	县档案馆	省委、省政府	2020年5月	四川省脱贫攻坚先进个人
刘原	县疾控中心	省委、省政府	2020年11月	四川省优秀共产党员、四川省抗击新冠肺炎疫情先进个人
杨胜	县公安局	省委、省政府	2020年11月	四川省抗击新冠肺炎疫情先进个人
李亮益	县退役军人事务局	省委、省政府、省军区	2020年	四川省拥军优属先进个人
靳恒	县公安局	省委	2020年11月	四川省防汛救灾优秀党员
		市政府	2020年1月	2019年度防汛救灾先进个人
杨礼义	县司法局	省政府	2020年6月	四川省第八届先进工作者
李忠林	县公安局	省公安厅	2019年12月	四川银行业金融机构第六轮安全评估工作先进个人
张科	县公安局	省公安厅	2020年1月	全省公安机关严打入室盗窃犯罪“三大战区”集中会战先进个人
郑钦文	县公安局	省公安厅	2020年1月	全省公安机关严打入室盗窃犯罪“三大战区”集中会战先进个人
王宽	县公安局	省公安厅	2020年1月	全省公安机关严打入室盗窃犯罪“三大战区”集中会战先进个人
郑达斌	县公安局	省公安厅	2020年1月	全省公安机关严打入室盗窃犯罪“三大战区”集中会战先进个人
张小春	县司法局	省人社厅、省司法厅	2020年1月	四川省司法行政系统先进个人
张成庚	县公安局	省公安厅刑侦局	2020年2月	2019年度刑事案件现场勘查工作成绩突出的县级公安局长
陈果	县司法局	省司法厅	2020年2月	抗击新冠肺炎疫情表现突出的个人
林玉清	县委编办	省委编办	2020年3月	四川省2020年度机构编制系统先进个人
曾羿	县审计局	省审计厅、省人社厅	2020年3月	四川省审计系统先进个人
李腾	县法院	省法院	2020年4月	全省法院“基本解决执行难”工作先进个人
李小平	县法院	省法院	2020年6月	全省法院系统第二十二届学术讨论会三等奖
谭瑛	县法院	省法院	2020年6月	全省法院系统第二十二届学术讨论会三等奖
邓淑丹	县法院	省法院	2020年6月	全省法院系统第二十二届学术讨论会三等奖

续表 6

姓名	所在单位	授奖单位	获奖时间	奖项
王玫	县法院	省法院	2020 年 6 月	全省法院系统第二十二届学术讨论会三等奖
白帅锋	县法院	省法院	2020 年 6 月	全省法院系统第二十二届学术讨论会三等奖
谭春英	县法院	省法院	2020 年 6 月	全省法院系统第二十二届学术讨论会优秀奖
		省法院	2020 年 12 月	2020 四川省环境资源司法协作先进个人
张光伟	县财政局	省财政厅	2020 年 7 月	四川省财政系统先进个人
代雨哲	县卫健局	省脱贫攻坚领导小组	2020 年 9 月	四川省脱贫攻坚先进个人
邓龙学	县公安局	省公安厅	2020 年 12 月	全省公安监管系统先进个人
樊强	县公安局	省公安厅	2020 年 12 月	全省公安监管系统先进个人
朱伟	县公安局	省公安厅	2020 年 12 月	全省公安监管系统先进个人
彭先明	县公安局	省公安厅	2020 年 12 月	全省公安监管系统先进个人
周学明	县公安局	省公安厅	2020 年 12 月	全省公安监管系统先进个人
刘恩锡	县公安局	省公安厅	2020 年 12 月	全省公安机关 110 工作成绩突出个人
张恩思	县法院	省法院	2020 年 12 月	全省智慧法院先进个人
唐学才	县法院	省法院	2020 年 12 月	其裁判文书被表彰为全省法院优秀裁判文书
张畅	县法院	省法院	2020 年 12 月	2020 年度全省法院行政审判先进个人
陈惠婷	县法院	省法院	2020 年 12 月	全省法院司法警察庭审警务保障工作先进个人
冉茂才	县消防大队	省消防总队	2020 年	“防汛救灾”嘉奖 1 次
张晓军	县消防大队	省消防总队	2020 年	“凉山森林火灾扑救”嘉奖 1 次
李文博	县消防大队	省消防总队	2020 年	个人“三等功”1 次
朱鸿飞	县政府办	市委、市政府	2020 年 1 月	“9·8”威远 5.4 级地震抗震救灾工作先进个人
	县政府办	市委、市政府	2020 年 11 月	2019 年度内江市经济社会发展先进个人
王君	县纪委监委	市委、市政府	2020 年 1 月	“9·8”威远 5.4 级地震抗震救灾先进个人
	县纪委监委	市委、市政府	2020 年 11 月	内江市生态环境保护先进个人
向勇刚	公民镇盘龙寺村	市委、市政府	2020 年 1 月	“9·8”威远 5.4 级地震抗震救灾工作先进个人

续表 6

姓名	所在单位	授奖单位	获奖时间	奖项
戴宇	县总值班室	市委、市政府	2020 年 1 月	2019 年“9 • 8”威远 5.4 级地震抗震救灾工作先进个人
	县总值班室	市委、市政府	2020 年 1 月	2019 年度防汛减灾工作先进个人
	县总值班室	市委、市政府	2020 年 12 月	2020 年内江市防汛救灾先进个人
王能勇	县税务局	市委、市政府	2020 年 7 月	促进服务业发展先进个人
颜欢	县纪委监委	市委、市政府	2020 年 9 月	“9 • 8”威远 5.4 级地震和“12 • 18”资中 5.2 级地震灾后重建先进个人
	县纪委监委	市委、市政府	2020 年 12 月	内江市防汛减灾先进个人
周泽莉	县委组织部	市委、市政府	2020 年 9 月	“9 • 8”威远 5.4 级地震和“12 • 18”资中 5.2 级地震灾后重建工作先进个人
刘国林	县政府办	市委、市政府	2020 年 9 月	“9 • 8”威远 5.4 级地震和“12 • 18”资中 5.2 级地震灾后重建工作先进个人
刘元贵	县兴资公司	市委、市政府	2020 年 9 月	内江市制造业企业先进个人
曾祖宏	县税务局	市委、市政府	2020 年 9 月	制造业先进个人
李磊	公民镇政府	市委、市政府	2020 年 9 月	“9 • 8”威远 5.4 级地震和“12 • 18”资中 5.2 级地震灾后重建工作先进个人
陈彦伊	县审计局	市委、市政府	2020 年 9 月	内江市“9 • 8”威远 5.4 级地震和“12 • 18”资中 5.2 级地震灾后重建工作先进个人
张锐	县商务局	市委、市政府	2020 年 9 月	招商引资“百日攻坚行动”先进个人
王伟懿	县商务局	市委、市政府	2020 年 9 月	招商引资“百日攻坚行动”先进个人
周勇	县政府	市委、市政府	2020 年 10 月	2019 年度内江市经济社会发展先进个人
叶立刚	县委政研室	市委、市政府	2020 年 10 月	市经济社会发展先进个人
廖春辉	县委政法委	市委、市政府	2020 年 10 月	2019 年度内江市经济社会发展先进个人
胡涛	县财政局	市委	2020 年 3 月	“9 • 8”威远 5.4 级地震抗震救灾工作先进个人
	县财政局	市委	2020 年 9 月	“9 • 8”威远 5.4 级地震和“12 • 18”资中 5.2 级地震灾后重建工作先进个人
王卫平	县财政局	市委	2020 年 9 月	内江市推动制造业高质量发展工作先进个人
谢辉	县财政局	市委	2020 年 9 月	“9 • 8”威远 5.4 级地震和“12 • 18”资中 5.2 级地震灾后重建工作先进个人
刘芳	县财政局	市委	2020 年 11 月	内江市生态环境保护先进个人
吴畏	县公安局	市政府	2020 年 1 月	“9 • 8”威远 5.4 级地震抗震救灾工作先进个人

资中县2020年领导干部情况一览表

表 7

单位	职务	姓名	任职时间
中共资中县委员会	县委书记	曾廷富	2020 年 1 月—
	县委副书记	林双全	2020 年 1 月—
		任　伟	2020 年 1 月—
	县委常委	李玉文	2020 年 1 月—
		雷五江	2020 年 1 月—
		王　冰	2020 年 1 月—2020 年 3 月
		李　杜	2020 年 1 月—2020 年 11 月
		周　勇	2020 年 1 月—
		邓方全	2020 年 1 月—
		付根平	2020 年 1 月—
		李治波	2020 年 3 月—
		金中华	2020 年 5 月—
		唐未星	2020 年 7 月—
资中县人民代表大会常务委员会	党组书记、主任	张　明	2020 年 1 月—
	党组成员、副主任	李展华	2020 年 1 月—2020 年 4 月
		汤天涛	2020 年 1 月—
		张群英	2020 年 1 月—
		孙文兴	2020 年 4 月—
	副主任	邓俊秀	2020 年 1 月—
县人大社会建设委员会	主任委员	钟　诚	2020 年 1 月—
	副主任委员	朱永华	2020 年 1 月—
县人大机关党组	书　记	饶天府	2020 年 1 月—
	副书记	姚　伟	2020 年 1 月—
县人大机关党委	书　记	林　峰	2020 年 1 月—2020 年 3 月
		谢　慧	2020 年 4 月—
	副书记	练梦菲	2020 年 1 月—2020 年 5 月
		朱永华	2020 年 5 月—
县人大办公室	主　任	饶天府	2020 年 1 月—
	副主任	耿园植	2020 年 1 月—
		林　龙	2020 年 1 月—
县人大人事代表工委	主　任	吴晓兰	2020 年 1 月—
	副主任	杨华彬	2020 年 1 月—
县人大法制工委	主　任	兰　勇	2020 年 1 月—2020 年 4 月
	副主任	孙永全	2020 年 10 月—
县人大农业工委	主　任	黄金明	2020 年 1 月—
	副主任	何晓磊	2020 年 1 月—

续表 7

单位	职务	姓名	任职时间
县人大财经工委	主　任	吴　锋	2020 年 1 月—
	副主任	朱永华	2020 年 1 月—
县人大教科文卫工委	主　任	莫世全	2020 年 1 月—
	副主任	赖运进	2020 年 1 月—
县人大信访办公室	主　任	姚　伟	2020 年 1 月—
	副主任	张　涛	2020 年 4 月—
县人大建环工委	主　任	陈其军	2020 年 1 月—
	副主任	廖华英	2020 年 1 月—
县人大预算工委	主　任	田征福	2020 年 1 月—
	副主任	练梦菲	2020 年 1 月—
资中县人民政府	县　长	林双全	2020 年 1 月—
	副县长	李　杜	2020 年 1 月—
		唐未星	2020 年 9 月—
		周　勇	2020 年 1 月—
		张文彬	2020 年 1 月—
		吴小平	2020 年 1 月—
		王　冬	2020 年 1 月—2020 年 2 月
		张成庚	2020 年 1 月—
政协资中县委员会	主　席	曾祥超	2020 年 1 月—
	副主席	卢宗礼	2020 年 1 月—
		李亚如	2020 年 1 月—
		王利双	2020 年 1 月—
		张　丽	2020 年 1 月—
	秘书长	李富元	2020 年 1 月—
	副秘书长	罗　勇	2020 年 1 月—
		林　红	2020 年 1 月—
政协办公室	主　任	李富元	2020 年 1 月—
	副主任	刘铁流	2020 年 1 月—
政协提案委	主　任	罗　勇	2020 年 1 月—
政协文化文史和学习委	主　任	李兴明	2020 年 1 月—2020 年 4 月
		李　勇	2020 年 4 月—
政协教科医卫委	主　任	王　浪	2020 年 1 月—
	副主任	巫明君	2020 年 1 月—
政协农业和农村委	主　任	林祥东	2020 年 1 月—
	副主任	史俊贵	2020 年 1 月—
政协城市经济科技委	主　任	林　红	2020 年 1 月—
政协社会工作委	主　任	叶　飞	2020 年 1 月—
	副主任	张成果	2020 年 1 月—

续表 7

单位	职务	姓名	任职时间
政协委员联络办公室	主　任	李　茂	2020 年 1 月—
县纪委监委	县委常委、纪委书记、监委主任	雷五江	2020 年 1 月—
	纪委副书记、监委副主任	王　君	2020 年 1 月—
		刘　杰	2020 年 1 月—
	纪委常委、监委委员	彭　玲	2020 年 1 月—
		严宏伟	2020 年 1 月—
		许　超	2020 年 1 月—
	纪委常委	罗　键	2020 年 1 月—
	监委委员	陈子娅	2020 年 1 月—
	县纪委监委机关党委书记	叶　敏	2020 年 4 月—
资中经济开发区管委会	党工委书记	任　伟	2020 年 1 月—
	党工委副书记	肖和平	2020 年 1 月—
	副主任	胡志勇	2020 年 1 月—
		陈　勇	2020 年 1 月—
	纪工委书记	张光伟	2020 年 1 月—
内江国家农业科技园区管委会	党工委书记	曾廷富	2020 年 1 月—
	党工委副书记、主任	林双全	2020 年 1 月—
	党工委专职副书记	胡　明	2020 年 1 月—
	副主任	刘明五	2020 年 1 月—
		蒋学飞	2020 年 1 月
		任　伟	2020 年 1 月—
	专职副主任	肖　勇	2020 年 1 月—
县人武部	部　长	肖家高	2020 年 1 月—2020 年 6 月
		欧自力	2020 年 7 月—
	政　委	金中华	2020 年 1 月—
	副部长	宋锡波	2020 年 1 月—2020 年 7 月
		覃　操	2020 年 7 月—
县委办公室	主　任	叶航江	2020 年 1 月—
	副主任	叶立刚	2020 年 1 月—
		唐忠友	2020 年 1 月—
		杨　春	2020 年 1 月—
	机关党委书记	简勇斌	2020 年 1 月—
县委保密机要局	局　长	杨　春	2020 年 1 月—
县直机关工委	书　记	唐忠友	2020 年 1 月—
县档案局	局　长	叶航江	2020 年 8 月—

续表 7

单位	职务	姓名	任职时间
县政策研究室	主　任	叶立刚	2020 年 1 月—
	副主任	朱荣忠	2020 年 1 月—
		周利聪	2020 年 1 月—
	机关党委书记	陈宏军	2020 年 4 月—
	县民生事务综合服务中心主任	刘锋	2020 年 4 月—
县委巡察办	主　任	罗　云	2020 年 1 月—
	第一巡察组组长	曾加庆	2020 年 1 月—
	第二巡察组组长	游宗荣	2020 年 1 月—
	第三巡察组组长	邱　军	2020 年 1 月—
	副主任	袁　黎	2020 年 1 月—
		吴　刚	2020 年 1 月—
	第一巡察组副组长	刘六森	2020 年 1 月—
	第二巡察组副组长	吴晓云	2020 年 1 月—
	第三巡察组副组长	郭　强	2020 年 1 月—
县委组织部	部　长	周　勇	2020 年 1 月—
	常务副部长	叶　辉	2020 年 1 月—
	副部长	王小莲	2020 年 1 月—
		林玉清	2020 年 1 月—
		方万东	2020 年 1 月—
	纪检监察组组长	罗旭东	2020 年 1 月—
	部务委员	王维东	2020 年 1 月—
		周　洁	2020 年 5 月—
	机关党委书记	梁　丽	2020 年 1 月—
县委机构编制委员会办公室	主　任	林玉清	2020 年 1 月—
	机关党委书记	吴一兵	2020 年 1 月—
	副主任	钟　兰	2020 年 1 月—
	县机构编制服务中心主任	叶玉琳	2020 年 1 月—
县委老干部局	局　长	方万东	2020 年 1 月—
	副局长	李成华	2020 年 1 月—
		蔡小燕	2020 年 1 月—
县委统战部	部　长	邓方全	2020 年 1 月—
	副部长	邱　刚	2020 年 1 月—
		罗世勇	2020 年 1 月—
		刘　琴	2020 年 1 月—
		曾　琳	2020 年 1 月—2020 年 5 月
县民宗局	局　长	刘　琴	2020 年 1 月—
	副局长	胡　彬	2020 年 1 月—

续表 7

单位	职务	姓名	任职时间
县台办	主　任	曾　琳	2020 年 1 月—2020 年 5 月
		余才开	2020 年 6 月—
县委党校	校　长	周　勇	2020 年 1 月—
	常委副校长	余才开	2020 年 1 月—2020 年 5 月
		黄辉兵	2020 年 5 月—
	副校长	黄　文	2020 年 1 月—
县行政学校	校　长	李　杜	2020 年 1 月—
县总工会	主　席	李玉文	2020 年 1 月—
	党组成员、副主席	罗忠阳	2020 年 1 月—
		黄平才	2020 年 1 月—
共青团县委	书　记	刘盛权	2020 年 1 月—
	副书记	周文杰	2020 年 1 月—
县妇联	主　席	黄　琳	2020 年 1 月—
	副主席	张兰英	2020 年 1 月—
县科协	主　席	李　玲	2020 年 1 月—
	副主席	李贤富	2020 年 1 月—
县侨联	主　席	邹　敏	2020 年 1 月—
县残联	党组书记、理事长	杨大龙	2020 年 1 月—
	党组成员、副理事长	林用军	2020 年 1 月—
县红十字会	会　长	吴小平	2020 年 1 月—
	专职副会长	谭　忠	2020 年 1 月—
县工商联	主　席	王利双	2020 年 1 月—
	党组书记	罗世勇	2020 年 1 月—
	副主席	毛光燕	2020 年 1 月—
	秘书长	古为民	2020 年 1 月—
县委党史研究室	主　任	王化勇	2020 年 1 月—
县政府办公室	主　任	朱鸿飞	2020 年 1 月—
	派驻纪检监察组组长	郑　丽	2020 年 1 月—
	副主任	王　勇	2020 年 1 月—2020 年 5 月
		余远恩	2020 年 1 月—
		庄　严	2020 年 1 月—
		李　波	2020 年 5 月—
	机关党委书记	陆鼎方	2020 年 1 月—
县政府电子政务中心	主　任	李　波	2020 年 1 月—2020 年 5 月
		刘国林	2020 年 8 月—
县机关事务服务中心	主　任	尹　利	2020 年 1 月—
	副主任	范咏梅	2020 年 1 月—2020 年 3 月
		邹　萍	2020 年 1 月—
		史博文	2020 年 5 月—

续表 7

单位	职务	姓名	任职时间
县人防办	主　任	王　勇	2020 年 1 月—2020 年 8 月
		李　波	2020 年 8 月—
县应急管理局	党组书记、局长	吴建辉	2020 年 1 月—
	党组成员 、纪检组组长	张仕勇	2020 年 1 月—
	党组成员 、副局长	黄天勇	2020 年 1 月—
		朱维轮	2020 年 1 月—
		何森林	2020 年 1 月—
		黎　文	2020 年 1 月—
	党组成员、总工程师	隆元兵	2020 年 1 月—
县地方志研究室	副主任	邓　勇	2020 年 1 月—
县文广旅游局	党委书记	孙文兴	2020 年 1 月—2020 年 5 月
	党委副书记、局长	李　勇	2020 年 1 月—2020 年 2 月
	党委书记、局长	张　智	2020 年 5 月—
	党委委员、副局长	雷庆银	2020 年 1 月—
		孙志勇	2020 年 1 月—
		范银芳	2020 年 2 月—
	党委委员、总规划师	范银芳	2020 年 1 月—2020 年 2 月
	党委委员、机关党委书记	陈　庆	2020 年 1 月—
县文物保护中心(博物馆)	主　任	李向东	2020 年 1 月—2020 年 5 月
		黄文军	2020 年 5 月—
	支部书记	黄文军	2020 年 1 月—
县图书馆	馆　长	苟华勇	2020 年 1 月—
	副馆长	朱海燕	2020 年 1 月—
县文化馆	支部书记、馆长	周立人	2020 年 1 月—
县旅游发展服务中心	主　任	李向东	2020 年 5 月—
	副主任	何　燕	2020 年 11 月—
县木偶剧团	支部书记、团长	胡　海	2020 年 1 月—
	副团长	杨　武	2020 年 1 月—
		吕　丁	2020 年 1 月—
县财政局	资中经开区纪工委书记、局党组书记、局长	张光伟	2020 年 1 月—
	党组成员、副局长	宋晓阳	2020 年 1 月—
		赖　静	2020 年 1 月—
		李　俊	2020 年 1 月—
		李　文	2020 年 6 月—
	党组成员、纪检组组长	罗　毅	2020 年 1 月—
	党组成员、总会计师	曾　超	2020 年 1 月—
	党组成员、资中经开区财政分局局长	刘　福	2020 年 1 月—
	党组成员、机关党委书记	熊　武	2020 年 1 月—

续表 7

单位	职务	姓名	任职时间
县兴资公司	党总支书记、董事长	黄　文	2020 年 1 月—
	董事、党总支副书记	叶红英	2020 年 1 月—
	董事、副总经理	李　强	2020 年 1 月—
县润资公司	党总支书记、董事长	黄佑培	2020 年 1 月—2020 年 6 月
	董事、总经理	戴志明	2020 年 1 月—
	党总支副书记	兰春梅	2020 年 1 月—
	董事、副总经理	李　军	2020 年 1 月—
		李　君	2020 年 1 月—
	工会主席	宋泽水	2020 年 1 月—
县行政审批局	党组书记	孙恒树	2020 年 1 月—
	党组副书记、局长	杨　晗	2020 年 1 月—
	党组成员、副局长	王　斌	2020 年 1 月—
		郑　波	2020 年 1 月—
	党组成员、纪检组组长	马世利	2020 年 1 月—
市公共资源交易中心资中县分中心	党组书记、主任	张万华	2020 年 1 月—
	党组成员、副主任	范俊杰	2020 年 1 月—
		何妮骏	2020 年 1 月—
县人力资源和社会保障局	党委书记	邱智勇	2020 年 1 月—2020 年 10 月
	局长	邱智勇	2020 年 1 月—2020 年 11 月
	副局长	严光平	2020 年 1 月—
		彭世忠	2020 年 1 月—
		孙晓丽	2020 年 1 月—
	派驻纪检组组长	李　刚	2020 年 1 月—
	机关党委书记	刘国华	2020 年 1 月—
县就业服务中心	党支部书记、主任	严兴华	2020 年 1 月—
	副主任	张毅忠	2020 年 1 月—
		黄小书	2020 年 8 月—
县社会保险事务中心	党支部书记、主任	谢卫东	2020 年 1 月—
	副主任	张旭建	2020 年 1 月—
		雷小军	2020 年 8 月—
县居民养老保险中心	党支部书记、主任	罗　刚	2020 年 1 月—
	副主任	蔡　骏	2020 年 1 月—
		黎　静	2020 年 1 月—
县机关事业单位社会保险事务中心	主　任	阳　俊	2020 年 1 月—
	副主任	李　群	2020 年 1 月—
		罗　洋	2020 年 1 月—
农民工服务中心	副主任	郑　强	2020 年 1 月—
		李　敏	2020 年 1 月—
	机关党委书记	李信斌	2020 年 11 月—

续表 7

单位	职务	姓名	任职时间
县医保局	党组书记、局长	黄鼎峰	2020 年 1 月—
	党组成员、副局长	叶　波	2020 年 1 月—
		钟　英	2020 年 1 月—
	党组成员、机关党委书记	甘　彬	2020 年 1 月—
县医保中心	主　任	梁　爽	2020 年 1 月—
	副主任	唐　荣	2020 年 1 月—
		雷霞林	2020 年 1 月—
		孙　政	2020 年 1 月—
县税务局	党委书记、局长	曾祖宏	2020 年 1 月—
	党委副书记、副局长	彭洪艺	2020 年 1 月—
	党委委员、副局长	傅　渊	2020 年 1 月—
		朱　聪	2020 年 1 月—
		屈　平	2020 年 1 月—
		周　伟	2020 年 1 月—
		刘佳斌	2020 年 1 月—
	党委委员、纪检组组长	张能文	2020 年 1 月—
	党委委员、机关党委书记	赖　剑	2020 年 1 月—
国家统计局资中调查队	党组书记、队长	刘　桃	2020 年 1 月—
	党组成员、纪检组组长	卢　伟	2020 年 1 月—
县审计局	党组书记、局长	郑建波	2020 年 1 月—
	党组副书记、副局长	杨　军	2020 年 1 月—2020 年 6 月
	党组副书记、总审计师	杨　军	2020 年 6 月—
	党组成员、纪检组组长	刘国义	2020 年 1 月—
	党组成员、副局长	孙　辉	2020 年 1 月—
		邹代彬	2020 年 6 月—
	党组成员、总审计师	邹代彬	2020 年 1 月—2020 年 6 月
	党组成员、机关党委书记	朱仁兵	2020 年 1 月—
县退役军人事务局	党组书记、局长	李亮益	2020 年 1 月—
	党组成员、副局长	陈　泉	2020 年 1 月—
		吕　鹏	2020 年 1 月—
	党组成员、机关党委书记	贺文全	2020 年 1 月—
县民政局	党组书记	赖　彬	2020 年 1 月—
	党组副书记、局　长	陈　军	2020 年 1 月—
	党组成员、副局长	赖　军	2020 年 1 月—
		陈贻钧	2020 年 1 月—
	党组成员、机关党委书记	甘德武	2020 年 1 月—
	党组成员、纪检监察组组长	孙　华	2020 年 1 月—
县档案馆	馆　长	饶学斌	2020 年 1 月—
	副馆长	刘凡军	2020 年 1 月—

续表 7

单位	职务	姓名	任职时间
县委宣传部	部　长	王　冰	2020 年 1 月—2020 年 3 月
		李治波	2020 年 3 月—
	常务副部长	曾顺明	2020 年 1 月—
	副部长	易国艳	2020 年 1 月—
		张　智	2020 年 6 月—
		代　军	2020 年 1 月—
	县文艺联合会主席	李治波	2020 年 11 月—
	县文艺联合会常务副主席	易国艳	2020 年 11 月—
	县委外宣办（县政府新闻办）主任	易国艳	2020 年 7 月—
	县精神文明办主任	代　军	2020 年 1 月—
	县纪检监察组组长	郭　辉	2020 年 1 月—
	机关党委书记	陈　伦	2020 年 1 月—
	县新闻出版局（县版权局）局长	陈　伦	2020 年 7 月—
资中县融媒体中心	副主任	康　敏	2020 年 2 月—
	总编辑	雷雅茗	2020 年 2 月—
	总工程师	陈丹丽	2020 年 4 月—
县委教育工委	书　记	郑忠辉	2020 年 1 月—
	副书记	张　强	2020 年 5 月—
	专职副书记	黄荣安	2020 年 1 月—2020 年 5 月
		钟　建	2020 年 5 月—
	委　员	肖　珲	2020 年 5 月—
		黄荣安	2020 年 6 月—
		李松涛	2020 年 5 月—
		杨嘉慧	2020 年 5 月—
县教局和体育局	党组书记	郑忠辉	2020 年 1 月—
	党组副书记、局长	张　强	2020 年 1 月—
	党组成员、副局长	钟　建	2020 年 1 月—2020 年 6 月
		黄荣安	2020 年 6 月—
		肖　珲	2020 年 1 月—
		李松涛	2020 年 1 月—
	党组成员、机关党委书记	杨嘉慧	2020 年 1 月—
	党组成员、驻派纪检组组长	黄　悦	2020 年 1 月—
	党组成员、专职督学	饶仁义	2020 年 1 月—

续表 7

单位	职务	姓名	任职时间
县卫生健康局	党委书记	肖代彬	2020 年 1 月—
	党委副书记、局长	孙华强	2020 年 1 月—
	党委委员、副局长	胡晓军	2020 年 1 月—
		陈　平	2020 年 1 月—
	党委委员、机关党委书记	何　军	2020 年 1 月—
	党委委员、驻派纪检组组长	罗玉华	2020 年 1 月—
	副局长	张　科	2020 年 1 月—
	党委委员、老龄健康服务中心主任	刘继良	2020 年 4 月—
县疾控中心	党支部书记、主　任	崔红刚	2020 年 4 月—
	副主任	甘连金	2020 年 1 月—
		李华银	2020 年 1 月—
		钟　鸣	2020 年 1 月—
县妇幼保健服务中心	主　任	隆文秀	2020 年 1 月—
	副主任	黄　刚	2020 年 1 月—
		魏　忠	2020 年 1 月—
		黄　波	2020 年 1 月—
县委政法委	书　记	付根平	2020 年 1 月—
	常务副书记	何浪飞	2020 年 1 月—
	副书记	罗康武	2020 年 1 月—
		吴盛国	2020 年 1 月—
	派驻纪检组组长	谢玉萍	2020 年 1 月—
	专职委员	曾国盛	2020 年 1 月—
		张礼军	2020 年 1 月—
	机关党委书记	陈晓华	2020 年 1 月—
	政治部主任	庄　丽	2020 年 1 月—
县法院	党组书记、院长	范旭光	2020 年 1 月—
	党组成员、副院长	夏玉明	2020 年 1 月—
		李小平	2020 年 1 月—
		谭　瑛	2020 年 1 月—
	党组成员、政治部主任	刘　红	2020 年 1 月—
	党组成员、纪检监察组长	黄　伟	2020 年 1 月—
	党组成员、执行局局长	曾艳丽	2020 年 1 月—
	专职审判委员会委员	何　丽	2020 年 1 月—

续表 7

单位	职务	姓名	任职时间
县检察院	检察长	安国勇	2020 年 1 月—
	副检察长	张　毅	2020 年 1 月—
		张泽华	2020 年 1 月—
		赖　议	2020 年 1 月—
	政治部主任	陈建航	2020 年 1 月—
	纪检监察组组长	杨长江	2020 年 1 月—
	机关党委书记	温　涛	2020 年 5 月—
	检委会专职委员	何旭东	2020 年 1 月—
		杨　雯	2020 年 1 月—
县公安局	局　长	张成庚	2020 年 1 月—
	政　委	严　理	2020 年 1 月—
	副政委	姚长福	2020 年 1 月—
	副局长	杨　智	2020 年 1 月—
		王良君	2020 年 1 月—
		刘　胜	2020 年 1 月—
		吴　畏	2020 年 1 月—
		王大鹏	2020 年 1 月—2020 年 7 月
	政治处主任	曾　勇	2020 年 1 月—
	驻局纪检监察组组长	王　强	2020 年 1 月—2020 年 6 月
		刘　坷	2020 年 6 月—
	机关党委书记	王　强	2020 年 6 月—
县消防大队	负责人	汪朝晖	2020 年 1 月—2020 年 8 月
	政治教导员	冉茂才	2020 年 9 月—
	大队长	陈　斌	2020 年 9 月—
	副大队长	向　毅	2020 年 3 月—2020 年 8 月
		张晓军	2020 年 9 月—
县司法局	局　长	黄德超	2020 年 1 月—
	副局长	唐昌华	2020 年 1 月—
		余富国	2020 年 1 月—
		张学军	2020 年 1 月—
	机关党委书记	曾　琳	2020 年 5 月—

续表 7

单位	职务	姓名	任职时间
县发展和改革局	党组书记、局长	姚奕丞	2020 年 1 月—
	机关党委书记	李超	2020 年 1 月—
	党组成员、副局长	易鹏程	2020 年 1 月—
		朱建国	2020 年 1 月—
		贺斌	2020 年 1 月—
		张渐飞	2020 年 1 月—
	副局长	王静	2020 年 1 月—
	派驻纪检组组长	徐建民	2020 年 1 月—
	招标投标中心主任	易春梅	2020 年 2 月—
县住房和城乡规划建设局	党委书记、局长	蔡宁	2020 年 1 月—
	副局长	王群波	2020 年 1 月—
		严顺友	2020 年 1 月—
		田胜	2020 年 1 月—
	总规划师	周家勇	2020 年 1 月—
县住房保障服务中心	主任	陈建宇	2020 年 6 月—
	副主任	刘建清	2020 年 1 月—
		陈波屹	2020 年 4 月—
县综合行政执法局	党组书记、局长	曾林彬	2020 年 1 月—
	机关党委书记	简伟	2020 年 1 月—
	副局长	陈谦智	2020 年 1 月—
		林斌	2020 年 1 月—
		黄成	2020 年 1 月—
县统计局	党组书记、局长	黄治勇	2020 年 1 月—
	总统计师	谭继昌	2020 年 1 月—
	副局长	易华	2020 年 1 月—
	党组成员、统计执法监督大队大队长	刘一平	2020 年 1 月—
	党组成员、机关党委书记	张琼	2020 年 1 月—
县市场监管局	党组书记	刘刚	2020 年 1 月—2020 年 6 月
	局长	李廷亮	2020 年 1 月—2020 年 6 月
	党组书记、局长	赖尊国	2020 年 6 月—
	机关党委书记	申富一	2020 年 1 月—
	副局长	唐杰	2020 年 1 月—
		周杰	2020 年 1 月—
		樊国忠	2020 年 1 月—
		廖强	2020 年 1 月—
	总工程师	刘坤础	2020 年 1 月—
	总经济师	张光忠	2020 年 1 月—
	安全总监	郑晓宁	2020 年 1 月—
	派驻纪检组组长	陈和平	2020 年 1 月—

续表 7

单位	职务	姓名	任职时间
资中生态环境局	党组书记、局长	秦　义	2020 年 1 月—
	副局长	刘　刚	2020 年 1 月—
		张　良	2020 年 5 月—
	环保总监	杨中六	2020 年 1 月—
	派驻纪检组组长	王　浩	2020 年 1 月—
县经济和信息化局	党组书记、局长兼县科技局局长	李　彬	2020 年 1 月—
	党组成员、机关党委书记	曾　斌	2020 年 1 月—
	副局长	黎文安	2020 年 1 月—
	党组成员、副局长	蔡　建	2020 年 1 月—
		凌　黎	2020 年 1 月—
	党组成员、副局长（县大数据局局长）	田苗力	2020 年 1 月—
国网资中县供电公司	总经理	张屹东	2020 年 1 月—
	党委书记	陈　江	2020 年 1 月—
	纪委书记	周　江	2020 年 1 月—2020 年 4 月
		程　峰	2020 年 4 月—
	副总经理	陈　星	2020 年 1 月—
		江云伟	2020 年 1 月—
县龙源电力公司	党委书记、董事长、总经理	黄才贵	2020 年 1 月—
	党委副书记、副总经理	蔡学明	2020 年 1 月—
	党委委员、副总经理	刘永中	2020 年 1 月—
	党委委员、副总经理、总工程师	曹　刚	2020 年 1 月—
	党委委员、纪委书记、监事会主席	肖书海	2020 年 1 月—
	财务总监	罗玉昌	2020 年 1 月—
	工会主席	游　卉	2020 年 1 月—
县商务合作局	党组书记、局长、外事办主任	张　凯	2020 年 1 月—
	投促服务中心主任	陶　睿	2020 年 2 月—
	党组成员、副局长	鲁　超	2020 年 1 月—
		邹佩益	2020 年 1 月—
	投促服务中心副主任	黄群芳	2020 年 1 月—
县交通局	党委书记	彭益礼	2020 年 1 月—
	党委副书记、局长	蒋勇军	2020 年 1 月—
	党委委员、副局长	卿小鱼	2020 年 1 月—
		曾亨凯	2020 年 1 月—
	党委委员、机关党委书记	王　华	2020 年 1 月—
	党委委员、纪检监察组组长	王　浩	2020 年 1 月—
	党委委员、总工程师	何德军	2020 年 1 月—
	党委委员、综合行政执法大队副大队长	吴小兵	2020 年 7 月—
		罗文兵	2020 年 7 月—

续表 7

单位	职务	姓名	任职时间
县道路运输发展中心	支部副书记	赖显彬	2020 年 1 月—2020 年 7 月
	副主任	陈昌彦	2020 年 1 月—2020 年 7 月
		朱　锐	2020 年 1 月—2020 年 7 月
	工会主席	刘福华	2020 年 1 月—2020 年 7 月
县养护段	段　长	张　胜	2020 年 1 月—
	副段长	张　礼	2020 年 1 月—
		王　敏	2020 年 1 月—
县水路交通发展中心	主　任	罗文兵	2020 年 1 月—2020 年 7 月
	副主任	李军民	2020 年 1 月—2020 年 7 月
		昔豫彬	2020 年 1 月—2020 年 7 月
县路政大队	党支部书记	李　冰	2020 年 1 月—2020 年 7 月
	教导员	吴小兵	2020 年 1 月—2020 年 7 月
	副教导员	陈　聪	2020 年 1 月—2020 年 7 月
县粮食储备中心	主　任	张　魁	2020 年 1 月—
	副主任	孙孝彬	2020 年 1 月—
		李伍金	2020 年 8 月—
县供销社	党委书记、理事会主任	朱建军	2020 年 1 月—
	党委委员、理事会副主任	兰　勋	2020 年 1 月—
		陈　红	2020 年 1 月—
	党委委员、机关党委书记、监事会主任	潘　华	2020 年 1 月—
县烟草专卖局	局长、经理	张文澜	2020 年 8 月—
	书　记	邱　峻	2020 年 1 月—
	副局长	凌星茂	2020 年 1 月—
电信公司	总经理	刘　斌	2020 年 1 月—
	副总经理	戴　彬	2020 年 1 月—
		黄俊程	2020 年 1 月—
		谢　江	2020 年 1 月—
移动公司	总经理	黄　璐	2020 年 1 月—
	副总经理	庄　丽	2020 年 1 月—2020 年 8 月
		祖本财	2020 年 1 月—2020 年 6 月
	总经理助理	聂维勇	2020 年 1 月—
县邮政管理局	局长	韩　彬	2020 年 1 月—
	副局长	肖体云	2020 年 1 月—
邮政资中分公司	总经理、党总支书记	刘飞龙	2020 年 1 月—
	副总经理	李　帆	2020 年 1 月—
		杨　霓	2020 年 1 月—
		孙　渝	2020 年 1 月—2020 年 5 月
		谢吉伦	2020 年 5 月—

续表 7

单位	职务	姓名	任职时间
县扶贫开发局	局　长	钟　敏	2020 年 1 月—
	副局长	谢正平	2020 年 1 月—
		钟　超	2020 年 1 月—
	总工程师	王思旭	2020 年 5 月—
	机关党委书记	张婧愚	2020 年 4 月—
县信访局	局　长	蔡　清	2020 年 1 月—
	副局长	魏　骞	2020 年 1 月—
		孙　能	2020 年 1 月—
县农业农村局	党委书记	欧明松	2020 年 1 月—
	党委副书记、局长	黄　军	2020 年 1 月—
	县农业综合行政执法大队大队长	黄　军（兼）	2020 年 6 月—
	党委委员、总农艺师	陈厚元	2020 年 1 月—
	党委委员、副局长	陈　瑛	2020 年 1 月—
		刘再宏	2020 年 1 月—
	党委委员、纪检监察组组长	张文峰	2020 年 1 月—
	党委委员、总畜牧师	廖平安	2020 年 1 月—
	县畜牧兽医局局长	廖平安（兼）	2020 年 7 月—
	党委委员、总经济师	简　莉	2020 年 1 月—
	党委委员、机关党委书记	曹　权	2020 年 1 月—
	副局长	李华雄（挂职）	2020 年 12 月
县良种场	场　长	李家才	2020 年 1 月—2020 年 7 月
	副场长	洪　英	2020 年 1 月—
县种子站	站长	宋家芯	2020 年 5 月—
县渔业发展中心	主　任	赖　强	2020 年 1 月—
县农村经济合作中心	主　任	李欣岡	2020 年 1 月—
县农技推广中心	副主任	代仕意	2020 年 1 月—
农广校资中分校	校　长	朱卫贵	2020 年 1 月—
县水利局	党委书记、局长	谢　斌	2020 年 1 月—
	党委委员、副局长	陈建华	2020 年 1 月—
	副局长	易良胜	2020 年 1 月—
	党委委员、机关党委书记	孟爱民	2020 年 1 月—
	党委委员、总工程师	蒋济众	2020 年 1 月—
	党委委员、水政监察大队大队长	秦　力	2020 年 4 月—
	党委委员、沱江堤防所所长	兰文奇	2020 年 4 月—
	党委委员、河库管护所副所长	罗　英	2020 年 4 月—
	水政监察大队大队长	秦　力	2020 年 1 月—2020 年 3 月
	沱江堤防所所长	兰文奇	2020 年 1 月—2020 年 3 月
	河库管护所副所长	罗　英	2020 年 1 月—2020 年 3 月

续表 7

单位	职务	姓名	任职时间
县蚕业发展中心	主　任	向雪莲	2020 年 1 月—
	副主任	肖读才	2020 年 1 月—
县自然资源和规划局	党组书记	胡　明	2020 年 1 月—
	党组副书记、局长	吴升茂	2020 年 1 月—
	党组成员、副局长	雷田敏	2020 年 1 月—
		魏　国	2020 年 1 月—
		刘　刚	2020 年 1 月—
		兰　勇	2020 年 1 月—
		蒋仕军	2020 年 1 月—
	党组成员、纪检组组长	唐方林	2020 年 1 月—
	党组成员、总规划师	何　毅	2020 年 1 月—
	党组成员、机关党委书记	许平辉	2020 年 1 月—
	资中经开区国土分局局长	彭地生	2020 年 1 月—
	县土地统征和开发复垦整理中心主任	张兴奎	2020 年 1 月—
	县国有林场场长	罗祥福	2020 年 6 月—
	县经济林木发展中心主任	张志勇	2020 年 1 月—
县自然资源和规划局	党组书记	胡　明	2020 年 1 月—
	党组副书记、局长	吴升茂	2020 年 1 月—
	党组成员、副局长	雷田敏	2020 年 1 月—
		魏　国	2020 年 1 月—
		刘　刚	2020 年 1 月—
		兰　勇	2020 年 1 月—
		蒋仕军	2020 年 1 月—
	党组成员、纪检组组长	唐方林	2020 年 1 月—
	党组成员、总规划师	何　毅	2020 年 1 月—
	党组成员、机关党委书记	许平辉	2020 年 1 月—
	资中经开区国土分局局长	彭地生	2020 年 1 月—
	县土地统征和开发复垦整理中心主任	张兴奎	2020 年 1 月—
	县国有林场场长	罗祥福	2020 年 6 月—
	县经济林木发展中心主任	张志勇	2020 年 1 月—
县气象局	党组书记、局长	张　雷	2020 年 1 月—
	党组成员、副局长	刘　春	2020 年 1 月—
	副局长	徐培坤	2020 年 1 月
	党组成员、气象台台长	李　理	2020 年 8 月—
	气象台台长	李　理	2020 年 1 月—2020 年 7 月
人行资中支行	党组书记、行长	倪　东	2020 年 1 月—2020 年 3 月
	党组副书记、副行长	孔冀川	2020 年 3 月—
	党组成员、副行长兼工会主席	胡　敏	2020 年 1 月—
	党组成员、纪检组组长兼副行长	刘文忠	2020 年 1 月—

续表 7

单位	职务	姓名	任职时间
工行资中支行	党总支书记、行长	李昆鹏	2020 年 5 月—
工行资中支行	党总支书记、行长	曾广明	2020 年 1 月—2020 年 5 月
工行资中支行	党总支委员、副行长	饶　群	2020 年 1 月—
工行资中支行	党总支委员、副行长	张　春	2020 年 3 月—
工行资中支行	党总支委员、副行长	李　航	2020 年 1 月—2020 年 8 月
工行资中支行	合规经理	罗永华	2020 年 1 月—
建行资中支行	党总支书记	曾　进	2020 年 1 月—2020 年 6 月
建行资中支行	党总支书记	刘利英	2020 年 6 月—
建行资中支行	行　长	曾　进	2020 年 1 月—2020 年 8 月
建行资中支行	行　长	刘利英	2020 年 8 月—
建行资中支行	党总支委员、副行长	江　涛	2020 年 1 月—
建行资中支行	党总支委员、副行长	古　莉	2020 年 1 月—
农行资中支行	行　长	孙　杰	2020 年 1 月—
农行资中支行	副行长	曾　涛	2020 年 1 月—
农行资中支行	副行长	郑显峰	2020 年 1 月—
农行资中支行	副行长	刘星铄	2020 年 1 月—2020 年 7 月
农行资中支行	副行长	杨　峰	2020 年 7 月—
农行资中支行	纪委书记	秦　勇	2020 年 1 月—
农发行资中支行	党支部书记、行长	杨建伟	2020 年 1 月—2020 年 9 月
农发行资中支行	党支部书记、行长	顾勇科	2020 年 9 月—
农发行资中支行	副行长	周晓彬	2020 年 1 月—2020 年 9 月
农发行资中支行	副行长	林佳力	2020 年 9 月—
农发行资中支行	副行长	余祥龙	2020 年 1 月—
中行资中支行	党总支书记、行长	刘　佳	2020 年 1 月—
中行资中支行	党总支委员、副行长	吴见波	2020 年 1 月—
中行资中支行	党总支委员、副行长	刘　浩	2020 年 1 月—
中行资中支行	党总支委员、副行长	游春香	2020 年 1 月—
资中农信联社	党委书记、理事长	成金华	2020 年 3 月—
资中农信联社	党委副书记、主任	罗　念	2020 年 1 月—2020 年 9 月
资中农信联社	党委副书记	邓秉和	2020 年 9 月—
资中农信联社	党委委员、纪委书记、监事长	林忠明	2020 年 1 月—
资中农信联社	党委委员、副主任	胡　彬	2020 年 1 月—
资中农信联社	党委委员、副主任	魏　攀	2020 年 1 月—
邮储银行资中支行	党支部书记、行长	钟建明	2020 年 1 月—
邮储银行资中支行	副行长	袁　超	2020 年 1 月—
邮储银行资中支行	副行长	王　静	2020 年 9 月—
兴隆村镇银行资中支行	党支部副书记、行长	刘宏伟	2020 年 1 月—
兴隆村镇银行资中支行	行长助理	隆姗佑	2020 年 6 月—
兴隆村镇银行资中支行	行长助理	郑　萍	2020 年 1 月—
兴隆村镇银行资中支行	行长助理	贾　岿	2020 年 9 月—

续表 7

单位	职务	姓名	任职时间
宜商银行资中支行	行长	官长友	2020 年 1 月—
人保财险资中支公司	党支部书记、经理	郑　华	2020 年 1 月—
	经理助理	郑林忠	2020 年 1 月—
		赖　军	2020 年 1 月—
中国人寿资中县支公司	副经理	肖洪英	2020 年 1 月—
	经理助理	彭　慧	2020 年 1 月—
重龙镇	党委书记	刘　衡	2020 年 1 月—
	党委副书记、镇长	王　鹏	2020 年 1 月—
	党委委员、人大主席	李　兵	2020 年 1 月—
	党委副书记	周　宁	2020 年 1 月—2020 年 6 月
		叶　鸿（挂职）	2020 年 5 月—
	党委副书记、纪委书记	王明志	2020 年 1 月—
	党委委员、宣传统战委员、副镇长	袁　伟	2020 年 1 月—
	党委委员、政法委员、副镇长	袁　宏	2020 年 1 月—
	党委委员、人武部部长、副镇长	冯　亮	2020 年 1 月—
	党委委员、组织委员	钟世能	2020 年 1 月—
	人大专职副主席	张先安	2020 年 1 月—
	副镇长	陈　涛	2020 年 1 月—
		朱远家	2020 年 1 月—
		陈宾辉	2020 年 1 月—
		欧　华	2020 年 1 月—
		刘裕平	2020 年 1 月—
水南镇	党委书记	杨　靖	2020 年 1 月—
	党委副书记、镇长	邓良奎	2020 年 1 月—
	党委委员、人大主席	陈秀英	2020 年 1 月—
	党委副书记、纪委书记	尚彬彬	2020 年 1 月—
	党委副书记	林　勇	2020 年 1 月—2020 年 5 月
	党委委员、人武部部长、副镇长	肖　波	2020 年 1 月—
	党委委员、组织委员	曾　英	2020 年 1 月—
	党委委员、宣传统战委员、副镇长	赵明亮	2020 年 1 月—
	党委委员、政法委员、副镇长	黄群莉	2020 年 1 月—
	人大专职副主席	王成明	2020 年 1 月—
	副镇长	杨天富	2020 年 1 月—
		曾　理	2020 年 1 月—
		周　军	2020 年 1 月—
		王　科	2020 年 1 月—
		宋雪花	2020 年 1 月—

续表 7

单位	职务	姓名	任职时间
明心寺镇	党委书记	钟华大	2020 年 1 月—
	党委副书记、镇长	廖盛华	2020 年 1 月—
	党委委员、人大主席	刘志诚	2020 年 1 月—
	党委副书记	何　君	2020 年 1 月—
	党委委员、纪委书记	韩群华	2020 年 1 月—
	党委委员、组织委员	雷泽民	2020 年 1 月—
	党委委员、人武部部长、副镇长	刘　磊	2020 年 1 月—
	党委委员、政法委员、副镇长	李　锟	2020 年 1 月—
	党委委员、宣传统战委员、副镇长	李存伍	2020 年 1 月—
	副镇长	唐军基	2020 年 11 月—
银山镇	党委书记	蔡　勇	2020 年 1 月—
	党委副书记、镇长	枉　堃	2020 年 1 月—2020 年 6 月
		林　勇	2020 年 6 月—
	党委委员、人大主席	杨　能	2020 年 1 月—
	党委副书记	曾锡宏	2020 年 1 月—
		周财亿（挂职）	2020 年 1 月—
	党委副书记、纪委书记	叶　敏	2020 年 1 月—2020 年 5 月
	党委委员、纪委书记	黎　敏	2020 年 7 月—
	党委委员、组织委员	谢俊杰	2020 年 4 月—
	党委委员、人武部部长、副镇长	刘忠良	2020 年 1 月—
	党委委员、政法委员、副镇长	郑　兵	2020 年 1 月—
	党委委员、宣传统战委员、副镇长	黎　敏	2020 年 1 月—2020 年 7 月
		陈思宇（提名）	2020 年 7 月—
	人大专职副主席	黄忠华	2020 年 1 月—
	副镇长	李进辉（挂职）	2020 年 1 月—
公民镇	党委书记	赖尊国	2020 年 1 月—2020 年 6 月
		枉　堃	2020 年 6 月—
	党委副书记、镇长	李　磊	2020 年 1 月—
	人大主席	黄冰清（提名）	2020 年 1 月—2020 年 5 月
		黄冰清	2020 年 5 月—
	党委副书记	邓　宇（上挂）	2020 年 1 月—
		曹俊杰（下派）	2020 年 1 月—
	党委委员、纪委书记	马健钦	2020 年 1 月—
	党委委员、组织委员	仇乙然	2020 年 1 月—
	党委委员、宣传统战委员、副镇长	田　萍	2020 年 1 月—
	党委委员、人武部部长、副镇长	唐　亮	2020 年 1 月—
	党委委员、政法委员、副镇长	刘阳慧（提名）	2020 年 1 月—2020 年 5 月
		刘阳慧	2020 年 5 月—
	副镇长	蒋世昌（提名）	2020 年 8 月—2020 年 11 月
		蒋世昌	2020 年 11 月—
	人大副主席	闵厚兴（提名）	2020 年 1 月—2020 年 5 月
		闵厚兴	2020 年 5 月—
	县委组织员	唐述明	2020 年 1 月—

续表 7

单位	职务	姓名	任职时间
陈家镇	党委书记	蓝　方	2020 年 1 月—
	党委副书记、镇长	邹俊松	2020 年 1 月—
	党委委员、人大主席	黄　波	2020 年 1 月—
	党委副书记	邓景匀	2020 年 1 月—
	党委委员、纪委书记	夏　天	2020 年 1 月—
	党委委员、组织委员	陈秀群	2020 年 1 月—
	党委委员、宣传统战委员、副镇长	朱冠宇	2020 年 1 月—
	党委委员、政法委员、副镇长	雷　勇	2020 年 1 月—
	党委委员、人武部部长、副镇长	刘双元	2020 年 1 月—
	副镇长	曾秀英	2020 年 9 月—
双河镇	党委书记	黄忠成	2020 年 1 月—
	党委副书记、镇长	康又识	2020 年 1 月—
	党委委员、人大主席	黄建明	2020 年 1 月—
	党委副书记、纪委书记	邓策文	2020 年 1 月—
	党委副书记	张　剑	2020 年 1 月—
		刘小进	2020 年 1 月—
		叶立刚	2020 年 1 月—2020 年 8 月
	党委委员、人武部部长、副镇长	刘期刚	2020 年 1 月—
	党委委员、副镇长	缪修良	2020 年 1 月—
		李　廉	2020 年 1 月—
	党委委员、组织委员	谭俊英	2020 年 1 月—
	人大专职副主席	李　刚	2020 年 1 月—
	副镇长	黄　莉	2020 年 1 月—
		申华彬	2020 年 1 月—
		黄　旭	2020 年 1 月—
新桥镇	党委书记	张　智	2020 年 1 月—2020 年 5 月
		李洪学	2020 年 6 月—
	党委副书记、镇长	李洪学	2020 年 1 月—2020 年 6 月
		周　宁	2020 年 7 月—
	党委副书记、代理镇长	周　宁	2020 年 6 月—2020 年 7 月
	党委委员、人大主席	汤立辉	2020 年 1 月—
	人大专职副主席	陈　铭	2020 年 1 月—
	党委副书记	易俊成	2020 年 1 月—
		邹佩益（挂职）	2020 年 1 月—
	党委副书记、纪委书记	黄加佳	2020 年 1 月—
	党委委员、政法委员、副镇长	陈开学	2020 年 1 月—
	党委委员、宣传统战委员、副镇长	罗　勋	2020 年 1 月—
	党委委员、人武部部长、副镇长	刘　明	2020 年 1 月—
	党委委员、组织委员	刘成万	2020 年 1 月—
	副镇长	刘盛军	2020 年 1 月—
		陈　汉	2020 年 1 月—
		张　军	2020 年 1 月—

续表 7

单位	职务	姓名	任职时间
鱼溪镇	党委书记	赵　军	2020 年 1 月—
	党委副书记、镇长	何　艳	2020 年 1 月—
	党委委员、人大主席	赖真兵	2020 年 1 月—
	党委副书记	李　谦	2020 年 1 月—
		邹远斌	2020 年 1 月—
	党委副书记、纪委书记	熊　伟	2020 年 1 月—
	党委委员、政法委员、副镇长	陈　君	2020 年 1 月—
	党委委员、人武部部长、副镇长	王　文	2020 年 1 月—
	党委委员、组织委员	牛登祥	2020 年 1 月—
	党委委员、宣传统战委员、副镇长	郭代辉	2020 年 1 月—
	人大副主席	陈智成	2020 年 1 月—
	副镇长	赖宸辉	2020 年 1 月—
		曹　文	2020 年 1 月—
		袁　爽	2020 年 1 月—2020 年 7 月
		刘　诚	2020 年 1 月—
铁佛镇	党委书记	王　焱	2020 年 1 月—
	党委副书记、镇长	张　建	2020 年 4 月—
	党委委员、人大主席	李文全	2020 年 1 月—
	党委副书记、纪委书记	沈荣长	2020 年 1 月—
	党委副书记	陈文议	2020 年 1 月—
	党委委员、组织委员	张大力	2020 年 1 月—
	党委委员、宣传统战委员、副镇长	陈思宇	2020 年 1 月—2020 年 7 月
		刘颜秋	2020 年 7 月—
	党委委员、政法委员、副镇长	杨文全	2020 年 1 月—
	党委委员、人武部部长、副镇长	黄明康（提名）	2020 年 1 月—2020 年 4 月
		黄明康	2020 年 4 月—
高楼镇	党委书记	朱昌学	2020 年 1 月—
	党委副书记、镇长	吴俊勇	2020 年 1 月—
	党委委员、人大主席	王方泽	2020 年 1 月—
	党委副书记	杨洪忠	2020 年 1 月—
		官正军	2020 年 1 月—
	党委副书记、纪委书记	聂海东	2020 年 1 月—
	党委委员、宣传统战委员、副镇长	谭继清	2020 年 1 月—
	党委委员、政法委员、副镇长	蒋　智	2020 年 1 月—
	党委委员、人武部部长、副镇长	敬　鸿	2020 年 1 月—
	党委委员、组织委员	钟远华	2020 年 1 月—
	人大专职副主席	黎香军	2020 年 1 月—
	副镇长	刘武华	2020 年 1 月—
		李　娜	2020 年 1 月—

续表 7

单位	职务	姓名	任职时间
归德镇	党委书记	周　胜	2020 年 1 月—
	党委副书记、镇长	陈　波	2020 年 1 月—
	党委委员、人大主席	陈智明	2020 年 1 月—
	党委副书记	刘学军	2020 年 1 月—
	党委副书记、纪委书记	郑思思	2020 年 1 月—
	党委委员、政法委员、副镇长	朱　璨	2020 年 1 月—
	党委委员、宣传统战委员、副镇长	董　雪	2020 年 1 月—
	党委委员、组织委员	罗　珊	2020 年 1 月—
	党委委员、人武部部长、副镇长	林忠元	2020 年 1 月—
	人大专职副主席	刘　成	2020 年 1 月—
	副镇长	邱发刚	2020 年 1 月—
		胡　琳	2020 年 1 月—
		张　华	2020 年 1 月—
		唐建银	2020 年 1 月—
球溪镇	党委书记	赵　坤	2020 年 1 月—2020 年 4 月
	党委副书记、镇长	胡清高	2020 年 1 月—
	党委委员、人大主席	彭厚刚	2020 年 1 月—
	党委副书记、纪委书记	邱　军	2020 年 1 月—
	党委副书记	李良川	2020 年 1 月—
		刘　东	2020 年 1 月—
		黄德跃	2020 年 1 月—
	党委委员、宣传统战委员、副镇长	肖　屹	2020 年 1 月—
	党委委员、政法委员、副镇长	宋道锐	2020 年 1 月—
	党委委员、组织委员	徐　兰	2020 年 1 月—2020 年 3 月
		杨　莉	2020 年 8 月—
	党委委员、人武部部长、副镇长	陈茂奎	2020 年 1 月—
	人大副主席	何　强	2020 年 1 月—
	副镇长	王　瑞	2020 年 1 月—
罗泉镇	党委书记	李亚辉	2020 年 1 月—
	党委副书记、镇长	周中兴	2020 年 1 月—
	党委委员、人大主席	王国忠	2020 年 1 月—
	党委副书记	刘　潇	2020 年 1 月—
	党委委员、纪委书记	王晶晶	2020 年 1 月—
	党委委员、组织委员	匡　琼	2020 年 1 月—
	党委委员、政法委员	朱科林	2020 年 2 月—
	党委委员、副镇长	朱科林	2020 年 4 月—
	党委委员、人武部部长、副镇长	林忠彬	2020 年 1 月—
	副镇长	曹　英	2020 年 1 月—

续表 7

单位	职务	姓名	任职时间
龙结镇	党委书记	李　黎	2020 年 1 月—
	党委副书记、镇长	周　蓓	2020 年 1 月—
	党委委员、人大主席	张金文	2020 年 1 月—
	党委副书记	严春梅	2020 年 1 月—
	党委副书记、纪委书记	张海军	2020 年 1 月—
	党委委员、组织委员	廖星宇	2020 年 1 月—
	党委委员、宣传统战委员、副镇长	彭周立	2020 年 1 月—
	党委委员、政法委员、副镇长	钟荣昌	2020 年 1 月—
	党委委员、人武部部长、副镇长	吕　林	2020 年 1 月—
	副镇长	邹克勇	2020 年 1 月—
发轮镇	党委书记	洪　川	2020 年 1 月—
	党委副书记、镇长	侯　波	2020 年 1 月—
	党委委员、人大主席	韩　彬	2020 年 1 月—
	党委副书记	朱　俊	2020 年 1 月—
		韩建文	2020 年 1 月—
	党委委员、纪委书记	陈林聪	2020 年 1 月—
	党委委员、组织委员	杨小凤	2020 年 1 月—
	党委委员、宣传统战委员、副镇长	许　雪	2020 年 1 月—
	党委委员、政法委员、副镇长	李忠青	2020 年 1 月—
	党委委员、人武部部长、副镇长	吴定彬	2020 年 1 月—
	人大专职副主席	叶哲永	2020 年 1 月—
	副镇长	罗永富	2020 年 1 月—
		刘颜秋	2020 年 1 月—2020 年 8 月
龙江镇	党委书记	蔡　伟	2020 年 1 月—
	党委副书记、镇长	严　凯	2020 年 1 月—
	党委委员、人大主席	曹　健	2020 年 1 月—
	人大专职副主席	朱德明	2020 年 1 月—
	党委副书记	邓　扭	2020 年 1 月—
	党委副书记、纪委书记	罗　松	2020 年 1 月—
	党委委员、组织委员	罗　钧	2020 年 1 月—
	党委委员、宣传统战委员、副镇长	王春华	2020 年 8 月—
	党委委员、人武部部长、副镇长	范贤洪	2020 年 1 月—
	党委委员、政法委员、副镇长	周　建	2020 年 1 月—
	副镇长	易行雨	2020 年 12 月

续表 7

单位	职务	姓名	任职时间
孟塘镇	党委书记	刘　勇	2020 年 1 月—
	党委副书记、镇长	蔡　骏	2020 年 1 月—
	党委委员、人大主席	蒋　钊	2020 年 1 月—
	党委副书记	吴　智	2020 年 1 月—
	党委副书记、纪委书记	张骞予	2020 年 1 月—
	党委委员、人武部部长、副镇长	余红根	2020 年 1 月—
	党委委员、政法委员、副镇长	张述德	2020 年 1 月—
	党委委员、组织委员	刘　超	2020 年 1 月—
	党委委员、宣传统战委员、副镇长	何　昆	2020 年 12 月
	副镇长	朱丽君	2020 年 1 月—
双龙镇	党委书记	朱兴勇	2020 年 1 月—
	党委副书记、镇长	郑　权	2020 年 1 月—
	党委委员、人大主席	张文远	2020 年 1 月—
	专职党委副书记	朱　铭	2020 年 1 月—
	党委副书记、纪委书记	姚　林	2020 年 1 月—
	党委委员、组织委员	张登智	2020 年 1 月—
	党委委员、宣传统战委员、副镇长	刘　义	2020 年 1 月—
	党委委员、政法委员、副镇长	赖胜辉	2020 年 1 月—
	党委委员、人武部部长、副镇长	袁世忠	2020 年 1 月—
	人大专职副主席	薛　忠	2020 年 1 月—
	副镇长	姚永忠	2020 年 1 月—
		王韦杰	2020 年 1 月—
		赖顺科	2020 年 1 月—
马鞍镇	党委书记	张　宁	2020 年 1 月—
	党委副书记、镇长	傅　豪	2020 年 1 月—
	党委委员、人大主席	胡元果	2020 年 1 月—
	党委副书记、纪委书记	林渝入	2020 年 1 月—
	党委专职副书记	宋　伟	2020 年 1 月—
	党委委员、人武部部长、副镇长	王　铁	2020 年 1 月—
	党委委员、政法委员、 副镇长	王　丹	2020 年 1 月—
	党委委员、宣传统战委员、副镇长	罗学志	2020 年 1 月—
	党委委员、组织委员	陈　娅	2020 年 1 月—

续表 7

单位	职务	姓名	任职时间
狮子镇	党委书记	韩　伟	2020 年 1 月—
	党委副书记、镇长	赖　萍	2020 年 1 月—
	党委委员、人大主席	陈君仁	2020 年 1 月—
	党委委员、纪委书记	陈千东	2020 年 1 月—
	党委委员、人武部部长、副镇长	刘玉辉	2020 年 1 月—
	党委委员、组织委员	张明辉	2020 年 8 月—
	党委委员、副镇长	李建兵	2020 年 1 月—
		刘咏玲	2020 年 1 月—
	副镇长	蒋　艳	2020 年 1 月—
太平镇	党委书记	张建国	2020 年 1 月—
	党委副书记、镇长	孙先仲	2020 年 1 月—
	党委委员、人大主席	刘　彪	2020 年 1 月—
	党委副书记、纪委书记	庞　军	2020 年 1 月—
	党委委员、政法委员，副镇长	唐　权	2020 年 1 月—
	党委委员、人武部部长、副镇长	曾正明	2020 年 1 月—
	党委委员、组织委员	罗爱中	2020 年 1 月—
	党委委员、宣传统战委员、副镇长	曾　娇	2020 年 1 月—
	人大专职副主席	刘武成	2020 年 1 月—
	副镇长	蒋　超	2020 年 1 月—
		宾云华	2020 年 1 月—
		何　玲	2020 年 1 月—
		吕　鹏	2020 年 1 月—2020 年 4 月
		徐靓靓	2020 年 1 月

人物简介

萧允徽

萧允徽（1939 年 5 月—2019 年 11 月），资中人，工程力学教授。曾任重庆建筑工程学院党委副书记、副院长，重庆建筑大学党委书记，全国建筑系统高等院校思想政治教育研究会第四届理事会理事长，四川省高校思想教育研究会副会长，第九届全国人民代表大会代表。

萧允徽出生于资中县一个教育世家。自幼勤奋好学，兴趣广泛。先后就读于资中县龙山一小和资中县第二中学校。在小学升初中和初中升高中的两次统考中，均名列全县第一名。先后 3 次参加《红领巾》杂志“六一”全国征文比赛，均获得名次和奖励，其作品被推荐到《新华日报》“六一”儿童文艺专栏发表。

1961 年 7 月，毕业于重庆建筑工程学院工业与民用建筑专业，留校工作；1987 年 1 月，被评聘为副教授；1988 年 1 月，任重庆建筑工程学院党委副书记、副院长；1994 年 12 月，被评聘为正教授；1996 年 3 月，任重庆建筑大学党委书记；1998 年 1 月，被重庆市人民代表大会选举为第九届全国人民代表大会代表。

萧允徽长期从事结构力学等课程的教学和结构工程领域的科研工作，发表论文 30 余篇。

他参加修订国家“钢结构设计规范”攻关项目研究及中国钢筋混凝土结构设计项目研究，公开发表论文 10 余篇。其中《钢压杆稳定理论及其逆算单元长度法》《钢压杆的柱子曲线》《钢筋混凝土框架非线性设计理论和方法的研究》等有关研究成果，被纳入国家标准中相关的结构设计规范（GBJ 17—88）和规程（CECS 51 : 93）。《钢筋混凝土框架非线性设计理论和方法的研究》获四川省科技进步二等奖。

他对教育事业满腔热忱。他讲课坚持“四基”（基本概念要准确，基本原理要透彻，基本方法要具体，基本能力要培养），力求“四精”（内容精选，语言精彩，版式精设，插图精美），受到历届学生好评。

他曾主审国内 3 部《结构力学》教材，翻译出版 1 部美国著名的力学教材《结构分析》。他用 4 年时间，潜心编写了 1 套 10 余万字、适用于宽口径“大土木”专业的《结构力学》新教材，于 2006 年 8 月由机械工业出版社出版，被教育部遴选为“普通高等教育‘十一五’国家级规划教材”，并被“中国金书网”图书鉴定委员会评为优秀教材，2008 年获重庆市优秀教学成果二等奖。

萧允徽一生忠诚于党的教育事业，受到重庆市高教界的尊重和信赖。2006 年退休后，被推选为“重庆市高校老书记联谊会”召集人。

吴显洪

吴显洪(1949 年 5 月—2012 年 9 月)，资中县人，四川大学外国语学院教授。1949 年 5 月，出生于资中县兴隆公社（今新桥镇）。1956—1963 年就读于资中县兴隆小学；1963—1969 年就读于资中二中；1973—1977 年就读于四川大学外语学院，毕业后，留校任教。2000 年被评为四川大学外国语学院正教授。

任教期间，曾担任四川大学外国语学院党支部书记、教研室主任等职；多次被评为外文系优秀教师、优秀共产党员。

吴显洪教授对大学英语教学有一定的研究，对英语语法和作文有较深入的研究，有多部作品出版，其中《英语语法》被选作四川大学外国语学院本科大学英语教材。2002 年 10 月，他主编的《大学英语实用语法》（工具书）被四川省翻译工作者协会评为社会科学研究成果三等奖。他担任主编编写了《大学英语辅导》（精读 1—4）；参与《圣经文学文化词典》的翻译工作；他完成了《中国科学技术史》中《火药史诗》的全部翻译工作。其作品还有《大学英语语法讲座》《大学英语作文写作技巧》等。

吴显洪教授毕生热爱祖国，热爱教育事业，工作勤勉，任劳任怨。几十年在三尺讲台上辛勤耕耘，为祖国培养了大批优秀人才。2012 年 9 月 17 日，他因病医治无效在成都逝世，享年 64 岁。

陈力

陈力（1958 年 6 月— ），资中县人，教授、博士生导师，中央文史馆馆员。中国国家图书馆原常务副馆长，图书馆学、文献学、历史学专家，第十一、十二届全国政协委员，中国图书馆学会副理事长，全国古籍整理出版规划领导小组成员。

1958 年 6 月，陈力出生于资中县铁佛镇，分别在资中东路小学和资中一中就读小学和初中、高中。1976 年，高中毕业后，在茅庵公社“上山下乡”。1977 年恢复高考后，考入四川大学历史系，师从著名历史学家徐中舒。1988 年获历史学博士学位。

他曾任四川大学图书馆馆长。自 2001 年 2 月起，调中国国家图书馆工作，历任副馆长、常务副馆长，2018 年 7 月退休。

2018 年 9 月，受聘任四川大学历史文化学院教授。2020 年 7 月，被国务院聘任为中央文史研究馆馆员。